面向21世纪课程教材

Textbook Series for 21st Century

公司法学

The Science of Corporate Law

（第二版）

刘俊海 著

北京大学出版社

PEKING UNIVERSITY PRESS

图书在版编目(CIP)数据

公司法学/刘俊海著.—2版.—北京：北京大学出版社，2013.1
(面向21世纪课程教材)
ISBN 978-7-301-21664-4

Ⅰ.①公… Ⅱ.①刘… Ⅲ.①公司法-法的理论-中国-高等学校-教材
Ⅳ.①D922.291.911

中国版本图书馆 CIP 数据核字(2012)第 281833 号

书　　　名：	公司法学（第二版）
著作责任者：	刘俊海　著
责 任 编 辑：	刘　雪
标 准 书 号：	ISBN 978-7-301-21664-4/D·3221
出 版 发 行：	北京大学出版社
地　　　址：	北京市海淀区成府路 205 号　100871
网　　　址：	http://www.pup.cn
新 浪 微 博：	@北京大学出版社
电 子 信 箱：	law@pup.pku.edu.cn
电　　　话：	邮购部 62752015　发行部 62750672　编辑部 62752027
	出版部 62754962
印 刷 者：	北京富生印刷厂
经 销 者：	新华书店

730 毫米×980 毫米　16 开本　33.25 印张　624 千字
2008 年 8 月第 1 版
2013 年 1 月第 2 版　2018 年 1 月第 7 次印刷

定　　价：47.00 元

未经许可，不得以任何方式复制或抄袭本书之部分或全部内容。
版权所有，侵权必究
举报电话：010-62752024　电子信箱：fd@pup.pku.edu.cn

内 容 简 介

　　如果说宪法是国家政治生活中的根本大法,是治国安邦的总章程,那么,公司法堪称公司经济生活中的根本大法,是投资兴业的总章程。完善的公司法治是增强民族经济竞争力的必要条件,是衡量一国资本市场现代化和法治化的试金石,更是构建和谐社会的重要法律基础。本书从介绍公司法的基础理论入手,结合作者多年公司法研究的学术成果及其参与2005年《公司法》修改的立法经验,对公司从设立到终止的公司生命周期中的基本原理、基本制度、基本概念和基本法律关系进行了深入剖析和权威诠释。本书以《公司法》的制度设计为主线,兼及其他国家和地区的公司法,并关注到《公司法》颁布和实施以来的新生法律问题。第二版修订将2008年后出台的主要立法文件和司法解释以及新兴法律问题囊括其中。全书结构合理,逻辑清晰,主题鲜明,学术性与实务性并重,是法学院系和财经院系学生学习公司法的权威教科书。

作者简介

刘俊海，中国人民大学法学院教授，博士生导师，中国人民大学商法研究所所长，民商法博士。兼任中国消费者协会副会长、中国消费者权益保护法研究会副会长兼秘书长、维也纳国际仲裁中心仲裁员、中国国际经济贸易仲裁委员会仲裁员、北京仲裁委员会仲裁员、深圳证券交易所博士后工作站导师、全国总工会法律顾问委员会委员、澳大利亚蒙纳什大学客座教授、中国政法大学兼职教授、国家法官学院兼职教授、《中国资本市场法治评论》主编、《资本市场法治网》(www.chinacapitallaw.com)主编等。1989年毕业于河北大学法律系，获法学学士学位。1992年毕业于中国政法大学研究生院，获经济法硕士学位。1995年毕业于中国社科院研究生院，获民商法博士学位。同年入中国社会科学院法学所，历任所长助理、研究员、研究生院教授、博士生导师、商法经济法室副主任、社会法室主任等职。1996年至1997年，赴挪威奥斯陆大学从事博士后研究。1998年赴荷兰阿姆斯特丹大学从事访问研究。2000年至2001年，赴美国密西根大学和堪萨斯大学做访问学者。2011年8月至2012年6月，作为密西根大学格劳秀斯学者和休斯学者从事访问研究。多次赴美国、荷兰、德国、奥地利、芬兰、新西兰、日本、新加坡、马来西亚、泰国、越南等国讲学或出席国际学术研讨会。作为核心咨询专家或起草工作组成员，参加了《公司法》、《证券法》、《证券投资基金法》、《合伙企业法》、《政府采购法》和《企业国有资产法》等商事法律的研究、起草和修改工作。主要代表作有《现代公司法》、《现代证券法》、《公司法的制度创新:立法争点与解释难点》、《股份有限公司股东权的保护》与《公司的社会责任》等，在中外学术刊物发表中英文学术论文200余篇。1999年被北京市法学会授予"优秀中青年法学家"称号。《电子商务中的信任机制研究》(英文)在美国商法学会2001年年会上荣获拉尔夫·邦奇奖。2003年被《财经时报》评选为全国"2003年度十大意见领袖"。2005年《股份有限公司股东权的保护》一书在第一届"中国青年法律学术奖"评选中获一等奖。2006年被中国法学会评选为第五届"全国十大杰出青年法学家"。2006年调入中国人民大学法学院任教。

再版序言

公司法是有生命的。公司法的完善生命力在于与时俱进，不断跟上变动不居的市场经济与投资活动的时代步伐。

鉴于本书第一版已售罄，加之国内法学院和财经学院的师生、律师界、司法界与企业界的强烈再版呼声，我根据北京大学出版社刘雪编辑的建议，重新修订此书。

本次第二版修订的重点是将本书2008年初版后出台的主要立法文件和司法解释以及新兴法律问题囊括其中。全国人大常委会于2008年10月28日颁布了《企业国有资产法》，2010年10月28日颁布了《涉外民事关系法律适用法》，最高人民法院陆续颁布了两项配套司法解释，即2008年5月12日公布的《关于适用〈中华人民共和国公司法〉若干问题的规定（二）》（法释〔2008〕6号）、2010年8月5日公布的《关于审理外商投资企业纠纷案件若干问题的规定（一）》（法释〔2010〕9号）以及2011年1月27日公布的《关于适用〈中华人民共和国公司法〉若干问题的规定（三）》（法释〔2011〕3号）。

此次修订还对全书文字进行了完善，并充分吸纳了广大读者包括公司法学界和实务界同仁提出的技术性修改和建议，包括错别字的勘误建议。

由于修改时间仓促，本书错漏之处在所难免，敬请各位读者惠予雅正。

刘俊海

2012年6月29日

于奥地利维也纳

自　序

公司是市场经济社会的主人翁,是经济发展、科技进步、国家富强、百姓富庶、社会和谐的物质基础。如果说宪法是国家政治生活中的根本大法,是治国安邦的总章程,那么,公司法则是公司经济生活中的根本大法,是投资兴业的总章程。实践证明,完善的公司法治是增强民族经济竞争力的必要条件,是衡量一国或者地区资本市场现代化和法治化的试金石,更是构建和谐社会的重要法律基础。凡属市场经济大国,不管其为大陆法系,抑或英美法系,无不拥有引以自豪的公司法,无不拥有一大批职业化的公司法学者、公司法法官和公司法律师。因此,公司法学应当成为法学院系和财经院系学生的必修课程。

在多年从事公司法研究的过程中,早就想写一本公司法教材,也有不少读者和出版社约我写这样一本教材。但由于近年忙于公司法修改的专题研究,迟迟未能如愿。在我 2006 年撰写《新公司法的制度创新:立法争点与解释难点》期间,我从中国社会科学院法学研究所调入了中国人民大学法学院。从研究员岗位转换到教授岗位后,既要继续从事商法的学术研究工作,还要为意气风发的本科生和研究生们传授商法知识。要传授商法知识,教材似乎又必不可少。

此时,适逢北京大学出版社法律编辑室谢海燕老师热忱邀请我撰写一本公司法教科书。恭敬不如从命。心中的负债感总算得以缓解。撰写一本公司法精品教科书并非易事。本着弘扬主流价值观、介绍与评论通说的教材撰写规则,我为撰写这本教科书前后投入了一年多的时间。本书以《公司法》的制度设计为主线,兼及其他国家和地区的公司法,强调了基本原理、基本制度、基本概念的论述,期望能对法学院系和财经院系的同学们研习公司法起到引路指南的作用。

在此,要对鼓励与支持我撰写此书的所有家人和友人表示感谢。我要感谢妻子徐海燕教授在繁忙工作之余支持我的学术事业。我要感谢我的女儿每天带给我的阳光心情。

由于我才疏学浅,本书缺憾定所难免。尚祈读者诸君有以教之,不胜感激之至。

刘俊海
2008 年 4 月 15 日
于中国人民大学

目　　录

第一章　公司法基础 ························· (1)
　　第一节　何谓公司 ························· (1)
　　第二节　公司的分类 ······················· (7)
　　第三节　公司法的概念、特点和调整对象 ····· (17)
　　第四节　公司法的作用 ····················· (23)
　　第五节　公司法的渊源 ····················· (27)
　　第六节　中国公司法历史 ··················· (32)

第二章　公司设立 ··························· (38)
　　第一节　概述 ····························· (38)
　　第二节　公司设立要件 ····················· (40)
　　第三节　公司设立程序 ····················· (47)
　　第四节　公司发起人 ······················· (56)
　　第五节　设立中公司 ······················· (60)
　　第六节　公司设立无效 ····················· (67)

第三章　公司章程 ··························· (70)
　　第一节　公司章程概述 ····················· (70)
　　第二节　公司章程的个性化设计 ············· (74)
　　第三节　公司经营范围制度 ················· (79)
　　第四节　公司规章与股东协议 ··············· (82)

第四章　资本与股份 ························· (84)
　　第一节　公司资本与资本三原则 ············· (84)
　　第二节　最低注册资本制度 ················· (90)
　　第三节　股东分期缴纳出资制度 ············· (92)
　　第四节　股东的出资方式 ··················· (94)
　　第五节　瑕疵出资股东的民事责任 ··········· (99)
　　第六节　抽逃出资股东的民事责任 ··········· (111)
　　第七节　股份与股票的概念 ················· (116)
　　第八节　股份发行 ························· (120)
　　第九节　新股发行 ························· (124)

第五章　股东权 …………………………………………………… (131)

第一节　股东权概述 ……………………………………………… (131)
第二节　股东权、物权与债权的比较 …………………………… (136)
第三节　股权平等原则 …………………………………………… (146)
第四节　向弱势股东适度倾斜的原则 …………………………… (151)
第五节　股东有限责任原则 ……………………………………… (155)
第六节　股东诚信原则 …………………………………………… (159)
第七节　股东资格的确认 ………………………………………… (165)
第八节　股东的账簿查阅权 ……………………………………… (173)
第九节　股东的分红权 …………………………………………… (177)
第十节　股东的退股权 …………………………………………… (183)
第十一节　股东代表诉讼提起权 ………………………………… (189)

第六章　股权转让 …………………………………………………… (194)

第一节　有限责任公司股权转让合同的效力 …………………… (194)
第二节　有限责任公司股权变动的效力 ………………………… (199)
第三节　有限责任公司股东向非股东转让股权的特殊限制规则 … (203)
第四节　外商投资企业的股权转让特殊规则 …………………… (206)
第五节　股份有限公司的股份上市 ……………………………… (215)
第六节　股份有限公司的股份转让 ……………………………… (217)
第七节　股份有限公司股份转让的法律限制 …………………… (222)
第八节　非法证券活动的整治 …………………………………… (230)

第七章　公司治理 …………………………………………………… (236)

第一节　公司治理概述 …………………………………………… (236)
第二节　股东会制度 ……………………………………………… (240)
第三节　董事会制度 ……………………………………………… (253)
第四节　董事长制度 ……………………………………………… (262)
第五节　总经理制度 ……………………………………………… (266)
第六节　监事会制度 ……………………………………………… (270)
第七节　公司董事、监事、高级管理人员的约束与激励 ……… (274)
第八节　独立董事制度 …………………………………………… (286)
第九节　瑕疵公司决议的司法救济机制 ………………………… (297)

第八章　公司债权人的保护 ………………………………………… (304)

第一节　概述 ……………………………………………………… (304)
第二节　揭开公司面纱制度 ……………………………………… (304)
第三节　公司担保 ………………………………………………… (310)

第四节　一人公司债权人的特殊保护 ·· (316)
　　第五节　会计师事务所在审计业务活动中的民事侵权赔偿责任 ··· (319)
第九章　并购重组 ··· (327)
　　第一节　并购重组概述 ··· (327)
　　第二节　公司合并 ·· (330)
　　第三节　公司分立 ·· (336)
　　第四节　控制权收购 ·· (341)
　　第五节　资产收购 ·· (349)
　　第六节　外资并购制度 ··· (350)
　　第七节　上市公司并购重组财务顾问制度 ································ (358)
第十章　公司社会责任 ·· (367)
　　第一节　公司社会责任概述 ·· (367)
　　第二节　强化公司社会责任的理论根据 ··································· (370)
　　第三节　公司社会责任运动的实践 ··· (374)
　　第四节　建设服务型政府，推动公司社会责任运动 ··················· (378)
　　第五节　强化公司社会责任是全社会的共同责任 ······················ (381)
第十一章　公司债券 ··· (386)
　　第一节　公司债券概述 ··· (386)
　　第二节　公司债券的发行 ·· (391)
　　第三节　公司债券的流转 ·· (395)
　　第四节　公司债券持有人的利益保护机制 ································ (397)
第十二章　公司财务会计制度 ··· (406)
　　第一节　概述 ·· (406)
　　第二节　公司会计信息质量要求 ··· (408)
　　第三节　财务会计报告、会计要素和会计计量属性 ···················· (411)
　　第四节　公司财务会计报告的编制和提供 ································ (417)
　　第五节　公司财务会计报告审计 ··· (420)
　　第六节　公司净利润的分配 ··· (424)
　　第七节　公司内部控制制度 ··· (427)
第十三章　特殊类型公司 ··· (434)
　　第一节　一人公司 ·· (434)
　　第二节　有限合伙 ·· (436)
　　第三节　外商投资公司 ··· (441)
　　第四节　国有独资公司 ··· (453)
　　第五节　企业国有资产法对国有企业的法律规制 ······················ (456)

第十四章 公司终止 …………………………………………………（474）
第一节 概述 ……………………………………………………（474）
第二节 公司解散事由 …………………………………………（476）
第三节 公司僵局及其救济 ……………………………………（479）
第四节 清算中公司的独特法律地位 …………………………（489）
第五节 清算组及其组成人员的法律地位 ……………………（491）
第六节 公司清算程序 …………………………………………（496）
第七节 法院强制清算程序 ……………………………………（502）
第八节 公司终止 ………………………………………………（504）
第九节 清算义务人的义务与责任 ……………………………（506）

第一章 公司法基础

第一节 何谓公司

公司是市场经济社会的主人翁,是经济发展、科技进步、国家富强、百姓殷实、社会和谐的物质基础。完善的公司法治则是增强民族经济竞争力的必要条件,是衡量一国或地区资本市场竞争力的试金石,更是构建和谐社会的重要法律基础。美国著名法学家巴特勒教授在1921年曾如是感慨:"公司是现代社会最伟大的独一无二的发现。即使蒸汽机和电都无法与之媲美。而且,倘若没有有限责任公司,蒸汽机和电的重要性也会大打折扣。"[1]

假定投资者筹划设立公司开展经营活动,必先了解何谓公司。我国《公司法》[2]第2条指出:"本法所称公司是指依照本法在中国境内设立的有限责任公司和股份有限公司。"该条规定仅仅是对公司作出了立法分类,并未对公司给出权威的立法定义。笔者认为,公司是依法设立的、以营利为目的、并依法承担社会责任的法人。

一、公司是法人

(一)公司具有独立的权利能力、行为能力、责任能力和诉讼能力

在现代市场经济社会,民事主体主要包括自然人、法人和其他组织(如合伙企业)三类。公司属于法人的范畴,也是最活跃的法人类型。公司一旦有效成立,即卓然独立于股东,如同婴儿自其呱呱落地之时就开始成为独立的法律主体。由于公司人格独立于股东人格,股东的死亡或变更也不妨碍公司之存续。除非股东决定解散公司或公司并入其他公司,公司可永久存在。

公司的独立法律人格意味着公司具有独立的权利能力、行为能力、责任能力和诉讼能力。就权利能力而言,除非宪法和法律另有规定、公司的存在目的另有限制,自然人根据宪法、实体法和程序法享有的一切权利(如物权、债权、知识产权、股权、人格权与诉权等),公司皆得享有。与公民隐私受法律保护相若,公司商业秘密亦受法律保护。但公司不享有专属于自然人的政治权利(如政治生活中的选举权与被选举权)以及以自然人人格或身体为前提的人身权利(如继承

---

[1] A. L. Diamond in Orhnia (Ed.), Limited Liability and the Corporation (1982), p.42.
[2] 本书所称《公司法》,除特别注明的以外,均指2005年修订的《中华人民共和国公司法》。

权、生命权、健康权、身体自由权等)。

就责任能力而言,公司如同自然人一样,可独立承担法律责任(包括民事责任、行政处罚和刑事责任)。公司以其全部财产对其债务承担无限清偿责任。而股东和经营者原则上不对公司债务负清偿责任。公司的债权人不得向公司的股东或经营者主张债权,股东和经营者的债权人也不得向公司主张债权。当然,在债务人股东无其他财产可供执行时,股东的债权人可依法申请法院强制执行该股东对公司享有的股权,并从中受偿。但法院执行的财产仅是股东的财产权利(股权),而非公司的财产权利(包括财产所有权)。因此,"有限责任公司"或"股份有限公司"中的"有限"二字确指"股东责任有限",而非"公司责任有限"。

(二) 公司借助公司机关实施公司行为

公司缺乏自然人的眼耳鼻舌身,须仰赖股东会(意思机关)、董事会(执行机关)或监事会(监督机关)等公司机关形成和执行公司的意思表示。公司机关制度是公司法人性的体现。公司机关与公司人格具有同一性。公司机关在公司目的范围之内实施的行为(法律行为、准法律行为、事实行为、诉讼行为或侵权行为等违法犯罪行为),均自动、当然视为公司行为。董事、监事和高级管理人员在执行公司职务过程中的主观故意或过失即为公司的故意或过失。

(三) 公司财产受《物权法》的保护

物权是公司自治与公司资本制度的基础。公司成为独立法律主体的关键在于,公司具有独立于股权和股东财产所有权的法人所有权。公司财产独立于股东、董事、经理或政府的自有财产。没有独立财产的公司,不是真正的公司和法人。公司对财产的所有权可称之为"法人所有权"。作为所有权人,公司有权在强行性法律规范和公序良俗容忍的范围内,自由地占有、使用、处分公司财产,并从中受益,亦可排除包括控制股东、债权人和经营者在内的第三人的干涉、妨碍和限制。占有、使用、收益和处分为公司物权的四大积极权能,而排除第三人之干涉乃为公司物权的消极权能。我国《物权法》第68条第1款明确规定:"企业法人对其不动产和动产依照法律、行政法规以及章程享有占有、使用、收益和处分的权利。"

(四) 法律有关法人的规定均适用于公司

依据我国《民法通则》的分类方法,法人分为企业法人、事业单位法人、社会团体法人和国家机关法人。准此以论,公司属于企业法人的范畴。因此,我国《民法通则》等基本民商法律有关法人的规定原则上也适用于公司。

(五) 公司的法人性并非绝对

公司的法人性与股东有限责任原则均有相对性。为保护公司的债权人免于遭受控制股东"草船借箭"、"借尸还魂"、"坚壁清野"、"瞒天过海"等阴谋诡计的不法侵害,现代公司法倾向于在例外情况下授权法院责令滥用法人资格、欺诈坑害债权人的股东对公司债务承担清偿责任。此即"揭开公司面纱"或公司法人资格否认的法理。

二、公司具有营利性

传统公司作为股东个人的营利手段而设立和存在,公司的存在价值仅在于营利。公司是商法人,公司具有营利性。这为公司法涂上了浓厚的营利性色彩。美国《模范商事公司法》明确将公司称作"商事公司"(business corporations)。公司不同于非营利法人或公益法人。相比之下,非营利社团法人,如行业协会、消费者协会、工会、研究会等,往往以谋求社会中不特定多数人的利益为宗旨。

公司的营利性作为一个经典概念,指公司的存在目的在于从事商事行为、追求超出资本的利润,并将利润分配于诸股东。公司的营利性体现为三点:一是公司自身的营利性;二是股东的营利性;三是高管的营利性。

公司的营利性意味着,公司具有商人的全部权利能力和行为能力,有权在法律和公序良俗不禁止的范围内开展各种经营活动,以追逐超出资本的利润。公司向消费者和其他交易伙伴提供商品和服务的行为是经营行为(商事行为),即以营利为目的,固定地、反复地、连续地开展的营业行为。每个公司在法理上具有营利性,但并不意味着每个公司在实践中都能赚钱。公司开展经营活动时不得以自己亏损或微利为由,拒绝履行法律为企业或者经营者①设定的义务和责任。公司的营利性决定了公司在达到破产界限、无法实现公司的营利目标时,应进入破产程序(包括清算程序和破产保护程序)。公司的营利性是股东营利性得以实现的基础和手段,也是公司承担社会责任的前提与保障。

股东的营利性意味着,股东有权从公司取得投资回报,公司应把股东利益最大化视为公司最高价值取向。我国当前股市投机性过强的重要原因在于,股东领取的股利甚少,物质股利仅具"精神鼓励"作用,有些公司甚至不分股利;为追求投资回报,只能寄希望于股票投机。一些营利甚丰的公司滥用"公司利益高于股东利益、股东长远利益高于股东近期利益"的理论,甚至提出"小股东利益服从大股东利益"的错误理论,长期推行低股利甚至零股利的分红政策。公司经营层和控制股东虽能通过丰厚薪酬和关联交易等方式攫取私利,却使许多小股东饱受其害。股东的营利状况既取决于公司的营利状况,也取决于公司的股利分配政策。分红政策属于公司自治的范畴,法院原则上缺乏对其妥当性进行司法审查的正当依据和判断能力。但当股利分配政策沦为控制股东或经营者压榨或排挤中小股东的手段时,法院应破例对于遭受压榨或排挤之苦的中小股东提

---

① "经营者"一词有时指公司的代理人董事、监事和高级管理人员,有时则指公司或企业。后者如我国《反垄断法》和《消费者权益保护法》中的"经营者"。

供法律救济。我国《公司法》注意到股东的营利性,在第 75 条第 1 项将公司连续五年盈利、连续五年具备分红条件、连续五年不分红作为股东的法定退股事由。

高管的营利性意味着,公司法既要设定公司高管的约束机制,也要设定高管的激励机制,包括薪酬激励和股权激励机制。高管应是职业经理人,是重要的商人阶层。高管位高权重,直接支配和控制公司的各种资源。不把高管作为商人对待,高管心态必然失衡。心理失衡之下,各种掠夺公司财富和股东财富的道德风险便会滋生蔓延。对于高管而言,公平的利益激励不是万能的,但没有公平的利益激励则是万万不能的。高管的营利性既是实现高管市场化定价的理论基础,也有利于强化高管的诚信义务。因为,有偿受托人的忠诚和勤勉义务要高于无偿受托人。

三、公司具有社会性

倘若把营利性看作公司与生俱来的自然属性,社会性则是公司后天培育养成的社会品德。从宏观角度看,公司作为独立的经济组织和民事主体,即公司居民,与自然人和其他组织一样均为重要的社会成员。从微观角度看,公司本身除了扮演股东和经营者的营利工具,还寄托和承载着债权人、劳动者、消费者、当地社区、政府、社会公众等利害关系人的切身利益。换言之,现代社会的公司不再是股东的公司、经营者的公司,还是社会的公司,是诸多利益相关者的公司。现代的公司已变成多元化利益的聚焦点和多重法律关系中的义务主体。我国《公司法》第 5 条引领世界公司社会责任立法的时代潮流,明确要求,"公司从事经营活动,必须遵守法律、行政法规,遵守社会公德、商业道德,诚实守信,接受政府和社会公众的监督,承担社会责任"。

四、公司具有资合性

公司的资合性是指公司内外关系的确定以资本、而非股东信用或股东人际关系为基础。股东之间权利的行使以其各自的出资额为衡量标准,公司对外的债务清偿以公司资本为根基。在通常情况下,公司的信用基础取决于公司的资本基础。

为维护交易安全,传统公司法创设了资本确定原则、资本维持原则和资本不变原则。我国《公司法》还确认了法定最低注册资本原则。资本确定原则和法定最低注册资本原则着眼于从形式上预先确定公司资本金额,资本不变原则着眼于从形式上预防资本额的减少,资本维持原则着眼于从实质上维持和保护公司的实有资产。公司的实有资产对于公司债权人的重要性高于观念上的注册资本。基于鼓励投资兴业与维护交易安全的双重立法目标的权衡,我国《公司法》改革形而上学的传统资本制度,大幅降低了法定最低注册资本,允许股东分期缴纳出资,空前扩大股东出资方式的多元化。

公司具有资合性,并不意味着所有公司都没有人合性。相反,非上市公司尤其是闭锁型的有限责任公司具有较强的人合性。人合性是把众多股东连接在一起的粘合剂。最为典型的闭锁型公司是由亲朋好友组建的有限责任公司。公司有无人合性、人合性色彩之浓淡,均取决于公司章程、股东协议的约定和股东结构。

五、公司具有自治性

公司虽冠以"公"字,但绝非公法主体,而系私法主体,天然需要弘扬公司自治与股东自治精神。公司自治精神强调,公司在强行性法律规定和公序良俗容忍的范围和限度内,有权为了追求自身的经济利益,以自己的名义实施各种商事行为,从而为自己创设权利、设定义务,国家对此只能予以确认和保护,而不能予以干涉和妨碍。公司自治原则是市场经济的活力之源,也是现代公司法的基础。广义的公司自治还包括股东自治在内。

公司自治原则又可引申出公司财产权利尊重原则和公司行为自由原则。公司财产权利尊重原则意味着,公司依法取得的物权、债权、知识产权和股权等民事权利,代表着公司拥有的资本、劳动、管理与技术等财产资源,依法受到尊重与保护。这些民事权利的享有和行使是企业生存和盈利的前提条件。公司行为自由原则既包括双方行为自由(契约自由),也包括单方行为自由,还包括多方行为自由(如章程自由)。该原则有助于公司依其自主决定的意思形成民事关系。尽管有些法学家发出了"合同死亡"的慨叹,但笔者认为契约自由原则并未发生动摇,而且在知识经济和网络经济时代获得了再生与扩张。公司行为自由原则有助于公司放心大胆地开展商事流转,缔结商事关系,取得利润的最大化。

我国《公司法》相信公司和股东的智慧与自治能力,扩张了公司自治空间,充分尊重股东自治、股东自由、股东民主和股东权利,大幅减少了行政权和国家意志对公司生活的过度干预。我国《公司法》已开始意识到市场智慧多于政府智慧,商人智慧多于立法者的智慧的客观现实。公司自治与股东自治性理论虽在我国《公司法》中已充分展现,但仍有不少盲点需要填补。实践已经而且必将继续证明,弘扬公司的自治性理论对于指导未来的公司法改革、提高公司立法产品的质量具有永不磨灭的理论指导作用。

传统公司法教科书往往把社团性看作公司的核心特征。但现代公司法开始不约而同地突破公司的社团性,公开承认一人公司。我国《公司法》在第24条果断地删除了有限责任公司股东的二人下限,致使一人有限责任公司制度在中国大地上落地生根,与我国传统文化中鼓励单打独斗的文化基因也是一拍即合。因此,笔者认为社团性不是公司的本质属性。当然,我国《公司法》对社团性理论的突破仍有局限性。笔者建议立法者将一人公司制度引入股份有限公司领域,承认一人股份有限公司。

六、我国企业和公司登记数据概览

公司已成为我国社会主义市场经济中的主要企业形态。据统计,截至2007年6月底,我国实有企业876.1万户。内资企业327.6万户;外商投资企业28万户;私营企业首次突破五百万户,达到520.5万户。个体工商户2621.4万户。① 按照这种统计方法,公司组织形态分散于内资企业、外商投资企业和私营企业之中。将私营企业与内资企业相提并论在逻辑上是错误的。但由于企业登记机关内部区分为内资企业登记部门、外资企业登记部门和个体私营企业登记部门,为便利统计,企业登记机关多年来一直沿袭这一分类传统。

随着我国国有企业改革不断深化,国家产业政策不断调整,越来越多的国有、集体企业进行了规范的公司制改革,国有企业退出一般性竞争领域,部分国有、集体企业或注销或转为私营企业,同时我国加入世贸组织的承诺逐步兑现,国际资本争相涌入,市场竞争更加激烈,部分规模小的国有、集体企业因体制、机制等原因管理不善、竞争力下降,导致被兼并、破产、关闭,国有、集体企业数量持续减少,在内资企业总户数中所占比重继续下降,而公司制企业所占比重持续增加。其中,国有企业实有68.2万户,占内资企业总户数的20.82%;集体企业104.3万户,占31.82%;公司132.7万户,占内资企业总户数的40.51%;股份合作企业17.9万户,占5.46%;其他企业4.5万户,占1.39%。内资企业注册资本实有18.4万亿元,其中公司注册资本12.74万亿元,占内资企业实有注册资本的69.35%。②

私营企业越来越多地采取公司组织形式,成为《公司法》的调整对象。积极的政策导向吸引了大量民间资本、产业资本和金融资本的积聚,为非公有制经济发展营造了良好的投资成长环境。截至2007年6月,我国私营企业520.5万户,注册资本8.3万亿元。其中,私营有限责任公司406.8万户,占私营企业总户数的78.17%;注册资本7.72万亿元,占私营企业注册资本总额的92.7%。股份有限公司实有1762户,注册资本850.2亿元。独资企业实有100.2万户,注册资金4512.4亿元。合伙企业实有13.3万户,注册资金711.7亿元。

外商投资企业中亦多采取公司形式。截至2007年6月底,我国实有外商投资企业28万户(不含国家工商行政管理总局外资局自身登记企业的数据)。其

---

① 《2007年上半年全国企业持续稳定发展,企业结构进一步优化》,参见国家工商行政管理总局网站:http://www.saic.gov.cn/zwxxq/zwgk/ndbg/t20071101_25697.htm。

② 同上。

中,外商独资企业17.2万户,外商投资股份公司548户;中外合资企业9.3万户;中外合作企业1.5万户。其中,外商独资企业增长较快,占实有户数的58.8%。① 近年来,随着外商独资经营领域放宽,外商独资企业和外商投资股份公司双双上升,中外合资、中外合作企业双双下降。这主要是由于外商独资企业的经营方式自主、灵活而备受外国投资者青睐;而中外合作企业受制于一些合作因素的干扰,如目前国家加强对国有土地资源的管理,土地的管理和使用权审批日渐严格,使投资者成本大为增加。

第二节 公司的分类

交易安全必然呼唤公司类型的法定主义。为增强公司法律关系的预期度与透明度,便于债权人与公司缔结法律关系时有所选择,公司法必须确立公司类型法定原则。具有法律意义的公司类型往往直接源于立法者的授权。投资者无权在立法分类之外再行创新公司类型。但在市场和广大商人的创新力面前,传统的公司类型法定主义必然表现出一定的弹性化。换言之,在公司法允许的框架内,投资者可在股东人数、股东相互关系、股权结构和公司治理等方面作出个性化的创新设计。与其他国家和地区相比,坚信自由市场经济理念的美国诸州就能容忍和许可更多的公司类型。本节兼从法律和学理角度概述公司的主要分类。

一、有限责任公司、股份有限公司、无限公司、两合公司

以公司组织形态和股东责任为准,公司分为有限责任公司、股份有限公司、无限公司、两合公司。其中,有限责任公司与股份有限公司中的全体股东,以及两合公司中的有限责任股东的投资风险表现为间接责任、有限责任。此种分类在立法中最为重要。

有限责任公司是指特定人数以下的股东以其出资额为限对公司债务负责的公司。我国《公司法》第24条规定,有限责任公司由50个以下股东出资设立。

股份有限公司是指特定人数以上的股东以其所认缴股份为限对公司债务负责的公司。根据我国《公司法》第79条之规定,股份有限公司发起人为2人以上200人以下。有限责任公司与股份有限公司的关键区别不在于股东人数之多寡,而在于公司治理规则的弹性化程度与股权转让限制程度的差异化。

无限公司是指股东以其所有财产对公司债务承担无限连带清偿责任的公

---

① 《2007年上半年全国企业持续稳定发展,企业结构进一步优化》,参见国家工商行政管理总局网站:http://www.saic.gov.cn/zwxxq/zwgk/ndbg/t20071101_25697.htm。

司。我国《公司法》并未规定无限公司。但我国《合伙企业法》规定了普通合伙企业。实际上，无限公司与普通合伙企业并无本质区别，系指同一类企业形态。

两合公司是指无限责任股东以其所有财产对公司债务承担无限连带清偿责任、有限责任股东对公司债务承担有限责任的公司。我国《公司法》未规定两合公司，但《合伙企业法》承认有限合伙企业。其实，两合公司就是有限合伙企业。在此种企业形态中，普通合伙人对企业债务承担无限连带清偿责任，而有限合伙人以其认缴出资额为限对企业债务承担清偿责任。有限合伙企业堪称有限责任公司制度与普通合伙企业的"杂交"品种。

我国《公司法》只承认有限责任公司、股份有限公司，而未规定无限公司、两合公司、股份两合公司。因此，投资者若甘愿对公司债务承担无限责任，可选择个人独资企业、普通合伙企业与有限合伙企业的组织形式。日本、韩国、泰国和我国台湾地区虽承认无限公司、两合公司，但这两类公司在实践中数量微不足道。

二、人合公司、资合公司与中间公司

以投资者个性和公司资本要素的强弱程度为准，公司分为人合公司、资合公司与中间公司。这是一种学理分类。

人合公司，又称人的公司，是指公司商事活动以股东个人信用为基础的公司。人合公司的股东对公司债务承担无限连带责任，交易伙伴也重视股东个人的信用和魅力而非公司自身的资本和资产信用。罗马法有谚，"吾友之友非吾友也"。投资者在选择投资伙伴或吸纳新股东时往往苛求彼此的品德、人际关系与资信状况。人合公司容易变成亲朋好友的"俱乐部"，成为"家族公司"。因此，人合公司可称为个人主义的公司。

资合公司，又称物的公司，是指公司商事活动以公司资本和资产信用为基础的公司。我国《公司法》规定的股份有限公司、有限责任公司即属此类。股东均以其认缴出资额为限对公司债务承担有限责任。因此，交易伙伴对债务人公司的资本和资产信用的关注度胜过股东个人信用。股东加盟公司时也不苛求其他股东的资信和品德状况。结果，资合公司容易变成海纳百川的资本"俱乐部"，甚至成长为上市公司。因此，资合公司可称为团体主义的公司。

中间公司，又称折衷公司或人合兼资合公司，是指公司商事活动兼以公司资本和股东信用为基础的公司，即两合公司或有限合伙企业。

如果说普通合伙企业（无限公司）属典型的人合公司，上市公司属典型的资合公司，有限合伙企业（两合公司）、有限公司、非上市股份公司则处于两极之间。从普通合伙企业（无限公司）至有限合伙企业（两合公司）、有限公司、非上市股份公司、上市公司，投资者人合色彩依次淡化，公司资合色彩依次增强。虽然资合色彩浓淡有别,但有限责任公司与股份有限公司都可纳入资合公司的范畴。当然,有限责任公司也具有一定程度的人合性,只不过人合性色彩逊于有限合伙企业(两合公司)而已。

资合公司与人合公司的区别在于,资合公司为资本之联合,人合公司乃为投资者个人之联合。资合公司的信用基础在于公司信用,公司信用又依赖于公司资本资产之强弱。为巩固公司资本信用,维护交易安全,公司法发展出了一套复杂精制的资本制度,如资本确定原则、资本维持原则、资本不变原则、法定最低注册资本原则。而人合公司的信用基础在于股东的信用,立法者无法、也不必孜孜追求公司资本之健全、公司资产之充实。即使公司资产不足以清偿债务,公司债权人亦可直接追索股东的个人责任。因此,人合公司股东的出资形式多种多样,不拘泥于资合公司股东的出资形式。由于人合公司的债权人重视股东个人的债务清偿责任与股东的财产信用状况,人合公司堪称"个体商人的复合体"。[①]

人合公司、资合公司与中间公司的划分实益在于,立法者在设计公司法规则时,应着眼于强化资合公司与中间公司的资本信用,而不宜苛求人合公司的资本信用;债权人在与人合公司发生交易关系时,应更加关注公司股东(而非人合公司自身)的信用度与债务清偿能力。人合公司制度的设计本意是减少人合公司的违约概率,提高债权人的获偿机会。但人合公司的制度设计本身有时反而制造了债权人的不安全感。因为,人合公司股东的信用与债务清偿能力并非坚如磐石。当人合公司及其股东的信用与债务清偿能力都不可企及时,交易安全就会遭受威胁。无可奈何的债权人要么选择不与人合公司缔结商事关系,要么积极寻求债权担保等自我保护手段。总体说来,除非人合公司股东的信用与偿债能力殷实可靠,债权人宁愿选择信赖资合公司。

由于人合公司的股东投资风险大,债权人对人合公司及其股东信用往往存在合理怀疑,因此除非股东的信用和魅力足以获得债权人信任,人合公司的竞争力与生命力远逊于资合公司。人合公司的人合性色彩较强,公司经营可能存在"人存业举、人亡业息"的人治现象,股东的变化和更迭直接影响公司的兴衰。而资合公司既容易实现股东群体与经营者群体的适当分离,也容易在股东之间形成理性、科学的利益平衡机制。当然,人合公司也并非一无是处。人合公司会给投资者带来共同参与公司决策、管理和控制的机会,也会给债权人带来公司背后股东担保公司债务的承诺。倘若人合公司的股东博得交易伙伴的信赖,即使公司资本基础薄弱,也有可能获得商业机会。究竟利弊何在,乃股东和债权人的市场选择和契约自由。

[①] 〔韩〕李哲松:《韩国公司法》,吴日焕译,中国政法大学出版社2000年版,第63页。

三、母公司、子公司、相互投资公司

以公司之间的股权投资关系为准,公司分为母公司、子公司、相互投资公司。母公司(parent company),又称控制公司,是指对其投资的公司具有控制力(包括表决权和其他控制手段)的公司;而子公司(subsidiary company),又称从属公司,是指接受母公司投资、并被母公司控制的公司。在母子公司关系之中,母公司居于主导地位、控制地位,子公司则处于从属地位、被控制地位。母子公司容易使人联想到温馨的母爱。母公司呵护子公司的行为也的确存在。但在物欲横流的商界中,母公司损害子公司利益的情况亦不在少。在极端情形下,子公司竟沦为母公司的"面具"和"拉线木偶"。

对于控制力的界定,可参酌我国《公司法》第217条对控股股东的定义:"其出资额占有限责任公司资本总额50%以上或者其持有的股份占股份有限公司股本总额50%以上的股东;出资额或者持有股份的比例虽然不足50%,但依其出资额或者持有的股份所享有的表决权已足以对股东会、股东大会的决议产生重大影响的股东。"可见,控股地位不仅包括股权比例方面的控制地位,也包括表决权、决策权方面的控制地位。因此,"控股股东"应易为"控制股东"。因为,出资比例大、持股比例高的股东未必就对公司具有控制力。相反,小股东虽然出资和持股比例较小,但凭借其从其他股东获得的表决权代理威力、公司章程赋予的超过其出资比例的表决权(如持股比例为20%的股东可根据章程条款享有51%的表决权),依然可取得对公司决策一言九鼎的霸主地位。这一点不仅对于雄踞控股地位的自然人适用,对于母公司的认定也适用。

除了母子公司,公司家族还出现"姊妹公司"、"兄弟公司"、"连体公司"(相互投资公司)。相互投资公司是指彼此存在股权投资关系、而且各自持有对方公司的股权比例达到一定程度的公司。倘若一家公司对另外一家公司的持股比例或表决权比例达到控制程度,则不再属于姊妹公司的范畴,而属于母子公司的范畴。

母公司、子公司与相互投资公司(相互持股公司)共同组成了公司集团。公司家族的优点在于,容易取得规模效益,提升经营效率,增强风险抵御能力;缺点在于,关联交易不公允和信息披露瑕疵的现象时有产生,公司与股东间的财产边界极易模糊,子公司和相互投资公司的小股东和债权人的利益易受伤害,还会产生公司家族一荣俱荣、一损俱损的悲喜剧。在相互投资公司中,还会出现公司资本虚增、资产名不副实、误导债权人的现象。因此,立法者应针对公司家族现象作出特别规定。当然,规制思路可多种多样。

从我国当前经济发展战略看,国家应鼓励国有企业与民营企业积极发展公司集团,打造包括金融控股公司在内的世界级航空母舰。我国当前具有竞争力

的公司集团不是太多,而是太少。建议借鉴德国《康采恩法》和我国台湾地区"公司法"第6章之一"关系企业"的立法例,在我国《公司法》修改时增设公司集团制度,并对相互投资公司予以相应规制。

公司集团或关联公司不仅是公司法中的重要范畴,也是税法和反垄断法中的重要范畴。但不同法律对公司集团或关联公司的关注角度有所不同。税法关注关联公司的着眼点在于预防公司集团内部上下其手、减少纳税额的偷税漏税行为,保护国家征税主体的税收利益;反垄断法关注关联公司的着眼点在于遏制压抑竞争机制的不正当垄断行为,保护竞争者的合法权益以及公平的市场竞争秩序;公司法的着眼点则在于预防母公司滥用控制权和控制力,保护母子公司小股东及其债权人的合法权益。值得注意的是,在母子公司体制下,母公司滥用控制权不仅可能损害子公司利益,也可能损害母公司利益。因此,母子公司的小股东和债权人的权益保护均应得到妥当保护。尽管不同法律部门肩负着不同使命,但不同法律部门对于母子公司关系的认定理念、制度和技术均具有相互借鉴价值。

从常态逻辑言之,一般先有母公司之诞生,后有子公司之诞生。母子公司的诞生顺序一般不会紊乱。但在股权移转制度的作用下,既存子公司也可创造自己的母公司出来。这是"后来居上"成语的一个精彩注脚。

四、开放型公司与闭锁型公司

以股东人数多寡以及股权流通性为准,公司分为开放型公司与闭锁型公司。开放型公司(publicly held corporation),是指股东人数众多、且股权具有高度流通性的公司,以上市公司(股权在证券交易所上市的公司)为代表。闭锁型公司(closely held corporation),是指股东人数较少、股权流通性较低的公司。美国闭锁型公司的股东往往在 10 人以下,但各州具体情况互有参差。例如,《加利福尼亚公司法》第 158 第 1 项要求此类公司的股东不超过 35 人。闭锁型公司章程往往规定:未经老股东同意,第三人不能成为公司新股东;老股东由于死亡或转股而离开公司时,老股东享有优先购买权。因此,闭锁型公司往往被称为"法人型合伙"(incorporated partnership)。[1]

美国学界认为,虽然在开放型公司与闭锁型公司之间存在着"中间形态"公司(如股东人数在 300 人、具有公司专业管理团队、股权流通性不强的公司);但这不能抹煞开放型公司与闭锁型公司的划分标准的科学性。[2]

美国《模范商事公司法》调整的公司既不是开放型公司,也不是闭锁型公

---

[1] 〔美〕R.W.汉密尔顿:《公司法》(第 4 版),中国人民大学出版社 2001 年影印版,第 23 页。
[2] 同上。

司,而是理想状态中的公司。这种立法思路的优点在于,这种立法模式中的多数规定既适用于开放型公司,也适用于闭锁型公司。不过,美国许多州在以《模范商事公司法》为蓝本制定普通公司法的同时,通过特别成文立法为闭锁型公司提供特别游戏规则。美国法学会还制定了《法定闭锁型公司补充示范法》,供各州立法者参考。

开放型公司大致对应着我国的股份有限公司尤其是上市公司,而闭锁型公司大致对应着我国的有限责任公司。闭锁型公司主要由熟人社会的成员(如亲朋好友)投资设立。公司法可是一部,而公司类型却成千上万。应运而生的问题是,如何在确保公司法调整对象的周延性的前提下,落实区分立法的理念,提高法律调整的针对性,减少法律调整的任意性,避免"小孩穿大鞋"、"大孩穿小鞋"的现象,值得各国立法者深思。

五、上市公司与非上市公司

以其股份是否在证券交易所挂牌上市流通为准,公司分为上市公司与非上市公司。股份挂牌交易的证券交易所既可以是国内证券交易所(上海证券交易所和深圳证券交易所),也可以是国外证券交易所。我国公司除在我国香港地区的证券交易所上市之外,还在纽约证券交易所、伦敦证券交易所和东京证券交易所等地上市。

上市公司股东人数众多,股权流通性较高,因此成为透明度和社会化程度最高的公司。与非上市公司相比,上市公司应接受更多的社会监督和政府监管。例如,应允许新闻媒体旁听采访上市公司股东大会,而对非上市公司股东大会而言,非上市公司有权拒绝新闻媒体旁听采访其股东大会。家族公司在决定是否上市时应意识到:公司上市有利有弊。好处在于,有助于拓展融资平台,提高公司的知名度和治理水平尤其是财务状况和经营状况的透明度。弊端在于,家族公司在上市以后就要接受公众投资者的监督,接受证券监管机构的行政监管和证券交易所的自律监管。在上市之前无需公开的关联交易在上市之后必须置于阳光照耀之下。

六、一人公司与股权多元化公司

以股东人数为准,公司分为一人公司与股权(股东)多元化公司。一人公司是指股东只有一人(含法人)的公司。以其产生的时间为准,一人公司分为设立意义上的一人公司与存续意义上的一人公司;以其股东的持股比例为准,一人公司分为实质上的一人公司与形式上的一人公司。

我国《公司法》规定了一人有限责任公司,但未规定一人股份有限公司。德国《股份法》和日本《公司法》既允许一人有限责任公司,也允许一人股份公司。

一人无限公司在理论上是可能的,立法者允许此类公司存在并无太大法律障碍。鉴于一人无限公司与个人独资企业无异,无限公司与合伙企业无异,笔者不赞同我国《公司法》规定此类公司。

七、内资公司与外商投资公司

以股东的国籍为准,公司分为内资公司与外商投资公司。内资公司是指本国公民、法人依据本国法律在本国设立的公司;外商投资公司是指外国公民、法人依据东道国法律在东道国成立的公司,包括外资公司、中外合作经营公司与中外合资经营公司。根据我国《民法通则》和外商投资企业法,无论内资公司与外资公司均为中国法人。但在我国三套外商投资企业法与公司法并存的情况下,外商投资公司应优先适用外商投资企业法;外商投资企业法没有规定的,应补充适用公司法。

八、一般法上的公司与特别法上的公司

按照公司设立的法律依据,公司分为一般法上的公司与特别法上的公司。前者指根据普通公司法设立的公司;后者指根据特别商法设立的公司,如根据《保险法》设立的保险公司、根据《证券投资基金法》设立的基金管理公司、根据《商业银行法》设立的商业银行、根据《证券法》设立的证券公司。区分实益在于,立法者可针对特定产业公司在特别法中推行特殊市场准入政策,以维护社会公共利益。当然,为鼓励公平竞争、打破经济垄断和行政垄断,在辅以其他预防和救济手段的情况下,应压缩特别法上的公司类型,尽量鼓励投资者根据普通公司法投资创业。

九、总公司与分公司

以公司组织管辖系统为准,公司分为总公司与分公司。总公司与分公司相对,母公司与子公司相对。没有总公司,就没有分公司,没有分公司,也就没有总公司。所谓总公司,又称本公司,是指依法首先设立的公司本体;分公司是指接受总公司管辖的分支机构。

我国《公司法》第14条规定:"公司可以设立分公司。设立分公司,应当向公司登记机关申请登记,领取营业执照。分公司不具有法人资格,其民事责任由公司承担。公司可以设立子公司,子公司具有法人资格,依法独立承担民事责任。"因此,正确区分分公司与子公司具有实益。

其一,法律人格之有无不同。子公司虽受母公司控制,对于母公司的指示有可能亦步亦趋,但具有独立的法律人格,卓然独立于母公司;而分公司虽开展活跃的商事活动,但不具备独立法人资格,在法律上不能独立于总公司。母子公司

之间犹如母亲与孩子的关系,二者均为独立民事主体。总公司与分公司之间犹如人与其手脚之间的关系,分公司没有独立于总公司的独立法律人格。

其二,行为能力不同。子公司可独立对外与第三人缔结法律关系,并以自己的全部公司财产对自己的债务承担清偿责任,而分公司原则上仅能根据总公司的授权对外缔结法律关系,对于自己开展经营活动产生的债务亦不能以总公司划拨的财产为限承担清偿责任。例如,根据我国《担保法》第10条之规定,企业法人的分支机构不得为保证人,企业法人的分支机构有法人书面授权的,可在授权范围内提供保证。又根据该法第29条之规定,企业法人的分支机构未经法人书面授权或超出授权范围与债权人订立保证合同的,该合同无效或超出授权范围的部分无效,债权人和企业法人有过错的,应根据其过错各自承担相应的民事责任;债权人无过错的,由企业法人承担民事责任。

其三,诉讼主体资格不同。子公司既具有独立的民事诉讼主体资格,又有独立的民事责任能力;而分公司仅具有民事诉讼主体资格,但无独立的民事责任能力。根据我国《民事诉讼法》第48条第1款之规定,公民、法人和其他组织可作为民事诉讼的当事人。因此,分公司可担当民事诉讼中的原告、被告或第三人,但并不意味着分公司能够独立承担民事责任。相反,由于分公司财产是总公司财产的组成部分,人民法院或仲裁机构对分公司所作的生效判决书或裁决书对于总公司具有当然的拘束力。

其四,纳税义务主体不同。子公司为独立纳税义务主体。子公司即使与母公司一道编制合并财务报表,也应单独履行纳税义务。子公司不得以子公司营利、母公司亏损为由拒绝履行缴纳所得税义务。而分公司并非独立的纳税义务主体,分公司的经营所得须与总公司及其他分公司的经营所得合并之后计算应纳税所得额。

其五,控制程度不同。总公司对分公司的人财物产供销具有绝对的决策权和控制力,既可决定分公司负责人的任免,又可决定分公司的经营方向和日常经营活动。母公司虽能维持对子公司人员、财务和业务的高度控制力,但这种控制力必须限定在法律允许的边界之内。倘若债权人认为母公司对子公司的控制程度近乎总公司对分公司的控制程度,则可援引揭开公司面纱制度请求母公司对子公司债务承担连带责任。

尽管分公司与子公司存在着本质区别,二者之间也可依法相互转化。公司可基于自身的发展战略与风险控制而依法定程序将分公司转化为子公司(包括一人公司),或将子公司转化为分公司。例如,国务院于2006年11月11日正式颁布了《外资银行管理条例》,鼓励和引导在我国境内设立的外资银行分行改制为具有中国法人资格的银行或其分行。2007年3月29日,首批改制通过的四家外资银行在上海取得了《企业法人营业执照》,它们是东亚银行、汇丰银行、渣打银行、花旗银行。接着,又有6家外资银行先后获得改制通过。

十、本国公司与外国公司

以公司之国籍为准,公司分为本国公司与外国公司。划分公司国籍的标准在不同国家有所不同,主要存在准据法主义、住所地主义、控制主义与混合主义之争。

所谓准据法主义,是指以公司设立时所依据的法律为标准判断公司国籍。例如,根据2005年日本《公司法典》第393条第2项之规定,在外国公司的登记中,除按照日本同种公司或最类似公司的类别,登记第911条第3款各项或第912条至第914条的各项所列事项外,必须登记外国公司设立的准据法。

所谓住所地主义,是指以公司在本国是否存在住所为标准判断公司国籍。德国、法国、比利时、意大利等国采此立法例。

所谓控制主义,是指以公司的实际控制人(控制股东或公司高管)的国籍为标准判断公司国籍。作为资本输出大国的英美法系采此标准。

所谓混合主义,是指以公司设立的准据法、住所或实际控制人的国籍中的两项或多项为标准判断公司国籍。例如,根据欧盟《相互承认公司与法人公约》第1条与第2条之规定,只要公司或法人依据成员国法律设立并在公约适用范围内有法定住所即可获得承认。

我国对公司国籍采取准据法主义态度。我国《公司法》第192条规定:"本法所称外国公司是指依照外国法律在中国境外设立的公司。"值得注意的是,离岸公司对我国的投资增长迅速,主要集中在英属维尔京群岛、萨摩亚、开曼群岛。

随着世界经济一体化步伐的加快,超越某一主权国家国籍的公司也会方兴未艾。例如,根据2001年欧盟《有关欧洲公司章程的规则》而成立的欧洲公司(SE)就是超越某一欧盟成员国的欧盟公司。因为,欧洲公司成立的准据法不是某一特定的欧盟成员国,而是欧盟统一的立法规则。从理论上言之,随着亚洲地区经济的一体化,亚洲也有可能出现与之相类似的"亚洲公司"。

十一、国有公司与非国有公司

以公司股权结构以及股东身份为准,公司分为国有公司(公营公司)与非国有公司(民营公司)。国有公司是指国家为唯一股东或控制股东的公司。非国有公司是指纯粹由国家之外的投资主体设立、或虽有国家参股但国家并非控制股东的公司。

国有公司主要包括三类:国有独资公司;两个以上的国有企业或两个以上的其他国有投资主体投资设立的公司(如国有企业中的中央企业与地方企业共同设立的有限责任公司);国家与非国有投资主体共同设立、国家持股比例超过

50%的公司。

非国有公司在外延上涵盖国有公司之外的其他公司,包括纯粹由普通民事主体(包括自然人和法人)设立的民营公司,也包括国家与非国有投资主体共同设立、但国家持股比例未超过50%的公司。

区分国有公司与非国有公司的实益在于:(1)国家对国有公司中的股权由特设的国有资产监督管理机构代为行使;(2)国家为维护国家安全和社会公共利益,有时对于非国有公司规定较高的市场准入门槛,甚至推行市场禁入制度;(3)国有公司的高级管理人员在《刑法》中被视为国家工作人员。而有关国家工作人员作为犯罪主体的犯罪的刑事责任条款并不适用于非国有公司工作人员。

十二、区域性公司、跨区域公司、全国性公司和跨国公司

以公司开展商事活动(包括投资活动与经营活动)的地域范围为准,公司分为区域性公司、跨区域公司、全国性公司和跨国公司。投资活动包括设立分支机构和子公司的活动。

区域性公司是指主要在一个特定区域开展商事活动的公司。例如专门为开发某地一项住宅项目而设立的房地产开发公司。

跨区域公司是指主要在一个地区开展商事活动的同时也在其他地区开展商事活动的公司。例如,依托两省市场而成立的地方性商业银行。

全国性公司是指在全国范围内开展商事活动的公司。例如,中国银行、中国工商银行、中国建设银行和中国农业银行即属此类。

跨国公司是指在一个国家或地区设有总公司或母公司,但其经营活动、分支机构和子公司覆盖全球市场的公司。例如美国的微软公司。

随着社会主义市场经济体制的不断完善和市场竞争机制的日臻成熟,地方保护主义对外地公司的阻挠和限制将日趋式微。因此,地区性公司走向跨区域公司乃至全国性公司的制度障碍将越来越少。就跨国公司的政策而言,我国既欢迎外国投资者来华投资,欢迎跨国公司到中国开展商事活动,也鼓励我国企业"走出去",到海外开拓市场,最终成长成为在世界市场上举足轻重的跨国公司。

十三、大公司与中小公司

以其经营规模为准,公司可区分为大公司与中小公司。其中,经营规模较大的公司为大公司,经营规模较小的公司为中小公司。为贯彻实施《中小企业促进法》,国家经贸委、国家计委、财政部、国家统计局于2003年2月19日发布的《中小企业标准暂行规定》根据企业职工人数、销售额、资产总额等指标,结合行业特点而制定。

任何划分标准只能是相对的。由于大中小三类公司的划分标准很难以数学公式予以精确量化,我国相关法律与政策在出台时有时把中型公司纳入大公司范畴,有时又把中型公司纳入小公司范畴。例如,有的政策提"国有大中型企业",有的立法(如《中小企业促进法》)则提"中小企业"。笔者认为,立法政策应将中型公司与小公司置于一起予以规制。

区分大小公司的实益有二:一是为立法者在构建公司法规则时能够量体裁衣,增强公司法规则的针对性与灵活性;二是在国家推出鼓励中小企业的优惠政策时明确享受政策优惠的企业范围。《中小企业标准暂行规定》就是为了落实《中小企业促进法》的立法政策而推出。

浓缩的往往是精华。大公司与小公司各有优劣,很难简单地得出结论,认为大公司优于小公司。实际上,小公司具有很多优点。一是创业门槛较低,可解决大量富余劳动力的创业和就业问题;二是企业规模较小,公司决策灵活,转向灵活,避免了公司尾大不掉的弊端;三是股权与经营者的高度结合避免了股权与经营者分离滋生的高额代理成本,股东能够以较低成本控制经营者的道德风险。因此,治理健全、运转健康的小公司也很好。小公司不必为了做大而做大。实践中有些小公司急于扩张成为大公司,反而迅速走向灭亡,教训十分深刻。当然,小公司根据自身条件,在防范风险的前提下,一步一个脚印地稳步成长为大公司,也应予以鼓励。

除以上公司分类,还有其他分类。例如,在英国公司法上,除普通的资本有限责任公司外,还有保证有限责任公司(company limited by guarantee)。此类公司也可译为"信用保证有限责任公司"。此类公司在成立时并无公司资本,但股东在公司解散时有义务在其当初承诺的保证责任范围内清偿公司债务。

第三节 公司法的概念、特点和调整对象

一、公司法的概念

"公司法"有广、狭二义。广义的公司法,即实质意义上的公司法泛指调整公司法律关系的法律规范的总称。因此,公司法、证券法、破产法、信托法、商业银行法、保险法、证券投资基金法、民法、会计法、刑法、民事诉讼法和税法等法律中有关公司的法律规范都属于公司法的范畴。狭义的公司法,即形式意义上的公司法仅指以"公司法"命名的法典。我国第一部公司法典为1904年清政府颁布的《大清公司律》。我国《公司法》颁布于1993年,并于1999年、2004年、2005年修正三次。其中尤以2005年10月27日的修改幅度最大。

公司法既包括静态的法律规则,也包括动态的规则实施状况。前者为应然

公司法,可借助书本学习;后者为实然公司法,需从公司实践中把握。公司法的研习者既要学习法条中的公司法,更要关注实践中的公司法。

二、公司法的特点

公司法作为商事组织法、商事主体法,是商法的核心和主要内容,亦为民法的特别法。公司法具有以下特点。

(一)公司法大致属于私法范畴

现代法律有公法、私法与社会法之别。其中,确认国家公权力的法律为公法,确认民事主体私权利(民事权利、商事权利)的法律为私法,确认社会权利和社会权力的法律为社会法。

公司法既含有私法性法律规范,也含有公法性法律规范,但以私法性规范为主。由于公司法调整的公司法律关系多为平等主体之间(股东与公司之间、股东之间、股东与高管人员之间)的法律关系,公司法当然属于私法范畴。作为私法的重要组成部分,公司法要弘扬平等、公平、自愿、诚实信用的契约精神,强调公司和股东自治,强调保护债权人,强调公司自律组织尤其是证券交易所的自治。公司法为了鼓励公司为股东和社会创造财富,不遗余力地协调作为平等民事主体之间的大小股东之间、股东与经营者之间以及公司内部人与外部人之间的利益冲突。这种平等主体之间的横向财产关系当然属于私法关系。

在现代公司法框架中,具有公法因素的强制性规范(包括强制规范和禁止规范)不占主导地位,更多的法律规范应让位于民事规范、任意规范、倡导规范和保护规范。总体而言,现代公司法应以任意性规范尤其是倡导性规范为主,以强制性规范为辅。

作为私法规范的常见形态,任意性规范又分为倡导性规范和中立性规范。前者指倘若当事人不作另外选择,就应适用的法律规范;后者指当事人如果不明示选择,就不适用的法律规范。相较而言,前一种规范有助于帮助公司法知识和经验有限的当事人找到不是最好、但也不是最坏的行为规范。当然,聪明睿智的当事人应善用意思自治空间,对此种任意性规范作出变通或排除。后一种规范的优点在于充分顾及当事人的意思自治;缺点在于,公司法知识有限的当事人可能无法作出明智的选择。倡导性规范必须大力弘扬公平公正的主流价值观,充分反映绝大多数当事人在相同或近似情况下的契约自由诉求,切实发挥法律兴利除弊的社会功能。

(二)公司法渗透着浓郁的公法和社会法因素

公司法虽为私法,但为追求效率和公平兼顾的价值目标,现代公司法开始添加捍卫社会公共利益的公法性规范尤其是强制性规范。这些强制性规范的内容往往涉及公司、股东、高管人员的权利能力和行为能力的划定(包括公司类型法定化），以及中小股东、债权人和公司利益相关者合法利益的维护等。这些强制性规范体现了国家意志对公司生活的干预,因而具有公法色彩。但这些公法规范本身并非公司法的目标,而是公司法达成公司目标的一个手段。

公法规范的使命在于,恢复私法自治、清除私法自治的障碍,而非从根本上否定私法自治。例如,公司设立阶段的行政许可制度、公司运营阶段的行政监管制度、公司行为的行政登记制度,证券监督管理机构对上市公司信息披露行为的监管制度,就是为了预防公司法律关系当事人滥用私法自治的行为,捍卫公司外部人的合法利益和社会公共利益,而非彻底否定公司制度。现代公司法应限制国家公权力尤其是行政权的不当干预。公司是扩大的民事主体,而不是缩小的国家机关。

国家有可能以多重身份进入公司生活。只有当国家以公权力执掌者（如征税者、公司登记机关）的身份对公司行使公权力时,国家与公司的关系才纳入公法调整轨道。当国家以股东身份对国家参股或控股的公司行使股权时,国家与公司之间的法律关系依然为民事法律关系,而非行政法律关系和公法关系。

"私法的公法化"是近世学者关注的一个话题,但应准确理解其内涵。"私法的公法化"仅应理解为现代私法中开始越来越多地吸纳公法规范性规范和强制性规范,但不能理解为全部私法规范都转变为公法规范和强制性规范。倘若私法领域"全线失守",完全被公法规范所占据,公法与私法的划分界限就失去了前提,整个市场经济法律体系就只剩下公法了。此外,公司社会责任理论尤其是和谐社会理论的崛起也会导致人们对"私法社会化"尤其是"公司法社会化"的思考。

（三）公司法以组织法内容为主,兼有行为法因素

倘若把合同法、票据法视为动态的行为法、交易法,公司法可界定为静态的组织法。公司的设立、运营、变更、解散、重组和公司治理结构等方面的内容均属组织法的范畴。但公司法亦有不少行为规范,如股份发行、股权转让等方面的内容即是。组织规范更多地关注组织团体的利益和整体秩序,旨在强化组织及其成员之间的凝聚力,提高组织的运行效率;而行为规范更多地关注交易主体的个体利益和交易自由,并致力于维护交易安全。组织规范的强制性因素一般浓于行为规范。但从整体看,公司法中的组织规范多于行为规范。

（四）公司法以实体法内容为主,兼有程序法因素

公司法不同于民事争讼法（包括民事诉讼法和仲裁法）。公司法的主要使命在于界定公司法律关系当事人的自由、权利、义务与责任。因此,公司法规范本应限于实体规范,不应染指程序规范尤其是争讼程序规范。但传统的民事争讼制度尤其是马车时代的民事争讼制度往往以传统农业社会与工业社会的民商事关系为假定调整对象,因此有些争讼规范不但无法适应和推动公司法律关系

的健康正常运转,反而压抑、妨碍了公司法实体规范的正常实施。例如,在公司董事长兼法定代表人侵害公司合法利益、而自己拒绝或怠于对公司承担侵权责任的情况下,小股东对此仅有间接利害关系、而无直接利害关系。因而"喜欢多管闲事"的小股东并不具备传统《民事诉讼法》规定的原告主体资格(原告必须与本案有直接利害关系),无权代表公司对董事长提起诉讼。为纠此流弊,我国《公司法》第152条借鉴国际先进立法经验,引进了股东代表诉讼制度。再如,我国《公司法》第22条规定的瑕疵公司决议的司法救济制度也属此类。程序规范的登堂入室既是对传统民事诉讼制度的深度创新,也是对公司法实体规范的有力保障。整体而言,公司法规范以实体规范为主,而以程序规范为辅。除了争讼解决规范,我国《公司法》对股东会、董事会和监事会运作程序的规定也属于程序性规范。

(五)公司法兼顾营利性与社会性

公司法的存在目的之一就是促成公司的营利性,弘扬效率最大化的价值追求。公司的营利性包括公司利益、股东利益和公司高管利益最大化的内容。股权转让双方等公司利益相关者在从事公司领域的商事活动时也具有营利性。恰恰由于这种营利性的存在,导致公司领域经常会存在道德风险。例如,近几年的常见现象是一些房地产开发公司的股东在出让股权后发现房价上涨、股权指向的公司净资产大幅增值,于是就吹毛求疵地提出合同无效或可撤销的理由,以恢复自己的股东资格。再如,推行股票期权计划的公司高管有可能在行权时为了谋求个人私利最大化而恶意操纵公司利润和公司股价。可见,营利性是一把双刃剑:既可激发公司及其股东和公司高管创造财富的积极性、主动性和创造性,也可被失信之徒滥用于侵占公司和其他利益相关者的合法财富。

遗憾的是,传统公司法往往侧重公司的营利性,而忽视公司的社会性;现代公司法则在坚持营利性的同时,弘扬公司的社会性,强调公司对股东之外的利益相关者的社会责任,弘扬公平最大化的价值追求。换言之,公司法不仅有义务造福股东和债权人,而且肩负着关心消费者、劳动者、社区利益、环境利益和社会公共利益的重大责任。公司法的社会化趋势表明了现代社会中公平与效率兼顾、公司法与社会法有机融合的新趋势。既不能以公司的营利性否定公司的社会性,也不能以公司的社会性否定公司的营利性。公平培育效率,效率成全公平。这种融合趋势使得公司法获得了新的生机活力,而不会、也不可能导致公司法的萎缩或消亡。

(六)公司法在具有相对稳定性的同时,具有较强的变动性

公司法调整的公司关系是具体、复杂而多变的。相对稳定的民法典基本上可满足抽象的民事关系的调整需求。道理很简单,民法调整的民事关系与公司法律关系相比具有抽象化、普遍化的特点。例如,我国《民法通则》往往以民事

主体为调整对象,而民事主体既包括自然人、也包括法人和其他组织,法人中的公司既有法人的一般性,也有其特殊性。因此,我国《民法通则》的设计者在规范民事主体的民事行为时不必规定公司这类特殊民事主体的特殊性,只需描述民事主体的一般性即可。法律关系越抽象、越一般、越简约,对法律规则的精确度、动态性的需求苛刻程度就越低。

而天性复杂、具体、活泼、精致的公司关系则呼唤变动不居的公司法对其迅速作出动态性的调整。除了公司法规则的变动性,公司法的理念、哲学也具有变动性。与相对稳定的传统民法规则相比,公司法堪称活性法律部门。随着人类文明的不断演进、人类智慧的日益增加,科技手段尤其是通讯技术和互联网技术的日新月异、经济全球化步伐的加快,人类协调公司与利益相关者利益冲突的能力以及平衡效率与公平的能力的增强,公司法的理念与制度设计也要与时俱进。每一国家和地区在特定历史时期的每一次公司法改革,都意味着立法者立法理念的一次创新和突破。例如,我国 2005 年修订的《公司法》引进一人公司制度、股东代表诉讼制度、法人格否认制度都展现了立法者与时俱进追求公平与效率兼顾目标的立法勇气。各国的公司法改革永无止境,漫无穷期。

(七) 公司法具有技术性

与包含诸多伦理性规范的普通民法不同,公司法包含着不少技术性规范,如股东会与董事会决议的召集期限、决议要件,行使少数股权的持股比例和持股期间等。此外,公司法总是借助技术革命的成果作为规范和推动公司发展的重要手段。例如,传统公司法规定的通知和公告无不依赖于当时的通讯手段(书面通知);通知和公告的期限又受制于现有通讯手段的局限性。而永葆青春活力的公司法与方兴未艾的电子商务的击掌必然极大改变公司生活面貌。股东大会、董事会会议可用虚拟会议技术在网上展开,股东诸多权利的行使也可借助互联网技术,进而降低公司法实施成本。以股东大会电子化工程为例,股东出席股东大会的积极性、主动性与创造性将空前提高,困惑传统公司法良久的中小股东的"理性冷漠"、"搭便车"现象将会得到根本扭转,公司管理层的透明度、诚信度和经营效率也将极大改善。

(八) 公司法既具有民族性,也具有国际性

有什么样的国家和国情,就有什么样的公司法。没有一部公司法没有民族性。因为,一国公司法深深扎根于一国的现实环境与历史传统,离不开该国的市场经济体制、资本市场结构和经济发展水平,离不开该国的政治制度和法治传统,离不开该国的民族文化、民族性格和民族心理,离不开该国的社会环境、文明进化程度和社会诚信状况。

全球经济尤其是资本市场的一体化必然呼唤法律的一体化,尤其是公司法的一体化和国际化趋同。资本犹如追求温暖环境的候鸟,在全球范围内川流不

息地迁徙。资往高处走,水往低处流。欧盟公司法指令的陆续出台,WTO《与贸易有关的投资措施协议》(TRIMs)的问世,OECD《公司治理原则》的出炉,各国公司法的频频修改及其相互借鉴,都说明了公司法的统一或协调已成为不可逆挡的历史潮流。公司法的一体化不仅是国际社会对一国立法者的外在压力,也是一国增强民族竞争力的必然选择。

我国历来对外贸与外商投资的依存度较高。随着我国加入WTO,我国公司在贸易与投资领域的国际化程度将会进一步提高。为了提高我国公司法的国际竞争力,增强我国公司法在吸引国际资本方面的竞争力,我国公司法必须满足来自全球各地投资者合理的法律需求。我国公司法的历次改革都注重借鉴国外先进的立法例、判例和学说。

三、公司法的调整对象

公司法的调整对象为公司法律关系。公司法律关系以平等的法律主体(如公司、股东、公司高管人员与债权人)之间的民事关系为主,也含有公司及其相关主体与行政机关之间的行政关系。公司法律关系可作多种分类。

从时间顺序看,公司法律关系囊括各方当事人在公司设立、组织、经营、变更和终止(含解散清算)过程中产生的法律关系。换言之,公司从"摇篮到坟墓"的生命周期中发生的法律关系都应成为公司法的调整对象。

从法律规范的基础看,公司法律关系中既有基于实体法律规范而产生的实体法律关系,也有基于程序法律规范的而产生的程序法律关系。前者如公司资本制度、公司设立制度、股东权利保护、公司治理制度等;后者如股东诉讼、公司诉讼等。

从主体角度看,公司法律关系囊括了公司、股东、董事、监事、经理与其他公司利益相关者(尤其是债权人和潜在投资者)相互之间发生的各类法律关系。由于不同国家和地区法律、政治、文化、社会传统的差异,公司法律关系的主体也有不同。例如,在英美国家的公司法中,劳动者很少进入公司法的视野,而在德国,劳动者则是公司监事会制度中不可或缺的重要角色。又如,债权人也是公司法律关系中的重要主体,但公司法调整债权人关系时不必重复《合同法》和债法的一般规定,只需从公司法的特殊视角关注债权人的公平保护,如最低注册资本制度、资本维持制度、瑕疵出资股东和抽逃出资股东对公司债权人的补充赔偿责任等皆其适例。

以公司法律关系是否涉及公司外部第三人为准,公司法律关系分为内部公司法律关系与外部公司法律关系(上述主体与公司外部第三人之间的法律关系)。这种分类的实益在于,在涉及善意第三人与权利人发生利益冲突时,应优先礼让善意第三人。例如,某公司董事会作出决议罢免了原董事长作为董事长和法定代表人的职务,另外选举一位股东担任新董事长和法定代表人。但该公司并未及时前往公司登记机关办理变更登记手续。原董事长在被解除职务的第二天依然使用其携走的公司公章与银行签订借款合同。还款期限届满后,银行有权请求该公司还本付息;该公司只能先行对银行清偿债务,然后再对原董事长行使追偿权。这是由于公司变更董事长的行为是内部法律关系,由于该法律关系未及时对外公示,对此不知情的第三人(银行债权人)有权信赖原董事长的代表行为。这种先外后内、先宾后主的法律理念有助于降低交易成本、遏制道德风险,体现了对处于信息占有劣势地位的第三人的呵护。

鉴于合同法乃公司法的姊妹法,证券法为公司法的特别法,公司法调整的法律关系与合同法调整的法律关系(如高管人员与公司之间的委托合同关系、股权转让合同关系)、证券法调整的法律关系(如受害股东对虚假陈述行为人提起损害赔偿之诉的法律关系)会存在交叉现象。此即法律规范的竞合现象。倘若公司法未对某一法律关系作出规定,补充适用一般法规定;倘若公司法与一般法对某一法律关系均作规定,应优先适用公司法;倘若公司法与公司法的特别法均对某一法律关系作出规定,则应优先适用公司法的特别法。将公司法律关系与证券法律关系、合同法律关系绝对割裂开来并不明智。

公司法调整法律关系的目的在于协调利益冲突,追求公司和利益相关者利益最大化。具体说来,其最高目标在于追求利益多赢(包括股东、高管人员以及其他利益相关者的利益多赢),最低目标在于避免利益多输,尤其是遏制控制股东对小股东、经营者对股东、公司内部人对公司外部人的机会主义行为。

第四节 公司法的作用

如果说宪法是政治生活中的根本大法,是治国安邦、执政富民的总章程,公司法则是经济生活中的根本大法,是投资兴业、治企理财的总章程。

一、鼓励投资兴业

公司法通过预先设定公平合理的公司设立条件与简便易行的公司设立程序鼓励投资兴业。美国诸州公司法为吸引州外投资者到本州投资,争先恐后地降低公司注册门槛,触发了向最低点的竞争活动(race to the botom)。鉴于我国20世纪80年代的"皮包公司"热导致的紊乱交易秩序,1993年《公司法》对投资者投资兴业规定了严苛的门槛:严格的法定资本制尤其是较高的最低注册资本制度;严格限定股东的出资形式;严格限定智慧成果出资上限;禁止股东以定向募集方式设立股份有限公司;规定了较高的公司上市门槛;规定了严厉的公司转投资限制。总体而言,立法者对投资兴业采取了重安全、轻效率的立法理念。为鼓励投资,2005年修订的《公司法》大幅下调了公司的最低注册资本门槛,允许股东和发起人分期缴纳出资,鼓励股东出资形式的多元化,允许所有权、他物权、股权、债权、知识产权等非货币财产作价出资,废除了转投资限制,允许以定向募集方式设立股份有限公司,大幅下调公司上市门槛,允许民营企业与国有企业改革采取一人公司形式,取消了省级人民政府对股份有限公司设立的行政审批。在以上鼓励投资措施的作用下,中国成为投资者友好型的市场经济大国指日可待。

二、降低交易成本

公司就是拟人化的资本。公司设立的过程就是资本拟人化的过程。公司法将股东的资本集合体拟制为具有独立法律人格的公司,不仅扩大了公司的经营规模,而且大幅降低了交易成本。诚如获诺贝尔奖的经济学家科斯的企业理论(theory of firm)所述,企业的存在价值在于企业内部的行政成本低于企业外部市场中的交易成本。[①] 假定现代社会没有公司法,许多商事活动只能借助自然人之间成千上万的契约关系予以推展,市场主体也主要表现为散兵游勇式的分散个体。个体性的经营方式既无法解决资本集中的难题,也缺乏足够的竞争能力与风险抵御能力,更无法满足社会化大生产与现代市场交易的规模经济要求。如果把个体商人喻为茫茫大海上的一叶孤舟,公司尤其是上市公司则可喻为万吨巨轮。

而公司法将多名、甚至成千上万股东的资本集合体拟制为单一法律人格后,不计其数的个体交易形态被代之以团体化的公司交易形态,缔约成本大幅下降,投资者之间、投资者与交易伙伴之间契约关系的预期性与稳定性显著提高。不仅法人化的资本集合体具有独立的法律人格,可独立地开展民事活动,股东的退出、加入和死亡也不能动摇公司的独立法人地位。因此,公司作为法人化的资本联合体的地位和组织结构比起未经法人化的资本联合体更加牢固。例如,就投资者之间的契约关系而言,即使投资者之间缺乏股东协议,也不妨碍股东按照公司法确定的默示规则行使权利。再如,公司与交易伙伴开展交易活动时,即使公司背后的股东生老病死或自由进入,也不影响交易伙伴对契约关系的预期判断。当然,从商务实践看,家族公司控制股东或核心人物退出或死亡时,有可能对企业的生存与发展产生巨大影响。但从法律上看,家族公司的法人资格并不因此而受影响。

---

① Ronald Coase, The Nature of the Firm, 4 *Economica* 386 (1937).

三、控制投资风险

从其积极功能看,公司制度有助于降低交易成本;从其消极功能看,公司制度有助于锁定投资者的投资风险。虽然股东对公司享有股权,公司对其财产享有物权,但股东对公司的财产(包括股东出资财产)并不直接享有物权。因而,公司的债权人原则上只能请求公司清偿债务,而不能请求公司背后的股东清偿公司债务。可见,公司在股东与公司债权人之间创设了一道"防火墙"。这一"防火墙"从正面看成就了公司的法律人格,从反面看赋予了股东有限责任待遇。

从历史和逻辑上看,股东取得有限责任待遇与公司取得独立法人资格的时间并不存在必然的因果关系。在公司制度诞生初期,往往先由立法者确认公司的独立法人资格,然后人们才意识到股东有限责任待遇的重要性,最后导致立法者将股东有限责任待遇立法化。这是由于,公司经营失败不但会导致股东投资颗粒无收,也会导致股东辛勤积累的固有私人财产付诸东流。倘若缺乏股东有限责任待遇的保护,投资者对于投资兴业活动势必望而兴叹。而股东有限责任待遇的制度化反过来强化了公司的独立权利能力、行为能力和责任能力尤其是公司的法人所有权制度。这就要求股东与公司之间的财产相互隔离,投资者及时足额履行出资义务,投资者及其债权人敬畏与尊重公司的法人财产,公司及其债权人敬畏与尊重股东的个人财产。虽然揭开公司面纱的制度设计允许法院在例外情况下责令股东对公司债务承担连带责任,这毕竟只是例外,而非原则,而且仅适用于失信的控制股东。

四、便利公司融资

公司法通过规定公司融资的条件与程序,促进公司的融资活动。资金之于公司犹如血液之于身体。公司融资通道一为公司的自我积累,二为公司向外部取得股权资本(发行新股)和债权资本(向银行融资、向投资者发行债券)。公司法通过规定增资、发债的条件与程序、规定公司对外担保的内部决策程序与外部代表程序等一系列制度安排,降低公司融资成本,提高融资规模,维护交易安全,促进公司与其相关交易伙伴的共同繁荣和发展。当前,我国的公司融资结构仍以银行的间接融资为主、直接融资为辅。中小公司尤其是民营公司的融资瓶颈依然存在。当前,我国应进一步开辟多渠道资金融通途径,积极鼓励债券市场,充分发挥典当业在方便中小公司融资方面的积极作用。

五、鼓励公司创新自律

要在宏观上建设创新型国家,就必须在微观层面上打造创新型公司。而要打造创新型公司,就必须弘扬公司自治精神。公司自治是现代公司法的灵魂,是市场经济富有活力的秘笈。公司法鼓励公司自治,鼓励公司的业务创新、产品创新、经营方式创新,允许公司章程在综合考量公司文化和投资者投资性格的基础上,量体裁衣设计个性化条款。当然,公司自治不仅意味着自由和权利,更意味着慎独自律。

六、拉动经济增长

在市场经济条件下,公司是生产资料、劳动力和消费者(含经营者)得以聚集、结合的最佳最大场所,是对全社会经济资源予以配置的重要市场主体,绝非合伙、个人独资企业所能比拟。从全世界发展趋势来看,公司经济力量越来越强,社会财富越来越向公司集中。公司可被誉为"现代社会的怪物"、"看不见的经济帝国"、"人类最大的软件"、"市场经济社会的主人翁"。我们的社会可被誉为"公司的社会",我们的世界可被誉为"公司的世界",我们的时代可被誉为"公司的时代"。

投资、消费和出口的协调拉动是促进经济增长的三驾马车。而要刺激投资,激发公司的活力,就必须充分发挥公司法的确认、规范、引导和保护作用。公司法积极鼓励公司的便捷设立,构建投资者友好型的法治环境。公司法强调完善公司治理,确保公司选择的经营专才对公司股东及其他利益相关者诚实守信、勤勉尽责,并确认公司股东通过自力(对公司经营者行使任免权、直接行使重大决策权)或他力(如委托独立董事或监事)手段降低代理成本,提高经营绩效。公司理财制度确保公司能够及时筹措成本合理的股权资本(发行新股)和债权资本(发行公司债券)。公司重组与公司并购制度鼓励公司做大做强,确保公司及其背后股东之间的资产和股权能够在不同公司间获得合理流动与优化配置。公司解散与清算制度确保经营失败的公司及时退出市场,进而帮助投资者尽量收回投资,帮助债权人尽量公平受偿。此外,市场竞争的压力、政府的干预和公司社会责任的理论还鼓励公司提高产品和服务质量、降低自身经营成本和社会成本,赚取阳光财富。因此,作为拉动国民经济增长的制度引擎,公司法有助于鼓励人们创造财富、积累财富、解放和发展生产力。

七、促进社会和谐

公司不仅是经济生活中的活力细胞,也是社会生活的重要居民。公司法不但要求公司为投资者创造投资回报,还要求公司肩负创造就业、缴纳税收、创新科技、传播文化、保护环境、节约资源、稳定社会、构建和谐的重大责任。公司社会责任理论与利益相关者理论表述虽有不同,但其核心内容相同,都体现了对公司社会性属性的关注。公司社会责任的核心价值观是以人为本,而非以钱为本。

我国《公司法》在弘扬股权文化的同时,在第5条旗帜鲜明地要求公司承担社会责任。这是我国社会主义公司法的一大特色,也是我国立法者对世界公司法的一大贡献。但在实践中,有的公司对公司社会责任制度采取了消极抵制态度,认为该条规定缺乏可诉性;有的公司则采取了实用主义的作秀态度;有的公司认为自己承担社会责任会造成"劣币驱逐良币"的问题,因而不愿承担社会责任。因此,如何进一步增强公司社会责任制度的可操作性,是我国当前立法者、政府部门和企业界十分关注的问题。

第五节 公司法的渊源

一、公司法

公司法兼具组织法与行为法的性质,是人民法院和仲裁机构裁判各类公司纠纷案件的主要依据。我国2005年《公司法》的修订标志着我国公司立法的进一步成熟,也意味着《公司法》的可诉性、可操作性与可预期性进一步增强。伴随着2005年《公司法》的修订,作为配套规则的行政法规(如《公司登记管理条例》)与部门规章(如《公司注册资本登记管理规定》)的修订活动陆续展开。以最高人民法院2006年4月28日发布《关于适用〈中华人民共和国公司法〉若干问题的规定(一)》为标志,一系列司法解释相继出台。与特别公司法相比,《公司法》可称为一般公司法或普通公司法。

二、公司法的特别法

依据特别法优先适用、一般法补充适用的原理,在公司法与其特别法有不同规定时,应优先适用特别法。作为公司法的特别法包括但不限于:外商投资企业法、全民所有制工业企业法、证券法、证券投资基金法、商业银行法、保险法等。例如,《证券法》有关证券公司、《证券投资基金法》有关基金管理公司、《商业银行法》有关商业银行、《保险法》有关保险公司的特别规定也优先于《公司法》而适用。由于这些金融产业攸关国家经济安全,从事此类产业的公司也承受着政府更多的公权力干预。再如,冠以"公司"之名的全民所有制企业在尚未改造成为公司前,其产权结构和治理结构仍应适用《全民所有制工业企业法》,而不适用《公司法》。当前,我国不少大型国有企业虽然下设了不少分公司、子公司,但其自身依然为非公司制的全民所有制企业法人。因此,在同一公司家族中,存在着对不同企业分别适用《公司法》与《全民所有制工业企业法》的一家多制现象。从长远立法改革的趋势看,要积极推动各类全民所有制企业的公司制改革,从而彻底将其从《全民所有制工业企业法》的调整轨道转向《公司法》的调整轨道。

三、证券法

证券法是公司法的特别法,是广义公司法的有机组成部分。股票的发行、交易及其他相关活动均为证券法的调整对象。国务院于1993年颁布了《股票发行与交易管理暂行条例》。全国人大常委会1998年颁布了《证券法》。针对1998《证券法》存在的制度设计缺陷,例如重安全、轻效率;重管制、轻自治;重刑(行)轻民以及前瞻性不够等问题,全国人大常委会于2005年10月27日对1998年《证券法》进行了大幅修改。这次修改体现了科学发展观的精神以及构建和谐社会的理念,强调了规范与发展并举、公平与效率兼顾的指导思想,重视了对投资者权利的保护,完善了证券市场监管体制,健全了上市公司、证券公司和证券服务机构等市场主体的诚信体系建设。例如,鉴于民事责任是法律责任中最能调动投资者维权积极性的救济措施,2005年修订的《证券法》在强化行政责任与刑事责任的同时,扩大了民事赔偿责任的适用范围,殊值嘉许。当然,《证券法》对投资者保护的重点,并不在于消除股票投资本身所蕴含的投资风险与市场风险,更不在于担保股东获得投资盈利,而在于预防和铲除股票发行与交易中的不公正行为,确保投资者能够在公开、公平、公正和诚实的股票发行与交易市场中作出明智投资决策。

四、民法

鉴于公司法为商法、民法特别法,应根据特别法优先适用[①]、一般法补充适用的原理,补充适用相关的民法制度与基本原则。民法的基本原则主要有平等原则、意思自治原则、诚实信用原则、权利不得滥用原则。在公司法未作规定时,公司纠纷案件均可补充适用民法中的民事主体尤其是法人制度、法律行为制度、代理制度、民事责任制度、时效制度、物权制度、债权制度(含合同、侵权、不当得利、无因管理)等制度。例如,股权转让合同纠纷除了适用《公司法》有关股权转让的特别规定外,可补充适用《合同法》有关合同的订立、履行、变更与违约责任的相关规定。又如,公司依法取得的物权享受《物权法》保护。再如,公司与公司高管之间的法律关系也可补充适用代理制度的一般规定。

五、相邻法

作为公司法与其他相邻法交叉调整对象的法律关系也可补充适用相邻法(信托法、反垄断法、反不正当竞争法等)的规定。例如,股权信托关系除了适用

[①] 倘若特别法为旧法,普通法为新法,仍以特别法优先。除特别法与普通法之关系,新法应优于旧法。

公司法,还应适用《信托法》有关规定。

六、公司章程

公司章程作为充分体现公司自治精神的法律文件,堪称公司生活中的"宪法"。公司章程是公司的自治规章,既非合同,亦非自治法规。我国《公司法》第11条规定,设立公司必须依法制定公司章程。公司章程对公司、股东、董事、监事、高级管理人员具有约束力。因此,当公司、股东、董事、监事、高级管理人员围绕公司章程产生纠纷时,除非公司章程与公司立法相互抵触,应以公司章程为准。

公司章程有实质意义与形式意义之别。实质意义上的公司章程,指规范公司的组织和活动,特别是公司、股东、董事等经营者相互之间权利义务关系的根本准则;形式意义上的公司章程则指记载此种规则的书面文件。《公司法》鼓励公司章程作量体裁衣的个性化设计。细节管理决定成败。公司章程对公司法律关系当事人的权利义务关系规定越明确,公司章程作为裁判依据的作用越明显。

七、股东协议

为尊重股东自由,应允许股东之间依法通过股东协议就其相互关系作出约定。例如,根据我国《公司法》第35条之规定,全体股东可自由约定不按照出资比例分取红利或不按照出资比例优先认缴出资。股东协议只要不违反公司法与公司章程,就应受到尊重。公司与个别股东签订的有效协议也应受到尊重。

当股东协议与公司章程的内容不一、发生冲突时,究以何者为准？鉴于股东协议的缔约方只限于股东,而不包括公司和其他当事人在内,为弘扬契约自由精神,当公司章程确定的权利义务关系与股东协议确定的权利义务关系有所不同时,除非涉及善意第三人的合法权益,应以股东协议为准。

八、自治规章

证券交易所、上市公司协会、董事协会、证券业协会、注册会计师协会、律师协会等非营利组织的自治规章或行为守则,只要不与强行法、公序良俗和公司的本质特征相抵触,亦不失为有关公司纠纷案件的裁判依据。例如,验资机构在对股东的非货币财产出资出具不实验资报告时是否存在过错,就可参酌中国注册会计师协会的相关执业规则。

在公司法以上诸多渊源中,公司章程、股东协议、行业自律规则和商事习惯可称为商人们的内生法律规则,而其他法律规则可称为外生法律规则。内生法律规则更接近商法自治精神,更能体现市场机制的本质要求,但缺点是囿于眼界的局限性和利益的对抗性,内生法律规则的孕育和成长不如外生法律规则那么自觉、快捷。所以,无论是内生法律规则,还是外生法律规则都应予以鼓励,尤其鼓励两类规则之间的良性互动,尤其是二者间的相互激励、相互影响和相互促进。

九、商事习惯

在法律、公司章程和股东协议均无明文规定的情况下,在公司实践中长期反复遵行、并具有合法性和确定性的商事习惯也可作为裁判依据。商事习惯是在实践中被广大商人反复遵循、反复实践的商业做法。倘若公司立法被称为国家为商人们设定的外生法律规则,而商事习惯则是商人们自发制订的内生法律规则,而且生命力极其旺盛。法官应注意发现商事习惯。实际上,沸腾的投资生活纷繁复杂,且每时每刻出于变动之中。投资活动除了遵循成文法之外,尚遵循着成文法之外的商事习惯。

《瑞士民法典》第1条第2项规定,"无法从本法得出相应规定时,法官应依据习惯法裁判"。我国台湾地区"民法典"第1条也规定,"民事,法律所未规定者,依习惯。"依王泽鉴先生解释,该条所称"习惯"系指习惯法而言。[①]

商事习惯要作为裁判依据必须满足三个条件:(1)内容明确具体,不能模棱两可。该商事习惯是否的确客观存在?法官对此可依据职权主动调查,也可责令有关当事人承担举证责任。(2)在实践中被广大商人普遍确信为具有实质意义的法律规范而反复遵循与实践,不是偶尔适用。(3)符合主流的商业文化和价值观,不违反法律和行政法规中的强制性规定,不悖于公序良俗原则和诚实信用原则。只有当法官确信某商事习惯确实存在,广大当事人普遍确信该商事习惯为具有实质意义的法律规范,而且该习惯不与成文法相抵触时,方可援引该商事习惯判案。倘若善良的商事习惯抵触了成文法中的恶法条款,法院也不宜援引商事习惯。法官可通过法定程序,提请立法者废除恶法条款。

法官发现商事习惯的方式很多,并不拘泥于咨询政府部门一种方式。法官可在行业协会或同产业、同地区商人的协助下发现商事习惯。当公司纠纷源于契约关系时,法官援引商事习惯还应确信,争议双方当事人在缔结契约时明示或默示地愿意以该商事习惯规范双方的法律关系。

十、法理与学说

(一) 法理

《瑞士民法典》第1条第2项规定:"无法从本法得出相应规定时,法官应依据习惯法裁判;如无习惯法时,依据自己如作为立法者应制定之法规裁判。"《奥

---

① 王泽鉴:《民法总则》(增订版),中国政法大学出版社2001年版,第57页。

地利民法典》第 7 条规定:"无类推的法规时,应深思熟虑,依自然法则判断之。"我国台湾地区"民法典"第 1 条规定:"民事,法律所未规定者,依习惯;无习惯者,依法理。"此种立法例颇值我国大陆借鉴。

所谓法理,又称条理、自然法、通常的法律原理,指从法律精神中演绎出来的一般法律原则,是谋求社会生活事物不可不然之理。① 从公司法律体系和整体精神中抽象出来的法理也是公司纠纷案件的裁判依据。法官援引法理(包括外国立法例)判案时,以竭尽成文法或习惯法之寻找为前提;倘若公司法或证券法乃至习惯法中存在判案依据,法官便不得舍近求远,援引法理判案。

(二) 学说

学说可否作为私法的法源,聚讼纷纭。否定说认为,"学说并非法源之一,学说无拘束力,但为法律继续形成之出发点。法律科学仅在于寻求法律知识,准备其适用基础,将法律素材加以整理、审查,找出解释上的困难,寻求其答案。也从事于判例的研究,找出其矛盾处,指示新的途径"。② 肯定说认为,学说常常是帮助法院或实务认识社会之规范需要(存在),及其应该之规范内容(当为)的主要媒介或依据。当学说确实反映了"存在"之真相及"当为"之要求,其内容构成"实质意义之法律",从而具有法源意义。③

笔者持肯定说。倘若将法理界定为直接法源,学说则可界定为间接法源。当然,学说的作用在于发现法律,而非创设法律。学说既包括国内外学者间的通说或多数说,也包括国内外学者间的新说和少数说。学说主张者并非立法机构,且学说争鸣在所难免,法院和仲裁机构无论援引旧说、新说,抑或通说、少数说,均无不可。但应在判决书中详细阐明采纳该说的具体理由,避免司法专横。法官选择学说时,应见贤思齐,择善而从,并确信所引学说与本案中的法律关系相互契合。判决书必须自圆其说,详述裁判理由。只有辨法析理,严谨论证,才能取得胜败皆服的法律效果与社会效果,才能从根本上息讼宁人。

十一、判例和司法解释

我国民商法大致上属于大陆法系,具有浓厚的成文法色彩,过去和现在都不承认判例为一种法律渊源。我国法院和法官不具有造法职权,法院判决也非法律创制,不是法律的渊源。即便最高人民法院的判决也不能作为有效法律拘束该院和下级法院嗣后审理同类案件的活动,最高人民法院判决以及在《最高人民法院公报》刊登的典型判例仅对各级法院审理案件具有指导作用而已。当

---

① 王泽鉴:《民法总则》(增订版),中国政法大学出版社 2001 年版,第 60 页。
② 黄立:《民法总则》,中国政法大学出版社 2002 年版,第 58 页。
③ 黄茂荣:《法学方法与现代民法》,中国政法大学出版社 2001 年版,第 8 页。

然,这种指导作用愈来愈明显。

借鉴英美法系的传统,承认判例法也是我国法律体系中的渊源,有利于保持我国法律的生命力和灵活性,弥补成文法之不足。有学者认为,将法院的裁判径论为法源,赋予规范性拘束力,并非妥当做法。因为,这不仅混淆了立法与司法的分际,而且使法院裁判或见解趋于固定或僵化,难以适应变动不羁社会经济活动的需要。① 此说言之有理,但难以解释美国法院的判例法为何总体上仍具活力。实际上,将成文法与判例法的优点兼收并蓄也许是最佳选择。

最高人民法院应充分运用其司法解释权,通过及时制定司法解释的途径,及时发现与创新统一的裁判规则。

十二、国际条约

我国《民法通则》第142条规定:"涉外民事关系的法律适用,依照本章的规定确定。中华人民共和国缔结或者参加的国际条约同中华人民共和国的民事法律有不同规定的,适用国际条约的规定,但中华人民共和国声明保留的条款除外。中华人民共和国法律和中华人民共和国缔结或者参加的国际条约没有规定的,可以适用国际惯例。"因此,中国与外国缔结的国际条约尤其是保护投资者的双边协定也是公司法的主要渊源。

第六节 中国公司法历史

一、1904 年《公司律》

公司制度并非中国的固有制度,而系由国外输入的舶来品。鸦片战争后,不少朝野人士认为富国强兵、抵御洋货入侵的唯一途径在于扭转"重农抑商、商为四民之末"的传统观念,振兴中国工商业,导入公司制度。为此,薛福成和严复曾著文极力肯定公司制度的作用。在这种历史背景下,中国公司制度应运而生。

1904 年 1 月 21 日的《公司律》由清政府任命的商部左侍郎、曾在英国受过法律教育的伍廷芳主笔起草。② 该律以英国 1856 年《股份公司法》、1862 年《公司法》与日本 1899 年《商法典》为蓝本,其中五分之三的条文仿自日本,而日本《商法典》又以德国为师;五分之二的条文仿自英国。该律堪称我国商事立法史上全面移植外国法的典范,也是我国历史上的首部公司法。

---

① 黄茂荣:《法学方法与现代民法》,中国政法大学出版社 2001 年版,第 5—6 页。
② 伍廷芳是在英国取得律师资格的第一位中国人,在受命起草《公司律》之前的 1896 年至 1902 年担任清政府驻美国大使。他所受的专门法律教育及其在西方国家工作的经验,使其在起草《公司律》时易于大刀阔斧地移植西方法律经验。参见 http://www.netlawyer.com.cn/zhuzuo/minguo.htm;《清代名人传记》第 7 卷,辽宁人民出版社 1993 年版,第 275 页。

《公司律》作为《大清商律》第 2 章,由 11 节、131 个条文构成。《公司律》规定了 4 类公司:合资公司、合资有限公司、股份公司与股份有限公司。《公司律》确立了股东有限责任原则,规定了中外股东、官民股东、新旧股东之间相互平等的原则,规定了股东诸权利,规定了董事、查账人、董事会议和众股东会议,但股东会与董事会之间的权限划分并不明确,且经理(含总办、总司理人、司事人)的资格及职责欠缺明确规定。虽然《公司律》立法技术尚显粗糙,依其设立的公司数量不多,公司的股东人数受限制,但《公司律》对我国后来公司制度的发展发挥了积极作用。

二、宣统二年《公司律草案》

1908 年,沈家本主持的修订法律馆聘请日本法学家志田钾太郎协助起草《公司律》,因不合国情需要,经清政府访查各地商事习惯,交由农工商部修订。《公司律草案》计 334 条,于宣统二年(1910 年)提交资政院审查,但未及审议颁行,清政府已被推翻。

三、1914 年《公司条例》

1914 年 1 月 13 日颁布的《公司条例》是国民政府总统公布的,未经立法机构审议,故曰《条例》而非《律》。为配合该法实施,国民政府于 1914 年 9 月 1 日颁布了《公司条例实施办法》。《条例》以志田钾太郎的草案为蓝本,体现了大陆法系国家中民商分立的特点。

四、1929 年《公司法》

1929 年 12 月 26 日颁布的《公司法》根据民商合一的指导思想制订。[①] 该法突出了为节制资本而注重保护小股东利益、限制大股东表决权的特点。例如,某股东有 11 股以上的表决权时,应当以章程限制其表决权,且每一股东的表决权不得超过全体股东表决权的五分之一。又如,股东会之出席最低成数即基本定足数无论为过半数、三分之二或四分之三之比数,不仅以其所代表的股份总数为准,且须以股东人数为准。这些均为对纯粹的一股一票原则和资本多数决原则的变通规定,在当时对于小股东的保护具有一定积极意义。该法还禁止公司收买自己股份,这无疑有利于对公司股东和债权人的保护。

五、1946 年《公司法》

该法为鼓励投资而放松了对大股东表决力的限制。该法规定,对拥有 11 股

[①] 当时的《民商统一提案审查报告书》从历史关系、社会进步、世界交通、各国立法趋势、人民平等、编订标准、编订体例、商法与民法的关系等 8 项理由,论证应制定民商统一法典。

以上表决权的股东是否限制其表决权,委由章程决定;股东大会出席定员数的计算仅以股份总数为准,股东总数不再作为计算标准。该法强化了企业内容公开原则对潜在股东利益的保护。该法规定了招股章程应当记载的事项。该法强化了董事、监事和经理对公司所负的责任。为使董事、监事与股东的利益连为一体,该法除继续维持董事、监事由股东充任的规定外,规定董事、监事将其所持股份全部转让时,当然解任。该法规定了经理的当选资格和权责。该法还将无记名股票的发行限额由股份总数的三分之一改为二分之一,以加强股份的流通性,吸引国民投资。

六、1950 年《私营企业暂行条例》

新中国在成立后废除了国民党"六法全书",包括 1929 年《公司法》。为解除投资者的思想顾虑,鼓励私人资本投资经营有利于国计民生的企业,政务院于 1950 年 12 月 29 日颁布了《私营企业暂行条例》。《条例》第 1 条确立了保护投资者权益的根本指导思想。《条例》注重企业治理问题。依第 22 条,董事的选任按出席股东表决权的多少决定,以尊重资本多数决原则,而监察人的选任则按出席股东人数多少决定,以增加小股东的当选机会。为维护公司和股东的利益,第 23 条规定渎职的公司经营者应负法律责任。

随着生产资料私有制的社会主义改造的完成,我国开始追求生产资料所有制的公而又公,纯而又纯,企业的形式仅限于国营企业和集体企业。公司组织和公司制度也开始销声匿迹,直到党的十一届三中全会以后才重新得以在中国大地萌芽。

七、外商投资领域的公司立法

我国公司立法率先从外商投资企业领域起步。1979 年 7 月 1 日,第五届全国人大第二次会议通过的《中外合资经营企业法》(后于 1990 年 4 月 4 日和 2001 年 3 月 15 日两次修正)实际上是我国改革开放以来在外资领域的第一部公司立法。该法第 4 条规定:"合营企业的形式为有限责任公司。在合营企业的注册资本中,外国合营者的投资比例一般不低于 25%。合营各方按注册资本比例分享利润和分担风险及亏损。合营者的注册资本如果转让必须经合营各方同意。"这是我国在外资领域的第一部公司立法。1983 年 9 月 20 日,国务院发布了《中外合资经营企业法实施条例》(后于 1986 年 1 月 15 日、1987 年 12 月 21 日和 2001 年 7 月 22 日修订)。

1986 年 4 月 12 日,第六届全国人大第四次会议通过了《外资企业法》(后于 2000 年 10 月 31 日修正)。经国务院 1990 年 10 月 28 日国务院批准,原对外经济贸易部 1990 年 12 月 12 日发布的《外资企业法实施细则》(2001 年 4 月 12 日修订)第 18 条规定:"外资企业的组织形式为有限责任公司。经批准也可以为其他责任形式。外资企业为有限责任公司的,外国投资者对企业的责任以其认缴的出资额为限。"

1988 年 4 月 13 日,第七届全国人大第一次会议通过了《中外合作经营企业法》(后于 2000 年 10 月 31 日修正)。该法第 2 条第 2 款规定,"合作企业符合中国法律关于法人条件的规定的,依法取得中国法人资格。"经国务院 1995 年 8 月 7 日批准,原对外经济贸易部 1995 年 9 月 4 日发布的《中外合作经营企业法实施细则》第 4 条也规定,合作企业包括依法取得中国法人资格的合作企业。

三套外资企业法及其配套的行政法规和部门规章对于我国吸引外来资本、技术和先进管理经验,保护外国投资者合法权益发挥了积极作用,受到了国内外投资者的充分肯定。从制度设计的影响来看,外商投资企业立法不仅奠定了外商投资企业设立与运营的法治基础,也为我国 1993 年《公司法》的出台和国有企业的公司制改革提供了制度标杆。例如,这些立法文件中确立的董事会制度、注册资本制度、投资者有限责任制度基本上体现了有限责任公司制度的基本精神。

八、1993 年《公司法》

在 20 世纪 80 年代,外国投资者纷纷来华设立公司,内资公司的数量也日益增多。良莠不齐的众多公司既推动了经济发展,也给交易安全带来较大冲击。为兴利除弊,全国人大常委会和国务院都确定要抓紧制定公司法。1983 年由国家经委、国家体改委开始起草《公司法》,1986 年改为分别起草《有限责任公司条例》和《股份有限公司条例》。1988 年,国务院颁布了《私营企业暂行条例》。但此后几年,公司立法处于暂停状态。

东风吹来满眼春。1992 年邓小平同志视察南方时发表的重要讲话为投资兴业活动和公司立法进程的加快指明了正确的政治方向、提供了强大的理论支持。国家体改委与国家计委、财政部、中国人民银行、国务院生产办紧急启动了公司立法程序,并于 1992 年 5 月 15 日联合发布了《股份制企业试点办法》和《股份有限公司规范意见》、《有限责任公司规范意见》等一系列配套的公司部门规章。

但部门规章不能取代公司基本立法。为了适应建立现代企业制度的需要,规范公司的组织和行为,保护公司、股东和债权人的合法权益,维护社会经济秩序,迫切需要《公司法》的尽快出台。1992 年 8 月,国务院提请全国人大常委会审议《有限责任公司法草案》。全国人大常委会委员们在审议该草案时提出,为适应社会主义市场经济发展的需要,应当制定一部覆盖面更宽一些、内容比较全面的公司法。1993 年 11 月,中共中央通过的《关于建立社会主义市场经济体制若干问题的决定》明确指出"国有企业实行公司制,是建立现代企业制度的有益探索"。该《决定》的出台更加速了公司法的出台步伐。第八届全国人大常委会第五次会议于1993年12月29日通过了《中华人民共和国公司法》。该《公司法》体现了为国企改革和发展服务的理念,并直接借用了《决定》中提出的"法人财产权"的概念。该法后于1999年、2004年和2005年修正三次,其中以2005年10月27日的修改幅度最大。

九、《公司法》的历次修改

1999年12月25日,全国人大常委会修改《公司法》,增设了国有独资公司监事会,授权国务院放宽高新技术的股份公司中发起人以工业产权和非专利技术作价出资的金额占公司注册资本的比例、以及公司发行新股、申请股票上市的条件,允许在证券交易所内部为高新技术股份公司股票开辟第二板块市场。

2004年8月28日,全国人大常委会再度修改《公司法》,删去《公司法》第131条第2款"以超过票面金额为股票发行价格的,须经国务院证券管理部门批准"之规定,从而将股票发行的定价机制回归市场。

但1999年和2004年的公司法修改仅是对个别条文的局部修正,无法从根本上克服1993年《公司法》的制度性缺陷和结构性缺陷。为了鼓励投资兴业,维护交易安全,增强我国公司在"入世"后的国际竞争力,妥善处理公司内部人与外部人之间、公司股东与公司高管之间、大小股东之间的利益冲突,立足于我国公司实践,大胆借鉴国际先进立法例、判例与学说,全面修正《公司法》势在必行。

2004年3月"两会"期间,有601位全国人大代表和13位全国政协委员提出建议、议案或者提案,要求修订公司法。2004年12月28日,国务院总理温家宝将《公司法修订草案》提请全国人大常委会审议。经过三次审议,2005年10月27日,全国人大常委会高票通过了修订的《公司法》。《公司法》的出台和三次修订标志着现代公司法已在中华大地彻底落地生根。

鉴于我国三套外商投资企业立法体系颁布于《公司法》出台之前,我国外商投资企业中有相当一部分是有限责任公司,《公司法》与三套外商投资企业立法就同一事项有不同规定的情形不少,1993年《公司法》第18条规定:"外商投资的有限责任公司适用本法,有关中外合资经营企业、中外合作经营企业、外资企业的法律另有规定的,适用其规定。"可见,公司法与外商投资企业法是一般法与特别法的关系。

由于2005年《公司法》修改的阶段性特点,导致2005年修订的《公司法》本身还存在一定缺憾,需要在未来公司法改革中予以关注。例如,立法者要确认控制股东对公司和其他股东负有诚信义务,并明确控制股东的赔偿责任范围和责任追究机制;要进一步完善一人公司制度,将一人公司制度引入股份有限公司领域;要进一步提高有限责任公司股东的人数上限;要进一步妥善处理好公司法与其他相邻法,尤其是证券法、国有资产管理法、劳动法等法律之间的相互关系;未来公司法改革还应着眼于完善立法技术,推动公司治理和经营的电子化进程。

我国改革开放以来的三十年是我国公司法律制度恢复和发展的三十年,是从外商投资企业领域起步、然后覆盖到民营经济领域、最后延伸到国有企业改革领域的三十年,是西方公司法理论与中国的市场经济实践有机结合的三十年,是全国层面与地方层面的公司立法活动相互促进的三十年,也是中国公司法由被动移植到积极创新的三十年,更是中国公司法在世界公司法舞台上逐渐崭露头角、并孕育潜在世界影响力和领导力的三十年。

公司法现代化是一个永恒的主题,也会是一个国际化的主题。从市场经济大国公司法近年来的频繁改革趋势看,我国2005年修订的《公司法》也将迎来更加频繁的制度创新。相信我国的公司法在经历市场经济的千锤百炼之后必将大放异彩!

第二章 公司设立

第一节 概 述

一、公司设立行为的概念

公司设立行为有广狭二义。广义的公司设立行为指依照法定条件和程序创设公司法律人格的各种法律行为与事实行为的总称;狭义的公司设立(或称发起人的公司设立行为)仅指发起人为创设公司法律人格而实施的一连串民事行为。公司设立的过程既涉及事实行为,也涉及法律行为;法律行为中既包括出资人或发起人的民事行为,也包括审批机关和登记机关的行政行为。此处重点讨论公司设立过程中的民事法律行为。

与"公司设立"紧密相连、但又严格区别的概念是"公司成立"。公司成立是公司诞生、取得独立法律人格的状态和事实,是公司设立行为的追求目的和实现结果。而公司设立是创设一个具有法律人格的公司组织的动态的全部过程和行为总和,是公司成立的前提。因此,公司设立行为与公司成立之间为因果关系,前者是因,后者为果。

当然,公司设立行为未必都能实现预期目的。发起人设立公司的行为有可能导致公司的成立,也有可能导致公司的不成立或失败;既可能导致公司的有效成立,也可能导致公司设立的瑕疵甚至无效。在实践中,公司在设立过程中由于各种原因而最终不能成立的现象并不少见,已设立完毕并取得法人资格的法人被法院宣布为无效的可能性也同样存在。因此,公司的成立必经设立阶段,但公司的设立过程并不必然导致公司的有效成立。

二、公司设立行为的性质

传统公司法理论认为,公司设立行为的法律性质是共同法律行为:二人以上为设立公司,以相同方向的平行意思表示而成立的民事法律行为。在二人以上发起人筹划公司设立的情况下,共同行为说固然能自圆其说;但在一人公司的情况下,由于一名发起人即可完成公司的设立过程,因而此种情况下的公司设立行为表现为单独法律行为。

笔者认为,公司设立行为均为民事法律行为,至于为共同行为抑或单独行为要视公司类型和发起人人数而定。被设立的公司为股东多元化公司或发起人为二人以上的,公司设立行为是共同行为;被设立公司为一人公司、发起人为一人的,公司设立行为是单独行为。

三、公司设立的立法态度

我国《公司法》对公司的设立采取准则主义为主、许可主义为辅的原则。该法第 6 条规定:"设立公司,应当依法向公司登记机关申请设立登记。符合本法规定的设立条件的,由公司登记机关分别登记为有限责任公司或者股份有限公司;不符合本法规定的设立条件的,不得登记为有限责任公司或者股份有限公司。法律、行政法规规定设立公司必须报经批准的,应当在公司登记前依法办理批准手续。"

在贯彻准则主义的同时,还存在一些法定的例外前置行政许可情形。根据《公司登记管理条例》第 22 条规定,公司申请登记的经营范围中属于法律、行政法规或国务院决定规定在登记前须经批准的项目的,应当在申请登记前报经国家有关部门批准,并向公司登记机关提交有关批准文件。换言之,凡是法律法规规定公司登记前置审批程序的,无论是有限责任公司,还是股份有限公司都必须依法办理前置审批程序。这种情形主要发生在市场准入门槛较高的产业(如银行业、证券业、保险业、信托业等)。可预言,随着《行政许可法》实施力度的加大和服务型政府、法治政府的建设步伐的加快,我国对于公司设立采取许可主义的情况将会大幅压缩。

就公开募集设立方式的股份有限公司而言,除了其他类型的股份有限公司、有限责任公司一样遵守特殊产业的行政前置审批程序外,还要遵守我国《公司法》第 93 条第 2 款之要求,"以募集方式设立股份有限公司公开发行股票的,还应当向公司登记机关报送国务院证券监督管理机构的核准文件"。该条款只适用于以公开募集方式设立股份有限公司的场合,而不适用于发起设立以及定向募集设立的场合。《公司登记管理条例》第 21 条除在第 3 款重申这一规定外,在第 4 款又专门保留了一句话,"法律、行政法规或国务院决定规定设立股份有限公司必须报经批准的,还应当提交有关批准文件"。但由于 2005 年修订的《公司法》废除了 1993 年《公司法》第 77 条针对所有股份有限公司规定的行政许可条款,《公司登记管理条例》第 21 条第 4 款的适用范围不会太宽。

《公司法》体现的准则主义也是严格的准则主义。例如,我国《公司法》第 31 条规定了原始设立股东对于其他瑕疵出资股东的连带补充清偿责任;该法第 95 条要求股份有限公司的发起人在公司不能成立时,对设立行为所产生的债务和费用负连带责任。可见发起人法律风险之重。

由于我国外商投资企业法和《公司法》尚未并轨,前者为后者的特别法,因此根据《公司法》第 218 条规定,我国对外商投资公司的设立依然采取许可主义原则。换言之,外商投资公司在前往公司登记机关办理设立登记之前,无论是否须办理产业领域的前置审批程序,前往外商投资主管部门办理行政审批手续都是办理公司登记的前置程序。

第二节 公司设立要件

一、概述

鲜花的生长离不开阳光、土壤和水。公司的孕育也需要一定的条件。我国《公司法》第6条第1款指出:"设立公司,应当依法向公司登记机关申请设立登记。符合本法规定的设立条件的,由公司登记机关分别登记为有限责任公司或者股份有限公司;不符合本法规定的设立条件的,不得登记为有限责任公司或者股份有限公司。"

为落实前述条款,我国《公司法》第23条规定:"设立有限责任公司,应当具备下列条件:(一)股东符合法定人数;(二)股东出资达到法定资本最低限额;(三)股东共同制定公司章程;(四)有公司名称,建立符合有限责任公司要求的组织机构;(五)有公司住所。"紧接着,《公司法》第77条规定:"设立股份有限公司,应当具备下列条件:(一)发起人符合法定人数;(二)发起人认购和募集的股本达到法定资本最低限额;(三)股份发行、筹办事项符合法律规定;(四)发起人制订公司章程,采用募集方式设立的经创立大会通过;(五)有公司名称,建立符合股份有限公司要求的组织机构;(六)有公司住所。"以上公司设立条件可概括为三个方面:主体要件(包括股东或发起人、公司机关、公司名称)、物质要件(包括公司资本、公司住所)与规则要件(包括公司章程)。

二、适量的发起人

公司设立的目的是为提升股东价值,公司设立的资本来自股东,公司的设立过程也要依靠股东。因此,符合法定人数的有限责任公司的股东或股份公司的发起人为公司设立之第一要件。股东分为兼任发起人的股东以及不兼任发起人的股东(如以公募或私募方式设立公司时的认股人)。在股份有限公司领域,投资者以发起方式设立公司时,全体股东均为发起人,而投资者以募集方式设立公司时,仅有部分股东(2人以上200人以下)担任发起人;而在有限责任公司领域,所有股东均扮演发起人角色。与不扮演发起人角色的股东相比,发起人的法律风险更大。

基于这一法理基础,最高人民法院2011年1月27日公布的《关于适用〈中华人民共和国公司法〉若干问题的规定(三)》(以下简称"《公司法》司法解释

(三)")第 1 条规定:"为设立公司而签署公司章程、向公司认购出资或者股份并履行公司设立职责的人,应当认定为公司的发起人,包括有限责任公司设立时的股东"。可见发起人的职责有三:一是签署公司章程;二是认购出资;三是履行公司设立职责。

有限责任公司的股东人数为 50 个以下。我国《公司法》引进了一人有限责任公司制度。立法者设定 50 人上限的意图在于维持有限责任公司股东之间的人合性,担心股东人数越多,相互之间的团结合作程度越弱。从长远看,股东人数上限似可删除,立法者可将股东人合性问题留待股东自行识别与解决。日本 2005 年《公司法典》一举废除了有限责任公司制度,有限责任公司的股东上限制度随之土崩瓦解。

就股份有限公司而言,我国《公司法》第 79 条要求有 2 人以上 200 人以下为发起人,其中须有半数以上的发起人在中国境内有住所。可见,立法者在引进一人有限责任公司的同时,并未将一人公司引向股份有限公司领域。公司的社团性仅在有限责任公司领域获得了突破,至于在股份有限公司领域仍应维持股东 2 人以上的法律要求。立法者对发起人之外的股东人数未予限制,立法理念在于,股东人数越多,公司资本越充实,股权流通越活络。某些上市公司股东高达数十万人甚至百万人之巨。这与立法者限制有限责任公司股东人数上限的立法态度形成了明显对比。

三、不低于法定最低限额的资本

我国《公司法》第 23 条要求有限责任公司股东出资达到法定资本最低限额,第 77 条要求股份有限公司发起人认购和募集的股本达到法定资本最低限额。当然,最低注册资本制度并不担保债权人的绝对安全,也不担保股东有限责任待遇的绝对安全。为打造平民化公司法,鼓励公众投资兴业,《公司法》第 26 条第 2 款不再根据公司不同产业分别规定最低注册资本,并将有限公司最低注册资本统一确定为 3 万元;但法律、行政法规对有限责任公司注册资本最低限额有较高规定的,从其规定。为扩大股份公司制度的适用范围,切实把股份公司制度重塑为公众投资者享用的公共产品,《公司法》第 81 条将股份有限公司注册资本的最低限额确定为 500 万元人民币。没有无例外的原则。法律仍可基于保护债权人、捍卫公司利益的理念,在法定例外情况下,对于资金密集型、经营风险密集型的特定产业保留法定最低注册资本。由于股份有限公司可采取募集设立方式,我国《公司法》第 77 条要求此类公司的股份发行、筹办事项符合法律规定。此处的"法律规定"既包括我国《公司法》规定,也包括我国《证券法》规定,尤其是第 2 章有关证券发行的规定;既包括有关发行条件的规定,也包括有关发行程序的规定。

四、公司章程

没有规矩,不成方圆。公司不是一盘散沙,而是一个运转有序的组织体。章程是公司的设立要件之一。缺乏公司章程,股东会变成乌合之众,股东出资也会成为一堆死钱。因此,我国《公司法》第 11 条规定:"设立公司必须依法制定公司章程。公司章程对公司、股东、董事、监事、高级管理人员具有约束力。"

我国《公司法》第 23 条和第 77 条都要求股东或发起人制作(含制定或制订两种情形)公司章程,但制作程序稍有不同。《公司法》第 23 条要求有限责任公司股东共同制定公司章程;第 25 条第 2 款要求股东在公司章程上签名、盖章,此处的"股东"实乃复数概念,指"全体股东"。该法第 77 条要求股份有限公司"发起人制订公司章程,采用募集方式设立的经创立大会通过"应当解释为:股份有限公司采用募集设立方式的,由发起人制订公司章程、经创立大会通过;采用发起设立方式的,由全体发起人共同制定公司章程即可。

我国《公司法》第 25 条第 1 款要求有限责任公司章程载明下列事项:(1) 公司名称和住所;(2) 公司经营范围;(3) 公司注册资本;(4) 股东的姓名或名称;(5) 股东的出资方式、出资额和出资时间;(6) 公司的机构及其产生办法、职权、议事规则;(7) 公司法定代表人;(8) 股东会会议认为需要规定的其他事项。

我国《公司法》第 82 条要求股份有限公司章程载明的事项略多一些:(1) 公司名称和住所;(2) 公司经营范围;(3) 公司设立方式;(4) 公司股份总数、每股金额和注册资本;(6) 发起人的姓名或名称、认购的股份数、出资方式和出资时间;(6) 董事会的组成、职权和议事规则;(7) 公司法定代表人;(8) 监事会的组成、职权和议事规则;(9) 公司利润分配办法;(10) 公司的解散事由与清算办法;(11) 公司的通知和公告办法;(11) 股东大会会议认为需要规定的其他事项。可见,有限责任公司与股份有限公司的章程大同小异,主要区别源于股份有限公司的特殊性。

五、公司名称

(一) 公司名称的功能

公司名称是一家公司区别于其他公司的主要特征,在交易伙伴尤其是消费者心目中具有身份识别的作用。就此点而言,公司名称与自然人姓名的作用大同小异。因此,公司名称不仅是公司的设立要件,更是公司的宝贵财富。

(二) 公司命名自由选择主义

就公司名称的选用而言,现代公司法奉行自由选择主义态度。因此,公司发起人应当竭尽自己的智慧和想象力,选择一个既琅琅上口、能被广大消费者牢记于心,又能为公司带来巨大财富效应的公司名称。

（三）法律对公司命名的适当干预

为规范公司命名秩序，维护交易安全，《公司登记管理条例》第 11 条要求公司名称符合国家有关规定。这些法律规则概括起来，主要包括以下内容：

(1) 公司名称单一原则。公司只能使用一个名称。这是由于，倘若允许一家公司使用多个名称，则一旦公司交互使用公司名称，便容易导致交易伙伴的重大误解甚或上当受骗。

(2) 有限责任警示原则。我国《公司法》第 8 条规定："依照本法设立的有限责任公司，必须在公司名称中标明有限责任公司或者有限公司字样。依照本法设立的股份有限公司，必须在公司名称中标明股份有限公司或者股份公司字样。"自反面言之，我国《公司法》第 211 条禁止尚未依法成立的自然人、法人或其他组织冒用"有限责任公司"或"股份有限公司"的名义："未依法登记为有限责任公司或者股份有限公司，而冒用有限责任公司或者股份有限公司名义的，或者未依法登记为有限责任公司或者股份有限公司的分公司，而冒用有限责任公司或者股份有限公司的分公司名义的，由公司登记机关责令改正或者予以取缔，可并处 10 万元以下的罚款。"倘若一家个人独资企业、个体工商户或合伙企业擅自使用冒用"有限责任公司"或"股份有限公司"的名义也属禁止之列。

(3) 名称组成要素法定主义。根据《企业名称登记管理规定》第 7 条的规定，企业名称应当由以下部分依次组成：字号（或商号）、行业或经营特点、组织形式。企业名称应当冠以企业所在地的行政区划名称。企业名称应当使用汉字，民族自治地方的企业名称可同时使用本民族自治地方通用的民族文字。企业使用外文名称的，其外文名称应当与中文名称相一致，并报登记主管机关登记注册。

(4) 误导名称禁止主义。企业名称必须符合公序良俗的原则，不得含有下列内容和文字：有损于国家、社会公共利益的；可能对公众造成欺骗或误解的；外国国家（地区）名称、国际组织名称；政党名称、党政军机关名称、群众组织名称、社会团体名称及部队番号；汉语拼音字母（外文名称中使用的除外）、数字；其他法律、行政法规规定禁止的。一些小企业为彰显自己的公信力，吸引消费者的眼球，往往愿意在其名称中冠以"中国"、"国际"的字样。实际上，根据《企业名称登记管理规定》第 13 条规定，只有下列企业才可申请在企业名称中使用"中国"、"中华"或冠以"国际"字词：全国性公司；国务院或其授权的机关批准的大型进出口企业；国务院或授权的机关批准的大型企业集团；国家工商行政管理局规定的其他企业。公司名称中含有"集团"字样的，还应当符合法律、法规和部门规章规定的条件。

（四）公司名称预先核准制度

为避免公司在成立之时出现名称抢注带来的被动局面，确保公司设立效率不因公司名称选择的一波三折而受影响,《公司登记管理条例》规定了公司名称预先核准制度。其中,第17条要求设立公司应当申请名称预先核准。法律、行政法规或国务院决定规定设立公司必须报经批准,或公司经营范围中属于法律、行政法规或国务院决定规定在登记前须经批准的项目的,应当在报送批准前办理公司名称预先核准,并以公司登记机关核准的公司名称报送批准。

就预先核准程序而言,《公司登记管理条例》第18条规定:"设立有限责任公司,应当由全体股东指定的代表或共同委托的代理人向公司登记机关申请名称预先核准;设立股份有限公司,应当由全体发起人指定的代表或共同委托的代理人向公司登记机关申请名称预先核准。申请名称预先核准,应当提交下列文件:(1)有限责任公司的全体股东或股份有限公司的全体发起人签署的公司名称预先核准申请书;(2)全体股东或发起人指定代表或共同委托代理人的证明;(3)国家工商行政管理总局规定要求提交的其他文件。"

预先核准的公司名称具有"保质期"。根据《公司登记管理条例》第19条规定,预先核准的公司名称保留期为6个月。预先核准的公司名称在保留期内,不得用于从事经营活动,不得转让。

(五)公司的名称权

公司的名称权是公司在其存续阶段对自己的名称享有依法使用、并排斥他人非法使用的权利。我国《民法通则》第99条第2款规定:"法人、个体工商户、个人合伙享有名称权。企业法人、个体工商户、个人合伙有权使用、依法转让自己的名称。"而该条被置于《民法通则》第5章"民事权利"中的第4节"人身权"。可见,公司名称权是公司依法享有的民事权利,属于人身权尤其是人格权的范畴。公司的名称权具有三个特点:(1)名称权是一种人身权,具有身份识别的功能;(2)名称权具有财产权的因素;(3)名称权具有可让渡性。

六、公司机关

公司作为法人,缺乏自然人的眼耳鼻舌身等器官对外作出意思表示,实施法律行为。一切决策、执行与监督活动均仰赖自然人组成的肩负特定职责的组织机构予以落实。因此,符合公司法要求的公司组织机构是各类公司的设立要件之一。

公司的组织机构,又称公司机关,包括公司的股东会、董事会(或执行董事)、监事会(监事)、法定代表人、董事长(执行董事)与经理。其中,股东会是公司的意思表示机关或最高决策机关,董事会(或执行董事)是股东会的执行机构,监事会(监事)是公司的监督机构,法定代表人是公司对外的当然代表人,董事长是董事会的召集人与主持人,经理是对公司日常经营管理活动负总责的公司高级雇员。

就股东会而言,无论是有限责任公司还是股份有限公司,都应设立股东会。一人公司尤其是国有独资公司仅有一名股东,可不设股东会。对此,我国《公司法》第62条规定:"一人有限责任公司不设股东会。股东作出本法第38条第1款所列决定时,应当采用书面形式,并由股东签名后置备于公司";第67条规定:"国有独资公司不设股东会,由国有资产监督管理机构行使股东会职权。国有资产监督管理机构可以授权公司董事会行使股东会的部分职权,决定公司的重大事项,但公司的合并、分立、解散、增加或减少注册资本和发行公司债券,必须由国有资产监督管理机构决定;其中,重要的国有独资公司合并、分立、解散、申请破产的,应当由国有资产监督管理机构审核后,报本级人民政府批准。"

就董事会而言,股份有限公司都要设立董事会;有限责任公司原则上也要设立董事会,小型有限责任公司可豁免设立董事会,同时保留董事会的缩微版(执行董事)。例如,我国《公司法》第51条规定:"股东人数较少或规模较小的有限责任公司,可设一名执行董事,不设董事会。执行董事可兼任公司经理。执行董事的职权由公司章程规定。"在实践中,执行董事往往享有董事会、董事长和总经理三位一体的职权。

就监事会而言,各类股份有限公司都要设立监事会;有限责任公司原则上也要设立监事会,仅有小型有限责任公司可豁免设立监事会,但要设一至二名监事。对此,我国《公司法》第52条第1款规定:"有限责任公司设监事会,其成员不得少于三人。股东人数较少或规模较小的有限责任公司,可设一至二名监事,不设监事会。"

就法定代表人而言,依照我国《公司法》第13条规定,公司法定代表人依照公司章程的规定,由董事长、执行董事或经理担任,并依法登记。公司法定代表人变更,应当办理变更登记。这意味着,董事长不再是公司的当然法定代表人,经理也有机会依据公司章程担任公司的法定代表人。

就董事长而言,仅在公司设有董事会的情况下才存在设立可能。倘若小型有限责任公司仅设立执行董事,就无需在执行董事之外另设董事长。

就经理而言,不管公司设有董事会,还是仅设执行董事,都可设立。当然,小型有限责任公司也可确定由执行董事兼任经理。

七、公司住所

既然法人属于"人"的范畴,是与自然人并肩而立的民事主体,当然应当有住所。公司为开展经营活动,更要有场所。法人的住所是法人发生法律关系的中心地域,对于确定债务的履行地、登记的管辖地、诉讼的管辖法院、法律文书的送达处所和涉外民事关系的准据法有着极其重要的意义。

我国现行立法将法人的主要办事机构所在地视为法人住所,不允许以主要办事机构所在地之外的地址为住所。例如,我国《民法通则》第 39 条规定:"法人以它的主要办事机构所在地为住所"。我国《公司法》第 10 条和《公司登记管理条例》第 12 条均将公司住所界定为公司主要办事机构所在地。这一立法态度与美国不同。美国诸州公司法允许公司自由确定其登记办事机构(registered office)。因此,公司的主要办事机构所在地与其登记住所并不相同。例如,不少公司在特拉华州注册,自然以特拉华州的登记住所为法定住所地,而其主要办事机构有可能处于西海岸的加利福尼亚。

公司住所不同于公司的经营场所。根据《公司登记管理条例》第 12 条规定,"经公司登记机关登记的公司的住所只能有一个。公司的住所应当在其公司登记机关辖区内"。但法人的经营场所作为法人经营活动的地点,既可有一个,也可有多个。

根据《公司登记管理条例》第 20 条和第 21 条规定,申请设立公司时应当向公司登记机关提交公司住所证明。《公司登记管理条例》第 24 条将公司住所证明定义为"能够证明公司对其住所享有使用权的文件"。可见,公司住所证明既包括房屋所有权证明,也包括房屋使用权证明,还包括房屋租赁合同等。

公司住所不仅是公司的设立要件之一,也是公司章程的绝对必要记载事项。既然是章程必备条款,公司变更住所时亦需股东大会特别决议修改章程。那么,住所变更自股东大会修改章程之时起生效,抑或自公司登记机关完成变更登记事项之时生效?有人问,某公司住所由五星级酒店 8 楼迁至 9 楼,是否属于住所变更?回答是肯定的。凡有可能导致股东或交易伙伴丧失与公司联系的住所的变动都属于公司股东会决议和登记机关变更登记的范畴。

有些国家对住所变更采取登记对抗主义,非经登记,住所变更不得对抗第三人。有些国家采取登记要件主义,非经登记,一律视为没有发生变更。我国《公司登记管理条例》第 29 条规定:"公司变更住所的,应当在迁入新住所前申请变更登记,并提交新住所使用证明。公司变更住所跨公司登记机关辖区的,应当在迁入新住所前向迁入地公司登记机关申请变更登记;迁入地公司登记机关受理的,由原公司登记机关将公司登记档案移送迁入地公司登记机关。"笔者将该条规定解释为登记对抗主义态度。换言之,如果公司依法变更了有关公司住所的章程条款,即产生住所变更的法律效力,即使尚未在登记机关办理登记也是如此,只不过在此种情况下不能对抗善意第三人而已。

第三节 公司设立程序

一、有限责任公司的设立程序

与股份有限公司相比,设立有限责任公司的门槛更低,程序更简单。依据我国《公司法》第2章第1节和《公司登记管理条例》的规定,设立有限责任公司一般要履行以下程序:(1)订立公司设立协议;(2)签署公司章程;(3)认缴并及时缴纳出资;(4)聘请验资机构出具验资证明;(5)确定公司机关及其组成人员;(6)办理登记前置的行政审批程序;(7)前往公司登记机关申请办理公司设立登记;(8)公司登记机关颁发企业法人营业执照。

（一）订立公司设立协议

实践中,公司发起人常常订立公司设立协议(即发起人协议),旨在明确发起人相互之间在公司设立阶段产生的权利义务关系。但我国公司立法并无此种硬性要求。为预防发起人之间不必要的误会与利益冲突,提高公司设立的成功率,发起人协议应予鼓励。

（二）签署公司章程

作为设立公司的重要步骤,全体发起人应当共同签署公司章程,即在公司章程上签名、盖章。公司章程既可由发起人亲自起草,也可委托专业律师代为起草。无论何人起草,都应体现合法严谨和量体裁衣的基本要求。有些国家的立法(如德国《有限责任公司法》)要求发起人对公司章程办理公证手续。我国立法并无此种要求,因此公司章程是否办理公证纯属公司自治的范畴。

（三）认缴并及时缴纳出资

缴纳出资是股东取得股东资格的对价和前提。因此,我国《公司法》第25条要求有限责任公司章程载明每位股东的出资方式、出资额和出资时间。可见,股东签署公司章程之时即为确认和允诺其出资义务之时。我国2005年修订的《公司法》改革了1993年《公司法》框架下的严格法定资本制,确立了法定资本制项下的分期缴纳出资制度,要求股东在公司成立之前及时足额地将自己承诺认缴的首期出资履行到位。

在公司章程确定以后,股东就应根据我国《公司法》第28条规定按期、足额、适当地缴纳公司章程中规定的各自所认缴的出资额。此处的"认缴"是指确认缴纳、允诺缴纳、承诺缴纳而言。股东以货币出资的,应当将货币出资足额存入有限责任公司在银行开设的账户;以非货币财产出资的,应当依法办理其财产权的转移手续。对作为出资的非货币财产还应当评估作价,核实财产,不得高估或低估作价;法律、行政法规对评估作价有规定的,从其规定。发起人倘若未及时、足额、适当地履行出资义务,就要承受不利法律后果:除应当向公司足额缴纳外,还应当向已按期足额缴纳出资的股东承担违约责任。倘若该瑕疵出资股东无力充实公司资本,公司设立时的其他股东应当根据我国《公司法》第31条规定对其承担连带责任。当然,发起人股东在代人受过以后,有权向瑕疵出资股东行使追偿权。

(四) 聘请验资机构出具验资证明

为确保发起人出资的真实性、充分性与合法性,夯实公司资本基础、维护交易安全,我国《公司法》第29条规定了强制验资制度:"股东缴纳出资后,必须经依法设立的验资机构验资并出具证明。"为预防验资机构的道德风险,我国《公司法》第208条还规定了失信验资机构的法律责任;《公司登记管理条例》第79条细化了失信验资机构的行政处罚条款。

(五) 确定公司机关及其组成人员

为避免公司成立后群龙无首,早日奠定公司成立之后的经营管理秩序,公司发起人应当及时在公司章程中确定公司机关及其组成人员。公司董事、监事、经理可由发起人出任,也可由发起人之外的民事主体出任。在实践中,优先担任公司的董事、监事和高级管理人员堪称担任发起人的一项特别利益。

(六) 办理登记前置的行政审批程序

我国对有限责任公司的设立采取准则主义为主、许可主义为辅的立法态度。在我国《行政许可法》颁布以后,公司登记前的行政前置审批程序虽然大幅压缩,但在某些特定领域依然保留。因此,我国《公司登记管理条例》第22条规定,公司申请登记的经营范围中属于法律、行政法规或国务院决定规定在登记前须经批准的项目的,应当在申请登记前报经国家有关部门批准,并向公司登记机关提交有关批准文件。

公司发起人取得行政许可文件后,应当尽快在合理期限内前往公司登记机关办理设立登记手续。根据我国《公司登记管理条例》第20条规定,法律、行政法规或国务院决定规定设立有限责任公司必须报经批准的,应当自批准之日起90日内向公司登记机关申请设立登记;逾期申请设立登记的,申请人应当报批准机关确认原批准文件的效力或另行报批。

(七) 前往公司登记机关申请办理公司设立登记

我国《公司法》第30条要求,在股东的首次出资经依法设立的验资机构验资后,全体股东指定的代表或共同委托的代理人向公司登记机关报送公司登记申请书、公司章程、验资证明等文件,申请设立登记。可见,通常情况下的申请人可由全体发起人(在全体发起人和股东只有一人或二人的情况下)担任,也可由全体股东指定的代表或共同委托的代理人担任。为明确国有独资公司设立情况下的申请人,《公司登记管理条例》第20条第1款规定:"设立国有独资公司,应当由国务院或地方人民政府授权的本级人民政府国有资产监督管理机构作为申请人,申请设立登记。"

根据《公司登记管理条例》第20条第2款规定,申请设立有限责任公司的,应当向公司登记机关提交下列文件:(1)公司法定代表人签署的设立登记申请书;(2)全体股东指定代表或共同委托代理人的证明;(3)公司章程;(4)依法设立的验资机构出具的验资证明,法律、行政法规另有规定的除外;(5)股东首次出资是非货币财产的,应当在公司设立登记时提交已办理其财产权转移手续的证明文件;(6)股东的主体资格证明或自然人身份证明;(7)载明公司董事、监事、经理的姓名、住所的文件以及有关委派、选举或聘用的证明;(8)公司法定代表人任职文件和身份证明;(9)企业名称预先核准通知书;(10)公司住所证明;(11)国家工商行政管理总局规定要求提交的其他文件。外商投资的有限责任公司的股东首次出资额应当符合法律、行政法规的规定,其余部分应当自公司成立之日起2年内缴足,其中,投资公司可在5年内缴足。法律、行政法规或国务院决定规定设立有限责任公司必须报经批准的,还应当提交有关批准文件。

(八)公司登记机关颁发《企业法人营业执照》

依法设立的公司,由公司登记机关发给公司营业执照。公司营业执照签发日期为公司成立日期。公司营业执照应当载明公司的名称、住所、注册资本、实收资本、经营范围、法定代表人姓名等事项。公司凭公司登记机关核发的《企业法人营业执照》刻制印章,开立银行账户,申请纳税登记。因此,公司设立登记之日即为公司的诞生日。自公司设立登记之日起,设立中公司自动转化为具有独立法人资格的标准化公司。公司自此获得法律生命,取得法律人格。

公司经公司登记机关依法登记,领取《企业法人营业执照》,方取得企业法人资格。未经公司登记机关登记的,不得以公司名义从事经营活动(《公司登记管理条例》第3条)。未依法登记为有限责任公司或股份有限公司,而冒用有限责任公司或股份有限公司名义的,或未依法登记为有限责任公司或股份有限公司的分公司,而冒用有限责任公司或股份有限公司的分公司名义的,由公司登记机关责令改正或予以取缔,可并处10万元以下的罚款(《公司登记管理条例》第80条)。

二、发起设立股份有限公司的程序

设立股份有限公司的主要方式有二:发起设立与募集设立。其中,发起设立是指由发起人认购公司应发行的全部股份而设立公司(我国《公司法》第78条第2款)。发起设立股份有限公司的主要流程包括以下环节:

(一)签订发起人协议

对于某一投资项目具有共同合作兴趣的投资者聚集到一起,组成一个风雨同舟的发起人共同体。为定纷止争,提高公司设立效率,我国《公司法》第80条要求股份有限公司发起人承担公司筹办事务,并要求发起人签订发起人协议,明确各自在公司设立过程中的权利和义务。这是股份有限公司与有限责任公司在设立程序中的一大区别。在立法者眼中,即使有限责任公司的发起人不签订发起人协议,立法者也推定有限责任公司全体股东间存在协议关系。当然,有限责任公司的全体股东作为发起人通常也会通过非正式渠道和方式磨合相互利益关系,协调发起人间的思维与行动。而股份有限公司发起人协议之有无不仅涉及发起人的切身利益,还涉及广大债权人的交易安全。当然,在募集设立公司的情况下,还涉及认股人权益的保护问题。

(二)签署公司章程

发起人协议签署以后,全体发起人应当共同签署公司章程。

(三)认缴并及时缴纳出资

缴纳出资是股东取得股东资格的对价和前提。根据我国《公司法》第81条规定,股份有限公司采取发起设立方式设立的,注册资本为在公司登记机关登记的全体发起人认购的股本总额。公司全体发起人的首次出资额不得低于注册资本的20%,其余部分由发起人自公司成立之日起两年内缴足;其中,投资公司可在五年内缴足。在缴足前,不得向他人募集股份。相比之下,立法者不苛求发起人的首期出资额高于500万元人民币的法定最低注册资本。从理论上说,只要全体发起人缴足了其首次认缴的20%的出资额(100万元人民币),公司即可成立。可见,股份有限公司发起人的分期缴纳出资制度不同于有限责任公司发起人的分期缴纳出资制度。

我国《公司法》第84条第1款从正面强调发起人出资义务的履行:"以发起设立方式设立股份有限公司的,发起人应当书面认足公司章程规定其认购的股份;一次缴纳的,应即缴纳全部出资;分期缴纳的,应即缴纳首期出资。以非货币财产出资的,应当依法办理其财产权的转移手续。"该条第2款从反面规定了发起人瑕疵出资的不利后果:发起人不依前款规定缴纳出资的,应当按照发起人协议承担违约责任。发起人协议未约定违约责任的,补充适用《合同法》的有关规定。

(四)聘请验资机构出具验资证明

为确保发起人出资的真实性、充分性与合法性,夯实公司资本基础、维护交易安全,我国《公司法》第90条要求,发行股份的股款缴足后,必须经依法设立的验资机构验资并出具证明。失信验资机构根据《公司法》第208条和《公司登记管理条例》第79条规定承担相应的法律责任。

(五)确定公司机关及其组成人员

我国《公司法》第84条第3款要求发起人在首次缴纳出资后,应当选举董事会和监事会。

（六）办理登记前置行政审批程序

根据《公司登记管理条例》第22条规定,公司申请登记的经营范围中属于法律、行政法规或国务院决定规定在登记前须经批准的项目的,应当在申请登记前报经国家有关部门批准,并向公司登记机关提交有关批准文件。

（七）前往公司登记机关申请办理设立登记

根据我国《公司法》第84条第3款,董事会当选以后,董事会应及时向公司登记机关报送公司章程、由依法设定的验资机构出具的验资证明以及法律、行政法规规定的其他文件,申请设立登记。《公司登记管理条例》第21条将"其他文件"界定为:(1)公司法定代表人签署的设立登记申请书;(2)董事会指定代表或共同委托代理人的证明;(3)发起人首次出资是非货币财产的,应当在公司设立登记时提交已办理其财产权转移手续的证明文件;(4)发起人的主体资格证明或自然人身份证明;(5)载明公司董事、监事、经理姓名、住所的文件以及有关委派、选举或聘用的证明;(6)公司法定代表人任职文件和身份证明;(7)企业名称预先核准通知书;(8)公司住所证明;(9)国家工商行政管理总局规定要求提交的其他文件。法律、行政法规或国务院决定规定设立股份有限公司必须报经批准的,还应当提交有关批准文件。

（八）公司登记机关颁发《企业法人营业执照》

三、募集设立股份有限公司的程序

根据我国《公司法》第78条第3款规定,募集设立是指由发起人认购公司应发行股份的一部分,其余股份向社会公开募集或向特定对象募集而设立公司。募集设立分为公开募集设立与定向募集设立两种。二者的共同点是发起人仅认购公司发行股份总数的一部分,剩余股份要向他人招募。在1993年《公司法》颁布后、2005年《公司法》修改前,我国股份有限公司的募集设立仅有公开募集设立方式。鉴于两种设立方式具有共性,此处将两种设立程序一起描述。

尽管定向募集股份时可更多地尊重契约自由和投资者对投资风险及投资收益的独立判断,但为预防合同欺诈,发起人应当在向特定投资者募集股份时以招股说明书形式(或替代化合同文件)真实、完整、准确、客观、全面地披露募集股份指向的投资项目。投资者认同投资项目,愿意承受相应投资风险的,应当与发起人签署认股书,并按照所认购股数及时足额地缴纳股款。在通常情况下,发起人定向募集股份面对的投资者主要是能为拟设立公司提供管理经验、市场份额和品牌利益的战略投资者,能为拟设立公司提供巨额资金的机构投资者(如投资基金、风险基金)以及与发起人存在某种特定法律关系的投资者(如发起人同事的职工、亲朋好友)等。不管特定投资者源于高尔夫俱乐部的好友,还是源于血缘关系、劳动关系,都不是发起人通过广告、公开劝诱和变相公开方式招募来的投资者。

下面主要介绍公开募集股份的程序。在启动以下程序之前,发起人需要做好一系列募股准备工作,包括但不限于选择证券承销商,与之签订承销协议;选择代收股款银行,并与之签订代收股款协议。有关证券承销制度的具体内容,参见证券法有关规定。

(一)签订发起人协议

与发起设立方式相同,我国《公司法》第80条第2款也要求公开募集设立的股份有限公司发起人签订发起人协议,明确各自在公司设立过程中的权利和义务。鉴于发起人公开募集股份时面对成千上万不特定的公众投资者,立法者强制发起人签订发起人协议更有必要。从理论上说,新《公司法》第79条规定的发起人上限可高达200人。由于200位发起人仁智互见,见解纷纭,要在200人的团队中完成发起人协议的签署工作并非易事。为提高公司的设立效率,发起人对于发起人团队的人数一般都会自行控制,努力寻求志同道合的投资伙伴。

(二)起草公司章程

鉴于发起人认购的股份仅为公司股份总数的一部分,因此发起人不享有公司章程制定权。但作为发起人的一项重要义务,发起人应当备置公司章程草案,作为未来成立大会审议通过之用。

(三)认缴发起人股份并及时缴纳出资

发起人率先垂范地认缴股份并及时缴纳出资是发起人取得未来股东资格的对价和前提,也是发起人对于自己筹划的公司大计具有自信心的表现形式,更是遏制发起人"空手套白狼"的欺诈风险的重要手段。因此,我国《公司法》第85条规定:"以募集设立方式设立股份有限公司的,发起人认购的股份不得少于公司股份总数的35%;但法律、行政法规另有规定的,从其规定。"

(四)对外募集股份

在对外募集股份的问题上,定向募集与公开募集存在重大区别。就定向募集而言,由于面对的投资者数量有限,且具有封闭性,招募投资者的行为与合同的缔结行为无异。因此,定向募集股份的行为原则上属于传统契约自由的范畴,国家的公权力不必进行深度干预。合同法中的合同订立制度原则上适用于定向募集股份的情况。而公开募集股份面对的潜在投资者数量成千上万,国家公权力必须深度干预公开募集股份的行为。

为避免不良发起人打着"定向募集"幌子,变相公开募集股份、公然欺诈广大投资者,我国《证券法》第10条规定了两条反规避措施:一是向特定对象发行证券累计超过200人的;二是禁止非公开发行证券时采用广告、公开劝诱和变相公开方式。

尽管定向募集股份时可更多地尊重契约自由和投资者对投资风险及投资收益的独立判断,但为预防合同欺诈,发起人应当在向特定投资者募集股份时以招股说明书形式(或替代化的合同文件)真实、完整、准确、客观、全面地披露募集股份指向的投资项目。投资者认同投资项目,愿意承受相应投资风险的,应当与发起人前述认股书,并按照所认购股数及时足额地缴纳股款。

下面主要介绍公开募集股份的程序。当然,在启动以下程序之前,发起人需要做好一系列的募股准备工作,包括但不限于选择证券承销商,与之签订承销协议;选择代收股款银行,并与之签订代收股款协议。有关证券承销制度的具体内容,可参照证券法有关规定。

1. 报请核准

我国《证券法》第10条规定了公开发行股票(股份)的核准制度。具体说来,设立股份有限公司公开发行股票,应当符合《公司法》规定的条件和经国务院批准的中国证监会规定的其他条件;并依法报经中国证监会或国务院授权的部门核准;未经依法核准,任何单位和个人不得公开发行股票。

根据我国《证券法》第12条规定,发起人报请核准应当向中国证监会报送的法律文件包括募股申请和下列文件:公司章程;发起人协议;发起人姓名或名称,发起人认购的股份数、出资种类及验资证明;招股说明书;代收股款银行的名称及地址;承销机构名称及有关的协议。依照本法规定聘请保荐人的,还应当报送保荐人出具的发行保荐书。法律、行政法规规定设立公司必须报经批准的,还应当提交相应的批准文件。

2. 预先披露信息

为确保投资者尽早了解未来股份募集的最新动态,从而有充分的时间消化相关资料和信息,我国《证券法》第21条规定,发行人申请首次公开发行股票的,在提交申请文件后,应当按照中国证监会的规定预先披露有关申请文件。

3. 等待核准

中国证监会设发行审核委员会,依法审核股票发行申请。发行审核委员会由中国证监会的专业人员和所聘请的该机构外的有关专家组成,以投票方式对股票发行申请进行表决,提出审核意见。为确保发行核准过程的公平、公正,我国《证券法》第23条要求中国证监会依照法定条件负责核准股票发行申请,核准程序应当公开,依法接受监督。参与审核和核准股票发行申请的人员,不得与发行申请人有利害关系,不得直接或间接接受发行申请人的馈赠,不得持有所核准的发行申请的股票,不得私下与发行申请人进行接触。

为缩短核准周期,提高核准效率,我国《证券法》第24条要求中国证监会自受理证券发行申请文件之日起3个月内,依照法定条件和法定程序作出予以核准或不予核准的决定,发行人根据要求补充、修改发行申请文件的时间不计算在内;不予核准的,应当说明理由。

为及时纠正错误的核准行为,并填补无辜投资者的损失、避免其损害的蔓延扩大,我国《证券法》第 26 条规定:中国证监会对已作出的核准证券发行的决定,发现不符合法定条件或法定程序,尚未发行证券的,应当予以撤销,停止发行。已发行尚未上市的,撤销发行核准决定,发行人应当按照发行价并加算银行同期存款利息返还证券持有人;保荐人应当与发行人承担连带责任,但是能证明自己没有过错的除外;发行人的控股股东、实际控制人有过错的,应当与发行人承担连带责任。

4. 公告招股说明书

公开募集申请获得核准以后,发起人应当依照我国《公司法》第 86 条和《证券法》第 25 条规定,在公开发行股份前,公告招股说明书,并将该文件置备于指定场所供公众查阅。发行股份的信息依法公开前,任何知情人不得公开或泄露该信息。发起人不得在公告公开发行募集文件前发行证券。

根据我国《公司法》第 87 条规定,招股说明书应附有发起人制订的公司章程,并载明下列事项:发起人认购的股份数;每股的票面金额和发行价格;无记名股票的发行总数;募集资金的用途;认股人的权利、义务;本次募股的起止期限及逾期未募足时认股人可撤回所认股份的说明。从法律性质看,招股说明书是发起人对非特定公众投资者发出的认购股份的要约邀请,但内容明确具体、对投资者认购股份产生重大影响的招股说明书亦有可能构成要约。招股说明书还是发起人向证券监督管理机构申请募股的必备法律文件。招股说明书的作用在于,帮助投资者对于拟投资项目的真实价值作出理性、科学、睿智的判断。

5. 备置认股书,以便投资者认购缴纳股款

根据我国《公司法》第 86 条规定,发起人向社会公开募集股份,必须在公告招股说明书的同时制作认股书。认股书应当载明招股说明书所载事项,由认股人填写认购股份数、金额、住所,并签名、盖章。如果说招股说明书是要约邀请,认股书则是投资者对发起人所作的承诺。认股书签字之时原则上就是股份认购合同生效之时。因此,认股人认购股份后应当根据其所认缴股数缴纳股款。倘若认股人未及时缴纳股款,发起人又未明示地为其垫付股款,则自动丧失股东资格,及时补缴出资、加计同期银行利息,也于事无补。代收股款的银行应当按照协议代收和保存股款,向缴纳股款的认股人出具收款单据,并向有关部门出具收款证明。

根据我国《公司法》司法解释(三)第 6 条,股份有限公司的认股人未按期缴纳所认股份的股款,经公司发起人催缴后在合理期间内仍未缴纳,公司发起人对该股份另行募集的,人民法院应当认定该募集行为为有效。认股人延期缴纳股款

给公司造成损失,公司请求该认股人承担赔偿责任的,人民法院应予支持。在股份另行募集成功的情形下,未及时缴纳股款的认股人自动丧失股东资格,即使愿意补缴出资、加计同期银行利息,也于事无补。

6. 聘请验资机构出具验资证明

为确保发起人和认股人出资的真实性、充分性与合法性,夯实公司资本基础、维护交易安全,我国《公司法》第90条要求,发行股份的股款缴足后必须经依法设立的验资机构验资并出具证明。失信验资机构根据《公司法》第208条和《公司登记管理条例》第79条规定承担法律责任。

7. 召开公司创立大会,通过公司章程,选举董事、监事

根据我国《公司法》第90条、第91条规定,发行股份的股款缴足后,必须经依法设立的验资机构验资并出具证明。发起人应当自股款缴足之日起30日内主持召开公司创立大会。创立大会由发起人、认股人组成。发起人应当在创立大会召开15日前将会议日期通知各认股人或予以公告。创立大会应有代表股份总数过半数的发起人、认股人出席,方可举行。

创立大会是股东大会的前身,也是设立中公司的最高决策机构。创立大会的主要职权包括:(1) 审议发起人关于公司筹办情况的报告;(2) 通过公司章程;(3) 选举董事会成员;(4) 选举监事会成员;(5) 对公司的设立费用进行审核;(6) 对发起人用于抵作股款的财产的作价进行审核;(7) 发生不可抗力或经营条件发生重大变化直接影响公司设立的,可作出不设立公司的决议。创立大会对前述事项作出决议,必须经出席会议的认股人所持表决权过半数通过。

8. 办理登记前置的行政审批程序

根据《公司登记管理条例》第22条规定,公司申请登记的经营范围中属于法律、行政法规或国务院决定规定在登记前须经批准的项目的,应当在申请登记前报经国家有关部门批准,并向公司登记机关提交有关批准文件。

9. 前往公司登记机关申请办理设立登记

创立大会选举出董事会与监事会组成人员以后,发起人作为设立中公司机关的使命即告完成。与此同时,董事会与监事会开始登场,正式承担设立中公司在正式成立之前的其他筹备工作。根据我国《公司法》第93条的要求,董事会应于创立大会结束后30日内,向公司登记机关报送下列文件,申请设立登记:(1) 公司登记申请书;(2) 创立大会的会议记录;(3) 公司章程;(4) 验资证明;(5) 法定代表人、董事、监事的任职文件及其身份证明;(6) 发起人的法人资格证明或自然人身份证明;(7) 公司住所证明。以募集方式设立股份有限公司公开发行股票的,还应当向公司登记机关报送中国证监会的核准文件。

10. 公司登记机关颁发《企业法人营业执照》

四、其他注意事项

以上仅从法律意义上廓清了公司设立程序。若从商业角度看，以上程序依然残缺不全。投资者在公司设立程序启动前、公司设立程序结束之后还有许多"课外作业"。例如，在启动公司设立程序之前，投资者为及时、稳妥地捕捉投资机会，往往需要花相当时间和精力捕捉投资机会（如参加投资洽谈会），研究投资创意，对相关产品或服务市场的前景和风险作充分的尽职调查，并在综合考量商业道德、合作精神、管理经验、专业技术、资金实力、业界威望和信用度等诸多因素的基础上谨慎选择适合自己的投资伙伴。在公司设立程序结束后，公司董事、监事和高级管理人员应当尽快进入角色，各司其职，启动百业待兴的公司经营管理活动（包括制定公司经营计划，启动人员招聘程序）。公司还应尽早确定股东身份，及时备置股东名册，向股东出具出资证明书。立法者虽然不必、也不可能详细规定法律程序外的注意事项和法律风险，但发起人和投资者对此不可不察。

第四节 公司发起人

一、公司发起人概述

我国《公司法》没有公司发起人的立法定义。从理论上说，公司的"发起人"（promoter）是指负责筹划和实施公司设立行为，履行出资义务，依据法律规定或合同约定对公司设立行为承担相应义务和责任的当事人。

公司发起人的地位有三：一是发起人是公司的创始人和缔造者，堪称"孕育公司婴儿的孕妇"。没有发起人的投资创意和资本投入，就没有公司。二是设立中公司的机关。设立中公司虽无完全法人资格，也离不开发起人作为设立中公司机关实施的设立行为（包括签署发起人协议、签署公司章程、认缴出资、缴纳出资、催缴出资、办理行政许可手续等）。三是发起人之间在其为设立公司而发生的民事关系中处于准合伙人和连带债务人的地位。从法理上看，发起人担任发起人伊始，就对设立中公司的潜在债务人作出了默示债务保证。发起人就是设立中公司债务的保证人。正是由于发起人之间的连带关系，在公司设立过程中的决策应当采取全员一致决定原则。

公司发起人不同于"公司婴儿"的"助产士"。中介机构（包括律师、公司注册代理公司等）虽然也为公司设立提供专业服务，但并不承担公司设立不能、公司设立失败的风险，亦不承担出资义务，因此，负责从事公司设立事务的中介机构不负有发起人的义务,亦不享有发起人的权利。

不仅股份有限公司的设立需要发起人,有限责任公司的设立也需要发起人。只不过股份有限公司的发起人有时是部分原始投资者,有时为全部原始投资者,而有限责任公司的原始投资者均为发起人而已。换言之,发起人既包括我国《公司法》中提及的股份有限公司的"发起人"(包括发起设立情形下的全体投资者、募集设立情形下的部分投资者),也包括我国《公司法》未使用"发起人"概念的有限责任公司的全体股东。尽管我国《公司法》第2章第2节在谈及有限责任公司设立时使用了"股东"的概念,但严格而言,在公司设立阶段公司尚未成立,并不存在"股东"的法律身份。立法者在此处所提的"股东"显然不是严谨的法律概念。从立法目的看,此处的"股东"二字应解释为"发起人",否则就无法解释我国《公司法》第31条规定的"公司设立时的其他股东"对瑕疵出资股东充实资本的连带责任。恰恰由于"公司设立时的其他股东"肩负着发起人的重责大任,立法者才会将对瑕疵出资股东的连带责任加于发起人,而不会枉加于发起人之外的嗣后加盟股东。

二、担任发起人的资格

前已述及,有限责任公司的发起人上限为50人、下限为1人;股份有限公司的发起人上限为200人、下限为2人。

就发起人的行为能力而言,发起人应当具有完全民事行为能力。虽然我国《公司法》对此没有明文规定,但既然发起人肩负着创设公司的重责大任,理应具有完全民事行为能力。因此,作为限制行为能力人、无民事行为能力的未成年人和精神病人不能担任公司发起人,但可借助代理人的协助以认股人的形式加入公司,或在公司成立后通过继受取得方式取得股东资格。这不是对未成年人和精神病人的歧视与限制,而是对他们的关心和爱护,保护其免于陷入设立公司中的不测泥潭。

就发起人住所而言,立法者虽要求股份公司半数以上发起人在中国境内有住所,但未要求有限责任公司的半数以上股东须在中国境内有住所。似乎前后文之间存在着不对称现象。建议对于两类公司发起人住所一视同仁,要么同时作出限制,要么同时取消限制,以臻平等。当然,要求发起人半数以上在中国境内有住所有助于降低公司设立阶段的通讯与联络成本,提高公司设立阶段的工作效率。但问题在于,随着国内外航空运输网络的扩大,现代通讯技术尤其是互联网与电子商务技术的深入普及,住所要求亦可删除。我国台湾地区"公司法"在2001年10月之前亦有发起人住所之限制,但此以后将其删除。此种立法经验值得借鉴。

就股东或发起人的身份而言,中国人、外国人和无国籍人均可成为有限责任公司的股东和股份有限公司的发起人,但法律法规明确禁止的除外。至于股东为自然人抑或法人、其他组织(如合伙企业),除法律另有规定外,均无不可。

就股东或发起人的财力而言,立法者并无硬性要求。除法律法规另有规定外,腰缠万贯的富翁与下岗工人、农民工皆可成为有限责任公司的股东和股份有限公司的发起人。就例外情形而言,为确保证券公司的"优生优育",我国《证券法》第124条要求设立证券公司的主要股东具有持续盈利能力,信誉良好,最近3年无重大违法违规记录,净资产不低于人民币2亿元。除例外的明文规定外,立法者不苛求每位股东或发起人的最低认缴出资。从理论上说,低收入者哪怕认缴1元人民币出资,也可成为股东。立法者鼓励中小股东参与投资创业。但由于发起人要承担公司设立不能时对债权人的连带责任风险,发起人在寻求投资伙伴时通常会对投资伙伴的财力状况保持应有警惕。

由于发起人在公司设立期间为设立中公司的机关,因此我国《公司法》第147条有关董事、监事和高级管理人员的消极资格要件也适用于公司发起人。此类消极资格要件包括:(1)无民事行为能力或限制民事行为能力;(2)因贪污、贿赂、侵占财产、挪用财产或破坏社会主义市场经济秩序,被判处刑罚,执行期满未逾5年,或因犯罪被剥夺政治权利,执行期满未逾5年;(3)担任破产清算的公司、企业的董事或厂长、经理,对该公司、企业的破产负有个人责任的,自该公司、企业破产清算完结之日起未逾3年;(4)担任因违法被吊销营业执照、责令关闭的公司、企业的法定代表人,并负有个人责任的,自该公司、企业被吊销营业执照之日起未逾3年;(5)个人所负数额较大的债务到期未清偿。

我国目前虽尚存城镇户口制度,但法律不禁止公民异地开设公司。实际上,各地政府对外来投资者一般采取鼓励和欢迎的态度,甚至主动出面招商引资。

三、公司发起人的权利

虽然我国《公司法》重点规定发起人的义务和责任,而对发起人的权利与特别利益语焉不详,但从主流市场经济国家的立法例及我国公司实践来看,发起人一般享有以下权利和特别利益:

(1)设立费用补偿请求权。倘若公司得以成立,发起人在公司设立期间代为支付的各项必要、合理的费用均应由公司予以补偿。

(2)报酬请求权。与嗣后加入公司的股东以及募集设立公司中的认股人相比,发起人为公司设立而劳心费力,投入了精神上与体力上的辛勤劳动,理应获得合理报酬。当然,发起人也可放弃这一权利。因为,在许多情况下,"羊毛出在羊身上"。发起人股东作为控制股东,不愿竭泽而渔,宁愿放弃发起设立的报酬等费用。

(3)优先担任公司董事、监事和高管。这是许多公司发起人梦寐以求的特别利益,在实践中一般容易获得满足。只不过基于发起人的贡献和组织领导能力等因素的不同,在安排的岗位和级别等方面有所差异。发起人一旦担任公司董事、监事和高管,便有充分的机会和资源与其他股东保持畅通的交流,并在自己的岗位平台上展示对公司和广大股东的贡献,这对发起人谋求连任也非常有利。

(4) 优先以非货币财产出资。我国《公司法》虽然大幅放宽了股东出资形式的多元化,但对非货币出资的比例仍有限制。例如,该法第27条第3款针对有限责任公司规定,"全体股东的货币出资金额不得低于有限责任公司注册资本的30%";第83条针对股份有限公司规定:"发起人的出资方式,适用本法第27条的规定"。从反面言之,公司的设立不能采取8%的非货币财产出资。在非货币财产出资的额度有限的情况下,发起人自然可坐享"近水楼台先得月"之利。

(5) 其他特别利益,如优先在公司增资扩股时认购发行新股,在公司分红时优先分红、在公司清算时优先于其他股东获得剩余资产等。

发起人的上述特别利益有些需要借助公司章程予以确认,有些则需要借助民法一般制度予以解释。例如,费用补偿请求权根据委托合同的法理就可获得合理解释。为慎重、安全起见,也为兼顾公司与发起人的正当利益诉求,发起人的特别利益应当载明于公司章程,否则对公司自身没有拘束力。

四、发起人的义务与责任

发起人的义务主要表现为以诚实、勤勉的行为标准实施公司设立行为,包括但不限于包括签署公司章程、认缴出资、缴纳出资、催缴其他发起人或认股人出资、办理行政许可手续等。违反这些义务或滥用发起人权利和权力,就会导致发起人的民事责任。在公司设立失败时,全体发起人还要对设立中公司的债权人承担债务清偿责任。

(一) 出资瑕疵的责任

发起人负有及时足额出资的义务,并就其出资财产对公司负有出资财产质量瑕疵担保责任与权利瑕疵担保责任。发起人出资存在瑕疵的,除对及时足额出资的守约发起人承担违约责任外,尚对公司承担资本充实责任,即补缴出资并承担相应的赔偿责任(如同期银行贷款利息)。在瑕疵出资的发起人怠于或拒绝充实公司资本时,公司可请求其他发起人对其承担连带责任。倘若发起人怠于对公司充实资本,公司的债权人有权依据我国《合同法》第73条的代位权对于瑕疵出资的发起人及其他发起人提起代位权诉讼,请求被告对公司债务承担补充清偿责任。

(二) 公司设立失败时对设立中公司债权人的债务连带清偿责任

我国《公司法》第 95 条第 1 项规定,股份有限公司的发起人在公司不能成立时,对设立行为所产生的债务和费用负连带责任。相比之下,该法并未对有限责任公司的发起人责任作此规定,诚为立法漏洞。从法解释学角度言之,发起人乃为设立中公司债务的保证人,而且发起人之间的关系为准合伙关系,因此各类公司的发起人均对公司不能成立时设立行为所产生的债务和费用承担连带清偿责任。

(三) 公司设立失败时对认股人的出资返还义务

我国《公司法》第 95 条第 2 项规定,股份有限公司不能成立时,对认股人已缴纳的股款,负返还股款并加算银行同期存款利息的连带责任。可见,在公司设立失败时,认股人优先于发起人取回已缴股款。此时,认股人的法律地位与与设立中公司的债权人处于同一法律地位。倘若认股人已缴股款被发起人用于设立活动中的费用支出,发起人也要完璧归赵。这也从一个侧面说明了发起人的潜在法律风险。该条规定适用于以募集方式设立股份有限公司的情形,而不适用于以发起方式设立股份有限公司的情形以及设立有限责任公司的情形。当然,在返还认股人出资之外、清偿债权人之外尚有剩余资产的,可根据发起人内部的约定比例或出资比例在发起人之间分配剩余资产。

(四) 公司成立时对公司的侵权之债

我国《公司法》第 95 条第 3 项规定:"在公司设立过程中,由于发起人的过失致使公司利益受到损害的,应当对公司承担赔偿责任。"该条规定适用于公司成功设立的情况。此种责任的性质为侵权责任,归责原则为过错责任原则,责任形态原则上为按份责任。发起人在设立公司过程中损害公司利益,且有过错的,才对公司承担侵权责任。倘若发起人没有过错,即无责任;部分发起人有过错,部分发起人无过错的,无过错发起人不对公司损害承担赔偿责任甚或连带赔偿责任。该责任旨在确保设立中公司的利益免受发起人或实际负责筹设人坑害之苦。

第五节 设立中公司

一、设立中公司的概念

设立中公司是指自发起人制定公司章程时开始至公司完成设立登记之前的公司雏形。"十月怀胎,一朝分娩"。"公司胎儿"有可能经过一段公司设立期间而"呱呱落地",取得法人资格;也可能中途"流产"。

我国 1993 年《公司法》未规定设立中公司的法律地位,对于发起人或实际负责筹设人对公司所负的赔偿责任语焉不详。虽然设立中公司尚无完全的法律人格,但从商业惯例看,设立中公司在事实上客观存在乃为不争之事实,其以"某公司(筹)"或"某公司筹备处"的名义开展活动更是司空见惯。为明确设立中公司实施的法律行为的法律效果的归属,尤其明确设立中公司与设立后公司的法律人格的内在关系尤其是权利义务的继受问题,有必要明确设立中公司的法律地位。

二、设立中公司的法律地位

(一) 设立中公司为无权利能力的其他组织

德国法将设立中公司的地位界定为无权利能力的社团。德国《民法典》第54条规定:"对无权利能力的社会团体适用关于合伙的规定;以这种社团名义对第三人所为的法律行为,由行为人个人负责;如行为人有数人时,全体行为人视为连带债务人。"德国《股份公司法》第41条规定:"在商业登记簿登记注册前以公司名义进行商业活动者,由个人承担责任;如果是几个人进行商业活动,他们则作为总债务人来承担责任。"

此种立法例值得借鉴。美中不足在于,无权利能力社团说建立在公司本质为社团法人的理论基础之上。鉴于笔者认为,社团性不再是公司的必要法律属性,因此将"无权利能力社团说"修改为"无权利能力组织说"。换言之,设立中公司虽非依法定条件与法定程序成立的公司,但仍不视为民事主体,属于公民、法人之外的第三主体"其他组织"的范畴。发起人均为设立中公司的业务执行机关与代表人。

将设立中公司界定为无权利能力的其他组织的实益在于,可确定设立中公司在民商法中的民事主体地位。由于任何人(包括发起人)在公司成立之前不得以公司名义开展活动,而设立中公司又有别于发起人固有的民事主体地位,确认设立中公司的民事主体地位对于稳定交易关系、保护善意第三人的安定感和预期力具有重要意义。

(二) 设立中公司为准合伙组织

在"其他组织"的范畴中,设立中公司更接近于合伙的特点。笔者将其称为"准合伙组织"。合伙人即为公司的全体发起人。对于设立中公司的对内对外法律关系,可援引民法中的合伙关系处理。与其他合伙不同的是,设立中公司这一合伙组织仅为设立公司的目的而存在,而非为其他民事或商事目的(如生产、销售商品或提供服务)而存在。

将设立中公司界定为准合伙组织,有助于在公司立法缺乏明文规定的情况下,节约立法资源,理顺发起人之间、发起人与设立中公司之间、发起人与第三人之间的权利义务关系。

(三) 设立中公司与成立后公司为同一体

如同腹中胎儿与产后婴儿为同一体、地下蝉蛹与振羽而飞的蝉儿为同一体，设立中公司与成立后公司亦为同一体。设立中公司乃为未来公司的前身。这是由于，在公司设立阶段，公司的设立要件渐次出现，距离公司诞生的时刻愈来愈近。例如，在公司章程基本确定、发起人和认股人缴纳出资完毕、公司机关成员当选之后，如同婴儿孕育过程乃由是微小的受精卵不断逼近器官较为成熟的胎儿的过程，公司设立过程也是设立中公司由不成熟状态臻于成熟状态的过程。当然，这一论断仅在公司成立的情况下才有意义。倘若公司设立失败，自然谈不上同一体问题。

设立中公司与成立后公司为同一体的实益在于，设立中公司缔结的法律关系就是成立后公司缔结的法律关系。换言之，设立中公司的债权债务关系当然转由成立后的公司继受，而无需履行特别的债权债务移转手续。因为，设立中公司就是成立后公司的前身，而后者也是前者的法律延伸。发起人作为设立中公司的机关为设立公司而创设的法律关系就是设立中公司的法律关系，在公司成立之后自动被成立后公司继受。

三、公司设立阶段的合同债务的确定原则

前已述及，设立中公司缔结的法律关系就是成立后公司缔结的法律关系。因此，设立中公司的债权债务关系转由成立后的公司继受，而无需履行特别的债权债务移转手续。但这一结论是站在设立中公司这一债务人的角度而言的；若就设立中公司的债权人的角度而言，也许债权人根本就不认为发起人创设的债务就是设立中公司债务。因此，有必要区分设立中公司的债务与发起人的固有债务，明确公司设立失败时设立中公司债务的负担主体等。

设立中公司债务的归属要充分体现债权人利益与公司利益、股东利益相互之间的有机协调。为保护交易安全，提高交易预期的透明度，应当树立"分公私、别内外、论成败、辨善恶"的十二字理念。(1)"分公私"意味着，要区分发起人为其个人私利而创设的债务以及发起人为设立中公司的利益而创设的债务。(2)"别内外"意味着，要区分公司内部法律关系与外部法律关系，并优先礼让外部关系中的第三人。换言之，对公司设立阶段产生的债权债务的归属应当坚持外观主义标准(主要包括主体名义标准)，原则上依据债权债务关系创设主体的名义而定，但在例外个案下遵循特别规则。(3)"论成败"意味着，要区分公司设立之成功与否。(4)"别善恶"意味着，要区分公司设立阶段的债权人是否善意第三人。

四、公司设立成功时公司设立合同债务的负担

（一）发起人为设立公司以自己名义创设的债权债务归属

基于外观主义法理,我国《公司法》司法解释(三)第2条第1款规定:"发起人为设立公司以自己名义对外签订合同,合同相对人请求该发起人承担合同责任的,人民法院应予支持"。此处的"合同责任"是一个广义概念,既包括违反合同义务的合同责任,也包括合同义务在内。因此,倘若发起人为设立公司以自己的名义与他人创设债权债务关系,则此种债权债务属于发起人的个人债务,应由发起人独享其利、自负其责。例如,发起人与银行签订借款合同,以筹措投资款时,银行债权人只能请求特定发起人清偿债务,而不能请求成立后的公司代为清偿。

但上述原则也存在例外。在特定情形下,即使发起人为设立公司以自己名义对外签订合同,倘若成立后的公司从发起人手中承担了债务,则合同相对人可请求成立后的公司履行债务。我国《公司法》司法解释(三)第2条第2款规定:"公司成立后对前款规定的合同予以确认,或者已经实际享有合同权利或者履行合同义务,合同相对人请求公司承担合同责任的,人民法院应予支持"。这意味着,合同相对人既可请求公司偿债,也可请求发起人个人偿债,究竟对谁主张债权属于合同相对人的选择权。

倘若成立后的公司依据股东会或董事会的合法授权、依循《合同法》中的债权债务移转规则受让了发起人与第三人的债权债务关系,则此种受让当属有效。公司的债务继受行为有多种表现形式:(1)公司以明示(包括书面形式与口头形式)的形式确认发起人与当事人之间缔结的合同关系,追认发起人创设的债权债务关系,且获得了第三人的同意。(2)公司以享受发起人创设的债权利益的行为方式,默示地追认和承受发起人创设的债权债务关系。但不包括公司基于发起人的出资义务而接受发起人出资财产的行为。例如,发起人甲为履行其对公司承诺的汽车出资义务,遂与汽车经销商签订汽车购买合同,并通知经销商将汽车直接交付给设立中公司。在这种情况下,成立后公司接受出资财产(汽车)的行为并不等于公司继受了汽车销售款的支付义务,发起人依然要承担价款支付义务。(3)根据我国《公司法》第16条第2款和第3款规定的公司担保内部决策程序,自愿与发起人的债权人签订担保合同,担当发起人债务的担保人。在上述情况下,倘若发起人的合同相对人请求公司承担合同责任,人民法院应予支持。

无论公司继受债权债务采取哪种形式,都要存在正当理由,履行正当程序,兼顾公司利益和债权人利益。倘若公司没有正当理由继受发起人的债务,或内部决策程序存在瑕疵,其他股东有权对瑕疵股东会决议或董事会决议提起诉讼。

相比之下,公司若从发起人无偿受让权利则不存在公司法的障碍。

(二)发起人以设立中公司的名义创设的债权债务的归属

倘若发起人以设立中公司的名义,例如以"公司(设立中)"、"公司筹备组"、"公司(筹)"等名义与他人创设债权债务关系,则此种债权债务原则上属于设立中公司的债权债务。倘若公司有效成立,则此种债权债务当然、自动地由成立后的公司继受,与发起人无涉,债权人也无权追究发起人的债务清偿责任。我国《公司法》司法解释(三)第3条第1款就明确规定:"发起人以设立中公司名义对外签订合同,公司成立后合同相对人请求公司承担合同责任的,人民法院应予支持。"其法理依据在于,设立中公司与成立后公司在人格上具有同一性。我国《公司法》第91条第2款规定的创立大会"对公司的设立费用进行审核"的条款并不影响此种当然继受的行为。

但上述原则推至绝对,也会助长发起人与第三人恶意串通、损害公司利益的情形。发起人乃为商人,而非圣人或天使。公司设立过程中也会存在道德风险。于是,如何防范发起人的道德风险,又不致殃及善意第三人的债权安全,遂成为公司设立制度应予解决的难题。针对此种道德风险,我国《公司法》司法解释(三)第3条第2款就规定:"公司成立后有证据证明发起人利用设立中公司的名义为自己的利益与相对人签订合同,公司以此为由主张不承担合同责任的,人民法院应予支持,但相对人为善意的除外"。

倘若发起人为自己的利益、但以设立中公司名义对外创设了债务,此种债务负担应当区分两种情况:(1)倘若债权人为善意,不知道、也没有义务知道发起人损公肥私的事实,则债权人仍然有权请求成立后的公司清偿债务;(2)倘若债权人主观上存在恶意或过失,明知或应知发起人损公肥私的事实以及"设立中公司债务"就是发起人固有债务的事实,则债权人只能请求发起人清偿债务,但无权请求成立后的公司清偿债务。于是,债权人是否善意遂成为关键问题。

此外,债权人也可同意公司将设立中公司的债务转移给发起人。一旦债务发生转移,债权人便无权请求成立后的公司履行债务。因此,债权人对于设立中公司债务的转移一定要慎之又慎。

五、公司设立失败时公司设立合同债务的负担

公司设立存在各种风险(包括市场风险、道德风险与法律风险),且不以人的意志为转移。设立中的公司可能振羽而飞,也可能胎死腹中。公司设立失败是指在发起人设立公司的过程中,由于法律上或事实上的原因导致公司无法完成设立登记的现象。在公司设立失败的情况下,需要在区分内外关系的基础上,妥善处理好公司设立阶段的债权债务关系。

（一）发起人在外部关系中的连带债务清偿责任

在设立行为无果而终的意外情况下，尽管发起人以设立中公司的名义与他人创设债权债务关系，但由于没有成立后的公司概括继受设立中公司的债务，因此发起人要对设立中公司的债务承担无限连带清偿责任。换言之，债权人可将设立中公司的债务视为全体发起人的债务。其法理基础是，全体发起人之间围绕公司设立存在着准合伙关系。

我国《公司法》司法解释（三）第4条第1款就规定："公司因故未成立，债权人请求全体或者部分发起人对设立公司行为所产生的费用和债务承担连带清偿责任的，人民法院应予支持"。此处的"公司"既包括有限责任公司，也包括股份有限公司。换言之，建立在发起人之间的准合伙关系基础之上的全体发起人在公司设立失败时对债权人的连带民事责任既适用于有限责任公司，也适用于股份有限公司。例如，根据我国《公司法》第95条第1项和第2项规定，公司不能成立时，发起人要对设立行为所产生的债务和费用负连带责任，并对认股人已缴纳的股款负返还股款并加算银行同期存款利息的连带责任。

当然，倘若全体发起人在为设立中公司创设债务之初，与债权人达成了发起人以其认缴出资额为限对设立中公司债务承担清偿责任的协议，则此种协议有效。倘若欠缺前述协议，债权人有权追究发起人对设立中公司债务的无限连带清偿责任。否则，将助长不肖之人恶意滥用设立公司之名而逃废债务，坑害债权人。

（二）发起人在对外承担连带债务清偿责任之后的内部追偿规则

我国《公司法》司法解释（三）第4条第2款规定："部分发起人依照前款规定承担责任后，请求其他发起人分担的，人民法院应当判令其他发起人按照约定的责任承担比例分担责任；没有约定责任承担比例的，按照约定的出资比例分担责任；没有约定出资比例的，按照均等份额分担责任"。

就对内关系而言，发起人在对外承担债务以后，可根据发起设立协议确定的债务承担比例对其他发起人行使追偿权。倘若发起人协议未约定债务负担比例的，已对外承担债务的发起人可按照发起人之间的出资比例确定债务承担比例；倘若发起人之间没有约定出资比例的，按照均等份额分担责任。这体现了对发起人意思自治的充分尊重，也符合权利与义务对等、投资风险与投资收益同步的公平理念，更体现了内外有别的原则。

（三）因部分发起人的过错导致公司未成立时发起人的内部问责机制

鉴于公司设立失败有时归咎于部分发起人的过错（特别是故意和重大过失），为体现对过错方的适度制裁，我国《公司法》司法解释（三）第4条第3款规定："因部分发起人的过错导致公司未成立，其他发起人主张其承担设立行为所产生的费用和债务的，人民法院应当根据过错情况，确定过错一方的责任范围"。这既符合在发起人之间"辨善恶"的理念,也符合公平原则,更有助于督促全体发起人在公司设立过程中同心同德,群策群力,从而提高公司设立成功的概率。

六、公司设立阶段的侵权之债的承担

以债的创设原因为准,债可以分为合同之债、侵权之债、不当得利之债与无因管理之债。其中,合同之债与侵权之债的根本区别在于,侵权行为的受害人对债权的取得往往不是出于自愿、且缺乏足够的心理准备;而合同之债的债权人对未来债权的创设是自愿的,且对合同缔结之前享有尽职调查的充分机会。因此,我国《公司法》司法解释(三)第2条至第4条面对合同债务设计的规则并不适用于侵权之债的情形。有鉴于此,我国《公司法》司法解释(三)第5条第1款与第2款在区分内外关系的基础上,分别规定了侵权之债的债务承担规则。

就外部关系而言,我国《公司法》司法解释(三)第5条第1款针对公司设立成功与失败的不同情形规定了不同的裁判规则:"发起人因履行公司设立职责造成他人损害,公司成立后受害人请求公司承担侵权赔偿责任的,人民法院应予支持;公司未成立,受害人请求全体发起人承担连带赔偿责任的,人民法院应予支持"。这体现了法律在外部关系中对债权人的礼让。

就内部关系而言,我国《公司法》司法解释(三)第5条第2款规定:"公司或者无过错的发起人承担赔偿责任后,可以向有过错的发起人追偿"。这体现了罚当其过的原则,有助于督促发起人在设立公司过程中见贤思齐,谨慎勤勉,自觉降低公司设立过程中的侵权概率。

七、公司设立阶段的债务负担远远超过公司注册资本的法律问题

我国《公司法》和《公司法》司法解释(三)没有解决的一个存疑问题是,倘若公司设立成功、但公司设立阶段的债务负担远远超过了公司注册资本,发起人是否享有股东有限责任待遇?换言之,债权人可否请求发起人对公司不能清偿的公司设立债务承担连带清偿责任?

假定甲乙丙作为公司发起人设立一家注册资本为3万元人民币的公司,各自认缴出资1万元人民币。经过全体发起人的共同努力,公司得以成立。但是,公司设立期间的债务高达30万元人民币。倘若债权人只能请求公司清偿债务,则公司暂时无力清偿债务;倘若债权人请求发起人偿债,则发起人又会辩称自己是有限责任公司股东,不对超出自己认缴资本以外的公司债务承担清偿责任。

笔者认为,为了保护公司设立阶段的交易安全,督促发起人节约公司设立成本,发起人在公司设立债务超过公司注册资本的情况下,仍应对公司设立阶段的债权人承担无限连带清偿责任。倘若发起人在设立公司阶段明确告知所有债权

人,发起人在公司设立成功的情形下不对超过公司注册资本的公司设立债务承担清偿责任,而公司设立阶段的债权人也同意了发起人的前述意思表示,则发起人当然可以享受股东有限责任待遇。

第六节 公司设立无效

一、公司设立无效的概念

公司设立无效是指已在公司登记机关办理设立登记手续、领取企业法人营业执照的公司被人民法院确认自始不具备独立法人资格,任何以公司名义所发生的债权债务均由发起人承担。

公司设立无效的前提是,公司已根据法定程序取得了公司法人资格。而在公司设立失败的情况下,设立中公司没有机会取得法人资格、转化为标准公司,当然谈不上公司设立无效的问题。因此,公司设立无效不同于公司设立失败。

公司设立无效的后果是,公司彻底丧失其法人资格。而在揭开公司面纱的情况下,人民法院仅在个案中例外不承认滥用公司法人资格的股东的有限责任待遇。因此,公司设立无效与揭开公司面纱大异其趣。

我国《公司法》并未规定公司设立无效制度。这一方面说明立法者对公司设立无效的慎重态度,另一方面也说明我国公司设立无效制度的不成熟。为缓解实践中也可能出现的公司设立无效现象,应在制度上谋求应对之策。

二、慎用公司设立无效制度

公司是社会经济的细胞。现代公司立法确认公司维持制度,尽可能确保更多的公司留在市场舞台上为投资者和全社会的最佳利益创造和积累财富。为此,公司设立无效制度只能作为一项例外制度而适用。

为慎重起见,公司设立无效应当由人民法院宣告,而不宜由行政机关确定。人民法院要严格限制公司设立无效制度的适用范围。对于公司设立可确认无效、也可确认有效的个案,应当坚决确认有效,同时责令发起人或第三人(如瑕疵出资股东)弥补相关的法律瑕疵。在不宣布设立瑕疵公司无效的情况下,可通过揭开公司面纱制度或追究瑕疵出资股东的民事责任的方式保护公司的债权人。为晓谕社会公众和债权人,法院的公司设立无效判决应予公告。

要严格限定公司设立无效的法定事由。参酌《欧盟公司法第1号指令》第11条规定,除非具有下列情形之一,人民法院不得认定公司设立无效:(1)公司没有签署公司章程,或没有履行必需的前置审批程序;(2)公司的经营范围违反了法律或行政法规中的强行性规定,或严重损害了社会公共利益;(3)公司章程中没有载明公司的名称、每位股东分别认购的资本数额、已认购的资本总额；(4)所有发起人均不具备相应的行为能力。

在公司设立无效之诉中，原告限于公司的债权人、股东、董事、监事、高级管理人员和职工，被告为公司。为查明案情、便于瑕疵补救程序的正常进行，人民法院可依职权或原告请求，追加第三人(包括瑕疵出资股东)。

为避免原告滥用诉权，损害公司利益，人民法院可根据公司的请求，责令原告提供诉讼费用担保。主观上有恶意或重大过失的股东在败诉时亦应向公司承担实际损害赔偿责任。

原告的诉讼请求是否受诉讼时效的限制，值得研究。从理论上说，公司设立无效的瑕疵较重，原告有权随时提起无效确认之诉，而不受诉讼时效的限制。但由于存在下述的瑕疵补救程序，不受诉讼时效限制的公司设立无效之诉也不会导致公司寿命的非正常中断。

三、瑕疵补救程序

根据企业维持原则，法院对于公司设立无效案件中存在的设立瑕疵应当采取鼓励补救的司法态度。凡是依法可弥补的公司设立瑕疵，人民法院在判决确认无效之前，都要履行瑕疵补救程序，责令公司或第三人(出资瑕疵的股东)在指定期限内补救设立瑕疵(如补足出资瑕疵)。只有在公司或第三人逾期未能纠正瑕疵的情况下，人民法院才可判决公司设立无效，并判令公司进行清算。

人民法院受理公司设立无效纠纷案件后，可否依职权立即责令公司停止经营，在2003年11月最高人民法院《关于审理公司纠纷案件若干问题的规定(一)》(征求意见稿)的讨论过程中存在争议。笔者认为，为避免原告滥诉封杀公司，慎重对待公司设立无效之诉，法院在经过实体审理程序、判决内容确定之前不宜责令公司停止经营活动。当然，倘若被告公司从事违法活动、损害社会公共利益与国家利益的，人民法院可责令公司停止经营活动。

四、公司设立无效的效果

公司设立无效关系到投资者、债权人和其他利益相关者的切身利益，公司设立无效的效果的界定也要慎之又慎。

首先，公司设立无效判决宣告后，公司立即进入清算程序，以尽快清理公司对外债权债务关系，避免公司设立无效行为殃及更多的利益相关者。对外清偿债务尚有剩余资产的，股东有权按其出资比例分取剩余资产。

其次，公司设立无效判决本身并不溯及公司此前交易活动的效力，不影响公司已与债权人建立的法律关系的效力。从实质上看，被宣告无效的公司并非合法的合格公司，但在债权人眼中具有"表见公司"的法律假象。为落实外观主义法理,维护交易安全,公司设立无效判决当然不应具有溯及力。

再次,发起人和认股人有义务缴清其所认购、但尚未缴清的出资款项,以保护债权人的合法权益。在股东承诺分期缴纳出资的情况下,股东尚未到期的认缴资本在清算过程中也应一并缴纳。股东缴纳出资义务的加速到期有助于维护债权人利益。

最后,发起人对被确认无效的公司的全体债务承担清偿责任。发起人作为公司的缔造者理应承担公司设立瑕疵担保责任,担保公司设立行为与要件不存在瑕疵。既然在其创设公司的过程中存在重大瑕疵,导致公司设立无效,发起人当然难辞其咎,对公司债务承担赔偿责任也就顺理成章。就发起人内部关系而言,对公司设立无效有过错的发起人要对没有过错的其他发起人和投资者承担损害赔偿责任。

第三章 公司章程

公司章程作为充分体现公司自治精神的法律文件,堪称公司生活中的"宪法"(或公司内部小宪法),是公司法的重要渊源。除公司章程外,公司规章与股东协议在弘扬私法自治精神、调整公司内部法律关系方面也发挥着重要作用。

第一节 公司章程概述

一、公司章程的概念

公司章程有实质意义与形式意义之别。实质意义上的公司章程,指规范公司的组织和活动特别是公司、股东、董事等经营者相互间权利义务关系的根本准则;形式意义上的公司章程则指记载此种规则的书面文件。

我国《公司法》第11条规定,设立公司必须依法制定公司章程。公司章程对公司、股东、董事、监事、高级管理人员具有约束力。在公司设立阶段,制定公司章程乃为设立公司的要素。在公司存续阶段,章程仍是公司生存与发展之要素。

有的立法例(如法国、日本和我国)规定公司章程只有一种书面文件,而有的立法例则将公司章程区分为两种书面文件。在德国,有基本章程(Gesellschaftsvertrag)与附属章程(Satzung)之别。美国区分设立章程(Certificate of Incorporation;Articles of Incorporation)与附属章程(By-Laws)。英国亦有基本章程(Memorandum of Association)与通常章程(Articles of Association)之分。其中,设立章程或基本章程的内容比较简单,主要记载公司名称、目的、住所、股份总额等公司对外关系方面的基本事项;附属章程或通常章程的内容则比较详细,主要记载股东大会、董事、高级经理等公司内部关系方面的基本事项。而且,附属章程或通常章程不必公布于世,也毋须报请主管行政机构备案。附属章程或通常章程只需股东大会或董事会认可,即可生效并付诸实施,但不能与公司法、设立章程或基本章程抵触。为尊重现行立法传统和公司习惯,我国《公司法》维持了单一公司章程。但这并不妨碍公司以内部规章制度的形式创设公司内生法律规则。

二、公司章程的法律性质

公司章程的性质为何,学者间意见纷纭。在英美法系,公司章程往往被视为一种合同,如美国一些判例视附属章程为合同。英国学界则认为公司章程是法定合同(the Statutory Contract)[①];日本通说认为公司章程为自治法规,有学者干脆把它视为公司法的渊源。[②]

公司章程不同于普通民事合同。依合同法一般原理,合同只能拘束缔约各方,不得为第三人设定义务,只能为第三人设定利益;而依公司法一般原理,即便没有参加章程制定和表决的股东,也要接受章程的拘束,履行章程规定的义务。又依合同法一般原理,除经缔约各方同意外,合同不得更改;而依公司法一般原理,股东大会有权根据资本多数决原则变更公司章程中的全部条款,即使小股东不同意,亦不影响章程变更之效力。可见,公司章程体现公司最高意思决定机构(股东大会)的意志,即公司自身的意志,而非体现公司每位股东的意志。当然,将章程称之为合同或契约,可以形象地揭示章程的自治性格、私法性格,更加突出股东在塑造和影响章程内容方面的决定性作用,只不过这种概括在法律上有欠严谨。

公司章程是由作为设立中公司机关的发起人所制定的公司自治规章,并非合同。从法理上可以这样解释:股东在加入公司时,就已经明示或默示地承诺接受公司章程的拘束;由于董事会、监事会均为公司机关,故作为公司机关成员的董事、监事在接受公司选任以后理所当然负有遵守公司章程的义务。

三、公司章程的对内效力

就其对内效力而言,公司章程对公司及其股东、董事、监事、经理和其他高级管理人员具有约束力。章程作为公司组织与活动的根本准则当然对公司具有拘束力。我国《公司法》第 7 条规定:"依法设立的公司,由公司登记机关发给公司营业执照。公司营业执照签发日期为公司成立日期。"因此,公司章程自公司成立之日起生效。

章程作为股东自治的产物,对股东具有拘束力。就原始股东而言,在多数资本的意志根据资本多数决原则被拟制为公司意志的情况下,个别股东即使反对公司章程中的某些内容,倘若公司章程内容不存在违反法律与行政法规、公序良俗原则与公司本质的情形,个别股东仍应受公司章程的拘束,并享受公司章程赋予的权利与利益。就嗣后加入的股东而言,鉴于公司章程已经公之于众,当股东加入公司时,应推定其已明示或默示地承诺接受公司章程的拘束。因此,我国《公司法》第 20 条第 1 款要求公司股东遵守法律、行政法规和公司章程,依法行使股东权利,不得滥用股东权利损害公司或其他股东的利益。

---

① Peter G. Xuereb, the Rights of Shareholders, Oxford, 1989, p.12.
② 〔日〕堀口亘:《会社法》,日本国元书房1984年版,第2页。

章程对于董事、监事和高管人员具有拘束力。这是由于,公司章程作为被代理人公司的公开要约文件,一旦被作为代理人的董事、监事和高管人员承诺,就已经转化为公司与董事、监事和高管人员之间的委托合同、雇佣合同中的重要组成部分。董事、监事和高管人员依委托合同、雇佣合同也有义务遵守公司章程。

公司章程具有可诉性。公司及其股东、董事、监事、经理和其他高级管理人员均可依据公司章程主张权利,提起诉讼或仲裁;人民法院和仲裁机构应当积极受理。例如,根据我国《公司法》第22条第2款之规定,股东会或股东大会、董事会的会议召集程序、表决方式违反公司章程,或决议内容违反公司章程的,股东可以自决议作出之日起60日内,请求人民法院撤销。

公司章程的对内效力有助于公平地划清公司及其股东、董事、监事、经理和其他高级管理人员之间的权利与责任边界,确保各方公司法律关系主体安分守己、慎独自律,预防和化解股东与经营者之间、控制股东与中小股东之间的道德风险,完善公司治理,构建和谐的公司内部关系。

四、公司章程的对世效力

就其对外效力而言,在公司登记机关登记在册的公司章程具有对抗第三人的效力。登记在册的公司章程对抗第三人的效力并不苛求公司章程现实地送至第三人之手。换言之,倘若某公司章程已经登记在册,但第三人并未前往公司登记机关查询,也未要求该公司出具公司章程,则公司章程记载的事项仍可对抗第三人。这是由于,章程作为被法律强制在公司登记机关登记在册的对外公示文件,不是商业秘密或个人隐私信息,包括债权人在内的社会公众均可以合理成本自由前往公司登记机关查询。我国《公司法》第6条第3款也明确规定:"公众可以向公司登记机关申请查询公司登记事项,公司登记机关应当提供查询服务。"随着电子政府平台的拓宽,潜在交易伙伴随时可以下载公司章程。

公司章程的对世效力不仅意味着善意第三人对公司章程的信赖受到保护,还意味着非善意第三人要受到公司章程记载事项的对抗。例如,公司章程在公司登记机关登记备案的主旨在于把公司内部治理规则公之于众,以预防公司及其股东免受法定代表人与代理人的道德风险之苦。换言之,公司章程登记制度的设计本意不仅在于保护债权人和社会公众免受公司欺诈之苦,而且也在于保护公司及其股东的利益免受法定代表人、代理人甚或第三人的机会主义行为的威胁。

公司章程的对世效力有助于降低债权人的交易成本,尤其是债务人公司的股权结构与治理结构以及债务清偿能力的信息搜索、加工与分析成本,维护交易安全,预防和化解债务人公司与政府、债权人、劳动者、消费者等公司利益相关者之间的信息不对称与道德风险问题,构建和谐的公司外部经营环境。

五、公司章程的记载事项

从法理上看,公司章程记载事项可分三种:(1)强制记载事项(绝对必要记载事项),即章程中必须记载,若不予记载则导致整个章程彻底无效的事项。强制记载事项利于保护交易安全、规范公司内部治理、维护小股东和非股东利害关系人的利益,但不能过多过滥,以免妨碍公司效率。(2)推荐记载事项(相对必要记载事项),即立法者明文列举、并允许公司从中选择记载的事项。推荐事项纵不载于公司章程,亦不影响章程的效力;但若使其产生法律效力,必须载于章程。推荐记载事项具有任意性的特点,只不过关乎公司和股东的切身利益,立法者有必要予以提示而已。公司法当中含有不少任意条款或默认条款,允许公司章程选择或排斥其适用。(3)选择记载事项(任意记载事项),即法律允许章程根据意思自治原则自由记载的其他各类事项,特别是关于公司内部经营管理的事项。公司法无需、不应当、也不可能一一列举选择记载事项。从强制记载事项到推荐记载事项再到任意记载事项,其重要性和强制性依次降低,但公司自治强度依次增强。

我国《公司法》第25条第1款规定有限责任公司章程应当载明下列事项:(1)公司名称和住所;(2)公司经营范围;(3)公司注册资本;(4)股东的姓名或名称;(5)股东的出资方式、出资额和出资时间;(6)公司的机构及其产生办法、职权、议事规则;(7)公司法定代表人;(8)股东会会议认为需要规定的其他事项。与之相若,该法第82条要求股份有限公司章程载明的事项有12项:(1)公司名称和住所;(2)公司经营范围;(3)公司设立方式;(4)公司股份总数、每股金额和注册资本;(5)发起人的姓名或名称、认购的股份数、出资方式和出资时间;(6)董事会的组成、职权和议事规则;(7)公司法定代表人;(8)监事会的组成、职权和议事规则;(9)公司利润分配办法;(10)公司的解散事由与清算办法;(11)公司的通知和公告办法;(12)股东大会会议认为需要规定的其他事项。

在我国《公司法》第25条第1款和第82条列举的记载事项中,有些事项应当解释为强制记载事项(如公司名称和住所、发起人的姓名或名称、公司法定代表人),有些事项应当解为推荐记载事项(如股东的权利和义务、公司利润分配办法、公司的解散事由与清算办法等);"兜底条款"可解为任意记载事项,包括但不限于发起人的特别利益、非货币出资、发起人报酬、公司设立费用、发起人的实物出资等事项。

无论是强制记载事项、推荐记载事项还是任意记载事项,一旦载入公司章程,即对公司内部关系中的当事人产生法律拘束力,登记在册的公司章程还具有对抗第三人的对世效力。

第二节 公司章程的个性化设计

一、公司章程不是"填空题"

在公司实践中,千篇一律、似曾相识的"傻瓜"章程现象较为严重。"傻瓜"相机不可能拍摄出一流的摄影作品。"傻瓜"章程也不可能催生出公司的竞争力。公司章程失灵恰恰是许多公司法律风险的定时炸弹。许多公司纠纷包括公司治理中的卡壳和僵局现象源于公司章程条款的不完备、不科学、不严谨、不细腻、不具有可操作性。

例如,一家公司的两名股东各自持股 50%,各自派出 3 名董事。股东会与董事会一旦作决议,结果总是势均力敌,赞成与反对者各半,无法作出决议。翻开该公司章程,该章程记载:"股东会与董事会的议事方式和表决程序,按照公司法的规定执行。"而我国 1993 年《公司法》第 39 条规定:"股东会的议事方式和表决程序,除本法有规定的以外,由公司章程规定";第 49 条规定:"董事会的议事方式和表决程序,除本法有规定的以外,由公司章程规定。"公司章程的起草者把难题踢给立法者,立法者把难题又踢回公司章程的起草者。倘若公司章程授权会议的主持人在股东会与董事会表决出现僵局时破例行使第二票表决权,则上述难题迎刃而解。这一案例恰恰折射出了公司章程失灵现象,暴露出了公司股东尚未开始珍惜公司自治的真实心态。

公司章程是公司的名片。公司章程反映着公司的股权结构,反映着公司的治理制度,反映着公司性格,反映着公司文化。因此,公司章程的起草和完善应当遵循量体裁衣的设计准则,应当淋漓尽致地张扬公司的个性。与我国 1993 年《公司法》不同,2005 年修订的《公司法》允许公司及其股东对公司章程作出个性化设计。例如,该法第 13 条允许公司章程自由选择法定代表人由董事长、执行董事或经理担任;第 16 条对于公司向其他企业投资或为他人提供担保的情况授权章程自由规定由董事会作出决议,也可以由股东会作出决议。为鼓励公司自治,公司登记机关应允许公司章程和股东协议在不违反公司法中的强制条款、诚实信用原则、公序良俗原则和公司本质的前提下,自由规范公司内部关系,实现公司章程全面改版。能够设计出具有个性化的章程条款本身就是高附加值的律师服务。

二、章程起草过程中的行政指导

章程的起草活动属于公司自治的范畴,政府本没有义务协助,也没有权力施加干预。但基于服务型政府的法律理念,政府有关部门(包括公司登记机关和证券监管机构等部门)可以发挥行政指导的作用,正确引导公司章程的起草活动。但长期以来,有些政府部门把行政指导误以为行政强制,强制公司照搬照抄章程范本,实有矫枉过正之嫌。

现实生活中的许多公司章程是在公司登记机关提供的制式章程条款的基础上填充少许自然情况条款而成。公司登记机关应当以贯彻《公司法》为契机,从打造服务型登记机关入手,不再强制投资者购买章程范本,即使投资者自愿购买,也允许其在合法的前提下对章程范本进行大刀阔斧的修改。公司登记机关应当投入精兵强将,耐心辅导投资者根据不同产业、经营规模和公司文化等具体实际情况,量体裁衣、设计丰富多彩的个性化的公司(包括有限责任公司与股份有限公司)章程条款。当然,公司登记机关也可根据实用价值与创新精神并重的原则,开发出个性化更强的、针对不同投资风险偏好与投资风险负担能力的投资者的系列公司章程范本。

为推动我国公司顺利赴海外上市,国务院证券委和国家体改委曾于1994年8月27日印发了《到境外上市公司章程必备条款》,要求境外上市公司遵照执行。为规范上市公司的章程,保护上市公司股东的合法权益,中国证监会又于1997年12月16日发布了《上市公司章程指引》。根据该会通知,上市公司根据需要,对《章程指引》的内容进行删除或修改的,应当在其向中国证监会申报的股票发行和上市及其他有关报批事项的申请材料中进行说明。无正当理由擅自修改或删除《章程指引》所规定的必备内容的,中国证监会将不受理该上市公司有关报批事项的申请。由于受当时历史条件和指导思想的制约,《章程指引》强调公司章程作为推行行政手段的重要工具,而未充分考虑到公司章程作为公司自治文件的特点。为纠正这一缺憾,中国证监会在2005年《公司法》修订后于2006年重新修订了《上市公司章程指引》。在通知中,中国证监会承认《章程指引》规定的是上市公司章程的基本内容,并允许上市公司在不违反法律、法规的前提下根据具体情况,在其章程中增加《章程指引》包含内容以外的、适合本公司实际需要的其他内容,也可以对《章程指引》规定的内容作文字和顺序的调整或变动。上市公司根据需要,增加或修改《章程指引》规定的必备内容的,应当在董事会公告章程修改议案时进行特别提示。相比之下,2006年重新修订的《上市公司章程指引》更加接近行政指导的真谛,更加尊重公司自治精神。从文义解释的角度看,"指引"乃为指导、引导、推荐的同义词,虽具有浓厚的指向性,但不具有强制性。

鉴于公司章程的自治规章性质,公司章程原则上只应接受强行性法律规范(法律和行政法规中的强制性规定)的限制,有关政府部门可通过行政指导手段向公司推荐公司章程样本,但不宜强迫公司必须采纳其推荐的公司章程;对于确有必要记载的强制性条款,可通过立法机关修改《公司法》方式予以明确。

三、出资比例与分红比例之间的脱钩

我国 1993 年《公司法》硬性要求按股东出资比例（持股比例）分配股利和剩余资产的立法态度毫无变通余地。第 33 条规定："股东按照出资比例分取红利。"第 177 条第 4 款规定："公司弥补亏损和提取公积金、法定公益金后所余利润，有限责任公司按照股东的出资比例分配，股份有限公司按照股东持有的股份比例分配。"第 195 条第 3 款亦规定："公司财产按前款规定清偿后的剩余财产，有限责任公司按照股东的出资比例分配，股份有限公司按照股东持有的股份比例分配。"

股东间不按照出资比例分红具有合理性和必要性。有些对公司具有商业价值的资源（如名片、关系网络）无法或很难量化为具体出资形式。由于我国原《公司法》第 33 条苛求股东按照出资比例分红，即使股东愿意作出相反的分红比例约定，公司登记机关对此类公司章程条款也不予认同，甚至拒绝为此类公司办理设立登记。于是，有些公司章程规定股东按出资比例分取红利，同时在股东之间另签一份内部的股东协议（赠与合同）约定，某股东每年将分红若干赠与小股东。但由于赠与方有权在交付赠与财产之前随时撤销赠与合同，致使作为受赠人的股东即使拿着赠与合同也战战兢兢、如履薄冰。

为体现股东自治精神，我国 2005 年修订的《公司法》第 35 条明确规定允许有限责任公司股东的出资比例与分红比例的脱钩："股东按照实缴的出资比例分取红利；公司新增资本时，股东有权优先按照实缴的出资比例认缴出资。但是，全体股东约定不按照出资比例分取红利或不按照出资比例优先认缴出资的除外。"因此，股东之间可以按认缴的出资比例分红，也可以按实缴的出资比例分红，也可以由股东另行约定其他分红比例（如对半开）等。

在股东之间没有相反约定的情况下，股东按照实缴的出资比例分红，而非认缴的出资比例分红。试举例说明。假定甲乙二股东共同设立一家公司。甲股东认缴的出资比例为 60%（60 万元人民币），乙股东认缴的出资比例为 40%（40 万元人民币）。但由于我国《公司法》允许分期缴纳出资，第一年甲股东实际缴纳出资 30 万元，乙股东实际缴纳出资 10 万元。因此，双方在第一年的实际缴纳出资共计 40 万元人民币，其中甲股东占 75%，乙股东占 25%。倘若公司成立后第一年营利甚丰，有税后利润可资分配，则在公司章程缺乏相反约定的情况下，甲股东的分红比例为 75%（而非认缴的出资比例 60%），乙股东的分红比例为 25%（而非认缴的出资比例 40%）。倘若第二年甲股东的实际缴纳出资达到 50 万元人民币，乙股东的实际缴纳出资达到 25 万元人民币，则在第二年分配税后利润时，甲股东有权分取的分红比例为 2/3（而非认缴的出资比例 60%），乙股东的分红比例为 1/3（而非认缴的出资比例 40%）。因此，在全体股东实际缴纳

出资到位之前,股东的各自分红比例并非变动不居。

在该案例中,倘若甲股东认缴出资以后,不出分文,则公司的税后可分配利润只能由乙股东独享。倘若在该案例中,甲乙股东均属于"空手套白狼"之辈,在其认缴出资以后,均未出资分文,则在甲乙股东履行资本充实责任之前,甲乙股东均无权染指公司的税后可分配利润。换言之,对公司及时足额地承担瑕疵出资的资本充实责任是此类股东分取红利的先决条件。

立法者之所以将实缴的出资比例确定为默示的分红比例,目的有二:一是为了体现按资分红的公平理念,确保老实人不吃亏;二是通过多缴纳出资、多分红的利益传导机制,激励股东们争先恐后地缴纳出资。这在客观上有利于预防瑕疵出资现象,巩固公司资本,维护公司的交易安全,提高公司的信用度。

股东要想排除股东按照实缴出资比例分红的法定默示比例,只能通过全体股东签署的股东协议为之,而不能通过资本多数决的公司章程为之,否则不产生排除默示分红比例的效力。这是由于,分取红利是股东投资的首要目的,要对按照实缴出资比例分红的默示比例作出排除,必须取得全体股东(包括持股比例较少的股东)的同意。倘若全体股东在公司章程中排除了股东按照实缴出资比例分红的法定默示比例,而且公司章程获得了全体股东的同意,并有全体股东签名为证,即使在公司章程之外没有股东协议对此作出规定,此种章程条款在实质上就应被视为我国《公司法》第35条要求的股东协议。

与我国《公司法》第35条有关有限责任公司股东分红比例的规定相若,该法第167条第4款亦允许股份有限公司的股东分红比例与股东出资比例之间脱钩。但鉴于股份有限公司人数众多的股东之间很难甚至不可能就分红比例与出资比例的脱钩问题达成一致决议,该条款允许股份有限公司通过章程规定不按持股比例向股东分配股利:"股份有限公司按照股东持有的股份比例分配,但股份有限公司章程规定不按持股比例分配的除外。"

倘若公司股东均未实际缴纳出资,则全体股东均无权分取红利,否则即构成不当得利。只有如此,才能督促股东及时足额地履行缴纳出资的义务。

四、出资比例与表决比例之间的脱钩

我国1993年《公司法》第41条硬性要求有限责任公司的股东按照出资比例(持股比例)行使表决权:"股东会会议由股东按照出资比例行使表决权。"该条规定本是倡导性规定,但由于没有同时跟进但书条款,致使法院和仲裁机构对公司章程中一人一票的股东会表决方式亦存在不同认识。这种法律条款性质上的模糊性无疑严重破坏了股东的投资预期和契约自由精神。

为尊重公司自治和股东自治精神,2005年修订的《公司法》第43条毅然将上述规定由强制规范转为倡导性规范:"股东会会议由股东按照出资比例行使

表决权;但是,公司章程另有规定的除外。"因此,有限责任公司章程可以基于公司自治理论,自由地约定股东相互之间的表决比例。倘若章程规定股东会决议采取一人一票、少数服从多数的表决方式亦无不可。可见,有限责任公司股东的出资比例与表决比例之间可以依法自由脱钩。

与第35条相比,第43条在谈及表决比例时的主要区别之一是,在"出资比例"之前没有定语"实缴的"。之所以如此,立法者在修改该条时遇到了二难选择:首先,立法者倘若要求股东按照实缴的出资比例行使表决权,会遭遇有些公司中全体股东都没有实际缴纳出资的尴尬。如此以来,全体股东都无权在股东会上行使表决权,股东会决议似乎也无法作出。其次,立法者倘若要求股东按照认缴的出资比例行使表决权,似乎也有失公允。假定甲乙二股东共同设立一家公司。甲股东认缴的出资比例为60%(60万元人民币),但分文未出;乙股东认缴的出资比例为40%(40万元人民币),并及时足额缴清出资。倘若立法者要求股东按照认缴的出资比例行使表决权,那么甲股东在股东会上的表决权为60%,乙股东的表决权仅为40%,显然有悖出资与权利成正比的朴素公司伦理。

接踵而至的问题是,既然在分期缴纳出资制度项下存在着实缴的出资比例与认缴的出资比例,那么股东表决权之计算究以哪一比例为准?笔者认为,破解这一难题时应当区分两种情况:(1)在有一名或多名股东实际缴纳出资的情况下,股东按其实缴的出资比例行使表决权。此种解释符合权利与义务相一致的公平观念;(2)在全体股东都没有实际缴纳出资的情况下,股东按其认缴的出资比例行使表决权。此种解释不仅能确保股东会决议的作出,而且也符合股东设立公司时对其控制权比例和表决权比例的预期。

第43条与第35条相比的主要区别之二是,股东要排除"股东会会议由股东按照出资比例行使表决权"的倡导性条款,不再苛求全体股东协议,只需公司章程即可。这是由于,股东的表决权固然重要,但与股东表决权相比,毕竟稍有逊色。但是,笔者认为此处的"公司章程"仅指公司设立时的原始章程而言。控制股东不能凭借资本多数决的优势,逆小股东意志而修改公司章程,剥夺或限制小股东的表决权。否则,小股东的控制力将如同面团一样任由控制股东肆意揉捏。

既然股东分红权与表决权的行使不拘泥于股东的持股比例,有限责任公司可自由创设无表决权或微弱表决权的优先股。无表决权或微弱表决权的股东不仅在公司赚钱分配利润时优先分取红利,在公司解散时亦可在债权人获得清偿后优先于普通股东而分取剩余财产。倘若公司章程在约定优先股东优先分红的同时,并未约定股东优先分取剩余财产,则优先股东只能以其持股比例为限、优先于其他普通股东分取剩余财产。

与之相关联的问题是,股份有限公司可否发行优先股?从理论上说,股份有限公司发行何种股份(包括优先股)纯属公司自治范畴,国家无权干涉。但 2005 年修订的《公司法》第 132 条授权国务院对股份有限公司发行该法规定以外的其他种类的股份另行作出规定。基于法治精神,既然《公司法》有此规定,股份有限公司及其股东要开发优先股股份,只能等待行政法规。因此,在国务院行政法规允许股份有限公司发行无表决权优先股之前,股份有限公司应当保持较高耐心。呼吁国务院尽快出台相关行政法规,允许股份有限公司发行无表决权优先股。实际上,此类优先股特别是可以累计分红的无表决权优先股非常适合国有股:既可省却国有股东的多重代理环节和高额代理成本,又可调动中小股东参与公司治理的积极性和创造性。

第三节 公司经营范围制度

一、公司经营范围制度之由来

我国公司经营范围制度是计划经济的产物。但最早源于我国 1946 年《公司法》。该法第 22 条规定:"公司不得经营登记范围以外之业务。"1993 年《公司法》第 11 条进一步明确规定:"公司的经营范围由公司章程规定,并依法登记。公司的经营范围中属于法律、行政法规限制的项目,应依法经过批准。公司应在登记的经营范围内从事经营活动。"

经营范围制度从设计理念上看,源于国家和社会对本不具有法律人格的社会组织的法人资格的授予或拟制。既然公司的法人资格是国家拟制出来的,国家就有足够的法律权威和正当性划定公司的权利能力与行为能力范围。

该制度在计划经济体制下与管制型的立法思路不谋而合。若把公司比作一只鸟,公司经营范围就像一个鸟笼子。我国传统的公司经营范围制度非常苛刻、强硬,大有"顺我者昌、逆我者亡"之势。例如,1987 年 7 月 21 日最高人民法院在《关于在审理经济合同纠纷案件中具体适用经济合同法的若干问题的解答》中指出,"工商企业、个体工商户及其他经济组织应在工商行政管理部门依法核准登记或主管机关批准的经营范围内从事正当的经营活动。超越经营范围或违反经营方式所签订的合同,应认定为无效合同。全部为超营项目的,全部无效;部分为超营项目的,超营部分无效。"可见,公司不能跨越经营范围之雷池半步。实践证明,公司经营范围制度极大地束缚了公司自治及其权利能力与行为能力。

邓小平同志 1992 年南巡讲话发表以后,最高人民法院开始解放思想,对经营范围采取较为宽松的解释方法,取得了成全合同当事人、尽量使合同有效、加快商事流转的社会效果。例如,最高人民法院 1999 年 12 月《关于适用〈中华人民共和国合同法〉若干问题的解释(一)》第 10 条指出,"当事人超越经营范围订立合同,人民法院不因此认定合同无效。但违反国家限制经营、特许经营以及法律、行政法规禁止经营规定的除外。"但公司仍应根据《公司登记管理条例》第 71 条就其超营活动承受行政处罚。

二、公司经营范围制度的自治改革

公司经营范围制度对公司经营自由的极大限制,与英美早期公司法中的"越权原则"(ultra vires)殊途同归。从国际公司立法的演变趋势看,放松对经营范围的法律管制乃大势所趋。例如,美国《模范商事公司法》第 2.02 条第 2 项第 2 目规定公司章程可以记载设立公司所追求的目的;第 3.01 条第 1 项则规定:"除非公司章程对公司目的的范围作出限制性规定,根据本法设立的每家公司都具有从事各项合法经营活动的目的。"该法第 3.04 条以"越权"为题在第 1 款明确规定:"除非本条第 2 款另有规定外,不得以公司缺乏权利能力为由否认公司行为的效力。"

鉴于我国正在完善社会主义市场经济体制,阔步迈向完全市场经济社会,2005 年修订的《公司法》第 12 条规定:"公司的经营范围由公司章程规定,并依法登记。公司可以修改公司章程,改变经营范围,但是应当办理变更登记。公司的经营范围中属于法律、行政法规规定须经批准的项目,应当依法经过批准。"与 1993 年《公司法》第 11 条相比,该条删除了"公司应在登记的经营范围内从事经营活动"的要求。这一删除举措体现了立法者创新公司经营范围制度的勇气。换言之,即使公司超越登记的经营范围从事经营活动,只要此种超营行为不违反法律和行政法规有关市场准入的强制性规定、不违反公序良俗与诚实信用原则,就属合法有效。从理论上说,一家公司的经营范围可以覆盖食品生产、软件开发、电脑销售、汽车维修等各个领域。

1994 年《公司登记管理条例》第 71 条规定:"公司超出核准登记的经营范围从事经营活动的,由公司登记机关责令改正,并可处以 1 万元以上 10 万元以下的罚款;情节严重的,吊销营业执照。"2005 年 12 月 18 日重新发布的《公司登记管理条例》废除了该条规定。至此,即使公司超越登记的经营范围从事经营活动,只要此种超营行为不违反法律和行政法规有关市场准入的强制性规定,不仅在民事关系中是合法有效的,而且在行政法律关系中不再承受行政处罚。

人民法院或仲裁机构在确认公司签订的合同的效力时,应当严格遵守《合同法》第 50 条第 5 项规定的条件,只有违反法律、行政法规的强制性规定的合同才能被法院或仲裁机构宣布无效。不能因为某一合同违反了部门规章,就认定该合同无效。法院和仲裁机构长期习惯于以部门规章作为确认商事合同无效的法律依据,此种司法态度应予改革。改革的方向是,倘若法院或仲裁机构确信某一合同不仅违反了部门规章，而且损害社会公共利益，就可以将该合同宣布无效；否则，就应驳回原告或申请人请求宣布该合同无效的诉讼请求或仲裁请求。

例如，企业之间的借款合同虽违反中国人民银行《贷款通则》禁止企业之间借贷规定，但倘若债权人企业非以经常性的金融借贷活动为主要营业，债权人与债务人之间存在着业务合作关系，则此类借款合同的合法性应予确认。又如，倘若建筑工程合同违反建设部有关禁止建筑工程企业向建设单位（发包方）垫资的部门规章，则建筑工程企业的垫资行为虽有可能构成不正当竞争行为，但建筑工程合同的效力应予维持。

三、公司经营范围登记的效力

这里有必要触及我国《公司法》第12条规定的公司经营范围登记的效力问题。笔者认为，公司经营范围由公司章程记载、并经公司登记机关依法登记的效力，可以区分为对内效力与对外效力。

就对内效力而言，公司章程载明并经公司登记机关登记的公司经营范围对划清公司内部机关之间的决策权限，以及强化公司董事、监事和高管人员的诚信义务具有刚性的约束力。例如，倘若公司管理层未经股东大会或董事会授权擅自超越公司章程载明、公司登记机关登记的经营范围从事经营活动并给公司造成巨大损失，则公司有权追究管理层违反忠实义务或勤勉义务的责任。

就对外效力而言，由公司章程记载并经公司登记机关依法登记经营范围，有助于第三人了解该公司的专长经营领域。但是，第三人不能仅以其与某公司签订的合同超越了该公司的经营范围而主张合同无效，公司也不能仅仅以自己签订的合同超越了自己的登记经营范围而主张合同无效。

四、公司选择登记经营范围的自由度

根据我国《公司法》弘扬的公司自治精神，公司可以在不违反强制性法律规定的前提下，自由选择其登记的经营范围。公司登记机关在登记公司经营范围时，应当尽量尊重市场的多元化需求以及公司的首创精神。

2005年修订的《公司登记管理条例》第15条第2款规定："公司的经营范围用语应当参照国民经济行业分类标准。"随着科技进步地日新月异，随着消费者从生存型消费到发展型消费、享受型消费、奢侈型消费的不断升级，从物质消费活动到精神消费活动的中心转移，国民经济行业不能囊括的经营范围将会越来越多。

即使对于法律和行政法规例外允许的垄断经营、限制经营、特许经营，有关政府部门也应严格按照《行政许可法》的规定，严格市场主体核准与登记制度，

把好市场准入关。为兼顾宏观调控的有效性与经济行政的廉洁性与公正性,应当严格规制政府发放行政许可的范围与程序。垄断经营、限制经营、特许经营的范围要少而精。应当明确:垄断经营、限制经营、特许经营是例外,而放开经营、鼓励竞争是一般原则。应当积极探索混业经营、混业监管或混业经营、分业监管的金融创新模式。即使公司经营行为属于行政许可项目,公司登记机关也应遵循透明行政、服务行政与高效行政的理念,依照法律、行政法规和国务院规定编制企业登记前置行政许可目录并公布。

第四节 公司规章与股东协议

一、公司规章

调整公司内部法律关系的公司内生法律规则既包括公司章程,也包括其他法律文件尤其是公司规章。例如,股东会议事规则、董事会议事规则、监事会议事规则、董事会专门委员会实施细则、公司专项规章制度(如风险管理办法)等。

倘若公司规章并不在公司登记机关登记在册,这些内部规章制度仅能约束公司内部法律关系主体;倘若公司规章已在公司登记机关登记在册,这些内部规章制度不仅约束公司内部法律关系主体,而且可以对抗第三人。倘若公司规章的名称索引载于登记在册的公司章程,公司规章应当视为已经登记在册,除非第三人能够举证证明自己虽已尽到合理之努力,但依然无法从公司获取(遭到公司的悍然拒绝)或很难以合理成本获取公司规章。

为使公司内部管理规章取得对抗第三人的效力,也为实现公司内部治理结构的透明化、强化社会公众对公司内部治理的监督与约束力度,建议公司将内部规章制度通过直接登记或间接索引的方式晓谕公众。

二、股东协议

股东协议有广狭二义。广义的股东协议泛指股东之间签署的各类协议;而狭义的股东协议仅指股东之间签署的、与股东资格相关的协议。股东协议不同于公司章程,往往不在公司登记机关登记注册。在实践中,基于股东之间的特别关系、特别承诺或特别信任,常有股东通过协议界定彼此间的权利义务关系。但总体而言,当前我国公司和投资者对股东协议的重视程度不高。

在我国,1993年《公司法》对股东协议的效力语焉不详。2005年修订的《公司法》虽未设专章对股东协议作出全面系统的规定,但在分散于各章的制度设计中极其重视股东契约自由,重视通过股东协议界定相互间的权利、义务、责任、利益、风险。例如,2005年修订的《公司法》第35条允许有限责任公司的全体股东约定不按照出资比例分取红利或优先认缴出资;第72条将有限责任公司股东会对股东向第三人转让股权的批准行为由公司的意思表示转向股东个人的意思表示;第75条鼓励退股股东与公司达成退股协议。

　　基于股东自治精神,公司、股东和中介机构应当更加重视股东协议的签署工作。除了适用我国2005年修订的《公司法》的特别规定外,股东协议还要遵守我国《合同法》的一般规定。我国《合同法》与2005年修订的《公司法》都把维护合同自由和交易安全视为自己的重责大任。当然,公司与股东签署协议时,应当尊重股东平等原则,确保一碗水端平,力戒厚此薄彼。

第四章 资本与股份

资本制度是公司制度的核心。股东财产并非公司责任财产,股东原则上不对公司债权人负责。公司的信用基础与公司债权人的担保皆系于公司财产。为奠定公司生存与腾飞的物质基础,也为公司潜在债权人保留最低限度的公司资产,以减轻股东有限责任原则对市场交易安全的冲击,保护善意第三人的利益,传统公司法创设了资本确定原则、资本维持原则和资本不变原则。我国《公司法》还规定了法定最低注册资本制度。如果说资本确定原则和法定最低注册资本制度从形式上预先确定公司资本金额,资本不变原则从形式上预防资本额的减少,而资本维持原则从实质上维持公司资产。公司资本制度中虽有必要的倡导性规范与任意性规范,但更多的是行政规范、强制规范和管理规范。公司资本制度改革的方向是实现保护交易安全与鼓励投资兴业的目标兼顾。

第一节 公司资本与资本三原则

一、公司资本的概念

公司资本在不同语境下有不同含义。公司资本有时指股东为设立公司或扩张公司而投入公司的出资额。因此,公司资本是股东为取得股东资格、维持股东资格、强化公司盈利能力而给付的对价。广义的公司资本包括股权资本和债权资本。狭义的公司资本仅指股权资本,是股东为实现投资目的向公司缴纳的财产出资的总和。股权资本就是股东出资之和。作为股东出资额的公司资本是一个静态、抽象的确定数字概念,有别于具体的公司资产或公司财产。公司如欲增减资本,需履行法定程序。

公司资本有时指股东得以对公司主张分配权利的公司净资产,是资产负债表项下的股东权益(公司总资产减去总负债的余额)。此种意义上的公司资本代表着股东对公司的财产权利。股东转让股权的定价因素纷繁复杂,但主要取决于公司净资产以及公司未来的盈利能力。为避免概念混淆,本书将股东得以对公司主张分配权利的公司资本称为"公司净资产",而不笼统地称之为"公司资本"。

作为股东出资总额的公司资本也不同于作为公司净资产的公司资本。因为,只要审查公司的注册资本与股东的实缴出资就可以知晓股东应予缴纳的出资额以及股东实际缴纳的出资额。而作为公司净资产的公司资本则是一个动态的变动不居的概念。两名股东成立公司时一次性足额缴纳股权出资 100 万元，经过两年的经营，公司净资产有可能飙升到 1 亿元；再过两年，又有可能跌至 2000 万元。股东转让股权时往往更多地看重公司净资产以及公司的投资前景，而不斤斤计较于股东的原始出资额。

由于公司净资产是公司总资产的组成部分之一，"公司净资产"意义上的"公司资本"当然有别于客观存在的、作为公司物权标的物的各类财产。债权人虽然关注公司净资产，更关注特定的具体的公司资产。从法律概念而言，无论公司资产来自股东的原始出资，抑或债权资本（银行信贷资金），公司对其取得的各类资产都享有物权。基于物权，公司又可为债权人设定担保物权。因此，债权人往往格外关注公司资产的构成、每项资产（含动产与不动产）的使用价值与交换价值，而非拘泥于对股东原始出资额或公司净资产的关注度。

二、资本确定原则与授权资本制

资本确定原则又称法定资本制，是指在公司设立时股东必须充分、确实地认购公司确定发行的全部股份，公司才能合法成立与运营。首先，公司章程要确定资本总额。其次，公司章程载明的资本总额必须全部认购和实缴完毕。当然，认购不同于实缴。但法定资本制项下的资本至少在公司成立之前认缴完毕、并实缴法定最低数额。资本确定原则旨在确保公司"优生优育"，在公司诞生之处就拥有足以保护债权人和其他利益相关者的物质基础。

我国 1993 年《公司法》采行传统资本确定原则，要求公司章程必须确定、载明并公示注册资本数额（第 22 条、第 79 条），并要求公司募足与该金额相对应的股份。相应地，股东必须充分、及时、确实地根据股东协议或股份认购合同缴纳出资。2005 年修订的《公司法》虽确立了分期缴纳出资制度，但仍属于资本确定原则的范畴。该法第 25 条要求有限责任公司公司章程载明公司注册资本以及股东的出资方式、出资额和出资时间；第 82 条要求股份有限公司章程载明公司股份总数、每股金额和注册资本以及发起人的姓名或名称、认购的股份数、出资方式和出资时间。出资金额与出资时间一俟确定，投资者必须及时足额地履行相应的出资义务。

法定资本制虽利于保护公司债权人，但容易压抑公司资金筹集活动的灵活性与机动性。其一，严苛的法定资本制作为投资兴业的门槛容易拉长公司的设立期间。其二，公司设立之初的各项业务经营活动往往处于起步和探索阶段，资金需求甚微，公司只能坐视其筹措的巨额股权资本在公司账户上闲置不用。其三，公司设立时若筹集资本过小，但公司在业务拓展后资金需求量放大，则必须召集股东大会修改公司章程以增加资本，然后再发行新股。增资程序的费时费力有可能导致公司错过公司高效、及时、低成本筹资的最佳时机。

资本确定原则与授权资本制相对。所谓授权资本制,指公司章程预先确定公司的资本总额,并授权董事会在公司成立后作出决议,发行资本总额中尚未发行的股份。只要公司股东实际认购了部分资本数额,公司即可成立。授权资本制的优点在于,避免了公司设立之初的资本闲置和浪费现象,也避免了繁琐的增资程序。当然,在公司章程授权的资本额度发行完毕以后,仍需要修改公司章程增加授权资本额度。

建议我国立法者追随现代公司立法潮流(如美国《模范商事公司法》第6.01条规定),引进授权资本制,允许公司设立时不必募足全部股份,而是允许公司董事会根据公司章程事先授权、斟酌公司的资金需求状况和资本市场的具体情况而适时适度发行适量股份。从法定资本制到授权资本制的变革不仅是资本制度的重大改革,也是公司治理制度中股东会中心主义走向董事会中心主义的一个试金石。

三、资本维持原则

资本维持原则又称资本充实原则或资本拘束原则,指公司在存续过程中必须经常保持与抽象的公司资本额相当的公司现实资产。这是由于,一旦公司资本得以确定、公司得以成立,该公司资产就开始在纷繁复杂的投入产出活动中处于剧烈的变动状态之中。立法者关注的核心问题遂由公司设立阶段转向公司运营与存续阶段。资本维持原则的着眼点不仅在于保护债权人利益,也在于确保公司的可持续健康发展。我国《公司法》也继受了资本维持原则。

其一,严格规制非货币出资行为。我国《公司法》第27条第1款规定了股东以非货币财产作价出资的构成要件;第2款要求对非货币财产出资进行评估作价,核实财产,不得高估或低估作价;第3款规定了全体股东的货币出资金额在有限责任公司注册资本构成中的最低比例(30%)。

其二,禁止股份有限公司的股票发行价格低于票面金额。我国《公司法》第128条对此设有明文规定。

其三,禁止抽逃出资。第36条禁止有限公司股东在公司登记后抽回出资。我国《公司法》第92条也规定:"发起人、认股人缴纳股款或交付抵作股款的出资后,除未按期募足股份、发起人未按期召开创立大会或创立大会决议不设立公司的情形外,不得抽回其股本。"

其四,追究瑕疵出资股东的民事责任。我国《公司法》第28条第2款要求瑕疵出资股东除向公司足额缴纳外,还应向已按期足额缴纳出资的股东承担违约责任。

其五,由于公司回购自己的股份将会导致公司资产的减少和债务清偿能力的削弱,立法者原则禁止公司回购自己股份。例如,我国《公司法》第143条第1款原则禁止公司收购本公司股份,第4款禁止公司接受本公司的股票作为质押权的标的。

其六,严格限制分红条件,禁止股东利用分红途径掏空公司资产。我国《公司法》第167条第5款规定,"股东会、股东大会或董事会违反前款规定,在公司弥补亏损和提取法定公积金之前向股东分配利润的,股东必须将违反规定分配的利润退还公司"。

其七,禁止以股抵债。现实生活中,上市公司的母公司(控制股东)在对公司负有债务以后,往往以自己对公司的股权折抵对公司的负债。此即"以股抵债"的现象。母公司作为子公司的债务人,本应及时足额履行债务。以股抵债既违反了资本减少限制原则,减损了公司资产;也违反了股东平等原则,剥夺了其他中小股东与控制股东一同退股的机会。以股抵债之风决不可长。正确做法是,拍卖母公司对子公司享有的股权,然后将拍卖价款清偿债务。这样,既使子公司的债权获得实现,又不害及债权人利益,更不违反股东平等原则,可谓一举三得。

资本维持原则虽在我国《公司法》中多有体现,但有待细化,尤其是完善瑕疵出资与抽逃出资的民事责任追究机制。为使公司的运营更富有弹性,并顾及中小股东权益保护和构建和谐劳资关系的立法政策,资本维持原则也出现了弹性化现象。我国《公司法》第75条允许有限责任公司的中小股东在陷入进退维谷境地时例外请求公司回购自己股份,第143条第1款允许公司为实现以下目的而例外收购本公司股份:(1)减少公司注册资本;(2)与持有本公司股份的其他公司合并;(3)将股份奖励给本公司职工;(4)股东因对股东大会作出的公司合并、分立决议持异议,要求公司收购其股份的。

四、资本不变原则

(一)资本不变原则的基本内容

严格遵循资本确定原则的立法例,一般坚持资本不变原则。所谓"资本不变"不是指绝对不变,而是指公司不得超越法定条件与程序而随意增减资本。资本不变是相对的,资本变动是绝对的。资本不变原则的着眼点依然在于保护债权人利益和公司的可持续健康发展。其与资本维持原则的不同点在于,资本维持原则的功能在于预防公司现实资产的减少,而资本不变原则的功能在于预防公司抽象资本的减少。倘若缺乏资本不变原则的约束,公司便可随意减少资本,公司资本既已减少,公司资产亦可相应降低。可见,资本不变原则是资本维持原则的坚强柱石。

严格说来,资本不变原则包括两个方面的不可或缺内容:一是限制公司随意减资,二是限制公司随意增资。换言之,公司增加资本、减少资本都要遵循法定程序。如果说限制公司减资旨在保护债权人和其他利益相关者,限制公司增资旨在保护股东免受参与增资行为带来的财力负担以及不参与增资行为带来的股权比例萎缩。

(二) 增资制度

我国《公司法》对公司增资亦设有限制性条款。(1) 公司增资的授权依据必须基于股东会的资本绝对多数决。根据《公司法》第38条第1款和第100条规定,公司增加注册资本的必须由股东会作出决议,而不能由董事会作出决议,以求慎重。而且,股东会的增资决议遵循绝对多数决原则,而非简单多数决原则。有限责任公司增资决议必须经代表2/3以上表决权的股东通过(《公司法》第44条);股份有限公司减少注册资本的决议必须经出席会议的股东所持表决权的2/3以上通过(《公司法》第104条第2款)。根据《公司法》第67条规定,国有独资公司减少注册资本的,必须由国有资产监督管理机构决定。(2) 尊重老股东的优先认购权。根据《公司法》第35条规定,有限责任公司新增资本时,股东享有法定的优先认购权。具体说来,股东有权优先按照实缴的出资比例认缴出资,但全体股东约定不按照出资比例优先认缴出资的除外。股份有限公司章程确定股东优先购买权的,此种章程条款亦属有效。老股东的优先购买权是民事权利,而非民事义务,因而优先购买权可以行使,也可以抛弃。因而,公司股东会决议无权强制股东认缴出资;否则,此次决议无效,任何股东均可诉请法院确认无效。(3) 变更登记手续。根据《公司法》第180条第2款规定,公司增加注册资本,应依法向公司登记机关办理变更登记。旨在晓谕不特定的社会公众尤其是潜在的交易伙伴及时了解增资后的公司资产信用与债务清偿能力。

(三) 减资制度

由于采行授权资本制的立法例授权董事会决定新股发行,致使资本增加具有较大灵活性;加之公司增资惠及公司债权人,资本不变原则已演变为资本减少限制原则,即公司将其资本减至合理金额时,必须严格符合法定条件,履行法定程序。此处重点讨论公司减资行为的法律规制。

(1) 公司内部决策程序。我国公司治理结构的主流基调是股东会中心主义态度,公司减少资本的对内决策权限亦属股东会决策范畴。就有限责任公司而言,根据《公司法》第38条第1款和第100条规定,公司减少注册资本的必须由股东会作出决议。根据该法第44条,有限责任公司减少注册资本的决议必须经代表2/3以上表决权的股东通过。根据《公司法》第104条第2款规定,股份有限公司减少注册资本的决议必须经出席会议的股东所持表决权的2/3以上通过。根据《公司法》第67条规定,国有独资公司减少注册资本的,必须由国有资产监督管理机构决定。

（2）编制资产负债表及财产清单。根据《公司法》第178条第1款规定,公司需要减少注册资本时,必须编制资产负债表及财产清单。

（3）通知并公告债权人。公司应自作出减少注册资本决议之日起10日内通知债权人,并于30日内在报纸上公告。此处的"通知"主要针对已知其确切联络方式的特定债权人;"公告"主要针对下落不明的不特定债权人。通知义务与公告义务并行不悖。不能因为公司通知了特定债权人就豁免其公告义务,也不能因为其履行了公告义务而豁免通知债权人的义务。倘若一家公司在减少资本时已经公告债权人、但怠于通知特定债权人,则被遗漏的债权人依然有权在其知道公司减资事实后的合理期限内行使权利。倘若公司在减少注册资本时不依法通知或公告债权人,公司登记机关有权根据《公司法》第205条第1款规定责令公司改正,并对公司处以1万元以上10万元以下的罚款。由于公司减少资本会动摇公司的资本信用基础,公司减少资本不仅遵守公司内部决策程序,以充分体现大多数股东的利益和要求,而且要遵守公司外部的债权人保护序,以充分尊重公司债权人的利益和要求。《公司法》第178条规定了严格的外部减资程序。

（4）债权人保护程序。债权人自接到通知书之日起30日内,未接到通知书的自公告之日起45日内,有权要求公司清偿债务或提供相应的担保。在公司减资完成之前,债权人应自其知悉公司减资事实之日起尽快在法定期限内要求公司清偿债务或提供相应的担保。倘若债权人的债权已届清偿期限,债权人当然有权自由选择要求公司清偿债务或提供相应的担保;倘若债权尚未届至清偿期限,债权人只能要求公司提供相应的担保;倘若公司拒绝或怠于提供相应的担保,则债权人有权要求公司立即清偿债务。

（5）法定减资额度。根据《公司法》第178条第3款规定,公司减资后的注册资本不得低于法定的最低限额。这就体现了资本不变原则与资本确定原则尤其是最低注册资本原则的无缝对接。否则,最低注册资本原则将会由于股东滥用减资程序而架空。

（6）变更登记手续。根据《公司法》第180条第2款规定,公司减少注册资本,应依法向公司登记机关办理变更登记。旨在晓谕不特定的社会公众尤其是潜在的交易伙伴,对减资后的公司的资产信用与债务清偿能力保持必要警觉。值得注意的是,由于公司减资并不导致公司人格的变化,在公司减资完成之后,减资之前以及减资过程中出现的合法债权人均有权请求减资后的公司承担债务清偿责任。

第二节 最低注册资本制度

一、最低注册资本制度的概念

所谓最低注册资本制度,是指公司成立时股东缴纳的注册资本不低于立法者规定的最低限额。最低注册资本制度滥觞于欧陆立法传统。《欧盟第二号公司法指令》第6条第1项规定:"为使公司得以设立或开业,成员国法律应规定实际认购股本的最低数额。此种数额不得低于2.5万欧元。"日本在1990年修改《商法典》时,借鉴该指令和某些欧陆国家的立法经验引入了最低注册资本金制度。我国台湾地区"公司法"亦授权主管部门规定最低资本金制度。但日本2005年《公司法》彻底废除了最低资本金制度。

受大陆法系最低注册资本制度的影响,我国1993年《公司法》第23条和第78条规定了最低注册资本。根据1993年《公司法》第23条第2款,有限责任公司的注册资本不得少于下列最低限额:(1)以生产经营为主的公司人民币50万元;(2)以商品批发为主的公司人民币50万元;(3)以商业零售为主的公司人民币30万元;(4)科技开发、咨询、服务性公司人民币10万元。又根据该法第78条规定,股份公司的最低注册资本为1000万元人民币。该法不仅规定了较高的公司最低注册资本门槛(普遍高于日本和欧盟),而且要求投资者在公司设立之时一次性及时足额缴纳全部注册资本。

二、最低注册资本

为打造平民化的公司法,鼓励包括下岗职工和农民在内的社会公众投资兴业,我国《公司法》第26条第2款不再根据公司不同产业分别规定最低注册资本,并大刀阔斧地将有限公司最低注册资本统一降至3万元。该条款同时声明:法律、行政法规对有限责任公司注册资本的最低限额有较高规定的,从其规定。为适度扩大股份公司制度的适用范围,切实把股份公司制度重塑为公众投资者都能享用的"公共产品",我国《公司法》第81条将股份有限公司注册资本的最低限额由1000万元人民币降至500万元人民币。

公司最低注册资本的降低宣告了传统公司法对最低注册资本的盲目崇拜的历史的终结,对壮大中高收入阶层、拉动经济增长、拓宽社会保障的资金来源、建设小康社会都具有积极的社会意义。大幅下调最低注册资本也会产生负面影响。滥设公司的现象有可能沉渣泛起,公司资本可能良莠不齐,交易安全可能面临威胁。两利相衡取其大,两弊相衡取其轻。我国《公司法》虽未废除最低注册资本制度,但大幅下调最低注册资本以鼓励投资的良苦用心应予肯定。

作为除弊之举,我国《公司法》加强了对债权人的保护。其实,最低注册资本制度本身在保护债权人方面从来就不是万能的。公司法也不是保护债权人的"一本通"。债权人保护还要依赖合同法、侵权法、担保法等一系列法律制度和交易安全智慧的支撑。我国《公司法》导入揭开公司面纱制度就是立法者大幅降低最低注册资本的配套措施。在我国《公司法》大幅降低最低注册资本的情况下,更不能拿股东出资是否达到了最低注册资本门槛作为是否维持股东有限责任待遇的唯一标准。

三、特殊行业的法定最低注册资本制度

没有无例外的原则。法律仍可基于保护债权人、捍卫公司利益的理念,在法定例外情况下,对资金密集型、经营风险密集型的特定产业保留法定最低注册资本。例如,根据我国《保险法》第 73 条规定,设立保险公司,其注册资本的最低限额为人民币 2 亿元,而且保险公司注册资本最低限额必须为实缴货币资本。而且,该条授权保险监督管理机构根据保险公司业务范围、经营规模,上调注册资本的最低限额。保险公司不仅是以营利为目的的企业,而且是典型的风险密集型与风险管理型企业,承担着分摊巨大社会风险的重责大任,理应具备扎实的注册资本。上述特殊行业的最低注册资本制度大多符合国际惯例,有其存在的公共政策理由。即使未来公司法改革原则废除了普通产业的最低注册资本制度,也应例外保留特殊行业的最低注册资本制度。只不过这种保留应以法律规定为依据和限度。

四、最低公司注册资本制度的有限功能和滥用

资本是公司存续与发展的物质基础,是公司在对外经营活动中的信用基础。法定最低注册资本制度对确保公司责任财产的充实性、保护债权人的利益居功甚伟,在我国公司制度起步初期、投资者和经营者法治与伦理观念较弱的背景下,更具合理性。该制度的实质在于,强制股东在设立公司之初缴纳充分的资本,从而起到保护债权人的作用。此种思维可称为"前端控制"模式。

较高的公司最低注册资本门槛在主观上是为确保公司的优生优育,强化交易安全,造福债权人;在客观上也有利于阻遏缺乏出资能力的投资者设立资本不足的公司。但公司最低注册资本制度本身实有矫枉过正之嫌。

其一,由远离商业生活的立法者或行政机关硬性规定统一标准,实有刻舟求剑之嫌,很难与每个公司的具体行业性质、经营规模、经营风险和实际资本需求状况吻合。因此,法定最低注册资本理念虽好,但合理性、客观性、可行性很难确保。例如,6 位股东要成立拥有多家连锁店的商业零售有限公司,只需投入 3 万元注册资本即可满足法律要求;而要注册同等规模的商业零售股份公司,却需

500万元人民币以满足法律要求。在前一情况下,3万元的最低注册资本门槛显然过低,而在后一情况下,500万元的最低注册资本门槛又可能过高。

其二,法定最低注册资本非但不足以为债权人提供足够的财力担保,还容易沦为不诚信投资者逃避债务的护身符。现实生活中,某些公司的注册资本与其经营活动性质和规模相比显然过低、但符合法定最低注册资本门槛的"小马拉大车"现象比比皆是。

其三,过高的最低注册资本门槛将许多社会公众排斥在公司王国之外,不利于量大面广的民间资本进入市场,不利于充分发挥公司制度在优化资源配置和流动方面的积极作用。而且,苛求股东将注册资本一次性全部缴足,容易造成公司设立之初由于公司业务尚未充分展开而面临的资金闲置和浪费现象。

第三节 股东分期缴纳出资制度

一、股东分期缴纳出资制度

虽然我国《公司法》规定的最低注册资本门槛已经很低,投资者可以光明正大地出资设立注册资本3万元的有限责任公司,但此种资本规模的公司往往缺乏信用。因此,忠厚、诚信的投资者往往不满足于3万元或500万元的最低注册资本,而愿意贡献更多的注册资本以彰显自己的诚信度与经济实力。但在创业之初,投资者由于财务状况囊中羞涩,无法一次出资到位。体恤到投资者创业之初的艰难和不易,立法者允许注册资本较高的公司股东分期缴纳出资。

就有限责任公司而言,我国《公司法》第26条第1款允许全体股东的首次出资额不得低于注册资本的20%,也不得低于法定的注册资本最低限额,其余部分由股东自公司成立之日起两年内缴足。假定一家公司的注册资本为10万元,可以由两名股东首次分别缴纳1.5万元出资,剩余7万元出资可在公司成立之日起两年内由两名股东缴纳完毕。

就股份有限公司而言,我国《公司法》第81条第1款允许公司全体发起人的首次出资额不得低于注册资本的20%,其余部分由发起人自公司成立之日起两年内缴足。如此以来,发起人只要缴足100万元注册资本,公司即可成立,股份有限公司的设立门槛大幅降低。其中,"20%"的首付款乃系就全体股东的出资总额而言。无论个别股东的实缴出资比例高低,只要全体股东的共同首付出资款不低于公司注册资本的20%,公司即可依法成立。

由于确立了法定资本制项下的股东分期缴纳出资制度,我国2005年修订的《公司法》第26条第1款将有限责任公司注册资本的概念由"在公司登记机关登记的全体股东实缴的出资额"(1993年《公司法》第23条第1款)改为"在公司登记机关登记的全体股东认缴的出资额"。2005年修订的《公司法》第81条将股份有限公司的注册资本的概念由"在公司登记机关登记的实收股本总额"(1993年《公司法》第78条第1款)改为"股份有限公司采取发起设立方式设立的,注册资本为在公司登记机关登记的全体发起人认购的股本总额;股份有限公司采取募集方式设立的,注册资本为在公司登记机关登记的实收股本总额"。

2005年修订的《公司法》导入的分期缴纳出资制度仍处于法定资本制的范畴。授权资本制与法定资本制项下的分期缴纳制虽然貌似,但实质迥异。二者在功能上的相似之处在于,公司在其资本规模部分到位的情况下即可成立。二者的根本区别在于,在分期缴纳制度项下,股东一次认购出资、分期缴纳出资,承担后续缴纳出资的义务及其主体在公司成立之时就已确定;而在授权资本制度项下,股东分期认购出资、分期缴足出资,承担后续缴纳出资的义务及其主体在公司成立之时尚未确定,而是授权董事会在公司成立之后确定。可见,授权资本制优于分期缴纳制。分期缴纳制是在立法者暂时不能移植授权资本制的情况下,对法定资本制作出的一次有益的尝试性改革。

二、投资公司的优惠政策

投资公司是众多公司尤其是高科技公司的播种机。为鼓励投资公司的健康发展,从而孵化出更多的优质公司,增强民族经济竞争力,我国《公司法》第26条第1款在允许普通公司的投资者在公司成立之日起两年内缴足的同时,破例允许投资公司的股东在公司成立之日起5年内缴足。根据我国《公司法》第81条第1款规定,投资公司是股份有限公司的,发起人也可以在公司成立之日起5年内缴足。投资公司的认定可从结合公司的名称和经营范围等因素综合判断。投资公司的主要业务活动主要在于设立公司、取得对其他公司的股权(包括参股权、控股权);而非投资公司的主要业务活动在于生产和销售产品、提供服务。

三、分期缴纳出资实践中的问题

我国《公司法》第179条规定:"有限责任公司增加注册资本时,股东认缴新增资本的出资,依照本法设立有限责任公司缴纳出资的有关规定执行。股份有限公司为增加注册资本发行新股时,股东认购新股,依照本法设立股份有限公司缴纳股款的有关规定执行。"鉴于该法第26条有关分期缴纳出资的制度恰好就是有关缴纳出资、缴纳股款的规定,又鉴于增加资本是惠及全体债权人和利益相关者的大好事,公司在增加资本时股东也可分期缴纳出资。倘若股东拒绝或怠于及时足额分期缴纳出资,仍应对足额出资股东承担违约责任,对公司承担法定资本充实责任,对公司债权人承担补充清偿责任。

在公司进入清算程序以后,股东虽承诺出资、但尚未到达出资期限的,该股东依然有义务继续履行出资。分期缴纳出资的承诺不仅在股东之间产生拘束力,而且在股东与公司甚至债权人之间产生法律效果。公司的债权人有权合理信赖股东的出资承诺而对公司施予信用。因此,公司进入清算程序可视为公司分期缴纳出资的义务已经加速到来。

在公司进入破产清算程序以后,资不抵债的公司无法全额清偿债务,股东应继续履行出资义务,以提高债权人的获偿比例。在公司进入普通清算程序以后,虽然公司的剩余资产总额足以清偿债务,但公司的每位特定债权人能否获得足额清偿并不确定。因此,股东应继续履行出资义务。如果债权人足额获偿,则股东可以按其出资额依法分取剩余财产(包括补缴的出资)。

第四节 股东的出资方式

一、股东出资方式多元化的合理性

随着科学技术的日新月异,物质形态和产权形态的表现形式更是五彩缤纷,创造公司商业价值的出资方式远远不止五种出资方式。现代公司法倾向于鼓励出资形式多元化。例如,美国《模范商事公司法》第6.21条第2项规定:"董事会授权发行股份可以采取的对价形式,包括任何有形的、无形的财产或可以使公司享有的利益,包括现金、本票、已经提供的劳务、劳务提供合同或公司的其他证券。"

我国《公司法》第27条大幅放宽了股东出资方式:"股东可以用货币出资,也可以用实物、知识产权、土地使用权等可以用货币估价并可以依法转让的非货币财产作价出资;但法律、行政法规规定不得作为出资的财产除外。"因此,债权、股权、采矿权、探矿权等他物权均可作为出资财产。可以预言,此举将会进一步鼓励成千上万的投资者拿出闲置资本进行投资创业。

二、非货币出资的构成要件

为堵塞制度漏洞,我国《公司法》第27条对非货币出资采取了允许存在、严加规制的立法态度。换言之,并非所有非货币财产均可作为股权出资。根据该条规定,非货币财产作为股东出资方式必须同时具备以下四个要件:

(一)非货币出资必须对公司具有商业价值

公司是商事企业,具有营利性。非货币出资作为公司资本的组成部分,必须为公司经营所需、对公司的生存与发展具有商业价值,具有创造财富、生产产品、提供劳务的价值,否则不得作为出资财产。

（二）可以用货币估价

非货币财产的商业价值应具有可确定性,且可通过价值评估机构或市场竞价机制(如拍卖程序)予以合理估值。这一条件旨在确保非货币出资财产的价值真实充分,可以作为生产和经营要素参与商业交易活动。原因很简单,理性的商人通常不会购买交易伙伴价值无法确定的商品或服务。资产评估机构的专业服务功能不仅表现为确定非货币出资财产的商业价值,而且表现为淘汰和过滤不适格的非货币财产出资。与之相配套,《公司法》第208条第3款规定了失信资产评估机构的民事责任。"可以用货币估价"的潜台词是有资产评估机构敢于对非货币财产予以估价。

（三）可以依法转让

非货币财产权利具有可转让性。假定非货币出资继续留在公司并作为债权人的担保财产,一旦公司不能及时清偿债务,债权人就有必要拍卖或变卖该出资财产。如果该非货币出资具有不可转让性,则债权人的担保手段就会落空。例如,特种行业的经营许可证就不构成有效的非货币出资;债务的标的不适于强制履行的非金钱债务,尤其是人身性质很强的非金钱债务(如明星演员的演出服务合同),由于缺乏强制继续履行的特点,也不能作为出资标的物。

（四）法律和行政法规不禁止

《公司登记管理条例》第14条规定:"股东的出资方式应符合《公司法》第27条的规定。股东以货币、实物、知识产权、土地使用权以外的其他财产出资的,其登记办法由国家工商行政管理总局会同国务院有关部门规定。股东不得以劳务、信用、自然人姓名、商誉、特许经营权或者设定担保的财产等作价出资。"

《公司登记管理条例》第14条之所以禁止劳务作价出资,主要是担心劳务出资不宜强制执行。之所以禁止信用作价出资,主要是担心我国目前社会信用状况不佳,信用的商业价值不确定。之所以禁止自然人姓名作价出资,主要是鉴于自然人姓名不能依法转让,更不能被法院拍卖。之所以禁止商誉出资,主要是担心商誉的商业价值评估过程主观性、随意性太强,担心资产评估机构的道德风险。之所以禁止特许经营权出资,主要是由于起草者担心官商勾结,倒卖批文。为打击商业贿赂、推进反腐倡廉事业,遂有此禁。之所以禁止设定担保的财产出资,主要是鉴于此类财产的权利上存在法律负担,倘若许其作价出资,公司在对此类财产行使占有、使用、处分和受益权能时有可能随时遭受来自担保物权人的阻挠。

《公司登记管理条例》第14条仅禁止上述六种非货币财产出资方式。从法理上看,现代法治笃信民商主体"法无禁止即可为"的理念,法律欲禁之,必以法律明文规定为前提,以杜绝国家与民事主体间互捉迷藏的游戏。

只要一项特定的非货币财产同时具备以上四大要件均可依法作价出资。鉴于非货币出资有可能涉及不同的法律部门,如《物权法》、《土地管理法》、《城市房地产管理法》、《矿产资源法》、《证券法》、《著作权法》、《专利法》、《商标法》、《海域管理法》等;鉴于非货币出资形式的多元化与复杂性,而有些法律和行政法规对非货币出资有特别规定,股东以非货币出资投资入股时,应遵循这些法律和配套行政法规中的特别规定。

三、常见的非货币财产出资形态

(一) 自物权(所有权)

自物权既包括动产(如机器设备、商品、原材料)的所有权,也包括不动产所有权(如商品房的所有权);既包括有体物,也包括无体物(如电、热、核能、无线电频谱)。法律上的"物"不同于物理学中的"物"。物权法中的物特指能够被人力支配和控制、兼有使用价值与交换价值(含担保价值)的物质。日月星辰,人力不能支配和控制,因而不能成为所有权的标的物。2005 年曾在北京爆出"月球大使馆卖月亮"的科技丑闻,但既然卖方对月球没有物权,其所签买卖合同自然无效。

(二) 他物权

他物权指权利主体虽无所有权,但对他人之物依法享有占有、使用和收益权能的财产权利,包括但不限于建设用地使用权、海域使用权、探矿权、采矿权、取水权、养殖捕捞权、承包权、地役权、门票销售权、收费高速公路经营权、收费桥梁和隧道经营权等。例如,煤矿公司可以将其采矿权作为出资方式参股发电公司;锌矿公司可以将其探矿权作为出资方式参股锌产品冶炼公司;高速公路发展有限公司可以将其享有的经营权(包括收费权)对其他公司投资入股。

(三) 债权

债权包括金钱债权和非金钱债权。债券(包括公司债券、国库券、外国政府公债等)、票据(含汇票、本票、支票)、合同权利(如房屋使用权、买卖合同等)等债权皆可作价出资。非金钱债权适于强制执行的,公司可诉请法院强制执行;不适于强制执行(基于公序良俗、公民基本人权保护)的,公司可追究瑕疵出资股东的资本充实责任。

股东对公司出资的债权既包括股东对第三人的债权,也包括股东对公司的债权。根据德国通说,股东对第三人享有的债权只要可以转让,就可作为出资标的物。[①] 此种解释可供我国参考。股东将其对某公司的债权作为对该公司的股权出资的行为简称"债转股"。根据债转股协议,公司的特定债权人摇身变为该

---

① 〔德〕托马斯·莱塞尔、律迪格·法伊尔合著:《德国资合公司法》,高旭军、单晓光、刘晓海、方晓敏等译,法律出版社 2005 年版,第 419 页。

公司的股东,债权人的债权变成公司的股权资本。20世纪末四大国有资产管理公司在处置国有商业银行不良债权时就曾采取债转股策略。除了政策性债转股,也应允许商业性债转股。债转股原则上适用于各类公司。

(四) 股权

股权包括上市公司的股权,也包括非上市公司的股权。鉴于股权具有财产价值,且能作出价值评估,股权亦可作为出资形式。又鉴于股权与公司所有权实际上均作用于同一公司的财产,股东权价值具有变动性与高风险性,股东不得以同一股权重复对不同公司出资,并严格遵守股权价值评估制度。股权出资以后股权价值有可能发生变动,暴涨暴跌亦为寻常之事。但不能因此而否认股权出资的价值。其实,不仅股权出资的价值变动不居,就是实物(如房地产)出资的价值在投入公司后也会发生变动。我国浙江、重庆等地已经开始股权出资试点工作。根据打造服务型政府的理念,国家工商行政管理总局制定了《关于改进和加强企业登记管理工作的意见》,积极开展了股权出资登记试点工作。

(五) 智慧成果

智慧成果包括知识产权(著作权、专利权、注册商标专用权)、非专利技术等。在知识经济形态下,知识资本的重要性与日俱增,甚至超过了传统的金融资本和实物资本。从资本到知本,代表着知识经济对传统资本制度的挑战。为发展知识经济,促进高科技产业发展,我国应鼓励智慧成果出资。

(六) 其他出资方式

其他出资方式包括商号、商业秘密、营业等。

四、多元化出资结构中的意思自治与立法干预

(一) 我国《公司法》允许股东自由组合其出资方式

既然我国《公司法》大刀阔斧地放宽了股东出资方式的多元化,公司登记机关和社会各界就应尊重股东量体裁衣、自由组合其出资方式的投资自由。股东出资可以采取全部采取货币出资方式,也可用部分货币、外加部分非货币财产的方式履行出资义务。不管出资财产的表现形式若何,均应尊重投资者和公司的自由选择。当然,股东出资的具体类型在股权出资中的具体比例,不仅取决于股东的意思表示,也取决于不同公司的具体情况。不同的公司类型呼唤着不同的股东出资方式。例如,资金密集型的公司可能希望股东以货币出资,技术密集型的公司可能希望股东以智慧成果作价出资,也有公司希望部分出资采取货币形式、部分出资采取非货币形式。

由于公司成立之初对资金需求甚急,我国《公司法》第27条第3款要求全体股东的货币出资金额不低于有限责任公司注册资本的30%。换言之,股东非货币出资可达公司注册资本的70%。此处的30%货币出资低限是强制性规定,但体现了立法者关心公司成长的服务型态度。

（二）我国《公司法》大幅放宽了无形资产出资的比例

我国1993年《公司法》受传统资本制度重视货币资本的思维定势的影响，规定无形资产的出资比例不得高于公司注册资本的20%。为发展知识经济，促进高科技产业发展，并适度确保公司资本的流动性，2005年修订的《公司法》第27条第3款放宽了知识产权出资额，锁定了货币出资的最低比例（30%），从而允许其余出资部分采取智慧成果形式。对股份有限公司而言，我国2005年修订的《公司法》更未规定货币出资的最低比例构成。从理论上说，股份有限公司的注册资本可以由百分之百的非货币出资构成。这对促成资本规模庞大的股份有限公司尤其是上市公司的重组来说意义重大。

（三）货币出资最低限制度的适用范围及隐形非货币出资

鉴于30%的法定货币出资门槛规定在我国《公司法》第2章第1节，运用体系解释的方法可以得出结论：该门槛的规定仅适用于公司设立阶段，而不适用于公司成立之后的增资阶段。因此，公司成立之后的增资行为均可采取非货币财产的出资形式。这也符合立法者关心公司成立之初资金需求问题的立法原意。

货币出资最低限制度也可运用法律智慧规避。例如，股东在承诺以500万元货币出资的同时，可以与设立中公司签订一份以公司有效成立为生效条件的买卖合同，约定公司以500万元价格购买该股东的某一生产设备。货币出资行为与买卖行为的有机组合就可以实现非货币出资的目的。这是一种隐形的非货币出资策略，既绕开了30%的法定货币出资门槛，又规避了公司设立时的非货币资产评估程序。但即使采取隐形的非货币出资策略，也要确保非货币财产出资的真实性、充分性。要警惕投资者滥用隐形非货币出资策略的瑕疵出资行为或变相抽逃出资行为。

五、股份有限公司募集设立时认股人的货币出资义务

我国《公司法》第83条规定："发起人的出资方式，适用本法第27条的规定。"换言之，以发起设立方式、公开募集方式和定向募集方式设立股份有限公司的发起人均可采取非货币财产出资。这是发起人作为承担发起人责任的对价而享受的特殊法律待遇。

问题在于，在募集设立股份有限公司的情况下，发起人之外的认股人的出资方式可否适用第27条的规定，采用非货币财产出资形式？从文义解释的角度看，立法者只谈到"发起人的出资方式，适用本法第27条的规定"，而未提及认股人（包括不特定认股人和特定认股人）。这意味着，认股人只能以货币形式出资。对此，第86条在谈及发起人向社会公开募集股份时，对认股人的出资义务的描述可资佐证："认股人按照所认购股数缴纳股款。"倘若立法者允许认股人以非货币财产出资,将会表述为"认股人按照所认购股数履行出资义务"。

鉴于发起人数量有限,承担的法律风险亦高于认股人,由发起人独享非货币财产作价出资的优厚待遇有其合理性。投资者欲享受这一优厚待遇,也可申请成为发起人。

六、非货币财产作价出资的防弊措施

为夯实非货币出资股东瑕疵出资责任追究的证据基础,公司应将非货币出资的形式与作价金额载明于公司章程。我国《公司法》第28条还要求股东按期足额缴纳公司章程中规定的各自所认缴的出资额,并依法办理其财产权的转移手续。

非货币出资形式的多样性可能导致出资价值不足,也可能导致股东之间在履行实质出资义务方面的不平等。为预防瑕疵出资的风险,我国《公司法》第27条第2款要求对作为出资的非货币财产应评估作价,核实财产,不得高估或低估作价;法律、行政法规对评估作价有规定的,从其规定。根据我国《公司法》第208条第3款,倘若资产评估机构评估作价时存在过错导致第三人损失的,应对公司的债权人承担赔偿责任。当然,如果股东以非货币财产出资,而该出资经评估高于股东应出资金额的,公司应将超出部分的财产金额以货币形式退还公司。

为强化股东足额出资义务,非货币出资的股东有义务担保出资财产的真实性、有效性与充分性。倘若非货币出资存在瑕疵,瑕疵股东应承担对其他足额出资股东的违约责任、对公司的差额补充责任、对公司债权人的补充清偿责任。因此,瑕疵出资股东的责任追究机制是预防非货币出资瑕疵和出资人道德风险的重要配套措施。

第五节 瑕疵出资股东的民事责任

投资者的诚信度和资本实力良莠不齐。因此,无论在货币出资还是在非货币出资的领域,都存在着大量的瑕疵出资现象。由于我国《公司法》鼓励非货币出资的多样性,允许股东分期缴纳出资,客观上会加剧瑕疵出资风险。出于兴利除弊兼顾的理念,为保护交易安全,提高瑕疵出资股东的失信成本,我国《公司法》和《公司法》司法解释(三)夯实了瑕疵出资股东对守约股东、公司及其债权人承担瑕疵出资责任追究的制度基础。

一、出资瑕疵的认定标准

股东瑕疵出资的表现形式大体分为两类:一类是出资时间的瑕疵(不及时),一类是出资财产的瑕疵。后者既包括货币出资的不足额,也包括非货币出

资的品质瑕疵,还包括非货币出资的权利瑕疵。

由于商品供求关系、通货膨胀率和金融市场等多种变量因素的影响,股东投入公司的出资财产(货币财产和非货币财产)的商业价值总是变动不居。世界上没有价值和价格一成不变的商品和财产。股东的出资财产在移转给公司以后有时价格暴跌,有时价格暴涨。其实,不仅股权出资,实物(如房地产)出资的价值也会大起大落。

在判断股东出资金额是否存在瑕疵时,股东出资财产的所有权、风险负担和孳息风险的转移应参照和准用我国《合同法》第 142 条关于买卖合同的规则。除非法律另有规定或当事人另有约定,出资财产毁损、灭失、价值贬损的风险,在股东交付公司之前由股东承担,交付公司之后由公司(或设立中公司)承担。准此而论,股东非货币出资的实际价额在成立后略低于、而非显著低于公司章程所定价额的,固可免于承担补交出资差额的责任;即使股东非货币出资的实际价额在成立后显著低于公司章程所定价额,但股东交付出资之时的实际价额不低于公司章程所定价额的,也可免责。其中的关键点是,在衡量股东出资财产的真实性、充分性、合法性、有效性的时候,应以股东履行出资义务的时点予以判断,而不能以股东履行出资义务以后出资财产价格的涨跌时点去判断。

我国 2011 年《公司法》司法解释(三)第 16 条确认了上述观点:"出资人以符合法定条件的非货币财产出资后,因市场变化或者其他客观因素导致出资财产贬值,公司、其他股东或者公司债权人请求该出资人承担补足出资责任的,人民法院不予支持。但是,当事人另有约定的除外。"

假定股东甲于某年某月某日以 A 上市公司的 1 万股股票作价出资,每股按照当日的收盘价 36 元作价出资。股票移转给公司以后,风云突变,股票由每股 36 元暴跌至 3.6 元。乙股东主张甲股东存在瑕疵出资的行为,因为甲股东的全部股权出资财产的价值已经由 36 万元贬至 3.6 万元。甲股东则主张自己不存在瑕疵出资的行为,因为甲股东向公司履行出资义务时股权出资财产的价值就是 36 万元。乙股东要求甲股东继续补缴出资 32.4 万元(36 万元 – 3.6 万元);否则甲股东的持股比例应当缩至原持股比例的 10%。最后,甲乙二股东诉至法院。笔者认为,法院应当支持甲股东的诉讼请求,确认甲股东的出资行为不存在瑕疵。

对上则案例作一反向转换。假定股东甲于某年某月某日以 A 上市公司的 1 万股股票作价出资,每股按照当日的收盘价 36 元作价出资。股票移转给公司以后,股票暴涨至每股 360 元。甲股东要求公司将自己的持股比例由原来的 8% 提高到 80%,但遭到公司和其他股东的一致反对。公司和其他股东主张,甲股东的股权出资升值应当归功于公司的好运气,与甲股东无关。因而,公司和其他股东反对提高甲股东的持股比例。笔者认为,法院应当支持公司和其他股东的主张,甲股东无权要求公司提高自己的持股比例。因为,甲股东将股权移转给公司以后,甲股东已经丧失了对出资股权的所有权,因而股价飙升的利益只能归于股权的主体即公司,而非甲股东。

履行出资义务是股东的主要义务。基于信息占有的基本事实,出资股东自身有义务自证清白。基于这一理念,《公司法》司法解释(三)第 21 条指出,当事人之间对是否已履行出资义务发生争议,原告提供对股东履行出资义务产生合理怀疑证据的,被告股东应当就其已履行出资义务承担举证责任。

二、出资财产的主要法律瑕疵

(一) 无处分权的非货币财产出资

根据我国《公司法》司法解释(三)第 7 条第 1 款:"出资人以不享有处分权的财产出资,当事人之间对于出资行为效力产生争议的,人民法院可以参照物权法第 106 条的规定予以认定。"换言之,无处分权人将不动产或者动产作价出资转让给公司的,所有权人有权追回。除法律另有规定外,符合下列情形的,受让人公司取得该不动产或者动产的所有权:(1) 受让人公司受让该不动产或者动产时是善意的;(2) 无处分权人以合理的价格作价出资并取得了相应的股东资格;(3) 作价出资的不动产或者动产依照法律规定应当登记的已经登记,不需要登记的已经交付给受让人公司。倘若受让人依法取得不动产或者动产的所有权,原所有权人只能向无处分权人请求赔偿损失。

(二) 赃款出资

善意取得制度仅适用于非货币财产的无权处分情形。就违法犯罪行为人以违法犯罪所得的货币作价出资的情形而言,倘若接受出资的公司主观上并不知悉股东的出资货币来源于违法犯罪所得,则公司有权取得对该货币出资的所有权,违法犯罪行为人亦取得相应的股权。

但是,出资人的货币毕竟均有赃款性质。为了保护国家、公民和法人的合法权益免受赃款出资的不法侵害,为了保护善意公司对股东出资财产的合法物权,我国《公司法》司法解释(三)第 7 条第 2 款创新了追赃机制:"以贪污、受贿、侵占、挪用等违法犯罪所得的货币出资后取得股权的,对违法犯罪行为予以追究、处罚时,应当采取拍卖或者变卖的方式处置其股权。"这意味着,纪检监察机关和司法机关在追赃时可以依法取得不法行为人取得的股权,而不能要求公司返还赃款。这是追赃制度在市场经济条件下的新发展。

(三) 以划拨土地使用权出资,或者以设定权利负担的土地使用权出资的瑕疵

股东以国有土地使用权作价出资的典型权利形态是股东通过招、拍、挂等形式依法取得的没有权利限制和负担的国有土地所有权。但在现实生活中,经常

有股东以划拨土地使用权出资,或者以设定权利负担的土地使用权出资。严格说来,这属于瑕疵出资的类型。但为了鼓励投资,夯实公司资本基础,我国《公司法》和《公司法》司法解释(三)本着"治病救人、与人为善"的理念,采取了鼓励补救瑕疵的法律规制思路。

我国《公司法》司法解释(三)第8条规定:"出资人以划拨土地使用权出资,或者以设定权利负担的土地使用权出资,公司、其他股东或者公司债权人主张认定出资人未履行出资义务的,人民法院应当责令当事人在指定的合理期间内办理土地变更手续或者解除权利负担;逾期未办理或者未解除的,人民法院应当认定出资人未依法全面履行出资义务"。

(四)非货币财产出资未依法评估作价的瑕疵

依我国《公司法》第27条第2款规定:"对作为出资的非货币财产应当评估作价,核实财产,不得高估或者低估作价。法律、行政法规对评估作价有规定的,从其规定。"违反强制评估作价的出资行为就属于瑕疵出资行为。

为了保护交易安全,巩固公司资本制度,我国《公司法》司法解释(三)第9条采取了温而不火的救济策略:"出资人以非货币财产出资,未依法评估作价,公司、其他股东或者公司债权人请求认定出资人未履行出资义务的,人民法院应当委托具有合法资格的评估机构对该财产评估作价。评估确定的价额显著低于公司章程所定价额的,人民法院应当认定出资人未依法全面履行出资义务"。

在市场经济条件下,非货币财产的价格潮起潮落,变动不居。为公允起见,出资财产的评估时点应当确定为股东认缴出资的时点,而非成讼之时。当然,人民法院在选择评估机构时应当贯彻公开透明的原则,应当充分尊重双方当事人的意思自治;在意思自治机制失灵时,法院要发挥服务型法院的职责,也应遵循中立、严谨、理性的原则,并加强对评估程序的法律监督,预防资产的虚假评估现象。

(五)非货币财产出资虽已交付公司使用但未办理权属变更手续的瑕疵

在现实生活中,股东已将非货币出资财产实际交付公司使用,但尚未办理财产权利变更登记手续。例如,股东已将汽车交付公司使用,但尚未将汽车所有权过户到公司名下。由于公司虽已取得对出资财产的事实占有,但尚未取得出资财产的所有权,此种情况属于出资瑕疵;瑕疵股东应对公司承担民事责任,如补办登记手续,并赔偿公司损失。

鉴于此种出资瑕疵的主要救济措施是补办权属变更手续,我国《公司法》司法解释(三)第10条第1款规定:"出资人以房屋、土地使用权或者需要办理权属登记的知识产权等财产出资,已经交付公司使用但未办权属变更手续,公司、其他股东或者公司债权人主张认定出资人未履行出资义务的,人民法院应当责令当事人在指定的合理期间内办理权属变更手续;在前述期间内办理了权属变更手续的,人民法院应当认定其已经履行了出资义务;出资人主张自其实际交付财产给公司使用时享有相应股东权利的,人民法院应予支持"。

至于股东迟迟拒绝或者怠于办理出资财产权属变更手续,公司有可能遭受财产损失。在有些情况下,由于股东实际上已将财产交付给公司使用,公司由于此种瑕疵出资而蒙受的损失较小、甚至不存在,股东瑕疵出资的民事责任较轻。但在某些情况下,公司有可能因此而遭受重大损失(如由于没有财产权属证书而无法取得财产出租出售的收益)。对此公司因此而遭受的损失,公司有权向瑕疵出资股东据实追偿。

(六)非货币财产出资虽已办理权属变更手续、但尚未交付公司使用的瑕疵

在现实生活中,股东未将非货币出资财产实际交付公司使用,但已办理产权变更登记手续。例如,股东虽未将汽车交付公司使用,但已将汽车所有权过户到公司名下。此种情况亦属出资瑕疵。因为,公司虽已在法律上取得对出资财产的所有权,但尚未取得对出资财产的事实占有。既然公司取得的出资财产所有权仍残缺不全,瑕疵股东自应应对公司承担民事责任,如移转占有,并赔偿公司损失。由于股东尚未将财产交付给公司使用,因此公司由于此种瑕疵出资而蒙受的损失有可能大于股东已将非货币出资财产实际交付公司使用、但尚未办理产权变更登记手续的情况。

为及时消除上述瑕疵,并教育广大投资者及时交付出资财产,我国《公司法》司法解释(三)第10条第2款将出资人的股东资格与实际交付行为牢牢地捆绑在一起:"出资人以前款规定的财产出资,已经办理权属变更手续但未交付给公司使用,公司或者其他股东主张其向公司交付、并在实际交付之前不享有相应股东权利的,人民法院应予支持"。

(七)非货币财产出资既未交付公司使用、亦未办理权属变更手续的瑕疵

股东既未将非货币出资财产实际交付公司使用,亦未办理产权变更手续,属于彻头彻尾的出资瑕疵行为。例如,股东虽已承诺将其享有所有权的汽车作为出资财产移转给公司,但在承诺之后既未将汽车交付公司使用,也未将汽车所有权过户到公司名下。在此种情况,瑕疵股东理应对公司承担民事责任,如交付出资财产、及时办理权属变更手续,并赔偿公司因此蒙受的损失(包括直接损失与间接损失)。

(八)以设定担保的财产作价出资的瑕疵

根据《公司登记管理条例》第14条第2款,股东不得以设定担保的财产作价出资,否则,就构成瑕疵出资行为。换言之,设定担保物权负担的财产作为股东出资的财产时存在着权利上的法律负担,属于广义上的权利瑕疵,原则上不能作为对公司出资的财产,股东必须另行缴纳等值的出资财产;但若该担保物权在移转给公司之后已经基于法定原因而消灭(如随主债务的消灭而消灭),则可视

为出资财产的权利瑕疵已经消除。

三、瑕疵出资股东对公司的资本充实责任

股东取得股东资格、行使股东权利的对价是履行及时足额出资义务。我国《公司法》第3条第2款规定了股东的及时足额出资义务：有限责任公司的股东以其认缴的出资额为限对公司承担责任；股份有限公司的股东以其认购的股份为限对公司承担责任。

我国《公司法》第28条第1款从正面敦促股东按期足额缴纳公司章程中规定的各自所认缴的出资额。股东以货币出资的，应将货币出资足额存入有限责任公司在银行开设的账户；以非货币财产出资的，应依法办理其财产权的转移手续。可见，《公司法》要求公司将非货币出资的形式与作价金额载明于公司章程，并要求对非货币出资进行评估作价。

倘若股东拒不履行及时足额出资义务，应根据第28条第2款向公司足额缴纳出资。我国《公司法》司法解释（三）第13条第1款也规定，"股东未履行或者未全面履行出资义务，公司或者其他股东请求其向公司依法全面履行出资义务的，人民法院应予支持"。此即瑕疵出资股东对公司的资本充实责任。若公司怠于或拒绝对瑕疵出资股东提起追究责任的诉讼，其他股东可以自己名义、为公司利益，对瑕疵出资股东提起代表诉讼。

瑕疵出资股东不仅应向公司补交出资差额，且应赔偿公司同期银行贷款利息。从理论上说，股东瑕疵出资给公司造成的实际损失包括直接损失与间接损失。公司在股东迟迟不履行出资义务的情况下可能被迫以合法方式取得高息融资，甚或放弃公司本能捕捉到、但由于股东瑕疵出资而被迫放弃的商业机会。因此，公司遭受的实际损失可能超过、也可能低于同期银行贷款利息。只要公司能够对此承担举证责任，法院即应予以支持。

瑕疵出资股东对公司的资本充实责任为法定特别民事责任。责任主体仅及于公司设立时的瑕疵出资股东自身，而不及于从瑕疵出资的原始股东继受股份的善意后手。

四、瑕疵出资股东对公司债权人的补充赔偿责任

瑕疵出资股东对公司债权人承担补充赔偿责任的法理依据，源于我国《合同法》第73条规定的债权人的代位权。在公司的债权人面前，公司为债务人，瑕疵出资的股东为次债务人（债务人的债务人）。倘若公司缺乏债务清偿能力，又怠于请求瑕疵出资股东填补出资差额，公司的债权人可以将瑕疵出资的股东列为共同被告，请求其在出资不足的金额及其同期银行贷款利息的范围内连带承担债务清偿责任。

那么,瑕疵出资股东的债务补充清偿责任是一次性的,还是无数次的?易言之,瑕疵出资股东以其瑕疵出资的金额为限对公司一名债权人承担债务清偿责任之后,是否还需要对公司其他债权人承担多次债务清偿责任?例如,股东甲对公司乙欠缴出资100万元,一直没有缴纳。公司乙对银行丙欠付120万元人民币,但由于经营欠佳迟迟没有履行还本付息义务。银行丙可以请求法院责令股东甲直接向自己支付100万元人民币及其迟延出资的同期银行贷款利息。银行丁知悉此事后,可否也可请求法院责令股东甲直接向自己支付100万元人民币及其迟延出资的同期银行贷款利息。推而广之,公司乙的其他债权人可否纷纷效尤,请求瑕疵出资股东履行债务的补充清偿责任?对此,我国《公司法》司法解释(三)第13条第2款规定:"公司债权人请求未履行或者未全面履行出资义务的股东在未出资本息范围内对公司债务不能清偿的部分承担补充赔偿责任的,人民法院应予支持;未履行或者未全面履行出资义务的股东已经承担上述责任,其他债权人提出相同请求的,人民法院不予支持。"

笔者认为,为体现对债权人利益和瑕疵出资股东利益的平衡,人民法院或仲裁机构应将瑕疵出资股东对债权人的清偿责任锁定在股东出资不足的金额及其同期银行贷款利息的范围内,而且将其界定为补充清偿责任而非连带清偿责任。至于公司债权人在追究瑕疵出资股东清偿责任方面的公平性问题,可以通过公示催告程序和按比例受偿原则得以化解。具体说来,凡是公司的债权人请求瑕疵出资股东履行补充赔偿责任的,人民法院应依法公示催告愿意对瑕疵出资股东主张补充赔偿责任的公司债权人前来申报债权,在催告期限届满后,法院可以按照债权人的各自债权比例以及瑕疵出资股东的瑕疵出资金额,判决瑕疵出资股东在瑕疵出资总金额的幅度以内对各债权人履行补充赔偿责任。

这样既可将瑕疵出资股东的补充清偿责任锁定在瑕疵出资总金额以内,又可以贯彻债权人平等原则。倘若公司的债权人不请求瑕疵出资股东承担债务补充清偿责任,仅请求公司履行债务清偿责任,则无需前来申报债权。

五、公司设立时其他股东的连带责任

基于发起人及其他股东的履行出资义务的监督与保证义务,我国《公司法》第31条规定:"有限责任公司成立后,发现作为设立公司出资的非货币财产的实际价额显著低于公司章程所定价额的,应由交付该出资的股东补足其差额;公司设立时的其他股东承担连带责任"。我国《公司法》司法解释(三)第13条第3款对此作了进一步解释:"股东在公司设立时未履行或者未全面履行出资义务,依照本条第1款或者第2款提起诉讼的原告,请求公司的发起人与被告股东承担连带责任的,人民法院应予支持;公司的发起人承担责任后,可以向被告股东追偿"。

"连带责任"既包括瑕疵出资股东对公司的资本充实责任,也包括瑕疵出资股东对公司债权人的债务清偿责任。具体说来,在瑕疵出资股东无力或不能履行对公司及其债权人的民事责任时,无论是公司还是公司的债权人均可直接要求公司设立时的其他股东先行就瑕疵出资股东的民事责任承担连带责任。当然,公司设立时的其他股东在代人受过、承担连带责任后,可以向瑕疵出资股东行使追偿权。"公司设立时的其他股东"是指在公司成立时以出资方式取得股东地位的原始股东,既包括依然保留股东资格的股东元老,也包括已经将股权转让给他人的前股东。

我国《公司法》第31条既适用于非货币出资瑕疵的情形,也适用于货币出资的情形。该条背后的立法思维大概有二:其一,从有限责任公司的人合性出发,作为发起人的全体股东就各股东出资的真实性、充分性与有效性互负监督义务。其二,及时足额出资的股东违反此种监督义务,就应对瑕疵出资股东的瑕疵出资行为承担连带责任。既然立法者对监督难度高的非货币财产出资瑕疵强调足额出资股东的连带责任,对监督难度低的货币财产出资领域立法者更应强调股东违反监督义务的连带责任。此乃举轻明重的解释方法。

但从公司设立时的其他股东继受股份的新股东不应承担连带责任。因为,公司设立时的其他股东承担连带责任的理论依据在于,公司设立时的其他股东作为公司发起人曾参与公司的设立过程,有义务监督其他股东出资义务的履行状况。而其后手并未参与公司设立过程,因而对瑕疵股东瑕疵出资行为的真实性与充分性不负任何监督义务。

六、公司增资时怠于监督瑕疵出资行为的董事和高级管理人员的责任

在公司设立阶段有可能出现瑕疵出资行为,在公司增资阶段也有可能出现瑕疵出资行为。在公司增资阶段,公司的董事和高级管理人员负有监督股东及时足额出资的诚信义务。倘若董事和高级管理人员疏于监督瑕疵出资行为,则应根据过错之大小承担相应的民事责任。

有鉴于此,我国《公司法》司法解释(三)第13条第4款明确了董事和高级管理人员的问责条件:"股东在公司增资时未履行或者未全面履行出资义务,依照本条第1款或者第2款提起诉讼的原告,请求未尽公司法第148条第1款规定的义务而使出资未缴足的董事、高级管理人员承担相应责任的,人民法院应予支持;董事、高级管理人员承担责任后,可以向被告股东追偿"。此处的"相应责任"是指与董事和高级管理人员的主观过错相适应的民事责任:若其与瑕疵出资股东存在恶意串通,则与瑕疵出资股东一道承担连带责任;若其主观上仅存在过失,则不承担连带责任,但要承担与其过失程度相适应的按份责任。值得一提的是,该条款未提及监事的民事责任,大概是由于考虑到加大股东增资义务之履

行属于董事会与管理层的职责,而非监事会的职责。

七、从瑕疵出资股东受让股份的股东的法律风险

根据责任自负的原则,只有瑕疵出资股东对公司及其债权人承担民事责任。至于从瑕疵出资股东受让股份的股东,不因其从瑕疵出资股东受让股份的事实而对公司及其债权人承担补充清偿责任。换言之,不管瑕疵出资股东持有的股权是否已经让渡给他人,也不问该股权嗣后又辗转流通若干次,瑕疵出资股东作为过错行为的始作俑者都要对自己的瑕疵出资行为负责。

倘若新股东明知其前手瑕疵出资的事实,但为袒护瑕疵出资股东而恶意受让股权的,公司及其债权人可以请求其与瑕疵出资股东承担连带的补充赔偿责任。道理很简单:新股东在明知其前手瑕疵出资事实的情况下,对其前手支付的对价往往大大低于正常的股权转让价格。让此类股东就其不诚信的投机行为付出代价至为公平。

有鉴于此,我国《公司法》司法解释(三)第19条规定了瑕疵出资股东的后手的连带责任:"有限责任公司的股东未履行或者未全面履行出资义务即转让股权,受让人对此知道或者应当知道,公司请求该股东履行出资义务、受让人对此承担连带责任的,人民法院应予支持;公司债权人依照本规定第13条第2款向该股东提起诉讼,同时请求前述受让人对此承担连带责任的,人民法院应予支持。受让人根据前款规定承担责任后,向该未履行或者未全面履行出资义务的股东追偿的,人民法院应予支持。但是,当事人另有约定的除外。"

八、瑕疵出资股东对出资到位股东的违约责任

根据我国《公司法》第28条第2款,股东不按照前款规定缴纳出资的,除应向公司足额缴纳外,还应向已按期足额缴纳出资的股东承担违约责任。这是由于,在设立有限责任公司的过程中,股东之间存在着高度信赖。这种信赖关系实乃合同关系。如果股东协议约定了瑕疵出资股东对及时足额缴纳出资的股东承担违约责任,则瑕疵出资股东应对其他出资到位的股东承担违约责任。从这种合同关系的角度着眼,立法者拟制出了瑕疵出资股东对足额出资股东的违约责任。立法者对失信股东之于守信股东民事责任的关注体现了立法者惩恶扬善、爱憎分明的情怀。

从弘扬公司自治和股东自治的精神看,瑕疵出资股东对足额出资股东的违约责任建立在股东之间的合同关系基础之上。因此,股东协议可以约定瑕疵出资股东向已经及时足额缴纳出资的股东承担违约责任,也可以自由约定具体的违约责任(如违约金的计算方式)。即使双方并未约定违约责任的具体承担方式,也不妨碍守约股东追究违约股东的违约责任。在双方未约定违约责任形式

的情况下,应适用《合同法》的规定。

我国《公司法》只在两处提及"违约责任"。一是在第28条提及有限责任公司瑕疵出资股东对守约股东的违约责任;二是在第84条提及发起设立的股份有限公司的瑕疵出资发起人对守约发起人的违约责任。根据第84条规定,在投资者以发起设立方式设立股份有限公司的情况下,不及时足额缴纳出资的发起人应按照发起人协议承担违约责任。但这一违约责任仅适用于投资者以发起设立方式设立股份有限公司的情况下,仅存在于发起人之间。当然,发起人人数有可能高达200人。但只要存在发起人的瑕疵出资行为,就存在着违约发起人对守约发起人的违约责任。

在投资者以募集设立方式设立股份有限公司的情况下,由于发起人与其他认股人之间互不熟悉,立法者强行设定瑕疵出资发起人对其他出资到位认股人的违约责任并无法理依据。因此,我国《公司法》对此未予规定。

问题在于,倘若有限责任公司股东或股份有限公司发起人都存在瑕疵出资的行为,是否还存在违约责任?回答是肯定的。根据我国《合同法》第120条规定,当事人双方都违反合同的,应各自承担相应的责任。唯有如此,才能调动股东之间相互监督出资真实性、足额性予及时性的积极性。在相互追究违约责任的情况下,双方各自向对方支付的违约金或损害赔偿金可以相互抵销。但不管瑕疵出资股东之间就其违约责任的分担如何抵销,都不能影响瑕疵出资股东对公司承担的资本充实责任。

九、诉讼时效的起算点

瑕疵出资股东对守约股东所负的违约责任、对公司所负的资本充实责任、对公司债权人所负的债务清偿责任适用民法中的诉讼时效制度。根据我国《民法通则》第135条、第137条之规定,公司或其债权人向人民法院请求保护民事权利的诉讼时效期间为2年;诉讼时效期间从知道或者应当知道权利被侵害时起计算;但从权利被侵害之日起超过20年的,人民法院不予保护。守约股东、公司或其债权人通过仲裁途径寻求权利救济措施的,仲裁时效的解释类同于诉讼时效的解释。

我国《企业破产法》第35条规定:"人民法院受理破产申请后,债务人的出资人尚未完全履行出资义务的,管理人应当要求该出资人缴纳所认缴的出资,而不受出资期限的限制。"既然在公司进入破产程序之后,债务人公司的瑕疵出资股东尚应缴纳所认缴的出资,而不受出资期限的限制;那么,在公司进入破产程序之前,债务人公司的瑕疵出资股东亦应缴纳所认缴的出资,更不受出资期限的限制。因此,可以对我国《公司法》第28条和第31条规定解释为,瑕疵出资股东的民事责任不受出资期限的限制,亦不受诉讼时效的限制。

2008年8月11日最高人民法院审判委员会第1450次会议通过的《关于审理民事案件适用诉讼时效制度若干问题的规定》第1条明确规定：当事人可以对债权请求权提出诉讼时效抗辩，但对下列债权请求权提出诉讼时效抗辩的，人民法院不予支持：(1) 支付存款本金及利息请求权；(2) 兑付国债、金融债券以及向不特定对象发行的企业债券本息请求权；(3) 基于投资关系产生的缴付出资请求权；(4) 其他依法不适用诉讼时效规定的债权请求权。据此而论，无论是公司对于瑕疵出资股东的请求权，还是公司的债权人对瑕疵出资股东的请求权，抑或足额出资股东对瑕疵出资股东的请求权，瑕疵出资股东提出诉讼时效抗辩的，人民法院均不予支持。公司、公司的债权人以及公司守约股东追究瑕疵出资股东的民事责任的请求权之所以受到法律的特别保护，主要是出于巩固公司资本基础和信用基础、保护公司债权人和其他利益相关者的考虑。倘若缴付出资请求权适用诉讼时效的规定，"既有违公司资本充足原则，且不利于对其他足额出资的股东及公司债权人的保护"。对于该司法态度，笔者表示赞同。①

我国《公司法》司法解释（三）第20条就瑕疵出资或抽逃出资股东的民事责任的诉讼时效问题规定得更加清晰："公司股东未履行或者未全面履行出资义务或者抽逃出资，公司或者其他股东请求其向公司全面履行出资义务或者返还出资，被告股东以诉讼时效为由进行抗辩的，人民法院不予支持。公司债权人的债权未过诉讼时效期间，其依照本规定第13条第2款、第14条第2款的规定请求未履行或者未全面履行出资义务或者抽逃出资的股东承担赔偿责任，被告股东以出资义务或者返还出资义务超过诉讼时效期间为由进行抗辩的，人民法院不予支持。"

十、瑕疵出资股东的除名和缩股

我国《公司法》并未规定瑕疵出资股东的股东除名制度和失权催告程序。依据私法自治精神，公司章程可以规定瑕疵出资股东的除名制度。倘若公司章程并无股东除名制度，公司和足额出资股东可以敦促出资股东在合理期限内消除瑕疵出资，倘若瑕疵出资股东拒绝或者怠于消除瑕疵出资，则公司有权以股东会决议形式将瑕疵出资股东予以除名。

同理，公司章程可以规定瑕疵出资股东的缩股制度，即根据瑕疵出资股东的实际出资状况重新确定该股东的持股比例，至于其瑕疵出资金额可由其他股东或者股东之外的第三人按其相互比例认缴。在重新确定瑕疵出资股东的持股比例的情况下，倘若其他股东拒绝认购瑕疵出资的金额，还可以采取减少注册资本

---

① 《最高人民法院民二庭负责人就〈关于审理民事案件适用诉讼时效制度若干问题的规定〉答记者问》，载《人民法院报》2008年9月1日，http://www.chinacourt.org/html/article/200809/01/319542.shtml。

的方式。但减少注册资本要履行严格的债权人保护程序(包括通知公告程序与担保机制)。因此,为了维护交易安全、省却不必要的减资程序,笔者建议采取由其他股东或者股东之外的第三人按认缴瑕疵出资的解决方案。

我国《公司法》司法解释(三)第 18 条确认了瑕疵出资或抽逃出资股东的除名制度:"有限责任公司的股东未履行出资义务或者抽逃全部出资,经公司催告缴纳或者返还,其在合理期间内仍未缴纳或者返还出资,公司以股东会决议解除该股东的股东资格,该股东请求确认该解除行为无效的,人民法院不予支持。在前款规定的情形下,人民法院在判决时应当释明,公司应当及时办理法定减资程序或者由其他股东或者第三人缴纳相应的出资。在办理法定减资程序或者其他股东或者第三人缴纳相应的出资之前,公司债权人依照本规定第 13 条或者第 14 条请求相关当事人承担相应责任的,人民法院应予支持。"

值得指出的是,由于股东除名对瑕疵出资股东的制裁更为严厉,也更具有终局性,上述司法解释将股东除名限定在股东未履行出资义务或者抽逃全部出资的场合。未全面履行出资义务或者抽逃部分出资的股东不适用该种规则。股东除名后,由于该股东所认缴的出资依旧处于空洞状态,为向公司债权人传达更真实的资本信息、保证债权人利益,此时法院应当向公司释明:要么将资本中该股东未出资部分的"空洞"数额减下来,即减资;要么将该"空洞"补起来,即由其他股东或者第三人缴纳,这些是公司后续的义务。①

十一、瑕疵出资或抽逃出资股东的股权限制

我国《公司法》第 35 条和第 43 条体现了倡导股东按其实际出资分取红利和行使表决权的精神。这种立法态度有利于在公司内部的股东之间引入相互监督机制。因为,出于维护自身利益的考虑,广大股东也要睁大眼睛,监督其他股东有无瑕疵出资和抽逃出资的行为。这种对股权行使的限制可以追溯于股东实施瑕疵出资或抽逃出资的行为之时。公司或其他股东可以敦促瑕疵出资股东限期充实资本,敦促抽逃股东限期返还资本;逾期拒绝或怠于充实资本或返还资本的,公司有权确认其不享有股东资格,将其除名。但是由于其瑕疵出资或抽逃出资给公司的债权人或其他诚信股东造成财产损失的,瑕疵出资或抽逃出资股东仍不能免除其对守约股东的违约责任、及其对公司的债权人的补充清偿责任。

有鉴于此,我国《公司法》司法解释(三)第 17 条规定:"股东未履行或者未全面履行出资义务或者抽逃出资,公司根据公司章程或者股东会决议对其利润

---

① 《规范审理公司设立、出资、股权确认等案件——最高人民法院民二庭负责人答记者问》,载《人民法院报》2011 年 2 月 16 日。

分配请求权、新股优先认购权、剩余财产分配请求权等股东权利作出相应的合理限制,该股东请求认定该限制无效的,人民法院不予支持。"这一观点弘扬了按股东的实际出资状况计量其股权含量的理念,有利于督促股东们及时足额缴纳出资。

当然,全体股东可以在协议中约定:瑕疵出资股东与抽逃出资股东均按其认缴的出资额行使股权,而不按其实缴的出资比例行使股权。

第六节 抽逃出资股东的民事责任

一、股东抽逃出资责任的制度现状

股东出资的财产权利在移转给公司后就转为公司财产。未经公司同意,擅自取回股东的出资财产是对公司实施的侵权行为。股东抽逃出资的行为不仅侵害公司的财产权利,而且损害了公司债权人的切身利益,因而必须对公司承担侵权责任,对公司债权人承担补充清偿责任。现实生活中,由于抽逃出资的举证责任难以落实,加之抽逃出资的违法成本不高,不诚信股东抽逃出资的现象时有发生。有些股东一旦拿到企业法人营业执照,旋即将出资悉数抽回,用于个人消费或其他目的。对此,立法者设计了相应的法律责任体系。

我国《公司法》第36条规定:"公司成立后,股东不得抽逃出资";第92条亦明文规定:"发起人、认股人缴纳股款或者交付抵作股款的出资后,除未按期募足股份、发起人未按期召开创立大会或者创立大会决议不设立公司的情形外,不得抽回其股本。"立法者除作出禁止股东抽逃出资的宣示性规定,又规定了抽逃出资行为的公法责任。首先,第201条规定了抽逃出资的行政处罚:"公司的发起人、股东在公司成立后,抽逃其出资的,由公司登记机关责令改正,处以所抽逃出资金额5%以上15%以下的罚款。"《公司登记管理条例》第71条重申了这一立法态度。其次,根据《公司法》第216条规定,抽逃出资构成犯罪的,依法追究刑事责任。《刑法》第159条又规定了抽逃出资罪:公司发起人、股东违反公司法的规定在公司成立后又抽逃其出资,数额巨大、后果严重或有其他严重情节的,处5年以下有期徒刑或拘役,并处或单处抽逃出资金额2%以上10%以下罚金。单位犯前款罪的,对单位判处罚金,并对其直接负责的主管人员和其他直接责任人员,处5年以下有期徒刑或拘役。

美中不足的是,我国《公司法》未规定股东抽逃出资股东的民事责任,致使现实生活中的抽逃出资现象屡禁不止。因此,为磨砺法律之牙齿,加强对抽逃出资股东民事责任的解释势在必行。

二、抽逃出资事实的认定

股东抽逃的出资财产泛指股东从公司抽逃的各种财产,既包括股东原始出资时提供的特定财产(如用于出资的汽车),也包括公司成立后取得的其他财产(如货币)。根据谁主张、谁举证的原则,无论是公司还是公司的债权人主张股东抽逃出资事实的存在,均应承担相应的举证责任。当然,公司的债权人在行使对抽逃出资股东的代位权时要查明股东抽逃出资的事实并非易事。尤其是在公司内部人(控制股东、董事、监事、经理等高管人员)与抽逃出资股东沆瀣一气的情况下,更是存在公司的债权人与抽逃出资阵营之间的巨大信息落差。因此,公司的债权人行使代位权时应格外注意搜集股东抽逃出资的各类信息。

根据我国《公司法》司法解释(三)第 12 条,公司成立后,公司、股东或者公司债权人以相关股东的行为符合下列情形之一且损害公司权益为由,请求认定该股东抽逃出资的,人民法院应予支持:(1) 将出资款项转入公司账户验资后又转出;(2) 通过虚构债权债务关系将其出资转出;(3) 制作虚假财务会计报表虚增利润进行分配;(4) 利用关联交易将出资转出;(5) 其他未经法定程序将出资抽回的行为。

抽逃出资与虚假出资都是欺诈性出资行为。但抽逃出资行为与虚假出资行为亦有区别。瑕疵出资时股东自始至终没有及时足额履行出资义务,而抽逃出资股东首先及时足额履行出资义务,然后又将其出资财产取回。简言之,瑕疵出资行为发生在公司未成立之前,而抽逃出资行为发生在公司成立之后。

在实践中会出现抽逃出资与虚假出资的竞合现象。(1) 股东不仅存在瑕疵出资行为,而且抽逃瑕疵出资的全部财产。公司、其他股东、公司的债权人既可以选择追究此类股东瑕疵出资的民事责任,也可以选择追究此类股东抽逃出资的民事责任。(2) 股东的部分出资财产存在瑕疵,而其余出资不存在瑕疵,股东仅抽逃无瑕疵的出资财产。在这种情况下,公司、其他股东、公司的债权人有权就股东的瑕疵出资行为追究其瑕疵出资的民事责任,有权就股东的瑕疵出资行为追究其抽逃出资的民事责任。

三、抽逃出资与借款行为的区别

实践中,虽有股东明火执杖地抽逃出资,亦有狡猾股东以从公司借款的形式掩盖其抽逃出资的事实。鉴于股东的抽逃出资行为与股东从公司借款的行为有不同的构成要件与法律后果,股东抽逃出资不仅要对公司及其债权人承担民事责任,还有可能承担刑事责任。① 为稳准狠地识破抽逃出资和变相抽逃出资的行为,维护公司资产的完整性,确保公司交易伙伴的交易安全,只要股东从公司无偿取得财产即应推定为抽逃出资;但有相反证据可以推翻。法院在采信相反证据时,应综合考虑以下标准,审慎地行使自由裁量权。

(1) 金额。股东取得公司财产占其出资财产大部的,抽逃出资的概率高;股东取得公司财产不占其出资财产大部的,借款的概率高。

(2) 利息。以股东从公司取得财产金额有无对价为准,股东取得公司财产无利息约定的,抽逃出资的概率高,因为股东抽逃出资之时根本不会想到还本付息之事,也就没有利息之约定;股东取得公司财产有利息约定的,借款的概率高,因为股东借款之时有还款之意。

(3) 还本付息期限。以股东从公司取得财产金额有无偿还期限为准,股东取得公司财产无返还期限约定的,抽逃出资的概率高;股东取得公司财产有返还期限约定的,借款的概率高。该标准比较符合借款行为的商事习惯。倘若借款返还期限约定过长(例如99年),甚至于超过了自然人股东的寿命或法人股东的存续期间,除非其提供了充分有效的担保手段,将其认定为抽逃出资的行为亦无不可。

(4) 担保。以股东从公司取得财产金额有无担保手段为准,股东取得公司财产无担保手段的,抽逃出资的概率高;股东取得公司财产有担保手段的,借款的概率高。该标准在通常情况下符合借款行为的商事习惯,能够检验股东返还借款的诚意。

(5) 程序。以股东从公司取得财产金额有无履行公司内部决策程序为准,股东取得公司财产未履行公司内部决策程序(如股东会决议、董事会决议)的,抽逃出资的概率高;股东取得公司财产履行了公司内部的决策程序的,借款的概率高。该标准一般符合公司作为贷款人的审慎思维方式。

(6) 主体。控制股东有可能滥用控制地位,因而在抽逃出资方面与小股东相比处于优势地位。控制股东抽逃出资的概率高。

(7) 会计处理方式。以公司对股东取得财产的财务会计处理方式为准,公司的财务会计报告将股东取得公司财产的行为作为应收款处理、确认公司对该股东债权事实的,借款的概率高;公司的财务会计报告对股东取得公司财产的行为未作应收款处理的,抽逃出资的概率高。

(8) 透明度。以股东取得公司财产行为是否向其他股东公开为准,公开者

---

① 实践中由于抽逃出资被追究刑事责任的案例比比皆是。例如,北京普尔斯马特会员超市8名公司高管因抽逃出资1.05亿元人民币而获刑。参见郭京霞:《合同诈骗1635万元,抽逃出资1.05亿元,北京"普马"8名高管被处刑罚》,载《人民法院报》2007年3月21日第4版。

借款的概率高,不公开者抽逃出资的概率高。

(9) 行为发生期限。以股东出资行为与股东取得公司财产行为之间的期限为准,股东出资行为与股东取得公司财产行为之间间隔较长的,借款的概率高;股东出资行为与股东取得公司财产行为之间间隔较短的(如在公司取得企业法人营业执照的第二天就将出资财产取回),抽逃出资的概率高。

在借款行为与抽逃出资行为界限难以划清时,应根据疑罪从无的现代刑事法治理念,将其作为借款行为处理。

四、抽逃出资股东对公司的民事侵权责任

由于股东履行出资义务之后,股东的出资财产转化为公司法人财产权的标的物。因此,股东抽逃出资是对公司财产的侵权行为。为预防公司资本和公司资产被不法侵蚀,确保股东出资的真实性、充分性,立法者有必要确认抽逃出资股东对公司的民事侵权责任。公司有权根据侵权法的基本法理追究抽逃出资股东的侵权责任,对其提起财产返还和损害赔偿之诉。股东的赔偿责任不以其抽逃出资的金额为上限。由于抽逃出资行为给公司造成的实际损失,亦应由抽逃出资股东承担赔偿责任。

倘若抽逃出资股东兼任公司法定代表人(董事长、执行董事或总经理),抽逃出资股东有可能既不积极清退财产,又拒绝或怠于代表公司对自己提起诉讼。慑于控制股东的高压控制,公司董事会或监事会也有可能保持沉默,更不敢对其提起诉讼。在这种情况下,其他股东有权对抽逃出资股东提起代表诉讼,要求被告股东将抽逃出资财产完璧归赵。作为被告的抽逃出资股东亦无权以公司法定代表人的身份请求法院撤诉。至于充当原告的股东是否包括自身亦实施抽逃出资行为的股东? 笔者持肯定见解。只有如此,才能最大限度地调动广大股东彼此监督、相互制衡的有效机制。

五、协助抽逃出资的其他股东、董事、高级管理人员或者实际控制人对公司所负的连带责任

基于共同侵权的法理,我国《公司法》司法解释(三)第14条第1款规定:"股东抽逃出资,公司或者其他股东请求其向公司返还出资本息、协助抽逃出资的其他股东、董事、高级管理人员或者实际控制人对此承担连带责任的,人民法院应予支持。"承担连带责任之后的其他股东、董事、高级管理人员或者实际控制人对抽逃出资股东享有追偿权。

六、抽逃出资股东及其他当事人对公司的债权人的补充清偿责任

根据我国《合同法》第73条规定的债权人的代位权制度,抽逃出资股东应

对公司债权人承担补充赔偿责任。在公司的债权人面前,公司为债务人,抽逃出资的股东为次债务人(债务人的债务人)。倘若公司缺乏债务清偿能力,又怠于请求抽逃出资股东填补出资差额,公司的债权人可以将抽逃出资的股东列为共同被告,请求其在出资不足的金额及其同期银行贷款利息的范围内连带承担债务清偿责任。

倘若其他股东与抽逃出资股东一道恶意串通实施了对公司的共同侵权行为(例如为股东抽逃出资提供协助),公司的债权人可基于债权人代位权,将前者作为共同侵权人,请求其在股东抽逃出资股东的金额及其同期银行贷款利息的范围内承担连带责任。

倘若董事、经理等公司代理人对抽逃出资行为疏于监督,怠于履行监护公司财产安全之责,违反了对公司的忠诚义务和勤勉义务,公司的债权人也可基于债权人代位权,将该等董事、经理等公司代理人列为共同被告,请求其在股东抽逃出资股东的金额及其同期银行贷款利息的范围内承担连带责任。

我国《公司法》司法解释(三)第14条第2款规定:"公司债权人请求抽逃出资的股东在抽逃出资本息范围内对公司债务不能清偿的部分承担补充赔偿责任、协助抽逃出资的其他股东、董事、高级管理人员或者实际控制人对此承担连带责任的,人民法院应予支持;抽逃出资的股东已经承担上述责任,其他债权人提出相同请求的,人民法院不予支持。"

抽逃出资股东之外的行为人对公司的债权人的补充清偿责任与抽逃出资股东对公司的债权人的补充清偿责任不是并行不悖的。前者的存在目的在于强化后者。因此,抽逃出资股东之外的行为人对公司的债权人的补充清偿责任既要连带于抽逃出资股东对公司的债权人的补充清偿责任,也要限定在抽逃出资股东对公司的债权人的补充清偿责任之内。当然,抽逃出资股东之外的行为人对公司的债权人承担补充清偿责任之后,有权向抽逃出资股东追偿。

至于从抽逃出资股东受让股份的股东,不因受让事实而对公司及债权人承担补充清偿责任。当然,新股东明知其前手抽逃出资的事实,但为袒护抽逃出资股东而恶意受让股权的,公司及其债权人可请求其与抽逃出资股东承担赔偿责任。这是由于,新股东在明知前手抽逃出资的情况下,对其前手支付的对价往往低于正常价格。此类股东应就其投机行为付出代价。

当然,债权人要对抽逃出资股东的抽逃出资事实承担举证责任。抽逃出资股东所在公司、公司登记机关、中介机构(资产评估机构、验资机构等)和商业银行等组织和个人也应积极地对债权人取证提供相应的协助和便利。

七、恶意协助股东抽逃出资的代垫资金的第三人的连带责任

与协助抽逃出资的其他股东、董事、高级管理人员或者实际控制人的连带责

任相似,我国《公司法》司法解释(三)第15条规定了代垫资金的第三人的民事责任:"第三人代垫资金协助发起人设立公司,双方明确约定在公司验资后或者在公司成立后将该发起人的出资抽回以偿还该第三人,发起人依照前述约定抽回出资偿还第三人后又不能补足出资,相关权利人请求第三人连带承担发起人因抽回出资而产生的相应责任的,人民法院应予支持。"该条规定旨在堵塞中介机构代垫注册资本、纵容抽逃出资、危害交易安全的不法行为。

八、抽逃出资股东的债务补充清偿责任的限制

为体现对债权人利益和抽逃出资股东利益的平衡,人民法院或仲裁机构应将抽逃出资股东对债权人的清偿责任锁定在股东抽逃出资的金额及其同期银行贷款利息的范围内,而且将其界定为补充清偿责任而非连带清偿责任。至于公司债权人在追究抽逃出资股东清偿责任方面的公平性问题,可以通过公示催告程序和按比例受偿原则得以化解。具体说来,凡是公司的债权人请求抽逃出资股东履行补充赔偿责任的,人民法院应依法公示催告愿意对抽逃出资股东主张补充赔偿责任的公司债权人前来申报债权,在催告期限届满后,法院可以按照债权人的各自债权比例以及抽逃出资股东的抽逃出资金额,判决抽逃出资股东在抽逃出资总金额的幅度以内对各债权人履行补充赔偿责任。这样既可将抽逃出资股东的补充清偿责任限定在抽逃出资总金额以内,又可以贯彻债权人平等原则。倘若公司的债权人不请求抽逃出资股东承担债务补充清偿责任,仅请求公司履行债务清偿责任,则无需前来申报债权。

股东抽逃出资不仅是民事侵权行为,而且是行政违法行为,情节严重、构成犯罪的,还应承担刑事责任。面对抽逃出资股东,公司有权对其提起侵权责任之诉,其他股东有权对其提起股东代表诉讼。公司和其他股东还可以举报到公安机关,启动追究抽逃出资股东的刑事诉讼程序。这种刑民并举的诉讼策略对督促股东诚信慎独,预防抽逃出资行为具有重大的现实意义。

第七节 股份与股票的概念

一、股份的概念

股份具有多重含义。在一定意义上,有限责任公司是股份公司的简易版和缩写版。有鉴于此,2005年日本公司法典废止有限责任公司制度,并将全部由原有限责任公司制度调整的公司纳入股权转让受限制的股份有限公司的范畴。鉴于我国《公司法》依然维持有限责任公司与股份有限公司的二元格局,本章讨论的股份仅限于股份有限公司的股份,而不及于有限责任司的股权。

从公司资本的角度看,股份是指资本的构成单位和最小计算单位。全体股东持有的股份总和代表的金额构成公司资本。从股东的角度看,股份是指股东资格,既包括股东权,也包括股东的股款缴纳义务。因此,股份与股东权、股权有时互换使用。一股一权原则就是从股东权的含义上提及"股份"。从股票的角度看,股份是指被股票表彰的实体价值与内容。股份与股票是内容与形式的关系。二者互为表里,相互统一。随着电子商务技术的日新月异,上市公司的股份不再通过传统纸质股票表彰权利,而是通过无纸化电子数据表彰股权。

二、股份的性质

(1) 资本性。股份是资本的构成单位与计算单位,因而股份展现了资本的特性。

(2) 金额性。每一股份均代表一定的金额。而金额的背后蕴涵着股东的权利、义务与责任。而且,我国目前的股份均为有面额股份。

(3) 平等性。股份平等原则是股东平等原则的核心内容。不仅股份有限公司的资本划分为等额股份(我国《公司法》第126条第1款),而且同种类的每一股份应具有同等权利,同次发行的同种类股票,每股的发行条件和价格应相同;任何单位或个人所认购的股份,每股应支付相同价额(我国《公司法》第127条)。

(4) 不可分性。股份是资本的最小计算单位既决定了一股一权原则,也决定了股份项下不会再有更细的划分单位。但这不妨碍复数股东间的股份共有现象。对股份共有关系,公司法和证券法有规定的,从其规定;无规定的,类推适用《物权法》第8章有关物权共有的规定。股份共有既可采取按份共有形式,也可采取共同共有形式。

(5) 自由转让性。股东持有的股份可以依法转让(我国《公司法》第138条)。原则上,公司章程不得剥夺股东的股份转让自由。股份自由转让原则促成了证券交易市场的形成,构建了完善公司治理的股价平台,尊重了投资者自由进出证券市场和股份有限公司的自由选择。

(6) 有限责任性。股份有限公司的股东仅以其认缴的股份为限对公司承担出资义务。股东在其实缴股份金额之后,不再对公司债务承担连带责任。

(7) 证券性。股份借助股票形式予以表彰,公司股票则具有有价证券的特点。因此,股份具有证券性。

(8) 权利性。股份蕴涵着股东对公司的股东权,因此股份具有权利性。

三、股份的种类

(一) 普通股与特别股

以其蕴涵的权利是否属于特别权利为准,股份分为普通股与特别股。普通股是指公司发行的无特别权利、也无特别限制的股份。普通股股东享有的股东权利较为完整,既包括表决权,也包括红利分取请求权和剩余财产分取请求权。而特别股是指公司发行的具有特别权利或特别限制的股份。

特别股以其权利内容为准,可以分为优先股、劣后股和混合股。(1)优先股指与普通股相比,在分取股利或剩余财产方面(不包括表决权等共益权方面)享有优先权的股份。(2)劣后股指与普通股相比在分取股利或剩余财产方面处于劣后地位的股份。当公司的发展前景十分乐观,希望认购股份者云集,而老股东担心公司发行新股伤及自身利益时,则有劣后股发行的可能。如果说优先股东往往是投资者股东,劣后股股东则往往是发起人股东、企业家股东或经营股东。在母公司愿意在财力上扶持子公司的情形下,为强化普通投资者的信心,子公司也可考虑向普通投资者发行普通股,而向母公司发行劣后股。优先股与劣后股是相对普通股而言的。(3)混合股指在股利或剩余财产分配中的某一方面优先于普通股,而在其他方面劣后于普通股的股份。

优先股、劣后股与普通股三者之间的优先关系是相对的,不是绝对的。相对劣后股而言,普通股亦为优先股。为便利公司迅速筹集资本,满足不同投资者的投资需要,现代公司法往往在普通股之外增列特别股,并明确每种股份蕴含的股东权有所差异。我国《公司法》第132条定授权国务院对公司发行本法规定以外的其他种类的股份,另行作出规定。目前,国务院尚未出台此类行政措施。从长远看,应授权公司章程自由规定符合公司筹资需求、又合乎投资者投资偏好的具有个性化色彩、且股东与公司各取所需、皆大欢喜的特别种类股份。

(二)表决权股与无表决权股

以股东是否享有表决权为准,股份可以分为表决权股与无表决权股。

表决权股是指股东享有表决权的股份。以每股享有的表决权数量为准,表决权股可分为单数表决权股、复数表决权股与表决权受限制的表决权股。(1)单数表决权股是一股一票的表决权股。(2)复数表决权股是一股多票的表决权股。德国在第一次世界大战结束后,曾为抵御外国资本入侵德国公司的控制权而允许本国股东持有的股份享有复数表决权。(3)表决权受限制的表决权股是指当股东持有的股份数量达到法定或章程所定比例时,股东的表决权行使受到特定限制。

无表决权股,指虽在股利或剩余财产分配上享有优先地位、但不享有表决权的股份。无表决权股发端于美国。表决权本为股东参与公司治理的根本权利,股东自应倍加珍惜。但有些股东对参与公司治理兴趣不高,宁愿采取舍弃表决权、换回股利分配优先权的务实态度。与偿还股东、转换股东相同,无表决权股东多为大众股东、投资者股东,而非企业家股东。无表决权股不仅对此类股东具有无穷魅力,对控制股东而言也是福音。因为,在公司控制权结构中,无表决权股东不享有表决权意味着有表决权股东的表决力被相对放大,因而有表决权股东取得控制权的成本大大降低。无表决权股仅是没有表决权而已。至于表决权之外的其他共益权,如知情权、股东大会出席权、辩论权、质询权和代表诉讼权等仍可享有,不容剥夺。

(三) 偿还股与非偿还股

以其可否由公司利润予以收回或销除为准,股份可分为偿还股与非偿还股。偿还股指可由公司利益予以收回或销除的股份。以其偿还的选择权主体为准,偿还股分为自愿偿还股与强制偿还股。前者基于公司自治而偿还,后者基于股东选择而偿还。非偿还股不得由公司利益予以收回或销除。普通股原则上为非偿还股,优先股多为偿还股。我国《公司法》第143条禁止公司收购本公司股份,但减少公司注册资本、与持有本公司股份的其他公司合并、将股份奖励给本公司职工、股东因对股东大会作出的公司合并、分立决议持异议,要求公司收购其股份的情况例外;并禁止公司接受本公司的股票作为质押权的标的。发行偿还股可解公司资金燃眉之急。

(四) 转换股与非转换股

以其种类可否转换为准,股份可分为转换股与非转换股。转换股指在公司发行数种股份的场合,股东可通过转换权之行使将其所持的一种股份转换为另一种股份的股份。例如,根据公司章程规定,非参加的优先股可以在公司业绩提升、普通股股东享受可观股利时,转换为普通股。转换股进退自如、可攻可守的优点有利于吸引更多的投资者,尤其是喜欢既回避投资风险、又愿审时度势在公司利润蛋糕中分享更多份额的投资者。转换股转换时,旧股份消灭,新股份产生。转换股指股东所持股份类别不能向其他股份类别转换的股份。

四、股票的概念与种类

(一) 股票的概念

我国《公司法》第126条第2款将股票界定为"公司签发的证明股东所持股份的凭证"。该定义未解释股票蕴涵的股东权内容,因此有欠严谨。笔者认为,股票是指由股份有限公司发行的、表明股东按其所持股份享受股东权的可转让的资本证券。

股票采用纸面形式或国务院证券监督管理机构规定的其他形式。股票应载明下列主要事项:(1) 公司名称;(2) 公司成立日期;(3) 股票种类、票面金额及代表的股份数;(4) 股票的编号。股票由法定代表人签名,公司盖章。发起人的股票,应标明发起人股票字样(《证券法》第129条)。

股票与股份(股东权)互为表里。股票是形式,股东权是内容。同样的股东权内容可有多种表现形式。股东权可以表现为传统的书面股票,也可表现为电子股票或无纸化股票。即使在发行纸面股票的公司,股东为防止其股票遗失带来的繁琐问题,也可请求公司将其持股事实载明于股东名册,但注明不签发股票。而此时该股东虽不现实持有股票,仍不妨碍其享有股东权。股票除具有各类证券的一般特征,尚具有股东权决定的特殊特征。例如,股票持有人的权利乃为股东权,与公司债券持有人享有的债权泾渭分明,不应混淆。

(二) 股票的分类

以其蕴涵的权利内容为准,股票可分为普通股股票与特别股股票。所谓普通股股票,是指记载普通股东权的股票,而特别股股票则是记载特别股东权的股票,如优先股股票、后配股股票、混合股股票、无表决权股股票和偿还股股票等。

以其外在表现形式为准,股票分为记名股票与无记名股票。公司发行的股票,可以为记名股票,也可以为无记名股票(我国《公司法》第130条第1款)。记名股票指在票面上记载股东姓名或名称的股票;无记名股票指在票面上不记载股东姓名或名称的股票。

以其票面是否记载一定金额为准,股票可分为面额股票与无面额股票。前者是指票面记载一定金额的股票;后者指票面不记载一定金额、仅显示股东持股比例的股票。

(三) 股票的法律调整框架

股票及其发行、流转、变更、遗失补救等活动除受公司法调整外,尚接受证券法的调整。无论是《公司法》还是《证券法》,都不是"一本通"。从总体上看,《证券法》与《公司法》是特别法与一般法的关系。上市公司不仅受《公司法》调整,也受《证券法》调整。我国《证券法》第2条第1款规定:"在中华人民共和国境内,股票、公司债券和国务院依法认定的其他证券的发行和交易,适用本法;本法未规定的,适用《公司法》和其他法律、行政法规的规定。"

第八节 股份发行

一、股份发行的概念

股份发行是指股份有限公司向投资者招募股款的法律行为。从发行公司角度看,股份有限公司通过发行股份募集公司资本。股份有限公司集腋成裘、聚沙成塔的功能主要借助股份发行完成。从投资者角度看,投资者通过证券发行行为取得公司的股东地位,进而实现投资目的。

二、股份发行的原则

股份的发行要遵循公平原则(我国《公司法》第127条第1款)。所谓公平原则,是指发行公司与投资者之间的权利与义务内容应大致对等,不能一方只享有权利,而另一方只负有义务,也不能一方享有权利过多,而另一方负担义务过重。由此派生出的一个要求是,虽然股权投资有风险,但股东的投资收益与投资成本、投资风险应在证券市场合理风险允许的范围之内大致成正比。公平原则既适用于发行公司与股东之间的股权关系,也适用于发行公司与承销券商之间的代理关系。

股份的发行要遵循公正原则(我国《公司法》第127条第1款)。所谓公正原则,是指发行公司、承销券商及其代理人相对作为投资者、潜在投资者的多个市场主体而言,证券监管机构和市场自律机构(包括证券交易所和证券业协会)相对作为被监管者的多个当事人而言,应站在中庸、公允、超然的立场上,对每位相对人都要不偏不倚,平等对待,一视同仁;而不得厚此薄彼,因其身份不同而施行差别对待。公正原则有别于公平原则之处在于,公平原则调整双方当事人之间的权利义务关系,公正原则调整一方当事人与其余多方当事人之间的权利义务关系,强调一方当事人与其余多方当事人之间保持等边距离。为落实公正原则,我国《证券法》第23条要求国务院证券监督管理机构依照法定条件负责核准股票发行申请;核准程序应公开,依法接受监督;参与审核和核准股票发行申请的人员,不得与发行申请人有利害关系,不得直接或间接接受发行申请人的馈赠,不得持有所核准的发行申请的股票,不得私下与发行申请人进行接触。

股份发行要遵循平等原则(我国《公司法》第127条第1款)。购买发行公司的股东之间要充分体现同股同权的平等要求。同种类的每一股份应具有同等权利。同次发行的同种类股票,每股的发行条件和价格应相同;任何单位或个人所认购的股份,每股应支付相同价额(我国《公司法》第127条第2款)。

三、记名股票与无记名股票的区分

我国《公司法》第130条第2款要求公司向发起人、法人发行的股票,应为记名股票,并应记载该发起人、法人的名称或姓名,不得另立户名或以代表人姓名记名;而公司对社会公众发行的股票既可为记名股票,也可为无记名股票。

区分实益在于:(1)股东权利的行使方法有所不同。无记名股票持有人出席股东大会会议的,应于会议召开五日前至股东大会闭会时将股票交存于公司(我国《公司法》第103条第4款);否则,不得出席股东会。而记名股票持有人有股东名册作为权利行使证明,因而不受此限制。(2)股票转让方法不同。记名股票,由股东以背书方式或法律、行政法规规定的其他方式转让,转让后由公司将受让人的姓名或名称及住所记载于股东名册(我国《公司法》第140条);而无记名股票的转让,由股东将该股票交付给受让人后即发生转让的效力(我国《公司法》第141条)。

无记名股票持有人可请求公司将其所持无记名股票变更为记名股票;但记名股票无权请求公司将其所持记名股票变更为无记名股票,以规避公司法和证券法的法律规制。

四、公开发行与非公开发行

以其认购股份的身份是否特定为准,股份的发行可分为公开发行与非公开发行。公开发行股份是指向不特定公众投资者招募股份,而非公开发行是向特定投资者招募股份。

我国《证券法》第10条规定,公开发行证券,必须符合法律、行政法规规定的条件,并依法报经国务院证券监督管理机构或国务院授权的部门核准;未经依法核准,任何单位和个人不得公开发行证券。有下列情形之一的,为公开发行:(1)向不特定对象发行证券的;(2)向特定对象发行证券累计超过200人的;(3)法律、行政法规规定的其他发行行为。非公开发行证券,不得采用广告、公开劝诱和变相公开方式。由此可见,非公开发行是指向不超过200人的特定对象发行股份的行为。

公开发行股份与非公开发行股份的区别有二:首先,公开发行股份的特点是点对面,即特定的发起人面对不特定的社会公众提供劝诱资料,而非公开发行股份的特点是点对点,即特定的发起人面对特定的投资者提供劝诱资料。根据我国《证券法》第10条第3款规定,非公开发行证券,不得采用广告、公开劝诱和变相公开方式。其次,公开发行股份的认购人往往是一般的公众投资者,包括财力殷实的亿万富豪,也包括普通的工薪阶层;而非公开发行股份的认购人往往是财力殷实、且投资风险抵御能力较强的特定投资者。

当然,公开募集与非公开发行的区别在定向募集人数高达一定临界点时,二者的区别在监管者的视野中开始消失。根据我国《证券法》第10条第2款,向特定对象发行证券累计超过200人的,视为公开发行,进而接受《证券法》对公开发行行为的法律规制。可见,我国《公司法》与《证券法》在非公开发行方面相互实现了无缝对接。

无论是公开发行股份,还是非公开发行股份都面临着保护认股人合法权益、预防发起人道德风险的重责大任。例如,我国《公司法》第81条第1款在谈及股份有限公司的发起设立方式时,禁止公司全体发起人在其首次出资额缴足前,向他人募集股份。可见,立法者试图遏制发起人的道德风险,预防发起人在缴足出资前就大肆募集大批投资者,从而损害投资者权益。

五、股份发行价格的最低门槛

股票发行价格可以按票面金额,也可以超过票面金额,但不得低于票面金额

(我国《公司法》第128条)。此种定价管制措施旨在落实资本维持原则,巩固公司资本基础,保护债权人合法权益。至于股份有限公司以超过股票票面金额的发行价格发行股份所得的溢价款则应列为公司资本公积金(我国《公司法》第168条)。

我国1993年《公司法》第131条第2款还曾规定,"以超过票面金额为股票发行价格的,须经国务院证券管理部门批准"。为尊重市场自治与契约自由精神,《公司法》废除了国务院证券管理部门的价格批准权限,股票发行价格完全回归市场自治。

六、保荐人

发行人申请公开发行股票,依法采取承销方式的,应聘请具有保荐资格的机构担任保荐人。保荐人应遵守业务规则和行业规范,诚实守信,勤勉尽责,对发行人的申请文件和信息披露资料进行审慎核查,督导发行人规范运作。保荐人的资格及其管理办法由国务院证券监督管理机构规定(我国《证券法》第11条)。保荐人以其专业知识指导发行公司的发行行为,并以其商业信誉向证券市场监管者和社会公众投资者作出担保发行公司发行行为不存在重大法律道德瑕疵。

七、核准程序及其瑕疵救济

非公开发行股份的行为更多地受合同法和契约自由规则的约束,而公开发行股份的行为则要接受更多的公权力规制。例如,设立股份有限公司公开发行股票,应符合《公司法》规定的条件和经国务院批准的国务院证券监督管理机构规定的其他条件,向国务院证券监督管理机构报送募股申请和下列文件:(1)公司章程;(2)发起人协议;(3)发起人姓名或名称,发起人认购的股份数、出资种类及验资证明;(4)招股说明书;(5)代收股款银行的名称及地址;(6)承销机构名称及有关的协议。依照《证券法》规定聘请保荐人的,还应报送保荐人出具的发行保荐书。法律、行政法规规定设立公司必须报经批准的,还应提交相应的批准文件(《证券法》第12条)。

国务院证券监督管理机构设发行审核委员会,依法审核股票发行申请。发行审核委员会由国务院证券监督管理机构的专业人员和所聘请的该机构外的有关专家组成,以投票方式对股票发行申请进行表决,提出审核意见(我国《证券法》第22条)。中国证监会依照法定条件负责核准股票发行申请。核准程序应公开,依法接受监督(我国《证券法》第23条)。中国证监会对已作出的核准股票发行的决定,发现不符合法定条件或法定程序,尚未发行股票的,应予以撤销,停止发行。已经发行尚未上市的,撤销发行核准决定,发行人应按照发行价并加算银行同期存款利息返还股票持有人;保荐人应与发行人承担连带责任,但是能够证明自己没有过错的除外;发行人的控股股东、实际控制人有过错的,应与发行人承担连带责任(我国《证券法》第26条)。

八、信息披露

根据我国《证券法》第25条规定,股票发行申请经核准,发行人应依照法律、行政法规的规定,在股票公开发行前,公告公开发行募集文件,并将该文件置备于指定场所供公众查阅。发行股票的信息依法公开前,任何知情人不得公开或泄露该信息。发行人不得在公告公开发行募集文件前发行股票。我国《公司法》第86条规定,发起人向社会公开募集股份,必须公告招股说明书,并制作认股书。该法第87条要求招股说明书附有发起人制订的公司章程。

九、公司向股东交付股票的时间限制

股份有限公司成立后,即向股东正式交付股票。但公司成立前不得向股东交付股票(我国《公司法》第133条)。因为,股东权之产生必须在公司正式成立之后;倘若公司尚未成立、股东权尚未发生,就允许公司向股东交付股票,无异于本末倒置,而且容易危害交易安全。

十、股东名册的备置

为方便股东行使权利、公司对其股东履行义务,股份有限公司在发行记名股票时应置备股东名册。股东名册记载下列事项:(1)股东的姓名或名称及住所;(2)各股东所持股份数;(3)各股东所持股票的编号;(4)各股东取得股份的日期(我国《公司法》第131条第1款)。

但股份有限公司发行无记名股票时,公司无从确定股东的姓名或名称以及住所等信息,因而无法置备股东名册。因此,公司发行无记名股票的,公司应记载其股票数量、编号及发行日期(《公司法》第131条第2款)。

第九节 新股发行

一、新股发行的概念和作用

新股发行是指股份有限公司为增加注册资本而发行股份的行为。股份公司为增强自身竞争力,必须不断开拓融资渠道:依赖公司自体,如将公积金转为增加公司资本;依赖公司自体之外的其他人,取得股权融资(直接融资)与债权融资(间接融资)。前者主要表现为发行新股,后者主要表现为从银行借款、向社会公众发行公司债券。举债虽能缓解公司燃眉之急,但即使长期借款也有偿债期限,该期限一旦届满,公司即负有偿还本息之义务,即使公司经营效绩不佳,但只要尚未破产,公司就应按约定利率还本付息。而公司发行新股既能充分发挥股份制度聚沙成塔的集资功能,为公司筹措巨额资金,又可通过股东与公司同舟共济的利益关联机制降低公司筹资成本与经营风险。倘若公司经营效绩不佳,无红可分,公司即无义务向股东分配股利。

二、我国《证券法》规定的新股发行条件

我国1993年《公司法》第137条对公司发行新股的条件规定过苛:(1)前一次发行的股份已募足,并间隔一年以上;(2)公司在最近三年内连续盈利,并可向股东支付股利;(3)公司在最近三年内财务会计文件无虚假记载;(4)公司预期利润率可达同期银行存款利率。

在我国2005年《公司法》修改过程中,一些全国人大代表、全国政协委员、企业和专家认为,现行公司法规定的公司发行新股条件是基于当时的情况规定的,目前有些条件已经不能适应实际情况,也缺乏灵活性。根据这些意见和公司发行新股的实际需要,2005年修订的《证券法》第13条将公司公开发行新股的条件进一步放宽:(1)具备健全且运行良好的组织机构;(2)具有持续盈利能力,财务状况良好;(3)最近3年财务会计文件无虚假记载,无其他重大违法行为;(4)经国务院批准的国务院证券监督管理机构规定的其他条件。为保持新股发行条件的科学性和动态性,国务院证券监督管理机构可以适时增列其他新股发行的条件,但要报经国务院批准。

三、上市公司公开发行股票的一般条件

为规范上市公司证券发行行为,保护投资者的合法权益和社会公共利益,中国证监会根据《证券法》、《公司法》于2006年颁布了《上市公司证券发行管理办法》,该办法自2006年5月8日起施行。

其一,上市公司的组织机构健全、运行良好。(1)公司章程合法有效,股东大会、董事会、监事会和独立董事制度健全,能够依法有效履行职责;(2)公司内部控制制度健全,能够有效保证公司运行的效率、合法合规性和财务报告的可靠性;内部控制制度的完整性、合理性、有效性不存在重大缺陷;(3)现任董事、监事和高级管理人员具备任职资格,能够忠实和勤勉地履行职务,不存在违反《公司法》第148条、第149条规定的行为,且最近36个月内未受到过中国证监会的行政处罚、最近12个月内未受到过证券交易所的公开谴责;(4)上市公司与控股股东或实际控制人的人员、资产、财务分开,机构、业务独立,能够自主经营管理;(5)最近12个月内不存在违规对外提供担保的行为。

其二,上市公司的盈利能力具有可持续性。(1)最近3个会计年度连续盈利。扣除非经常性损益后的净利润与扣除前的净利润相比,以低者作为计算依据。(2)业务和盈利来源相对稳定,不存在严重依赖于控股股东、实际控制人的情形。(3)现有主营业务或投资方向能够可持续发展,经营模式和投资计划稳健,主要产品或服务的市场前景良好,行业经营环境和市场需求不存在现实或可预见的重大不利变化。(4)高级管理人员和核心技术人员稳定,最近12个月内未发生重大不利变化。(5)公司重要资产、核心技术或其他重大权益的取得合法,能够持续使用,不存在现实或可预见的重大不利变化。(6)不存在可能严重影响公司持续经营的担保、诉讼、仲裁或其他重大事项。(7)最近24个月内曾公开发行证券的,不存在发行当年营业利润比上年下降50%以上的情形。

其三,财务状况良好。(1)会计基础工作规范,严格遵循国家统一会计制度的规定。(2)最近3年及1期财务报表未被注册会计师出具保留意见、否定意见或无法表示意见的审计报告;被注册会计师出具带强调事项段的无保留意见审计报告的,所涉及的事项对发行人无重大不利影响或在发行前重大不利影响已经消除。(3)资产质量良好。不良资产不足以对公司财务状况造成重大不利影响。(4)经营成果真实,现金流量正常。营业收入和成本费用的确认严格遵循国家有关企业会计准则的规定,最近3年资产减值准备计提充分合理,不存在操纵经营业绩的情形。(5)最近3年以现金或股票方式累计分配的利润不少于最近3年实现的年均可分配利润的20%。

其四,最近3年财务会计文件无虚假记载,且不存在下列重大违法行为。(1)违反证券法律、行政法规或规章,受到中国证监会的行政处罚,或受到刑事处罚;(2)违反工商、税收、土地、环保、海关法律、行政法规或规章,受到行政处罚且情节严重,或受到刑事处罚;(3)违反国家其他法律、行政法规且情节严重的行为。

其五,上市公司募集资金的数额和使用符合下列规定:(1)募集资金数额不超过项目需要量;(2)募集资金用途符合国家产业政策和有关环境保护、土地管理等法律和行政法规的规定;(3)除金融类企业外,本次募集资金使用项目不得为持有交易性金融资产和可供出售的金融资产、借予他人、委托理财等财务性投资,不得直接或间接投资于以买卖有价证券为主要业务的公司;(4)投资项目实施后,不会与控股股东或实际控制人产生同业竞争或影响公司生产经营的独立性;(5)建立募集资金专项存储制度,募集资金必须存放于公司董事会决定的专项账户。

《上市公司证券发行管理办法》第11条规定,上市公司存在下列情形之一的,不得公开发行证券。(1)本次发行申请文件有虚假记载、误导性陈述或重大遗漏;(2)擅自改变前次公开发行证券募集资金的用途而未作纠正;(3)上市公司最近12个月内受到过证券交易所的公开谴责;(4)上市公司及其控股股东或实际控制人最近12个月内存在未履行向投资者作出的公开承诺的行为;(5)上市公司或其现任董事、高级管理人员因涉嫌犯罪被司法机关立案侦查或涉嫌违法违规被中国证监会立案调查;(6)严重损害投资者的合法权益和社会公共利益的其他情形。

四、配股的条件

配股是指上市公司向原股东配售股份。上市公司配股除符合前述公开发行股票的一般条件外,还应符合下列条件:(1)拟配售股份数量不超过本次配售股份前股本总额的30%;(2)控股股东应在股东大会召开前公开承诺认配股份的数量;(3)采用证券法规定的代销方式发行。控股股东不履行认配股份的承诺,或代销期限届满,原股东认购股票的数量未达到拟配售数量70%的,发行人应按照发行价并加算银行同期存款利息返还已经认购的股东。可见,配股的核心要件是控制配股规模,同时预防控股股东在决策过程中的道德风险,进而保护上市公司的公众股东。

五、增发的条件

配股,是指上市公司向不特定对象公开募集股份。上市公司增发除符合前述公开发行股票的一般条件外,还应符合下列条件:(1)最近3个会计年度加权平均净资产收益率平均不低于6%。扣除非经常性损益后的净利润与扣除前的净利润相比,以低者作为加权平均净资产收益率的计算依据。(2)除金融类企业外,最近一期末不存在持有金额较大的交易性金融资产和可供出售的金融资产、借予他人款项、委托理财等财务性投资的情形。(3)发行价格应不低于公告招股意向书前20个交易日公司股票均价或前一个交易日的均价。

六、上市公司非公开发行股票的条件

所谓非公开发行股票,是指上市公司采用非公开方式,向特定对象发行股票的行为。《上市公司证券发行管理办法》第3章专门规定了上市公司非公开发行股票的条件。

《上市公司证券发行管理办法》第37条和第38条规定的积极要件为:(1)发行对象符合股东大会决议规定的条件,不超过10名;发行对象为境外战略投资者的,应经国务院相关部门事先批准(第37条);(2)发行价格不低于定价基准日前20个交易日公司股票均价的90%;(3)本次发行的股份自发行结束之日起,12个月内不得转让;控股股东、实际控制人及其控制的企业认购的股份,36个月内不得转让;(4)募集资金使用符合《上市公司证券发行管理办法》

第 10 条的规定;(5)本次发行将导致上市公司控制权发生变化的,还应符合中国证监会的其他规定。

《上市公司证券发行管理办法》第 39 条从反面规定了消极要件。上市公司存在下列情形之一的,不得非公开发行股票:(1)本次发行申请文件有虚假记载、误导性陈述或重大遗漏;(2)上市公司的权益被控股股东或实际控制人严重损害且尚未消除;(3)上市公司及其附属公司违规对外提供担保且尚未解除;(4)现任董事、高级管理人员最近 36 个月内受到过中国证监会的行政处罚,或最近 12 个月内受到过证券交易所公开谴责;(5)上市公司或其现任董事、高级管理人员因涉嫌犯罪正被司法机关立案侦查或涉嫌违法违规正被中国证监会立案调查;(6)最近 1 年及 1 期财务报表被注册会计师出具保留意见、否定意见或无法表示意见的审计报告。保留意见、否定意见或无法表示意见所涉及事项的重大影响已经消除或本次发行涉及重大重组的除外;(7)严重损害投资者合法权益和社会公共利益的其他情形。

七、公司内部股东会决议程序

新股发行意味着增加资本,而增加资本属于股东会的决策事项,而非董事会的决策事项。因此,我国《公司法》第 134 条要求公司股东大会在发行新股之前对下列事项作出决议:(1)新股种类及数额;(2)新股发行价格;(3)新股发行的起止日期;(4)向原有股东发行新股的种类及数额。

根据上市公司的具体实际情况,《上市公司证券发行管理办法》第 41 条又增列了股东大会的决议事项:(1)本次发行证券的种类和数量;(2)发行方式、发行对象及向原股东配售的安排;(3)定价方式或价格区间;(4)募集资金用途;(5)决议的有效期;(6)对董事会办理本次发行具体事宜的授权;(7)其他必须明确的事项。

作为行政指导的重要内容,《上市公司证券发行管理办法》第 44 条还明确了股东大会的决策程序。股东大会就发行证券事项作出决议,必须经出席会议的股东所持表决权的 2/3 以上通过。向本公司特定的股东及其关联人发行证券的,股东大会就发行方案进行表决时,关联股东应回避。上市公司还应提供网络或其他方式为股东参加股东大会提供便利。

股东会决议草案并非无源之水。在实践中,股东会决议草案主要由董事会提出。为强化董事会成员的勤勉义务,《上市公司证券发行管理办法》第 40 条要求上市公司董事会就下列事项作出决议,并提请股东大会批准:(1)本次证券发行的方案;(2)本次募集资金使用的可行性报告;(3)前次募集资金使用的报告;(4)其他必须明确的事项。

八、中国证监会核准程序

上市公司非公开发行新股,应符合经国务院批准的中国证监会规定的条件,并报中国证监会核准(我国《证券法》第13条第2款)。公司公开发行新股,应向国务院证券监督管理机构报送募股申请和下列文件:(1)公司营业执照;(2)公司章程;(3)股东大会决议;(4)招股说明书;(5)财务会计报告;(6)代收股款银行的名称及地址;(7)承销机构名称及有关的协议。依《证券法》规定聘请保荐人的,还应报送保荐人出具的发行保荐书(我国《证券法》第14条)。根据《上市公司证券发行管理办法》第45条规定,上市公司申请公开发行证券或非公开发行新股,均应由保荐人保荐,并向中国证监会申报;保荐人应按中国证监会有关规定编制和报送发行申请文件。

中国证监会发行审核委员会依法审核股票发行申请(我国《证券法》第22条)。中国证监会依照法定条件负责核准股票发行申请(我国《证券法》第23条)。中国证监会应自受理新股发行申请文件之日起3个月内,依照法定条件和法定程序作出予以核准或不予核准的决定,发行人根据要求补充、修改发行申请文件的时间不计算在内;不予核准的,应说明理由(我国《证券法》第24条)。

《上市公司证券发行管理办法》第46条细化了证监会核准程序:(1)收到申请文件后,5个工作日内决定是否受理;(2)证监会受理后,对申请文件进行初审;(3)发行审核委员会审核申请文件;(4)证监会作出核准或不予核准的决定。根据该《办法》第50条,倘若上市公司的新股发行申请未获核准,只能自证监会作出不予核准的决定之日起6个月后再次提出新股发行申请。

九、信息披露要求

我国《公司法》第135条要求公司经证监会核准公开发行新股时公告新股招股说明书和财务会计报告,并制作认股书。《上市公司证券发行管理办法》第5章更明确要求发行新股的上市公司按照证监会规定的程序、内容和格式,编制公开募集说明书或其他信息披露文件,依法履行信息披露义务。上市公司应保证投资者及时、充分、公平地获得法定披露的信息,信息披露文件使用的文字应简洁、平实、易懂。证监会规定的内容是信息披露的最低要求,凡对投资者投资决策有重大影响的信息,上市公司均应充分披露。

十、新股承销渠道

我国《公司法》第135条第2款和第88条、第89条之规定,公司公开发行新股,应由公司与依法设立的证券公司签订承销协议,并同银行签订代收股款协议。依反对解释,公司如果不公开发行新股,则无需聘请证券公司从事承销工作。相比之下,《上市公司证券发行管理办法》第49条扩大了强制承销的范围,减少了发行公司自行销售股份的范围:"上市公司发行证券,应当由证券公司承销;非公开发行股票,发行对象均属于原前十名股东的,可以由上市公司自行销售。"

十一、新股定价机制

公司发行新股,可以根据公司经营情况和财务状况,确定其作价方案(我国《公司法》第136条)。新股作价既是发行公司的自由,也是涉及股东切身利益的重要行为。因此,公司新股发行定价虽然自由,但发行公司也要诚信定价,确保作为定价依据的新股招股说明书和财务会计报告内容真实、准确、完整,杜绝虚假记载、误导性陈述或重大遗漏;否则,要对受害的投资者承担实际损失赔偿责任。

十二、公司变更登记

新股发行成功以后,导致公司注册资本增加,而注册资本增加属于公司登记机关的变更登记范畴。因此,公司发行新股募足股款后,必须向公司登记机关办理变更登记,并公告(我国《公司法》第137条)。

第五章 股 东 权

股东是公司法律关系中的核心主体。没有股东,就没有公司。作为重要的民事权利,股东权神圣不可侵犯,任何第三人(包括政府)均不得随意侵害、剥夺或限制。股东权保护是公司制度具有正当性与合法性的重要前提,是资本市场具有活力的源泉,是现代公司法和证券法的核心价值追求。股东既享有权利,也负有义务。在本书中,若无特别指明,"股东权"、"股东权利"与"股权"可相互通用。

第一节 股东权概述

一、股东权的概念

股东权(简称"股权")有广狭二义。广义的股东权,泛指股东得以向公司主张的各种权利,故股东依据合同、侵权行为、不当得利和无因管理等法律关系对公司享有的债权亦包括在内;狭义的股东权,则仅指股东基于股东资格、依据公司法和公司章程规定而享有的、从公司获取经济利益并参与公司治理的权利。本书所指的股东权除非另有说明,仅为狭义的股东权。

我国《公司法》第4条将股东权列举为"公司股东依法享有资产收益、参与重大决策和选择管理者等权利"。其实,"资产收益"是经济学色彩较浓的概念,未来公司法修改时宜改采"分取股利"的法律术语。当然,倘若该条能提炼股东权的内涵似乎更加理想。建议将该款改为"公司股东依本法和公司章程的规定,享有的维护自身和公司合法利益的权利,包括股利分取请求权、股东大会出席权、表决权、股东代表诉讼提起权、新股认购优先权、公司信息知情权等"。

二、股东权的性质

股东权乃系基于公司法、证券法等商事法律而享有的权利,且遵循意思自治原则(私法自治原则),故为民事权利即私权,而非公权。股东在股东大会上行使表决权时,此种表决权与公民依《宪法》享有的选举权等参政权貌似相同,实则迥异。前者为股东权中的权能,属于私权,后者属于公权。普通民事主体享有的股东权固为民事权利,国家作为股东享有的股东权仍为民事权利。这与国家作为政府采购合同一方当事人享有的合同权利为私权,均基于相同的民事法治理念。

与古老的物权与债权相比，股东权是年轻的民事权利。因此，许多国家在马车时代与农业社会制定的《民法典》并无股东权之专门规定。随着公司制度的建立健全，股东权渐次被规定在《商法典》或《公司法》之中。我国立法者在2007年出台《物权法》的时候，为了向社会公众展示国家保护投资者权利的决心，遂在《物权法》第67条表明了对投资者权利尤其是股东权利的保护态度："国家、集体和私人依法可以出资设立有限责任公司、股份有限公司或其他企业。国家、集体和私人所有的不动产或动产，投到企业的，由出资人按照约定或出资比例享有资产收益、重大决策以及选择经营管理者等权利并履行义务。"可见，该条规定是对我国《公司法》第4条的重申与强调。但这并不意味着股东权就是物权。

股东权不是单一权利，而是由财产性权利与非财产性权利构成的权利束。公司的营利性决定了股东当然享有直接从公司获得经济利益的财产性权利；但为确保此种财产性权利，法律和章程一般承认股东参与公司治理的非财产性权利。

三、股东权的分类

(一) 自益权与共益权

以其行使目的为准，我国《公司法》确认的股东权可分为自益权与共益权。顾名思义，自益权是股东为维护自身利益而行使的权利，共益权是股东为维护包括自己利益在内的公司利益和全体股东利益而行使的权利。

股东的自益权主要包括：股利分配请求权(第35条、第167条第4款)、剩余财产分配请求权(第187条第2款)、新股认购优先权(第35条)、退股权(股份买取请求权，第75条)、股份转让权(第72条)、股东名册变更请求权(第74条)等。可见，股东的自益权虽主要体现为经济利益，但不必限于直接接受金钱的形式。

股东的共益权包括：表决权(第43条和第104条)、代表诉讼提起权(第152条)、临时股东大会召集请求权(第40条、第101条)、临时股东大会自行召集权与主持权(第41条第3款、第102条第2款)、提案权(第103条第2款)、质询权(第98条、第151条第1款)、股东会和董事会决议无效确认诉权(第22条第1款)、股东会和董事会决议撤销诉权(第22条第2款)、累积投票权(第106条)、会计账簿查阅权(第34条第2款)、公司解散请求权(第183条)等。由此可见，股东的共益权不仅表现为对公司治理中公司决策的积极参与，也表现为对公司高管的消极监督。

自益权与共益权间的界限并非泾渭分明。这是由于，某些共益权作为自益权的手段而行使,从而使此种权利兼具共益权和自益权的特点,例如会计账簿查阅权即属此类。

（二）单独股东权与少数股东权

以其行使方法为准,股东权可分为单独股东权与少数股东权。所谓单独股东权,是指不问股东的持股数额多寡,仅持有一股的股东即可单独行使的权利,如股利分配请求权、剩余财产分配请求权、新股认购优先权、退股权、股份转让权等。

所谓少数股东权,是指持有股份占公司已发行股份总数一定百分比的股东才能行使的权利。我国《公司法》规定了许多少数股东权。例如,股份有限公司中的股东要行使代表诉讼提起权须为连续 180 日（投资股东）以上单独或合计持有公司 1% 以上股份的股东（第 152 条）；再如,股东要行使临时股东大会自行召集权与主持权必须代表有限责任公司 1/10 以上表决权（第 41 条第 3 款）或连续 90 日以上单独或合计持有公司 10% 以上股份（第 102 条第 2 款）。

行使少数股东权的股东既可是持股相与结合始达一定百分比的数个股东,也可是持股达一定百分比的单个股东。股东的自益权从性质上而言均属单独股东权；而共益权中既有单独股东权（如表决权、累积投票权）,也有少数股东权（如股东大会自行召集权和主持权）。自股东权保护的基本理念而言,股东的共益权原则上应为单独股东权。但为确保股东行使权利理性、慎重,预防股东滥用权利损害公司和广大股东的利益,遂有少数股东权之设。为预防急功近利的投机股东滥用权利,我国《公司法》除对少数股东权的持股比例予以规定,尚对少数股东权甚至单独股东权的持股期间予以规定（如股东代表诉讼提起权、临时股东大会自行召集权与主持权）。

（三）法定股东权与章定股东权

以其产生的法律渊源为准,股东权可分为法定股东权与章定股东权。前者是指由法律（含公司法、证券法等）所规定的权利,而后者是指由公司章程所规定的权利。

（四）固有权与非固有权

以其重要程度为准,股东权分为固有权与非固有权。固有权（法定股东权）指未经股东同意,不得以章程或公司决议剥夺或限制的权利。

非固有权（非法定股东权）指可由章程或公司决议剥夺或限制的权利。非固有权的剥夺或限制不应违反公平原则、诚实信用原则、商业惯例和公序良俗。固有权与非固有权外延的界定在不同立法例中有不同的价值判断和政策目标。例如,瑞士公司法将平等待遇权、股东大会上之表决权、对公司决议提起诉讼的权利等列为固有权；并将新股认购优先权等视为非固有权。

股东原始取得（认购股份、缴纳出资）或继受取得（受让股权）的股东资格自身就是典型的股东固有权。除非法律法规另有特别规定,未经股东本人同意,任何人不得擅自处分股东的股权。不仅公司的股东大会无权作出强制某股东有偿或无偿出让股权的决议,其他股东也无权觊觎或侵占他人的股权,政府监管部门亦无权在缺乏法律授权的情况下强制股东转让股权或褫夺其股东资格。法定例外情形常见于人民法院强制执行债务人的股权以清偿债务的情形。依据《证券法》第150条的特别授权,中国证监会有权责令净资本或其他风险控制指标不符合规定的证券公司限期改正,倘若证券公司逾期未改正或其行为严重危及该证券公司的稳健运行、损害客户合法权益的,证监会有权责令控股股东转让股权或限制有关股东行使股东权利。此外,中国银监会依据《银行业监督管理法》第37条也享有类似权力。

四、弘扬股权文化、全面推进股东权保护事业的重要作用

为了完善公司法治和公司治理,必须在公司法领域弘扬以股东主权思想为主流价值观的和谐股权文化。和谐股权文化是一个内涵丰富、外延广阔的概念,主要指尊重和保护股东权利、体现股权平等、股权民主、关怀弱势股东、股东诚实守信、股东与非股东利益相关者和谐相处的主流价值观。其核心内容有六:(1)股东主权思想;(2)股东平等;(3)向弱势股东适度倾斜;(4)股东民主;(5)股东诚信;(6)股东与利益相关者和谐相处。弘扬股权文化、尊重股东价值是完善公司治理的指路明灯,是推动资本市场法治建设的重要切入点,是确保资本市场又好又快和谐永续发展的战略举措,是贯穿我国资本市场发展、改革、监管与稳定的主旋律。

其一,弘扬股权文化是公司营利性的本质要求,是公司制度和市场经济的活力之源。市场经济的核心机制在于资本制度。而资本制度的核心在于公司制度。公司制度的核心又在于股权制度。股权制度的核心又在于公司的营利性与股东的营利性。在公司与消费者之间的契约关系中,公司要逐利;在公司与股东之间的股权关系上,股东也要逐利(索取公司逐利后的合法剩余份额)。否认或漠视股东营利性的公司制度不是真正的公司制度,更不是具有活力的公司制度。而公司与股东的双重逐利过程有利于提高市场的充分有效竞争程度,打破行政垄断与经济垄断格局,改善消费者福祉,提高政府税收,促进市场资源的合理流动与优化配置,实现公司利益、股东利益与社会公共利益的多赢共享。因此,弘扬股权文化、推进股权保护事业就是完善和保护市场经济体制、资本制度和竞争机制。

其二,弘扬股权文化是改善投资者关系、提升公司治理水平、强化公司竞争力的关键。公司良治的重要标志就是弘扬股权文化,尊重股东价值。凡是贬损股东价值、侵害股东合法权益的上市公司,都不可能成为具有投资价值的公司。

有些公司标榜自己重视投资者关系,并在网站上虚情假意地开设投资者关系栏目,但未受到投资者的认同。有些公司虽然资本规模和经营规模庞大,但由于偏离了股权文化而被投资者抛弃,进而丧失了竞争力。弘扬股权文化有助于匡正迷失航线的公司控制股东和经营者的错误思维方式,有助于凝聚一大批认同和追求股东价值投资的投资者和管理精英,建立投资者与经营者共舞的利益共同体,有助于在公司内部和资本市场树立上下和谐、内安外顺的和谐局面。

其三,弘扬股权文化是推动资本市场和谐永续健康发展、拉动经济增长的发动机、火车头和助推器。广大投资者是整个资本市场的基石,投资者的出资是资本市场的物质基础,投资者的利益是上市公司及其高管的行为指南,投资者的意志是影响资本市场繁华衰败的决定力量。在和谐的投资环境下,广大投资者普遍拥有公平感、安全感和幸福感。保护股东权益、增进股东福祉,是打造和谐资本市场生态环境关键。如果忽视对股东权的保护,股东利益得不到维护,则势必挫伤广大股东投资的积极性,许多潜在的投资者亦将视认购股份为畏途,而公司制度最终会被沦为垃圾制度。

其四,弘扬股权文化是增强我国资本市场竞争力的重要发展战略。在资本市场国际化、全球化的今天,资本已经变成没有国界和"国籍"的高度流通资源。川流不息的国际资本,不管是机构投资者还是个人投资者,总是流向投资者权利较有保障的国家和地区。如果股东权保护不力,不但有可能导致国际资本流向其他国家,也有可能导致国内民间资本的外流。国际资本市场之间的竞争与其说是市场竞争,毋宁说是制度之间的竞争,尤其是股东权保护制度之间的竞争。

其五,弘扬股权文化是资本市场法治肩负的首要任务,也是资本市场法治化程度的重要标杆。在公司世界里,复杂的公司法律关系主体之间既有共同的物质利益基础,也有利益冲突。在公司王国中,到处存在着股东与经营者之间的利益冲突、股东之间的利益冲突、公司内部人与公司外部人之间的利益冲突。不仅存在着股东利益与公司利益的对立,股东利益与公司债权人利益的对立,而且存在着股东间的利益冲突。如果任由弱肉强食的自然法则调节公司法律关系主体之间的矛盾,势必导致公平公正之践踏、效率之破坏。股东权益的保护状况是检验一个资本市场是否成熟、公正的试金石,是衡量一个资本市场文明程度与法治化程度的标志。股权保护程度与资本市场的成熟程度成正比。衡量一个国家或地区的市场经济体制是否完善,可从投资者权益保护状况、消费者权益保护状况和劳动者权益保护状况等三大指标得到基本验证。在这个意义上说,公司法治的历史就是一部为股东权利保护而奋斗的历史,公司法的实质就是股东权利保护法。公司法如此,证券法如此,证券投资基金法也莫不如是。

其六,弘扬股权文化是推动国有企业公司制改革的有力保障。我国国家与国有企业之间的产权关系经历了国家所有、国家经营阶段(国营企业阶段或物权模式阶段),国家所有、企业经营阶段(两权分离阶段或债权模式阶段)和企业所有、企业经营阶段(公司制改革阶段或股东权模式阶段)。国有企业公司制改革后,国家所有制通过国家行使股东权的方式实现,至于公司的财产所有权与经营权则统一由公司行使,而国家股东权与同一公司中其他股东(含自然人与法人)的股东权则一体平等。国有企业公司制改革的成功与否,国家作为公司投资者的利益能否得到实现,完全取决于国家股东权的保护程度。如果说计划经济体制下国有资产在企业领域保值增值的关键在于保护国家财产所有权或债权,那么在市场经济条件下国有资产在企业领域保值增值的关键在于保护国家股东权。国家股东曾长期未对国有独资企业收取股利,国有企业向国家股东分红的义务长期被国有企业的纳税义务所掩盖。

总之,弘扬健康向上的和谐股权文化、切实保护好投资者权利是我国《公司法》与《证券法》的重要立法宗旨,并贯穿于整个资本市场法治建设的全过程。当然,要把弘扬股权文化落到实处并非易事,更非一朝一夕之事。

第二节 股东权、物权与债权的比较

所有权人为了充分发掘和利用物的使用价值和交换价值,实现财富最大化,至少可借助物权、债权与股东权三种民事权利。公司和股东权的产生历史晚于物权和债权,而物权和债权被公认为保护财产静态安全和动态安全的两大民事权利。为在和谐的法律秩序中,准确界定股东权的坐标,有必要界定股东权与物权、债权的关系。

一、股东权与物权的区别

物权乃直接支配特定物、而享受其利益之权利。我国《物权法》第2条第3款规定:"本法所称物权,是指权利人依法对特定的物享有直接支配和排他的权利,包括所有权、用益物权和担保物权。"

以权利人与标的物之间的支配范围为准,物权分为所有权(自物权)与他物权。所有权是权利人全面永久支配标的物的权利;而他物权是权利人对他人享有所有权的物享有的权利,包括用益物权(如土地承包经营权、地役权、典权)与担保物权(如抵押权、质权与留置权)。以标的物种类为准,物权分为动产物权(如动产所有权、质权与留置权)、不动产物权(如不动产所有权、抵押权与典权)与权利物权(如权利质权)。股东权与物权存在许多区别。

(1)体现的社会关系不同。物权体现了权利人对自己财产或他人财产的直接管领与支配关系,这种关系是个人法上的关系。物权早在私有制和国家产生的初期即已存在,世界上最早的法律无一不强调物权保护。诚如谢在全先生所言:"物权随社会之发展而兴起,在权利发展上,可谓系最早之产物。"①而股东权体现了公司与股东间的内部关系(社员关系、团体法关系),伴随着现代公司的产生而产生。因此,股东权的历史大大短于物权的历史。

(2) 性质不同。物权为支配权,权利人无须依赖他人之意思表示或行为即可直接管领、支配、使用、处分其物,并从中获得作为权利内容的利益。所有权人固然可直接使用其物,并从中受益。用益物权人和担保物权人的权利也是支配权。物权的直接支配性及其保护的绝对性决定了,物权人在其标的物遭遇侵害或有侵害之虞时,享有物上请求权(包括返还请求权、除去妨碍请求权、妨碍预防请求权)。② 尽管如此,物上请求权仍源于物权的直接支配性,且为物权的最后防御和救济手段,而非物权的行使常态。相比之下,股东权中的大多数权能为请求权,如股利分配请求权、剩余财产分配请求权、股票名义过户请求权、股东大会召集请求权。股东行使此种请求权时必须依赖公司之意思或行为之介入方能实现。如,股利之取得必须经过股东大会之分配决议和董事会对于分配决议之执行,股东无权径行占有、处分公司财产,否则构成民事侵权行为,情节严重的还会构成犯罪行为。

(3) 义务主体不同。物权为绝对权,具有保护的绝对性。物权的义务主体为权利人之外的所有人。这些义务主体均负有不侵害和妨碍权利人行使权利的消极义务,但并不负有积极义务。因此,物权可称为对世权。股东权只能由股东向其投资的公司或公司法、公司章程或股东协议规定的当事人(如公司经营者和股东)主张,而不能向第三人主张,故股东权为相对权或对人权,具有保护的相对性。

(4) 内容不同。物权的内容具有财产性,而股东权既含有财产性内容(如分取股利、建设利息、剩余财产的请求权),也含有非财产性内容(如表决权、董事解任请求权)。

(5) 效力不同。物权的直接支配性决定了物权不仅具有排他效力,而且具有优先效力。就排他效力而言,已经有效存在的物权可直接排除互不相容的物权再行成立。罗马法有谚:"所有权遍及全部,不得属于两人。"③而股东权主要表现为请求权,并非直接支配公司财产的权利,缺乏排他效力。同一公司可存在众多股东享有的股东权。就优先效力而言,又分为两种情况:第一,就同一标的物,发生两个以上不同内容或性质的物权时,先发生的物权优于后发生的物权,

---

① 谢在全:《民法物权论》(上册),中国政法大学出版社1999年版,第29页。
② 物上请求权的性质为何,存在物权作用说、纯债权说、准债权之特殊请求权说、非纯粹债权、物权效力所生请求权说、物权派生之请求权说、所有权动态现象说等观点。通说认其为依存于物权之独立请求权。参见同上注书,第38—39页。
③ 同上注书,第31页。

此即物权相互间的优先权。① 这种优先权体现了时间在先与权利在先相结合的理念。物权的这种优先效力在股东权领域中不存在。即使在公司设立及发行新股时,股东取得股东权的时间顺序先后不同,但根据股东平等原则,新旧股东间的股东权仍然互相平等,无优劣、尊卑、贵贱之别。第二,物权之效力强于债权。当物权与债权共存于同一标的物时,物权无论其成立时间之先后,均具有优先于债权行使的效力,如破产法上的取回权或别除权即其适例。而在同以公司为义务主体的债权和股东权并存时,股东股利分取请求权或剩余财产分配请求权之行使非但不优先于债权,反而劣后于债权。②

(6) 渊源不同。物权为对世权,其义务主体为权利人之外的任何人,且物权的标的物构成社会经济生活的基础。为确保物权人权利之顺畅行使与第三人交易之安全,物权法的内容多为强行性法律规范,物权内容实行严格法定主义,且不容当事人随意扩张、限制或删除。股东权的义务主体仅为公司,且股东权内容原则上关乎公司与股东的利益,并间接关系到公司债权人和其他利益相关者的利益。除法律对股东权作出规定外,可由公司章程、证券交易所自治规章和合同在不违反强行法、公序良俗与公司本质的前提下对股东权的内容予以扩张、限制或删除。

(7) 体现的财产利益不同。物权的标的物在物权成立之初就已存在并特定化,权利人的财产利益亦可随之确定。而股东自益权之实现与否,则视公司税后可分配利润之有无、多寡以及公司股利分配政策而定,加上证券市场及其他社会经济形势的影响,股东的财产利益能否实现以及实现程度如何均是不确定之事。

(8) 功能不同。物权的功能在于保护财产的静态安全,巩固权利人与其权利标的物之间的法律归属关系,确保物权人预防和救济标的物被他人侵夺或损害。可见,物权的作用主要在于保护财富。股东权的功能在于保护股东在与公司相处过程中享有的权利与利益,从而鼓励广大民事主体向公司投资,促成股东投资保值增值。可见,股东权的主要作用在于增加和创造社会财富。

可见,股东权与物权是两种不同的民事权利。若将股东权解释为物权,就将走向否定公司法人所有权甚至公司法律人格的理论误区,或陷入违反"一物不

---

① 刘清波:《民法概论》,台湾开明书店1979年版,第195页。
② 物权效力优于债权的原则亦有例外规定,现代民法"买卖不破租赁"理论的提出即其著例。我国《合同法》第229条就明确规定:"租赁物在租赁期间发生所有权变动的,不影响租赁合同的效力。"如此一来,承租人的租赁权优于后发生的租赁物所有权。

得二主"原则的"双重所有权"的泥坑。① 国家股东对公司所享有的权利仍是股东权,而非物权。也恰恰因为如此,我国1993年《公司法》第4条第3款"公司中的国有资产所有权属于国家"在2005年修订的《公司法》修改时被删除。

由于股东对公司的财产不享有所有权,股东的财产不是公司的责任财产,公司财产也不是股东的责任财产,股东的债权人原则上无权要求公司对股东债务负责,公司的债权人原则上也无权要求股东或股东投资的其他姊妹公司对该公司债务负责。股东为债务人时,若怠于或拒绝履行债务,债权人只能申请法院强制执行股东的财产(包括股东权),但无权强制执行公司的财产。司法实践中,一些地方法院在执行债务人财产时,遇到债务人无财产可供执行的情况,就擅自执行债务人投资的公司的财产。这种错误做法应予纠正。

二、股东权与物权的密切联系

股东权与物权的相同点在于,二者同为民事权利,均受到法律的尊重与保护。从理论上说,股东权与物权均可成为侵权行为的客体。二者又存在着密切关联。

首先,物权是股权产生的法律前提。股权之取得源自股份,而股份之取得又源自股东对公司的投资,而投资的法律本质在于股东将一定数额财产的所有权让渡给公司。可见,没有所有权就没有股权,股权是由所有权转换而来。在一定意义上,可说股权脱胎于物权:股东自益权源于所有权中的收益权能,股东共益权源于所有权中的支配权能。难怪有学者主张,股东的自益权是所有权中收益权能的变形物,而股东的共益权是所有权中支配权能的变形物。② 除物权外,具有确定的财产价值、且能被公司有效利用的知识产权、债权、股权等财产权利也可作为出资形式。

其次,股权是取得物权的法律手段。股权并非为了其自身的存在而存在,而是为了满足股东的一定利益特别是经济利益而存在。股权的实现突出地表现为股利或剩余财产之取得,即物权或所有权之取得。只要公司存续下去,股东就有可能通过股权之行使源源不断、年复一年地取得物权或所有权,进而增加股东的财富。因此,物权是股权行使的目的,股权是取得物权的手段。

再次,股票恰恰是股权与物权互相融合的产物。随着资本市场的高度发达、

---

① 所谓"一物不得二主"原则又称"一物一权"原则,乃指物权以一个物为计算单位,一个物上只能成立一个所有权,一个所有权的客体限于一个物。因此,物之一部分不能成立一个物权,数个物也不能成立一个物权。当然,如何判断某标的物是否是一个独立物、传统上公认的一个独立物可否细分为两个以上的物,传统上公认的数个独立物可否视为一个独立物,缺乏一成不变的判断公式,需要追随科技发展水平、现代交易习惯和现代法理,采取与时俱进的创新态度。参见谢在全:《民法物权论》(上册),中国政法大学出版社1999年版,第19页。

② 〔日〕大隅健一郎、今井宏:《最新会社法概说》,日本有斐阁1991年版,第14页。

上市公司数量的增加、股份证券化进程的加快,股票作为彰显股权的证券演变为资本市场中的一种独特而重要的商品。从这个意义上说,股票本身也是物权的标的物。民事主体依法取得一张股票,既意味着该民事主体对该股票享有所有权,也意味着该民事主体对发行该股票的公司享有股权。股票将股权与物权熔于一炉,既充实了物权制度的内容,又展现了股权的独立性。当然,股票的最大价值不在于一纸股票自身的所有权,而在于股票代表的股权。随着股份发行与交易的无纸化或电子化趋势,体现股权内容的形式既有纸面形式,也有电子形式。因此,在股份电子化的情形,股权与物权不再紧密融合为一体。不过,在相当长的历史时期,仍将有不少公司的股权采取书面股票形式。

最后,股东的股权与公司的所有权实质上都作用于公司财产。公司财产愈充实,公司所有权的支配力愈大,股权的财产价值愈高。正是由于股权与公司所有权的财产价值都取决于公司财产之多寡,公司利益与股东利益的共荣共存才会变为可能。也正是由于股权与公司所有权实质上都作用于公司财产,股权与公司所有权唇齿相依,紧密相连。没有股权,就没有公司所有权;没有公司所有权,也就没有股权。为避免这两项紧密相关权利之间的碰撞,法律遂将公司所有权界定为民法上的所有权,将股权界定为另一种新型的民事权利。如果将公司所有权称为实体财产权利,那么可将股权称为虚拟财产权利。

我国《物权法》既保护投资者的投资手段,也保护其投资收益,更保护其依据投资者身份所享有的治理权。(1)就投资手段的保护而言,《物权法》第64条明文规定:"私人对其合法的收入、房屋、生活用品、生产工具、原材料等不动产和动产享有所有权"。(2)就投资收益的保护而言,《物权法》第65条明文规定:"私人合法的储蓄、投资及其收益受法律保护。国家依照法律规定保护私人的继承权及其他合法权益"。这意味着投资者的投资回报(包括从公司领取的股息红利以及从受让方获得的转股收益)也受法律保护。(3)就股东的治理权而言,《物权法》第67条规定:"国家、集体和私人依法可出资设立有限责任公司、股份有限公司或其他企业。国家、集体和私人所有的不动产或动产,投到企业的,由出资人按照约定或出资比例享有资产收益、重大决策以及选择经营管理者等权利并履行义务。"

我国《物权法》对资本市场的重要推动作用不仅表现为保护投资手段和投资收益的具体制度设计,更表现为该法所体现的物权神圣、物权平等的法律理念以及旗帜鲜明地保护私人财产的政治信号。国家和社会要像旗帜鲜明地保护物权那样,旗帜鲜明地保护股权,积极推进投资者权益保护事业。

三、股东权与债权的区别

在法学界,有人认为股东权属于民法中债权的范畴。此说以日本学者松田二郎的股份债权论为代表。① 其实,股东权与债权有着严格区别。②

（1）体现的社会关系不同。债权体现了债权人请求债务人为一定给付(含作为与不作为)的社会关系。由于债权人与债务人是两个独立的民事主体,相互间不必存在任何组织关系或隶属关系,故债权所体现的社会关系纯为个人法上的社会关系。随着人类进入分工合作、以物易物的简单商品经济社会,债权就应运而生。而股东权则体现了公司与其股东间的社员关系或团体关系,这种关系显属团体法上的社会关系,伴随着现代公司的产生而产生的。可见,债权之发生虽晚于物权③,但先于股东权。

（2）产生的原因不同。债权的发生原因既有行为,亦有事实;既有法律行为,也有违法行为;合法行为中既有单方行为,也有双方、多方行为。不少国家民法将合同、侵权行为、无因管理和不当得利视为债权的发生根据。而股东权的发生根据只能是双方或多方法律行为。

（3）义务主体不同。债权人的义务主体(债务人)可是任何民事主体(含自然人、法人和其他组织),而股东权的义务主体只能是公司。

（4）内容不同。债权的内容表现为债权人可请求债务人为某种特定给付,但债权人原则上无权介入债务人公司的经营管理,债权请求权完全是为了满足债权人自身的利益需要。当然,在例外情形下,债权人依法享有代位权与撤销权,对债务人的财产利益享有管理权。④ 股东权的内容除自益权外,尚包括共益权。股东通过表决权等共益权之行使,既可积极地推动公司事业的健康发展,又可有效地预防和纠正公司经营中的不法、不当行为。自益权之行使是为了实现股东个人利益,而共益权之行使是为了增进至少不损害公司和其他股东的利益。可见,股东权的内容比债权更丰富多彩。

（5）效力不同。在同以公司为义务人的场合,债权要优先于股东权得到实现。例如,股东只有在公司确有可资依法分配的利润并通过股利分配决议后,方可分取股利,而且股利的分取金额与可资分配利润之多寡成正比;而公司的债权人则不问公司的营利状况和股利分配政策如何,可直接请求公司为一定给付,只有当公司清偿其对债权人的债务之后,公司方有可能向其股东分红。又如,股东在公司存续过程中,原则上不得抽回资本;在公司解散的场合,除非公司债权人的债权获得清偿,也不得分取公司的剩余财产。这些都体现了对公司债权人优

---

① 〔日〕松田二郎:《会社の社会的责任》,日本社团法人商事法务研究会1988年版,第97—184页。
② 关于股份与公司债的区别,国外不少学者早已指出。例如,法国学者塔勒(Thaller)与波斯路(Percerou)在1931年第8版的 Traité Elémentaire de droit Commercial 一书中自第709页至第758页即揭明此旨。
③ 谢在全:《民法物权论》(上册),中国政法大学出版社1999年版,第30页。
④ 参见同上注书,第25页。我国《合同法》第73条、第74条分别规定了债权人的两大保全措施:代位权与撤销权。

于公司股东予以保护的理念。我国《证券法》第 27 条规定:"股票依法发行后,发行人经营与收益的变化,由发行人自行负责;由此变化引致的投资风险,由投资者自行负责";但对债券未作此种规定。可见,股票的投资风险高于债券投资风险。

(6) 存在期限不同。债权为有期限的权利,合同债权一般定有期限,即使合同未规定债权期限,法律也推定债权人有权随时请求履行,债务人亦有权随时履行债务。因民事侵权行为、不当得利和无因管理而产生的债权,也不是没有期限性。凡罹于诉讼时效的债权,则导致债权人胜诉权的丧失。除非债务人自愿履行罹于诉讼时效的自然债务,债权人的利益无由实现。而股东权无期限性可言,只要公司仍然存在,股东权就不会消失,即使某股东把所持股份转让出去,自己不再享有股东权,但股份受让人将作为新股东继续享有股东权。因此,公司与股东权同其命运,公司的寿命多长,股东权的寿命就有多长。

(7) 实现与消灭之间的关系不同。债务的清偿和履行,自正面看,为债权之实现;自反面看,则为债权之消灭。故债权的实现本身意味着债权的消灭。而股东权的实现(如股利之分取、表决权之行使)并不意味着股东权之消灭。易言之,股东权中某些权利的行使并不使股东权的内容和价值发生任何损减。

(8) 二者与担保制度的关系不同。债权可设定担保,既有法定担保,也有约定担保;既有人的担保即保证,也有物的担保(如抵押权、质权、留置权、典权);既有债务人担保,也有第三人担保。有担保的交易活动(secured transaction)已经成为市场经济中的常态交易活动。而股东权一般不存在担保制度。因为,股东对公司的对外债务本来就负间接有限责任(准确地说股东对公司的债务无清偿责任),这已经在很大程度上降低了股东的投资风险;倘若允许由公司对股东权提供担保,无异于将公司经营的风险完全转嫁给公司债权人和社会公众,既危害交易安全和市场经济秩序,亦有悖诚实信用原则与公平原则。因此,法律不允许公司对股东权设定担保;违反该规定的担保行为无效。但公司外的第三人自愿为股东权提供之担保,不为法律禁止。①

(9) 体现的财产利益不同。债权中的财产数额在债权成立时往往已经确定或具有可确定性;而股东自益权所体现的财产利益则无法事先确定,只能视公司在某会计年度的经营业绩和公司的股利分配政策而定。正因为如此,表现股东

---

① 我国《证券法》第 144 条规定:"证券公司不得以任何方式对客户证券买卖的收益或者赔偿证券买卖的损失作出承诺。"因此,证券公司为其客户担保某股票能带来特定水准的股利回报的行为无效。这主要基于控制证券公司之间不正当竞争行为的政策考虑。笔者倾向于认为证券经营机构不得违法对客户证券买卖的收益或赔偿证券买卖的损失作出承诺。该条规定可作缓和性修改:"证券公司不得违法对客户证券买卖的收益或赔偿证券买卖的损失作出承诺"。毕竟,证券公司对客户是否作出上述承诺是其面对承诺风险的商业判断问题,如不构成《反不正当竞争法》之违反,不宜一概认定无效。

权的股票被称为投机证券,而表现债权的公司债券被称为增值证券。无怪乎股票市价的波动幅度大于公司债券。

（10）转让时的限制方式不同。债权的转让一般需要通知债务人,否则对债务人不生效力;根据债权性质、当事人特别约定和法律特别规定不能转让的债权,亦不得转让。此外,别无其他限制。公司债券持有人享有的债权流通性比普通债权更高。股东权的转让原则上也是自由的,特别是上市公司的股东权在证券交易所中更是瞬息即转,具有极高度的流通性。但为贯彻特定的立法政策（如充分保护公司债权人利益,确保股东权转让的公平、公开、公正,避免某些股东利用股东权转让之机侵害公司和其他股东的利益）,公司法和证券法亦对股东权转让予以一定限制,如内部交易之禁止,发起人在公司成立后一段期间内股份转让之禁止,子公司取得母公司股份之禁止等。此种限制是债权转让限制中所没有的。

（11）二者与物权的关系不同。现代社会出现了物权债权化、债权物权化的现象。[①] 租赁权的物权化、债权人担保物权之取得,均其适例。但至今为止尚未出现股东权的物权化现象。实际上,为保护公司债权人和其他利益相关者的利益,法律也不能容忍股东权的物权化。

四、股东权与债权的共同点

首先,股东权中的不少内容与债权均为请求权。股东权中的股利分配请求权、剩余财产分配请求权、股票交付请求权、公司解散请求权等许多内容属于请求权。关于请求权与债权的关系,存在同一说与非同一说之争。同一说认为,请求权与债权同为请求他人为一定行为的权利,外延完全相同。非同一说主张,请求权系由债权产生的权利之一;由债权产生的权利除请求权外,尚包括代位权、撤销权、抗辩权、抵销权与解除权;债权虽以请求权为内容,请求权则不拘于债权,如由物权产生的恢复原状请求权即为物权的请求权。[②] 本书同意后说。

其次,股东权与债权在推动公司发展、鼓励广大民事主体积极投资方面具有相同的作用。随着股份和公司债的证券化,现代公司为大量筹集经营所需资金,往往既发行巨额股份,又发行巨额公司债。于是,股票与公司债券均为公司的有效筹资手段,均为投资者的投资对象。正是由于股票与公司债券在资本市场中的积极作用,现代证券市场中的证券既包括股票,也包括债券;投资者既包括股东,也包括公司债权人。

[①] 谢在全:《民法物权论》（上册）,中国政法大学出版社 1999 年版,第 31 页。
[②] 刘清波:《民法概论》,台湾开明书店 1979 年版,第 196 页。

五、股东权与债权的联系

(一) 债权是财产所有权和其他财产权利转换为股东权的必要中介

在公司募集设立的场合,发起人之外的一般投资者欲成为股东,必须认购该公司股份,认股行为创设了合同之债。认股人据此成为设立中公司的成员,并享有以公司成立为附条件、以取得股东权为内容的债权。一俟公司成立,认股人的债权同时转换为股东权;若公司不能成立,则认股人可根据债权,向公司发起人这一设立中公司的代表机构请求损害赔偿,发起人负返还股款并加算银行同期存款利息的连带责任。在公司发起设立的场合,发起人欲成为公司股东,也必须签订发起设立协议。发起人据此成为设立中公司的成员,并享有以公司成立为附条件、以取得股东权为内容的债权。在公司发行新股的场合,新股认购人在与公司成立股份认购合同之后、正式取得股东权之前亦处于债权人之地位。在股份买卖的场合,受让人取得股东权更要借助合同之债这把法锁。

(二) 股东权为债权的标的之一

随着现代公司的涌现,股东权已成长为独立的民事权利。加之股票市场的迅猛发展,体现股东权的股票已经成为债权的重要标的之一。投资者通过一对一的协议方式转让股东权的行为固然是合同行为,证券交易市场(含证券交易所与店头市场)中快捷、大宗的集中交易活动实质上也是由无数个股东权买卖之债汇集而成的,而股东权买卖之债的标的恰恰是股东权,只不过股东权融于股票这种有价证券而已。

(三) 股东权与公司债券债权在现代公司制度中存在着互动、趋同现象

公司债的股份化现象表现为,参加股利分配的公司债和永久性公司债的出现,已经使此类债券与股份的内容非常接近。但参加股利分配的公司债和永久性公司债,毕竟是公司债券的两种例外情形,而且严格说来,已具有股份的性质,而非公司债券。

股份的债券化现象主要表现在三个方面:一是股利分配优先股特别是非参加的、累积优先股和可由普通股向优先股转换的转换股的发行,大大弱化了股份的风险性和投机性,并使之非常接近于公司债;二是偿还股份和清算分配优先股的发行,使得此类股东在回收投资方面优先于普通股东;三是无表决股份的发行,剥夺了此类股东的表决权。特别是随着现代大规模公司的兴起,股份高度分散,股东人数激增,股东本身亦分化为创业股东、投资股东和投机股东,投资者群体与经营者群体高度分离。从某些大众投资股东的角度着眼,此类股东握有的股东权与公司债券持有人握有的债权在满足投资收益方面的功能并无二致,加上一些公司为实现公司经营合理化而推行稳定股利率和股价的政策,更使股份与公司债有所接近。

但股份的债券化(债权化)并不意味着股东权性质的改变,并不意味着股东权已完全转化为债权。无论是股利分配优先股,还是清算分配优先股,仍然属于股份的范畴,此类股东虽优先于普通股东分取财产利益,但仍劣后于公司债权人。转换股之转换和偿还股份之偿还,仍然要遵守旨在保护公司债权人的资本维持原则和资本不变原则(资本减少限制原则)。无表决权股东一般都享有优先分取股利和剩余财产的权利,一旦此种优先权无法实现,其表决权便发生复活。可见,无表决权股东表决权之不享有并非绝对。至于投资股东和投机股东事实上不愿行使表决权,并不意味着他们在法律上不享有表决权,表决权之抛弃亦为行使权利的一种方式。

可见,股份的债券化和公司债的股份化,只是说明现代公司中股东权内容的丰富多彩、股东权行使实践的斑驳陆离以及股东权与公司债债权之间的相似性,但不能因此而抹煞股东权与债权之区别。

(四) 债权可依法转为股东权

现代公司法大多承认可转换公司债和附新股认购优先权公司债,从而为公司债权人向公司股东的转化提供了绿色通道。投资者取得了可转换公司债,意味着投资者日后有机会将其对公司享有的债权转化为股东权;投资者取得了附新股认购优先权公司债,意味着投资者日后有机会优先于他人认购公司发行的新股,从而取得对该公司的股东权。

不仅可转换公司债和附新股认购优先权公司债提供了债权转股权的可能性,即便普通债权人也可依法将其债权转为股东权(简称"债转股")。这也是不少市场经济国家的做法。债转股,指债权人将其对债务人公司享有的债权依法转换为对债务人公司的股东权,债务人公司对债权人的负债转换为债权人对债务人公司出资的法律行为。债转股的直接法律效果是,债权人的原有债权归于消灭,但取得对债务人公司的股东权。以国家公权力干预的程度为准,债转股可分为商业性债转股和政策性债转股。

商业性债转股作为商人间自主自愿的商事活动,可达成增资扩股、了结债务、重组公司资产与债权、降低资产负债率等多重商业目标。政策性债转股则是国家公权力推动的商事活动。我国的政策性债转股主要以国家经贸委与中国人民银行1999年7月30日印发的《关于实施债权转股权若干问题的意见》为法律依据。该《意见》所说的"债权"仅限于国有商业银行的不良债权。债转股的政策目标是盘活商业银行不良资产,加快不良资产的回收,增加资产流动性,防范和化解金融风险,并加快实现债权转股权的国有大中型亏损企业转亏为盈。其主要内容是,由国有商业银行组建金融资产管理公司,金融资产管理公司作为投资主体实行债权转股权,金融资产管理公司作为股东行使股东权(派员参加企业董事会、监事会,参与企业重大决策,但不参与企业的日常生产经营活动),企业相应增资减债,优化资产负债结构。

债转股要遵守强制性法律规定,不应沦为债务人公司逃废、悬空债务、欺诈债权人的手段。一般说来,债转股对债务人公司来说有吸引力。因为,债权须由债务人清偿;但若是股权,股东能否拿到股利、股利几何,要视公司经营状况和股利分配政策而定。无怪乎有些债务人在无力清偿债务的情况下,寄希望于把债权人的债权转为股东权。债转股完成后,亏损公司就不必向新股东(原债权人)支付红利,债权人的身份转换为股东后又不能退股。由于公司经营状况不好,新股东(原债权人)很难甚至无法以满意价格把股份转让他人。债权人进退维谷,既丢掉了原来的债权,又不能转让换来的股权以收回投资。为保护债转股活动中债权人的合法权益,最高人民法院 2003 年《关于审理与企业改制相关的民事纠纷案件若干问题的规定》第 15 条规定"债务人以隐瞒企业资产或虚列企业资产为手段,骗取债权人与其签订债权转股权协议,债权人在法定期间内行使撤销权的,人民法院应予以支持。债权转股权协议被撤销后,债权人有权要求债务人清偿债务"。该司法态度值得肯定。

虽然债权人对公司的债权可依法转换为股东权,但股东权不能转换为债权。这是由于,股份向公司债的转化意味着股东出资之返还,有害公司财产之充实和公司债权人的利益。

第三节 股权平等原则

股权平等原则的核心是妥善处理股东之间包括大小股东之间的利益关系,构建控制股东与非控制股东各得其所、相互尊重、和谐相处的股东利益共同体。既反对控制股东恃强凌弱,也反对小股东以小讹大。股权平等是股权文化中的重要内容,渗透于资本市场法治的全部领域。

一、股权平等的内涵

股权平等意味着在基于股东资格而发生的公司与股东、股东与股东之间的法律关系中,所有股东均按其所持股份的性质、内容和数额享受平等待遇,并且免受不合理的不平等待遇。股权平等原则包括股份内容平等和股权比例平等两层含义。二者密不可分,相辅相成。如果前者是股权平等原则的基础,强调股权的质的静态的平等,后者则是股权平等原则的核心,强调股权的量的动态的平等。

(一)股份内容平等

股权平等原则的第一层含义是股份内容平等。股份内容平等强调公司发行的每一类股份的内容相同。股份的内容应解释为股东享有的权利、利益以及股东因拥有该股份而承受的风险。公司依据法律和公司章程的规定发行数种股份时,每类范围内的股份内容应为相同。

由于股份内容平等强调持股类别相同的股东之间在权利内容上的平等,不同种类的股东享有的权利内容可不同。例如,普通股东与无表决权股东的待遇就可不同。前者可在股东大会上行使表决权,后者则否。这两类股东的具体权利在内容上有所区别,但就实质利益来说各有优劣,不同投资风格和偏好的股东对上述两类股份可以各取所需,各得其所。因此,我国《公司法》第43条允许有限责任公司股东不按照出资比例行使表决权,第35条允许股东通过全体股东协议约定不按照实缴出资比例行使表决权。

无论如何,普通股东之间在股东权利内容上应遵守股权平等原则;无表决权股东之间也应遵守股权平等原则。此外,大股东和小股东、控制股东和非控制股东的划分不属于法律允许的种类股份,法律不允许大股东和小股东之间、控制股东和非控制股东之间存在不同等待遇。

(二) 股权比例平等

股权平等原则的第一层含义是股权比例平等。股权比例平等强调持有相同内容和相同数量股份的股东在基于股东地位而产生的法律关系中享受相同待遇。就相同股份的持有人而言,持股比例越高,权利愈大,义务愈重,收益愈高,风险愈大。我国《公司法》第104条第1款关于一股一表决权的规定,第35条关于按实缴出资比例分红的规定,第187条第2款关于有限责任公司按照股东的出资比例分配、股份有限公司按照股东持有的股份比例分配的规定等皆以股权平等原则的第二层含义为前提。

由于股权比例平等以每位股东的持股比例为衡量标准,股权比例平等可称为量的平等。只有持股类别、内容与比例相同的股东之间,才有相同的权利义务可言。持股比例不同的股东享受权利和承担义务上可有所不同。换言之,股权平等不仅不反对、反而支持持股比例较高的股东比持股比例较低的股东享有更大的权利、履行更多的义务。因此,股权平等原则只能是机会上的平等,而非结果的平等;是一种动态的平等,而不是静态的平均。

(三) 股权平等原则认股不认人

根据股权平等原则,只要股东们所持股份的内容和数量相同,公司就应站在中庸、公允、超然的立场上,对所有股权平等对待、一视同仁,不得厚此薄彼、有所偏爱,肆意决定某些股东权利或利益之大小。持股内容和持股比例相同的公有制股东与非公有制股东间、法人股东与个人股东间、贫富股东间、大小股东间、新旧股东间、内资股东与外资股东间、本地股东与外地股东间都是平等的。在一定意义上,股权平等原则意味着只认股,不认人。

至于股东的职业、性别、年龄、家庭背景、教育程度、经济实力、社会地位、行政级别、所有制性质、名望、民族等与股东地位无关的各种因素均在所不问。即便国家股东与其他股东相比,在法律地位、权利能力等方面也是平等的。国家股东与其他股东都是平等的民事主体。在这个意义上,国有资产监督管理机构作为国家股东代理人行使股权时,也要与其他法人股东、自然人股东一体遵守股权平等原则,不得以国家股权高于法人股权、法人股权高于自然人股权的错误逻辑侵害其他股东权利的合法权益。

二、股权平等原则的确认根据

鉴于股权平等原则的重要功能,主流市场经济国家公司法均承认该原则。德国旧《商法典》未规定股权平等原则。在20世纪20年代,德国法院曾在判决中运用公序良俗原则作为股权平等原则的替代理论。但其后的学说与判例均承认,股权平等原则是一项具有独立意义的基本原则。德国1978年修改《股份法》时增列第53a条,明文规定股权平等原则。《欧盟第2号公司法指令》第42条规定,"为贯彻该指令,诸成员国的法律应确保处于相同地位的全体股东获得相同的对待"。经济合作与发展组织1999年5月发表的《公司治理原则》第2章更明确要求"公司治理框架确保所有股东(包括小股东与外国股东)都能获得平等待遇;所有股东在其权利受到侵害时都有机会获得有效救济",并从三个方面对股权平等原则的贯彻提出了具体要求。

在我国,《公司法》虽未在总则中明确规定股权平等原则,但第127条规定:"股份的发行,实行公平、公正的原则,同种类的每一股份应具有同等权利;同次发行的同种类股票,每股的发行条件和价格应相同;任何单位或个人所认购的股份,每股应支付相同价额。""同种类的每一股份应具有同等权利"既包括了财产利益方面的平等,也包括了治理利益的平等。《公司法》第104条还规定:"股东出席股东大会会议,所持每一股份有一表决权。但公司持有的本公司股份没有表决权。"《证券法》第4条也体现了投资者平等原则:"证券发行、交易活动的当事人具有平等的法律地位,应遵守自愿、有偿、诚实信用的原则。"国务院转发的中国证监会《关于提高上市公司质量的意见》第2条第5项也提出要"保障投资者平等获取信息的权利"。

股权关系是平等主体的股东、公司、高管与第三人相互之间基于私法自治原则而发生的民事关系。公司法乃民法之特别法。鉴于我国《民法通则》和《合同法》等民事法律确认了平等原则,在《公司法》没有明确排除平等原则的情况下,应补充适用平等原则调整股权行使与保护的关系。

三、股权平等原则的功能

(一) 股权平等原则的一般功能

股权平等原则适用于基于股东资格而产生的全部法律关系。但并不意味着,该原则仅仅适用于抽象的、一般的股东权。相反,凡基于股东资格而产生的独立的、具体的债权债务关系亦应遵循股权平等原则。

贯彻股权平等原则有利于充分有效地保护股东的财产利益和参与公司治理的利益。公司权力(包括公司治理权)的合法根基在于股东主权思想。公司的权力源于全体股东,公司的权力为了全体股东利益而行使,公司的权力由全体股东来行使。但在资本多数决的治理规则影响下,控制股东与非控制股东在行使股权时的成本并不相同。只有根据股权的种类、内容与数量对持股相同的股东实行平等对待,才能确保股东公平行使自益权与共益权,共同分享公司经营和发展的成果,进而激发广大投资者的投资热情。

贯彻股权平等原则有利于妥善解决股东与经营者、股东与股东、股东与公司之间的利益关系,避免不必要的利益冲突和道德风险。在现代公司(包括上市公司与非上市公司)股权与经营权互相分离的背景下,公司经营者虽然是公司和股东的代理人,但其经营权限日益膨胀和集中。而权力过于集中必然会滋生腐败和道德风险。由于股东与经营者、股东与股东、股东与公司之间存在利益冲突,贯彻股权平等原则有助于约束和规范经营者的权力运行全过程,预防经营者将自己界定为个别控制股东的代理人而对股东实施的厚此薄彼行为。

股权平等原则既是法官和仲裁员裁决股权纠纷案件的法律依据,也是指导公司、高管处理公司与股东关系的行为指南,更是法官和仲裁员对法律规定和公司章程及其他法律文件进行解释的重要原则,还是股东据以行使股权平等待遇权的重要依据。例如,当公司并入被大股东控制的母公司时,小股东有权主张与大股东相同的待遇。当公司依法购回自己股份时,小股东应与大股东享有同等机会向公司售出股份。

(二) 股东行使股利分配请求权应遵循股权平等原则

倘若公司与特定股东签订协议,约定公司在缺乏足资分红的利润时,有义务向特定股东补偿损失,则有悖股权平等原则。① 倘若某公司章程规定,不按持股比例而按股东各自的家庭贫富状况派发股利,也有悖股权平等原则。股利分配请求权在股东大会通过股利分配决议后,即转化成独立的、具体的、确定的股利分配请求权。公司在向股东履行股利支付债务时,必须对全体股东予以平等对待。公司不得为了增进自己偏爱的某些股东的利益,而去剥夺、限制其他股东

---

① 日本最高法院 1970 年 11 月 24 日的判例持此意见。参见《民集》,12.24.1963,《百选》74。

的合法权益。公司不仅要平等地通知全体股东有关股利分配的信息,而且要平等确定股利的支付时间和支付方式(现金股利与非现金股利)。

(三)公司向股东提供股利或剩余财产外的财产利益时应遵循股权平等原则

倘若公司管理层对于行使股东权的某些股东提供财产利益,而拒绝对于行使股东权的其他股东提供财产利益,就违反了股权平等原则,而不问其主观动机如何。例如,公司管理层在控制股东的授意下,为了确保控制股东和董事会成员的既得利益,而向某股东提供财产利益,交换条件是该股东对公司管理层的背信懈怠行为姑息养奸,就有违股权平等原则。公司违反股权平等原则向股东提供的利益应视为不当得利,收取利益的股东应予返还。倘若公司怠于或拒绝行使不当得利返还请求权,其他股东有权为此提起代表诉讼。公司除对接受利益的股东行使不当得利返还请求权外,尚可追究提供利益的董事或其他公司高管人员违反忠实义务的民事责任,包括对接受利益股东的不当得利返还之债承担连带责任,也包括对公司的损害赔偿责任。未提供财产利益的公司董事倘若对其他高管人员向股东提供财产利益的行为未尽合理监督之责,应承担违反勤勉义务之责。

(四)股东表决权之确定、股东大会之召集和决议程序应遵循股权平等原则

股东大会之召集,包括股东大会会议召集通知之发送、会议召集地点之选择、参会股东资格之确定、决议程序之确定都应充分体现股权平等原则。OECD《公司治理原则》第2章第3项第1目要求股东大会的召集程序允许全体股东都获得平等待遇,而且禁止公司方面出台的程序对于固定投票造成过分困难或成本高昂的局面。股东出席股东大会时的座次排定也应符合股权平等原则,不宜有高低贵贱之别,从心理上和感情上使小股东陷入尴尬。我国社会深受官本位和等级思想的影响,应将这种影响荡涤出股东大会制度。

(五)股东行使其他股东权时亦应遵守股权平等原则

违反股权平等原则的情形也绝不止于上述几例,而是广泛及于公司治理的各类情形。例如,OECD《公司治理原则》第2章在规定股权平等原则时,在第2项明文禁止股市中的内幕交易(insider trading)和滥用权利的自我交易(abusive self-dealing),第3项要求公司董事和高管人员披露其在影响公司的交易或其他事务中的所有重大利益(any material interests)。起草者认为,内幕交易和滥用权利的自我交易行为违反了股权平等待遇原则,构成了对公司良治的破坏。①

---

① Annotations to the OECD Principles of Corporate Governance, II (A)(2).

第四节 向弱势股东适度倾斜的原则

一、弱势股东地位的产生根源

股东之间经济实力的不对等是弱势股东地位产生的根源之一。中小股东与控制股东在经济实力方面存在不对等。中小股东的经济实力往往逊于控制股东（包括机构股东、法人股东）的经济实力。控制股东一言九鼎，呼风唤雨，左右逢源，而中小股东则拾遗补缺，位卑言轻。中小股东集体维权行动存在着高额成本，如组织费用的高昂、维权意识和维权智慧的差异性、热心维权人士的稀缺、"搭便车"的心理、中小股东之间的猜疑与不团结、控制股东瓦解中小股东阵营的策略等。这一切因素决定了中小股东的经济实力永远弱于控制股东。

信息占有的不对称是弱势股东地位产生的根源之二。公司管理层及其背后的控制股东往往垄断公司的财务经营信息，中小股东的谈判能力仍逊于控制股东或管理层。传统民事诉讼法与仲裁法预设的"谁主张，谁举证"的一般原则以及"举证责任倒置"、"举证责任分担"的例外规则的有限性，更是加重了中小股东的举证责任。

公司经营成本的外部化程度是弱势股东地位产生的根源之三。控制股东或管理层高举其控制下的"公司"面具，可从容不迫地委托律师与中小股东展开马拉松式的诉讼。不管控制股东或管理层胜诉还是败诉，控制股东或管理层总有办法将律师费和其他诉讼费用计入公司的经营成本，最终转嫁给广大中小股东。因此，中小股东维权成本过高，而控制股东或管理层违法成本过低。

股东先行向公司注入股权投资是弱势股东地位产生的根源之四。作为股东依法取得股东资格的前提，股东必须及时足额地向公司支付股权认购价款。就投资活动或消费活动的一般规律而言，一旦消费者向商家、投资者向公司移转了自己曾经合法拥有物权、债权或股权的财富，就丧失了对这些财富的直接管领、支配和控制。消费者丧失了对转移财富的物权，换回了债权，而债权不是支配权，而是请求权。股东丧失了对转移财富的物权，换回了股权，而股权亦非支配权，而是请求权。在经济学上被笼统称为"被代理人"的债权人、消费者和投资者一旦丧失对财富的直接支配，往往就变成了弱者，而财富的占有者（债务人、商家和公司管理者）摇身一变成为强者。换言之，能自由支配他人财富的人是强者，而自己财富被他人支配的人只能是弱者。控制产生利益，产生权力，也产生强者与弱者。

二、向弱势股东倾斜是现代资本市场法治的理性选择

首先，向弱者适度倾斜的原则是贯彻和捍卫平等原则的必然要求。抽象的立法文件或理论体系中的法律平等、形式平等、抽象平等并不能代替残酷的现实生活中的经济不平等、实质不平等、具体不平等。要恢复强者与弱者之间（尤其是消费者与商家之间、劳动者与用人单位之间、小股东与控制股东之间）的平等地位，必须根据不同之事、不同对待的平等理念，把实践中已经向强者倾斜的天平回归平等的原位，帮助弱者收复失去的平等待遇。因此，向弱势股东适度倾斜的原则不仅不违反平等原则，恰恰是坚持、捍卫和发展了平等原则，弘扬了实质平等文化，并最终贯彻了权利神圣原则。

其次，向弱者适度倾斜的原则是公平公正的主流价值观的必然要求。公平与效率虽有差异、冲突的一面，但也有相容、共生的一面。在绝大多数情况下，公平价值与效率价值具有兼容性。公平培育效率，效率成全公平。立法与政策方案越公平，就越能激发人们创造价值的内在驱动力。在绝大多数情况下，法律规则的公平性会带来结果的效率性。为了构建和谐的资本市场法治环境，必须树立效率与公平并重的新思维。在受到不法侵害的广大投资者仅靠私力很难维护自身合法权益的情况下，只有靠国家的公权力和全社会的力量，才能真正有效地保护广大投资者的公共利益。

最后，向弱者适度倾斜的原则是维护社会公共利益的必然要求。由于广大人民群众为数众多，涉及千家万户，因此量大面广的投资者群体的合法权益不仅具有私权和民事权利的特点，还具有社会权和社会公共利益的特点。积万家之私乃为天下之公。因此，国家向弱者适度倾斜不仅仅是保护弱势群体的问题，也是捍卫社会公共利益的问题，是推进资本市场法治、构建和谐资本市场秩序的重要组成部分。

可见，旗帜鲜明向弱势股东尤其是中小股东倾斜是和谐股权文化的重要标志，是现代资本市场法治的理性选择，而非资本市场法治长河中的昙花一现。公司王国的通行证是资本多数决。在绝大多数情况下，控制股东可轻而易举地通过对公司决策权（包括股东会决策与董事会决策）与人事权（提名和选举多数董事、再由多数董事控制经理层人事任免）的实际控制而获得自我保护。因此，强化股权保护的重心乃在于保护中小股东。

三、向弱势股东适度倾斜的基本要求

我国《公司法》正视到了中小股东的弱势地位，在字里行间确认了向中小股东倾斜的原则。例如，该法第34条第2款确认的股东查账权的规定主要针对中小股东而设计，对于控制股东往往是多余的法律条款。因为，控制股东有机会亲自或借助其在公司管理层的利益代言人制作会计账簿。而会计账簿的制作者对公司会计信息的真实性当然心知肚明。又如，该法第152条确认的股东代表诉讼提起权也往往面向中小股东而设计。因为，控制股东往往可直接作出由公司对高管和第三人提起诉讼的股东会或董事会决议,而无需舍近求远启动股东代表诉讼程序。

无论是在立法层面,还是在执法层面和裁判层面,都应旗帜鲜明地树立向弱势股东适度倾斜的新思维。向弱势股东适度倾斜主要是指法律和政策的制定要体现出对广大中小投资者的关心和爱护。法律的执行也要在实体和程序上充分体现出对广大弱势群体的应有保护和照顾。我国《证券法》增加规定了各级地方和部门应彻底杜绝对强者趋炎附势、而对弱者横眉冷对的不正常现象,切实关心广大弱势群体包括中小股东的合法权益。总之,行政机关和司法机关无论是作为裁判员身份裁决纠纷,还是以一方当事人身份与广大中小股东等弱势群体发生利益冲突时,都要体现向弱者适度倾斜的新思维,避免伤害弱势群体的合法权益和正当诉求。

四、关怀弱者的理念不能偏离实质平等原则

向弱者适度倾斜既不是漫无边际地向弱者过渡倾斜,也不是以弱讹强,损害强者的合法权益,而是要构建一个弱者可变强、强者可更强、强者与弱者都和谐相处、各得其所的社会与法律环境。对于当事人依法享有的实体权利(如实体性的抗辩权)和程序权利(如举证权、质证权、反诉权)也应予以一体保护。法院要在开庭、审理、裁判和执行等各个环节牢记程序正义的理念。倘若自然人股东滥用公司法人资格,损害债权人利益,被法院责令对公司的债权人承担连带责任的,在执行债权时要保留被执行股东生活必需品和费用,充分贯彻以人为本的精神。在理解与适用我国《公司法》第 16 条时,倘若担保公司的董事长超越公司章程载明的代表权限与银行债权人签订担保合同,则董事长越权签署的合同对担保公司产生拘束力。因为,银行债权人在签订担保合同之初应通过尽职调查程序,索要和研读担保公司的章程条款包括担保授权条款。不过,当前最突出的问题不是债权的过度保护,而是债权保护得很不充分。

强弱对比在公司法律关系中并非绝对,而是变动不居的。在某种法律关系中处于强者地位的债权人在另外一种法律关系中可能会沦为弱者。例如,债权人银行对债务人公司堪称弱者,但在该银行的中小股东面前又可能成为强者。又如,法院既要关注金融机构对债务人公司的债权,还要关注储户和消费者对金融机构的债权。

五、闭锁型公司中小股东的救济措施

我国的有限责任公司在数量上远远大于股份有限公司。但在我国《公司法》于 2005 年修订之前,有限责任公司中的小股东也更容易沦为饱受欺凌的弱势群体。一些公司效益虽好,但在大股东的操纵下长期不分红,小股东心急如焚,束手无策。但大股东却乐得其所,生活滋润。因为,大股东独揽公司经营大权,可怡然自得地通过担任董事长、兼任总经理等公司要职取得丰厚薪酬,通过关联交易攫取公司商业机会。大股东还可把自己的亲朋好友提携为副董事长、副总经理、财务总监等高管人员。而小股东则无法插手董事和高管人员的职位,甚至连受聘为公司职工的机会都没有。因此,小股东不仅得不到股利,也得不到工资和薪酬,更得不到关联交易的商业机会。小股东想分红,大股东控制下的股东大会偏偏决定不分;小股东想行使知情权,大股东说"要保密";小股东想把股份转让给大股东,又遭拒绝;小股东想把股份转让给第三人,第三人更是不敢问津。小股东向人民法院提起诉讼,请求解散公司,但人民法院往往以"司法解散,法无明文"为由拒绝立案。如此一来,小股东进退两难,形同坐牢。

进退维谷的小股东只有睿智地行使知情权、分红权、转股权、退股权和解散公司诉权等,才能与控制股东一道分享股东投资的成果。但以上五大救济措施由缓到急、由弱到强,由低到高,依次相随。法院应通过释明权之行使,告知受害股东寻求个案中的最佳救济方式。虽然《公司法》仅规定了股东的查账权、转股权、退股权和解散公司诉权,但未规定中小股东请求法院强制分红的权利以及小股东请求大股东收购自己股份的权利;但这并不妨碍人民法院通过释明权的行使指导当事人寻求对各方利益相关者伤害最轻、救济效果最好的救济途径。

股权转让的救济方法不导致公司的解散,亦不减少公司的净资产,应成为优先于退股权与解散公司诉权被当事人和裁决机构考虑的救济途径。在运用转股权策略解决股东冲突时,除了考虑由大股东收购小股东的股权,也可考虑由小股东收购大股东的股权。倘若一家公司前景光明,但是一山难容二虎。那么,最为明智的双赢选择便是股东之间通过公司分立的方式化解纠纷。公司分立之后,公司一分为二,并且各成一统。公司解散的实质是杀牛分肉而后食之。而公司分立具有不可比拟的优越性,至少公司的生命通过分立方式得以延续。

我国《公司法》除了从自益权的角度运用前述途径救济中小股东,还注重运用共益权手段强化股东参与公司治理的权利(如股东会自行召集权、股东会出席权及表决权、建议权、质询权、股东代表诉讼提起权和对瑕疵股东会与董事会决议的诉权等权利),进而造福公司和全体股东。

六、弱势大股东的维权问题

大股东也有可能沦为弱者。在股权高度分散或高度集中的股权结构下,大股东都有可能随时陷入内部人控制的泥潭。特别是在股权转让的情况下,有些新股东为避免经理层和员工队伍的军心涣散和道德风险,往往对经理层原班人马采取集体留任的安抚、怀柔态度。但有些经理层原班人马并不知恩图报,而认为新的大股东软弱可欺。如此一来,即使新股东取得了公司大股,但未必取得公司的实际控制权。

其实,大股东未必是控制股东。控制股东也未必是大股东。尽管一名股东持股比例不高,但具有超强的组织能力和人格魅力,也能借助表决权信托、代理甚或股东投票的横向联合而荣膺控制股东的地位。弱势大股东(控制权旁落和分散的大股东)作为弱势群体也可享受我国《公司法》对中小股东提供的权利保护与救济措施。

第五节 股东有限责任原则

一、股东有限责任原则的含义

所谓股东有限责任原则是指,股东仅以其认缴的出资额为限对公司承担出资义务,而不必对公司的债权人承担债务清偿责任的基本原则。我国《公司法》在两种法定公司形式之前明确冠以"有限"或"有限责任"字样,并在第3条第2款规定,"有限责任公司的股东以其认缴的出资额为限对公司承担责任;股份有限公司的股东以其认购的股份为限对公司承担责任"。可见,股东有限责任原则是公司作为独立法人具有的最为重要的法律特征,也是公司成为现代市场经济社会赖以存在的基础和迅猛发展的原动力的秘笈所在。

股东有限责任原则,在一定程度上,可说股东有限责任原则与公司的法人性是同一枚硬币的正反两面,前者自股东角度而言,后者乃自公司角度而言。若不存在股东有限责任原则,公司与股东的民事主体资格势将难以彻底区分,公司的法人性亦无从谈起;若不肯定公司的法人性,实际上等于否定了股东的有限责任原则。

股东有限责任原则体现了公司的本质。我国《公司法》第3条第2款有关股东有限责任原则的规定应解释为强行性法律规范中的效力规定。凡违反股东有限责任原则的股东大会决议、董事会决议或公司章程条款(如规定股东应负追加出资义务的条款)均为无效,任何股东均可就此提出无效确认之诉。

以其责任形式为准,股东针对公司债权人的责任分为直接责任与间接责任;以其责任数额为准,可区分为无限责任与有限责任。[①] 其中,直接责任指股东直接向公司债权人承担履行公司债务的责任,而间接责任指股东仅对公司负出资义务,而不对公司债权人承担履行公司债务的责任。无限责任指股东在公司所负债务的范围内,以其个人财产为限负公司债务的履行责任;所谓有限责任指股东在一定限度内就公司债务所负的责任。从理论上看,股东责任的两种划分标

---

① 〔日〕前田庸:《会社法入门》(第2版),日本有斐阁1991年版,第2—4页。

准经过排列组合,可将股东责任区分为直接无限责任、直接有限责任、间接无限责任与间接有限责任。

依公司股东的责任形式为准,公司可分为无限公司、两合公司、股份两合公司、股份有限公司与有限责任公司。我国《公司法》则只承认后两种形式。无限公司的股东负有直接无限责任。两合公司的一部分股东负有直接无限责任,另一部分股东则负有直接有限责任。有限责任公司和股份有限公司的股东则负间接有限责任。

二、股东有限责任原则的演进

股东有限责任原则之确立经历了一个漫长的过程。例如,早在15世纪的英国,非贸易公司的股东即被认为对公司债务不负清偿责任,并逐渐于该世纪末延伸到贸易公司。[1] 但此种做法的初衷并不是帮助股东逃避公司债务之负担,而是预防股东因履行自己债务而占有公司财产。当时的许多公司章程(charter)明确授权公司向股东征收财产以清偿债务;倘若公司怠于采取此种措施,公司债权人可通过类似于代位权的方式直接向股东请求给付。[2] 由此可见,此时尚无真正的股东有限责任原则。

迨至19世纪40年代,股东有限责任原则之缺乏在英国已成为众矢之的。1845年至1848年间的经济萧条更提高了这一呼声。于是,英国1855年8月颁布的《有限责任法》明确规定具备法定条件的公司一经注册完毕,股东即负有限责任,责任的限度为股东所持股份的名义价值(nominal value),并要求"有限"字样在公司名称中反映出来。"有限"一词作为一面红旗,警示与此类危险甚大的"新发明"(公司)开展交易活动的社会公众当心自己面临的法律风险。

该法实施数月即被1856年《合股公司法》(Joint Stock Companies Act)取代,但股东有限责任继续被法律确认。由于此时正值自由放任(Laisssez-faire)主义经济思想的鼎盛时期,公司之设立及股东有限责任之获得亦较为自由。由于立法者采纳了布拉姆威尔(Bramwell)勋爵使用"有限"一词的建议及"知道股东责任有限的公司对方交易伙伴应自我当心"的观点,该氏颇感自豪,并戏剧性地宣称要将"有限"(limited)一词刻入自己的墓碑。[3] 1897年 Salomon 诉 A. Salomon & Co. Ltd 一案的著名判决,标志着英国法院已经彻底领悟了股东有限责任原则的真谛。[4]

---

[1] Edmunds v. Brown Tillard(1668)1 Lev. 237;Salmon v. Hambrough Co. (1671) Ch. Cas. 204, H. L.
[2] Gower's Principles of Modern Company Law, 4th, Stevens,1979, p. 26.
[3] Ibid. ,pp. 43—48.
[4] 〔1897〕A. C. 22. 该判决认为,公司一旦合法成立并登记,就不仅仅是股东的代理人或受托人,股东也不对公司的债权人承担赔偿责任。

美国早在20世纪初就彻底确立了股东有限责任原则。[①] 美国《模范商事公司法》第6.22条第1项规定:"除支付被授权发行的股份的对价、或认股协议载明的对价外,购买公司股份的当事人不就该股份对公司或债权人承担债务清偿责任";第2项接着规定:"除非公司章程另有规定,股东个人对公司的行为或债务概不负责;但他可能因其自己的行为或活动而承担个人责任"。《德国股份法》第1条第1项开宗明义规定,"公司为具有独立法人性的公司;债权人仅以公司财产作为公司债务之担保。"

三、股东有限责任原则的社会功能

(1) 股东有限责任原则有利于限制公司股东的投资风险,鼓励大众的投资热情。限制股东投资风险最为有效的手段在于确立股东有限责任原则。股东有限责任原则一方面将股东在特定公司的投资风险锁定在股东可事先预料的金额之内,避免公司的经营失败殃及股东其余财产;另一方面使得股东借助多元化投资组合策略控制投资风险。

(2) 股东有限责任原则有利于降低股东参与公司治理、监督公司经营管理者的成本。股东的投资风险程度与其参与公司治理、监督公司经营管理者的压力成正比。投资风险程度越高,股东监督成本越高,股东进行多元化组合投资的概率越小。股东有限责任原则有利于股东事先对自己的监督成本、监督效益进行比较核算,从而合理分配自己的监督资源。

(3) 股东有限责任原则有利于降低股东对其他股东的监督成本。在缺乏股东有限责任原则的情形下,每位股东要避免自己承担与自己投资收益不成正比的巨额企业债务,必然会不惜一切代价对其余股东的个人财产进行持续性监督,以避免其余股东为逃避企业债务而藏匿、损坏、转移自己的财产。而股东有限责任原则之确立则可一笔勾销股东的这项监督成本。

(4) 股东有限责任原则有利于提高股权的流通性,推动现代证券市场的形成和发展。在股东无限责任原则的作用下,股份的价值不仅取决于企业的资产价值,而且取决于众股东的财产状况。因此,同一企业的股份之间不具有同质性和可替代性,也无法形成统一的转让价格。而在股东有限责任原则的作用下,股份的价值仅取决于公司的资产价值,取决于公司资产创造的收益水平,而与众股东的身份与财产状况无涉。同一公司的股份之间具有同质性和可替代性,统一的转让价格较易形成。这无疑为现代股票市场的萌芽、发展与繁荣打下了坚实的法律基础。可断言,没有股东有限责任原则,就没有现代证券市场。

---

① Dodd, the Evolution of Limited Liability in American Industry; Massachusetts, 61 Harv. L. Rev. 1351 (1948).

（5）股东有限责任原则有利于树立和巩固公司的法人资格，从而充分发挥公司应有的社会经济作用。公司之所以成为独立性最鲜明的法人，关键在于股东有限责任原则之确立。股东有限责任原则意味着公司作为独立的权利义务主体必须以自己的名义履行义务（含公司债务）、承担责任。而为充分保护公司债权人，公司又必须具有履行义务、承担责任所必需的财产权利。而公司一旦获取独立的法律人格，就有可能存续几十年、一百年、乃至数百年。

（6）股东有限责任原则有利于推动现代公司投资者职能与经营者职能的进一步分离，进而充分发挥公司制度在整合、盘活社会经济资源方面的作用。企业所有与企业经营相互分离是现代公司的历史发展趋势。鉴于股东权与所有权的区别，为避免读者对投资者权利的性质发生误解，笔者将"企业所有与企业经营职能相互分离"重新表述为"投资者职能与经营者职能相互分离"。股东的投资风险程度与其介入公司经营管理的深度成正比，并与股东人数成反比。而股东的广泛性、分散性反过来使得股东对公司经营管理的广泛深度介入变为不可能。股东出钱、经营者出力、股东有权、经营者有德有能的公司投入结构得以形成，并随着现代证券交易制度的完善而进一步获得强化。投资者职能与经营者职能相互分离的原则，将雄厚的货币资本与优秀的人力资本等社会资源荟萃于公司的组织之下，因而有助于实现社会资源的合理流动与优化配置，取得更大经济社会效益。

（7）股东有限责任原则有利于培养对公司和股东诚实守信、勤勉尽责的公司经营者。人乃万物之精灵。公司资本再雄厚，也离不开深具经营知识与经验的专门人才去具体推行股东大会和董事会的决议，并审时度势地在法律和章程的框架内作出创造性的高效决策。在股东无限责任原则的作用下，股东对公司经营管理活动的深度介入固然可确保经营管理人员对股东的忠诚度，但也容易束缚经营管理人员的手脚。而在股东有限责任原则的作用下，投资者职能与经营者职能相互分离，职业经理人得以昂首阔步走向市场经济大舞台。

四、股东有限责任原则的例外

股东有限责任原则并非绝对。不能认为，股东在以其股东资格为基础发生的任何法律关系中，均可不必向公司或公司债权人负有义务或承担责任。为维护交易安全，捍卫公平正义，现代公司法趋向于在某些场合下谨慎地承认股东有限责任的例外，对特定股东尤其是失信股东课以相应的民事责任。

（一）股东违反其诚信义务的责任

为防止和纠正资本多数决之滥用，从实质上维护股东平等原则，立法者往往确认控制股东向公司和其他股东所负的诚信义务。倘若股东行使表决权或行使基于股东资格的影响力以执行公司业务时存有恶意或重大过失，违反了对公司和其他股东的诚信义务,则应对公司及第三人(含公司债权人和其他股东)负有损害赔偿责任。

(二) 股东滥用公司法人资格的责任

公司与股东本为各自独立的权利义务主体,但也为股东滥用公司的法人资格、逃避法律的适用提供了可能。例如,股东为逃避法定的竞业禁止义务、合同上的不作为义务和侵权责任而设立公司即属此类。在股东滥用法人资格的情形下,若拘泥于股东有限责任原则,实有悖于法人制度的目的。故在股东滥用法人资格的一定场合下,可仅就有关的特定法律关系否认股东有限责任原则,令股东直接对公司债权人履行义务、承担责任,此即揭开公司面纱法理。

(三) 股东对劳动债权的清偿责任

美国纽约和威斯康星两州的公司法规定,股东应对公司劳动者被拖欠的工资负有给付的个人责任,即使认购股份的款项已全额缴纳亦然。如根据纽约州《商事公司法》第 630 条之规定,除依据美国国会 1940 年制定的《投资公司法》注册的投资公司和在全国性证券交易所或柜台交易市场上市的公司外,每家公司的前十名大股东要就公司对雇员已提供劳务所欠的所有债务、工资或者薪水承担无限连带责任。

(四) 股东接受公司违法分配利润时的责任

在此种场合下,股东应就其接受的公司违法分配的利润,负有不当得利返还之债。

第六节 股东诚信原则

一、诚实信用原则的含义

诚实信用原则是指市场主体在从事市场活动时,应讲究信用,严守诺言,应在不损害国家、他人和社会利益的前提下追求自己的利益,不应把自己利益的获得建立在损害国家、他人和社会利益的基础之上。诚实信用原则鼓励舍己利人、利己利人、利益双赢,反对损人利己、损人损己、利益双输。诚实信用原则兼具道德性规范和法律强制性规范的双重特点,虽然非具体制度,但作为抽象原则,对于一切市场主体和一切市场行为发挥着规制与制约作用。难怪诚实信用原则被称为"帝王规则",君临法域,可见该原则之重要。

我国 1986 年的《民法通则》率先将诚实信用原则确定为民法的基本原则之一。《证券法》第 4 条明确要求证券发行、交易活动的当事人遵守诚实信用的原则。《证券投资基金法》第 4 条也明文规定:"从事证券投资基金活动,应遵循自愿、公平、诚实信用的原则,不得损害国家利益和社会公共利益。"《信托法》第 5

条要求信托当事人进行信托活动,必须遵守法律、行政法规,遵循自愿、公平和诚实信用原则,不得损害国家利益和社会公共利益。

民法为一般法、公司法为特别法。虽然我国《公司法》未明确规定诚实信用原则,诚实信用原则也适用于公司法和资本市场领域。

二、诚实信用原则的作用

诚信有价。从正面看,诚信之举会增加行为人的无形价值资产(包括商业机会的取得、名誉与荣誉的提升);从反面看,失信之举则会贬损行为人的无形价值资产(包括商业机会的丧失、名誉与荣誉的贬损)。尽管如此,一些缺乏远见卓识和法律思维的股东尤其是控制股东违背诚实信用原则、不法掠夺其他股东合法财富、公司合法财富和第三人合法财富的现象屡见不鲜。虽然有不少上市公司高管纷纷落马,依然有失信股东你追我赶步其后尘。不以失信为耻,反以失信为荣。要打造和谐阳光的股权文化,就必须旗帜鲜明地弘扬诚实信用原则,鼓励股东诚信,遏制股东失信行为。

诚实信用原则既是指导股东缔结法律行为、行使股权、履行义务的行为指南,也是对公司章程及其他法律文件(如股东协议)予以妥当解释的重要规则,还是指导法院和仲裁机构作出公平裁判的法律渊源。倘若法官或仲裁员实在无法发现其他更加具体而允当的裁判依据,诚实信用原则也可作为法理适用。例如,有限责任公司的前股东为确认自己签署的股权转让合同属于显失公平而行使账簿查阅权,就是诚实信用原则在公司法领域的必然要求。

但法官或仲裁员援引诚实信用原则裁判时,应慎之又慎,必须以竭尽其他裁判资源为前提;否则,容易滋生裁判权滥用、甚至枉法裁判的道德风险。倘若法官或仲裁员舍近求远,对明确具体的法律规定视而不见,专门援引诚实信用原则裁判,虽然貌似公允,但道德风险和法律风险畸高。

三、股东诚信义务

(一)股东诚信义务的概念

股东独立于公司之外。公司与股东的民事权利能力、民事行为能力、民事责任能力并行不悖。股东在取得股东权之后,是否行使股东权利、何时行使、如何行使股东权利也应充分尊重股东的自由意志。例如,股东有权出席股东大会,也有权不出席股东大会;股东有权对无德乏能的公司高管人员提起股东代表诉讼,也有权选择不对其提起股东代表诉讼。

权利与义务相互统一。例如,股东有限责任原则既强调了股东对公司债务不必负责的理念,又隐含了股东及时、足额缴纳股款的义务。我国《公司法》虽然弘扬了股权文化,但未淡忘强化股东的诚信义务。如同行使其他民事权利一样,股东在行使权利时必须恪守诚实信用原则和公序良俗,尊重公司利益和其他股东的利益,不得滥用权利,侵害他人权益。换言之,股东权利和自由的足迹延伸到哪里,诚信义务的光芒就照射到哪里。

所谓股东的诚信义务,乃是一个弹性较大的模糊语词,泛指股东恪守诚实信用原则,严肃对待股东权利,在行使股东权利时尊重公司、其他股东和公司债权人等公司利益相关者正当权益的义务。就权利主体而言,股东的诚信义务既包括对公司所负的义务,也包括对其他股东所负的义务以及对公司债权人等公司外部人所负的义务。就义务内容而言,既包括积极的作为(增进他人利益)义务,也包括消极的不作为(不损害他人利益)义务。前者诸如股东的及时足额出资义务,后者诸如股东不得欺诈其他股东和公司债权人的利益。

股东诚信义务并不苛刻。在通常情况下,只要股东善待公司的独立财产与人格,及时足额地履行出资义务,善用投资自由,审慎行使权利,就不会损害公司及其债权人的合法权益、破坏交易安全,因而可安享股东有限责任并坐等公司投资成果之分享。

(二) 禁止权利滥用条款

作为股东诚信义务的核心内容,立法者在我国《公司法》第20条规定了耐人寻味的禁止权利滥用条款。其中,第1款语重心长地要求公司股东应遵守法律、行政法规和公司章程,依法行使股东权利,不得滥用股东权利损害公司或其他股东的利益;不得滥用公司法人独立地位和股东有限责任损害公司债权人的利益。对其反其道而行之的失信股东,立法者在2005年修订的《公司法》第20条第2款和第3款规定:"公司股东滥用股东权利给公司或者其他股东造成损失的,应当依法承担赔偿责任。公司股东滥用公司法人独立地位和股东有限责任,逃避债务,严重损害公司债权人利益的,应当对公司债务承担连带责任。"

(三) 控制股东与非控制股东均负有诚信义务

负有诚信义务的股东既包括控制股东,也包括非控制股东;既包括大股东,也包括中小股东。由于控制股东与非控制股东相比,手中握有更多的财力资源、政治资源和社会资源(包括自身的资源和公司的资源),因此在难以慎独自律时给公司、其他股东和公司外部人造成的损害和灾难愈大。因此,各国立法者往往倾力强化控制股东的诚信义务,遏制控制股东、高管与实际控制人的道德风险,以图扶持中小股东。

中小股东也有可能滥用股东权利。我国《公司法》第34条第2款设计了预防股东滥用查账权的预先说明程序,以及公司拒绝股东查账的法定事由;第152条规定了股份有限公司股东提起股东代表诉讼的持股比例和持股期限,以及原告股东提起代表诉讼的内部救济程序;第183条规定了行使公司解散诉权的原告股东所持的表决权比例以及构成公司僵局的三大条件。立法者在公司领域弘扬诚信文化的良苦用心可见一斑。

四、控制股东对公司及其他非控制股东的诚信义务

(一) 控制股东诚信义务的确立依据

控制股东要慎独自律,慎用权力。控制股东滥用权利的行为与其说是滥用权利,不如说是滥用权力。因为,控制股东不同于非控制股东之处在于,控制股东不但在法律上取得了对公司的控制权(如影响股东大会决议结果的权力),而且在事实上取得了对公司的实际控制利益(如将利益代言人选入董事会、进而影响董事会选聘公司高级管理人员)等。控制股东的诚信义务主要表现为两个方面:一是对公司及其广大股东的诚信义务;二是对公司外部人尤其是债权人的诚信义务。

中国证券监督管理委员会与国家经贸委于2002年1月9日联合发布的《上市公司治理准则》第19条明确指出,"控股股东对上市公司及其他股东负有诚信义务。控股股东对其所控股的上市公司应严格依法行使出资人的权利,控股股东不得利用资产重组等方式损害上市公司和其他股东的合法权益,不得利用其特殊地位谋取额外的利益。"

控制股东的诚信义务与董事、监事等公司经营者所负义务的发生根据不同。后者源于经营者与公司间的委托关系,而控制股东与公司间并不存在委托关系,其与经营者在公司中所处的地位自然不容混淆。这就决定了控制股东诚信义务的发生根据只能从委托关系之外去寻求。此种发生根据并非单一,而具有多元性和立体性。易言之,控制股东的诚信义务深深扎根于股东表决权的本质、控制股东的强大表决力、公序良俗原则、诚实信用原则和股东平等原则。

(二) 控制股东对公司及其他非控制股东的诚信义务的内容

控制股东既对公司负有诚信义务,也对小股东负有诚信义务。但两者的内容颇不相同。控制股东不仅在行使表决权时负有诚信义务,而且在基于其股东资格以其他方式对公司决策和业务执行活动行使影响力时,亦负有诚信义务。

控制股东对公司的诚信义务与董事对公司所负的义务既有相同之处,也有相异之点。就相同之处而言,控制股东应与董事对公司负有同样内容和同等程度的忠实义务。不确认控制股东对公司负有与董事相同的忠实义务,就很难真正避免控制股东将一己之私凌驾于公司利益之上。就相异之点而言,控制股东对公司业务执行问题行使表决权时应有的注意程度与董事对公司所负勤勉义务的注意程度颇不相同。这是因为,在公司法中,企业所有与经营相分离,除全体股东对公司履行出资义务、控制股东对公司负有忠实义务外,一般股东并不负有与董事同样的勤勉义务。但控制股东毕竟在股东大会中拥有举足轻重的表决

力,对于公司利益具有广泛而深远的影响力,自然不能纵容控制股东因重大过失而侵害公司利益。在这一点上,将控制股东的注意义务理解为"通常交易上的注意义务"庶几可行。换言之,以具有普通智商和伦理观念的普通股东在相同的决策情形下应尽到的谨慎和注意程度为衡量标准。当然,作为董事和其他高管人员避风港规则的"经营判断规则"(business judgement rule)亦可为控制股东提供相当保护。表决权是共益权,融权利和权限于一体。因此,控制股东在行使表决权时肩负的诚信义务是,在为自己利益行使表决权的同时,不得不正当地侵害公司和其他小股东的利益。

(三) 控制股东的控制力表现形式

控制股东介入公司业务执行活动的途经很多,既包括表决权的行使,也包括作为公司股东资格的影响力。例如,控制股东凭仗其巨大的持股力量,对公司董事会发号施令、威胁恫吓,甚至直接决定公司的生产目标和经营政策,这些均为控制股东影响力之行使。这种影响力虽然不同于表决力,但也是源于股东权的本质,即法律允许股东所拥有的对公司利益和其他股东利益介入的权限或地位;舍去控制股东的股东资格,也就不存在行使影响力的可能性。因此,控制股东在基于其股东资格行使其影响力时,亦对公司负有诚信义务。由于对公司业务执行发挥影响力的控制股东非常类似于董事的地位,甚至可说是公司的事实董事,故此种股东对公司所负的诚信义务应与董事对公司所负的义务为同一解释。

控制股东滥用权利损害公司或其他股东的利益的行为五花八门,包括但不限于明火执杖地侵占公司的合法财产和商业机会,或间接地通过与公司从事不公允的关联交易而攫取公司和全体股东的正当财富。控制股东滥用股东权利给公司或其他股东造成损失的,应依法承担赔偿责任。此处的赔偿责任应理解为侵权法中的损害赔偿责任,损害赔偿范围应以实际损失为度。我国《公司法》第20条禁止股东滥用权力,第21条禁止控股股东、实际控制人利用其关联关系损害公司利益;违反前述规定,给公司造成损失的,应承担赔偿责任。这两个条款关系紧密,在逻辑上存在递进关系。因此,以下重点讨论关联交易的法律规制。

(四) 关联交易的法律规制

规范关联交易行为,切实维护上市公司和股东的合法权益是上市公司监管制度的一个重要内容。关联交易本是一个中性的概念,也是公司实践中无法回避的市场现象。关联交易行为自身无所谓善,也无所谓恶。在公司起步初期,在局外人并不了解该公司资信状况的情况下,公司股东和高管等关联方与公司实施的关联交易有时发挥着雪中送炭的积极作用。问题在于,公司股东和高管等关联方有可能滥用关联交易制度,掠夺公司财富,损害公司小股东和债权人的合法权益。在我国资本市场上,关联交易是控股股东与上市公司进行业务往来、利益输送的管道,一些控股股东利用关联交易操控上市公司业绩,侵占上市公司利益,违规担保也是上市公司存在的痼疾。有些控股股东或实际控制人通过关联交易、违规担保等手段损害上市公司利益,或通过其他途径曲线转移利益,增加上市公司负担。

为了规范关联交易行为,更好地发挥关联交易兴利除弊的作用,立法者只能对关联交易采取允许存在、严加规制的监管态度。合法的关联交易应同时满足信息透明、对价公允、程序严谨的三大监管要求。阳光是最好的防腐剂。信息透明是遏制不当关联交易的关键措施。信息披露义务人违反信息披露义务的,遭受损害的投资者有权向虚假陈述行为人提起民事损害赔偿之诉;对价明显不公允或显失公平的,公司有权依据《合同法》行使撤销权,小股东也有权挺身而出,为捍卫公司利益而提起股东代表诉讼;程序不严谨的,股东还可依据《公司法》第22条关于瑕疵公司决议的救济之道请求法院予以撤销。如果股东会或董事会审议某一关联交易的程序包括召集程序、表决程序存有瑕疵,小股东寻求司法救济时,股东的举证责任就应当轻一些。如果小股东从表决程序上、召集程序上找不到程序瑕疵,小股东只有证明公司决议违反了强制性规定,或关联交易构成了侵权行为或显失公平条款的合同条款,才能请求法院确认公司决议无效或撤销关联交易合同。

五、控制股东对公司外部人尤其是债权人所负的诚信义务

倘若控制股东滥用投资自由,滥用公司法人独立地位和股东有限责任损害公司债权人的利益,则在法律上应蒙受不利后果。根据我国《公司法》第20条第1款,股东应遵守法律、行政法规和公司章程,依法行使股东权利,不得滥用公司法人独立地位和股东有限责任损害公司债权人的利益。与之相呼应,该条第3款明文规定,"公司股东滥用公司法人独立地位和股东有限责任,逃避债务,严重损害公司债权人利益的,应对公司债务承担连带责任"。此即揭开公司面纱制度。

第20条第1款与第3款并非简单的一一对应关系。倘若仔细咀嚼立法文字,可发现第20条第1款规定的外延要大大宽于第3款规定的外延。具体说来,该条第1款不仅禁止母公司滥用子公司的法人独立地位和股东有限责任损害子公司债权人的利益,而且禁止母公司滥用子公司的法人独立地位和股东有限责任损害母公司债权人的利益。而该条第3款仅对前一情形规定了法律后果。在实践中,国内外一些股东滥用投资自由,在英属维尔京群岛(BVI)注册一串母子公司,然后到中国与债权人发生交易关系,并大肆玩弄"拉线木偶游戏"。数家公司甚至数十家公司的法定代表人相同,其注册地相同,机构相同,资产混同,在与债权人缔结债权债务关系时彼此混淆,互为代理人。在这种情况下。母子公司的法人壳资源既有可能用于欺诈母公司的债权人,也有可能用于欺诈子公司的债权人。第20条第3款虽然能为法院责令滥权股东对其子公司债务负责提供法律依据,但无法为法院责令子公司对滥权的母公司、祖母公司甚至曾祖母公司债务负责提供法律依据。而援引第20条第1款则可弥补该条第3款的立法漏洞。

第七节 股东资格的确认

股东权的保护水平是检验一国公司法治是否成熟、公正的试金石。而保护股东权的首要前提是确认股东资格,明辨谁是公司股东。我国近年来争股夺权的现象较为普遍,在有限责任公司尤甚。主张股东资格的证据五花八门,既有实际出资证明,也有股权转让合同、公司章程、股东名册、出资证明书和工商登记等。股东身份长期真假不分、扑朔迷离,必然阻碍公司的正常经营活动,增加股东行权的成本。

我国《公司法》第33条明确了甄别真假股东的标准。人民法院和仲裁机构不能眉毛胡子一把抓,而应将证明股东资格的证据区分为三个不同的层次:源泉证据、效力证据与对抗证据。

一、认定股东资格的源泉证据

源泉证据也称基础证据,是指证明股东取得股权的基础法律关系的法律文件。源泉证据一分为二:(1)股东原始取得股权的出资证明书;(2)继受取得股权的证据,包括股权转让合同、赠与合同、遗嘱、夫妻财产分割协议、共有财产分割协议等。

我国《公司法》司法解释(三)第23条规定:"当事人之间对股权归属发生争议,一方请求人民法院确认其享有股权的,应当证明以下事实之一:(一)已经依法向公司出资或者认缴出资,且不违反法律法规强制性规定;(二)已经受让或者以其他形式继受公司股权,且不违反法律法规强制性规定。"

我国《公司法》第32条规定:"有限责任公司成立后,应当向股东签发出资证明书";第74条扩大了出资证明书的适用范围,公司应在股权转让后注销原股东的出资证明书,向新股东签发出资证明书。这意味着,有限责任公司不仅在其成立后向原始股东签发出资证明书,而且在其存续期间也要对继受取得股权的新股东签发出资证明书。

源泉证据与其他证据(包括效力证据和对抗证据)之间的关系是源与流、因与果、根与枝的关系。一旦取得了合法有效的源泉证据,权利人就可要求公司变更股东名册,确认自己的股东资格;在股东名册变更之后,权利人有权要求公司协助办理股东变更登记手续。倘若公司向股东签发出资证明书以后，未及时将自己载入股东名册，股东可诉请法院强制公司协助办理股东名册。至于公司的消极不作为是否源于恶意或重大过失，在所不问。换言之，未载入股东名册、但持有源泉证据的当事人也可对公司主张股权。

二、认定股东资格的效力证据

对上市公司而言，此类证据是证券登记结算公司的股权登记资料；对非上市公司而言，此类证据是公司备置的股东名册。股权的实质是股东与公司之间的法律关系。股权具有请求权、相对权的色彩。因此，股东名册对股东资格的确认具有推定的证明力。在册股东可据此向公司主张股权；依法取得股权的未在册股东有权请求公司变更股东名册、修改公司章程，登录自己的姓名或名称。

公司有义务备置股东名册、并应股东之请求变更股东名册。股东有权请求公司履行此种法定协助义务。例如，我国《公司法》第 33 条第 1 款要求有限责任公司置备股东名册，第 2 款授权记载于股东名册的股东依股东名册主张行使股东权利。第 97 条要求股份有限公司将股东名册置备于本公司，第 98 条允许股东查阅股东名册；第 140 条强调记名股票转让后由公司将受让人的姓名或名称及住所记载于股东名册。

根据我国《公司法》第 74 条规定，公司应在股权转让后注销原股东的出资证明书，向新股东签发出资证明书，并相应修改公司章程和股东名册中有关股东及其出资额的记载。对于非上市的股份有限公司原则上也应参照这一原则办理。上市公司的股东有权请求证券登记结算公司办理股权确认手续。

问题在于，在实践中，有些公司的股东名册制度并不规范。股东名册造假的现象有可能出现，未设股东名册者也不稀奇。在此情况下，任何股东均有权请求公司根据源泉证据备置股东名册或变更股东名册；公司拒绝为之者，股东有权诉诸人民法院。换言之，公司没有股东名册并不妨碍股东资格的确认以及股东权利之行使。

基于此，我国《公司法》司法解释（三）第 24 条规定："当事人依法履行出资义务或者依法继受取得股权后，公司未根据公司法第 32 条、第 33 条的规定签发出资证明书、记载于股东名册并办理公司登记机关登记，当事人请求公司履行上述义务的，人民法院应予支持。"

与房屋产权证的法律效力相似，股东名册仅在无相反证据的情况下具有推定的证明力。易言之，在有相反的源泉证据时，股东名册可被推翻。因此，源泉证据决定效力证据的变更，而非效力证据决定源泉证据的变更。

倘若公司出于恶意或过失未把受让人载入股东名册，具有相应源泉证据的受让人可对公司主张股权,可诉请法院强制公司协助变更股东名册,将权利人录入股东名册。倘若受让方从转让方取得的持股比例尚未载入股东名册,受让方也可请求公司变更股东名册,载明自己的真实持股比例。

股东提起股东代表诉讼时,倘若实质股东的姓名或名称纵使未经登记,但有股权信托协议、股权转让协议等证据可证明其实质股东资格,则具备原告股东资格的实质股东有权提起股东代表诉讼。对于其他股权的行使,也应作如是解释。

股东名册还具有公司免责的法律效力。公司对股东名册记载的股东履行了义务(如分红、通知出席股东会等),公司就可依法免责,从而避免双重给付导致的不利后果。倘若股权转让合同约定,本合同自签字之日起生效;自该日起的股东权利亦应由受让方行使。但在办理股东名册变更之前,公司向股东名册记载的转让方分配了股利,则受让方不得请求公司向自己给付股利,只能请求转让方将其取得的股利交付受让方。

倘若公司未设股东名册,任何股东均有权请求公司备置股东名册;公司无理拒绝的,股东有权以诉讼为之。倘若股东名册有假,真实股东有权请求公司根据源泉证据重新制作股东名册。非法伪造、变造股东名册的,除了对因此而遭受损害的股东承担民事责任外,还要视其行为和后果之轻重承担相应的公法责任(包括刑事责任)。

三、认定股东资格的对抗证据

对抗证据主要指在公司登记机关登记在案的章程等登记文件。我国《公司法》第33条第3款规定:"公司应当将股东的姓名或者名称及其出资额向公司登记机关登记;登记事项发生变更的,应办理变更登记。未经登记或者变更登记的,不得对抗第三人。"

协助办理股权变更登记手续是公司的一项法定协助义务。在实践中,倘若股权受让方被载入股东名册,但公司登记机关的股权变更登记手续没有办理,则该当事人有权请求公司前往公司登记机关,协助办理股权变更登记手续。公司不予申请登记的,出资人或受让人可向人民法院提起诉讼,请求公司履行申请登记义务。股东向公司主张权利,公司仅以其未在公司登记机关办理股东登记抗辩的,人民法院对其抗辩不予支持。

作为对抗证据的公司登记机关登记文件,虽不是股东资格的效力证据,但具有对抗第三人的效力。当然,此处的"第三人"不包括善意第三人,只包括主观上存在恶意或重大过失的第三人。与公司备置的股东名册相比,公司登记机关的登记资料具有较高的透明度。因此,根据外观主义法理,善意第三人理应受到礼让。例如,在某股权信托关系中,甲为名义股东,乙为实质股东。在没有办理股权信托登记的情况下,善意第三人丙信赖名义股东甲,并从甲受让了前述信托股权。在这种情况下,乙只能依据股权信托协议追究甲的违约责任,而不能请求丙返还信托股权。因此,公司登记机关的登记资料作为股东资格的对抗证据并非多余的制度安排。再如,倘若名义股东甲把股权转让给善意第三人乙,乙在甲违约时可申请法院强制该股权。

根据《公司登记管理条例》第9条规定,有限责任公司股东或股份有限公司发起人的姓名或名称,以及认缴和实缴的出资额、出资时间、出资方式属于法定的公司登记事项,而股份有限公司的股东并非法定的公司登记事项。又根据《公司登记管理条例》第35条规定,有限责任公司股东转让股权的,应自转让股权之日起30日内申请变更登记,并应提交新股东的主体资格证明或自然人身份证明;有限责任公司的自然人股东死亡后,其合法继承人继承股东资格的,公司应依照前款规定申请变更登记;有限责任公司的股东或股份有限公司的发起人改变姓名或名称的,应自改变姓名或名称之日起30日内申请变更登记。

可见,有限责任公司的股东变更时,公司有义务前往公司登记机关办理股东变更登记;但股份有限公司股东变动时,公司无需办理股东变更登记,因而公司股东资格很难从公司登记机关求证。

四、各种证据相互冲突时的解决思路

以上各种证据相互冲突时,应在保护善意第三人的前提下,尊重源泉证据的效力。试举例说明。假如在某股东资格确认之诉中,某有限责任公司的股东甲依据公司法和公司章程规定的程序将其所持股权转让给乙。在该纠纷中亦不存在善意第三人。乙有权持股权转让协议要求公司变更股东名册、修改公司章程,公司不得以股东名册、公司章程的效力高于股权转让协议为由拒绝办理;甲继而有权要求公司前往公司登记机关协助办理股东变更登记,将乙登记为公司股东。倘若公司未在合理期限内变更股东名册、修改公司章程或前往公司登记机关协助办理股东变更登记手续,乙有权向法院提起诉讼,要求公司履行协助义务。

一旦善意第三人出现,结果则大不相同。假定乙在向甲支付股权转让价款后怠于要求公司变更股东名册、前往公司登记机关办理股东变更登记,致使股权转让方甲仍然被公司登记机关的登记文件确认为公司股东。善意第三人丙信赖甲为公司股东,并与甲签订了股权转让合同。甲一股两卖,固然有悖诚信原则。但丙作为善意第三人有权从甲受让股权,请求公司将乙扫地出门,并通过股东名册之变更、公司章程之修改、公司登记资料之变更将丙自己确认为公司股东。在这种情况下,乙固然可追究甲的违约责任,但无法保留自己的股东资格。道理很简单:善意第三人应受到礼让。

为预防证据冲突带来的法律风险,原始取得和继受取得股权的当事人应在获得源泉证据以后,尽快请求公司将自己的姓名或名称载入公司的股东名册,并请求公司前往公司登记机关办理股东变更登记。源泉证据、效力证据与对抗证据之间的内容越是趋于一致,权利人取得的股东地位就越稳固。

现实生活中,常有投资者实际缴纳全部出资,并指定亲朋好友担任名义股东。这在 2005 年我国《公司法》修订之前,较为常见。因为,这恰恰是实质性一人公司经常采取的一种公司组织策略。鉴于 2005 年修订的《公司法》设计了仅针对一人公司的防弊措施,实质一人股东利用名头股东注册公司的现象仍将继续存在。倘若实质股东与名义股东之间缺乏委托代理协议、信托协议、担保协议等风险防范机制,名义股东向善意第三人盗卖其名下股权的现象也将继续存在。可见,投资者选择名义股东时,应慎之又慎。

五、股东资格确认之诉的当事人

由于股东资格的实质是股东与公司之间的法律关系,因此公司应当成为股东资格确认之诉的被告。根据我国《公司法》司法解释(三)第 22 条,当事人向人民法院起诉请求确认其股东资格的,应当以公司为被告,与案件争议股权有利害关系的人作为第三人参加诉讼。

六、名义股东与实质股东之间的股权信托关系

在多数情况下,投资者既是实质股东,也是名义股东,将其称为"股东"名实相符。但由于保护个人隐私和商业秘密、回避有限责任公司股东人数上限等原因,实质股东(隐名股东)与名义股东(显名股东)的身份发生分离的现象并不少见。例如,我国《公司法》第 24 条规定:"有限责任公司由 50 个以下股东出资设立。"有些企业包括国有企业在推进公司制改革过程中,迫切成立全员持股的有限责任公司。但由于股东人数的上限,许多公司的职工持股计划被迫采取股权信托方式。可见,实质股东与名义股东的分离具有一定的合理性,符合契约自由的精神,本身不具有违法性。我国《公司法》亦未禁止一方当事人为另一方利益而代持股权。因此,不能因为《公司法》没有出现"隐名股东"的概念,就仓促得出结论,认为隐名股东不具有法律地位。运用信托法框架中的股权信托关系完全可解释和梳理实质股东与名义股东之间的权利义务关系。

根据我国《信托法》第 2 条规定,信托是指委托人基于对受托人的信任,将其财产权委托给受托人,由受托人按委托人的意愿以自己的名义,为受益人的利益或特定目的,进行管理或处分的行为。可见,股东的投资活动完全可采取股权信托方式。易言之,作为委托人的实际投资者基于对受托人的信任,将其股权委托给受托人,由受托人按委托人的意愿以自己的名义,为受益人的利益或特定目

的,进行管理或处分。委托人、受托人与受益人之间的法律关系即为股权信托关系。股权信托的目的往往在于追求受益人的个体利益。因此,股权信托多为私益信托,而非公益信托。

股权信托在实践中运用甚广。股权信托关系的法律效力应受到尊重,但股权信托关系违反法律法规中的强制性规定(如公务员不得经商办企业的规定等)的不在此限。在股权信托关系中,受托人是名义股东,受益人则是实质股东。现实生活中,担当受托人的既有信托投资公司,也有其他法人和自然人。受托人有义务为实质股东利益而行使股权,受益人也有权要求受托人履行股权信托合同,如转交股利。如果受托人违反诚信义务,反客为主,假戏真做,意欲将受托股权窃为己有,委托人或受益人可依据《信托法》规定解除信托合同,并依据《公司法》规定的条件把信托股权移转给受益人或委托人自己。股权信托的关键是妥善保护作为实质股东的受益人的股权利益。

基于股权信托的基本法理,我国《公司法》司法解释(三)第25条规定了股权信托的法律效力。有限责任公司的实际出资人与名义出资人订立合同,约定由实际出资人出资并享有投资权益,以名义出资人为名义股东,实际出资人与名义股东对该合同效力发生争议的,如无《合同法》第52条规定的情形,人民法院应当认定该合同有效。前款规定的实际出资人与名义股东因投资权益的归属发生争议,实际出资人以其实际履行了出资义务为由向名义股东主张权利的,人民法院应予支持。名义股东以公司股东名册记载、公司登记机关登记为由否认实际出资人权利的,人民法院不予支持。实际出资人未经公司其他股东半数以上同意,请求公司变更股东、签发出资证明书、记载于股东名册、记载于公司章程并办理公司登记机关登记的,人民法院不予支持。

名义股东可能反客为主,盗卖其名下的股权,进而触发隐名股东与善意受让人之间的利益冲突。为预防和化解名义股东的这一道德风险,我国《公司法》第26条强调了与善意取得制度的无缝对接。名义股东将登记于其名下的股权转让、质押或者以其他方式处分,实际出资人以其对于股权享有实际权利为由,请求认定处分股权行为无效的,人民法院可以参照我国《物权法》第106条的规定处理。名义股东处分股权造成实际出资人损失,实际出资人请求名义股东承担赔偿责任的,人民法院应予支持。

根据外观主义法理,我国《公司法》司法解释(三)第27条规定:"公司债权人以登记于公司登记机关的股东未履行出资义务为由,请求其对公司债务不能清偿的部分在未出资本息范围内承担补充赔偿责任,股东以其仅为名义股东而非实际出资人为由进行抗辩的,人民法院不予支持。名义股东根据前款规定承担赔偿责任后,向实际出资人追偿的,人民法院应予支持。"

七、外商投资企业中的股权信托

2010年最高人民法院《关于审理外商投资企业纠纷案件若干问题的规定（一）》确认了股权信托关系。

（一）隐名股东转化为显名股东的限制条件

根据最高人民法院《关于审理外商投资企业纠纷案件若干问题的规定（一）》第14条，当事人之间约定一方实际投资、另一方作为外商投资企业名义股东，实际投资者请求确认其在外商投资企业中的股东身份或者请求变更外商投资企业股东的，人民法院不予支持。同时具备以下条件的除外：（1）实际投资者已经实际投资；（2）名义股东以外的其他股东认可实际投资者的股东身份；（3）人民法院或当事人在诉讼期间就将实际投资者变更为股东征得了外商投资企业审批机关的同意。

（二）股权信托协议的效力

根据最高人民法院《关于审理外商投资企业纠纷案件若干问题的规定（一）》第15条，合同约定一方实际投资、另一方作为外商投资企业名义股东，不具有法律、行政法规规定的无效情形的，人民法院应认定该合同有效。一方当事人仅以未经外商投资企业审批机关批准为由主张该合同无效或者未生效的，人民法院不予支持。实际投资者请求外商投资企业名义股东依据双方约定履行相应义务的，人民法院应予支持。双方未约定利益分配，实际投资者请求外商投资企业名义股东向其交付从外商投资企业获得的收益的，人民法院应予支持。外商投资企业名义股东向实际投资者请求支付必要报酬的，人民法院应酌情予以支持。

（三）股权信托合同的解除与违约责任

根据最高人民法院《关于审理外商投资企业纠纷案件若干问题的规定（一）》第16条，外商投资企业名义股东不履行与实际投资者之间的合同，致使实际投资者不能实现合同目的，实际投资者请求解除合同并由外商投资企业名义股东承担违约责任的，人民法院应予支持。

（四）公司对隐名股东的抗辩

根据最高人民法院《关于审理外商投资企业纠纷案件若干问题的规定（一）》第17条，实际投资者根据其与外商投资企业名义股东的约定，直接向外商投资企业请求分配利润或者行使其他股东权利的，人民法院不予支持。

（五）无效股权信托协议的处理

根据最高人民法院《关于审理外商投资企业纠纷案件若干问题的规定（一）》第18条，实际投资者与外商投资企业名义股东之间的合同被认定无效，名义股东持有的股权价值高于实际投资额，实际投资者请求名义股东向其返还投资款并根据其实际投资情况以及名义股东参与外商投资企业经营管理的情况对股权收益在双方之间进行合理分配的,人民法院应予支持。外商投资企业名义股东明确表示放弃股权或者拒绝继续持有股权的,人民法院可以判令以拍卖、变卖名义股东持有的外商投资企业股权所得向实际投资者返还投资款,其余款项根据实际投资者的实际投资情况、名义股东参与外商投资企业经营管理的情况在双方之间进行合理分配。

根据最高人民法院《关于审理外商投资企业纠纷案件若干问题的规定(一)》第19条,实际投资者与外商投资企业名义股东之间的合同被认定无效,名义股东持有的股权价值低于实际投资额,实际投资者请求名义股东向其返还现有股权的等值价款的,人民法院应予支持;外商投资企业名义股东明确表示放弃股权或者拒绝继续持有股权的,人民法院可以判令以拍卖、变卖名义股东持有的外商投资企业股权所得向实际投资者返还投资款。实际投资者请求名义股东赔偿损失的,人民法院应当根据名义股东对合同无效是否存在过错及过错大小认定其是否承担赔偿责任及具体赔偿数额。

根据最高人民法院《关于审理外商投资企业纠纷案件若干问题的规定(一)》第20条,实际投资者与外商投资企业名义股东之间的合同因恶意串通,损害国家、集体或者第三人利益,被认定无效的,人民法院应当将因此取得的财产收归国家所有或者返还集体、第三人。

八、被冒名顶替为股东者的法律地位

现实生活中,曾出现甲未经乙同意擅自利用乙的名义注册公司,甚至将乙登记为公司董事或其他高管的案例。既然乙被蒙在鼓里,如何确定其法律地位?

就其对于公司的关系而言,由于乙缺乏投资于公司的意思表示,亦未授权他人代为注册公司,因此被冒名顶替的乙不具备公司的股东资格。申言之,该当事人既不享有作为股东的股权,也不承担作为股东的义务和责任。倘若被冒名顶替者顺水推舟地试图主张股权,也不应准许。当然,基于民法中的姓名权保护规定,被冒名顶替者可追究行为人侵害自己姓名权的民事责任。

至于股东资格归属于实际投资者即申请公司登记的行为人。包括股权和义务、责任在内的法律关系都自动拘束实际注册公司的行为人。倘若行为人存在瑕疵出资或抽逃出资、滥用公司法人资格乙逃避债务的行为,法律后果直接归属于实际注册公司的行为人,与被冒名顶替者无涉。倘若公司或公司债权人主张被冒名者承担瑕疵出资、抽逃出资的民事责任,人民法院也应驳回其诉讼请求。

基于上述法理,我国《公司法》司法解释(三)第29条规定了被冒名顶替为股东者的法律地位。冒用他人名义出资并将该他人作为股东在公司登记机关登记的,冒名登记行为人应当承担相应责任;公司、其他股东或者公司债权人以未履行出资义务为由,请求被冒名登记为股东的承担补足出资责任或者对公司债务不能清偿部分的赔偿责任的,人民法院不予支持。

值得指出的是,在公民意识和风险意识淡漠的地区,曾有人将自己的身份证低价出售、出借他人用于开立股票账户或投资设立公司之用。这种行为不但会带来不必要的法律争讼,而且助长了欺诈失信行为。

第八节 股东的账簿查阅权

一、股东的账簿查阅权的概念

所谓股东的账簿查阅权是指股东在查阅公司财务会计报告之外享有的查阅公司会计账簿的权利。中外各国小股东的维权实践表明,知情权是股东行使一系列权利的前提和基础。知情权不仅行使成本低,而且在扶持小股东的弱势地位、监督大股东与管理层慎独方面效果良好。小股东之所以在大股东和管理层面前沦为弱者,主要源于小股东与大股东和管理层之间在占有公司财务信息和经营信息方面的不对称。在公司实践中,许多小股东之所以长期遭受大股东欺凌与盘剥,之所以长期无法从经营绩效很好的公司获得正常分红,主要的制度根源在于小股东无法查账。

账簿查阅权滥觞于美国。美国的普通法和诸州的成文法均认许此种权利。[1] 1950年,日本修改其《商法典》时,从美国导入此制,以期加强股东权之保护。1993年又根据日美构造问题协议放宽了股东行使账簿查阅权的持股要件。日本一些学者根据媒体披露的公司情报资料推算,此种持股要件放宽后,得以行使账簿查阅权的股东数可增加10倍左右。[2]

根据我国1993年《公司法》,有限公司股东仅有权查阅股东会会议记录和公司财务会计报告(第32条);公司股东还有权查阅公司章程(第110条)。由于股东会会议记录和章程都是股东公知信息,财务会计报告又易造假,股东查阅上述文件并无实益。通常所说的财务造假,造的就是这几张财务会计报告。由于小股东是否有权查阅会计账簿没有被明确写入1993年《公司法》,虚假财务报告成了不少大股东对小股东隐瞒公司经营绩效和财务状况的"秘密武器"。而对股东最有意义的、而且不容易被造假的会计账簿和原始凭证等则无法查阅。

为强化股东的知情权,改善中小股东的信息供给,提升中小股东的弱势地位,我国《公司法》第34条广泛借鉴欧美和日本等市场经济大国的先进立法经验,回应了广大中小股东的查账呼声,明确授权股东查阅公司会计账簿。该条在

---

[1] Harry G. Henn & John R. Alexander, Laws of Corporations, Horn Book Series, West Publishing Co., 1983, pp.536—550.

[2] 〔日〕吉戒修一:《平成五年商法改正法的解说》,载《法律のひろば》1993年10月号。

第 1 款重申股东有权查阅、复制公司章程、股东会会议记录、董事会会议决议、监事会会议决议和财务会计报告的同时,在第 2 款进一步明确规定:"股东可要求查阅公司会计账簿。"由于立法者将查账权界定为单独股东权,对股东的持股比例与持股期限未作限制规定,因此查账权的权利行使门槛非常低。从理论上说,任何一名诚信股东都有权行使查账权。

二、股东的账簿查阅权的作用

股东行使查账权有助于股东高效、低成本地行使其他股东权利。近水楼台先得月的控制股东能有机会参与公司的经营管理活动,无需行使知情权。因此,知情权仅对"雾里看花"的中小股东具有实际意义。纲举目张。一旦真相大白,小股东就可轻而易举地彻底粉碎大股东垄断公司信息的"霸权",挫败控制股东先引诱小股东投资、然后鱼肉股东利益的策略。在获取相关信息与证据之后,股东既可用手投票,在股东大会上贤明地行使表决权;又可用脚投票,行使自己的转股权、退股权和解散公司诉权;还可用诉状投票,为维护公司的利益而提起股东代表诉讼,或为维护自己利益而提起直接诉讼。例如,长期无法获得股利分配的股东是否可根据我国《公司法》第 75 条第 1 项规定行使退股权,必须以股东行使知情权为前提。由此可见股东查账权与其他权利之间的良性互动关系。

股东行使查账权有助于提高公司在股东中间的透明度,从而规范公司治理和经营行为。阳光是最好的防腐剂。在中小股东查账的威慑、阻遏和教育功能面前,理性的控制股东和管理层往往会好自为之,诚信慎独,趋利避害,善待中小股东。查账权的这一积极作用甚至有可能大大超越其对查账股东的个体维权作用。在控制股东和管理层参与会计账簿的前期制作的情况下,立法者允许小股东参与会计账簿的后期查阅,至为公平,符合中庸、和谐的理念。因此,查账权不仅可给小股东一个明白,还可还控制股东和公司高管一个清白。

股东行使查账权还有助于帮助控制股东监督控制股东选任的公司高管。公司高管是公司和全体股东的代理人,本应效忠于公司和全体股东。但在现实中,公司高管有可能既背叛公司,又背叛广大股东,甚至背叛控制股东。如何保持控制股东对其推荐的公司高管的有效控制一直是公司投资与治理中的难题。小股东通过行使查账权,就可督促公司高管洁身自好,从而降低控制股东对公司高管的监督成本。毕竟,控制股东与中小股东在预防公司高管背信懈怠方面具有共同的利益基础。

股东行使查账权还是对各方当事人利益冲击最小的救济方法。在对中小股东提供的五大途径之中,查账权的副作用最小,但效果最好。因为,股东查账的结果并不影响公司的股权结构,亦不减少公司的净资产,更不影响公司的寿命。相反,股东查账的结果有助于公司和股东们堵塞公司治理漏洞,提升公司的投资价值。因此,股东的查账权应成为各类救济方式中的首要选择。当然,股东查账权并不能包医百病,更不是救济中小股东的唯一措施。因此,在股东查账之后也可能跟进股东的其他维权举措。

三、股东查账程序和滥用预防

股东查阅公司会计账簿应遵循适当的程序。我国《公司法》第 34 条第 2 款对此规定:"股东可以要求查阅公司会计账簿。股东要求查阅公司会计账簿的,应向公司提出书面请求,说明目的。公司有合理根据认为股东查阅会计账簿有不正当目的,可能损害公司合法利益的,可以拒绝提供查阅,并应当自股东提出书面请求之日起 15 日内书面答复股东并说明理由。公司拒绝提供查阅的,股东可以请求人民法院要求公司提供查阅。"

首先,有意查账的股东应向公司提出书面请求而非口头请求,并适当说明查账目的。股东提出书面请求的制度设计目的有二:一则为公司预留备置会计账簿的必要准备时间;二则便于公司提前发现股东滥用查账权的蛛丝马迹,从而抗辩滥权股东的查账请求。查账目的应清晰明了,不能模棱两可,不知所云。笔者认为,股东在查阅公司账簿之前对公司内部的记账和会计处理状况特别是对公司内部究竟设有何种任意性会计账簿和会计文件一无所知,不能苛求股东在请求书中对查阅对象叙述得过于具体。只要股东在请求书中叙明其查阅账簿的具体理由和目的即可,不必叙明其查阅的具体对象。

其次,由公司对股东查账目的进行实质审查,以判断查账目的是否正当。倘若公司有合理根据认为股东查阅会计账簿有不正当目的,可能损害公司合法利益,就可拒绝提供查阅。此处的"合理根据"乃指真实、合法、相关的证据而言。换言之,公司要就其主张的"股东查阅会计账簿有不正当目的,可能损害公司合法利益"承担举证责任。所谓"正当目的",指与维护基于股东地位而享有的利益具有直接联系的目的。例如,调查公司的财务状况,调查股利分配政策的妥当性,调查股份的真实价值,调查公司管理层经营活动中的不法、不妥行为,调查董事的失职行为,调查股价下跌的原因,调查公司合并、分立或开展其他重组活动的必要性与可行性,调查股东提起代表诉讼的证据,消除在阅读公司财务会计报告中产生的疑点等,均属股东查阅会计账簿的正当目的。与正当目的相对的为非正当目的,即股东权保护自身之外的其他一切目的,包括但不限于股东为公司的竞争对手刺探公司秘密,进而图谋自己或第三人的不正当竞争利益;为敲诈公司经营者而吹毛求疵、寻找公司经营中的细微技术瑕疵等。但公司不能仅以某股东对经营者不甚友好即推定其账簿查阅权之行使存有不正当目的。

再次,公司即使拒绝提供查阅,也应遵循程序公正的理念,自股东提出书面请求之日起 15 日内书面答复股东并说明理由。拒绝理由仅限于股东查阅会计账簿有不正当目的、可能损害公司合法利益的情形,公司不能因为管理层不喜欢小股东而拒绝其查账请求。倘若公司拒绝或怠于在前述期限内书面答复(而非口头答复)股东并说明理由,则股东有权诉请法院强制公司提供会计账簿查阅。

最后,倘若拟查账股东认为自己查阅会计账簿的目的正当,不可能损害公司合法利益,有权举证推翻公司的怀疑。倘若公司采纳股东意见,当然可为其提供会计账簿查阅;倘若公司与股东之间产生分歧、协商未果,可诉诸人民法院。

倘若公司无正当理由拒绝股东行使账簿查阅权时,股东救济途径有三:一是请求法院责令公司为股东提供特定公司账簿[①];二是向公司负责账簿保管的负责人请求赔偿损失(含诉讼费用);三是在遇有重大、紧急事由时,可申请法院对公司账簿采取诉讼保全措施。对于无理拒绝股东账簿查阅权的公司经营者,还应追究其法律责任。

四、股东查账的方式

公司应无偿为股东提供会计账簿。会计账簿有电子版或备份时,股东可自费请求公司予以拷贝、打印或发送到股东指定的电子邮件地址;无电子版时,股东可自费复印、誊写(抄录)、拍照、扫描。股东不仅可查阅当年的会计账簿,也可查阅往年的会计账簿。

股东查阅账簿既可由本人为之,亦可获得律师、会计师或其他代理人协助。有人建议股东只能通过审计机构查账,显然有失偏颇。审计机构仅是股东行使知情权的手段,不能反客为主剥夺股东的自行查阅权利。

为平衡股东与公司利益,行使查阅权的股东自应保守公司的商业秘密。

五、股东可否查阅公司的原始会计凭证

有人问,倘若股东在查阅会计账簿后为解疑释惑,可否查阅原始会计凭证?对此,存在两种观点。一种观点认为,既然公司法对此未作规定,就应解释为股东无权查阅原始会计凭证;另一种观点认为,既然会计账簿可查阅,就可查阅会计账簿背后的原始会计凭证。

鉴于会计账簿并非无源之水、无本之木,而是依据原始会计凭证制作;鉴于小股东最急需、控制股东和高管最害怕的查阅对象乃为原始凭证(包括原始发票);又鉴于会计账簿的造假难度虽高于财务会计报告,但低于原始会计凭证,笔者力主股东有权在股东查阅会计账簿的同时,请求查阅赖以制作会计账簿的

---

① 司法实践中,有法院判决公司向原告股东提供会计账簿,并由原告股东保管会计账簿30日。笔者认为,此种判决方式有所不妥。一则由原告股东保管会计账簿有遗失、涂改之风险,二则由股东保管会计账簿不便公司和其他股东使用。建议人民法院可判令公司将会计账簿备置于公司住所,由原告股东在营业时间查询、誊抄、复制或复印。

公司原始凭证。一旦真相大白,股东维权难题自然迎刃而解。

例如,某股东在查阅会计账簿时发现有一笔可疑的巨额广告费支出,但无法阅读或收视该广告内容。于是,该股东打定主意,一定要查阅该笔广告费的发票。而管理层则闪烁其词,拒绝查阅。笔者认为,该股东有权请求查阅该发票。

六、原股东可查阅公司的会计账簿

老股东在转让股权后的合理期限内怀疑股权转让价格由于控制股东和管理层操纵公司财务活动而过低的,仍有权查阅公司的会计账簿和原始凭证,进而决定是否行使撤销股权转让合同的权利。

首先,允许前股东查阅公司会计账簿是诚实信用原则在公司法领域的必然要求。对此,可采取举轻明重的解释方法。我国《合同法》第92条根据诚实信用原则确认了当事人的后合同义务:"合同的权利义务终止后,当事人应当遵循诚实信用原则,根据交易习惯履行通知、协助、保密等义务。"鉴于《合同法》调整的合同关系往往是一次性的、松散的交易关系,此种松散的合同关系尚且遵循诚实信用原则;鉴于《公司法》调整的股权关系是团体性的、密集的团体关系,《公司法》更应确认公司对其前股东所负的诚信义务(可称之为"后股东义务")。

其次,允许前股东查阅公司会计账簿有助于前股东对显失公平的股权转让合同行使撤销权。这是由于,老股东的股权转让价款往往与公司的净资产密切相关,倘若老股东无权查账,则作为受让方的控制股东或公司高管也可能上下其手,故意压低公司净资产和股权价值,从而肆无忌惮地侵害老股东权利。而允许前股东查账则有利于股东获取行使撤销权的充分证据,进而从反面督促作为受让方的控制股东或公司高管诚信行事。

第九节 股东的分红权

一、股东分红权的概念

所谓股东分红权,即股东的股利分配请求权,是指股东基于其公司股东的资格和地位所享有的请求公司向自己分红的权利。股利分配请求权的性质可从抽象意义与具体意义两个层面上予以探讨。

抽象的股利分配请求权,是指股东基于其公司股东的资格和地位而享有的一种股东权权能。获取股利是股东投资的主要目的,也是公司作为营利法人的本质要求。抽象的股利分配请求权是股东所享有的一种固有权,不容公司章程或公司治理机构予以剥夺或限制。但此种固有权的内容并非必然相同,尤其当公司发行以不同顺序或数额分享股利分配的数种股份时表现得较为明显。又由于公司的经营具有风险性,股东的股利分配请求权劣后于第三人对于公司之债权,股东在每一特定年度能否分得股利、分得几何,均为未知数,故抽象的股利分配请求权为一种期待权。

具体的股利分配请求权,又称股利金额支付请求权,是指当公司存有可资分红的利润时,股东根据股东大会分派股利的决议而享有的请求公司按其持股类别和比例向其支付特定股利金额的权利。具体的股利分配请求权的性质有三:(1)债权性。由具体的股利分配请求权所具有的债权性,又可引申出此种权利的不可侵性和与股东权分别转让的可能性。因此,具体的股利分配请求权要受债权法的保护,债权法的原理对其完全适用。(2)社团性。具体的股利分配请求权虽然是债权,但与第三人的债权不同,具有强烈的社团性色彩,此种债权源于股东资格或地位所蕴含的抽象股利分配请求权。(3)既得权性。抽象的股利分配请求权与具体的股利分配请求权既相区别,又相联系。后者是从前者所涌流出来的,而前者又源于股东的资格和地位。

股东分红权体现了公司的营利性。公司的营利性包含两个不可或缺的内容:一是公司自身作为商人的营利性;二是投资者作为商人的营利性。就股东的营利性而言,股东有权从公司取得投资回报,公司应把股东利益最大化视为公司最高价值取向。股东是否具有营利性是区分营利组织与非营利组织的试金石。非营利组织的存在和运转离不开足够的财力支持。而财产和经费的取得除了靠无偿的捐赠,就是有偿的交易活动。但不能仅仅因为非营利组织从事了有偿的交易活动、赚了钱,就认为非营利组织的性质转化为营利组织。

二、股利的概念和种类

分享股利是股东的投资目的之所在。股利是指公司依法定条件和程序从其可资分配的利润中向股东所支付的财产利益。

以其具体表现形式为准,可分为现金股利、股份股利和其他财产股利。(1)现金股利指公司以现金向股东分配的股利。现金既包括人民币(本币),也包括外币。现金股利是运用最普遍的股利形式。(2)股份股利又称"送股",指公司以本公司股份向股东分配的股利。股份股利一般是向同种类的股东所分配的,对普通股东分配普通股份,对优先股东分配优先股份。但若经股东大会以特别决议形式通过决议,亦可对普通股东分配优先股份,对优先股东分配普通股份。此种交叉分配股份股利的结果是,改变了普通股东与优先股东原有的利益分配格局即持股类别与比例结构。故法律应对此种做法设定严格的程序要件。另外,对普通股东分配普通股份一般不会影响优先股东的自益权,而对优先股东分配优先股份则由于优先分红和剩余财产的股份的增多而会影响普通股东的自益权。目前我国证券投资者对大额送股的欢迎程度远逊于对现金股利的欢迎程度。(3)其他财产股利是公司以上述形式之外的其他财产向股东分配的股利,如本公司的产品、服务、本公司握有的除自己股份之外的有价证券、本公司拥有的流动资产及其他财产等均在其内。因此,房地产开发公司可用商品房作股利,电冰箱公司可用电冰箱作为股利,航空公司可用航空里程作为股利,网络公司可用上网时间作为股利,电信公司可用通话时间作为股利。当公司依法定条件和程序、按股东持股类别和比例购回本公司股份时,也可视为股利。

以其分配频度为准,股利分为常规股利和特别股利。(1)常规股利是公司在每年的一定时期(如每半年、每季度)向股东分配的股利。常规股利一般采取现金支付方式。(2)特别股利是公司向股东临时分配的、难以期望下年度再次分配的股利。特别股利既可采取现金形式,也可采取现金之外的其他财产股利形式。在分配常规股利同时附随分配的特别股利有时被称为"额外股利"。

三、我国股东分红权的现状

既然公司具有营利性,当然要全心全意地尊重与推动分红权的实现。遗憾的是,我国目前的股东分红水准普遍不高,在上市公司尤甚。实际上,我国当前股市投机性过强的重要原因在于,不少上市公司从不分红或虽然分红,但分红太少,仅具有"精神鼓励"的作用。

无奈之下,中国证监会2004年12月7日《关于加强社会公众股股东权益保护的若干规定》第4条明确要求上市公司实施积极的利润分配办法:"(1)上市公司的利润分配应重视对股东的合理投资回报。(2)上市公司应将其利润分配办法载明于公司章程。(3)上市公司董事会未作出现金利润分配预案的,应在定期报告中披露原因,独立董事应对此发表独立意见;上市公司最近三年未进行现金利润分配的,不得向社会公众增发新股、发行可转换公司债券或向原有股东配售股份。"因此,倘若一家上市公司连续3年不分红利,该公司的再融资能力就被当然取消。此种制度之善意应予充分肯定,因为这一制度安排的理念是尊重股东的营利性,善待股东的分红权。至于非上市公司和有限责任公司的股东如何行使分红权,则缺乏相关的行政指导意见。如何确保股东获得应有的投资回报,便成为公司法学者应关注的一个问题。

四、股利分配要件

股东有限责任对股东是一种特权,而对债权人来说却意味着风险。根据股东有限责任的原则,股东不仅对公司债权人,而且对公司均不负有财产上的义务。因此,为加强债权人保护,各国公司法往往规定严格的股利分配要件。

(一)股利分配之实质要件

为贯彻资本维持原则,保护公司债权人,不仅公司资本的减少要遵循严格的法律规定,而且不能用公司资本向股东分红,否则便意味着向股东返还了出资,从而损害了资本维持原则。因此,股利分配的资金来源不能求诸公司资本,而只能求诸公司的利润。

依我国《公司法》第 167 条规定,公司分配当年税后利润时,应提取利润的 10% 列入公司法定公积金。公司法定公积金累计额为公司注册资本的 50% 以上的,可以不再提取;公司法定公积金不足以弥补以前年度亏损的,在依照前款规定提取法定公积金之前,应先用当年利润弥补亏损;公司从税后利润中提取法定公积金后,经股东会或股东大会决议,还可以从税后利润中提取任意公积金;公司弥补亏损和提取公积金后所余税后利润,有限责任公司依照《公司法》法第 35 条的规定分配;股份有限公司按照股东持有的股份比例分配,但股份有限公司章程规定不按持股比例分配的除外。可见,股利分配的资金来源为当年税后利润弥补亏损、提取法定公积金与任意公积金后的余额。

只有当公司符合法定的股利分配要件、遵守有关限制股利分配的合同条款时,方能分红;否则,没有可资分配的利润却仍然分红,即构成违法行为。

(二) 股利分配之程序要件

股利分配与否、分红几何,既取决于公司是否有可资分配的利润,还取决于公司的意思表示。只有当公司宣布分红时,股东的具体股利分配请求权才得以产生。许多国家和地区的公司法将分红的决策机构界定为股东会(如德国、法国、英国、意大利、奥地利、瑞士、瑞典、日本和我国台湾地区);但美国诸州公司法则界定为董事会。

我国《公司法》第 38 条第 1 款第 6 项和第 100 条将分红的决策机构界定为股东会,股东会有权"审议批准公司的利润分配方案和弥补亏损方案"。但依据该法第 47 条第 5 项和第 109 条第 4 款,董事会有权制订公司的利润分配方案和弥补亏损方案。可见,股利分配的意思决定权专属于股东大会,董事会除制订股利分配方案以供股东大会审议批准外,不得与股东会分享此权。既然股东会的分红决议往往由董事会提出分红决议方案,董事会当然会对股东会的分红决议产生决定性影响。公司股东大会作出分红决议时必须遵守法定程序。这对于充分保护股东的分红权,限制董事会滥权,颇具重要意义。

公司分配股利时,必须遵守法定的程序要件,由股东大会通过分配股利的决议。只有同时具备股利分配的实质要件与形式要件,公司的股利分配行为方能生效,股东的分红权才能从抽象的期待权转化为具体的债权。

五、法院原则上不宜干预公司股利分配政策的实体内容

应说,股东的营利状况既取决于公司的营利状况,也取决于公司的股利分配政策。换言之,股利分配与否,不仅取决于公司是否有可资分配的利润,还取决于公司的意思。在美国绝大多数州,股东分红政策由董事会决定;而在我国,分红政策由股东大会拍板。当然,股东大会的判断又有可能受到两种股利分配理念的影响:一是股东近期财富最大化的理念;二是股东远期财富最大化的理念。究竟选择哪种理念,要看股东在股东大会表决时的角逐状况而定,本身无合法与违法之别,法院不宜干涉。

公司分红政策极其复杂,属于公司自治和商业判断的范畴。因为,此种政策要受制于公司的投资战略、股东的投资风格、公司的类别(闭锁型公司或公开性公司、非上市公司与上市公司)、公司的盈利能力与发展潜力、金融市场环境及税法等多种因素的影响。例如,有些上市公司愿意奉行平稳的分红政策,即使公司营利现状不能长期支撑此种平稳股利政策亦然,此时公司期待着经营状况会在将来有所转机,而不愿看到股利率的波动向投资者传递公司经营窘迫的信号。而闭锁型公司的主要股东则倾向于以工资、利息、租金等形式分红,或干脆不分红,一直等到公司资产积累到一定程度后再出售获利。

既然公司分红与否、分红之多寡原则上是公司自治和股东自治的范畴,法院不宜越俎代庖。因为,法院原则上缺乏对分红水准的妥当性进行司法审查的正当依据和专业判断能力。但这并不等于说,股利分配行为完全游离于司法权的审查范围之外。我国《公司法》将股利分配决定权确定由股东大会行使。人民法院对股利分配行为进行司法审查的落脚点仅在于股东会决议的程序性瑕疵(包括召集程序与决议程序中的瑕疵)。倘若股东会决议存在程序性瑕疵,股东自然可向法院提起公司决议撤销之诉。倘若股东会决议的内容违反了法律和行政法规中有关利润分配顺序的强制性规定,股东自然可向法院提起公司决议无效确认之诉。

六、法院例外干预公司股利分配政策的必备条件

人民法院和仲裁机构原则上不宜干预公司的分红政策。但当公司管理层或控制股东滥用资本多数决原则,甚至滥用"大河不满小河干"的理论,故意过分提取公积金,而不分红或很少分红并以其作为压榨小股东手段时,受害股东有权向法院提出强制公司分派股利之诉。换言之,当股利分配政策沦为控制股东或经营者压榨或排挤中小股东的手段时,法院应破例对于遭受压榨或排挤之苦的中小股东提供法律救济。

参酌主要国家和地区的判例与学说,本着公司利益与股东利益相兼顾、股东长期利益与短期利益相平衡的原则,法院例外干预公司的分红政策时应至少满足以下三个条件:

(1) 公司提取任意公积金是否具有必要性。换言之,公司提取任意公积金、牺牲股东近期利益是否为公司的存在与发展所必需。对此,应综合考虑公司的

经营状况、财务状况、证券市场和金融市场状况、产品或服务市场状况和国民经济总体形势等因素,判断公司提取一定数额的公积金是否为公司渡过经营难关、进一步发展与壮大所必需。如果某公司已提取巨额法定公积金和任意公积金,而公司在近期内的生存与发展所需要的资金需求微乎其微,公司若再逆小股东意志而提取巨额任意公积金、推行零分红政策或象征性分红政策,就构成过分提取任意公积金的行为。如果任意公积金之提取,是为了实现某种不切实际的空想经营目标,此种提取亦不具备必要性。

(2) 公司提取任意公积金是否具有合理性。倘若公司提取任意公积金、牺牲股东近期利益的确符合公司的生存与发展大计,此种牺牲也应控制在必要限度内。换言之,倘若股东长远利益与公司利益的维护需要股东牺牲10%的近期利益,公司就不能苛求股东牺牲20%的近期利益。

(3) 公司提取提取任意公积金是否符合股东平等原则。股东平等原则要求大小股东按其各自持股比例同受公司提取任意公积金导致的甘苦,大股东不得以任何途径(如接受公司财产赠与、与公司开展关联交易、取得过高薪酬等)从公司获得小股东不能获得的财产利益。公司确定低分红或不分红政策时,应一碗水端平,切实以公司利益之维护与促进作为最高指导原则,不得诈害部分股东、图谋私利,更不得借助不分红或零分红的伎俩排挤和打压其他小股东。在法国1976年的Langlois诉Peter一案中,某公司在20年间一直未派发股利,其公积金数量竟然高达公司资本的161倍,而大股东则恰然自得地以高管身份从公司领取高薪,即其典型案例。[1]

若公司提取任意公积金的行为缺乏以上任何一个要件,就构成过分提取任意公积金的行为,构成公司利益最大化理论的滥用,人民法院即可根据被压制小股东的诉讼请求,运用司法权干预公司的分红政策,保护股东的分红权。

强制分派股利之诉从性质上看,属于给付之诉,且属于股东直接诉讼,而非股东代表诉讼。理由是,股东提起诉讼的根据是股利分配请求权,而此种权利系自益权,公司向股东分派股利并非公司的权利,而是公司的义务。换言之,此种诉讼的受益主体是股东,而非公司。

强制分派股利之诉在美国运用的较为广泛。只不过绝大多数胜诉的判例是围绕闭锁型公司所展开的。但并不等于说,这些胜诉的判例中没有一个与公众型公司有关。美国在这方面的典型判例是1919年的道齐(Dodge)诉福特汽车公司(Ford Motor Co)一案。[2] 该案中的被告公司被法院责令向股东支付19275386美元的股利。英国1985年《公司法》第459条亦允许股东以公司事务

---

[1] Cass,1976年4月22日,Rev Soc,1976,3479。
[2] 204 Mich.459, 170 N.W.668, 3 A.L.R.413(1919)。

执行构成不公正侵害为由,向法院提起诉讼、取得法院令状。而法院的令状(order)当然包括强制公司向股东分派股利在内。我国修订前后的《公司法》对股东提起的强制分派股利之诉均未设规定,亟须完善。

第十节　股东的退股权

一、股东退股权的概念

股东的退股权,又名异议股东股份收买请求权(appraisal right),是指股东会作出严重影响股东利害关系的决议(如公司营业转让之决议、为限制股份转让而变更章程的决议、公司合并之决议、公司转化为有限责任公司之决议和公司宗旨变更之决议)时,股东有权请求公司购回自己的股份。该制度最早源于美国,并被加拿大、意大利、德国、西班牙、日本、韩国、我国台湾地区等立法例所确认。例如,日本《商法典》本来没有规定反对股东的股份买取请求权,但到了1950年移植了美国的反对股东股份收买请求权制度,以期强化对中小股东权的保护。再如,虽然1892年德国《有限责任公司法》没有规定公司的股东退股制度,但德国法官和学者创设了股东在例外情况下退股的制度。

《公司法》第75条在我国公司法历史上首次确认了股东的退股权。根据该条规定,凡有限责任公司有该条规定的三种法定情形之一的,对股东会该项决议投反对票的股东就可请求公司按照合理的价格收购其股权。无论是哪种情形,其共同点都是有可能加大股东投资风险,直接动摇股东的投资预期。该条规定的退股制度也适用于外商投资的有限责任公司包括中外合资经营企业。

《公司法》第75条仅针对有限责任公司股东而设计。至于股份有限公司的股东,立法者也未忽视其退股权。根据该法第143条规定,股东因对股东大会作出的公司合并、分立决议持异议,要求公司收购其股份的,公司必须收购该股东持有的本公司股份。

我国《公司法》允许的退股范围依然有限。其中,股份有限公司股东的法定退股情形更少。例如,根据我国《公司法》第143条规定,股份有限公司股东的法定退股情形仅仅是该股东对股份有限公司股东大会作出的公司合并、分立决议持异议,至于公司转让主要财产并非股东退股的法定事由。因此,有必要借鉴先进立法经验,在未来公司法修改时进一步予以拓展。

二、股东退股权的作用

确认股东的退股权对维护作为"持不同政见者"的中小股东权益至关重要。现代公司的股东会运作往往实行资本多数决原则。资本多数决的实质是,谁的持股比例高,谁的发言权大。换言之,财大气粗的控制股东说了算,而不是小股东说了算。但严格贯彻资本多数决原则的结果是,小股东的投资预期有可能因为股东会的决议而发生突然变化。例如,公司决定与其他一家竞争力不强的公司合并时,有可能与小股东的投资理念(包括风险偏好)发生冲突。小股东即使在股东大会上投反对票,也无法阻挡股东大会的决议。为帮助小股东控制和规避投资风险,实现大小股东的利益平衡,有必要确认股东的退股权。

确认股东的退股权对公司的控制股东也有好处。因为法律为持不同投资意见的小股东预留退出通道之后,小股东可轻而易举地通过行使股份买取请求权而退出公司,而不用借助耗时费力的解散公司之诉或股东代表诉讼维护自身权益。如此以来,控制股东当然可悠然自得地将自己的利益和意志上升为公司的意志,并排除小股东的不必要干扰。一方面,控制股东享有控制权;另一方面,中小股东享有退股权,二者各得其所,共同构成了和谐的公司控制权格局。当然,为了避免小股东退出公司对公司的资本信用乃至于整体商业信誉的负面作用,控制股东和公司管理层在推行自己偏好的公司决策时也应三思而行。

确认股东的退股权不仅仅是立法者对股东缺乏公司决策控制力的一种利益补偿和心理同情,也是尊重股东营利性的理性选择。股东营利性与股东分红权的实现方式,既包括股东经由股东大会的分红决议获得公司自愿分配的红利,也包括股东经由人民法院的强制分红判决而获得合理红利,还包括股东分红未果时的急流勇退。在股东别无脱身良策的情况下,倘若股东能打破与公司之间的"锁链",回收自己所持股权的真实投资价值,也未尝不是一件幸事。因此,正是基于股东的营利性,许多国家纷纷确认股东的退股权。

三、股东退股的条件

我国《公司法》第75条规定了股东退股的三大法定情形:(1)公司连续5年不向股东分配利润,而公司该5年连续盈利,并且符合本法规定的分配利润条件;(2)公司合并、分立、转让主要财产的;(3)公司章程规定的营业期限届满或章程规定的其他解散事由出现,股东会会议通过决议修改章程使公司存续的。兹分述如下。

(一)长期不分红

我国《公司法》第75条第1款第1项规定的第一种股东法定退股情形是,"公司连续5年不向股东分配利润,而公司该5年连续盈利,并且符合本法规定的分配利润条件"。由此可见,股东退股必须同时满足以下三个条件,三者缺一不可:

(1)公司连续5年不向股东分配利润。倘若公司连续3年不向股东分配利润,股东仍不得寻求退股救济。在我国《公司法》修改过程中,有观点建议将股东退股的条件确定为"公司连续3年不向股东分配利润,而公司该3年连续盈利,并且符合本法规定的分配利润条件的"。但为预防股东频繁退股对公司生存与发展的风险,最终出台的《公司法》将"3年"改为"5年"。

(2) 公司在5年内连续盈利。公司盈利应是连续的,而非断断续续的累积。正因为公司在5年内连续盈利而不分红,股东才能退股。倘若公司在5年内连续亏损,颗粒无收,股东可否退股? 回答是否定的。理由之一是,公司吸引股东留在公司的文化理念是同甘共苦。如果说在公司五年连续盈利、但不分红的情况下允许股东以合理价格退股,是为了弘扬"同甘"的理念、鼓励全体股东共享财富;那么在公司五年连续亏损的情况下不允许股东退股,是为了弘扬"共苦"的理念、鼓励全体股东共担风险。理由之二是,在公司连年亏损的情况下,为了保护公司债权人利益,也不允许股东退股。倘若允许股东在这种情况下退股,股东势必争先恐后分割公司财产,逃离公司,从而严重坑害债权人利益。理由之三是,投资有风险,一旦公司连年亏损,股东当然不能退股。对此,股东在投资之初就能预料到。因此,退股权对股东提供的退出通道有其特定的适用情形。

(3) 公司在5年内均符合《公司法》规定的分红条件。我国《公司法》第167条规定了公司向股东分配红利的法定条件。例如,在公司弥补亏损和提取法定公积金之前不得向股东分配利润。倘若一家公司无法在5年内连续符合《公司法》规定的分红条件,股东仍然不得退股;否则,无异于以牺牲债权人利益为代价增进股东一己之私,从而否定立法者保护公司债权人的立法理念。

在实践中,常有控制股东和公司高管为了压榨和排挤中小股东,恶意滥用公司利益最大化理论,长期推行不分红或少分红的政策。这显然违背了股东追求投资回报的投资目的,此类公司对投资者就失去了投资价值。根据我国《公司法》第75条第1款第1项规定,只要具备以上三个条件,中小股东就可逃离此类不具有投资价值的公司。

我国《公司法》第75条第1款第1项规定的退股情形仅适用于有限责任公司的股东,而不适用于股份有限公司的股东。遇有此种情形,股份有限公司的股东不能请求公司退股,只有通过股权转让才能"脱离苦海"。对于上市公司来说,由于存在着具有高度流通性的股权交易市场,股东变现股权价值的速度更快,效率更高,成本更低。

(二) 公司合并、分立、转让主要财产

这是我国《公司法》第75条第1款第2项规定的股东退股条件。天下大势,分久必合,合久必分。对公司王国来说,也是如此。公司合并与分立是公司实践中的常见公司重组策略。强强联合需要公司合并,强弱联合也需要公司合并。为化解投资风险,缓解创业家之间的宿怨,突出每家公司的业务专长和产品特色,公司分立也有其适用空间。在控制股东将公司合并或分立诠释为百年不遇的投资机遇时,中小股东可能将其解释为灭顶之灾。立法者当然要为中小股东提供退出机会。

不慎重的公司转让主要财产足以威胁公司的存在基础,足以对公司运营的前景产生重大影响,足以从根本上动摇股东的投资预期。因此,我国《公司法》第 75 条第 1 款第 1 项将公司转让主要财产列为股东的法定退股情形。"主要财产"包括两个类型:一是从财产价值看,公司转让的财产价值在公司净资产中所占比例较高(如达到公司净资产 30% 以上);二是从用途、效能与重要性看,公司转让的财产属于公司的核心业务资产。倘若一家发电公司把自己的主要发电机组出卖给其他发电公司,无异于自我阉割发电能力,从而严重影响股东的投资预期,股东当然可退股。当然,那些公司财产属于"主要财产"在不同产业、不同规模的公司中仍要具体情况具体分析。

概括起来,无论是公司合并,还是公司分立,抑或转让主要财产,都是涉及公司生死存亡的重大决策,也是与股东利益尤其是中小股东休戚相关的重大问题,严重影响着股东在投资初期的投资预期。因此,允许那些坚决反对公司此种决策、但无力影响公司决策的反对派股东在公司生涯的十字路口就股东自己的何去何从作出明智选择。

根据我国《公司法》第 143 条,股份有限公司股东的法定退股情形仅仅是该股东对股份有限公司股东大会作出的公司合并、分立决议持异议,至于公司转让主要财产,并非股东退股的法定事由。遇有公司转让主要财产的情形,股东不能请求公司退股,只能通过股权转让告别公司。

(三) 公司生命的延展

根据我国《公司法》第 75 条第 1 款第 3 项规定,公司章程规定的营业期限届满或章程规定的其他解散事由出现,股东会会议通过决议修改章程使公司存续,也是股东的法定退股事由之一。公司在依据公司章程应予解散的情况下,也可基于多数股东的自有意思予以顺延。

延长公司寿命,符合企业维持原则,有利于提升雇员、公司高管、广大股东与其他利益相关者的福祉。但公司寿命之延长不仅破坏了股东当初投资于公司的投资预期,而且会带来不确定的投资风险,更会由于股东迟迟不能收回投资而耽搁甚或延误在其他产业或公司中的投资计划。因此,立法者也允许有限责任公司的股东退出公司。当然,这一情形下的退股权只适用于有限责任公司的股东,而不适用于股份有限公司的股东。后者遇有类似情形,仅能出让股权。

四、股东退股的程序

我国《公司法》第 75 条第 1 款未规定退股股东的持股比例与持股期限。因此,持股比例较少、持股期限较短的股东也可行使退股权。但仅具备该条规定的法定退股情形并不当然导致股东自动退股。相反,股东退股应依循相应的正当程序。

首先,在发生法定退股情形时,股东应对股东会的相关决议投反对票。根据我国《公司法》第 75 条第 1 款规定,只有立场坚定的反对派股东才有资格退股。依反对解释,赞成派股东抑或骑墙派股东均无权染指退股待遇。唯有如此,才能鼓励与引导股东们在股东会表决时慎思明辨、前后一贯,避免轻率行事、出尔反尔。倘若一名股东对公司的合并分立事项投了赞成票或弃权票,也就丧失了退股权。如果某股东赞成公司的公司决议,嗣后又后悔,进而主张退股权,原则上也不宜支持。因此,在股东会召开时,反对股东的投票应旗帜鲜明,不能左右摇摆。为避免空口无凭,股东会的主持人应安排工作人员如实记录反对股东的投票事实。

其次,反对股东应优先启动与公司的谈判程序,并在协商未果时向人民法院提起诉讼。权利有保质期的。退股权也不例外。根据我国《公司法》第 75 条第 2 款规定,自股东会会议决议通过之日起 60 日内,股东与公司不能达成股权收购协议的,股东可自股东会会议决议通过之日起 90 日内向人民法院提起诉讼。

股东与公司启动股权收购协议的谈判程序并非必要的前置程序,而是立法者推出的一个倡导性规定。股东退股的具体方案尤其是公司向股东支付的退股对价属于契约自由范畴。立法者与裁决机构对于股东与公司间的契约自由应采取乐见其成的态度。倘若股东跨越与公司的协商程序,径行向人民法院提起诉讼亦无不可。人民法院不宜以原告股东尚未与公司协商谈判为由拒绝立案。

股东与公司协商时应遵循诚信、和善、坦诚、宽容的原则,尽量提高谈判效率,避免马拉松式的谈判对双方的伤害。立法者将股东向法院提起退股诉讼的时间锁定为 90 日,而且自股东会决议通过之日起算,而非自股东与公司谈判破裂之日起算。根据我国《公司法》第 75 条第 2 款的设计本意,倘若股东"自股东会会议决议通过之日起 60 日内"仍不能与公司达成股权收购协议,则应及时向人民法院起诉。此处的"60 日"规定属倡导性规定,而非强制性规定。

五、退股价格的确定

适合自己的,就是最好的。对于股东退股对价的确定而言,又何尝不是如此?立法者之所以苦口婆心地在我国《公司法》第 75 条第 2 款鼓励股东与公司达成股权收购协议,真正的用意也在于此。因此,倘若公司与股东出于诚信而为,在不损害第三人利益尤其是公司的债权人利益的前提下,必然能找到一个相对公平合理的退股对价。有鉴于此,立法者在我国《公司法》第 75 条第 1 款使用了一个模糊语词"合理的价格"。因此,应鼓励公司与股东通过契约自由的谈判手段发现能为双方共同接受的合理转让价格。无论是以公司上一财务年度末的净资产为基准,还是以股东退股时的净资产为基准,抑或以公司在股东退股之前前三年财务会计报告中的净资产的平均值为基准,甚或以股东与公司自愿约定的第三价格为基准,均无不可。相互理解和彼此宽容乃是最大的商业智慧。

如果双方当事人协商未果,拟退股股东当然可诉诸法院,请求法院指定一家具有法定资质的资产评估机构评估公司在股东退股之时的净资产。因此,人民法院在退股权诉讼中的核心裁判难点在于退股对价的确定。笔者认为,根据公司净资产和反对股东的持股比例,就可计算出反对股东股份的转让价格。由于上市公司的股票价值随时均可确定,因此上市公司股东可要求公司直接参酌股票的市场价格支付退股对价,而无需借助资产评估机构的专业活动。

六、上市公司股东原则上不享有退股权

由于非上市公司尤其是有限责任公司股权转让的流通性较弱,股份买取请求权的确是保护中小股东权益的重要手段。至于上市公司的股东可否行使股份买取请求权,各国立法例颇不相同。美国许多州对股份收买请求权的行使规定了市场例外规则。换言之,股份买取请求权只适用于小股东转让股权自由严重受限制的情况下,如果异议股东的股份可通过市场转售他人,就没有必要适用股份买取请求权。

在上市公司股票正常流通的情况下,反对公司决议的股东可随时将其持有的股票在证券市场上转卖他人。这种用脚投票的救济方式既可使得该股东脱离苦海,也不减少公司的资本数额,不削弱公司对公司债权人的债务清偿能力。在上市公司股票流通性受限制、或股票流通性虽然未受限制但反对股东转让股份的结果有可能导致该股东遭受不合理损失时,法律仍应确认反对股东的股份买取请求权。倘若某家上市公司的股价被市场严重低估,致使股价明显低于该公司经营业绩尤其是公司的净资产状况,反对股东在股市上抛售股份的结果只能是雪上加霜,有可能蒙受非常不利的财产损失。在这种情况下,允许反对股东行使股份买取请求权就有重要的现实意义。在我国当前市场主体各种利益关系尚未理顺、市场效率尚不充分的证券市场环境下尤为如此。

七、股东退股权与中小股东其他救济措施之间的互动关系

股东的退股权在救济中小股东的五大救济体系之中位于第四顺位。具体说来,股东的退股权比查账权、分红权、转股权更加激烈,引发的后遗症和副作用要大一些。这是由于,股东退股权行使的结果是股东从公司获得其所持股份的财产价值,不仅导致股东资格的丧失,而且导致公司净资产的减少。这对公司债权人的保护来说绝对不是一件好事情。因此,在人民法院运用股东退股方法保护

中小股东权益时应优选查账、强制分红与转股等方案。

退股权与其他权利之间存在着互动关系。股东的退股权仅是股东享有的诸多权利簇中的一个权利。此外,其他的股东权利尤其是中小股东救济措施都可发挥替代性的权利维护和损害救济作用。例如,对控制股东和公司管理层心怀不满的异议股东可对前者损害公司利益的行为提起股东代表诉讼,也可对前者损害中小股东利益的行为(如虚假陈述、操纵市场、内幕交易)提起股东直接诉讼乃至于集团诉讼。股东究竟是选择坚守阵地,留在公司与不法控制股东或管理高层作斗争,还是选择股份买取请求权,都是股东的自由选择,法律不宜干预。再如,退股权与查账权并非相互排斥,而是具有相容性与互补性。一方面,查账权的行使可避免与减少控制股东与管理层通过财务造假规避股东退股的道德风险;另一方面,查账权的行使可为股东退股探明道路,清除障碍。

退股权对公司股权结构与治理格局的冲击和影响比解散公司诉权要和缓一些。这是由于,股东退股后公司资产虽然减少,但公司的法律人格依然存在。因此,在人民法院运用司法解散制度保护中小股东权益时应在法律允许的情况下优选股东退股方案。

第十一节　股东代表诉讼提起权

一、股东代表诉讼提起权的概念和性质

股东代表诉讼,是指当公司拒绝或怠于通过诉讼追究公司董事、监事、高管、控股股东、实际控制人和第三人对公司所负的义务或责任时,具备法定资格的股东有权依据法定程序以自己名义、但为了公司利益而提起诉讼。

股东代表诉讼提起权是一种共益权,而非自益权。股东提起代表诉讼的诉讼原因并非属于作为公司投资者的股东,而是属于公司整体;代表诉讼获胜的结果往往导致公司利益之取得或损失之避免,而这种结果又间接使公司股东、债权人和职工受益。既然股东提起代表诉讼并非只为追求自身利益,因此代表诉讼提起权属共益权的范畴。

代表诉讼提起权在有限责任公司属于单独股东权,而在股份有限公司属于少数股东权。根据我国《公司法》第152条规定,有限责任公司的任何股东,不论起持股期限多长、持股比例几何,均可具备原告股东资格。立法者之所以如此设计制度,主要是为了鼓励小股东监督公司正常运营、维护公司整体利益。至于股份有限公司的股东,则并非当然具备股东代表诉讼的原告资格。原告股东必须是连续180日以上单独或合计持有公司1%以上股份的股东。立法者之所以如此设计,主要是为了防止个别居心不良的投机股东滥用权利。

当然,在立法者放宽有限责任公司股东的代表诉讼原告资格、严格限定股份有限公司股东的代表诉讼原告资格的时候,仍会发生立法者在制度设计之初的不测情势。例如,即使股份有限公司的股东资格门槛较高,仍难避免股东滥权现象;即使有限责任公司的股东资格门槛较低,仍难清除小股东起诉的障碍尤其是知情权受限而伴生的举证难问题。因此,有必要确保其他配套法律机制的跟进与配合,以避免股东代表诉讼孤军深入、无功而返。例如,为拒绝小股东的举证难问题,需要同步强化中小股东的查账权。

二、股东代表诉讼的被告范围

   根据我国《公司法》第152条规定,股东代表诉讼的被告既包括董事,也包括监事、经理和其他公司经营者;既包括公司内部人,也包括公司外的第三人;既包括民事主体,也包括行政机构。

   原告股东提起的股东代表诉讼既包括民事诉讼,也包括行政诉讼。当原告股东对侵害公司合法权益的民事主体提起代表诉讼时,该诉讼属民事诉讼的范畴,适用民事诉讼程序;而当原告股东对侵害公司合法权益的行政机关提起代表诉讼时,该诉讼属行政诉讼的范畴,适用行政诉讼程序。

三、原告股东提起代表诉讼的资格

   我国《公司法》将原告股东资格依然界定为有限责任公司的任何股东(包括持股1%、持股期限仅长达一天的股东),股份有限公司连续180日以上单独或合计持有公司1%以上股份[①]的股东。可见,立法者将有限责任公司股东提起股东代表诉讼的权利视为单独股东权,而且对有限责任公司的股东资格(包括持股比例和持股期限)未作任何限制。提起股东代表诉讼的原告股东既可是一名股东,也可是相与结合的两名或两名以上的股东。

   依照我国《公司法》第152条提起代表诉讼的股东既包括记名股东,也包括无记名股东。代表诉讼制度中的原告不仅应解为狭义的名义股东,而且应包括实质股东,如股权信托(含表决权信托)中的受益人、证券投资基金券的持有人等。实质股东提起股东代表诉讼时,即使其姓名或名称未载入股东名册或公司登记机关的登记资料,倘若有证据证明其实质股东的资格,也有权利提起股东代表诉讼。

   提起代表诉讼的原告既包括普通股东,也包括特别股东,尤其是无表决权股东。由于代表诉讼提起权与表决权是股东享有的两种平行的共益权,不得借口

[①] 2006年4月28日最高人民法院《关于适用〈中华人民共和国公司法〉若干问题的规定(一)》第4条指出:"公司法第152条规定的……合计持有公司1%以上股份,是指两个以上股东持股份额的合计"。

此类股东无表决权而限制或剥夺其代表诉讼提起权。

若股东在提起代表诉讼后死亡（自然人股东）或消灭（法人股东），则自然人股东的继承人或法人股东的概括承继人（如新设合并后的公司）可续行代表诉讼。因为股东的继承人或概括承继人在取得股份后，就变成作为真正原告的公司的新股东，与代表诉讼当然存在着间接利害关系。

2006年4月28日最高人民法院《关于适用〈中华人民共和国公司法〉若干问题的规定（一）》第4条指出："公司法第152条规定的180日以上连续持股期间，应为股东向人民法院提起诉讼时，已期满的持股时间"。笔者将其理解为从股东向人民法院提起代表诉讼之日起向前追溯180日，原告依然是公司的股东。此处的"连续"，是指一往直前、毫不中断的意思。提起代表诉讼的原告股东只需在起诉时连续180日持股即可，但不必在不当行为发生时就具备股东资格。

立法者之所以规定180日的持股期限是为了确保提起股东代表诉讼的股东为投资股东，而非从事短线交易、追涨杀跌的投机股东。在立法者眼中，投机股东仅仅顾念一己之私，没有资格通过股东代表诉讼维护公司利益。因此，在一定程度上，180日的连续持股期限不仅是对股东投资实力，也是对其面向公司的诚信度以及心理素质（尤其是持股耐心和毅力）的一大考验。加上提起诉讼以后漫长的二审之路，股东仍要努力维持自己的股东资格。倘若某股东第一天买到股票，第二天就发现董事长侵害公司利益。该股东要提起股东代表诉讼，就只能坐等178天。但在其具备提起股东代表诉讼的资格之前，该股东并非无所作为。该股东可吁请公司监事会和独立董事展开调查，并对全国投资者广而告之。对于舆论的压力，公司管理层不得不认真掂量。

四、公司的诉讼地位

公司是代表诉讼中必不可少的当事人，没有公司的参加，代表诉讼也很难进行下去。但公司的诉讼地位究竟是被告，还是第三人，仍然语焉不详。因此，在司法实践当中如何确定公司的诉讼地位仍然值得研究。在过去有限的司法实践中，人民法院通常把公司列为第三人，而不是像美国法院那样将公司列为名义上的被告、实质上的原告。

笔者认为，公司在股东代表诉讼中不应被列为原告，因为公司机关拒绝以公司名义提起诉讼；也不应被列为必要的共同诉讼人，因为在共同诉讼中公司要么与原告股东一同成为共同原告，要么与对公司承担义务或责任的行为人一同成为共同被告，这两种做法均不合乎代表诉讼与共同诉讼制度的本质；更不宜被列为无独立请求权的第三人，因为原告股东在代表诉讼中所行使的请求权恰恰是公司的请求权。唯一较为可行的选择是参酌英美国家的立法例，出于方便性与技术性的考虑,将公司列为名义上的被告。但公司与真正的被告不同,原则上必须坚持中立立场,不能积极地支配诉讼。这样,既可使判决效力直接及于公司,又可维护公司治理机构在公司结构中应有的法律地位。

不论是英美法院将公司列为名义上的被告、实质上的原告的思路,还是我国一些法院将公司列为第三人的思路,从本质上看都属于一种技术规则,就像汽车靠马路左边或右边行驶一样,具有殊途同归的制度设计效果。

五、股东提起代表诉讼的前置程序:竭尽公司内部救济规则

根据我国《公司法》第152条规定,原告股东可书面请求监事会、董事会、执行董事向人民法院提起诉讼;监事会、董事会、执行董事收到前款规定的股东书面请求后拒绝提起诉讼,或自收到请求之日起30日内未提起诉讼,或情况紧急、不立即提起诉讼将会使公司利益受到难以弥补的损害的,原告股东方有权为了公司的利益以自己的名义直接向人民法院提起诉讼。此即竭尽公司内部救济规则。

竭尽公司内部救济规则的主要作用表现在,可向公司提供由公司亲自出面提起诉讼的机会,因为公司毕竟是真正的原告。如果公司决定接受股东建议,亲自出马向责任人提起诉讼,则可节省股东提起代表诉讼的时间和费用;如果公司通过诉讼外途径(如协商、调解)能更好地维护公司利益,则公司和股东都可免掉讼累;如果股东提出的诉讼请求缺乏事实依据,公司有机会向股东作出澄清,从而避免误解和不必要诉讼活动。虽然有时董事会成员与责任人存在利害关系,但在股东"先礼后兵"的请求面前,具有一般智商和伦理水准的董事将会对股东提出的诉讼事实三思而行。

根据我国《公司法》第152条规定,原告股东应区分两种情况分别向不同的公司机关提出落实公司诉权的请求:董事和高级管理人员执行公司职务时违反法律、行政法规或公司章程的规定,给公司造成损失的,原告股东应请求监事会对其提起诉讼;监事执行公司职务时违反法律、行政法规或公司章程的规定,给公司造成损失的,原告股东应请求董事会或执行董事对其提起诉讼。至于控股股东、实际控制人和第三人作为被告的,股东可请求董事会对其提起诉讼。第三股东对董事会或监事会提出上述请求时,应以书面形式为之。书面请求中应载明原告股东欲提起代表诉讼的诉讼请求、主要事实和理由。董事会或监事会经过审查,可决定由公司自己直接提起诉讼,或采取其他补救措施(如通过协商追究过错行为人的责任)。在这两种情形下均无股东提起代表诉讼之余地。

倘若监事会、董事会、执行董事悍然拒绝了股东的书面请求,或自收到请求之日起30日内既不告知股东公司准备提起诉讼,也不告知股东公司不准备起诉,则适格股东有权直接挺身而出,启动股东代表诉讼程序。在第一种情况下,原告股东提起诉讼时应向法院出示董事会或监事会拒绝提起诉讼的书面请求;而在第二种情况下,原告股东提起诉讼时应向法院出示其至少在30日之前向董事会或监事会送达书面请求的有关证据(如公证送达文书、特快专递收据等)。原告股东应认真留存其向董事会或监事会送达书面请求的有关证据。

我国《公司法》第152条根据诚实信用原则和公平原则也设计了绿色通道制度。倘若情况紧急、不立即提起诉讼将会使公司利益受到难以弥补的损害的,原告股东有权为了公司的利益以自己的名义直接向人民法院提起诉讼,而无需坐等一个月之后才能有所作为。此类紧急情况包括但不限于公司债权即将罹于诉讼时效,被告正在隐匿、转移或毁损公司财产等。

根据我国《公司法》第152条规定,原告股东只需请求董事会(不设董事会时的执行董事)或监事会(不设监事会时的监事),而无需请求股东大会就是否提起股东代表诉讼作出决议。倘若允许股东大会作出撤诉决议,势必从根本上窒息小股东对控制股东及其支持下的公司高管提起的股东代表诉讼。

第六章 股权转让

随着现代公司的发展壮大,股权已成社会财富的重要法律载体,股权流转日益频繁。股权转让既能促成财富流转,又能促成财富的创造;既能确保老股东顺利退出公司,又能促成新股东平稳加盟;既能降低公司资源的交易成本,又不妨碍公司的正常经营。股权转让指向的公司既包括有限公司,也包括股份公司(含上市公司)。与有限公司相比,股份公司尤其是上市公司的股权流通性更强。

第一节 有限责任公司股权转让合同的效力

一、股权转让合同的成立生效主义原则及其例外

像其他合同一样,有限责任公司股权转让合同的效力也存在着有效、无效、可变更或可撤销、效力待定之别。股权转让合同究竟自成立时生效,抑或自办理批准、登记等手续完毕之时生效,我国《公司法》语焉不详。

依我国《合同法》第44条,依法成立的合同自成立时生效;法律、行政法规规定应办理批准、登记等手续生效的,依照其规定。鉴于《公司法》与《合同法》在股权转让合同规制方面是特别法与一般法的关系,认定股权转让合同的效力应坚持成立生效主义为原则,批准生效主义或登记生效主义为例外的司法态度。虽然批准生效主义或登记生效主义旨在贯彻社会公共政策目标、捍卫国家利益和社会公共利益,但股权转让合同毕竟为私法行为,为弘扬契约自由精神,鼓励股权流转,确认批准或登记生效的强制规定越少越好。股权转让合同的批准主要限于国家股权和外商投资企业股权转让等情形。

成立生效主义原则允许买卖双方依意思自治原则,通过附条件或附期限的方式控制股权转让合同的效力。① 例如,当事人可约定合同自其办理公证之日起生效。但所附条件不得违反逻辑。倘若某合同约定"合同自买方购买的股权在公司登记机关办理变更登记之日起生效"即属违反逻辑之例。从逻辑上看,股权转让合同与股权变更登记变动之间互为因果、源流。股权变更登记是股权

---

① 我国《合同法》第45条第1款规定:"当事人对合同的效力可以约定附条件。附生效条件的合同,自条件成就时生效。附解除条件的合同,自条件成就时失效";第46条规定:"当事人对合同的效力可以约定附期限。附生效期限的合同,自期限届至时生效。附终止期限的合同,自期限届满时失效。"

转让合同履行的结果,而履行合同的前提是合同有效;倘若合同效力尚未发生,何谈合同之履行和股权之变更登记？当事人将股权变动约定为股权转让合同生效的前提,实有本末倒置之嫌,混淆了合同行为与股权变动行为以及股权变更登记行为之间的法律边界。此种约定应解释为合同当事人对合同生效条件未作特别约定,但合同中其余条款的效力并不因此而受影响。

二、一股多卖的效力

横向的一股多卖是指某股东就同一股权分别与多名买方签订股权转让合同。失信股东的一股多卖行为往往欺诈多名买方,并导致激烈的新股东资格确认争讼。由于卖方在客观上只能履行其中一份合同,对其他买方而言必然陷入事实上或法律上履行不能的境地,从而招致对后者的违约责任或缔约过错责任。裁判者首先要从诸多买方中筛选出善意相对人,将此类股权买卖合同的撤销权交给善意相对人;若有多名善意买方、且其均不行使撤销权,而主张自己享有股东资格的,裁判者应根据公司股东名册或其他足以认定公司已接纳该股东的替代证据,从中筛选出公司股东;其他买方虽然不能被确认为股东,但有权根据股权买卖合同追究卖方的违约责任。裁判者不能由于有些买方不能取得股东资格而确认系争的股权买卖合同无效。对开发商一房二卖案件也应采取类似裁判思维。

纵向的一股多卖是指买卖双方签署股权买卖合同之后,买方又有可能将其未取得的股权转卖给第二买主,第二买主又有可能将自己未取得的股权卖给第三买主。依此类推,同一股权可能在一日内发生十次买卖关系。对纵向的一股多卖行为,只要各方当事人意思表示真实,作为合同标的物的股权真实合法、不属于禁止或限制流转范畴,买卖合同并不因买卖层次过多而当然无效。聪明的商人可以通过附条件和附期限的方式化解自己的合同风险。如果十项买卖合同对股权交付期限的约定环环相扣,彼此协调,也不会产生违约问题。即使发生了违约行为,守约方可以追究违约方的违约责任。

三、股东出资瑕疵对股权转让效力的影响

首先面临的问题是,出资瑕疵的事实是否影响股东的权利？笔者认为,出资瑕疵的股东与足额出资的股东应享有不同权利、承担不同义务,股东出资充分与否对股东权利必然产生影响。出资瑕疵的股东既然载明于公司股东名册或公司登记机关文件,就应享有一定的权利、承担一定的义务,而不应将其从股东的法律范畴中抛弃出去,一概否认其股东身份的存在。股权转让的实质是股东资格或股东身份的转让。因此,出资瑕疵的股东仍然有权将其有瑕疵的股东资格或股东身份转让给第三人。但不能由于股东在公司股东名册或公司登记机关登记在册,就否认出资瑕疵事实对股东权利的影响,否认该类股东的出资差额补充责任。出资的瑕疵必然导致股东权的瑕疵。

买方承受的股东资格受制于卖方的股东资格。卖方向买方转让的权利不能大于卖方自身拥有的权利。卖方的股东资格由于出资瑕疵存在瑕疵的,买方的股东资格也存在瑕疵。此种瑕疵是否会影响股权转让合同的效力,应具体分析。如果卖方在签订股权转让合同时,将自己出资瑕疵的事实如实告知买方,买方知道或应知这一事实,仍然受让卖方出让的股份,则股权转让合同有效,而且买方与卖方应就瑕疵出资导致的民事责任承担连带责任。如果卖方在签订股权转让合同时,隐瞒了自己出资瑕疵的事实,致使买方签订股权转让合同时不知道这一事实,并因此而受让股权,则买方有权以被欺诈为由请求人民法院或仲裁机构撤销或变更股权转让合同。

四、无效或可撤销的股权转让合同的处理

与一般交易合同尤其是普通商品买卖合同不同,股权转让合同的签订与实际履行不仅直接影响转让双方之间的利益格局,而且间接波及合同外的利益相关者(包括公司、债权人、劳动者)的切身利益。因为,股权转让合同一旦履行,不仅转让双方之间发生对价的对待给付,而且买方有可能参与公司的实际经营管理,改变公司的经营理念、经营方针,甚至从根本上扭转公司原有的经营与财务状况。倘若股权转让合同嗣后被确认无效或撤销,必然在转让双方及其公司利益相关者之间掀起轩然大波。为尊重转让双方的契约自由,促成和成全股权交易活动,人民法院或仲裁机构应尽量维持股权转让合同的效力。具体说来,在确认股权转让合同无效时,应严格把握合同无效的构成要件;在撤销股权转让合同时,对可撤销也可不撤销的股权转让合同,应尽量不撤销。在有机会弥补股权转让合同的效力瑕疵时,应尽量允许当事人弥补瑕疵,将有瑕疵的股权转让合同转化为有效的股权转让合同。

根据我国《合同法》第58条规定,合同无效或被撤销后,因该合同取得的财产,应予以返还;不能返还或没有必要返还的,应折价补偿。有过错的一方应赔偿对方因此所受到的损失,双方都有过错的,应各自承担相应的责任。可见,返还财产(折价补偿)与赔偿损失乃股权转让合同被确认无效或撤销之后的主要处理措施。

就返还财产而言,转让双方都应将其从对方取得的财产予以返还,从而将合同双方当事人之间的利益关系恢复到无效合同缔结前的状态。买方有义务将其依据无效或被撤销的股权转让合同所取得的股权返还给卖方。① 公司有义务协助卖方办理股权回转的相关手续（如修改章程、变更股东名册、前往公司登记机关办理股东变更登记）。买方依据无效或被撤销的股权转让合同取得的股利亦应完璧归赵；否则，构成不当得利。但要返还给谁，需要具体情况具体分析。买方分红时符合分红条件与程序的，应将红利返还卖方；买方分红时不符合分红条件与程序的，应将红利返还公司。

就赔偿损失而言，转让双方对由于自己过错而给对方造成的实际财产损失（包括直接财产损失与间接财产损失）应承担赔偿责任。当然，赔偿的损失仅限于返还财产之后仍无法消弭的财产损失。买方向卖方赔偿损失的范围不包括公司利益直接受损、卖方作为股东利益间接受损的部分。买方在实际经营管理公司期间不法侵害公司合法权益的行为不仅导致公司利益直接受损，而且导致股东利益间接受损。在这种情况下，只要公司遭受的损害获得了赔偿，卖方作为股东的利益损失也将获得补偿，卖方只能通过敦促公司对买方股东提起损害赔偿之诉；倘若公司怠于或拒绝对其提起诉讼，卖方在恢复股东资格后可依法提起股东代表诉讼。在计算卖方作为原告股东的持股期间时，卖方的股东资格视为未中断。

五、公司章程条款对股权转让行为的影响

基于公司自治与股东自治精神，公司法允许有限责任公司章程对股权转让自由以限制或鼓励。例如，我国《公司法》第 72 条第 4 款规定："公司章程对股权转让另有规定的，从其规定。"因此，章程可以规定股东向公司外部的第三人转让股权时不必征求其他股东同意，也可以规定必须获得其他股东 2/3 以上同意。又如，我国《公司法》第 76 条一方面原则允许自然人股东死亡后由其合法继承人继承股东资格，另一方面在但书条款中允许公司章程另作不同规定。据此，章程条款可以约定："因继承取得股权的，经全体股东半数以上同意，取得股东资格。未取得同意的，必须依照公司法有关股权转让的限制性规定转让股权。"

但公司章程的规定不得违反法律和行政法规中的强制性规定，不得侵害股东的固有权。例如，公司章程不得禁止股东转让股权。又如，公司章程不得禁止股东依法退股。再如，公司章程不得授权股东会随时作出决议，无故开除某股东的股东资格，或无故强迫某股东向股东会决议指定的股东出让股权。

六、有限责任公司股权的善意取得制度

我国《物权法》第 106 条规定了善意取得的一般规则："无处分权人将不动

---

① 值得注意的是，我国《合同法》第 58 条规定的返还财产中的"财产"二字并不拘泥于"财产所有权"，而泛指具有财产内容的各项民事权利，如所有权、他物权、债权、股权等。

产或者动产转让给受让人的,所有权人有权追回;除法律另有规定外,符合下列情形的,受让人取得该不动产或者动产的所有权:(一)受让人受让该不动产或者动产时是善意的;(二)以合理的价格转让;(三)转让的不动产或者动产依照法律规定应当登记的已经登记,不需要登记的已经交付给受让人。受让人依照前款规定取得不动产或者动产的所有权的,原所有权人有权向无处分权人请求赔偿损失。当事人善意取得其他物权的,参照前两款规定"。

但有限责任公司的股权转让是否适用善意取得制度,存在争议。"肯定说"着眼于维护交易安全,"否定说"着眼于维护股东的既得利益。笔者持"肯定说",主张对股权转让中的善意取得行为原则上可以准用我国《物权法》第106条。理由有三:一是有助于在区分内外法律关系的基础之上,礼让善意取得人,维护股权交易安全;二是原股东可依据侵权责任制度追究无处分权人的侵权责任,进而维护原股东的合法权益;三是确认股权善意取得制度不但有助于鼓励投资者在合理审慎地开展尽职调查的基础上大胆受让股权,而且有助于提升有限责任公司股权转让的公信力与流通性,加速有限责任公司的股权流转,拓宽有限责任公司股权的退出通道。善意取得人倘若无法享受善意取得制度的保护,则对有限责任公司的股权转让有可能产生不安全感,甚至对受让有限责任公司的股权望而却步,这显然在一定程度上堵塞了有限责任公司股东的股权转让退出通道。

由于股权不同于物权,有限责任公司的股权转让只能准用、而不能直接适用我国《物权法》第106条。具体说来,无处分权人将有限责任公司的股权转让给受让人的,原股东有权追回;除法律另有规定外,受让人能够证明其取得股权的行为同时符合下列三个条件的,受让人可以取得该股权:(1)在主观上,受让人受让该股权时是善意的,不存在恶意或者重大过失。这意味着,受让人受让股权时依据公司法和公司章程的规定尽到了合理的注意义务,受让人不知道、也无义务知道转让人无权处分的事实。受让人要对自己的善意主观心态承担举证责任。倘若无权处分人(权利人之外的其他股东)与第三人恶意串通,恶意侵占权利人的股权,则权利人有权请求人民法院或者仲裁机构确认该股权转让行为无效。(2)在客观上,受让方支付了合理的股权转让价款。(3)在公示公信方面,转让的股权依照法律规定已经在公司股东名册办理变更记载,且在公司登记机关办理股权变更登记。以上三个条件必须同时具备,缺一不可。

在受让人善意取得股权的情况下,原股东有权向无处分权人请求赔偿损失。损害赔偿的范围以股权的市场价值为准。

针对名义股东擅自处分信托股权的现象,我国《公司法》司法解释(三)第26条规定了善意取得制度与名义股东诚信义务兼顾的司法态度:"名义股东将登记于其名下的股权转让、质押或者以其他方式处分,实际出资人以其对于股权享有实际权利为由,请求认定处分股权行为无效的,人民法院可以参照物权法第一百零六条的规定处理。名义股东处分股权造成实际出资人损失,实际出资人请求名义股东承担赔偿责任的,人民法院应予支持。"因此,倘若名义股东未经隐名股东的同意,擅自转让股权,只要第三人为善意相对人,就应认定股权转让协议有效。至于因名义股东擅自转让股权给隐名股东造成损失的,隐名股东可依据双方的协议约定,追究名义股东的违约或侵权责任。如果第三人知道或应当知道名义股东不是实质股东而恶意购买的,则股权转让协议构成恶意串通、损害第三人利益的合同,人民法院或仲裁机构应当确认其无效。

老股东的优先购买权固然重要,但仍不得对抗股权辗转流通数次之后的善意取得人。老股东只能追究侵害其优先购买权的股东或其他行为人的损害赔偿责任。

2010 年最高人民法院《关于审理外商投资企业纠纷案件若干问题的规定(一)》第 21 条在规定外商投资企业或者其一方股东非法剥夺他方股东资格的救济措施时,也考虑到了善意第三人的善意取得问题。该条规定:"外商投资企业一方股东或者外商投资企业以提供虚假材料等欺诈或者其他不正当手段向外商投资企业审批机关申请变更外商投资企业批准证书所载股东,导致外商投资企业他方股东丧失股东身份或原有股权份额,他方股东请求确认股东身份或原有股权份额的,人民法院应予支持。第三人已经善意取得该股权的除外。他方股东请求侵权股东或者外商投资企业赔偿损失的,人民法院应予支持。"

我国《公司法》司法解释(三)第 28 条在规定原股东擅自处分已转让股权的救济之道时也注意到与善意取得制度的有机协调:"股权转让后尚未向公司登记机关办理变更登记,原股东将仍登记于其名下的股权转让、质押或者以其他方式处分,受让股东以其对于股权享有实际权利为由,请求认定处分股权行为无效的,人民法院可以参照物权法第 106 条的规定处理。原股东处分股权造成受让股东损失,受让股东请求原股东承担赔偿责任、对于未及时办理变更登记有过错的董事、高级管理人员或者实际控制人承担相应责任的,人民法院应予支持;受让股东对于未及时办理变更登记也有过错的,可以适当减轻上述董事、高级管理人员或者实际控制人的责任。"

第二节 有限责任公司股权变动的效力

一、股权转让合同与股权变动的效力关系

合同生效的时间不同于合同项下股权的变动时间。如同物权行为独立于债权行为,股权变动行为亦卓然独立于股权转让合同。法院或仲裁机构不得以股权变动尚未发生为由否认股权转让合同的效力。生效的股权转让合同仅产生卖

方将其所持股权让渡给买方的合同义务,而非导致股权的自动、当然的变动。纵使股权转让合同生效,倘若卖方拒绝或怠于协助买方将合同项下的股权过户给买方,股权仍属于卖方,只不过买方有权根据《合同法》追究卖方的违约责任(如继续履行合同或解除合同、赔偿损失等)。

股权转让合同与股权变动的效力既有区别,也紧密联系。从逻辑上看,取得股权是买方缔约履约的目的,缔约履约是取得股权的手段。鉴于股权变动以股权转让合同生效为前提,买方欲圆满取得股权,应重视缔约履约的细节管理尤其是尽职调查工作。鉴于公司内部登记生效主义与公司外部登记对抗主义的法律意义,买方还要关注股权变动自身的法律规则,及时跨越公司内部登记与公司外部登记的双重法律门槛,以避免股权受让目的之落空。

二、股权变动效力的界定

签订股权转让合同仅是当事人取得股权的手段而已,取得股权则是受让方与转让方缔约的真实目的。受让方关注股权转让合同的效力,更关注股权变动的效力。前已述及,股权转让合同的生效时间要早于股权变动的生效时间,因此不能将股权变动的生效时间追溯到股权转让合同的生效时间。

我国《公司法》第74条规定:"转让股权后,公司应当注销原股东的出资证明书,向新股东签发出资证明书,并相应修改公司章程和股东名册中有关股东及其出资额的记载。"此处的"转让股权"当指股权转让合同生效;"转让股权后"当指股权转让合同生效后。因此,从逻辑关系上看,股权转让合同生效在前,注销(签发)出资证明书、修改公司章程和股东名册中有关股东及其出资额的记载在后。

除了公司内部的股权登记变动行为,我国《公司法》第33条第3款还规定了公司外部的股权登记变动行为:"公司应当将股东的姓名或者名称及其出资额向公司登记机关登记;登记事项发生变更的,应当办理变更登记。未经登记或者变更登记的,不得对抗第三人。"

可见,公司无论是在公司内部登记变动中,还是在公司外部登记变动中,都扮演着承上启下的重要角色。只不过,公司内部登记的变动主体是公司,而公司外部登记的变动主体是公司登记机关。接踵而至的问题是,股东权何时发生变动? 是以股权转让合同生效之时为准,还是以公司将受让方载入股东名册之时为准,抑或公司在公司登记机关办理股东变更登记之时为准,在司法实践中,易滋歧义。

结合前述两条的立法原意,兼顾受让方的缔约目的与善意第三人的信赖利益,应当对股权变动采取公司内部登记生效主义与公司外部登记对抗主义相结合的态度。就公司内部关系而言,公司股东名册的变更登记之时视为股权交付、股东身份(股东投资权利、义务、风险和收益)开始转移之时。就公司外部关系而言,公司登记机关的股权变更登记行为具有对抗第三人的效力。此种态度一方面有利于受让方取得和行使股权;另一方面,也有利于对善意第三人的保护。

三、公司内部登记生效主义

所谓公司内部登记生效主义,指公司内部的股权登记变动之时即为股权变动之时。其法理依据在于,股权关系是股东与公司之间的法律关系,只有公司最清楚自己的股东姓甚名谁。基于此,只能以公司将受让方载入股东名册之时或者公司向新股东签发出资证明书之时作为股权变动之时,至于公司在公司登记机关是否办理股东变更登记原则上并不影响股权的变动效力。

根据我国《公司法》第74条规定,转让股权后,公司应当注销原股东的出资证明书,向新股东签发出资证明书,并相应修改公司章程和股东名册中有关股东及其出资额的记载。可见,办理公司内部股东名册变更的直接后果是,导致股权的变动,即原股东股东权的消灭,以及新股东的股东权的产生。

就公司内部的股权登记变动程序而言,股权转让合同生效后,受让方有权向公司出示其股权转让合同,并请求公司向自己签发出资证明书,将公司章程和股东名册中的"转让方"的股东身份替换为"受让方"的股东身份。受让方也应重视股东名册中的相关事项记载,并尽量提供全面的登记资料(如电话、传真、电子邮件等联络方式以及代理人或者联系人等),以便公司及时办理相关股东事务。

协助受让方办理公司内部的变更登记手续,是股权转让所在公司根据我国《公司法》第74条肩负的一项法定义务。倘若公司怠于或者拒绝办理内部变更登记手续,受让方有权对其提起诉讼,请求法院责令公司继续履行法定协助义务。受让方因此而遭受实际损失的,有权请求公司予以赔偿。即使公司已经向转让方履行了义务(如参会通知义务、股利给付义务),仍不得免除公司对受让方的协助义务。当然,聪明的公司在知悉其股东的股权转让事实后,应当积极主动地配合股权转让双方当事人办理公司内外的股东登记变更手续,以避免不必要的纠纷和资源浪费。需要强调的是,即使公司怠于或拒绝变更股东名册、签发新的出资证明书、修改公司章程,并不影响股权转让合同的效力。

如果由于股权转让合同当事人(包括受让方)的过错,致使公司不知道且没有义务知道股权转让合同生效的事实,并由此导致公司没有及时变更股东名册,公司依然有权推定记载于原有股东名册上的老股东(包括转让方)有资格对公司主张股东权,公司有权只向转让方发出股东会召集通知、分配股利和剩余财产。但受让方(新股东)有权依据生效的股权转让合同请求转让方协助受让方请求公司变更股东名册。转让方在股权转让合同生效后接受股利或者剩余财产分配的，应当对受让方承担不当得利之债；但转让双方在合同中约定以股权变动作为划分股利、剩余财产分配归属的时点的，不在此限。

根据我国《合同法》第60条第2款规定的合同附随义务，转让方也有义务提供协助，如向公司交还出资证明书、确认其已向受让方转让股权的事实。

四、公司外部登记对抗主义

所谓公司外部登记对抗主义，指在公司登记机关的股权变更登记行为具有对抗第三人的效力。就公司外部关系而言，股权转让合同原则上自合同成立之日起生效（履行批准或登记生效手续的除外）、股东权自公司股东名册变更登记之日起移转，但由于股东身份及其持股比例的变更属于公司公示事项，公司应当前往公司登记机关办理股权转让合同登记手续。此种登记从性质上看，属于对抗第三人的效力，而非股权变动的效力，亦非合同自身生效的效力。

我国《公司法》第33条第3款一方面要求"公司应当将股东的姓名或者名称及其出资额向公司登记机关登记；登记事项发生变更的，应当办理变更登记"；另一方面，从反面明确了公司外部股权登记变动行为的对抗效力："未经登记或者变更登记的，不得对抗第三人。"所谓对抗第三人的效力，指股权变动信息经由公司登记机关披露给社会公众以后，应当推定社会公众知道或者应当知道这些披露信息。倘若股权转让合同成立且股权交付后，公司怠于前往公司登记机关办理股权转让登记手续，则合同自身的效力和股东权交付的效力并不因此而受影响，只不过股东权转让双方不能凭转让合同或者公司股东名册对抗第三人而已。此处的"第三人"相对公司以及转让方之外的民事主体而言，仅指善意第三人，不包括恶意第三人以及具有重大过失的第三人。

我国《公司法》第33条第3款之所以采取公司外部登记对抗主义的立法态度，是由于公司登记机关的登记文件的公信力和证明力高于公司内部的股东名册或出资证明书，善意第三人（包括潜在的股东权受让方和公司的债权人）有权信赖公司登记机关的登记文件。该条款之所以未采取公司外部登记生效主义，是鉴于公司外部登记生效主义虽然对善意第三人的保护力度最大，但对受让方的利益关怀不够，且没有充分注意到股东权关系的核心在于公司与股东关系的特点。

《公司登记管理条例》第35条第1款规定，"有限责任公司股东转让股权的，应当自转让股权之日起30日内申请变更登记，并应当提交新股东的主体资格证明或者自然人身份证明"。其中的"转让股权之日"显然指"股权过户之日"或者"公司股东名册变更之日"。这意味着，公司股东名册变更在先，公司登记机关股权变更登记在后。办理股东变更登记的义务主体为公司，而非股权转让方或者受让方。当然,受让方有权督促公司及时前往公司登记机关办理股东变更登记手续。倘若公司拒绝或者怠于办理,则属违反法定义务的行为,受让方有权向法院对公司提起及时办理股东变更登记手续之诉。公司登记机关也应随时应公众之请求,开放查阅有关股东身份的登记资料。

五、公司内部登记与外部登记相互冲突时的解决思路

在理想状态下,有限责任公司股权转让的外部登记与内部登记同时进行,转让双方皆大欢喜,也不干扰善意第三人对股权转让行为的合理预期。但在现实生活中,虽已办理外部登记,但未办理内部登记;或虽已办理内部登记,但未办理外部登记;甚至外部登记与内部登记均未办理的情况并不在少。

在第一种情形下,受让人可以对抗第三人,但尚未有效取得股东权(股东的资格或者地位),但受让人有权依据股权转让合同要求公司补办公司内部登记手续,变更股东名册,从而有效取得股权。

在第二种情形下,受让人已经有效取得了股东权(股东的资格或者地位),甚至已在事实上行使股东的权利(如已经参加股东会、并就股东会决议进行了表决,或者已经接受了股利分配),但尚未取得对抗第三人的效力。从理论上说,转让人仍然有可能与第三人签订股东权转让合同,将其股权再次转让给第三人,但因受让人已经捷足先登办理了公司内部股东名册的变更手续,致使受让第三人无法有效取得股权。在这种情况下,第三人有权依据生效的股权转让合同追究转让方的违约责任。

在第三种情形下,受让人不仅没有取得股权,而且无力对抗任何善意第三人。转让人仍然有可能将其股权再次转让给第三人,并请求公司将第三人的姓名或者名称记载于公司股东名册和公司登记机关。此时,第三人作为法律上承认的股东有权行使原股东(转让方)享有的诸项权利,并把虽已交付股权转让价款、且在事实上行使股东权利,但尚未从法律上取得股权的受让方扫地出门。当然,被"逐出"公司的受让方有权回过头来,追究转让方的违约责任。

第三节 有限责任公司股东向非股东
转让股权的特殊限制规则

一、限制规则之一:其余老股东的同意权与否决权

为使有限责任公司股东的股权转让自由更具有弹性和效率,预防股权转让中的"卡壳"现象,我国《公司法》第72条第2款规定:"股东向股东以外的人转让股权,应当经其他股东过半数同意。股东应就其股权转让事项书面通知其股东征求同意,其他股东自接到书面通知之日起满 30 日未答复的,视为同意转让。其他股东半数以上不同意转让的,不同意的股东应当购买该转让的股权;不购买的,视为同意转让。"

反对股东超过合理期限未与拟出让股东签订股权转让协议的,参酌我国《合同法》第 94 条第 4 项有关迟延加催告的解除合同规则,出让股东有权催告反对股东在合理顺延的期限内(如 7 日内)与其签约;若反对股东仍然拒绝或怠于签约,则出让股东有权向非股东转让股权。

二、限制规则之二:老股东的优先购买权

为维系有限责任公司股东之间的人合性,我国《公司法》第 72 条第 3 款规定了老股东的优先购买权,并明确了优先购买权的行使方法:"经股东同意转让的股权,在同等条件下,其他股东有优先购买权。两个以上股东主张行使优先购买权的,协商确定各自的购买比例;协商不成的,按照转让时各自的出资比例行使优先购买权。"

根据契约自由的精神,出让股东可与反对股东另行协商确定更高或更低的价格。倘若无法达成一致意见,出让股东有权要求反对股东以出让股东对第三人的报价购买股权;倘若反对股东拒绝,则视为其放弃优先购买权。

三、侵害老股东同意权与优先购买权的股权转让合同的效力

在有限责任公司的语境下,股东向非股东转让股权时,必须尊重其余股东的同意权与优先购买权。倘若有限责任公司股东向非股东转让股权的行为未尊重老股东同意权与优先购买权(例如,有限责任公司股东未经其他股东过半数同意或未向其他股东通报转让价格等主要条件而与非股东订立股权转让合同,或与非股东订立的股权转让合同中的价格或其他主要条件低于向其他股东告知的合同条件),则股权转让合同应界定为可撤销合同。因为,这类合同违反了公司法有关出让股东行使处分权的法定限制条款,侵害了其余股东的法定优先购买权;而且其他股东是否有意、是否具有财力行使优先购买权并不确定。

此种合同有别于绝对的有效合同,否则,其余股东的优先购买权势必落空。此种合同也有别于绝对的无效合同,因为出让股东毕竟是享有股权的主体,而且其余股东未必一定反对该股权转让合同。享有法定优先购买权的股东均可请求人民法院或仲裁机构撤销该合同。股权转让合同被撤销后,法律关系包括股权结构将恢复原状,买方取得的股权应返还卖方。为早日安定股权交易秩序,可参照我国《合同法》第 55 条有关撤销权除斥期间的规定,将股东行使撤销权的除斥期间确定为 1 年,自买方记载于公司股东名册之日起算。

原告股东在提起撤销股权转让合同之诉时,可一并提出由自己行使优先购

买权的诉讼请求。这是由于,原告股东提起撤销合同之诉的主要动机源于优先购买权。至于购买价格,除非出让股东与购买股东另有相反约定,应以被撤销的股权转让合同约定的价格为准。这样,既可以预防出让股东的道德风险(例如,向其余股东作出转让款虚高的虚假陈述),也可提高股权转让效率,节约出让股东向其他股东征询意见的程序。那么,允许原告股东一并提出行使优先购买权的诉讼请求是否会损害其他股东的同意权和优先购买权?回答是否定的。因为,倘若其他股东也珍惜、在意优先购买权,也可以通过诉讼为之。倘若多名股东主张优先购买权,可由其协商确定各自的持股比例;无法协商确定的,可根据原告股东在其共同持股比例中的相对份额确定。

四、老股东坚持受让部分股权,导致非股东放弃购买其余股权的问题

倘若股东甲向第三人转让股权时,股东乙仅愿意按照该股权转让合同规定的价款和其他条件对股东甲出让的部分股权行使优先购买权,但拒绝或无力受让股东甲出让的全部股权。但如此一来,有可能导致第三人不愿受让股东甲持有的剩余股权。在这种情形下,股东甲可否拒绝股东乙就部分股权行使优先购买权?倘若允许股东甲拒绝股东乙就部分股权行使优先购买权,似乎侵害了股东乙的优先购买权;倘若强迫股东甲容忍股东乙就部分股权行使优先购买权,又有可能限制或剥夺股东甲的股权转让自由,导致其面临第三人不愿购买股权的窘境。具体说来,将蕴涵控制权的股权拆分出售对买卖双方都存在许多弊端:首先,卖方的股权转让自由受到限制,出售控制权的溢价利益被剥夺;其次,买方的价款负担虽然大幅降低,但享有的控制权价值已大幅衰减,有志于购买控制股权的潜在买方必然望而却步。

鉴于股权比例高意味着出资金额高、转让价款高、控制力强,应当尽量兼顾股东乙的优先购买权与股东甲的股权转让自由;倘若无法同时兼顾,应优先保护股东甲的股权转让自由。具体说来,可区分以下三种情况:(1)如果股东乙仅愿意按照该合同约定价款对部分股权行使优先购买权,而第三人只愿意受让全部股权、而不愿意受让剩余股权时,股东甲可拒绝股东乙的优先购买权,并将其股权转让给第三人。(2)如果股东乙仅愿意对部分股权行使优先购买权,第三人也愿受让剩余股权,股东甲应将其所持股份一分为二,分别让渡给股东乙与第三人。(3)如果股东乙愿按照合同约定价款对全部股权行使优先购买权,此种优先权应受到尊重。

第四节　外商投资企业的股权转让特殊规则

一、特殊的转让规则

与《公司法》有关股权转让的规定相比，我国《中外合资经营企业法》及其《实施条例》对于中外合资经营企业的股权转让规定了特别的生效程序。根据我国2005年修订的《公司法》第218条之规定，外商投资的有限责任公司和股份有限公司适用本法；有关外商投资的法律另有规定的，适用其规定。因此，判断外商投资企业股权转让行为是否生效，应当严格遵守我国《中外合资经营企业法》及其《实施条例》的特别规定。

《中外合资经营企业法实施条例》第20条规定了中外合资经营企业的股权转让程序："合营一方向第三者转让其全部或者部分股权的，须经合营他方同意，并报审批机构批准，向登记管理机构办理变更登记手续。合营一方转让其全部或者部分股权时，合营他方有优先购买权。合营一方向第三者转让股权的条件，不得比向合营他方转让的条件优惠。违反上述规定的，其转让无效"。

可见，中外合资经营企业股东权转让行为欲生效离不开四个步骤：(1) 签署股权转让协议；(2) 征得合营他方同意；(3) 报请审批机构批准；(4) 前往公司登记管理机构办理变更登记。这四个步骤缺一不可，旨在维护外商投资有限责任公司作为外商投资企业的特殊性以及股东之间的人合性，保持审批机构对中外合资经营企业股东身份的有效监控。[①] 从总体来看，中外合资经营企业股东转让股权的程序比起内商投资的有限责任公司要复杂些。

为正确审理外商投资企业在设立、变更等过程中产生的纠纷案件，保护当事人的合法权益，最高人民法院根据《民法通则》、《合同法》、《物权法》、《公司法》、《中外合资经营企业法》、《中外合作经营企业法》、《外资企业法》，于2010年8月5日发布了《关于审理外商投资企业纠纷案件若干问题的规定（一）》。

属于有限责任公司的外商投资企业既有中外合资经营企业，也有中外合作经营企业和外资企业。为论述方便，本节仅以中外合资经营企业为例予以剖析。

[①] 最高人民法院在香港辉展有限公司与天津市轻工实业总公司合资合同纠纷上诉案中所作的(2001)民四提字第5号民事裁定书（法公布2002第57号），就以该案中股权变动未遵循合营企业股权转移的法律程序和法律规定，未经合营外方辉展公司同意和董事会决定，未经原审批机构的批准并办理变更登记手续，违反了我国《中外合资经营企业法》及《中外合资经营企业法实施条例》的规定，同时也违反了双方所签合资合同的相关约定为由，认定不发生股权变动的法律效力。

二、未经审批机构批准的股权转让协议的效力

外商投资公司的股权转让只有获得审批机构的批准才能生效。问题是，未经审批机构批准的股权转让协议的效力如何？无效，抑或未生效？我国《中外合资经营企业法实施条例》第20条指出，违反审批规定的股权"转让无效"。由于《中外合资经营企业法实施条例》为行政法规，许多法院或者仲裁机构裁判此类股权转让协议无效，而且否定该种情形合同任何条款（包括报批义务条款）的可履行性，各方当事人仅承担无效合同的后果，赔偿责任有极大的局限性。

我国《合同法》第44条及其司法解释的态度出现了转机。《合同法》第44条第2款规定："依法成立的合同，自成立时生效。法律、行政法规规定应当办理批准、登记等手续生效的，依照其规定"。最高人民法院1999年12月19日发布的《关于适用合同法若干问题的解释》（一）第9条第1款对《合同法》第44条第2款作了如下解释：法律、行政法规规定应当办理批准手续，或者办理批准、登记等手续才生效，在一审法庭辩论终结前当事人仍未办理批准手续的，或者仍未办理批准、登记等手续的，人民法院应当认定该合同未生效"。依反对解释，必须办理批准手续才生效的合同，倘若在一审法庭辩论终结前当事人办理了批准手续，则该合同应当认定有效。

2005年12月26日最高人民法院印发的《第二次全国涉外商事海事审判工作会议纪要》第88条规定，"外商投资企业的股权转让合同，应当报经审查批准机关审查批准，在一审法庭辩论终结前当事人未能办理批准手续的，人民法院应当认定该合同未生效"。

2009年通过的最高人民法院《关于适用〈中华人民共和国合同法〉若干问题的解释（二）》第8条进一步规定，有义务对合同办理行政审批手续的一方当事人不按照法律规定或合同约定办理报批手续的，人民法院可以根据相对人的请求判决相对人自己办理有关手续。该规定实际上赋予了此类合同中约定的报批义务的可履行性和可诉性。

在总结上述司法解释和司法态度的基础上，最高人民法院《关于审理外商投资企业纠纷案件若干问题的规定（一）》第1条明确指出："当事人在外商投资企业设立、变更等过程中订立的合同，依法律、行政法规的规定应当经外商投资企业审批机关批准后才生效的，自批准之日起生效；未经批准的，人民法院应当认定该合同未生效。当事人请求确认该合同无效的，人民法院不予支持。前款所述合同因未经批准而被认定未生效的，不影响合同中当事人履行报批义务条款及因该报批义务而设定的相关条款的效力。"该条规定阐明了三层内容：一是重申了包括股权转让合同在内的外资合同的审批生效主义态度；二是确认了未获批准的外资合同的未生效主义态度；三是确认了合同中当事人履行报批义务

条款及相关条款的效力卓然独立于未生效合同,即使合同未生效,也不影响此类合同条款的法律效力。

最高人民法院的上述司法解释和司法态度既体现了尊重审批机关对外商投资企业的股权转让合同依法监管的理念,又体现了成全股权转让双方当事人意思自治的思想,可谓对我国《合同法》第 44 条规定的忠实解释。笔者认为,将未经审批机构批准的股权转让协议视为已成立、未生效的行为具有法理上的正当性。

理由之一是,将未经审批机构批准的股权转让协议视为未生效,贴近我国《合同法》第 44 条的立法原意。转让双方签署股权转让协议后未履行批准手续,自然属于已成立而尚未生效的合同。毕竟,未经审批机构批准的股权转让协议不同于已经报请审批机构批准、而遭到审批机构否决的股权转让协议。

理由之二是,将未经审批机构批准的股权转让协议视为未生效,更贴近当事人契约自由的内心真意,而且强化了转让双方继续履行股权转让协议审批程序的信心,有助于促成而非压抑股权交易活动,有助于充分体现服务型的裁判思维。如同看待四十五度斜坡上的一辆汽车一样,与其将其看作正在下滑的汽车,不如将其看作正在奋力前行的汽车更振奋人心。

理由之三是,将未经审批机构批准的股权转让协议视为未生效,有利于有效地预防转让方的投机心理和道德风险。否则,转让方在与受让方签署股权转让协议后有可能稳坐钓鱼台,迟迟不启动审批程序,而是坐等牟取高额转让利益的二次转让机会。

理由之四是,由于合同法理论储备的不足,加之立法技术较为粗糙,我国许多立法文件包括行政法规并不严格区分合同法"无效"与"未生效"。其实,就私法领域的民事行为而言,即使民事行为的法律效力要履行行政审批程序,也不能抹煞民事行为的私法自治性质,尤其不能否认报批义务作为契约义务的特点。毕竟,民事主体基于被审批的民事行为而取得的利益并非源于审批机构,而仍源于民事主体的意思自治。

三、外商投资企业股权转让合同中报批义务的履行

外资企业股权转让合同的报批义务主体原则上为转让方和外商投资企业。但在外商投资企业股权转让合同签订后,倘若股权价值升高,转让方就会产生道德风险,进而拒绝或者怠于履行报批义务,最终导致外资企业股权转让合同迟迟不能生效。其逻辑如下:当事人不履行报批义务,包括报批义务条款在内的整个合同条款都不生效;既然整个合同条款都不生效,当事人就不负有报批义务。其核心观点是,报批义务条款自审批之时开始生效。如此一来,只要当事人存有道德风险,故意不履行报批义务,合同就永无生效之日。

根据最高人民法院《关于审理外商投资企业纠纷案件若干问题的规定（一）》第6条，外商投资企业股权转让合同成立后，转让方和外商投资企业不履行报批义务，受让方以转让方为被告、以外商投资企业为第三人提起诉讼，请求转让方与外商投资企业在一定期限内共同履行报批义务的，人民法院应予支持。受让方同时请求在转让方和外商投资企业于生效判决确定的期限内不履行报批义务时自行报批的，人民法院应予支持。倘若转让方和外商投资企业拒不根据人民法院生效判决确定的期限履行报批义务，受让方另行起诉，请求解除合同并赔偿损失，人民法院应予支持。赔偿损失的范围可以包括股权的差价损失、股权收益及其他合理损失，旨在使转让方因不履行报批义务所获得及可能获得的利益归属于受让方，进而间接督促转让方自觉履行报批义务。

该条规定的核心内容是，外商投资企业股权转让合同中报批义务产生于合同成立之时，报批义务具有可履行性和可诉性。其基本理念是，已经合法成立的合同，即使因欠缺审批这一生效要件，亦对当事人具有形式约束力，任何一方当事人不能擅自撤销或解除。而且，具有契约义务性质的报批义务是撬动外资企业股权转让合同效力的杠杆。换言之，合同中关于促成合同生效的报批义务条款自合同成立之时就具有可诉性。确认当事人的报批义务对于促成外资企业股权转让合同效力、预防失信的当事人恶意拖延或者拒绝履行报批义务具有积极作用。

四、外商投资企业审批机关不予批准的股权转让合同的效力

倘若转让方、外商投资企业或者受让方就外商投资企业股权转让合同报批，未获外商投资企业审批机关批准，此类合同自然归于无效。在这种情况下，根据最高人民法院《关于审理外商投资企业纠纷案件若干问题的规定（一）》第7条，受让方可以另行起诉，请求转让方返还其已支付的转让款，人民法院应予支持。倘若受让方请求转让方赔偿因此造成的损失，人民法院应根据转让方是否存在过错以及过错大小认定其是否承担赔偿责任及具体赔偿数额。

五、受让方未支付转让款的合同的效力

在实践中，有些受让方在外资企业股权转让合同签订后故意采取拖延或者拒绝支付转让款的态度。为杜绝受让方的道德风险，司法解释对转让方规定了若干救济途径。倘若外商投资企业股权转让合同约定受让方支付转让款后转让方才办理报批手续，但受让方未支付股权转让款，经转让方催告后在合理的期限内仍未履行，转让方根据最高人民法院《关于审理外商投资企业纠纷案件若干问题的规定（一）》第8条，有权诉请人民法院解除合同并赔偿因迟延履行而造成的实际损失，人民法院对此应予支持。

根据最高人民法院《关于审理外商投资企业纠纷案件若干问题的规定（一）》第9条，倘若外商投资企业股权转让合同成立后，受让方未支付股权转让款，转让方和外商投资企业亦未履行报批义务，转让方请求受让方支付股权转让款，则人民法院应当中止审理，指令转让方在一定期限内办理报批手续，在审批机关的审批结果出来后恢复审理。该股权转让合同获得外商投资企业审批机关批准的，对转让方关于支付转让款的诉讼请求，人民法院应予支持。中止审理的司法态度旨在避免法院一旦判决支持了转让方要求受让方支付股权转让款的诉讼请求后，股权转让合同不能获得批准而导致转让方和受让方出现新的纠纷。

六、受让方已实际参与外商投资企业的经营管理并获取收益，但合同未获外商投资企业审批机关批准的法律救济

根据最高人民法院《关于审理外商投资企业纠纷案件若干问题的规定（一）》第10条，外商投资企业股权转让合同成立后，受让方已实际参与外商投资企业的经营管理并获取收益，但合同未获外商投资企业审批机关批准，转让方有权诉请人民法院责令受让方退出外商投资企业的经营管理并将受让方因实际参与经营管理而获得的收益在扣除相关成本费用后支付给转让方。

七、外商投资企业一方股东将股权转让给股东之外的第三人的纠纷解决

外商投资企业与普通有限责任公司一样，在老股东向股东之外的第三人转让股权时，通过老股东的同意权和优先购买权维持股东之间的人合性。

最高人民法院《关于审理外商投资企业纠纷案件若干问题的规定（一）》第11条规定了老股东"同意权"受侵害的司法救济。外商投资企业一方股东将股权全部或部分转让给股东之外的第三人，应当经其他股东一致同意，其他股东以未征得其同意为由请求撤销股权转让合同的，人民法院应予支持。具有以下情形之一的除外：(1) 有证据证明其他股东已经同意；(2) 转让方已就股权转让事项书面通知，其他股东自接到书面通知之日满30日未予答复；(3) 其他股东不同意转让，又不购买该转让的股权。

最高人民法院《关于审理外商投资企业纠纷案件若干问题的规定（一）》第12条规定了老股东"优先购买权"受侵害的司法救济。外商投资企业一方股东将股权全部或部分转让给股东之外的第三人，其他股东以该股权转让侵害了其优先购买权为由请求撤销股权转让合同的，人民法院应予支持。其他股东在知道或者应当知道股权转让合同签订之日起一年内未主张优先购买权的除外。但是，为预防转让方与受让方的道德风险，上述转让方、受让方以侵害其他股东优先购买权为由请求认定股权转让合同无效的，人民法院不予支持。

八、转让双方私下达成的股权转让补充协议的效力

转让双方私下达成的股权转让补充协议分为两种情况:一是在报请审批机构审批时,只提交了股权转让的主协议,而未提交补充协议;二是在报请审批机构审批后,达成了补充协议,但未将其报请审批。

最高人民法院《关于审理外商投资企业纠纷案件若干问题的规定(一)》第2条规定:"当事人就外商投资企业相关事项达成的补充协议对已获批准的合同不构成重大或实质性变更的,人民法院不应以未经外商投资企业审批机关批准为由认定该补充协议未生效。前款规定的重大或实质性变更包括注册资本、公司类型、经营范围、营业期限、股东认缴的出资额、出资方式的变更以及公司合并、公司分立、股权转让等。"似乎与股权转让有关的补充协议仍以批准为生效前提,但问题是:与股权转让相关的补充协议并非都需要审批机关的行政审查与自由裁量。

笔者认为,对于转让双方私下达成的股权转让补充协议的效力,应当根据严格区分私法关系与公法关系的原则,具体情况具体分析,而不宜"一刀切"。首先,对于补充协议中的纯粹私人自治事项(例如转让价款、支付方式、违约责任等),原则上应当尊重转让双方的契约自由,不宜以补充协议未经审批机构批准而将其视为无效或者未生效。之所以如此,是因为即使这些补充协议事项报请审批机构审批,审批机构也无权越俎代庖,代替转让双方确定更有智慧的协议条款。其次,对于补充协议中接受公权力干预的非私人自治事项(例如外商投资产业的准入政策等),应当将其视为已成立、但尚未生效的合同条款。理由可参见前段有关未经审批机构批准的股权转让协议的效力的论述,兹不赘述。

九、股权转让合同的效力与股权变动效力的区分

股权转让合同自何时起生效?是自批准之时,还是自登记之时开始生效,对转让双方的权利义务以及外商投资企业的正常运营影响甚大。

为充分贯彻公权力对私法行为的适度干预,并早日确定转让双方之间的权利义务关系,笔者认为,应当严格区别股权转让合同的效力与股权变动的效力。其中,股权转让合同自股权转让合同被审批机构批准之日开始生效,而非股东名册变更之日,亦非公司登记机关办理股东变更登记之日。毕竟,股权变动以及股权变动事实的公示仅是合同履行的结果,而非合同生效的条件。恰恰在审批机构审批之日,转让双方的契约自由获得了公权力的首肯。

至于股权变动的效力,应当补充适用我国《公司法》第33条的规定,将股东名册变更之日视为股权变动之日,而将公司登记机关办理股东变更登记之日视为可以有效对抗第三人之日。对此,原对外贸易经济合作部与国家工商行政管

理局 1997 年发布的《外商投资企业投资者股权变更的若干规定》第 3 条规定："企业投资者变更股权应遵守中国有关法律、法规,并按照本规定经审批机关批准和登记机关变更登记。未经审批机关批准的股权变更无效"。但是该条没有规定未经登记机关变更登记的股权变更无效。更重要的是,《外商投资企业投资者股权变更的若干规定》第 20 条规定:"股权转让协议和修改企业原合同、章程协议自核发变更外商投资企业批准证书之日起生效。协议生效后,企业投资者按照修改后的企业合同、章程规定享有有关权利并承担有关义务"。

可见,审批机关的批准是中外合资经营企业股权转让合同生效的前置程序。至于公司登记机关变更登记手续的目的仅在于确认股权变动的事实、保护善意第三人而已。股权转让未在公司登记机关办理变更登记手续,原则上并不影响其法律效力。

十、股权转让导致的外商投资公司的身份转换

中外合资经营企业的股东将其股权转让给其他股东或者第三人后,有可能使股东结构发生如下变化:

(1) 全部股权归中方股东所有,致使该公司股东结构不再符合中外合资经营企业的特征。在这种情况下,外商投资公司随着股权转让的完成而转化为内资公司。

(2) 全部股权归外方股东所有,致使该公司股东结构不再符合中外合资经营企业的特征。在这种情况下,外商投资公司随着股权转让的完成而转化为百分之百的外资公司。

(3) 全部股权归中方或者外方股东一人所有,致使该公司不仅在股东结构上不再符合中外合资经营企业的特征,而且会引发一人公司的出现。由于《公司法》引进了一人公司制度,外商投资公司向一人公司的转换更加水到渠成。

在上述情况发生时,公司不仅要前往公司登记机关办理股东变更登记手续,而且要办理公司组织类型的变更登记手续。但是,股权转让协议的效力均不因为上述三种可能结果的出现而受影响。

十一、外商投资公司股权转让纠纷案件中的特殊程序法问题

1. 专属管辖问题

根据我国 2012 年 8 月 31 日修改的《民事诉讼法》第 34 条之规定,合同或者其他财产权益纠纷的当事人可以书面协议选择被告住所地、合同履行地、合同签订地、原告住所地、标的物所在地等与争议有实际联系的地点的人民法院管辖,但不得违反本法对级别管辖和专属管辖的规定。可见,外商投资公司股权转让合同的当事人只要不违反级别管辖和专属管辖的强制性规定,就可以根据双方

的书面合意,自由选择与争议有实际联系的地点的管辖法院。

2012年修订的《民事诉讼法》第265条扩大了我国法院对涉外合同纠纷案件的管辖权:"因合同纠纷或者其他财产权益纠纷,对在中华人民共和国领域内没有住所的被告提起的诉讼,如果合同在中华人民共和国领域内签订或者履行,或者诉讼标的物在中华人民共和国领域内,或者被告在中华人民共和国领域内有可供扣押的财产,或者被告在中华人民共和国领域内设有代表机构,可以由合同签订地、合同履行地、诉讼标的物所在地、可供扣押财产所在地、侵权行为地或者代表机构住所地人民法院管辖"。

2012年修订的《民事诉讼法》第266条规定了专属管辖制度:"因在中华人民共和国履行中外合资经营企业合同、中外合作经营企业合同、中外合作勘探开发自然资源合同发生纠纷提起的诉讼,由中华人民共和国人民法院管辖"。

那么,外商投资公司的股权转让协议是否属于中外合资经营企业合同、中外合作经营企业合同的范畴?倘若是,则外商投资公司的股权转让纠纷只能由中国法院管辖,而不能由外国法院管辖;倘若否,则外商投资公司的股权转让纠纷应当允许合同当事人自由选择管辖法院。

笔者认为,外商投资公司的股权转让协议不同于中外合资经营企业合同、中外合作经营企业合同。理由有二:(1)内容不同。中外合资经营企业合同、中外合作经营企业合同主要调整投资各方在外商投资企业设立阶段的权利义务关系,而外商投资公司的股权转让协议主要调整转让方与受让方之间围绕股权让渡而产生的权利义务关系。(2)主体不同。中外合资经营企业合同、中外合作经营企业合同的各方当事人仅限于外商投资公司的设立者,而外商投资公司的股权转让协议的当事人未必是外商投资公司的设立者,即便是转让方自身也可能是继受取得股权的股东。

可见,外商投资公司的股权转让协议从实质上看属于股东资格的让渡,而非中外合资经营企业合同、中外合作经营企业合同的概括转让。既然外商投资公司的设立合同与股东的股权转让关系脱钩,则外商投资公司的股权转让纠纷就不属中国法院专属管辖的范围。

2. 准据法的确定

基于鼓励契约自由的立法思想,我国《合同法》第126条第1款允许涉外合同的当事人选择处理合同争议所适用的法律,但法律另有规定的除外。涉外合同的当事人没有选择的,适用与合同有最密切联系的国家的法律。我国《民法通则》第145条亦持此立场。我国《涉外民事关系法律适用法》第41条也重申:"当事人可以协议选择合同适用的法律。当事人没有选择的,适用履行义务最能体现该合同特征的一方当事人经常居所地法律或者其他与该合同有最密切联系的法律。"可见,在涉外合同的当事人没有明示选择准据法的情况下,法院或者仲裁机构应当适用最密切联系原则确定准据法,以弥补契约自由原则之漏洞。

与此同时,我国《合同法》第126条第2款规定了法院或者仲裁机构只能适用中国法的三种情形:"在中华人民共和国境内履行的中外合资经营企业合同、中外合作经营企业合同、中外合作勘探开发自然资源合同,适用中华人民共和国法律。"

前已述及,外商投资公司的股权转让协议不同于中外合资经营企业合同、中外合作经营企业合同,此类股权转让纠纷当然不适用我国《合同法》第126条第2款之规定。也就是说,应当允许转让双方自由选择处理合同争议所适用的法律(包括中方股东所在地以及外方股东所在地);倘若当事人没有选择准据法,则适用与股权转让协议有最密切联系的国家的法律。

股权转让合同签订地、股权转让合同履行地、诉讼标的物所在地均可视为与股权转让协议有最密切联系的国家。但股权转让协议的诉讼标的物究指转让方股东住所地、受让方股东的住所地?抑或公司住所地?在实践中容易产生分歧。鉴于股权是股东与公司之间的法律关系,股权的行使往往以公司为中心;又鉴于作为股东资格推定证据的股东名册的备置地点往往在公司住所地,笔者认为,涉外股权转让诉讼标的物应当指向公司住所地,而非转让方或受让方住所地;在涉外股权转让合同的当事人没有明示选择准据法的情况下,人民法院可以适用公司住所地的准据法。

当然,允许当事人自由选择的准据法仅限于私法规范(民商事规范),至于我国有关股权转让的公法规范尤其是强制性规定则不允许当事人自由选择。最高人民法院《关于贯彻执行民法通则若干问题的意见(试行)》第194条也明确规定:"当事人规避我国强制或者禁止性法律规范的行为,不发生适用外国法律的效力"。

3. 外商投资公司的股权执行与股权转让

根据最高人民法院《关于人民法院执行工作若干问题的规定》第55条之规定,法院对被执行人在中外合资经营企业中的股权,在征得合资他方的同意和对外经济贸易主管机关的批准后,可将被冻结的股权转让给第三人。如果被执行人除在中外合资企业中的股权以外别无其他财产可供执行,其他股东又不同意转让的,可以直接强制转让被执行人的股权,但应当保护合资他方的优先购买权。

第五节 股份有限公司的股份上市

一、股份上市的概念、种类与作用

所谓股份上市,是指把股份在证券交易所挂牌交易的行为。股份上市的实质是把股份纳入证券交易所集中交易的客体,方便证券公司和证券投资者买卖上市股份,从而加速上市股份证券的流转和流通,更好地发挥证券市场在优化资源配置中的积极作用。

股份上市主要有两种途径:一是初始上市,即由拟上市公司向证券交易所提出申请,由证券交易所依法审核同意,并由双方签订上市协议;二是借壳上市,即非上市公司通过收购一家上市公司的控制股份而实现间接上市的目的。

股份上市利弊并存。其优点在于提升股份的流通性,吸引广大投资者从事上市股份的交易活动,方便上市公司吸引更多的股权资本,利于上市公司完善公司治理。其缺点在于,一旦股票上市的公司存在虚假陈述等道德风险,有可能损害成千上万的善意公众投资者的利益。

二、股票上市程序

股份有限公司申请其股票上市交易,是关系到证券投资者利益和证券市场安全度的大事。一旦不应上市的股票在证券交易所管理办法挂牌上市,危害的就不仅是该公司的原来股东和股票持有人,而且殃及成千上万善意的投资者。因此,股份有限公司申请其股票上市交易不是一般的民事行为,不能完全适用契约自由原则,仅由证券交易所和股份有限公司说了算。

申请证券上市交易,应当向证券交易所提出申请,由证券交易所依法审核同意,并由双方签订上市协议(我国《证券法》第 48 条第 1 款)。申请股票的上市交易,应当聘请具有保荐资格的机构担任上市保荐人(我国《证券法》第 49 条第 1 款)。

申请股票上市交易,应当向证券交易所报送下列文件:(1)上市报告书;(2)申请股票上市的股东大会决议;(3)公司章程;(4)公司营业执照;(5)依法经会计师事务所审计的公司最近 3 年的财务会计报告;(6)法律意见书和上市保荐书;(7)最近一次的招股说明书;(8)证券交易所上市规则规定的其他文件(我国《证券法》第 52 条)。

股票上市交易申请经证券交易所审核同意后,签订上市协议的公司应当在规定的期限内公告股票上市的有关文件,并将该文件置备于指定场所供公众查阅(我国《证券法》第 53 条)。签订上市协议的公司除公告前条规定的文件外,还应当公告下列事项：(1)股票获准在证券交易所交易的日期；(2)持有公司股份最多的前十名股东的名单和持股数额；(3)公司的实际控制人；(4)董事、监事、高级管理人员的姓名及其持有本公司股票和债券的情况(我国《证券法》第54条)。

三、股票上市条件

我国1993年《公司法》第152条对股份有限公司上市门槛的规定较为严苛。但看似严苛、却可轻易规避的规定实乃"包装上市"、"欺诈上市"得以产生和蔓延的制度根源，也是劣币驱逐良币的成因之一。诚实厚道的公司不敢虚假陈述，因而无法上市；而奸诈的公司胆大包天，敢于吹牛造假，却得以混迹证券市场。为将公司上市条件的确定回归现实，我国2005年修订的《证券法》第50条大幅下调股份有限公司股票的上市门槛：(1)股票经国务院证券监督管理机构核准已公开发行；(2)公司股本总额不少于人民币3000万元；(3)公开发行的股份达到公司股份总数的25%以上；公司股本总额超过人民币4亿元的，公开发行股份的比例为10%以上；(4)公司最近3年无重大违法行为，财务会计报告无虚假记载。但证券交易所可以规定高于前述规定的上市条件，并报国务院证券监督管理机构批准。我国《证券法》第51条还规定，国家鼓励符合产业政策并符合上市条件的公司股票上市交易。

公司上市门槛的大幅下调，有助于基因较好的公司脱颖而出，有助于扩大可供投资者自由选择的证券品种和范围，且未削弱投资者保护力度。倘若小公司胆大妄为，不法实施包装上市和其他虚假陈述行为，骗钱敛财，广大投资者有权追究其民事赔偿责任，证券监管机构也不会坐视不管。

具备上市条件的公司应否上市，应当审慎权衡。不上市有助于简化股东关系，避免股东人数激增引发的股东纠纷，避免公司信息披露的繁琐与成本，避免公权力和社会公众的深度监督。上市有助于提升公司的知名度和透明度，增强公司的融资能力。一些家族公司为了保持股权结构的闭锁性、公司财务信息的私密性与公司关联交易的随意性(当然，即使非上市公司的关联交易也不得损害公司小股东和债权人的合法权益)，也可能在经过上市辅导以后改弦易辙，保持非上市公司的身份。

四、股票暂停上市与终止上市

上市公司有下列情形之一的，由证券交易所决定暂停其股票上市交易：(1)公司股本总额、股权分布等发生变化不再具备上市条件；(2)公司不按照规定公开其财务状况，或者对财务会计报告作虚假记载，可能误导投资者；(3)公司有重大违法行为；(4)公司最近3年连续亏损；(5)证券交易所上市规则规定的其他情形(我国《证券法》第 55 条)。

上市公司有下列情形之一的,由证券交易所决定终止其股票上市交易:(1)公司股本总额、股权分布等发生变化不再具备上市条件,在证券交易所规定的期限内仍不能达到上市条件;(2)公司不按照规定公开其财务状况,或者对财务会计报告作虚假记载,且拒绝纠正;(3)公司最近 3 年连续亏损,在其后一个年度内未能恢复盈利;(4)公司解散或者被宣告破产;(5)证券交易所上市规则规定的其他情形(我国《证券法》第 55 条)。

上市公司对证券交易所作出的不予上市、暂停上市、终止上市决定不服的,可以向证券交易所设立的复核机构申请复核(我国《证券法》第 62 条)。

五、上市公司的信息披露义务

基于证券市场的公开透明原则,上市公司必须依照法律、行政法规的规定,公开其财务状况、经营情况及重大诉讼,在每会计年度内半年公布一次财务会计报告(我国《公司法》第 146 条)。发行人、上市公司依法披露的信息,必须真实、准确、完整,不得有虚假记载、误导性陈述或者重大遗漏(我国《证券法》第 63 条)。上市公司董事、高级管理人员应当对公司定期报告签署书面确认意见;上市公司监事会应当对董事会编制的公司定期报告进行审核并提出书面审核意见;上市公司董事、监事、高级管理人员应当保证上市公司所披露的信息真实、准确、完整(我国《证券法》第 68 条)。

上市公司及其高管违反了信息披露义务,应当承担相应的法律责任。上市公司公告的财务会计报告、上市报告文件、年度报告、中期报告、临时报告以及其他信息披露资料,有虚假记载、误导性陈述或者重大遗漏,致使投资者在证券交易中遭受损失的,上市公司应当承担赔偿责任;上市公司的董事、监事、高级管理人员和其他直接责任人员以及保荐人、承销的证券公司,应当与上市公司承担连带赔偿责任,但是能够证明自己没有过错的除外;上市公司的控股股东、实际控制人有过错的,应当与发行人、上市公司承担连带赔偿责任(我国《证券法》第 69 条)。

第六节 股份有限公司的股份转让

一、股份转让的概念与作用

所谓股份转让,是指股东将其所持股份及其蕴涵的股东权移转于他人的民事行为。受让人因此成为公司新股东,取得股东权。股份一旦转让,则属股东权的权利与义务概由受让人继受。① 此即股权的概括转让原则。

股份转让有助于股份有限公司股东回收投资。虽然股东可在法定条件下依法定程序通过公司减少资本、公司回购自己股份等方式脱离公司,但是这些退出方式的适用范围极其狭窄,权利行使成本过高。与之相比,股份转让的成本则是一种最简便易行的股权投资退出通道。

股份转让有助于成千上万的股份转让行为汇聚成现代化的多层次的证券交易市场尤其是证券交易所的集中交易市场。证券交易所和集中交易系统的出现反过来又进一步推动了股份转让行为的自由化、高效化。在证券交易电子化、现代化的今天,股份转让的频率更非昔日可比。

股份转让有助于为潜在的股东提供进入特定公司股权投资的绿色通道。股份转让双方对股权指向的公司的远期投资价值仁智互见,双方的理财战略与投资思维亦有不同。股权转让行为无疑成全了转让双方彼此不同、但密切关联的投资计划。

二、股份自由转让原则

所谓股份自由转让原则,指股东有决自主决定是否转让其所持股份、何时转让、转让给何人、转让多少股份、转让价格几何。除非法律另有规定,任何人均不得强制股东出让其股东权。我国《公司法》第138条亦规定:"股东持有的股份可以依法转让。"主流市场经济国家也普遍承认股份自由转让原则。英国格林(Greene)大法官曾在著名判例中指出,"股东的正常权利之一是自由地处置其财产,并向其选择的任何人转让之"②。

确认股份自由转让原则既方便现有股东离开公司变现投资收益,又方便潜在投资者加入公司追求投资收益。根据股东有限责任原则,公司财产为公司债权人唯一担保,股东原则上不能退股。当然,股东可依据公司清算程序或者严格的公司资本减少程序和公司股份回购程序收回一定数额的投资。罗马法有谚,"无论何人不负违反其个人之意思,留于团体中之义务"。既然股东不能退股,立法者就要允许股东退出公司,承认股份自由转让原则。这样,在公司经营业绩滑坡、证券市场低迷时,股东可以急流勇退,抛出股份,从而控制自己的投资风险;而在公司经营业绩辉煌、证券市场强劲时,股东可以转让其股份,从而博取股份买卖差价。股东买卖股份的动因可能不止于公司经营业绩与证券市场的因素,还会基于对自身财力状况、投资战略、投资计划、投资偏好、以及相关政治、经济、法律和社会等诸种因素的综合考虑,随时作出买卖股份的投资决策。潜在投

---

① 我国台湾地区1954年的判例即揭明此旨。参见1954年台上字第771号判例。
② Re Smith & Fawcet Ltd〔1942〕Ch 304.

资者也可随时进入具有投资价值的公司。

股份自由转让原则还有利于完善公司治理。股东对公司经营者不满时,面临两种对策:一是在股东大会上用手投票,行使表决权;二是在证券交易场所用"脚"投票,抛售所持股份。如果股东不愿费时耗力地通过股东大会罢免经营者或者改变公司经营方针,抛售股份则是成本低廉的"短平快"自我保护策略。股东们痛恨经营者的腐败行为却无能为力时,抛售其所持股份不失为一种明智选择。一旦成百上千的股东不惜低价斩仓、纷纷逃离腐败无能经营者操纵的公司,其他投资者也会远离之,腐败无能经营者的厄运也在所难逃。

股份自由转让原则是股份公司的本质要求,也是强行性法律规范中的效力规定。违反该原则、限制股份自由转让的公司章程条款、股东大会决议、董事会决议应归于无效。股东大会或董事会决议无权强制股东将其股份转让给第三人,更无权开除小股东。强制转股行为违反了契约自由原则和股权自由转让原则;勒令小股东退股或无偿没收股份更是粗暴侵犯他人财产的侵权行为。传统侵权法除涵盖物权和人身权利外,还应涵盖股东权。唯有如此,才能充分尊重和保护弱势股东的权利。

三、集中竞价交易转让与非集中竞价交易

以其交易是否采用集中竞价机制为准,股份转让可分集中竞价交易与非集中竞价交易。非集中竞价交易包括协议转让(包括大宗交易)、行政划拨、司法裁判、赠与、继承、共有财产分割等方式。我国《公司法》第139条规定:"股东转让其股份,应当在依法设立的证券交易场所进行或者按照国务院规定的其他方式进行"。这里的"其他方式"主要包括协议转让。非集中竞价交易行为在办完相关手续后,仍要在证券登记结算公司办理清算过户。集中交易是流通性最高的股权转让方式之一,但不是唯一的转让方式。《外国投资者对上市公司战略投资管理办法》也肯定外国投资者可以通过协议转让方式进行战略投资,取得上市公司A股股份。中国证监会《关于上市公司股权分置改革的指导意见》第20条指出,要完善协议转让和大宗交易制度,平衡市场供求。

针对股票的集中交易方式,我国《证券法》第39条进一步明确要求,依法公开发行的股票应当在依法设立的证券交易所上市交易或者在国务院批准的其他证券交易场所转让。而证券在证券交易所上市交易,应当采用公开的集中交易方式或者国务院证券监督管理机构批准的其他方式(《证券法》第40条)。上市公司的股票,依照有关法律、行政法规及证券交易所交易规则上市交易(《公司法》第145条)。我国《证券法》第3章专门就证券交易的一般规定、证券上市、持续信息公开和禁止的交易行为等内容作了详细规定。

2005年10月,国务院转发的中国证监会《关于提高上市公司质量的意见》

中指出,要建立多层次市场体系。在加强主板市场建设的同时,积极推动中小企业板块制度创新,为适时推出创业板创造条件。要进一步完善股份代办转让系统,健全多层次资本市场体系和不同层次市场间的准入、退出机制,发挥资本市场优胜劣汰功能,满足不同企业的融资需求。

四、无记名股票的转让

我国《公司法》第141条规定:"记名股票的转让,由股东将该股票交付给受让人后即发生转让的效力"。因此,股票的交付,即移转股票的占有。股票的交付不是单纯的对抗要件,而是权利移转的生效要件。股票占有人可被推定为合法的股东。依《物权法》动产物权的设立和转让,自交付时发生效力,但法律另有规定的除外(第23条)。动产物权转让前,权利人已经依法占有该动产的,物权自法律行为生效时发生效力(第25条)。动产物权转让前,第三人依法占有该动产的,负有交付义务的人可以通过转让请求第三人返还原物的权利代替交付(第26条)。动产物权转让时,双方又约定由出让人继续占有该动产的,物权自该约定生效时发生效力(第27条)。动产的以上交付方法原则上适用于股票的交付。就上市公司股票而言,由于证券登记结算机构是法定的股票托管机构,当证券登记结算机构将转让人的股票划入受让人的账户之时,即应视为股票交付之时。

无记名股票转让是合同行为,应有转让人与受让人明确而有效的意思表示。倘若转让双方存在主体不适格、意思表示欠缺或瑕疵、行为人欠缺代理权等情形,依民法一般原则,当解为无效或可撤销行为。

五、记名股票的转让

记名股票之转让除了与无记名股票之转让一样须有转让的意思表示和股票交付外,尚有自己的特点。我国《公司法》第140条第1款规定,记名股票,由股东以背书方式或者法律、行政法规规定的其他方式转让;转让后由公司将受让人的姓名或者名称及住所记载于股东名册。可见,除法律或行政法规另有规定外,股东转让记名股票时须在股票背面签名以示其愿将股票所表明的股份移转于被背书人,此即记名股票的背书行为。背书为记名股票的唯一转让方式。受让人取得被背书的股票时,即成为该股票的合法持有人,取得股东资格,并可据以对抗第三人。记名股票的背书转让比无记名股票转让相比,转让节奏放慢了,但对保护股份转让的妥当性与安全性来说不失为妥当之道。

办理股东名义过户的法律效力在于,股票受让人只要办理了股东名义过户程序,即可被赋予形式上的股东资格。基于此种资格,新股东即可向公司行使权利,公司亦把具备此种形式资格的股东作为股东对待,而毋需证明其为实质性股东,只要公司对此不存恶意或重大过失,即发生公司免责的效力。可见,无论是记名股票的受让人,抑或无记名股票的受让人,虽然可对抗第三人,但欲取得形式上的股东资格,从而据以对抗公司,均应办理股东名义过户手续。倘若股票持有人的前手未办理股东名义过户手续,则该股票持有人无权直接请求公司将自己的姓名或名称及其联系地址载入股东名册。

股东名义过户手续仅为高效、低成本地妥善处理股份受让人与公司关系而设。因此,股东名义过户手续仅为对抗公司要件,而非股份转让的生效要件。倘若受让人没有及时将其姓名或名称及其联系地址载入股东名册,公司固然有权拒绝承认股票持有人的股东身份,但转让人与受让人之间的股份转让合同效力不因此而受影响。受让人仍享有股东名义更换请求权,仍有权将其所持股份以背书方式转让给第三人,但不得以其受背书转让而行使股东大会参加权和股利分取请求权等权利。

由于股东名册的过户手续能为股票受让人提供形式上的股东资格,故作为受让人的股东依法享有股东名义更换请求权。此项权利应为我国《公司法》第145条第2款的题中应有之义,且应解为固有权。当股票受让人请求公司办理股东名义更换手续时,公司除有正当的客观性理由(如在股东名册闭锁的场合、或者公司有充分证据证明股票持有人并非真正权利人),不得拒绝;否则,应对提出此种请求的股东负损害赔偿责任,且应承担公法责任(主要为行政处罚)。股东名义更换请求权,可由受让人自己单独行使,毋需转让人之协助。

但在股东大会召开前20日内或者公司决定分配股利的基准日前五日内,不得进行前款规定的股东名册的变更登记。但法律对上市公司股东名册变更登记另有规定的,从其规定(我国《公司法》第140条第2款)。在这一期间内,记名股东仍可自由转让其股份,只不过不能办理股份过户手续而已。既然不得进行股东名册的变更登记,纵使受让人提出申请,也不产生变更登记之效力。只有股东大会召开前30日以前记载于股东名册的股东始能出席股东大会并行使与表决权相联的其他权利,只有公司决定分配股利的基准日前5日以前记载于股东名册的股东始能行使股利分配请求权。之所以如此,旨在早日确定有权参加股东大会、以及有权受领股利的股东身份,提高公司的运作效率。

倘若记名股票被盗、遗失或者灭失,股东可以依照我国《民事诉讼法》规定的公示催告程序,请求人民法院宣告该股票失效。人民法院宣告该股票失效后,股东可以向公司申请补发股票(我国《公司法》第144条)。

第七节　股份有限公司股份转让的法律限制

一、发起人转让股份的限制

为强化公司发起人对公司和其他投资者的责任感，落实公司设立的严格准则主义精神，预防公司发起人在设立公司过程中投机钻营、赚取发起报酬和其他特别利益、不当转嫁投资风险，我国《公司法》第142条第1款规定："发起人持有的本公司股份，自公司成立之日起1年内不得转让"。

若发起人违反规定期限与他人订立股份转让合同，则该合同归于无效；但受让人为善意第三人的，转让合同例外有效。善意受让人应当同时满足以下两大条件：(1)受让人在主观上有足够理由信赖转让方具有股权、但不具备发起人身份；(2)受让人在客观上支付了合理对价，并非无偿取得股权或者以显著不合理的低价取得股权。倘若发起人与受让人在股权转让协议中约定，该协议自公司成立之日起1年后生效，则该协议属于附期限的合同。此种约定完全符合我国《合同法》第46条规定："当事人对合同的效力可以约定附期限。附生效期限的合同，自期限届至时生效"。发起人亦不得通过减资手段违反股东平等原则，专门销除自己的股份，以达到和转让股份相同的目的。

我国《公司法》对发起人转让股份的限制既及于发起人，也及于发起人的继承人或通过合并、分立而概括承受其权利义务关系的法人。为将该限制贯彻到底，我国《公司法》第129条第4款要求发起人的股票标明"发起人股票"字样。

为预防原始股东的道德风险、保护受让股份的投资者的投资安全，公司公开发行股份前已发行的股份，自公司股票在证券交易所上市交易之日起一年内亦不得转让（我国《公司法》第142条第1款）。

二、董事、监事和高级管理人员转让股份的限制

为确保我国董事、监事和高级管理人员与公司及其广大股东的命运共存亡，我国《公司法》和《证券法》本着宽严相济、疏堵结合的指导思想，对上市公司董事、监事、高级管理人员买卖本公司股票的时点和比例作了限制性规定。为贯彻落实《公司法》、《证券法》中的前述规定，加强对上市公司董事、监事和高级管理人员所持本公司股份及其变动的管理，维护证券市场秩序，中国证监会于2007年4月5日发布了《上市公司董事、监事和高级管理人员所持本公司股份及其变动管理规则》（以下简称《规则》）。为加强对上市公司董事、监事和高级管理人员所持本公司股份及其变动的管理，进一步明确办理程序，深圳证券交易所和中国证券登记结算有限责任公司深圳分公司根据《公司法》、《证券法》、《规则》于

2007年5月9日共同发布了《深圳证券交易所上市公司董事、监事和高级管理人员所持本公司股份及其变动管理业务指引》。

上市公司董事、监事和高级管理人员所持本公司股份包括登记在其名下的所有本公司股份，既包括A股、B股，也包括在境外发行的本公司股份。上述人员所持本公司股份既包括登记在其名下的所有本公司股份，也包括其从事融资融券交易时记载在其信用账户内的本公司股份。《规则》将"转让"界定为通过集中竞价、大宗交易、协议转让等方式主动减持所持股份的行为，不包括因司法强制执行、继承、遗赠、依法分割财产等原因导致的股份变动情形。

公司董事、监事、高级管理人员应当向公司申报所持有的本公司的股票及其变动情况，在任职期间每年转让的股票不得超过其所持有本公司股票总数的25%（我国《公司法》第142条第1款）。上市公司当年没有新增股份时，上市公司董事、监事和高级管理人员以上年末其所持有本公司发行的股份为基数，计算其中可转让股份的数量。上市公司当年新增股份时，要区分两种情况分别对待当年新增股票：因送红股、转增股本等形式进行权益分派导致董事、监事和高级管理人所持本公司股份增加的，可同比例增加当年可转让数量；因其他原因（因上市公司公开或非公开发行股份、实施股权激励计划，或因董事、监事和高级管理人员在二级市场购买、可转债转股、行权、协议受让等各种年内）新增股份的，新增无限售条件股份当年可转让25%，新增有限售条件的股份不能减持，但计入次年可转让股份的计算基数。

实践中许多上市公司的董事、监事和高级管理人员在敏感信息发布的前后买卖本公司股票，涉嫌内幕交易，但很难有足够证据予以查处。为避免上市公司董事、监事和高管人员利用信息优势为自我牟利，《规则》第13条借鉴中国证监会发布的《上市公司股权激励管理办法（试行）》，禁止上市公司董事、监事和高管人员在以下股票买卖窗口期买卖本公司股票：(1) 上市公司定期报告公告前30日内；(2) 上市公司业绩预告、业绩快报公告前10日内；(3) 自可能对本公司股票交易价格产生重大影响的重大事项发生之日或在决策过程中，至依法披露后两个交易日内；(4) 证券交易所规定的其他期间。

鉴于发起人及其利害关系人往往在公司成立后担任公司的董事、监事、高级管理人员，为预防董事、监事、高级管理人员在公司设立阶段发生道德风险，其所持本公司股票自公司股票上市交易之日起一年内不得转让（我国《公司法》第142条第2款）。

为预防董事、监事、高级管理人员在任期内发生道德风险，此类人员离职后半年内不得转让其所持有的本公司股票（我国《公司法》第142条第2款）。

公司章程可以对公司董事、监事、高级管理人员转让其所持有的本公司股票作出其他限制性规定（我国《公司法》第142条第2款）。基于公司自治精神，上市公司章程可对董事、监事和高级管理人员转让其所持本公司股份规定更长的禁止转让期间、更低的可转让股份比例或者附加其他限制转让条件(《规则》第4条)。

为强化诚实信用原则对公司代理人的约束作用,董事、监事和高级管理人员承诺一定期限内不转让的,作出前述承诺的董事、监事和高级管理人员在该期间内即不得转让其所持股份(《规则》第4条)。

除上述情形外,在法律、法规、中国证监会和证券交易所相关规定的其他情形下,上市公司董事、监事和高级管理人员亦不得转让所持本公司股份(《规则》第4条)。

上市公司董事、监事和高级管理人员违法买卖本公司股票,由中国证监会依照《证券法》的有关规定予以处罚。违反法律规定,在限制转让期限内买卖证券的,责令改正,给予警告,并处以买卖证券等值以下的罚款。对直接负责的主管人员和其他直接责任人员给予警告,并处以3万元以上30万元以下的罚款(我国《证券法》第204条)。此处的法律规定就包括我国《公司法》第142条规定。上市公司的董事、监事、高级管理人员、持有上市公司股份5%以上的股东,违反我国《证券法》第47条的规定买卖本公司股票的,给予警告,可以并处3万元以上10万元以下的罚款(我国《证券法》第195条)。除了承受行政处罚外,上市公司的董事、监事、高级管理人员违法转让股份、给投资者造成损失的,还应当承担民事赔偿责任和缴纳罚款、罚金,其财产不足以同时支付时,先承担民事赔偿责任(我国《证券法》第232条)。

三、股份转让的其他期限性限制

我国《证券法》第38条规定:"依法发行的股票、公司债券及其他证券,法律对其转让期限有限制性规定的,在限定的期限内不得买卖。"除了公司法对股份转让的期限限制,我国《证券法》对股份转让也作了期限性限制。

(一)禁止短线交易

由于证券市场的高度流通性,法律不得宣布大股东和公司高管的短线交易行为无效,但又不能不追究其民事责任,以维护大小股东间的机会平等。为避免大股东利用其持股优势兴风作浪,危害广大投资者和公司利益,《证券法》第47条对大股东的短线交易行为采取了否定态度,也是对股份转让的期限限制。上市公司董事、监事、高级管理人员、持有上市公司股份5%以上的股东,将其持有的该公司的股票在买入后6个月内卖出,或者在卖出后6个月内又买入,由此所得收益归该公司所有,公司董事会应当收回其所得收益。但是证券公司因包销购入售后剩余股票而持有5%以上股份的,卖出该股票不受6个月时间限制。公司董事会不按照前款规定执行的,股东有权要求董事会在30日内执行。公司董事会未在上述期限内执行的,股东有权为了公司的利益以自己的名义直接向人民法院提起诉讼。公司董事会不按照第一款的规定执行的,负有责任的董事依法承担连带责任(《证券法》第 47 条)。可见,持股比例达到 5%的大股东的短线交易行为虽然有效,但要承受不利的后果,公司对大股东的短线交易所得享有归入权。就公法责任而言,上市公司的董事、监事、高级管理人员、持有上市公司股份 5%以上的股东从事短线交易、买卖本公司股票的,给予警告,可以并处 3 万元以上 10 万元以下的罚款(《证券法》第 195 条)。

(二) 证券市场从业人员的股份转让期限限制

为杜绝握有监管重权和特别信息优势的当事人实施内幕交易和其他非法交易行为,我国《证券法》第 37 条严禁证券交易所、证券公司、证券登记结算机构从业人员、证券监督管理机构工作人员和法律、行政法规禁止参与股票交易的其他人员,在任期或者法定限期内,直接或者以化名、借他人名义持有、买卖股票,或者收受他人赠送的股票。任何人在成为此类人员时,其原已持有的股票,必须依法转让。有人主张放宽该条规定之限制,从严禁改为允许股票买卖、但加强披露的态度,即此类人从事股票交易的,应当在该行为发生次日将其股票交易的基本情况报其工作单位备案,并向证券交易所报告;证券交易所统一管理从事股票交易的人员名单,定期公告。

(三) 证券服务机构及其从业人员的股份转让期限限制

为了保持审计、资产评估或者证券律师等机构和人员的公信力,确保广大投资者的证券交易机会均等,为股票发行出具审计报告、资产评估报告或者法律意见书等文件的证券服务机构和人员,在该股票承销期内和期满后 6 个月内,不得买卖该种股票。除前款规定外,为上市公司出具审计报告、资产评估报告或者法律意见书等文件的证券服务机构和人员,自接受上市公司委托之日起至上述文件公开后 5 日内,不得买卖该种股票(《证券法》第 45 条)。为股票的发行、上市、交易出具审计报告、资产评估报告或者法律意见书等文件的证券服务机构和人员违反前述规定买卖股票的,由中国证监会责令依法处理非法持有的股票,没收违法所得,并处以买卖股票等值以下的罚款(《证券法》第 201 条)。

(四) 内幕人员的股权转让期限限制

为落实证券市场的公开、公正与公平,《证券法》禁止内幕交易行为。证券交易内幕信息的知情人和非法获取内幕信息的人,在内幕信息公开前,不得买卖该公司的证券,或者泄露该信息,或者建议他人买卖该证券。内幕交易行为给投资者造成损失的,行为人应当依法承担赔偿责任(《证券法》第 76 条)。

(五) 要约收购时的股权转让期限限制

投资者持有或者通过协议、其他安排与他人共同持有一个上市公司已发行的股份达到 5%时,应当在该事实发生之日起 3 日内,向国务院证券监督管理机构、证券交易所作出书面报告,通知该上市公司,并予公告;在上述期限内,不得再行买卖该上市公司的股票。投资者持有的股份达到5%后,其所持该上市公司已发行的股份比例每增加或者减少5%,应当依照前款规定进行报告和公告。在报告期限内和作出报告、公告后2日内,不得再行买卖该上市公司的股票(《证券法》第86条)。在上市公司收购中,收购人持有的被收购的上市公司的股票,在收购行为完成后的12个月内不得转让(《证券法》第98条)。以上两条规定旨在预防收购人的机会主义行为,保护目标公司公众投资者的合法权益。

(六)证券违法行为被调查人的股权转让期限限制

在调查操纵证券市场、内幕交易等重大证券违法行为时,经国务院证券监督管理机构主要负责人批准,可以限制被调查事件当事人的证券买卖,但限制的期限不得超过15个交易日;案情复杂的,可以延长15个交易日(《证券法》第180条第7项)。

四、国有股转让的限制

我国上市公司治理中的一大问题是股权分置现象。为奠定中国证券市场可持续健康发展的制度基础,国务院《关于推进资本市场改革开放和稳定发展的若干意见》明确指出:"积极稳妥解决股权分置问题。"经国务院批准,中国证监会于2005年4月29日发布了《关于上市公司股权分置改革试点有关问题的通知》,宣布启动股权分置改革试点工作。

虽然国有股的流通性在股权分置改革以后将会空前增强,但国有股的转让仍将存在法律的特别限制。例如,我国《证券法》第83条规定:"国有企业和国有资产控股的企业买卖上市交易的股票,必须遵守国家有关规定"。又如,我国《证券法》第101条第1款规定:"收购上市公司中由国家授权投资的机构持有的股份,应当按照国务院的规定,经有关主管部门批准"。

五、我国《反垄断法》的限制

为预防企业经济支配力量的过度集中,维护市场经济民主和自由竞争原则,确保公平交易,我国《反垄断法》第3条将具有或者可能具有排除、限制竞争效果的经营者集中列为垄断行为的三个基本类型之一。第20条又将经营者通过取得股权或者资产的方式取得对其他经营者的控制权作为经营者集中的核心内容之一。根据第21条,经营者集中达到国务院规定的申报标准的,经营者应当事先向国务院反垄断执法机构申报,未申报的不得实施集中。但经营者集中有下列情形之一的,可以不向国务院反垄断执法机构申报:(1)参与集中的一个经营者拥有其他每个经营者50%以上有表决权的股份或者资产的;(2)参与集中的每个经营者50%以上有表决权的股份或者资产被同一个未参与集中的经营者拥有的。

六、合同的限制

如果公司与股东签订了股份转让限制合同,原则上应当认定无效,除非合同内容不妨碍股东收回出资;如果第三人与股东、或者股东与股东签订了股份转让限制合同,原则上应当认定有效。一方面,股东不得退股;另一方面,公司与股东之间的合同又剥夺股东转让股份以回收投资的机会,无异于将股东赶入进退维谷、走投无路的窘境。因此,公司与股东签订的股份转让限制合同应属无效。倘若合同内容不妨碍股东收回出资,或虽限定股东转让的期限和受让人范围,但就股东受此限制而给予股东充分、对待的给付,则合同效力应例外得到确认。至于第三人与股东、或者股东与股东签订的股份转让限制合同,更是契约自由的体现,应予尊重。

七、小规模家族公司章程之限制

在股东人数较多的大规模股份公司尤其是上市公司中,应当坚决贯彻股东自由转让的原则,不允许股份公司章程限制股份自由转让性。但在小规模家族公司中适度限制股份转让的受让方,规定股份转让应当取得公司同意,并赋予其他股东优先受让权,合乎公司大多数股东的利益,亦不会对拟转让股份的股东乃至社会产生弊害。但限制股份转让的公司章程条款应在投资者成为本公司股东之前明确告知,不应隐瞒,以便投资者事先有所警觉。但允许闭锁性股份公司章程对股权转让自由予以适当限制,乃为股份公司之例外,非为常态,更非原则。对全部上市公司以及大多数非上市股份公司,仍应坚决贯彻股权转让自由原则,不容公司章程排斥或限制。

八、公司成立之前股份转让的限制

依我国《公司法》第130条规定,股份有限公司成立后,即向股东正式交付股票。公司成立前不得向股东交付股票。因此,在公司成立之前,发起人或者认股人不得转让其未来的股东资格。尽管公司成立在即,发起人或认股人的身份很快就转化为股东,但万一公司设立失败,则准股东资格的转让只能殃及许多无辜的受让人。为保护受让人免遭不必要的欺诈之苦,公司法乃作此种设计。

我国《证券法》第37条对股份转让的标的物也作了严格限制:"证券交易当事人依法买卖的证券,必须是依法发行并交付的证券。非依法发行的证券,不得买卖。"转让不法股份的行为不仅不能对抗公司,自身也归无效。这是《证券法》针对上市公司股票转让所作的限制,旨在维护受让人的合法权益。

九、公司取得自己股份的禁止

所谓公司收购本公司股份,指公司购买自身已发行在外的股份的法律行为。鉴于公司取得自己股份有可能引发一些不利的法律后果,为预防公司取得自己股份后给股东、债权人和市场竞争秩序可能造成的弊害,世界发达公司立法例对自己股份之取得一般采取限制或禁止的立法态度。

我国《公司法》第143条亦原则禁止公司收购本公司股份。公司既不得在设立或发行新股之际认购自己的股份使公司成为自己的股东,也不能在公司存续期间回购自己的股份。禁止自己股份之取得,从解释论上而言,尚包括禁止子公司取得母公司股份在内。我国《公司法》之所以对公司收购自己股份采取了原则禁止、例外允许的态度,是由于此种行为使得股份认购沦为账簿上的数字游戏,有悖于法人本质和资本充实、维持原则。

公司合法购买自己股份的例外情形包括:

(1) 公司为减少公司注册资本、注销股份而取得自己股份(我国《公司法》第143条第1项第1目)。公司在此种情况下购买本公司股份严格履行法定的减资程序(含债权人异议制度),不致危害债权人。依章程规定取得偿还股份亦为公司依法注销股份的情形。公司在这些情形下取得的股份归于失效,公司必须办理股份注销手续。由于减少注册资本属于股东大会的决策权限,公司在此种情况下取得自己股份应当经股东大会决议。公司收购本公司股份后,应当自收购之日起10日内注销。

(2) 与持有本公司股份的其他公司合并。例如,在甲公司兼并(吸收合并)乙公司的场合,若乙公司持有甲公司的股份,则因甲公司承继乙公司之财产而使甲公司取得自己股份。由于公司合并属于股东大会的决策权限,公司在此种情况下取得自己股份应当经股东大会决议。公司取得本公司股份后,应当在6个月内转让或者注销。

(3) 将股份奖励给本公司职工。为调动我国公司中劳动者的积极性,协调股东利益与职工利益,提高社会生产力水平,鼓励职工持股计划之推展,公司可例外购买本公司股份。但公司在此种情况下收购的本公司股份不得超过本公司已发行股份总额的5%;用于收购的资金应当从公司的税后利润中支出;所收购的股份应当在一年内转让给职工。为协调职工利益与股东利益之间的冲突,公司在此种情况下取得自己股份应当经股东大会决议。

(4) 股东因对股东大会作出的公司合并、分立决议持异议,要求公司收购其股份。在此种情形下公司购买本公司股份乃属公司为保护小股东而履行的法律义务。公司取得本公司股份后,应当在6个月内转让或者注销。

(5) 公司为实现债权而取得自己股份。倘若甲公司对乙享有债权、乙又持有甲公司发行的股份,甲公司为实现债权可通过拍卖程序取得乙持有的甲公司股份。与此相似,甲公司通过代物清偿亦可取得自己股份。此种情形并不害及公司财产之稳固。

(6) 公司无偿取得自己股份。此种情形并不导致公司资产减少,也不产生股份投机主义行为。

(7) 公司以自己名义为他人之计算而取得自己股份。此种情况包括代购取得及信托取得。代购取得,指证券公司接受购买委托预约,为委托者之计算而取得本公司之股份(例如,某上市券商根据客户委托购买本公司的股份);信托取得,指信托公司为委托者之计算而接受本公司发行的股份作为信托财产。这两种情况并不损害资本维持原则。

(8) 公司为消灭自己债务而取得自己股份。公司为消灭自己在通常营业活动中产生的债务而取得自己股份作为对公司债权人的代物清偿。此种情形并不损害公司债权人的利益。

(9) 公司为防止重大且急迫的损害而有必要取得自己股份。

与其他股东持有的股份不同,公司持有的自己股份所蕴含的权利在行使时应当接受一定的限制。就共益权而言,公司不得就自己股份享有表决权和其他共益权。否则,势必助长公司经营者滥用自己股份的共益权与经营权,侵害其他股东的利益。公司取得自己股份的自益权也受一定限制:其一,由于公司解散后不再具有法人资格,公司无法享有公司剩余财产分配请求权。其二,就分红权而言,公司持有的本公司股份不得分配利润(我国《公司法》第167条第6款)。其三,在股份分割与股份合并的场合下,股份分割、合并的法律效果及于自己股份,公司有权接受股份及金钱。其四,由于股份股利为股利分配之一种,公司可就自己股份取得股份股利。其五,公司可就自己股份享有新股认购优先权。

十、禁止接受本公司的股票作为质押权标的

公司接受本公司的股票作为质押权的标的将会产生公司购买自己股份同样的弊端,我国《公司法》第143条第4款规定:"公司不得接受本公司的股票作为质押权的标的"。公司不得以公司名义、为公司之计算而接受本公司股票作为质权的标的,也不得以他人名义、为公司之计算接受本公司的股票作为质押权的标的。

法律应当例外允许公司在以下情形接受本公司股票作为质押权的标的: (1) 以公司名义、为他人之计算而接受本公司的股票作为质押权的标的。(2) 公司因合并或受让其他公司的全部营业而取得以自己股份为标的质权。(3) 公司为实现债权而接受自己股份为质权标的。(4) 银行及其他金融机构在通常的经营活动中取得以自己股份为标的的质权。在上述四种情形下,因其并

不危害公司、股东和债权人利益而应认其合法。

公司违法接受以自己股份为质押权标的时,有过错的董事和高级管理人员应当对公司或其债权人和股东承担民事责任。就公司接受自己股份为质押权标的的民事法律效果而言,既然此种行为为绝对无效,则质押权设定者和质押权人均可主张其无效。

第八节 非法证券活动的整治

一、非法证券活动的主要形式与特征

近年来,非法发行股票和非法经营证券业务(以下简称非法证券活动)在我国部分地区时有发生,个别地区甚至出现蔓延势头,严重危害社会稳定和金融安全。当前,非法证券活动的主要形式为:一是编造公司即将在境内外上市或股票发行获得政府部门批准等虚假信息,诱骗社会公众购买所谓"原始股";二是非法中介机构以"投资咨询机构"、"产权经纪公司"、"外国资本公司或投资公司驻华代表处"的名义,未经法定机关批准,向社会公众非法买卖或代理买卖未上市公司股票;三是不法分子以证券投资为名,以高额回报为诱饵,诈骗群众钱财。

非法证券活动是一种典型的涉众型的违法犯罪活动,严重干扰正常的经济金融秩序,破坏社会和谐与稳定。从近期办理的一些案件看,非法证券活动具有以下特征:一是按照最高人民检察院、公安部《关于经济犯罪案件追诉标准的规定》(公发[2001]11号),绝大多数非法证券活动都涉嫌犯罪。二是花样不断翻新,隐蔽性强,欺骗性大,仿效性高,蔓延速度快、易反复。三是案件涉及地域广,涉案金额大,涉及人员多,同时资产易被转移,证据易被销毁,人员易潜逃,案件办理难度大。四是不少案件涉及境外资本市场,办理该类案件政策性强,专业水平要求高。五是投资者多为离退休人员、下岗职工等困难群众,承受风险的能力差,极易引发群体事件。

二、整治非法证券活动的制度建设和组织建设

早在2001年,国务院办公厅就下发了《关于严厉打击以证券期货投资为名进行违法犯罪活动的通知》(国办发[2001]64号)。中国证监会也分别于2003年和2004年下发了《关于处理非法代理买卖未上市公司股票和有关问题的紧急通知》(证监办发[2003]15号)以及《关于进一步打击以证券期货投资为名进行违法犯罪活动的紧急通知》(证监办发[2004]16号)。但整治非法证券活动的效果不彰。

为贯彻落实我国《公司法》和《证券法》有关规定,维护证券市场正常秩序和

广大投资者的合法权益,国务院办公厅于2006年12月12日下发了《关于严厉打击非法发行股票和非法经营证券业务有关问题的通知》(以下简称国办发〔2006〕99号文)。该文要求地方各级人民政府、国务院有关部门要进一步统一思想,高度重视,充分认识非法证券活动的危害性,增强政治责任感。要完善打击非法证券活动的政策法规和联合执法机制,查处一批大案要案,依法追究有关人员的责任,建立健全防范和打击非法证券活动的长效机制,从根本上遏制非法证券活动蔓延势头。

为加强组织领导,国办发〔2006〕99号文决定成立打击非法证券活动协调小组。协调小组由中国证监会牵头,公安部、国家工商总局、银监会并邀请最高人民法院、最高人民检察院等有关单位参加。协调小组负责打击非法证券活动的组织协调、政策解释、性质认定等工作。协调小组办公室设在证监会。国办发〔2006〕99号文要求证监会组织专门机构和得力人员,明确职责,加强沟通,与相关部门和省级人民政府建立反应灵敏、配合密切、应对有力的工作机制。非法证券活动查处和善后处理工作按属地原则由各省、自治区、直辖市及计划单列市人民政府负责。非法证券活动经证监会及其派出机构认定后,省级人民政府要负责做好本地区案件查处和处置善后工作。涉及多个省(区、市)的,由公司注册地的省级人民政府牵头负责,相关省(区、市)要予以积极支持配合。发现涉嫌犯罪的,应及时移送公安机关立案查处,并依法追究刑事责任。未构成犯罪的,由证券监管部门、工商行政管理部门根据各自职责依法作出行政处罚。不久,国务院下发了《关于同意建立整治非法证券活动协调小组工作制度的批复》(国函〔2007〕14号)。

整治非法证券活动协调小组成立以后,各成员单位和地方人民政府高度重视,周密部署,重点查处了一批大案要案,初步遏制了非法证券活动的蔓延势头,各类非法证券活动新发量明显减少,打击非法证券活动工作取得了明显成效,相当一部分案件已进入司法程序。但在案件办理过程中,相关单位也遇到了一些分工协作、政策法律界限不够明确等问题。为此,协调小组专门召开会议对这些问题进行了研究。根据协调小组会议精神,最高人民法院、最高人民检察院、公安部和中国证监会于2008年1月2日下发了《关于整治非法证券活动有关问题的通知》(以下简称《通知》)。《通知》要求各有关部门进一步统一思想,高度重视,充分认识此类违法犯罪活动的严重性、危害性,增强政治责任感,密切分工协作,提高工作效率,及时查处一批大案要案,维护法律法规权威,维护社会公平正义,维护投资者的合法权益。

从形式上看,《通知》是由公检法三大司法机关联合中国证监会推出的一个规范性文件,兼具司法解释与部门规章的性质。从内容上看,该文件主要解决了三个问题:一是进一步划清了非法证券发行活动的罪与非罪、此罪与彼罪的界限;二是初步明确了公检法三机关与证券监管机构、工商行政监管机关等部门之间的执法司法合作机制;三是明确了受害投资者的民事救济途径。这无疑有助于大幅降低司法机关和行政执法机关打击非法证券发行、经营行为的执法成本,提高非法证券活动的违法犯罪成本,彻底打通受害投资者的维权通道。该文件堪称依法整治非法证券活动的重要里程碑。

三、认定非法证券活动的法律界限

国办发[2006]99号文明确指出要严禁擅自公开发行股票,严禁变相公开发行股票,严禁非法经营证券业务。但前提条件是,如何划分股份发行与转让过程中合法与非法的界限、罪与非罪、此罪与彼罪的界限。我国刑事法治遵循罪刑法定、无罪推定和疑罪从无等三项基本原则。基于罪刑法定原则,无论是司法解释还是部门规章只能在法律授权的范围内对刑法条款作出解释,而不能在刑法之外创设任何刑事犯罪的罪名和刑罚。对此,国办发[2006]99号文和《通知》均尝试作出界定。

(一)擅自或变相公开发行股票的认定

根据我国《证券法》第10条规定,非公开发行是指向不超过200人的特定对象发行股份的行为;当事人非公开发行证券时不得采用广告、公开劝诱和变相公开方式。国办发[2006]99号文将非公开发行解释为,"向特定对象发行股票后股东累计不超过200人";并进一步扩大了公开劝诱的方式:"非公开发行股票及其股权转让,不得采用广告、公告、广播、电话、传真、信函、推介会、说明会、网络、短信、公开劝诱等公开方式或变相公开方式向社会公众发行。严禁任何公司股东自行或委托他人以公开方式向社会公众转让股票。"

与非公开发行相对的是公开发行。国办发[2006]99号文明确指出,向特定对象转让股票,未依法报经证监会核准的,转让后,公司股东累计不得超过200人;向不特定对象发行股票或向特定对象发行股票后股东累计超过200人的,为公开发行。公开发行应依法报经证监会核准;倘若未经核准擅自发行股票,就属于非法发行股票。

未经依法核准,擅自发行证券,涉嫌犯罪的,依照我国《刑法》第179条规定,以擅自发行股票、公司、企业债券罪追究刑事责任。公司、公司股东违反上述规定,擅自向社会公众转让股票,应当追究其擅自发行股票的责任。公司与其股东合谋,实施上述行为的,公司与其股东共同承担责任。

未经依法核准,以发行证券为幌子,实施非法证券活动,涉嫌犯罪的,依照我国《刑法》第176条、第192条等规定,以非法吸收公众存款罪、集资诈骗罪等罪名追究刑事责任。未构成犯罪的,依照我国《证券法》和有关法律的规定给予行政处罚。

（二）非法经营证券业务的认定

根据我国《证券法》规定，任何单位和个人经营证券业务，必须经证监会批准。具体说来，股票承销、经纪（代理买卖）、证券投资咨询等证券业务由证监会依法批准设立的证券机构经营，未经证监会批准，其他任何机构和个人不得经营证券业务。例如，我国《证券法》第169条就规定："投资咨询机构、财务顾问机构、资信评级机构、资产评估机构、会计师事务所从事证券服务业务，必须经国务院证券监督管理机构和有关主管部门批准"。

当事人未经批准、擅自从事证券业务的，属于非法经营证券业务，应予以取缔；涉嫌犯罪的，依照我国《刑法》第225条规定，以非法经营罪追究刑事责任。对中介机构非法代理买卖非上市公司股票，涉嫌犯罪的，应当依照我国《刑法》第225条规定，以非法经营罪追究刑事责任；所代理的非上市公司涉嫌擅自发行股票，构成犯罪的，应当依照我国《刑法》第179条规定，以擅自发行股票罪追究刑事责任。非上市公司和中介机构共谋擅自发行股票，构成犯罪的，以擅自发行股票罪的共犯论处。未构成犯罪的，依照我国《证券法》和有关法律的规定给予行政处罚。

非法经营罪与擅自发行股票罪之间既有联系，也有区别。实践中，这两种犯罪行为也可能密切交织在一起。例如，有可能张三先有擅自发行股票的犯罪行为，然后李四再非法代理买卖该公司的股票。但在审理非法经营罪与擅自发行罪应当在审理过程中应当分别进行，审理其中的一个犯罪不必以另外一个犯罪的审理结果为前提。

（三）关于非法证券活动性质的认定机构

《通知》指出，非法证券活动是否涉嫌犯罪，由公安机关、司法机关认定。公安机关、司法机关认为需要有关行政主管机关进行性质认定的，行政主管机关应当出具认定意见。对因案情复杂、意见分歧，需要进行协调的，协调小组应当根据办案部门的要求，组织有关单位进行研究解决。

总体而言，国办发〔2006〕99号文和《通知》有关擅自发行股票罪、非法吸收公众存款罪、集资诈骗罪与非法经营罪的界定是清晰的。当然，除了这两个规范性文件对罪与非罪、此罪与彼罪的界定之外，刑法及其配套司法解释是认定犯罪构成要件的根本法律依据。

四、非法证券活动中受害投资者的民事救济

长期以来，我国司法系统对涉及场外非法股票交易经济纠纷案件采取了不予立案的消极态度。根据1998年3月25日国务院办公厅转发证监会《关于清理整顿场外非法股票交易方案的通知》（国办发〔1998〕10号）的规定，最高人民法院于1998年12月4日发布了《关于中止审理、中止执行涉及场外非法股票交易经济纠纷案件的通知》(法[1998]145号)。虽然最高人民法院的这一举措意在配合国家解决当时 STAQ、NET 交易系统发生的问题,而非针对目前非法证券活动所产生的纠纷,但是绝对数法院还是对涉及非法证券活动的各类民事诉讼案件不予立案。因此,遏制非法证券活动的法律责任仅剩下行政处罚与刑事责任,至于受害投资者追究不法行为人民事责任的司法救济通道则处于严重梗阻状态。这无疑在客观上降低了非法证券活动的违法成本,妨碍了受害投资者运用民事权利手段配合国家行政执法机关和司法机关共同整治非法证券活动的积极性、主动性与创造性。

作为对广大受害投资者维权呼声的回应,最高人民法院、最高人民检察院、公安部和中国证监会于 2008 年 1 月 2 日下发的《通知》开辟了民事司法救济的通道:"如果非法证券活动构成犯罪,被害人应当通过公安、司法机关刑事追赃程序追偿;如果非法证券活动仅是一般违法行为而没有构成犯罪,当事人符合民事诉讼法规定的起诉条件的,可以通过民事诉讼程序请求赔偿。"

原告投资者可以自己与被告存在合同关系为由,对被告提起撤销合同之诉或者违约之诉,也可以被告存在侵权行为为由,对被告提起侵权损害赔偿之诉;倘若存在违约责任与侵权责任竞合的,依据我国《合同法》第 122 条规定,受害投资者可以从中择一行使。程序法依据是我国《民事诉讼法》,实体法依据是我国《合同法》、《民法通则》、《公司法》、《证券法》等民商事法律及其配套的法律、法规和司法解释等。受害投资者也可在司法机关追究犯罪分子刑事责任的同时,对犯罪分子提起刑事附带民事诉讼。凡直接损害投资者合法权益的行为人都有可能成为民事诉讼中的被告,包括但不限于发行公司及其发起人、董事、监事、经理和高级管理人员,非法买卖股票的中介机构和股份的出让方等。对已经非法注销登记(如未履行公告债权人的程序)的发行公司,由于已经丧失法人资格,受害投资者可对其清算义务主体(如有限责任公司的股东、股份有限公司的董事等)提起民事诉讼。中介机构与发行公司及其发起人等同谋损害投资者利益的,可以请求人民法院判令其对受害投资者承担连带责任。

受害投资者有权要求被告人赔偿其遭受的实际损失,包括直接损失(现有财产利益的丧失)与间接损失(本应获得的利益由于被告人的行为而未取得)。但根据谁主张谁举证的原则,原告投资者要对其主张的实际损失(包括向发行公司或其发起人认缴股份的金额、向前手支付的股份购买价款、支付的税金、中介费用、同期银行贷款利息)范围承担举证责任。至于受害投资者为追究被告人的民事责任而发生的诉讼费用(如律师费)作为投资者的派生损失也应纳入实际损失的范畴。被告除依据法律规定承担连带责任外,对其他被告人的行为存在恶意串通的,也应对原告投资者承担连带损害赔偿责任。当然,在确定受害投资者的实际损失时,人民法院享有一定的自由裁量权。笔者主张,司法机关从犯罪分子没收的广大受害投资者缴纳的股款和股权转让款应当按照受害投资者的受损比例分配于广大投资者。这也是以人为本的司法理念的具体体现。

五、非上市公众公司的股份发行与转让的制度真空亟待填补

在多数情况下,非法证券活动的滋生与蔓延源于不法行为人的利欲熏心和胆大妄为。不法行为人往往假借非法发行股份与转让股份的手段,从受害投资者攫取不法利益。因此,进一步加强投资者法律风险教育工作,培育理性成熟的投资者队伍有助于遏制非法证券活动。但非法证券活动的产生与公司法律制度的真空也有一定逻辑关联。例如,我国《公司法》和《证券法》对上市公司的规定较为成熟,《公司法》对有限责任公司的规定也较为完备,加之与《公司法》和《证券法》配套的行政法规和部门规章,量大面广的有限责任公司制度板块与量小精强的上市公司制度板块已经基本步入灿然大备阶段。

相比之下,既非上市公司、又非有限责任公司的中间形态公司,即公开发行股票、但不在证券交易所上市的股份有限公司(以下简称"非上市公众公司")则处于制度真空状态。对这些公司的投资者而言,一方面其认购的股票是公开发行的,另一方面却无法在证券交易所出让这些股票。由于我国多层次资本市场建设尚不到位,一些股东为了变现投资,遂在一些发行公司和中介机构的蛊惑下通过公开劝诱或者变相公开劝诱的方式转让股权。

大禹治水,贵在堵疏结合。对制度设计真空导致的非法证券活动,只有改进制度设计,才能从源头上分流不法证券活动,并警醒发行公司、中介机构和投资者见贤思齐,趋利避害,改恶向善。因此,国办发〔2006〕99号文明确要求中国证监会根据《公司法》和《证券法》有关规定,尽快研究制订有关非上市公众公司的管理规定,明确非上市公众公司设立和发行的条件、发行审核程序、登记托管及转让规则等,将非上市公众公司监管纳入法制轨道。笔者主张,国家应当鼓励这类公司的股权转让进入证券交易所之外的集中交易市场,同时强化非上市公众公司对其投资者的信息披露义务。这就需要对证券交易所之外的股权集中交易市场采取允许设立、但严格规范的态度。

第七章 公司治理

第一节 公司治理概述

一、公司治理的含义

公司治理(corporate governance)泛指公司管理层对股东和利益相关者负责的一系列的制度安排和商业实践。公司治理乃公司命运之所系。公司治理水平的高低直接关系到股东的投资价值,关系到公司的竞争力,更关系到民族经济的竞争力。

公司良治既是一种理念,也是一种制度安排,更是一种商业实践。没有公司良治理论的正确指导,就不会有一流的公司治理制度。有了一流的公司治理制度,未必就能催生出一流的公司治理实践。一些上市公司设置了独立董事,建立了完善的风险控制委员会,并印有精美的《风险控制手册》,但仍未能摆脱公司总经理一手遮天的错误决策导致的巨大财产损失。在理念、制度与实践之间,完善的公司治理制度对于落实公司良治理念、鼓励公司良治实践具有承上启下的核心作用。因此,优化公司治理自然成为公司法的重要使命。

二、公司良治的特征

良好的公司治理(公司良治)的核心特征主要包括公司治理的透明度、问责性、尊重股东价值、股东平等、公司社会责任与民主性。

(1) 公司治理应当具备透明度。透明度强调公司对股东的信息披露义务。上市公司固然要真实、准确、完整、及时、公平地依法履行信息披露义务,非上市公司也要对其股东履行信息披露义务。与公司信息披露义务相对的是股东的知情权。上市公司与非上市公司皆有信息披露义务。非上市公司虽然不必遵循《证券法》为上市公司设定的信息披露义务,但仍要履行公司法为上市公司设定的信息披露义务。上市公司与非上市公司的股东皆有知情权。非上市公司股东可以获取的信息甚至可以超过上市公司股东。例如,我国《公司法》第34条明确允许有限责任公司股东请求查阅公司的会计账簿,但未明确允许上市公司股东查阅公司的会计账簿。暗箱作业的公司治理不可能是公司良治。公司良治的透明度主要针对股东而言。对债权人而言,公司治理的透明度也很重要。

(2) 公司治理应当具备问责性。问责性强调公司治理机构(含股东会、董事会、监事会)及公司经营者的岗位职责和决策程序清晰明确,违背岗位职责以及善尽岗位职责的赏罚分明,失信高管和股东的责任追究途径畅通。

(3) 公司治理应当尊重股东价值。尊重股东价值,就是要强调弘扬股权文化,为股东创造满意的投资回报。从权力的来源看,公司治理的权力来源于股东;从公司治理的目标来看,公司治理的权力要为了股东利益而行使;从权力的行使过程来看,公司治理的权力要由股东参与行使。股东参与公司治理的法律途径既包括表决权,也包括知情权、建议权、监督权、诉权和股权转让自由等。公司应当高度重视投资者关系管理工作,欢迎投资者监督。为方便投资者监督、建议,上市公司应当设立专门的电话及传真,随时听取股东的意见。

(4) 公司治理应当弘扬股东平等精神。公司治理不仅要体现同股同权的股东形式平等原则,也要体现禁止控制股东压榨小股东的股东实质平等原则。根据形式上的股东平等原则,股东按其持股类别和持股比例行使权利。但形式上的股东平等原则容易滋生股东之间的不平等。某些股东借助形式上的股东平等原则成长为控制股东,进而压榨、排挤小股东。因此,有必要向中小股东予以适度倾斜,以充分体现实质意义上的股东平等原则。

(5) 公司治理应当强化公司社会责任。公司不能唯利是图。公司不能仅以最大限度地为股东们赚钱作为自己的唯一存在目的,还应最大限度地关心股东利益之外的社会利益,包括消费者利益、职工利益、债权人利益、中小竞争者利益、当地社区利益、环境利益、社会弱者利益及整个社会公共利益等内容,既包括自然人的人权尤其是社会权,也包括法人和非法人组织的权利和利益。公司的社会责任是公司社会性的体现。公司的社会性与公司的营利性相对。公司承担社会责任就是要成为有良心的公司、受人尊重的公司。公司社会责任条款已经写进我国《公司法》第 5 条的规定。

(6) 公司治理应当具备民主性。公司治理的民主性就是要强调公司民主、股东民主,强调治理机构之间的相互分工、相互配合、相互监督与相互制衡。既要强调民主决策,也要强调民主监督。控制股东不得滥用控制权损害公司利益和中小股东利益,内部人和经营者不得滥用经营权损害外部人尤其是公司、股东和债权人的利益。

三、公司治理的主要问题

公司治理乃全球化难题。美国的安然、世通等公司治理丑闻不仅暴露出上市公司管理层"小鬼当家"的内部人控制问题(如某些 CEO 的狂妄、过于自信和贪婪),也凸现了审计委员会(Audit Committee)、律师(Attorney)和会计师(Accountant)的诚信问题。我国公司治理水平普遍不高,国际公认的诚实性、透明性、问责性原则在公司治理实践中难以落实。就上市公司而言,我国的公司治理问题主要表现为一股独霸下的内部人控制、公司高管激励机制与约束机制同时疲软、信息披露不透明以及中小股东权益保护方面的制度缺陷。

中美上市公司治理实践中虽然都存在着内部人控制问题,但问题成因不同。美国上市公司的内部人控制问题主要源于股权结构的高度分散。"山中无老虎,猴子称大王"。而我国的内部人控制问题主要源于股权结构的高度集中。一股独大的股权结构致使我国的内部人控制具有"狐假虎威"的特色。无论是股权结构的高度分散,还是股权结构的高度集中,都会滋生内部人控制现象。我国上市公司的股权分置改革顺利完成、全面进入全流通时代后,依然会出现美国式的内部人控制现象。因此,正视、疏导和化解内部人控制现象,化消极因素为积极因素,是我国公司治理的长期课题。

闭锁型公司(包括有限责任公司与非上市股份有限公司)也存在着公司治理问题。由于闭锁型公司的股东人数较少,大股东身份与董事长、总经理身份往往合而为一,加之股权转让流通性较弱,小股东往往缺乏出让股权的机会,导致控制股东容易滥用控制地位侵害小股东参与公司治理的权利(包括控制权与分红权)。家族公司尤其是父子公司、夫妻公司、兄弟公司还存在着经营权与股权高度合一、家族成员兼任公司高管、人存政举、人亡政息的现象。

四、公司机关的概念与特征

公司机关泛指根据法律或公司章程的规定,对内经营管理公司事务,对外代表公司实施法律行为,行使权利、履行义务的个人和集体。公司机关是公司维持其人格的组织基础,是公司得以存在与开展业务活动的保障。正是因为如此,公司机关制度成为传统公司治理制度的核心内容甚至全部内容。

公司机关具有以下特征:(1)公司机关是公司的对内决策、对内监督和对外代表机构。公司机关对内负责公司的经营管理活动,对外代表公司实施法律行为,开展民事活动。(2)公司机关是替代公司作出并执行意思表示的机构。公司不同于自然人。公司的一切活动都要通过公司机关来实现。公司机关在法律、章程规定的范围内从事的民事法律行为就是公司的行为,这些行为不需要公司的特别授权,并由公司承受这些行为的法律效果。(3)公司机关的活动具有连续性。作为公司机关的自然人在开展公司活动时,并不代表自己,而是代表公司。因此,作为公司机关的自然人发生变更时,继任者仍要受前任者的行为约束。我国《合同法》第76条规定:"合同生效后,当事人不得因姓名、名称的变更或者法定代表人、负责人、承办人的变动而不履行合同义务",即揭明此旨。

以其活动方式为准,公司机关分为独任制机构与合议制机构,前者如董事长、总经理,后者如股东大会和董事会。

以其设立依据为准,公司机关分为法定机构(如股东大会、董事会、监事会)和任意机构(如公司咨询机构、常务董事)。前者是依据法律和行政法规设立的公司机关,而后者是依据公司章程或股东会决议、董事会决议而设立的公司机关。

以其职能为准,公司机关分为权力机构(股东会)、经营决策机构(董事会或执行董事)、经营执行机构(总经理)与监督机构(监事会或执行监事)。

以其繁简程度为准,公司机关分为正式机关(例如股东会、董事会与监事会)与简式机关(如一人股东、执行董事与执行监事)。例如,普通公司的股东会为正式机关,而一人公司与国有独资公司中的一人股东(含国家股东)为行使股东会职权的简式机关。

以其活动期限为准,公司机关分为常设机构(如董事会)和非常设机构(如专门问题调查委员会)。

五、我国的公司机关架构

根据我国《公司法》,股东组成股东大会,股东大会定时或临时地就公司经营中的基本事项作出意思决定。为贯彻股东大会的决定,股东大会选任董事组成董事会。董事会就基本事项之外的其他经营事项作出决定。董事会选举董事长作为公司的法定代表人,聘任经理负责实施董事会决议。董事会还负责监督董事、经理的业务执行行为。股东除通过股东大会对董事会、董事长和经理进行监督外,还选任监事监督董事和经理的业务执行行为。上市公司还要设立独立董事和董事会秘书岗位。

西方公司法规定的公司机关颇不相同。一种立法例是以德国为代表的双层制,即由监事会和董事会共同经营公司。具体说来,由股东大会选任监事(在适用《共同决定法》的公司,劳动者亦应依一定比例当选为监事),监事构成监事会,监事会又选任董事,由董事组成的董事会负责公司经营之指挥;监事会除选任、解任董事外,尚负责对公司业务之持续监督,并就一定事项享有同意权。在双层制中,股东会与董事会之间加设监事会,监事会为董事会的上位机关,以收对董事会监督之效。

另一种立法例是以英美法为代表的单层制,即由股东大会选任的董事组成董事会,董事会对公司之经营负责指挥,聘用高级管理人员负责具体经营,董事会并负责监督高级管理人员的经营活动。董事亦可兼任公司高级管理人员。在单层制中,只有股东会、董事会之设,无监事会之设,充其量在董事会里面设立独立董事职位,行使监督职能。

法国1966年《公司法》分别在第198条和第118条规定了单层制和双层制可由公司任意选择。尽管单层制与双层制存在不少区别,但在机构分化特别是在指挥职能与监督职能的分离方面则能收到异曲同工之妙：双层制中的董事会与监事会的分别设立固不待言，就是单层制中的独立董事仍可发挥其监督执行董事和高管人员的职能。例如，美国不少州的公司法规定上市公司董事会下设独立董事控制的审计委员会更强化了该监督职能。

我国公司机关既不同于双层制，又不同于单层制。因为董事会和监事会各自独立地对股东大会负责，虽监事会对董事会负有监督之责，但监事会既非董事会的上位机构，亦非董事会的组成部门。我国上市公司既设监事会，又设独立董事。这与纯粹的双层制或单层制均有不同。

第二节　股东会制度

一、股东会的概念、特点和类型

股东会是由众股东对公司重大事项作出意思决定的公司权力机关。公司治理权的根基在股东民主与股东权利。而股东会就是股东民主与股东权利得以发挥作用的主要平台。

股东会具有以下特点：

（1）股东会是公司权力机关。依我国《公司法》第 37 条和第 99 条规定，公司股东会由全体股东组成，是公司的权力机构。这一立法思维源于我国《宪法》第 57 条和第 96 条分别将全国人民代表大会和地方各级人民代表大会界定为国家最高权力机关和地方国家权力机关。人大与政府、法院和检察院相比是权力机关，股东会与董事会、监事会相比是权力机关。

（2）股东会是公司的法定必备机关，而非任意机关。即使一人公司可以不设股东会，也将一人股东拟制为股东会的化身。

（3）股东会是公司的常设机关，而非临时机关。因为，董事会、监事会或适格股东均可随时依法定条件与程序召集股东会。

（4）股东会是会议体机关，而非法定代表人、董事长或总经理那样的独任制机关。因此，股东会会议的召集与表决要弘扬程序严谨、内容合法的主旋律，以提高股东会决策的民主化与科学化。

根据我国《公司法》第 40 条和第 101 条规定，股东会分为定期股东会和临时股东会。其中，定期会议是指依照法律或章程在股东期限召集的股东会。例如，有限责任公司的定期会议应当依章程规定按时召开；股份有限公司年度股东会制度更表明股份公司股东至少每年应当召开一次股东会。《上市公司章程指引》第 42 条要求上市公司的年度股东大会于上一会计年度结束后 6 个月内举行。临时会议是公司根据适格主体的提议、为讨论涉及公司和全体股东重大利益的事项而召开的非定期会议。在有限责任公司中，代表 1/10 以上表决权的股东，1/3 以上的董事，监事会或不设监事会的公司的监事提议召开临时会议的，应当召开临时会议。在股份有限公司，遇有法定情形之一的，也应在两个月内召开临时股东大会。

二、股东会的职权

依我国《公司法》第 38 条、第 100 条的授权，股东会享有 11 项职权：(1) 决定公司的经营方针和投资计划。(2) 选举和更换非由职工代表担任的董事、监事，决定有关董事、监事的报酬事项。至于选举和更换职工董事、职工监事的决策权则归属职工代表大会、职工大会。(3) 审议批准董事会的报告。股东会有权批准董事会的报告，也有权否决董事会的报告。(4) 审议批准监事会或监事的报告。股东会有权批准监事会的报告，也有权否决监事会的报告。(5) 审议批准公司的年度财务预算方案、决算方案。(6) 审议批准公司的利润分配方案和弥补亏损方案。(7) 对公司增加或减少注册资本作出决议。(8) 对发行公司债券作出决议。(9) 对公司合并、分立、解散、清算或变更公司形式作出决议。(10) 修改公司章程。(11) 公司章程规定的其他职权。这意味着，立法者通过兜底条款形式允许与鼓励公司章程基于公司自治精神赋予股东会更多的职权。

为避免控制股东滥用资本多数决，维护上市公司和中小股东的合法财产权益，我国《公司法》第 122 条规定了股东大会的特别决策事项：(1) 上市公司在一年内购买重大资产超过公司资产总额 30% 的决策；(2) 上市公司在 1 年内出售重大资产超过公司资产总额 30% 的决策；(3) 上市公司在 1 年内担保金额超过公司资产总额 30% 的决策。对于前述三类均攸关广大股东切身利益的决策，不仅董事会无权染指，股东大会也不得以普通决议作出，以免控制股东一手遮天。此处的"重大资产"或者"担保总额"并不拘泥于单项合同项下的金额，而是包括由若干合同构成、但合计总额超过前述比例的各种情形。单项合同项下的金额超过公司资产总额 30% 的，固然由股东大会作出决议；即使单项合同项下的金额未超过公司资产总额 30%、但多项合同项下的金额之和超过公司资产总额 30% 的，也要由股东大会作出决议。只有如此，才能杜绝化整为零的道德风险。

三、股东会中心主义

在公司机关制度化的初期，尽管公司机关已经分化，但股东大会在公司诸机构中处于最高的万能机构的地位。易言之，股东大会上的众股东享有公司的各种权力，凡与公司经营有关的事务无不含于其中；而董事则不过是股东大会决议的执行者而已,股东大会可随时就任何公司经营行为向董事会发号施令。董事会完全沦为股东大会的消极、机械的附庸。此即股东大会中心主义时期。股东大会中心主义与当时的政治思潮和历史背景是紧密相连的。人们往往搬用政治生活中的民主概念去理解股份公司中的股东民主,并把股份公司的章程与国家的宪法进行类比。

随着科学技术的进步,生产力水平的提高,股份市场的发达,大规模现代股份公司日益崛起,公司参与的市场经济流转不断加快,公司的经营范围空前拓宽,公司的经营活动亦趋高度复杂化和专业化。如果仍然依赖定期举行的股东大会就公司中的所有经营活动进行决策,然后再交由董事会执行,或者如果仍然允许股东大会可随时干预董事会的经营决策,则无异于束缚经营者的手脚,既不利于公司发展,又碍于交易安全。为纠此流弊,公司经营决策权的重心遂由股东大会转向董事会。由于多数股东们无法通过股东会行使公司经营的一切决策权力,董事会中的多数成员又非股东,于是出现了有股权的人没有经营权、有经营权的人没有股权的现象,此即企业所有与企业经营的分离现象。这种现象标志着股东会中心主义向董事会中心主义的变迁。

德国1937年《股份法》正式废除了19世纪的股东大会中心主义,大大削减了股东大会的权限,同时强化了董事会的经营权限及其对股东会的独立性。该态度被1965年《股份法》进一步确认。欧陆主要公司法纷纷步其后尘。如1942年的《意大利民法典》虽未采用德国的双层制,但第2364条第4项亦将公司经营排斥于股东大会权限之外。[①] 英美法系也同样发生了股东大会中心主义向董事会中心主义的变迁。如《美国模范商事公司法》第8.01条第2项明确规定:"公司的全部权力由董事会行使或由董事会授权他人行使;公司的各种经营活动和具体事务的管理工作在董事会指挥下进行;但公司设立章程和本法第7.32条授权的协议另有约定的除外"。日本亦于1950年修改其《商法典》时缩小了股东大会的权限,扩张了董事会的经营权限。该法第260条规定:"除法律或章程规定为股东大会权限内的事项外,由董事会决定公司业务的执行。"

区分股东会中心主义与董事会中心主义的标准有二:一是哪一机构享有经营管理公司的实质决策权(如是否引进授权资本制);二是立法者没有明确列举的剩余权力由谁行使? 就前者而言,我国《公司法》并未明确将经营权垄断于董事会之手,更未引进授权资本制;就后者而言,立法者也未明确规定,股东会依本法或章程行使的决策权之外的其他权力皆由董事会行使。可见,我国《公司法》的态度基本上属于股东会中心主义。

---

① 该项规定:股东年会有权"审议批准设立章程规定的、属于股东大会权限范围内涉及公司管理的其他事项、由董事会提交股东大会讨论的事项,以及涉及董事和监事责任的事项"。

当然,我国《公司法》明确允许公司章程对股东会、董事会与总经理之间的决策权限予以合理划分,酌情增减。第38条和第47条在分别列举股东会和董事会职权外,还以兜底条款形式规定了"公司章程规定的其他职权";第50条第1款在列举经理的七大职权外增加了"董事会授予的其他职权";该条第2款还规定:"公司章程对经理职权另有规定的,从其规定。"这意味着,公司章程可以将股东会的部分决策权移交董事会,也可以将总经理的部分决策权上收董事会。根据第100条、第109条与第114条规定,上述规定既适用于有限责任公司,也适用于股份有限公司。

避免股东会决议与董事会决议撞车的上策在于,公司章程应当划清股东大会与董事会之间的权限边界。倘若公司章程未对容易产生纠纷的决策事项作出明确划分,则按照股东主权思想,应当将该事项解释为股东会的决策事项。值得注意的是,我国2005年修订的《公司法》虽然对旧有的公司法律制度进行了脱胎换骨的改革,但基本上仍未摆脱股东大会中心主义的主流基调,尚未采行董事会中心主义的立法态度。在这种情况下,既然股东并不信赖董事会,并未明确将某一事项的决策权移交董事会,则可以解释为该事项的决策权仍然操诸股东会之手。

股东大会可否随意推翻董事会的决议,存在肯定与否定之争。肯定说的理由是,股东会是公司的最高决策机构,董事会成员由股东会任免,而且都是会对股东会负责并报告工作。笔者持否定说。理由之一是,董事会的权限与其说源于股东大会的授予,不如说来自立法者的授予。理由之二是,股东大会有权任免董事,并不意味着董事会权限由股东大会一一授予。理由之三是,既然董事会代表公司所作的决策经常涉及第三人的利益,倘若允许股东会随意否决董事会决议,将会损害公司信誉。根据疑人不用、用人不疑的传统文化,也应作如是解释。

四、股东会的召集人与主持人

(一) 董事会

在通常情况下,股东会名正言顺地由董事会召集。但在实践中,一些董事长为预防"宫廷政变",往往拒绝召集和主持董事会,更拒绝主持股东会,也不指定副董事长或其他董事主持"两会"。为确保股东大会的及时召集,我国《公司法》解决了股东会主持程序的真空问题。该法第102条规定股东大会会议由董事会召集,董事长主持;董事长不能履行职务或者不履行职务的,由副董事长主持;副董事长不能履行职务或者不履行职务的,由半数以上董事共同推举一名董事主持;董事会不能履行或者不履行召集股东大会会议职责的,监事会应当及时召集和主持;监事会不召集和主持的,连续90日以上单独或者合计持有公司10%以上股份的股东可以自行召集和主持。该法第102条增加了股份有限公司股东的持股期间要求,将行使股东会召集权和主持权的股东的持股资格界定为连续90日以上单独或者合计持有公司10%以上股份的股东,旨在避免资本规模庞大的股份有限公司的小股东滥用权利。

我国2005年修订的《公司法》不仅明确赋予副董事长和半数以上董事选定的董事在董事长怠于或拒绝履行职权时自动代行"两会"主持权,而且增设了小股东的股东会主持权,明确允许股东自行主持临时股东大会。小股东首次获得了股东会的自行召集权和主持权,而非仅仅享有修订前的《公司法》规定的召集请求权。

(二) 监事会

依我国《公司法》第41条第2款、第102条第2款规定,董事会或执行董事不能履行或不履行召集股东会会议职责的,监事会或不设监事会的公司的监事应当及时召集和主持。可见,在董事会失灵的情况下,监事会有必要发挥启动股东会召集程序的特别作用。

(三) 适格股东

倘若董事会沆瀣一气不能履行或不履行召集股东会会议的职责,监事会可以召集和主持,倘若监事会或监事与董事会沆瀣一气,拒不召集和主持,则股东可以自行召集和主持。为避免董事会与监事会滥用垄断股东会召集权、故意不召集股东会的情况,董事会或执行董事、监事会或不设监事会的公司的监事均不及时召集和主持股东会的,适格股东也可依我国《公司法》第41条第2款、第102条第2款规定自行召集和主持股东会。适格股东的条件因公司类型之不同而略有区别:在有限责任公司为"代表1/10以上表决权的股东";在股份有限公司为"连续90日以上单独或合计持有公司10%以上股份的股东"。

依我国《公司法》第39条规定,有限责任公司的首次股东会会议由出资最多的股东召集和主持。股东自行召集和主持的临时股东大会,董事、监事和高级管理人员也应密切配合,包括协助召集股东获取股东名册,保证会议的正常召开。

倘若董事会为第一顺位的股东会召集人,监事会为第二顺位的股东会召集人,适格股东则为第三顺位的股东会召集人。股东自行召集和主持的临时股东大会,董事、监事和高级管理人员也应密切配合,包括为召集股东提供股东名册,保证会议的正常召开。会议所必需的费用由本公司承担。除了股东会的自行召集权和主持权之外,适格股东还享有召集请求权。究竟行使何种权力,宜由股东自己权衡行使权利的成本与收益而定。

也有人担心,我国《公司法》的上述规定有可能造成股东会会议过于频繁地召开。其实,我国《公司法》亦不鼓励无谓的、低效的临时股东会议。因此,笔者主张从程序上限制会议泛滥现象。如提议召开的议题应当属于股东会的职权范围;又如,公司章程也可适当限制临时股东会之间的隔离期限、适度提高提议召开临时股东会的股东的持股比例等。

（四）清算组

清算组是公司处于清算状态时的临时公司机关。在履行清算职责的范围内,清算组亦可召集股东会。例如,依我国《公司法》第 187 条规定,清算组在清理公司财产、编制资产负债表和财产清单后,应当制定清算方案,并报股东会、股东大会或人民法院确认。这就需要清算组召集股东会。

召开股东大会时,倘若会议主持人违反议事规则使股东大会无法继续进行,经现场出席股东大会有表决权过半数的股东同意,股东大会可推举一人担任会议主持人,继续开会(《上市公司股东大会规则》第 27 条第 4 款)。

五、召开临时股东会会议的法定情形

为了预防有限责任公司的董事会在召集临时股东会方面的消极不作为,提升其他董事、股东抑或监事的话语权,我国《公司法》第 40 条第 2 款规定:"代表 1/10 以上表决权的股东,1/3 以上的董事,监事会或不设监事会的公司的监事提议召开临时会议的,应当召开临时会议。"这意味着,只要有了合格的临时股东会召集请求,董事会必须毫无条件地予以召集,不得编造理由、敷衍塞责。

我国《公司法》第 101 条着力于激活临时股东大会的召集程序。有下列情形之一的,应当在两个月内召开临时股东大会:(1) 董事人数不足本法规定人数或公司章程所定人数的 2/3 时;(2) 公司未弥补的亏损达实收股本总额 1/3 时;(3) 单独或合计持有公司 10% 以上股份的股东请求时;(4) 董事会认为必要时;(5) 监事会提议召开时;(6) 公司章程规定的其他情形。这就使得公司章程得以自由设计启动临时股东大会召集程序的原因。例如,公司章程可以规定,当公司股价跌至一定幅度时,必须召集临时股东大会。

除了继续剥夺董事会对适格董事、股东或监事召集临时股东大会的自由裁量权之外,我国 2005 年修订的《公司法》增加了召集临时股东大会的新事由:"公司章程规定的其他情形。"这就使得公司章程得以自由设计启动临时股东大会召集程序的原因。例如,公司章程可以规定,当公司股价跌至一定幅度时,必须召集临时股东大会。因此,我国 2005 年修订的《公司法》第一次赋予了适格董事、股东或监事在启动临时股东会召集程序方面的权力。面对适格董事、股东或监事的召集建议权,董事会必须毫无条件地及时予以召集。

六、股东会的通知程序

（一）有限责任公司股东会的通知程序

依我国《公司法》第 42 条第 1 款规定,召开股东会会议,应当于会议召开 15

日前通知全体股东;但是,公司章程另有规定或全体股东另有约定的除外。公司章程或全体股东协议既可缩短,也可延长会议的通知期限。

(二) 股份有限公司股东会的通知程序

依我国《公司法》第103条第1款规定,股东大会会议通知的发送期限有着不同要求:(1) 召开年度股东会会议的,应当将会议召开的时间、地点和审议的事项于会议召开20日前通知各股东;(2) 召开临时股东会会议的,应当于会议召开15日前通知各股东;(3) 发行无记名股票的,应当于会议召开30日前公告会议召开的时间、地点和审议事项。这是由于对于无记名股东而言,公司无从发送会议通知。

(三) 通知的内容

股东大会会议通知应当载明会议召开的时间、地点和审议的事项。根据《上市公司章程指引》第55条,上市公司股东大会的通知包括以下内容:(1) 会议的时间、地点和会议期限;(2) 提交会议审议的事项和提案;(3) 以明显的文字说明:全体股东均有权出席股东大会,并可以书面委托代理人出席会议和参加表决,该股东代理人不必是公司的股东;(4) 有权出席股东大会股东的股权登记日;(5) 会务常设联系人姓名、电话号码。

依我国《公司法》第103条第3款规定,股东大会不得对通知中未列明的事项作出决议。倘若股东大会对通知中未列明的事项作出了决议,就属于召集程序存在瑕疵的股东会决议,股东有权请求法院予以撤销。

七、股东和监事会提案

依我国《公司法》第103条第2款规定,单独或合计持有公司3%以上股份的股东,可以在股东大会召开10日前提出临时提案并书面提交董事会;董事会应当在收到提案后2日内通知其他股东,并将该临时提案提交股东大会审议。临时提案的内容应当属于股东大会职权范围,并有明确议题和具体决议事项。

就股东行使提案权的条件而言,该条将股东的持股比例界定为3%以上。之所以如此,旨在确保提案股东在股东会提案和决议中具有合理的利害关系,预防持股甚微的小股东滥用提案权。虽然该条规定的股东提案门槛高于提起股东代表诉讼的门槛,但未如我国《公司法》第152条第1款那样要求股东满足180日的持股期限。之所以如此,乃出于鼓励股东踊跃提案、积极参与股东大会的考虑。可见,该条规定的权利行使资格并不苛刻。

就股东提案的时间限制而言,该条要求股东的提案时间控制在股东大会召开10日前,以避免由于股东提案的拖沓而影响股东大会的效率。也正是出于此点考虑,我国2005年修订的《公司法》没有明确允许持股在一定比例以上的股东在股东大会召开时提出临时提案。

就股东提案的效力而言,该条要求董事会在收到提案后 2 日内通知其他股东,并将该临时提案提交股东大会审议。可见,董事会无权过滤股东的提案,必须毫无条件地将股东提案提交股东大会审议。

依《公司法》第 54 条,监事会、不设监事会的公司的监事也有权向股东会会议提出提案。

八、股东表决规则

(一) 一股一票规则

股东会决议的表决实行一股一票的民主决策规则。具体说来,股东会会议表决时,股东按其出资比例或持股比例表决。

就有限责任公司而言,股东会会议由股东按照出资比例行使表决权;但是,公司章程另有规定的除外(我国《公司法》第 43 条)。此外,股东会的议事方式和表决程序,除本法有规定的外,由公司章程规定(我国《公司法》第 44 条第 1 款)。据此,章程可以规定股东表决时实行一人一票的规则,也可以规定股东的表决比例与其出资比例不一致。

就股份有限公司而言,股东或其代理人出席股东大会会议,所持每一股份有一表决权。但是,公司持有的本公司股份没有表决权(我国《公司法》第 104 条第 1 款),亦不计入出席股东大会有表决权的股份总数(我国《上市公司章程指引》第 78 条第 2 款)。

(二) 资本多数决规则

所谓资本多数决规则,是指股东会决议原则上由出资比例或持股比例达到多数以上的股东们的赞同才能作出决议。但股东会决议事项的重要程度不同,资本多数决的具体要求也有不同。特别重要的股东会事项须以绝对资本多数决的方式作出决议,其他事项仅须以简单资本多数决的方式作出决议。前者为特别决议,后者为普通决议。从稳妥严谨的角度以及弘扬股东民主的角度看,特别决议的范围似乎越大越好。但是,特别决议范围越大,意味着股东会决议"卡壳"的概率提高了,容易出现议而不决、甚至久议不决的现象。因此,特别决议只能控制在法律和公司章程确定的范围内。而且要预防个别股东在公司章程中随意塞入资本绝对多数决的规则,以巩固自己的既得利益。

股东会会议作出修改公司章程、增加或减少注册资本的决议,以及公司合并、分立、解散或变更公司形式的决议,必须经代表 2/3 以上表决权的有限责任公司股东通过(我国《公司法》第 44 条第 2 款),或经出席会议的股份有限公司股东所持表决权的 2/3 以上通过(第 104 条第 2 款)。可见,此类股东会决议为特别决议;其他股东会决议在章程没有相反规定的情形下均为普通决议。

我国《上市公司章程指引》第 76 条和第 77 条对于上市公司股东会决议的

类型作了梳理。普通决议包括:(1) 董事会和监事会的工作报告;(2) 董事会拟定的利润分配方案和弥补亏损方案;(3) 董事会和监事会成员的任免及其报酬和支付方法;(4) 公司年度预算方案、决算方案;(5) 公司年度报告;(6) 除法律、行政法规规定或本章程规定应当以特别决议通过以外的其他事项。特别决议包括:(1) 公司增加或减少注册资本;(2) 公司的分立、合并、解散和清算;(3) 章程的修改;(4) 公司在一年内购买、出售重大资产或担保金额超过公司最近一期经审计总资产30%的;(5) 股权激励计划;(6) 法律、行政法规或本章程规定的,以及股东大会以普通决议认定会对公司产生重大影响的、需要以特别决议通过的其他事项。

(三) 代理投票

股东可以亲自出席股东大会,也可以委托代理人代为出席和表决。我国《公司法》第107条规定,股东可以委托代理人出席股东大会会议,代理人应当向公司提交股东授权委托书,并在授权范围内行使表决权。虽然该条规定于股份有限公司制度,但也适用于有限责任公司。股东代理人不限于公司的其他股东。非股东的自然人也可成为股东代理人。

股东委托代理人的原因很多,既包括身体健康原因,也包括无力承担参会交通食宿费用的经济原因,工作安排冲突无法参会的原因,由他人代理投票更为有利的原因等。

股东出具的委托他人出席股东大会的授权委托书一般应当载明下列内容:(1) 代理人的姓名;(2) 是否具有表决权;(3) 分别对列入股东大会议程的每一审议事项投赞成、反对或弃权票的指示;(4) 委托书签发日期和有效期限;(5) 委托人签名(或盖章)。委托人为法人股东的,应加盖法人单位印章。为避免代理人越权行事,委托书应注明如果股东不作具体指示,股东代理人是否可以按自己的意思表决。

董事会、独立董事和符合相关规定条件的股东可以征集股东投票权(我国《上市公司章程指引》第76条第3款)。投票权征集应采取无偿方式进行。公开征集人应向被征集人充分披露信息。

(四) 关联股东回避表决制度

所谓关联股东回避表决制度,是指与股东会表决事项存在关联关系的股东不得参与该事项的表决。只要某股东与股东大会的决议事项存在关联关系,不问其是大股东,还是小股东;也不问其在表决时如何投票,一律剥夺其表决权;违反表决权排除制度的投票一律无效。这有利于事先堵塞控制股东滥用表决权的漏洞。

我国《公司法》并未建立全面的关联股东表决权排除制度,仅在第16条第3款规定了股东回避表决的一种法定情形:公司为公司股东或实际控制人提供担保的,必须经股东会或股东大会决议,但该股东或受该实际控制人支配的股东不得参加前款规定事项的表决,该项表决由出席会议的其他股东所持表决权的过半数通过。

但立法上的局限并未妨碍中国证监会运用行政指导手段在上市公司建立全面的关联股东回避表决制度。根据我国《上市公司章程指引》第 79 条和《上市公司股东大会规则》第 31 条第 1 款,股东大会审议有关关联交易事项时,关联股东不应当参与投票表决,其所代表的有表决权的股份数不计入有效表决总数;股东大会决议的公告应当充分披露非关联股东的表决情况。公司应当根据具体情况在章程中制订有关联关系股东的回避和表决程序。

从长远看,有必要在我国《公司法》中建立关联股东在股东大会上的回避表决制度,这既是对国际惯例的借鉴,也是对我国关联股东表决权排除经验的总结。

(五) 累积投票制

所谓股东累积投票权,指股东大会选举董事或监事时,每一股份拥有与应选董事或监事人数相同的表决权,股东拥有的表决权可以集中使用。

累积投票(cumulative voting)与非累积投票(non-cumulative voting)或直接投票(straight voting)相对。后者指股东持有的每一股份最多只有一个表决权,而且股东将其全部表决权集中投向一个候选人时其拥有的投票权总数不超过其股份总数。可见,累积投票制度的本质是一股多票,而直接投票制度的本质是一股一票。

我国《公司法》第 106 条规定:"股东大会选举董事、监事,可以依照公司章程的规定或股东大会的决议,实行累积投票制。"由于董事监事选举是公司自治的范畴,立法者未对累积投票采取强制态度,而采取了鼓励态度。我国《上市公司章程指引》第 82 条第 4 款要求公司在章程中规定董事、监事提名的方式和程序,以及累积投票制的相关事宜。

九、股东会决议记录

依我国《公司法》第 42 条第 2 款和第 108 条规定,无论是有限责任公司,还是股份有限公司的股东会都要对所议事项的决定作成会议记录,以使得股东会决议内容明确,便于操作与执行。略有不同的是,对有限责任公司股东会决议而言,出席会议的股东应当在会议记录上签名;对股份有限公司股东会决议而言,主持人、出席会议的董事应当在会议记录上签名。会议记录应当与出席股东的签名册及代理出席的委托书一并保存。

上市公司股东大会会议记录的内容较为规范。根据我国《上市公司章程指引》第 72 条和《上市公司股东大会规则》第 41 条规定,股东大会会议记录由董事会秘书负责,会议记录应记载以下内容:(1)会议时间、地点、议程和召集人姓名或名称;(2)会议主持人以及出席或列席会议的董事、监事、董事会秘书、经理和其他高级管理人员姓名;(3)出席会议的股东和代理人人数、所持有表决权的股份总数及占公司股份总数的比例;(4)对每一提案的审议经过、发言要点和表决结果;(5)股东的质询意见或建议以及相应的答复或说明;(6)律师及计票人、监票人姓名;(7)公司章程规定应当载入会议记录的其他内容。出席会议的董事、董事会秘书、召集人或其代表、会议主持人应当在会议记录上签名,并保证会议记录内容真实、准确和完整。会议记录应当与现场出席股东的签名册及代理出席的委托书、网络及其他方式表决情况的有效资料一并保存,保存期限不少于10年。

十、董事、监事与公司高管列席股东大会的义务

我国《公司法》第151条规定:"股东会或股东大会要求董事、监事、高级管理人员列席会议的,董事、监事、高级管理人员应当列席并接受股东的质询。"这就为股东对董事、监事、高级管理人员行使质询权奠定了坚实的法律基础。

根据该条规定,列席股东会或股东大会是董事、监事、高级管理人员的义务,而非其权利。倘若股东会或股东大会要求董事、监事、高级管理人员列席会议,董事、监事、高级管理人员当然有义务出席;倘若股东会或股东大会拒绝董事、监事、高级管理人员列席会议,则董事、监事、高级管理人员无权出席股东会或股东大会。现实中就曾发生过自行召集临时股东大会的股东拒绝公司董事会成员出席股东大会的案例。

我国《公司法》的缺陷在上市公司治理实践中获得了一定程度的补救。《上市公司股东大会规则》第26条就规定:"上市公司召开股东大会,全体董事、监事和董事会秘书应当出席会议,经理和其他高级管理人员应当列席会议。"可见,出席股东会会议已成为全体董事、监事和董事会秘书的义务,列席股东会会议已成为经理和其他高级管理人员的义务。该《规则》第29条和《上市公司章程指引》第70条均要求董事、监事、高级管理人员在股东大会上就股东的质询作出解释和说明。

董事、监事、高级管理人员有权利,也有义务出席股东大会,包括年度股东大会与临时股东大会。出席股东大会是董事会与监事会组成人员的权利,因为他们有权在股东大会上为自己的行为申辩;这更是他们的义务,因为他们有义务接受任何一名股东有可能在股东大会上提出的质询。临时股东大会的召集股东应当意识到:公司董事会职权在新一届董事会成员被选举出来之前不得中断。这与公法中政府职能在议会选举期间不得中断的法理相似。董事出席旁听股东大会,并回答股东在股东大会上有可能提出的质询,是公司机关正常运转的必然要求。当董事会成员被临时股东大会的召集股东拒之门外时，有权以公司名义对该股东提起民事诉讼，要求法院强制股东允许董事会成员出席临时股东大会；对于临时股东大会在排除董事会成员参加的情形下作出的股东大会决议，董事会有权以公司名义要求法院撤销该股东大会决议。

我国《公司法》不仅确认了董事、监事、高级管理人员列席股东大会的义务，也确认了股东质询权。董事、监事和高级管理人员的说明义务与股东的质询权相对。任何股东均有权就公司经营管理事项质询董事、监事。除质询与会议议题和议案无关、质询涉及公司商业秘密不能在股东大会上公开外，董事、监事应现场予以答复或说明；董事、监事需另作调查，延期答复的除外。倘若董事、监事无正当理由拒绝答复，股东有权请求法院责令董事、监事答复，否则法院有权责令股东大会休会，直至董事、监事答复为止。

十一、股东大会规则自治

鉴于我国《公司法》不可能就股东大会召开和表决程序的具体规则详述无遗，《公司法》第 44 条第 1 款规定："股东会的议事方式和表决程序，除本法有规定的外，由公司章程规定。"《上市公司股东大会规则》第 27 条第 4 款也要求上市公司制定股东大会议事规则。

公司章程可以在不违反公司法中的强制性规定的情况下，自由设计详细的、具有可操作性的股东会召开和表决的程序规则，包括但不限于开会通知、参会者登记、提案审议、股东质询、股东讨论、股东辩论、投票、计票、监票、表决结果的宣布、会议决议的形成、会议记录及其签署、公告等内容。

例如，为提高股东会的决策质量，方便股东认真消化股东大会的议题与议案，公司章程可以强化股东知情权，明确股东的讨论权和辩论权，助其高效行使表决权。通过股东之间、股东与公司管理层之间坦诚、善意、具有建设性的辩论，可以寻找到实现公司利益和股东利益最大化的最优路径。缺乏讨论、辩论的股东大会缺乏活力和建设性，宛如一潭死水，仅仅具有程序性的价值而已。要提升股东大会在公司治理中的基础作用，应充分尊重股东的讨论权和辩论权。当然，既要鼓励股东畅所欲言，也要确保股东大会秩序井然。股东大会主席在组织股东讨论和辩论的顺序、掌握讨论和辩论的时间、避免讨论和辩论变成人身攻击等方面负有重要职责。

在实践中，我国许多上市公司还根据《上市公司股东大会规范意见》的要求，聘请律师出席并见证股东大会，对股东大会的召集程序、召开程序、参会人员资格、表决程序的合法性等问题出具法律意见。一些公司还同时聘请公证人员出席股东大会，对股东大会的有关事项进行公证。但应明确，无论是律师，还是公证员，也无论是公司出资聘请的，抑或股东出资聘请，都应当对法律、事实和职业道德负责,不得片面讨好出资者。现实生活中,曾有某公司董事会与其公众股东分别聘请的公证员就同一临时股东大会决议的合法性进行现场公证。结果,董事会聘请的公证员认定股东大会决议合法有效,而公众股东聘请的公证员认定股东大会决议违法无效。这不能不说是公证人的尴尬。

十二、现场股东会的替代表决形式

为了提高股东决策的效率,降低股东决策成本,我国《公司法》第38条第2款对有限责任公司股东会采取了非常务实、开放的态度:"对前款所列事项(股东会决策事项,笔者注)股东以书面形式一致表示同意的,可以不召开股东会会议,直接作出决定,并由全体股东在决定文件上签名、盖章。"此举既有助于大大节约股东决策成本,也有助于充分体现全体股东的真实意思表示,更为杜绝甚至圆满解决以后的纷争提供了书证。但是,适用该条款时应当恪守三大要求:一是全体股东对特定决策事项一致表示同意;二是股东的一致同意采取书面形式,不能采取口头形式,以昭慎重;三是每位股东均在决定文件上签名、盖章。

随着电子商务技术和互联网技术的突飞猛进,股东会既可采取现场表决,也可采取网络表决或其他表决方式。我国《上市公司章程指引》第80条要求公司在保证股东大会合法、有效的前提下,通过各种方式和途径,包括提供网络形式的投票平台等现代信息技术手段,为股东参加股东大会提供便利。上市公司股东大会采用网络或其他方式的,应当在股东大会通知中明确载明网络或其他方式的表决时间以及表决程序(《上市公司股东大会规则》第21条)。

十三、程序严谨、内容合法的八字方针

我国《公司法》第22条从反面规定了内容存在法律瑕疵的股东会决议无效确认制度和程序存在法律瑕疵的股东会决议撤销制度。依反对解释,可以发现该条和《公司法》其他条款字里行间流露出来的立法意图在于,股东大会会议应当遵循程序严谨、内容合法的八字方针。为了贯彻我国《公司法》激活股东大会的立法意图和制度设计,公司、股东、董事、监事、高级管理人员都要进一步规范股东大会活动。

(一)程序严谨

程序严谨是指股东会会议的召集程序、表决方式不仅应当遵守法律、行政法规中的程序规则,而且应当遵守公司章程中的程序规则。根据我国《公司法》第22条第2款规定,凡是程序上违反法律、行政法规和公司章程的股东会决议,是可撤销决议。股东有权请求人民法院撤销此等决议。

在实践中,存在一些股东会、董事会混合共同召开的"一勺烩现象",部分原因是参会人员既是股东代表,也是董事会成员。但严格说来,股东会与董事会是

公司的两个不同的决策机构,不应由于两个机构的参会人员的重叠和交叉就否认两个机构以及两个机构的决议的差异。由此,交易公司的股东会会议与董事会会议作为不同的会议,应当分别召开、分别表决、分别制作决议。

股东会的表决程序也应合法。例如,我国《公司法》第44条第2款规定:"股东会会议作出修改公司章程、增加或者减少注册资本的决议,以及公司合并、分立、解散或者变更公司形式的决议,必须经代表2/3以上表决权的股东通过。"由此,未经代表2/3以上表决权的股东通过的公司章程修正案就属于可撤销的决议。

我国《公司法》第104条第2款规定,股东大会作出决议,必须经出席会议(签到簿签到)的股东所持表决权过半数通过。但是,股东大会作出修改公司章程、增加或减少注册资本的决议,以及公司合并、分立、解散或变更公司形式的决议,必须经出席会议的股东所持表决权的2/3以上通过。依文字解释,凡在股东大会会议签到簿上签到的股东或其代理人所持的股份均应被计入出席会议的股东或其代理人所代表的表决权总数。签到后又退席的股东所持的股份也应被计入出席会议的股东或其代理人所代表的表决权总数,而不应被排斥在外。

(二) 内容合法

内容合法是指股东会会议的实体内容应当遵守法律、行政法规中的强制性规定,遵循诚实信用原则,不得损害他人的合法权益。倘若某上市公司股东大会决议责令全体流通股东各自将其持有的半数股份转让给重组方,则此种股东大会决议属于无效。理由是,股东大会作为公司的最高决策者,只能处分公司的财产权利,而不能处分股东的私有财产。股权不属于公司的财产,而属于股东的私人财产。因此,此种股东大会决议属于侵权行为,任何股东均有权请求法院确认无效。再如,某公司的股东大会决议责令全体股东按其各自的持股比例增资扩股,或为公司举债提供担保,否则公司有权开除拒绝或怠于增资扩股或为公司举债提供担保的股东的资格。该决议就属于无效决议。这是由于,增资扩股,或为公司举债提供担保,与其说是股东的义务,不如说是股东的权利。

第三节 董事会制度

一、董事会的法律地位

董事会是公司治理架构中承上启下的经营意思决定机构。依据我国《公司法》第2章第2节与第4章第3节规定,董事会是由董事组成的、就公司经营的一般事项作出意思决定的公司必备、常设的合议制业务执行机构。在公司的治理架构中,董事会位于股东会与经理层的中间层,处于承上启下的地位。由于董事会是一个合议制集体决策机构,董事会权限的行使应当以会议方式为之。做实做强董事会对于上市公司抑或非上市公司都具有重要意义。

由于董事会是一个意思决定机关,而非公司的代表机关,因此董事会决议的对外法律效力需要借助法定代表人或代理人的意思表示行为。将董事会称为公司的"大脑"亦不为过。因此,董事会与法定代表人或代理人的关系有如"脑"与"口"的关系。

二、董事会的人数与任期

董事会由董事构成。董事会的规模因公司规模与公司的组织形式有所不同。(1) 有限责任公司董事会成员为 3 人至 13 人(我国《公司法》第 45 条第 1 款)。(2) 股东人数较少或规模较小的有限责任公司,可以设一名执行董事,不设董事会。执行董事可兼任公司经理(我国《公司法》第 51 条)。(3) 股份有限公司设董事会,其成员为 5 人至 19 人。以上有关董事人数的法律规定为倡导性规定,而非强制性规定,更非效力规定。因此,超出以上人数的董事选举仍属合法有效。

董事会的成员通常由股东会选举产生,但在法定情形下由职工选举产生。换言之,董事会成员在通常情况下仅限于股东代表,但在法定情形下包括职工代表。(1) 两个以上的国有企业或两个以上的其他国有投资主体投资设立的有限责任公司,其董事会成员中应当有公司职工代表;其他有限责任公司董事会成员中可以有公司职工代表。董事会中的职工代表由公司职工通过职工代表大会、职工大会或其他形式民主选举产生(我国《公司法》第 45 条第 2 款)。(2) 国有独资公司董事会成员中应当有公司职工代表,董事会成员由国有资产监督管理机构委派;但董事会成员中的职工代表由公司职工代表大会选举产生(我国《公司法》第 68 条)。(3) 股份有限公司董事会成员中可以有公司职工代表。董事会中的职工代表由公司职工通过职工代表大会、职工大会或其他形式民主选举产生(我国《公司法》第 109 条第 2 款)。

董事任期由公司章程规定,但每届任期不得超过三年。董事任期届满,连选可以连任。董事任期届满未及时改选,或董事在任期内辞职导致董事会成员低于法定人数的,在改选出的董事就任前,原董事仍应当依照法律、行政法规和公司章程的规定,履行董事职务(我国《公司法》第 46 条、第 68 条和第 109 条第 3 款)。

三、董事会的职权

我国《公司法》第 47 条和第 109 条第 4 款规定的董事会职权包括:(1) 召集股东会会议,并向股东会报告工作;(2) 执行股东会的决议;(3) 决定公司的经营计划和投资方案;(4)制订公司的年度财务预算方案、决算方案;(5)制订公司的利润分配方案和弥补亏损方案;(6)制订公司增加或减少注册资本以及发行公司债券的方案;(7)制订公司合并、分立、解散或变更公司形式的方案;(8)决定公司内部管理机构的设置;(9)决定聘任或解聘公司经理及其报酬事项,并根据经理的提名决定聘任或解聘公司副经理、财务负责人及其报酬事项;(10)制定公司的基本管理制度;(11)公司章程规定的其他职权。

董事会的上述职权可以分为三类:一是决策权。例如,决定公司内部管理机构的设置,制定公司的基本管理制度等职权。这是由于,董事会乃是就公司经营的一般事项作出意思决定的合议制业务执行机构。二是人事权。例如,决定聘任或解聘公司经理、副经理、财务负责人及其报酬事项。三是监督权。既然董事长由董事会选举和罢免,经理由董事会聘任和解聘,董事会当然有权对董事长和经理(含兼任经理的董事)进行监督。此种监督既含对业务执行的合法性监督,也含对业务执行的妥当性监督。

我国《公司法》第38条和第47条在分别列举股东会与董事会的职权时,根据公司自治的精神,分别增加了"公司章程规定的其他职权"。这就有利于公司股东自由调节股东会与董事会之间的权力边界,避免不必要的权力冲突。此外,我国《公司法》剥夺了董事长在董事会闭会期间代行董事会部分职权的法律资格,在客观上也会进一步充实董事会的决策权限范围。

从长远看,股东大会中心主义的权力配置规则让位于董事会中心主义。鉴于在董事会成员不能诚实守信、勤勉尽责的情况下,赋予董事会的权力越多,对公司和全体股东的杀伤力越大,立法者暂时未彻底采行董事会中心主义的立法态度。

四、董事会会议的召集

(一) 召集权主体

董事会是公司经营管理决策的大脑,董事长则是董事会大脑中的中枢神经。为鼓励董事会会议的及时召集,预防董事会会议召集不能的情况,切实将竞争机制引向董事会,我国《公司法》规定了多元化、有序化的董事会会议召集权主体。首先,《公司法》第48条和第110条第2款均规定董事长是召集和主持董事会会议的第一责任主体。对于董事会长而言,召集董事会会议不仅是权力,更是义务与职责。其次,《公司法》第48条和第110条第2款均规定了董事长拒绝、怠于或不能召集董事会会议的救济措施。董事长不能履行职务或不履行职务的,由副董事长召集和主持;副董事长不能履行职务或不履行职务的,由半数以上董事共同推举一名董事履行职务。

除了董事们的召集权,我国《公司法》第111条还授权股份有限公司股东、董事、监事请求董事长召集和主持董事会临时会议。代表 1/10 以上表决权的股东、1/3 以上董事或监事会,可以提议召开董事会临时会议。董事长应当自接到提议后 10 日内,召集和主持董事会会议。董事会召开临时会议,可以另定召集董事会的通知方式和通知时限。

对于董事会成员在股东会上当选后的首次董事会会议由谁召集与主持,《公司法》并无明文规定。笔者认为,可由当选时获得股东表决数量最多的董事召集与主持。倘若该董事拒绝或怠于召集或主持,可由半数以上董事共同推举一名董事履行职务。

(二) 召集程序

就股份有限公司而言,根据我国《公司法》第 111 条规定,董事会每年度至少召开两次会议,每次会议应当于会议召开 10 日前通知全体董事和监事。董事会召开临时会议,可以另定召集董事会的通知方式和通知时限。

就有限责任公司而言,我国 2005 年修订的《公司法》第 49 条删除了 1993 年《公司法》第 49 条"召开董事会会议,应当于会议召开 10 日以前通知全体董事"的法律要求。由此,有限责任公司的副董事长或其他董事在召集和主持董事会会议以推翻董事长时,无需提前 10 天通知全体董事,只要在合理的期限内通知其他董事即可。但也不排除有限责任公司公司章程基于公司自治精神规定"召开董事会会议,应当于会议召开 10 日以前通知全体董事"。

鉴于监事有权根据我国《公司法》第 55 条列席董事会会议,并对董事会决议事项提出质询或建议,因此召集董事会的通知不仅应当送达各位董事,还应送达各位监事。否则,亦构成董事会召集程序方面的法律瑕疵。

五、董事会会议的议事方式与表决程序

(一) 公司章程自治

由于大多数有限责任公司股东较少、经营规模较小,我国《公司法》对有限责任公司董事会会议的议事规则规定得较为简略,而是授权公司章程对此作出量体裁衣的设计。第 49 条第 1 款明确规定:"董事会的议事方式和表决程序,除本法有规定的外,由公司章程规定。"立法者对股份有限公司的董事会的议事方式和表决程序虽然规定得较为详细,但也允许公司章程在法律允许的范围内作出详细规定。

(二) 最低董事出席人数的法定要求

根据我国《公司法》第 112 条第 1 款规定,董事会会议应有过半数的董事出席方可举行。之所以如此,是为了提高董事会的出席率,提升决策的科学化与民主化。

（三）董事代理投票

我国《公司法》第 113 条第 1 款规定，董事会会议，应由董事本人出席；董事因故不能出席，可以书面委托其他董事代为出席，委托书中应载明授权范围。可见，董事在缺席董事会会议时职能委托其他董事代为出席，而不能委托董事之外的其他人代为出席。虽然该条规定在《公司法》第 4 章"股份有限公司的设立和组织机构"之中，但对于有限责任公司亦无不适用之理。

（四）董事会会议的书面通讯表决

虽然董事会会议通常采取面对面的现场会议方式，但由于董事会成员可能天各一方，一旦遇有紧急情况，董事会很难迅速决策。因此，实践中的董事会临时会议采用书面通讯表决方式开会。所谓董事会书面通讯表决，是指公司分别向董事会成员送达审议议案或传阅审议议案，董事在会议通知规定的有效期限内，在议案表决书及会议决议上亲笔签字表决。

董事会书面通讯表决的关键点有四：一是要尽量限制书面通讯表决方式，因为书面通讯表决方式无法取代现场会议的互动交流与切磋争鸣。二是要充分尊重董事的知情权。公司不仅要向董事们送达议案，也要送达为董事决策所必需的背景资料。三是要充分尊重董事决策的必需时间。一些公司要求董事们自接到通知时起 3 个小时内将投票传真回公司，导致董事们缺乏充分的时间消化和分析相关决策资料，至于向外部专业人士咨询的时间更是无法保障。四是确保董事投票的真实性。董事以传真或电子邮件方式将议案表决书及决议发回公司后，原件也应随后寄回公司，以备存档。

（五）一人一票规则与少数服从多数规则

董事会决议的表决实行一人一票的民主决策规则。我国《公司法》第 112 条第 2 款的规定即属此例。这不同于股东会会议表决时，股东按其出资比例或股份数量表决的一股一票规则。董事长作为董事会的一名成员，也只能行使一票表决权。

董事会决议的表决实行少数服从多数规则。在董事会作出普通决议时，实行简单多数决规则；在董事会作出普通决议时，实行绝对多数决规则。我国《公司法》仅规定了简单多数决规则，而未规定绝对多数决规则。但这并不妨碍公司章程对于董事会的特定事项实行绝对多数决规则。例如，《公司法》第 112 条第 1 款的规定就属于简单多数决规则：董事会作出决议必须经全体董事的过半数通过。此处的"全体董事"究竟指董事会的全体成员，抑或出席董事会的全体董事，语焉不详。参酌国际公司法惯例，应当解释为出席董事会的全体董事。否则，将会压抑董事会决策效率，导致董事会决议屡屡卡壳。

董事会决议与股东会决议的表决规则之所以不同，是由于董事会成员为公司和广大股东的受托人，贵在经营管理智慧，只有一人一票规则才能实现董事们的科学决策;而股东作为公司的投资者,只有一股一票才能体现投资收益与投资风险之间的正比关系。

(六) 董事会决议僵局的打破

实践中,有些董事会决议在表决时出现反对票与赞同票旗鼓相当的僵局现象,在股权结构势均力敌的情况下尤为如此。前已述及,董事会决议原则上实行一人一票、少数服从多数的规则。但为了尽快打破董事会决议僵局,董事会会议的主持人可以破例行使第二次表决权。如此以来,董事会决议得以及时高效作出,存在瑕疵的董事会决议依然可以获得法律救济。当然,主持人的第二票表决权属于例外规则,仅在公司僵局的例外情形下才能适用,在未出现僵局时,主持人不能行使第二票表决权。

(七) 会议记录

为规范董事会的决策程序,强化董事的决策责任,我国《公司法》第49条第2款与第113条第2款要求董事会对所议事项的决定作成会议记录,出席会议的董事应当在会议记录上签名。

六、董事的决策责任

我国《公司法》第113条第3款规定了董事的决策责任。董事应当对董事会的决议承担责任。董事会的决议违反法律、行政法规或公司章程、股东大会决议,致使公司遭受严重损失的,参与决议的董事对公司负赔偿责任。但经证明在表决时曾表明异议并记载于会议记录的,该董事可以免除责任。董事对公司的赔偿责任的性质乃为违反诚信义务(包括忠诚义务与勤勉义务)的侵权行为。

根据我国《公司法》第113条第3款,董事对错误的董事会决议承担赔偿责任的条件有四:(1)董事参加了董事会,并没有旗帜鲜明地投票反对错误的董事会决议。即使某董事在表决时态度暧昧,并不旗帜鲜明地赞同或反对某一错误决议,或在审议时提出反对意见、但在表决时画圈赞同决议,或没有证据证明某董事在表决时曾表明异议并记载于会议记录,该董事依然要对错误决策对公司承担赔偿责任。这意味着,弃权票与赞成票在董事会决议违法违章的情况下并无本质区别。投弃权票不等于投反对票。无论是支持抑或纵容违法的董事会决议,都不能免责。(2)董事会决议违反了法律、行政法规或公司章程、股东大会决议。倘若某董事会的决议虽使公司遭受了严重损失,但并未违反法律、行政法规或公司章程、股东大会决议,参与决议的董事即可免责。(3)错误的董事会决议给公司造成严重损失,而非一般损失。倘若错误的董事会决议仅给公司造成轻微损失或一般损失,便不存在董事的赔偿责任。(4)董事的赞同或弃权行为与公司损失之间存在因果关系。

董事要免除自己对错误决议的法律责任,就必须严肃认真地对待董事会决议。遇到存疑问题时,董事应当主动向董事长或经理层提出质询;必要时可以以公司的费用,咨询公司外部专业人士。遇到违法违章决议时,董事应当挺身而出,予以制止。即使由于自身力量之不足,未能阻止违法违章决议,也应在表决时投反对票,并将自己的反对意见载入会议记录,以求自保。

鉴于承担决策责任的主体是参与决议的董事,倘若某董事由于正当理由(因车祸而变为植物人)没有参会的董事当然可以免责。至于没有正当理由而不参会的董事,也可免除参与错误决策的责任。面对董事耍滑的这一招数,公司董事长或其他合法召集人可以针锋相对地要求该"骑墙"董事委托其他董事投票或以通讯方式投票。如此以来,"骑墙"董事耍滑头就很难。而且,股东会可由此认定该董事不具备承担决策责任的勇气和能力,进而罢免该董事。

对于"骑墙"董事来说,唯一较为可靠的选择是对董事会决议投反对票。倘若被反对的董事会决议得以作出,而且合法正确,没有给公司造成损失,反对董事自然可以免责。倘若被反对的董事会决议违法违章,给公司造成了损失,反对董事亦可免责。因为,该董事似乎"出污泥而不染",颇有先见之明。但董事不分青红皂白,一律对所有董事会决议投反对票,也会引发股东和其他董事会成员对该董事的不信任。当然,倘若董事不愿承担任何决策责任,应当急流勇退,毅然辞职。但是,辞职只能摆脱辞职之后的潜在法律责任,而不能免除辞职之前的既存法律责任。

倘若某董事甲完全作为法人股东乙的傀儡在董事会行使表决权,倘若甲董事对于一个违反法律、行政法规或公司章程、股东大会决议的董事会决议投了赞成票,则甲董事应当对公司遭受损失承担赔偿责任,甲董事不得借口自己是"稻草人"董事而主张免责。但是,甲董事在对公司承担赔偿责任后,有权向乙股东追偿。我国不承认法人可以担任公司董事。董事的价值在于其特有的经营管理经验。董事投票本应反映出自己对决策事项的独到见解。董事投票时要对公司和全体股东负有诚信义务,而不是对推荐自己就职的乙股东效忠。倘若甲董事浑浑噩噩,对公司经营管理事务一无所知,对背后乙股东的指示言听计从,只能承担赔偿责任的法律风险。

七、利害关系董事回避表决制度

鉴于有利害关系的董事容易被利益蒙住双眼,难以对董事会审议的事项作出理性、公正的判断,为确保董事会决策程序的严谨性与公正性,我国《公司法》第125条规定了利害关系董事在董事会上的回避表决制度:"上市公司董事与董事会会议决议事项所涉及的企业有关联关系的,不得对该项决议行使表决权,也不得代理其他董事行使表决权。该董事会会议由过半数的无关联关系董事出席即可举行,董事会会议所作决议须经无关联关系董事过半数通过。出席董事会的无关联关系董事人数不足三人的,应将该事项提交上市公司股东大会审议。"

因此,关键难点在于如何确定关联关系。此处的"利害关系"即"关联关系"。根据我国《公司法》第 217 条第 4 项规定,关联关系泛指公司控股股东、实际控制人、董事、监事、高级管理人员与其直接或间接控制的企业之间的关系,以及可能导致公司利益转移的其他关系。此种关系的外延甚广,既包括财产关系,也包括人身关系;既包括持股关系,也包括雇佣关系、合伙关系、委托关系、买卖关系、租赁关系、承包关系等利害关系;既包括直接的关联关系,也包括间接的关联关系。

凡是决议事项涉及的企业与某董事有关联关系的,董事就应自行回避。倘若该董事不自觉回避,董事会其他成员、监事会和任何股东都有权要求其回避。否则,该董事参与通过的董事会决议就是程序存在瑕疵的可撤销决议。根据我国《公司法》第 22 条第 2 款规定,股东和董事有权对董事没有回避表决的董事会决议向人民法院提出撤销之诉。

倘若利害关系董事人数甚众,致使出席董事会的无关联关系董事人数不足 3 人(例如,只剩余 2 名董事或 1 名董事)的,由于有权表决董事人数过少,很难对董事会审议事项作出缜密、周全的决策。此即董事会的失灵现象。为稳妥、严谨起见,也为确保广大股东的利益不受不当决策之损害,在此种情况下,只能由股东大会取代董事会作出决策。虽然股东大会的运作成本高于董事会,但为了充分尊重和弘扬谐社会的公平价值,也只能作出上述选择。

遗憾的是,该条规定在第 4 章"股份有限公司的设立和组织机构"中的第 5 节"上市公司组织机构的特别规定"之中。从体系解释的角度看,利害关系董事回避表决制度仅限于上市公司的治理框架。至于非上市公司,尤其是股份有限公司和有限责任公司,似乎无须遵守这一规定。鉴于董事受人之托、承人之信、纳人之财,潜伏着道德风险,笔者主张对该条规定作扩张解释,从而将其适用于各类公司的董事会决议。

八、董事会专门委员会制度

(一) 董事会专门委员会的法律地位

为确保董事会的运作效率,《上市公司治理准则》第 6 节规定了董事会专门委员会制度。其中,第 52 条授权上市公司董事会按照股东大会的有关决议,设立战略、审计、提名、薪酬与考核等专门委员会。各专门委员会对董事会负责,各专门委员会的提案应提交董事会审查决定。

(二) 董事会专门委员会的主要职责

战略委员会的主要职责是对公司长期发展战略和重大投资决策进行研究并提出建议。

审计委员会的主要职责是:(1)提议聘请或更换外部审计机构;(2)监督公司的内部审计制度及其实施;(3)负责内部审计与外部审计之间的沟通;(4)审核公司的财务信息及其披露;(5)审查公司的内控制度。

提名委员会的主要职责是:(1)研究董事、经理人员的选择标准和程序并提出建议;(2)广泛搜寻合格的董事和经理人员的人选;(3)对董事候选人和经理人选进行审查并提出建议。

薪酬与考核委员会的主要职责是:(1)研究董事与经理人员考核的标准,进行考核并提出建议;(2)研究和审查董事、高级管理人员的薪酬政策与方案。

(三)董事会专门委员会的组成

专门委员会成员全部由董事组成,为发挥独立董事的监督优势,避免独立董事沦为"稻草人",具有监督职能的审计委员会、提名委员会、薪酬与考核委员会、诉讼等专门委员会之中独立董事应占多数并担任召集人。审计委员会中至少应有一名独立董事是会计专业人士。至于董事会下设的具有经营决策职能的投资委员会、战略委员会,理应吸收内部董事和外部关联董事参加,但其构成比例略低于独立董事。

美国学者克莱恩认为,内部董事参与投资委员会的程度与公司经营绩效成正比。[①] 我国《上市公司治理准则》第52条要求独立董事在审计委员会、提名委员会、薪酬与考核委员会中占多数并担任召集人,而未要求独立董事在战略委员会中占多数。因此,公司董事会可以自主决定战略委员会、投资委员会等专门委员会的主要成员是独立董事还是内部董事。关键是要充分发挥内部董事在参与公司长期发展战略和重大投资决策方面的建设性作用。

(四)董事会专门委员会的工作条件

为解决专门委员会专业知识匮乏的实际问题,增强专门委员会独立履行职责的能力,各专门委员会可以聘请中介机构提供专业意见,有关费用由公司承担。

九、董事会秘书制度

我国《公司法》第124条明文规定了董事会秘书制度:"上市公司设董事会秘书,负责公司股东大会和董事会会议的筹备、文件保管以及公司股东资料的管理,办理信息披露事务等事宜。"董事会秘书制度源于对我国上市公司董事会秘书实践的总结。中国证监会和国家经贸委2002年1月9日发布的《上市公司治理准则》和中国证监会2004年12月7日发布的《关于加强社会公众股股东权益保护的若干规定》规定了董事会秘书的法律地位。

---

① April Klein, Firm Performance and Board Committee Structure, 41 J. L. & Econ. 277(1998).

董事会秘书制度源于美国。但美国公司法中仅有"公司秘书"(secretary of the corporation)制度,而无"董事会秘书"制度。因此,"董事会秘书"实乃对美国"公司秘书"的误译。而且,美国公司中不存在监事会,公司秘书实际上只服务于董事会;而在我国公司中虽然存在监事会,但由于董事会秘书的定语为"董事会",因此我国公司的董事会秘书亦只服务于董事会。可见,我国的董事会秘书制度实乃美国公司秘书制度的翻版,二者并无实质区别。

董事会秘书堪称上市公司的行政中枢。其职责可以分为以下几类:(1)负责公司股东大会和董事会会议的筹备、召集和表决的程序管理工作。如起草会议通知、起草股东会决议、起草董事会决议、记录会议内容等。(2)负责股东会决议、董事会决议和其他重要公司文件的保管。根据《上市公司治理准则》第47条规定,董事会秘书对会议所议事项要认真组织记录和整理。出席会议的董事、董事会秘书和记录人应在会议记录上签名。董事会会议记录应作为公司重要档案妥善保存,以作为日后明确董事责任的重要依据。(3)负责信息披露的具体操作事项。《上市公司治理准则》第90条详细规定了董事会秘书的工作职责:"上市公司董事会秘书负责信息披露事项,包括建立信息披露制度、接待来访、回答咨询、联系股东,向投资者提供公司公开披露的资料等。"《关于加强社会公众股股东权益保护的若干规定》也要求董事会秘书具体负责公司投资者关系管理工作。(4)协助独立董事工作。《关于加强社会公众股股东权益保护的若干规定》要求董事会秘书积极配合独立董事履行职责。

《上市公司治理准则》第90条要求及经理人员应对董事会秘书的工作予以积极支持;任何机构及个人不得干预董事会秘书的工作。为维持董事会秘书的独立性,确保董事会秘书公允地履行职责,《上市公司治理准则》第23条禁止上市公司的董事会秘书在控股股东单位担任除董事以外的其他职务。

值得注意的是,不少非上市公司也开始自愿设立董事会秘书制度。有些董事会秘书为专职人员,有些则为兼职;有些董事会秘书由办公室主任兼任,有些董事会秘书由法律部经理兼任,有些董事会秘书由企管部经理兼任。还有些董事会秘书兼任公司董事会成员。不管董事会秘书是否兼职,其承担的职责与上市公司的董事会秘书相似,在股东会和董事会会议的程序管理方面扮演着非常活跃的角色。对于此种公司治理实践应予鼓励。

第四节 董事长制度

一、董事长的法律地位和产生方法

董事长是公司的法定、必备、常设的一元化业务执行机关。董事长是董事会的核心组成人员,对于董事会的正常运转负有重责大任。但董事长不是凌驾于董事会之上的领导者。在通常情况下,董事长还是公司法定代表人。

无论是有限责任公司,还是股份有限公司,董事会仅设董事长一人,可以设副董事长。但董事长的产生方法有所不同。(1)有限责任公司董事长的产生办法较为宽松自由,可由公司章程自由规定(我国《公司法》第45条第3款)。倘若公司章程规定董事长由股东会选举产生亦无不可。(2)股份有限公司董事长和副董事长由董事会以全体董事的过半数选举产生(我国《公司法》第110条第1款)。无人过半数的,重新选举。倘若依然无人过半数,可以得票较多者当选。(3)国有独资公司董事长、副董事长由国有资产监督管理机构从董事会成员中指定(我国《公司法》第68条第3款)。

董事长的任期与其他董事相同,原则上不超过本届董事会的任期,除非下一届董事会无法正常及时地选举产生。

二、董事长的法定职权

(一)主持股东会

股东会的召集权主体不同于主持权主体。股东会的召集权原则上归属于董事会,而非董事长。有限责任公司设立董事会的,股东会会议由董事会召集,董事长主持。召集权主体的作用在于作出召开股东会会议的决策,主持权主体的作用在于负责股东会会议的程序管理事务,包括但不限于担任司仪、控制和合理分配会议时间、维持股东会会议秩序。当然,董事长享有股东会会议主持权并非绝对。根据我国《公司法》第41条第1款和第3款、第102条规定,董事长不能或不履行股东会的主持职务的,由副董事长主持;副董事长不能履行职务或不履行职务的,由半数以上董事共同推举一名董事主持。董事会不能履行或不履行召集股东大会会议职责的,监事会应当及时召集和主持;监事会不召集和主持的,适格股东(股份有限公司中连续90日以上单独或合计持有公司10%以上股份的股东、有限责任公司中代表1/10以上表决权的股东)可以自行召集和主持。

(二)召集和主持董事会

董事长既是董事会会议的召集权主体,也是董事会会议的主持权主体。当然,董事长享有董事会会议召集权与主持权并非绝对。根据前述两条规定,在董事长拒绝或怠于召集和主持董事会会议的情况下,董事会会议由副董事长召集和主持;副董事长不能履行职务或不履行职务的,由半数以上董事共同推举一名董事召集和主持。

(三)董事会上的一票表决权

董事长在董事会表决时与其他董事一样平等地行使一票表决权,从而强化董事会民主决策。但在董事会表决出现赞成与反对旗鼓相当、僵持不下局面时，应允许公司章程授权董事长破例行使第二次表决权，以打破决策的僵局。

（四）检查董事会决议的实施情况

该职权虽规定于我国《公司法》第4章"股份有限公司的设立和组织机构"之中，但也适用于有限责任公司的董事长。因为股份有限公司与有限责任公司虽有诸多差异，但董事长的岗位性质有许多近似之处。而且，为确保董事会决议得到经理层不折不扣的执行和落实，也有必要允许董事长对照董事会决议的具体内容，督促经理层逐条予以落实。当然，董事长行使检查权时不能越俎代庖，事无巨细地直接干预公司的日常经营管理事务。实际上，由于董事长的这一职权仅限于巡视、督办与检查，亦不当然滋生董事长过分滥权的消极现象。

董事长的以上四大法定职权主要围绕董事会决策以及董事会决策的执行监督而展开。董事长只要抓住了公司决策和公司监督的大权，就能为公司治理之完善作出重大贡献。因此，董事长的以上四大职权并非"虚权"，董事长并非无所作为，而是有所作为、大有可为。

实践中，有的董事长不能慎独，不能正确对待董事长的角色地位，一手遮天、独断专行、甚至凌驾于公司董事会甚至于股东会之上。其他董事尤其是小股东代表敢怒而不敢言。有的董事长常以"公司一把手"自居。有的董事长胆大包天，赤裸裸地霸占本应属于股东会或董事会的职权。有的董事长凭借法人代表身份，擅越股东大会和董事会作出决策，如擅自拍板收购濒临破产的企业、大量向银行借款或提供巨额债权担保等。董事长个人肆意独裁既降低了公司的决策质量，违反了公司决策的民主化、科学化原则，也为侵吞公司财产、侵害股东利益尤其是中小股东利益大开方便之门。为提高董事会的决策质量，强化董事会的集体决策功能，提高公司的治理水准，实现公司和全体股东利益最大化，就必须杜绝董事长个人独裁现象。

三、董事长职务的代理

综合我国《公司法》第48条、第102条第1款与第110条第2款规定，董事长不能履行职务或不履行职务的，由副董事长主持；副董事长不能履行职务或不履行职务的，由半数以上董事共同推举一名董事履行职务。

能够代理董事长履行职务的主体仅限于副董事长和董事，而不包括董事之外的其他民事主体，不担任董事的经理亦无资格代理董事长履行职务。而且，代行董事长职务的副董事长和董事要严格按照由副董事长至普通董事的优先顺序确定，只有当副董事长不能履行职务或不履行职务时，其他董事才能代行董事长职务。

董事长或副董事长不能履行职务或不履行职务的情况有多种表现形态：一

是主观上不愿意履行职务,例如不愿召集与主持董事会会议。这种不愿意既可表现为明目张胆地拒绝履行职务,也可表现为躲躲闪闪地怠于履行职务。二是客观上不能履行职务。这种不能又包括事实上不能(如在偏远山区自驾游过程中发生车祸受重伤,且无便捷的通讯工具与外界保持联系)与法律上不能(如被公安机关逮捕)。

副董事长和董事可以代行的职务范围包括董事长依法可以行使的全部职责,包括主持股东会会议、召集和主持董事会、在董事会上行使表决权、监督董事会决议实施情况。

四、公司的法定代表人

公司的法定代表人是指依法自动享有对外代表公司实施法律行为的自然人。公司法定代表人是独任制的公司机关。

根据我国1993年《公司法》第45条第4款、第113条第2款规定,董事长为公司唯一的、绝对的、当然的法定代表人。问题在于,一概由董事长担任公司法定代表人容易导致公司经营活动的僵化。为扩大公司选择法定代表人的自治空间,我国2005年修订的《公司法》第13条规定:"公司法定代表人依照公司章程的规定,由董事长、执行董事或经理担任,并依法登记。公司法定代表人变更,应当办理变更登记。"

既然董事长不再是公司当然的法定代表人,公司章程选择总经理担任法定代表人亦无不可。股东们如果不愿意董事长担任法定代表人,就可以在章程中载明由总经理担任法定代表人。倘若董事长不担任法定代表人,董事长仅仅具有公司代理人的身份,并将丧失基于传统的法定代表人地位而享有的一切权力。例如,根据我国2005年修订的《公司法》第129条第3款规定,股票由法定代表人签名,公司盖章。倘若董事长不担任法定代表人,便无权在股票上签名。根据1993年《公司法》,总经理要与第三人签订合同必须取得董事长签署的授权委托书。而根据2005年修订的《公司法》,在总经理担任法定代表人的情况下,董事长要与第三人签订合同必须取得总经理签署的授权委托书。因此,2005年《公司法》修订以后,董事长应当与时俱进,转变观念。当然,如果股东们信任董事长的诚信度、健康状况和对外交往能力,而且董事长也愿意勇挑重担,公司章程也可以规定董事长兼任法定代表人。

法定代表人越权签署合同的行为为越权代表行为。我国《合同法》第50条规定:"法人或者其他组织的法定代表人、负责人超越权限订立的合同,除相对人知道或者应当知道其超越权限的以外,该代表行为有效。"该条规定可称为"越权代表制度",旨在维护交易安全,在法定条件下例外将法定代表人的越权代表行为或无权代表行为视为有权代表行为,并对其签署的合同赋予法律效力。

倘若公司能够举证相对人并非善意,则法定代表人的越权代表行为无效,其越权签署的合同亦归无效。

越权代表行为的发生根源在于:许多董事长或总经理误以为自己是公司的第一把手,误以为自己有权利签署任何合同;一些交易伙伴对法定代表人地位的认识也存在神秘感,似乎法定代表人权大无比,是公司的第一把手。这些都是误解。要减少表见代表发生的概率,就必须教育董事长认清自己的法律角色,教育社会公众了解法定代表人制度。

第五节 总经理制度

一、总经理的地位

总经理有广狭二义。狭义的总经理仅指由董事会聘任、并对公司日常经营事务负总责的高级管理人员。广义的总经理既包括总经理,也包括冠以"总经理"之称的公司中层高级管理人员,如部门总经理、部门总监。本节讨论的总经理仅限于狭义的总经理。

公司总经理是公司常设的辅助业务执行机关。相对于董事会而言,总经理处于辅助业务执行机关的地位。在实践中,董事会往往负责业务经营的决策,而总经理往往负责业务经营的执行,并对公司日常经营管理事务负总责,是整个经营团队的负责人。

公司总经理是公司的高级雇员。作为公司的高级劳动者,总经理履行劳动合同约定的义务,行使劳动合同约定的权利,享受《劳动法》、《劳动合同法》等相关法律的保护。

公司总经理是公司的代理人。基于总经理与公司之间的劳动关系以及《公司法》的规定,产生了总经理人的代理人地位。总经理作为公司的代理人享有《公司法》授予的法定代理权限、公司章程和董事会授予的委托代理权限。

我国《公司法》对于有限责任公司而言,采取了允许公司任意设立经理的态度。该法第50条规定:"有限责任公司可以设经理,由董事会决定聘任或解聘。"有限责任公司的资本规模和经营规模千差万别,股东和董事的经营才干和经理状况又有不同,有限责任公司可以从本公司的具体情况出发决定是否设经理岗位。公司不设经理、也不设立董事会的,可以设执行董事。执行董事兼具董事会与总经理的职权。我国《公司法》对股份有限公司和国有独资公司采取了强制设立经理的态度。该法第69条规定:"国有独资公司设经理,由董事会聘任或解聘";该法第114条规定:"股份有限公司设经理,由董事会决定聘任或解聘。"

从总体而言,经理既独立于董事会,又受制于董事会。具体说来,经理既独立行使法定经营权限,又在许多方面受制于董事会。(1) 在人事任免上,根据我国《公司法》第 50 条、第 69 条和第 114 条规定,经理由董事会聘任或解聘,并对董事会负责。(2) 在决策权的配置上,董事会仍就既非公司基本事项、亦非日常生产经营中琐碎事项的中观事项享有决策权。(3) 在对外代表权上,董事长可以根据我国《公司法》第 13 条以及公司章程规定处于公司法定代表人的重要地位。(4) 在对内业务执行上,董事长也是业务执行机构。根据我国《公司法》第 110 条第 2 款规定,董事长召集和主持董事会会议,检查董事会决议的实施情况。

在经营者兼任上,董事亦可兼任经理。根据我国《公司法》第 51 条规定,股东人数较少或规模较小的有限责任公司,可以设一名执行董事,不设董事会。执行董事可以兼任公司经理。根据该法第 69 条第 2 款规定,经国有资产监督管理机构同意,董事会成员可以兼任经理。根据该法第 115 条规定,股份有限公司董事会也可决定由董事会成员兼任经理。

二、总经理的职权

我国《公司法》第 50 条第 1 款和第 114 条第 2 款规定了总经理的 8 项职权:(1) 主持公司的生产经营管理工作,组织实施董事会决议;(2) 组织实施公司年度经营计划和投资方案;(3) 拟订公司内部管理机构设置方案;(4) 拟订公司的基本管理制度;(5) 制定公司的具体规章;(6) 提请聘任或解聘公司副经理、财务负责人;(7) 聘任或解聘除应由董事会聘任或解聘以外的负责管理人员;(8) 董事会授予的其他职权。

我国《公司法》第 50 条第 2 款还规定:"公司章程对经理职权另有规定的,从其规定。"这表明公司章程既可以扩充经理的职权,也可以压缩经理的职权。立法理念是,立法者担心有些公司的经理滥权,遂将是否压缩、扩张以及如何压缩、扩张的自由裁量权回归公司股东。

总经理既然是公司的代理人和受托人,当然要对公司履行忠诚义务与勤勉义务。

三、董事长与总经理的角色区分

现实中经常出现公司董事会成员兼任经理,董事长兼任总经理的现象。我国《公司法》并未禁止董事长兼任总经理,反而采取了鼓励的态度。股东人数较少和规模较小的有限责任公司中的执行董事可兼任公司经理(第 51 条);经国有资产监督管理机构同意,国有独资公司的董事会成员可以兼任经理(第 69 条第 2 款);股份有限公司的董事会可以决定由董事会成员(包括董事长)兼任经理(第115条)。

除英国伦敦证券交易所要求公司的董事长由外部非执行董事担任外,许多国家的立法者对此也语焉不详。因此,在实践中,董事长兼任总经理或 CEO 的现象在许多市场经济国家较为普遍。原因有二:董事长兼任总经理或 CEO 符合公司自治的精神;而且,董事长兼任总经理或 CEO 有利于提高决策和执行的效率。

笔者认为,从合法性看,董事长有权兼任总经理、法定代表人。但对其妥当性,应当具体情况具体分析。具体说来,在中小规模的公司尤其是家族公司,董事长兼任总经理、法定代表人亦无不可,但在规模庞大的公司尤其是上市公司,应当实行董事长与总经理互相分离的原则。换言之,董事长可以兼任法定代表人,但不宜兼任总经理,更不宜同时兼任总经理和法定代表人。理由有三:

理由之一在于,董事长与总经理分设有利于避免公司经营者过分专权,完善公司内部民主与制衡机制。权力过大,必然滋生腐败或懈怠,此乃万古不易之真理。董事长兼总经理在公司决策体系中位高权重,权倾一时,倘若不能慎独自律,必然走向个人独裁与专制。不仅其他董事的意见听不进去,股东也往往被消音。这对一家公司的民主治理来说风险极大。即使董事长兼总经理乃是有道的"明君",也很难担保其决策行为百发百中。以董事长兼总经理的决策高效掩盖一人大脑在品德方面的潜在风险、在智慧方面的短浅有限绝非公司之幸。

理由之二在于,董事长与总经理的法律角色不同,肩负的法律义务各异。具体说来,董事长的主要职责在于团结和集中全体董事会成员的智慧和经验,就公司经营管理中的重要事项作出决策。董事长在组织董事会的决策行为时贵在登高望远、举重若轻。董事要懂大事。而总经理的主要职责在于团结整个经营管理团队,将董事会的中观决策付诸实施。总经理在开展日常管理经营活动时贵在举轻若重。因此,总经理应当精力旺盛。难怪欧美国家大型公司董事会的多数成员年龄普遍偏高,而经理层成员的年龄普遍偏低。之所以如此,董事年龄越高,经验与学识越丰富,思维方式越缜密,决策质量就越高;而经理层年纪越轻,执行活动就越有效率。不同的法律角色应当由不同主体扮演。

理由之三在于,从保护经营者自身利益的角度出发,经营者也应自觉避免董事长兼任总经理。因为,同时兼任董事长与总经理两项职务的经营者会面临两个法律角色的双重法律风险。倘若擅长决策而不长于执行的公司高管以董事长身份参与决策并无不妥,但其以总经理身份执行董事会决策时由于执行工作不当给公司造成损失,仍然要对公司承担赔偿责任。反之,倘若不擅长决策而长于执行的公司高管在执行活动中对公司无咎可责,但其仍应就其以董事长身份参与决策时的过错行为对公司承担赔偿责任。换言之,合格的董事长未必就是合格的总经理;合格的总经理未必是合格的董事长。可见,董事长兼任总经理的风险相当之高。董事长是否兼任总经理,应当认真评估其面临的法律风险,更不用说披星戴月的双重工作压力给经营者身心健康导致的不利影响。正因为如此,英国伦敦证券交易所要求董事会主席只能由非执行的外部董事担任。这一做法值得我国思考。

当然,对于董事长不宜兼任总经理应作限定解释:不妨碍副董事长兼任副总经理,也不妨碍董事长兼任副总经理、董事兼任经理。但严格说来,董事长是否兼任总经理应由董事会决定。董事长兼任总经理虽易导致专权,但只要存在相应的、有效的权力制衡机制,并不可怕。

四、总经理的越权代理行为

总经理在代表权限和代理权限内与第三人实施的法律行为,依照有关法律(如我国《民法通则》关于代理行为的规定以及《合同法》关于合同的订立、合同的效力的规定)对公司产生约束力,公司应当承受由此引发的债权债务。

如果公司总经理在代理权限以外以公司名义与第三人实施法律行为,则属无权代理行为。狭义的无权代理,指总经理的行为超越了法律、公司章程、股东大会决议和董事会决议授予总经理的权限范围。总经理的无权代理行为原则上对公司不产生约束力。依我国《合同法》第48条规定,行为人没有代理权、超越代理权或代理权终止后以被代理人名义订立的合同,未经被代理人追认,对被代理人不发生效力,由行为人承担责任;相对人可以催告被代理人在一个月内予以追认。被代理人未作表示的,视为拒绝追认。合同被追认之前,善意相对人有撤销的权利。

广义的无权代理行为既包括狭义的无权代理,也包括表见代理。我国《合同法》第49条规定的表见代理制度适用于经理越权代理的情形:行为人没有代理权、超越代理权或代理权终止后以被代理人名义订立合同,相对人有理由相信行为人有代理权的,该代理行为有效。

表见代理指本来属于无权代理行为,但因被代理人与无权代理人之间的关系具有授予代理权的外观即所谓外表授权,导致相对人相信其有代理权而与其实施法律行为,法律使之发生与有权代理同样的法律效果。在这种情况下,如果善意第三人有足够理由相信总经理有代理权限,那么善意第三人受法律保护,总经理在代表权限和代理权限以外以公司名义与第三人实施法律行为对公司产生约束力。至于公司由此遭受的损失可以向违法实施表见代理行为的总经理追偿。

第六节 监事会制度

一、监事会的法律地位

监事会是现代公司治理中的法定必备监督机关。依我国《公司法》第2章第2节、第4章第4节规定,监事会是对公司的财务及业务进行监督的法定、常设监督机构。

完善监事会制度,强化监事会对公司经营者的监督,对于改善公司经营业绩、保护股东权益意义甚大。由于股东会不可能经常以集会的方式对董事会与经理层的业务决策及执行行为开展监督,股东会就有必要选任监事组成监事会对公司的业务和财务开展监督。

但在现实生活中,监事会监督乏力的现象较为普遍。这种现象既有制度层面的原因,也有人员层面的原因(如同事监督同事、下级监督上级、内部人监督内部人等)。我国1993年《公司法》对监事会的监督权限和监督手段规定得比较薄弱,监事又多是公司内部人,尤其是资历和级别低于董事的工作人员。虽然监事会与董事会在法律上立于平等地位,但由于大多数监事(尤其是内部监事)的个人职务级别低于大多数董事,致使监事会的事实地位低于董事会。监事会身处董事会之外,对董事会和经理层的运作情况自然存在较重的隔膜。脆弱的制度设计、虚化的机构加之疲软的人员,很难确保监事会制度发挥积极的监督作用。因此,2005年修订的《公司法》对于监事会制度进行了脱胎换骨的改革,既扩充了监事会的监督职权,又强化了监事会的监督手段。

二、监事会的人数与任期

监事会成员原则上由股东会选举产生。股份有限公司的股东会选举监事时,可依公司章程的规定或股东大会的决议,实行累积投票制(我国《公司法》第106条)。但在以下例外情形,监事不由股东会选举产生:(1)国有独资公司的监事会成员由国有资产监督管理机构委派(我国《公司法》第71条第2款);(2)监事会成员中的职工代表由公司职工代表大会选举产生(我国《公司法》第52条第2款、第71条第2款、第118条第2款)。

为壮大监事会规模,兼顾小规模公司的意思自治,我国《公司法》第52条第1款规定:"有限责任公司设监事会,其成员不得少于3人。股东人数较少或规模较小的有限责任公司,可以设1至2名监事,不设监事会。"因此,原则上各类有限责任公司都要设监事会,小规模公司可例外不设监事会,但要设一至二名监事。立法者强力推进监事会制度建设的主旨在于建立经营权与监督权的相互制衡机制,避免控制股东与经营层的滥权失信行为。至于"股东人数较少或规模较小"的界定留待公司自治。此处的"规模"既包括资本规模,也包括雇工规模。若一人公司规模较大,也要设监事会。

股份有限公司监事会的成员也不得少于 3 人(我国《公司法》第 118 条第 1 款)。之所以未规定更高的法定人数,乃为了尊重公司治理机构的设置自由,避免立法者的无谓不必要干预,避免公司不必要的经济负担和内部职工利益与股东利益之间的利益冲突。

与普通有限责任公司和股份有限公司不同的是,国有独资公司监事会成员不得少于 5 人(我国《公司法》第 71 条第 1 款)。主要是鉴于国有独资公司的股权结构中缺乏国家股东之外的其他股东,因而先天缺乏来自其他股东的监督力量。为了保护国有资产保值增值,降低国有独资公司经营者的代理成本,立法者特别注意提高董事会的规模。

监事的任期每届为 3 年。监事任期届满,连选可以连任。监事任期届满未及时改选,或监事在任期内辞职导致监事会成员低于法定人数的,在改选出的监事就任前,原监事仍应当依照法律、行政法规和公司章程的规定,履行监事职务(我国《公司法》第 53 条)。

三、监事会主席

有限责任公司监事会设主席一人,由全体监事过半数选举产生。监事会主席召集和主持监事会会议;监事会主席不能履行职务或不履行职务的,由半数以上监事共同推举一名监事召集和主持监事会会议(我国《公司法》第 52 条第 3 款)。

股份有限公司监事会设主席一人,可以设副主席。监事会主席和副主席由全体监事过半数选举产生。监事会主席召集和主持监事会会议;监事会主席不能履行职务或不履行职务的,由监事会副主席召集和主持监事会会议;监事会副主席不能履行职务或不履行职务的,由半数以上监事共同推举一名监事召集和主持监事会会议(我国《公司法》第 118 条第 3 款)。

与普通有限责任公司和股份有限公司不同的是,监事会主席不是由全体监事过半数选举产生,而是由国有资产监督管理机构从监事会成员中指定(我国《公司法》第 71 条第 2 款)。

四、职工监事

为充分体现职工代表在公司治理结构中的话语权与监督权,更好地维护职工合法权益,构建和谐的劳资关系,我国《公司法》第 52 条第 2 款、第 71 条第 1 款至第 2 款、第 118 条第 2 款要求监事会应当包括股东代表和适当比例的公司职工代表,其中职工代表的比例不得低于 1/3,具体比例由公司章程规定。监事会中的职工代表由公司职工通过职工代表大会、职工大会或其他形式民主选举产生。

五、监事会的监督职权

我国《公司法》第 54 条规定的监事会职权可简称为"监察权",包括但不限于以下一系列职权:

(1) 财务检查权。监事会有权检查公司财务。监事会既可以检查本公司的财务,也可基于股东的知情权尤其是账簿查阅权,对子公司的经营、业务及财产状况进行调查。

(2) 违法人员弹劾权。监事会有权对董事、高级管理人员执行公司职务的行为进行监督,对违反法律、行政法规、公司章程或股东会决议的董事、高级管理人员分别向其选任机关(选任董事的股东会、选任总经理的董事会、聘任中层经营骨干的总经理)提出罢免的建议。

(3) 违法行为纠正权。当董事、高级管理人员的行为损害公司的利益时,要求董事、高级管理人员予以纠正。既包括防患于未然的纠正行为,也包括事后补救的纠正行为。

(4) 股东会召集请求权与自行召集权。提议召开临时股东会会议,在董事会不履行本法规定的召集和主持股东会会议职责时召集和主持股东会会议。监事会的股东会召集权可分为主动召集(依职权)与被动召集(依股东之请求)。

(5) 提案权。监事会有权向股东会会议提出提案。

(6) 诉权。应股东之请求,监事会有权对失信的董事和高级管理人员提起诉讼。监事会决定对任法定代表人的董事长或总经理提起诉讼时,监事会主席或监事长可以被列为原告公司的法定诉讼代表人。倘若监事会怠于或拒绝对失信的董事和高级管理人员提起诉讼,提出前述请求的股东有权向法院提起股东代表诉讼。

(7) 公司章程规定的其他职权。为了进一步强化监事会的监察权限,公司章程也可以根据我国《公司法》第 54 条第 7 项之授权,赋予监事会更多的权限。例如,在董事、经理与公司签署合同时,代表公司实施法律行为。代表公司的监事长或监事在此种特定情形下享有对公司的代表权。

可见,监事会的监督内容既包括会计监督,又包括业务监督;既包括合法性监察,又包括妥当性检查;既包括事先监督,又包括事中监督与事后监察。监事会的监督职权与其说是权力,不如说是义务。监事会必须勤勉尽责地履行以上监督职责,方能不辱公司代理人的监督使命。

六、监事会的监督手段

其一,监事会、不设监事会的公司的监事发现公司经营情况异常,可以进行调查;必要时,可以聘请会计师事务所等协助其工作,费用由公司承担(我国《公司法》第55条第2款)。此处的"等"字微言大义,包含了律师事务所等中介机构。可见,公司监事会代表公司聘请中介机构的费用完全由公司负担,只需由监事长或监事会主席签字即可,无需董事长或总经理的签字。这就彻底打破了我国1993年《公司法》制约监事会聘请专业人士协助监事会履行监督职责的制度瓶颈,开辟了通向公司内部监事会与外部中介机构里应外合、精诚合作的光明大道。

其二,监事会、不设监事会的公司的监事行使职权所必需的费用,由公司承担(我国《公司法》第57条、第119条第2款)。例如,监事会成员为调查公司董事、经理的商业贿赂行为而远赴外地出差的差旅费和通讯费用由公司承担。

其三,监事可以列席董事会会议,并对董事会决议事项提出质询或建议(我国《公司法》第55条第1款)。这样就可以确保耳聪目明的监事行使知情权和建议权。一旦行使知情权和质询权,监事就可以理直气壮地行使监督职权。对于监事提出的有根有据、有针对性的建议,董事会和经理层应当认真听取,不予采纳的应当书面说明理由。

其四,董事、高级管理人员应当如实向监事会或不设监事会的有限责任公司的监事提供有关情况和资料,不得妨碍监事会或监事行使职权(我国《公司法》第151条第2款)。

为避免裁判员与运动员的角色混淆,确保监事的独立性,我国《公司法》第52条第4款和第118条第4款禁止董事、高级管理人员兼任监事。此处的"高级管理人员"包括经理及财务负责人等高级管理人员在内。为确保诚信监事"喊疼"的权利,公司章程还可规定监事有权在被选任或解任的股东大会上陈述意见。

七、会议规则

监事虽可单独行使监督职权,但对于重大监督决策而言,仍需在监事会内部以会议体的形式作出决议。监事会会议的意义不仅在于作出决议,也在于成为监事之间沟通信息、协调监督步伐的重要信息平台。

有限责任公司的监事会每年度至少召开一次会议,监事可以提议召开临时监事会会议。监事会的议事方式和表决程序,除本法有规定的外,由公司章程规定。监事会决议应当经半数以上监事通过。监事会应当对所议事项的决定作成会议记录,出席会议的监事应当在会议记录上签名(我国《公司法》第56条)。

与有限责任公司监事会会议规则的唯一区别在于,我国《公司法》第 120 条第 1 款要求监事会每 6 个月至少召开一次会议。可见,立法者希望股份有限公司的监事会的集会频率高一些,履行监督职责更活跃些。

第七节 公司董事、监事、高级管理人员的约束与激励

为强化公司董事、监事、高级管理人员的诚信义务,我国 2005 年修订的《公司法》专门开辟第六章规定了公司董事、监事、高级管理人员的资格和义务。

一、公司董事、监事、高级管理人员的范围

(一) 董事的种类

董事是由股东大会选举、并作为董事会成员参与公司经营决策活动的自然人。董事以其与公司间的委托合同关系或信托关系而立于公司受托人的地位。这种法律关系既包括法律上的委托关系或信托关系,也包括事实上的委托关系或信托关系。

以其是否兼任公司高管职务为准,董事可分为内部董事与外部董事。其中,外部董事以其是否具有独立性为准又可区分为独立董事与非独立董事。

以其代表的利益为准,董事可以分为股东代表董事与职工代表董事。我国国有独资公司的董事会成员就包括职工代表董事。国有独资公司、两个以上的国有企业或两个以上的其他国有投资主体投资设立的有限责任公司,其董事会成员中应当有公司职工代表,其他有限责任公司董事会成员中可以有公司职工代表。董事会中的职工代表由公司职工通过职工代表大会、职工大会或其他形式民主选举产生(第 45 条第 2 款、第 68 条)。

(二) 监事

监事是由股东大会选举、并作为监事会成员参与公司经营监督活动的自然人。以其代表的利益为准,监事可以分为股东代表监事与职工代表监事。

以其是否与公司存在劳动合同关系为准,监事可以分为外部监事与内部监事。

(三) 高级管理人员

高级管理人员是由董事会或总经理聘任的、从事公司日常经营管理活动的自然人。我国《公司法》视野中的"高级管理人员"范围甚广。《公司法》第 217 条第 1 项将"高级管理人员"界定为"公司的经理、副经理、财务负责人,上市公司董事会秘书和公司章程规定的其他人员"。这里所说的"其他人员"可以囊括 CEO(首席执行官)、CFO(首席财务官)、COO(首席运营官)、CTO(首席技术官)等公司自由设立的高阶公司经营管理岗位。

二、公司董事、监事、高级管理人员的任职资格

(一) 积极资格

公司董事、监事、高级管理人员的积极资格既包括《公司法》和一般民事法律规定的一般积极资格(如具备完全民事行为能力),也包括特别法设定的特别积极任职资格。例如,我国《证券法》第131条要求证券公司的董事、监事、高级管理人员正直诚实,品行良好,熟悉证券法律、行政法规,具有履行职责所需的经营管理能力,并在任职前取得国务院证券监督管理机构核准的任职资格。又如,我国《证券投资基金法》要求基金管理公司的经理和其他高级管理人员(不含董事、监事、独立董事)熟悉证券投资方面的法律、行政法规,具有基金从业资格和3年以上与其所任职务相关的工作经历(第16条);其选任或改任应报经国务院证券监督管理机构依照该法和其他有关法律、行政法规规定的任职条件进行审核(第17条)。

(二) 消极资格

为防范公司高管的道德风险,我国《公司法》第147条第1款禁止下列人员担任公司的董事、监事、高级管理人员:

(1) 无民事行为能力或限制民事行为能力;

(2) 因贪污、贿赂、侵占财产、挪用财产或破坏社会主义市场经济秩序,被判处刑罚,执行期满未逾5年,或因犯罪被剥夺政治权利,执行期满未逾5年;

(3) 担任破产清算的公司、企业的董事或厂长、经理,对该公司、企业的破产负有个人责任的,自该公司、企业破产清算完结之日起未逾3年;

(4) 担任因违法被吊销营业执照、责令关闭的公司、企业的法定代表人,并负有个人责任的,自该公司、企业被吊销营业执照之日起未逾3年;

(5) 个人所负数额较大的债务到期未清偿。

公司违反前款规定选举、委派董事、监事或聘任高级管理人员的,该选举、委派或聘任无效(《公司法》第147条第2款);董事、监事、高级管理人员在任职期间出现本条第1款所列情形的,公司应当解除其职务(《公司法》第147条第3款)。这就使得董事、监事、高级管理人员的行为能力、道德操守和信用状况不仅仅是走向公司高管岗位的必要条件,也是维持其高管岗位的必要条件。一旦公司或其股东发现公司高管存在着不得担任公司高管的法定情形,就可以依法解除其职务。倘若某董事长在任期间由于遭遇车祸变成了神智不清的"植物人",或因接受巨额商业贿赂而锒铛入狱时,则董事会应当解除其董事长职务,股东大会应当罢免其董事职务。

除了《公司法》规定的前述普通消极资格,特别法也规定了特定行业的特别消极资格。例如,根据我国《证券法》第131条第2款规定,有下列情形之一的

当事人不得担任证券公司的董事、监事、高级管理人员:(1) 因违法行为或违纪行为被解除职务的证券交易所、证券登记结算机构的负责人或证券公司的董事、监事、高级管理人员,自被解除职务之日起未逾5年;(2) 因违法行为或违纪行为被撤销资格的律师、注册会计师或投资咨询机构、财务顾问机构、资信评级机构、资产评估机构、验证机构的专业人员,自被撤销资格之日起未逾5年。

对特定行业的特别任职资格,有些特别法还规定了特别任职资格取消制度,即市场禁入制度。例如,我国《证券法》第233条规定,违反法律、行政法规或国务院证券监督管理机构的有关规定,情节严重的,国务院证券监督管理机构可以对有关责任人员采取证券市场禁入的措施。所谓"证券市场禁入"是指在一定期限内直至终身不得从事证券业务或不得担任上市公司董事、监事、高级管理人员的制度。

三、公司董事、监事、高级管理人员对公司的诚信义务

由于股东无法对公司的日常经营管理活动事必躬亲,必然仰赖德高望重的贤达人士为其开展经营活动。其中,具有经营决策专长的人士担任董事,具有操作和执行才干的人士担任经理,明察秋毫、刚正不阿的人士担任监事。因此,公司高管是现代公司和全体股东仰赖的受托人。公司高管既然承人之信、受人之托、纳人之财,就必须对公司和全体股东履行忠诚与勤勉两大义务。因此,强化公司高管的诚信义务,平衡公司高管与公司之间、公司高管与股东之间的利益冲突是公司治理制度的重要使命。

我国通说认为,公司与其董事、监事、高级管理人员之间的关系为委托(委任)合同关系。董事、监事、高级管理人员作为受托人既要履行《合同法》规定和委托合同约定的受托义务,也要履行公司法和特别法规定的受托义务。虽然董事、监事、高级管理人员为公司服务的具体职责有所不同,但在诚实守信、勤勉尽责的问题上都具有一般性。

英美法系通常借助信托法中的信托义务(fiduciary duty)概念来解释公司与其董事和高级管理人员之间的法律关系。鉴于我国已于2001年4月颁布《信托法》,《信托法》为受托人设定的信托义务又高于《合同法》委托合同规则为受托人设定的受托义务,也可用信托义务概括我国公司与其董事、监事、高级管理人员之间的关系。当然,无论是用委托合同还是信托关系解释公司与其董事、监事、高级管理人员之间的关系,都是殊途同归,二者并无本质区别。

我国1993年《公司法》自第59条至第62条对董事忠实义务的具体表现形式列举不周,诸如没有规定董事不得篡夺公司信息和机会、不得压抑小股东等义务;立法技术也似嫌粗糙。为强化公司高管的诚信义务,2005年修订的《公司法》第6章专门规定了公司董事、监事和高级管理人员的资格和义务。2005年

修订的《公司法》第 148 条第 1 款在我国公司法历史上开天辟地要求董事、监事、高级管理人员遵守法律、行政法规和公司章程,对公司负有忠实义务和勤勉义务。此即董事、监事、高级管理人员的诚信义务。此种诚信义务一分为二:一为忠实义务,二为勤勉义务。其中,忠实义务强调公司高管的道德操守和忠贞不渝,而勤勉义务强调公司高管的专业水准和敬业精神。

在理论与实践上较有争议的一个问题是,股东推荐到公司任职的高管应对谁负有诚信义务? 从法律上看,公司高管应当对公司和全体股东利益负责,而不仅对推荐其到公司任职的股东负责;但在实践中,公司高管往往对其派出股东的利益负责,否则就很难维系其作为公司高管的岗位。当然,睿智的公司高管应当尽量选择兼顾派出股东利益与公司利益的经营管理方案。

四、董事、监事和高级管理人员的忠实义务

董事、监事和高级管理人员作为公司的代理人在思想上应当始终效忠于公司,并在行为上始终以公司利益最大化作为自己行为指南的义务。根据忠实义务,公司高管不得将自己或第三人的私利凌驾于公司利益之上,不得以牺牲公司利益为代价追求自己或第三人的私利,不得在公司不知道或未授权的情况下取得属于公司的有形利益(如资金、实物)或无形利益(商业机会、商业秘密),不得擅自担任公司竞争者的代理人或合作伙伴、从而削弱公司的竞争力。简而言之,公司高管的任何行为(包括积极的作为于消极的不作为)不得有悖于诚实代理人对被代理人所负职责。

董事、监事和高级管理人员的忠实义务是其对公司所负的首要诚信义务,而勤勉义务则位居其次。中外公司法协调公司与其代理人利益冲突的关键点也在于强化公司高管的忠实义务。金无足赤,人无完人。重大德、宥小过是评价公司高管的重要价值判断标准。

忠实义务之所以被强调得重于勤勉义务源于以下原因:首先,从公司的伤害程度看,违反忠实义务的行为比违反勤勉义务的行为对公司的杀伤力更大。公司及其全体股东将公司的财产及其命运拱手交给公司高管,公司高管握有公司经营重权。小人得志的公司高管一朝权在手,便将令来行。作为公司吸血虫的小人高管在公司内部恶意作乱,疯狂鱼肉公司和全体股东利益,有可能使公司像泰坦尼克号一样迅速沉没。而违反勤勉义务的行为虽然未能给公司利益做加法,却不会像违反忠实义务的行为那样马不停蹄地给公司利益做减法。当然,这并不意味着,违反勤勉义务的行为对公司有益、甚至无害,更不意味着我们应当允许和纵容违反勤勉义务的行为。相反,违反忠实义务的行为与违反勤勉义务的行为都应受到谴责和否定。但我们应当意识到:违反忠实义务的行为比违反勤勉义务的行为给公司造成的损害更大。违反忠实义务的行为应当引起立法者

其次，从义务的履行难度看，履行忠实义务比履行勤勉义务更容易。公司高管只要坚守不背叛公司的道德底线，不被私利蒙住自己的双眼，就可以轻而易举地对公司尽忠。公司与其高管之关系犹如主仆关系。忠犬尚能效忠于主人，况人乎？不仅经营专才，即便是布衣平民甚或6岁学童都知道仆人要忠诚于主人，而不得背叛主人的基本伦理常识。既然任何不具备专业知识的诚信之人都能履行忠实义务，而具备经营管理才干的公司高管竟敢违反，是可忍，孰不可忍?！难怪美国法院裁判的涉及公司高管违反诚信义务的案件主要围绕忠实义务而展开。笔者预言，在中国司法实践中，公司追究公司高管的民事责任将主要围绕忠实义务而展开，这在我国社会信用体系普遍脆弱的情况下尤为如此。

最后，从追究义务违反的责任来看，违反忠实义务的责任追究难度要小于违反勤勉义务的责任追究。上帝的归上帝，恺撒的归恺撒。在公司高管失信悖德的情况下，法官和仲裁员只要拿出伦理价值的天平进行利益衡量，何者应当归属公司，何者应当归属公司高管，可谓泾渭分明，很少存在艰涩的裁判模糊地带。而在公司高管违反勤勉义务的情况下，法官和仲裁员就会发现伦理价值的判断标准开始失灵，被迫代之以勤勉义务的衡量标准，进而出现法官和仲裁员迷茫的情况。

五、董事、监事和高级管理人员的主要失信行为

为落实董事、监事和高级管理人员的忠诚义务，我国《公司法》第149条详细列举了公司法禁止的七大失信行为。其中，第五项首次规定了不得篡夺商业机会的义务："未经股东会或股东大会同意，利用职务便利为自己或他人谋取属于公司的商业机会。"唯恐诚信义务的列举存在疏漏，立法者在第149条第8款设置了兜底条款"违反对公司忠实义务的其他行为"，从而有助于将各类经营者的道德风险一网打尽。

兹将公司高管的失信行为分述如下：

（一）挪用公司资金

此种行为是指公司高管违反法律、公司章程规定的权限和程序，擅自将公司资金用于悖离公司资金特定使用目的的行为。如公司高管挪用公司资金用于个人炒股，即其适例。

（二）将公司资金以其个人名义或以其他个人名义开立账户存储

既然是公司资金，自应以公司名义存储，不应以个人名义存储。否则，年深日久不仅导致公司高管或其亲朋好友赚取公司的资金利息，而且容易导致公司资金的不法流失，还容易导致公权力对公司监管的失序现象（如公司的偷漏税现象）。

(三)违反公司章程的规定,未经股东会、股东大会或董事会同意,将公司资金借贷给他人或以公司财产为他人提供担保

公司高管擅自将公司资金借贷给他人,非法剥夺了公司的资金所有权尤其是控制权,增加了公司讨债的风险和成本。由于此种借贷行为往往缺乏合法有效的担保手段,公司债权很容易沦为呆坏账甚至死账。擅自将公司资金借贷给他人,实际上为公司创设了或然债务。倘若公司没有合法有效的反担保手段,则公司高管的"助人为乐"行为实际上谋取了自己或其背后第三人的不当利益,但将公司推向了巨额债务的火山口上。

(四)违反公司章程的规定或未经股东会、股东大会同意,与本公司订立合同或进行交易

依反对解释,只要公司高管与本公司订立合同或进行交易的行为遵循了公司章程的规定或经过股东会、股东大会的合法决策程序(包括事先批准程序与事后追认程序),则此种合同行为或交易行为的效力就应予以尊重。

这里所说的"与本公司订立合同或进行交易"既包括公司高管自己与本公司订立合同或进行交易,也包括公司高管的配偶、子女或其他利益相关者与本公司订立合同或进行交易。例如,公司高管将本公司或子公司委托、租赁、承包给自己的配偶、子女及其他利益相关者经营;或者,公司高管控制下的公司选择公司高管的配偶、子女及其他利益相关者作为供应商,并发生有悖等价有偿规则与商事习惯的非正常业务往来。

(五)未经股东会或股东大会同意,利用职务便利为自己或他人谋取属于公司的商业机会,自营或为他人经营与所任职公司同类的业务

该项规定实质上包含两类失信行为:第一类是篡夺公司的商业机会,第二类是竞业行为。我国《公司法》借鉴英美法系尤其是美国判例法中的重要经验,将"不得篡夺商业机会的义务"引入我国成文立法,具有很强的针对性。

该项规定之所以禁止公司高管的竞业行为(公司高管自营或为他人经营与所任职公司同类的业务的行为),乃是出于"一仆不侍二主"的考虑,不允许公司高管脚踩两只船。民间有谚:"同行是冤家。"倘若公司高管既为甲公司提供经营管理服务,又为甲公司的竞争者乙公司提供经营管理服务,在甲乙公司角逐同一商业机会时,或要求公司高管对其他公司保守商业秘密时,公司高管应何去何从?公司高管要么择一而从,厚此薄彼;要么择二而从,同时伤害两家公司;要么同时与两家公司一刀两断。可见,公司高管在心灵上很难安宁平静,在行为方式上很难左右逢源。"与所任职公司同类的业务"包括但不限于所谓"同类的营业",可以是完全相同的商品或服务,如公司生产红葡萄酒,董事也投资设厂生产葡萄酒;"同类的营业"也可以是同种或类似、且有竞争关系或替代关系的商品或服务,如公司作为电信增值服务商提供 ADSL 宽带上网服务,而董事也投资

创设公司开辟拨号上网服务。公司高管竞业的方式多种多样,既包括自己投资设立公司或其他企业,与公司展开竞争;也包括担任与公司有竞争关系的公司的高管人员。竞业的时间既可以发生于公司营业阶段,也可以发生于公司准备营业阶级或试营业阶段,还可以发生于公司暂时中止营业阶段。至于竞业的时间是否仅及于董事任职阶段,易言之,董事在被解任或辞任后能否从事与原任职公司同类的营业。

该项规定仅就公司高管在职期间的行为规范而言。倘若公司高管离职,是否负有竞业禁止义务,我国《公司法》并未明文规定,完全留待公司章程或公司与公司高管之间签订的协议予以确定。倘若公司章程与聘任协议未设明文规定,则公司高管可以从事与公司业务有竞争关系的就业或投资活动。例如,倘若股东会同意公司高管自营或为他人经营与所任职公司同类的业务,其他竞争公司也有此种意思表示,则法律自无禁止之必要。

(六) 接受他人与公司交易的佣金归为己有

在实践中,许多公司高管与交易伙伴发生交易活动时,肆无忌惮地在交易往来中收受商业贿赂(如折扣费、中介费、回扣、佣金、礼金等据为己有或私分)。为打击愈演愈烈的商业贿赂,中共中央办公厅与国务院办公厅于2006年2月共同印发了《关于开展治理商业贿赂专项工作的意见的通知》。

根据我国《反不正当竞争法》第8条规定,经营者不得采用财物或其他手段进行贿赂以销售或购买商品。在账外暗中给予对方单位或个人回扣的,以行贿论处;对方单位或个人在账外暗中收受回扣的,以受贿论处。经营者销售或购买商品,可以以明示方式给对方折扣,可以给中间人佣金。经营者给对方折扣、给中间人佣金的,必须如实入账。接受折扣、佣金的经营者必须如实入账。

我国《公司法》第148条第2款还明文禁止董事、监事、高级管理人员利用职权收受贿赂或其他非法收入,侵占公司的财产。我国《刑法》第163条还规定了收受商业贿赂罪:"公司、企业或其他单位的工作人员利用职务上的便利,索取他人财物或非法收受他人财物,为他人谋取益,数额较大的,处5年以下有期徒刑或拘役;数额巨大的,处5年以上有期徒刑,可以并处没收财产。公司、企业或其他单位的工作人员在经济往来中,违反国家规定,收受各种名义的回扣、手续费,归个人所有的,依照前款的规定处罚。国有公司、企业或其他国有单位中从事公务的人员和国有公司、企业或其他国有单位委派到非国有公司、企业以及其他单位从事公务的人员有前两款行为的,依照本法第385条、第386条的规定定罪处罚。"

(七) 擅自披露公司秘密

公司高管擅自向公司外部第三人披露公司的秘密,是一种有悖诚信的行为。不仅泄密行为是有偿的,还是无偿的,都伤害了公司的竞争力。此处所说的"商业秘密"是一个广义的概念,包括但不限于我国《反不正当竞争法》第 10 条所界定的商业秘密。根据我国《反不正当竞争法》第 10 条第 3 款规定,"本条所称的商业秘密,是指不为公众所知悉、能为权利人带来经济利益、具有实用性并经权利人采取保密措施的技术信息和经营信息"。可见,商业秘密具有四个特点:私密性、财产性、实用性与加密性。技术信息包括技术诀窍(know-how),经营信息包括客户名单、业务渠道、营销方式等。除了狭义的商业秘密,《公司法》第 149 条第 1 款第 7 项禁止公司高管披露的公司秘密还包括上市公司尚未公开披露的董事会决议、财务会计数据、董事长或总经理健康状况等。既然公司高管不得擅自向公司外部第三人披露公司秘密,公司高管自身擅自利用公司秘密也在禁止之列。

(八)违反对公司忠实义务的其他行为

为避免挂一漏万,我国《公司法》第 149 条第 1 款第 8 项设计了兜底条款,从而涵盖公司高管的其他失信行为。

例如,公司高管浪费公司资产的不当职务消费行为也是违反忠实义务的行为。公司高管薪酬过高就是腐败,就是浪费公司资产的行为。例如,公司高管在公司发生亏损期间,购买或更换豪华小汽车、豪华装修办公室、添置高档办公用品等;利用公司公款进行高消费娱乐活动;利用公司公款支付或报销应由个人承担的购置住宅、住宅装修、物业管理等生活费用;超过公司规定的标准报销差旅费、业务招待费;使用信用卡、签单等形式进行高额消费,但不提供原始凭证和相应的情况说明。

公司高管为近亲属及其他利益相关者从公司牟取私利的手段也五花八门。例如,公司高管支持或允许配偶、子女及其配偶或其他利益相关者在与本公司有业务关联、依托关系的其他公司投资入股,从而间接利用关联交易攫取公司财富。

尽管公司高管的失信行为变化莫测,但万变不离其宗的一点是:公司高管慷公司之慨、求一己之私。换言之,以牺牲公司利益为代价,换取公司高管或其背后利益相关者的不法利益,而且公司利益之损失与公司高管或其幕后人员利益之实现存在因果关系。

六、强化公司高管忠实义务的其他措施

我国《公司法》对经营者忠实义务的规定绝不限于第 149 条,而是遍及立法体系的各个角落。例如,针对公司经营者通过操纵关联关系而从公司"抽血"的监守自盗现象,我国《公司法》第 21 条禁止公司的控股股东、实际控制人、董事、监事、高级管理人员利用关联关系损害公司利益;否则,应就公司给造成的损失承担赔偿责任。

针对国有独资公司的某些经营者私自"耕种自留地",侵占国有独资公司商业秘密与商业机会的不诚信现象,我国《公司法》第 70 条禁止国有独资公司的董事长、副董事长、董事、高级管理人员未经国有资产监督管理机构同意在其他有限责任公司、股份有限公司或其他经济组织兼职。中共中央纪委、中共中央组织部、监察部、国务院国资委 2004 年 12 月 12 日联合印发的《国有企业领导人员廉洁从业若干规定》第 5 条也明文禁止国有企业领导人员违反规定兼任下属企业或其他企业、事业单位、行业组织、中介机构的领导职务,或经批准兼职的,擅自领取兼职工资或其他报酬。

为遏制管理层收购中经营者空手套白狼,依靠公司借款收购公司股份的现象,我国《公司法》第 116 条禁止股份有限公司直接或通过子公司向董事、监事、高级管理人员提供借款。

为预防经营者自我定价过高,强化股东对代理人滥权营私行为的监督力度,我国《公司法》第 117 条要求股份有限公司定期向股东披露董事、监事、高级管理人员从公司获得报酬的情况。该条规定有助于为股东在股东大会上行使表决权、在法院行使诉权、在市场上行使"用脚投票"的权利,提供必要信息。

为确保公司经营者与公司全体股东在利益上形成共同体,同甘共苦、风雨同舟,我国《公司法》第 142 条第 2 款要求公司董事、监事、高级管理人员向公司申报所持本公司的股份及其变动情况,在任职期间每年转让的股份不得超过其所持有本公司股份总数的 25%;所持本公司股份自公司股票上市交易之日起 1 年内不得转让;上述人员离职后半年内不得转让其所持有的本公司股份;同时授权公司章程对公司董事、监事、高级管理人员转让其所持有的本公司股份作出其他限制性规定。为避免利益冲突,我国《公司法》第 52 条第 4 款和第 118 条第 4 款禁止董事、高级管理人员兼任监事。

七、公司董事、监事和高级管理人员的勤勉义务

我国《公司法》第 148 条第 2 款明文规定了公司高管的勤勉义务。公司高管的勤勉义务又称"善良管理人的注意义务"、"勤勉、注意和技能义务"或"注意和技能义务",指公司高管在从事公司经营管理活动时应当恪尽职守,敬业精进,深思熟虑,尽到普通谨慎的同行在同类公司、同类职务、同类相关情形中所应具有的经营管理水平。

要衡量董事是否履行了勤勉义务,必须设计相应的衡量标准。单纯的主观标准仅注重公司高管是否忠诚地贡献了其实际拥有的全部能力。如此一来,公司高管的经营能力越低,法律对其勤勉义务的要求越低;反之,公司高管的经营能力越高,法律对其勤勉义务的要求越高。从另一角度看,单纯的主观标准考虑到了公司高管间经营能力的差异,并突出了公司高管的诚信义务,因此有其合理的一面。但其不足之处是迁就了庸才,不利于督促公司高管与时俱进、不断提高自己的经营能力与工作水平。

单纯的客观标准将公司高管个人的实际知识、经验或资格弃之一隅,仅关注法律假定的一个处于相同或类似位置的普通谨慎之人在相同或类似环境下所应尽到的注意程度。该标准无疑加重了庸才高管的勤勉义务;同时,由于该标准实质上采取了企业家市场中高管经营水平的平均值,因而对于大多数公司高管来说也较为公平。美中不足之处在于,当某公司高管实际拥有的知识、经验或资格高于一般高管时,该标准的适用则有可能放纵有过错的公司高管,这对于其知识、经验或资格低于一般公司高管的其他公司高管来说,未免有失公平。

有鉴于单纯的主观标准与单纯的客观标准均有缺憾,笔者主张,判断公司高管勤勉义务的履行状况,应当以普通谨慎的公司高管在同类公司、同类职务、同类相关情形中所应具有的注意、知识和经验程度作为衡量标准;倘若有证据表明某公司高管的知识、经验和资格明显高于此种标准的证明时,应当以该公司高管是否诚实地贡献出了他(她)实际拥有的全部能力作为衡量标准。只有如此,才能剔除单纯的主观标准与单纯的客观标准所蕴含的缺陷,并把二者的合理内核有机地结合起来。

此种衡量标准在司法实践中仍有赖于法官在遵守法定标准的前提下,对于个案中的具体事实(如普通谨慎公司高管的设定、公司的目的、经营范围、公司治理结构、业务执行方法、公司高管的健康状况、市场风险程度等各种相关情形)进行广泛斟酌和自由裁量。根据勤勉义务的要求,公司高管应当在法律、公司章程允许的公司目的范围之内和其应有的权限内行事;应当出席公司的相关会议,应当熟悉公司会计提供的财务会计报表和律师提供的法律咨询;在发现公司聘任的雇员不胜任时,应当及时建议公司将其解聘;对公司董事会决议的事项有异议的董事应当将其异议记入公司董事会会议记录;当其不能履行勤勉义务时,应当及时辞任。

八、公司高管的问责机制

(一)公司对失信公司高管的归入权与损害赔偿请求权

公司高管倘若违反了对公司所负的诚信义务,则应对公司承担相应的民事责任。从公司角度而言,公司对失信公司高管享有归入权与损害赔偿请求权。

就归入权而言,我国《公司法》第149条第2款规定要求董事、高级管理人员的失信所得收入归公司所有。可见,只要公司高管违反了对公司的忠实义务,其取得的不法财产(包括自己直接取得的公司财产,也包括自己从第三人取得的回扣或报酬)无论巨额高低,均推定为公司所有财产。公司对失信公司高管取得的财产所享有的权利即为归入权。公司对失信公司高管取得财产的归入权仅适用于公司高管违反忠实义务的场合,而不适用于公司高管违反勤勉义务的场合。

公司的归入权既有我国《公司法》第149条第2款为特别法律依据,也有我国《信托法》第26条的支撑。该条规定:"受托人除依照本法规定取得报酬外,不得利用信托财产为自己谋取利益。受托人违反前款规定,利用信托财产为自己谋取利益的,所得利益归入信托财产。"在公司与公司高管的法律关系中,公司高管立于受托人的地位,而公司立于委托人与受益人的地位。因此,运用该条规定解释公司对其失信高管的归入权也名正言顺。

公司除对失信高管享有归入权,还享有损害赔偿请求权。我国《公司法》第150条规定:"董事、监事、高级管理人员执行公司职务时违反法律、行政法规或公司章程的规定,给公司造成损失的,应当承担赔偿责任。"董事、监事、高级管理人员承担的此类民事赔偿责任究系严格责任原则,抑或过错责任原则,立法者语焉不详。鉴于高管对公司承担赔偿责任的前提是"执行公司职务时违反法律、行政法规或公司章程的规定",鉴于违反忠实义务和勤勉义务的行为都存在故意或过失,在追究公司高管的民事赔偿责任时应当坚持过错责任原则。

公司的损害赔偿请求权与归入权并行不悖。倘若甲公司董事长钱某篡夺公司商业机会,并攫取交易利润100万元人民币,则甲公司对于钱某的100万元人民币不法所得享有归入权。倘若贪心不足的钱某在篡夺公司商业机会时故意向公司长期客户丙公司提供假冒伪劣产品,结果导致丙公司的消费者遭受人身与财产双重损害,进而导致丙公司断绝了与甲公司的战略合作伙伴关系,并撤销了后续的5000万元订单。倘若后续订单的利润可达500万元人民币,则甲公司除了追索钱某囊中的100万元不法所得外,还可要求钱某赔偿损失500万元人民币。

(二)追究失信高管民事责任的法律程序

对于公司高管责任之追究,直接关系着公司的切身利益,也间接影响到广大股东的合法权益。若公司高管拒绝或怠于向公司承担责任,公司可直接对该公司高管提起诉讼。若公司拒绝或怠于通过诉讼追究公司高管责任,具备法定资格的股东还可依我国《公司法》第152条规定,对失信高管提起代表诉讼。

当公司高管实施公司经营范围外的活动或其他违反法律和章程的行为、致使公司有发生损害之虞时,具备法定资格的股东还可行使违法行为停止请求权。股东代表诉讼的主要功能表现为事后救济,而违法行为停止请求权的主要功能则表现为事前预防。股东还可通过行使表决权、申请政府主管部门开展行政调查、在新闻媒体上予以揭露真相等途径维护公司和全体股东的合法权益。如果股东仍无力追诉高管对公司的责任,可将其所持股权转让出去。倘若上市公司的多数股东因无力追究公司高管责任而纷纷抛售股票,势必会形成对高管的无形压力,从而迫使公司追究失信高管的责任或提请公权力机关启动调查程序。

董事、高级管理人员违反法律、行政法规或公司章程的规定,损害股东利益的,股东可以向人民法院提起诉讼(我国《公司法》第153条)。此类诉讼属于直接诉讼的范畴,不同于股东代表诉讼。主要区别在于,直接诉讼的目的是维护股东自身利益,而股东代表诉讼的目的是维护公司和全体股东利益;直接诉讼的请求权基础在于股东对董事、高级管理人员的损害赔偿请求权,而股东代表诉讼的请求权基础在于公司对其董事、高级管理人员的损害赔偿请求权。

公司除依法追究公司高管的民事责任外,还可依法将其解任。对于情节严重、构成犯罪的,还可向司法机关进行举报,依法追究其刑事责任。

九、经营判断规则

经营判断规则(business judgment rule)是美国法院发展出来的、免除董事就合理经营失误承担责任的一项法律制度。美国法学会《公司治理原则》第4.01条第3项将经营判断规则表述为:"如果作出经营判断的董事或经理符合下述3项条件,就应认为其诚实地履行了本节规定的义务:(1) 该当事人与所作经营判断的内容没有利害关系;(2) 该当事人有正当理由相信其在当时情形下掌握的有关经营判断信息充分、妥当、可靠;(3) 该当事人有理由认为他的经营判断符合公司最佳利益。"

经营判断规则符合公司经营业务的复杂性、商业决策的自身特点以及董事会的运作特点。董事会审议事项芜杂,无法就每一问题进行长时间深入细致的研究和讨论,更无暇就经营层提请董事会审议之外的其他众多事宜主动进行经营判断。该规则的实质是"不以成败论英雄",因而有利于鼓励董事在公司经营中大胆创新,更好地为公司与股东们创造价值。建议人民法院和仲裁机构在强调公司高管勤勉尽责的同时,导入经营判断规则。

十、公司高管的激励机制

治水的良策不仅在于堵截,更在于疏导。公司是商人,股东是商人,公司高管更是商人。公司高管既然是商人,就具有逐利性,就有权对其为公司经营管理提供的服务获得公平报偿。因此,下一次公司法改革时立法者应当在制度设计上确认公司高管的营利性,并大力引进股票期权、董事经理责任保险、经营判断规则、年薪制等利益激励措施。

合理而丰厚的薪酬体系有利于调动公司高管勤勉经营的积极性、主动性与创造性。不仅适用于民营企业,也适用于国家控股和国有独资的公司。成功的薪酬体系离不开三大机制:竞聘上岗、职责明确、考核公正。所谓竞聘上岗,是指享受年薪制的公司高管应当通过公开、公平、公正的竞争程序角逐自己的工作岗位。倘若公司高管凭借暗箱操作窃据公司要职,则有悖激励机制的初衷。所谓职责明确,是指公司高管的职责应当清晰、明确,不允许公司高管浑水摸鱼,随意开脱责任。所谓考核公正,是指高管的经营管理业绩应当按照既定的考核方法予以评估确定。

公司高管的薪酬水准不能太高,也不能太低。在计划经济体制下,企业高管的收入过少,历来为人诟病。近年来,公司高管尤其是上市公司高管年薪动辄上千万元人民币甚至数千万元人民币,引起社会上的强烈不满。公平合理的薪酬水准既要体现高管对公司的贡献,又要兼顾公司其他管理人员甚至一线员工的收入水准,更要关注股东获取的股利水准。因为,创造公司财富的源动力既有人力资本,也有金融资本。就人力资本而言,除了董事、监事和高级管理人员以外,中层管理人员和基层员工也在兢兢业业地创造财富。高管的薪酬可以适度高于中层管理人员和基层员工,但不宜过于悬殊,相差几十倍、上百倍。就金融资本而言,作为剩余索取权人的股东应当是高管的委托人和"主人"。只有在股东获取丰厚的真金白银股利时,公司高管才能获取自己作为"仆人"的合理薪酬。倘若股东颗粒无收或者仅获得了精神股利(鼓励),则公司高管缺乏坐收高薪的合法性。因此,公司高管在取得天价薪酬时必须在意中层管理人员和基层员工的感受,在意股东们的感受,在意社会公众的感受。在我国收入悬殊现象日益严重的今天,有良知的理性高管应当采取谦恭的薪酬观。

股票期权(stock option)被誉为激励公司高管努力经营的"金手铐"。根据公司与其高管之间的股票期权合同,只要公司经营业绩提升,公司高管就可按约定价格购买约定的本公司股票若干。倘若公司经营失败、公司股权价值下跌,则公司高管再按约定价格购买约定的本公司股票若干,无异于遭受灭顶之灾。因此,公司经营越好,公司高管的获利空间越大;公司经营越差,公司高管的损失金额越高。为了摘掉、变现"金手铐",公司高管也会"不用扬鞭自奋蹄"。

为鼓励善意、勤勉、谨慎的公司高管积极进取,公司可以为其董事购买高管责任保险。高管责任保险一举两得:一则有利于减轻公司高管的赔偿责任;二则有利于运用责任保险市场准确甄别并及时淘汰滥竽充数的公司高管。

第八节 独立董事制度

独立董事制度对于维护中小股东权益、完善公司治理,具有重要意义。我国《公司法》第123条要求"上市公司设立独立董事,具体办法由国务院规定"。上市公司必须设立独立董事,非上市公司包括有限责任公司也可自愿设立独立董事。可见,独立董事制度是我国上市公司治理制度中的重要内容。

一、独立董事制度的概念和起源

"独立董事"一词源于美国的"independent directors",在英国被称为非执行董事(non-executive directors)。独立董事不兼任公司高管职务,属外部董事范畴;又不与公司存在实质利害关系,故不同于关联董事。

美国传统公司治理结构中并不存在独立董事制度。最早引入独立董事制度的联邦公司立法为 1940 年《投资公司法》。至于投资公司之外的公司,尤其是上市公司的董事会在 20 世纪 70 年代前基本由内部董事控制。偶尔设立的外部董事往往由公司总裁的亲朋好友担任。结果,外部董事往往对公司总裁言听计从,唯唯诺诺。20 世纪 70 年代初的"水门事件"暴露出来的公司丑闻引起美国广大中小投资者对董事会监督职责的怀疑,也促使美国证监会强制要求所有上市公司设立由独立董事组成的审计委员会,以审查财务报告、控制公司内部违法行为。此前,美国证监会已经通过个案协商方式推展独立董事制度。例如,美国证监会在与被处罚上市公司达成的多件调解书中要求违规公司设立独立董事,或将原属内部人把持的重权移交独立董事。此后,纽约证券交易所、全美证券商协会、美国证券交易所也纷纷要求上市公司的董事会多数成员为独立董事。[①]美国密西根州的《公司法》更是率先在各州立法者中间确立了独立董事制度。

在实践中,美国独立董事在董事会结构中的比重日渐增加。在目前上市公司董事会席位中,独立董事席位大约为 2/3。[②] 独立董事的作用亦日益彰显。20 世纪 90 年代,大量经营效益滑坡的公司的总裁被独立董事们掌控的董事会扫地出门。据美国一些学者对 266 家公司在 1970 年、1976 年和 1980 年董事会的结构和公司业绩的调查研究,证明公司董事会的独立性与公司业绩存在正比例关系。[③] 到了 20 世纪 90 年代,更有学者发现强有力证据,认为公司经营绩效与独立董事的独立程度成正比。[④]

英国非执行董事制度的建立也如火如荼。英国建立独立董事制度的直接导火索是 1990 年冬、1991 年春广大投资者高度怀疑英国公司财务信息披露的真实性以及董事会对公司管理层的有效控制。于是,在 1991 年 5 月成立了由凯德博雷(Adrian Cadbury)勋爵为主席、由金融报告理事会、伦敦证券交易所和会计师协会组成的专门委员会,并于 1992 年底发表了著名的《凯德博雷报告》(全称

---

① 〔美〕R. W. 汉密尔顿:《公司法》(第 4 版),刘俊海、徐海燕译,中国人民大学出版社 2001 年版,第 341 页。

② 同上注书,第 342 页。

③ Barry D. Baysinger & Henry N. Butler, Revolution Versus Evolution in Corporation Law: The ALI's Project and the Independent Director, 52 Geo. WASH. L. REV. 562—68(1984)。

④ Ira M. Millstein & Paul W. MacAvoy, The Active Board of Directors and Performance of Large Publicly Traded Corporations, 98 Colum. L. Rev. 1283, 1299—1315 (1998)。

为"凯德博雷委员会有关公司治理财务方面的报告")。该《报告》要求每个公司的董事会都要设立具有一定才干和数量的非执行董事,并使其观点得以影响公司的经营决策。《凯德博雷报告》出台后的执行效果较好。就非执行董事数量而言,上市公司和其他公司巨头纷纷设立非执行董事,以至于出现了非执行董事供不应求的局面。①

独立董事制度还移植到法国和日本等国,大有蓬勃扩张之势。OECD《公司治理原则》第 5 条第 5 项也要求董事会对公司事务作出客观判断时应独立于管理层,并明确要求董事会设立足够数量的非执行董事对有可能产生冲突的事项(如财务报告、提名、高管人员与董事薪酬)作出独立判断。

独立董事制度对于提高公司决策的科学性、效益性、安全性,强化公司竞争力,预防公司内部控制人鱼肉公司和股东利益,强化公司内部民主机制,维护小股东和其他公司利害关系人的利益发挥了积极作用。当然,英美法系的独立董事制度并非完美无瑕。进一步完善独立董事制度也是英美法系面临的重要课题。

二、我国独立董事制度的建立健全

我国上市公司多由国有企业转制而来,流通性不强的国家股、国有法人股控股现象普遍,致使大股东或母公司得以控制董事会和经理层,董事会与经理层互相兼任,重叠程度过高。内部人控制现象,不仅导致公司经营者游离于广大中小股东的监督之外,而且导致公司经营者及大股东肆无忌惮地蚕食上市公司。独立董事制度是根治内部人控制、遏制一股独大(霸)的一剂良药,有利于维护中小股东利益和其他利益相关者利益,充实董事会知识结构,提高董事会决策质量。

我国 1993 年《公司法》并未规定独立董事制度。1997 年中国证监会发布的《上市公司章程指引》允许上市公司根据需要设立独立董事。国家经贸委与中国证监会 1999 年联合发布的《关于进一步促进境外上市公司规范运作和深化改革的意见》率先在海外上市公司强制推行独立董事制度,明确要求境外上市公司董事会换届时,外部董事应占董事会人数的 1/2 以上,并应有 2 名以上的独立董事。可惜,这一硬性要求只适用于境外上市公司,而不适用于境内上市公司。在总结经验的基础上,中国证监会 2001 年 8 月公布了《关于在上市公司建立独立董事制度的指导意见》(以下简称《指导意见》),开始在上市公司全面推行独立董事制度。同年,中国证监会要求基金管理公司建立独立董事制度。2002 年

---

① John Shaw, The Cadbury Report: Two Years Later. See, *Comparative Corporate Governance*, Edited by Klaus J. Hopt & Eddy Wymeersch, Watlter de Gruyter & Co. ,1997, pp. 26,31.

1月中国证监会与国家经贸委发布的《上市公司治理准则》更在第3章专节规定独立董事制度。

为突出独立董事制度的强制性色彩、提升独立董事制度的法律效力,我国《公司法》第123条规定:"上市公司设立独立董事,具体办法由国务院规定。"这意味着,上市公司既要设立监事会,也要设立独立董事。因此,上市公司设立独立董事制度是公司大法的根本要求,而非中国证监会部门规章的要求。为规范和推进上市公司的独立董事制度建设,目前国务院正在根据《公司法》授权,积极酝酿出台《上市公司独立董事条例》。

我国独立董事制度正在上市公司与基金管理公司中顺利推展,独立董事作用日趋明显。但由于立法滞后和市场环境、传统文化障碍等配套措施的原因,实践中出现了独立董事花瓶化、荣誉化、顾问化等问题。需要指出的是,世界上只有更好的公司监督机制,没有最完美的公司监督机制。独立董事制度更非万能。没有理由苛求独立董事制度"包治"公司治理"百病"。我们面临的任务是进一步完善、而非压抑和排斥独立董事制度。

三、独立董事制度与监事会的关系

独立董事制度最早发端于美国。但美国与英国公司法均确立单层制的公司治理结构。换言之,公司机关中仅有股东大会和董事会,无监事会之设。独立董事实际上行使了双层制中监事会的职能。而在德国、荷兰等国公司法确定的双层制下,公司由董事会负责经营管理,但要接受监事会的监督,董事也由监事会任命。双层制与单层制的共同点在于,实现经营职能与监督职能的分开。如果说单层制在董事会内部实行了独立董事监督职能与内部董事经营的分开,双层制则在董事会外部另设上位机构行使监督之责。

美国建立独立董事制度的初衷在于,彻底转变除了股东大会和股东代表诉讼无人挑战董事会权威的局面,在董事会内部强行嵌入监督机制。如果说德国的监事会是董事会的外在监督机制,而美国的独立董事则是董事会的内在监督机制。结构虽有不同,功能却无二致。换言之,美国承认了公司法上传统的董事会作为一元化的公司经营机关存在着制度设计上的瑕疵。美国公司法上倘若存在监事会制度,则其是否还要建立独立董事制度,则是未解之谜。

我国《公司法》确定了股东大会、董事会、监事会和经理构成的公司治理结构。看似双层制,实与双层制不同。原因在于,监事会与董事会均为平行的公司机关,同时对股东大会负责;监事会既不握有重大决策权,也无董事任免权。当然,监事会还是被赋予了法定的监督之责。根据我国《公司法》的规定,在上市公司与基金管理公司存在着独立董事与监事会并存的现象。如何确保二者间的各司其职与通力合作,避免二者不必要的权力斗争,是确保公司效率和股东利益的重要问题。

监事会与独立董事作为公司机关或公司机关的组成人员,不应存在凌驾于公司和股东利益之上的特别利益,均对公司和全体股东利益负责,两者在公司治理结构中不应存在本质性利害冲突。独立董事与监事会在职权范围上既存在交叉与重叠,也存在不少差异。

首先,监督对象不同。独立董事的监督对象包括公司内部人(包括董事和经理层)和控制股东,而监事会监督对象包括独立董事在内的全体董事(含董事长)、董事会秘书、经理、财务总监等高管人员。

其次,监督职权不同。法律和行政规章明确赋予监事会的职权只能归属监事会,独立董事不得行使;反之亦然。监事会应当围绕公司经营的合法性、妥当性对董事(含独立董事)和经理行使《公司法》规定的监督职责。独立董事的主要权限应当限定于《公司法》载明的董事会职权中的关键部分,如向董事会提议聘用或解聘会计师事务所;向董事会提请召开临时股东大会,提议召开董事会;聘请独立财务顾问,从而对董事会提交股东大会讨论的事项出具独立财务顾问报告。因此,只要独立董事在《公司法》规定的董事会权限范围内运作,不侵占监事会的权限范围,就不会存在独立董事与监事会职权冲突的问题。

最后,倘若独立董事与监事会监督意见相左,均应向股东大会据实披露,由股东大会最后定夺;小股东倘若认为股东大会决议存在瑕疵,可向法院提起股东大会决议撤销之诉或无效确认之诉。

要从根本上避免独立董事与监事会制度叠床架屋,减少监督资源的不必要浪费(如独立董事与监事的薪酬、重复聘请中介机构的费用),应从制度上革除当前独立董事与监事会并存的格局,授权公司自由选择独立董事制度或监事会制度。

四、独立董事与外部董事的构成比例

独立董事的能力和品德不管如何优秀,但孤掌难鸣。单个或少数独立董事很难在董事会中产生支配性影响。美国独立董事制度有效的主要原因在于独立董事在董事会中占据优势地位。我国《公司法》亦未触及独立董事的最低比例。中国证监会《指导意见》要求上市公司在2002年6月30日前,董事会成员中应当至少包括2名独立董事;在2003年6月30日前董事会成员中应当至少包括三分之一独立董事。鉴于我国独立董事既要监督与制衡内部控制人,也要监督与制衡控制股东,为使独立董事的声音不被内部董事和关联董事吞没,独立董事应在董事会中占据多数席位。

五、独立董事的资格保障

个体独立董事资格之优劣关系到整个独立董事制度能否发挥其应有作用。大体而言,独立董事既应具备普通董事的任职资格,也应具备其他特殊资格(包括利害关系上的独立性和超脱性以及过硬的业务能力)。

独立性是独立董事的价值所在,也是独立董事有悖于内部董事与外部关联董事的关键所在。独立董事的权利与利益均以其独立性为前提。与公司和大股东存在千丝万缕利害关系的人士虽可担任内部董事或外部关联董事,但不得担任独立董事。根据中国证监会《指导意见》第3点规定,下列人员不得担任独立董事:(1)在上市公司或其附属企业任职的人员及其直系亲属、主要社会关系(直系亲属是指配偶、父母、子女等;主要社会关系是指兄弟姐妹、岳父母、儿媳女婿、兄弟姐妹的配偶、配偶的兄弟姐妹等);(2)直接或间接持有上市公司已发行股份1%以上或是上市公司前10名股东中的自然人股东及其直系亲属;(3)在直接或间接持有上市公司已发行股份5%以上的股东单位或在上市公司前5名股东单位任职的人员及其直系亲属;(4)最近一年内曾经具有前三项所列举情形的人员;(5)为上市公司或其附属企业提供财务、法律、咨询等服务的人员;(6)公司章程规定的其他人员;(7)中国证监会认定的其他人员。

独立董事还应当具备至少足以与非独立董事相匹配,甚至更强的业务能力,包括担任独立董事所必需的专业知识和工作经验。这种专业知识和工作经验囊括企业管理、法律、财务、工程技术和其他专业技术。根据中国证监会《指导意见》第2点规定,独立董事应当具备与其行使职权相适应的任职条件担任独立董事应当符合下列基本条件:(1)根据法律、行政法规及其他有关规定,具备担任上市公司董事的资格;(2)具有本《指导意见》所要求的独立性;(3)具备上市公司运作的基本知识,熟悉相关法律、行政法规、规章及规则;(4)具有五年以上法律、经济或其他履行独立董事职责所必需的工作经验;(5)公司章程规定的其他条件。

从知识结构上看,独立董事集体的专业知识应当搭配合理,不宜高度重叠,且能囊括公司管理、财务、法律、营销等内容。独立董事不宜全部由法学家担任,也不宜全部由经济学家或任何一类专业人士担任。鉴于上市公司独立董事的业务素质事关千万投资者切身利益,立法者有必要干预独立董事的业务知识结构,对于业务知识构成规定一个硬性比例。

六、独立董事的特别职权

为了充分发挥独立董事的作用,独立董事除应当具有公司法和其他相关法律、法规赋予董事的职权外,《指导意见》第5点还要求上市公司赋予独立董事以下特别职权:(1) 重大关联交易(指上市公司拟与关联人达成的总额高于300万元或高于上市公司最近经审计净资产值的5%的关联交易)应由独立董事认可后,提交董事会讨论;独立董事作出判断前,可以聘请中介机构出具独立财务顾问报告,作为其判断依据;(2) 向董事会提议聘用或解聘会计师事务所;(3) 向董事会提请召开临时股东大会;(4) 提议召开董事会;(5) 独立聘请外部审计机构和咨询机构;(6) 可以在股东大会召开前公开向股东征集投票权。但上述权利不属于单个独立董事的权利,而以取得全体独立董事的1/2以上同意为前提。如上述提议未被采纳或上述职权不能正常行使,上市公司应将有关情况予以披露。如果上市公司董事会下设薪酬、审计、提名等委员会的,独立董事应当在委员会成员中占有1/2以上的比例。

独立董事除履行上述职责外,还有权根据《指导意见》第6点对以下事项向董事会或股东大会发表独立意见:(1) 提名、任免董事;(2) 聘任或解聘高级管理人员;(3) 公司董事、高级管理人员的薪酬;(4) 上市公司的股东、实际控制人及其关联企业对上市公司现有或新发生的总额高于300万元或高于上市公司最近经审计净资产值的5%的借款或其他资金往来,以及公司是否采取有效措施回收欠款;(5) 独立董事认为可能损害中小股东权益的事项;(6) 公司章程规定的其他事项。独立董事应当就上述事项发表以下几类意见之一:同意;保留意见及其理由;反对意见及其理由;无法发表意见及其障碍。如有关事项属于需要披露的事项,上市公司应当将独立董事的意见予以公告,独立董事出现意见分歧无法达成一致时,董事会应将各独立董事的意见分别披露。

七、独立董事的工作条件

为了保证独立董事有效行使职权,《指导意见》第7点要求上市公司应当为独立董事提供必要的条件。

(1) 上市公司应当保证独立董事享有与其他董事同等的知情权。凡须经董事会决策的事项,上市公司必须按法定的时间提前通知独立董事并同时提供足够的资料,独立董事认为资料不充分的,可以要求补充。当2名或2名以上独立董事认为资料不充分或论证不明确时,可联名书面向董事会提出延期召开董事会会议或延期审议该事项,董事会应予以采纳。上市公司向独立董事提供的资料,上市公司及独立董事本人应当至少保存5年。

(2) 上市公司应提供独立董事履行职责所必需的工作条件。上市公司董事会秘书应积极为独立董事履行职责提供协助,如介绍情况、提供材料等。独立董事发表的独立意见、提案及书面说明应当公告的,董事会秘书应及时到证券交易所办理公告事宜。

(3) 独立董事行使职权时,上市公司有关人员应当积极配合,不得拒绝、阻碍或隐瞒,不得干预其独立行使职权。

(4) 独立董事聘请中介机构的费用及其他行使职权时所需的费用由上市公司承担。

(5) 上市公司应当给予独立董事适当的津贴。津贴的标准应当由董事会制订预案,股东大会审议通过,并在公司年报中进行披露。除上述津贴外,独立董事不应从该上市公司及其主要股东或有利害关系的机构和人员取得额外的、未予披露的其他利益。

(6) 上市公司可以建立必要的独立董事责任保险制度,以降低独立董事正常履行职责可能引致的风险。

八、独立董事的任免

(一) 独立董事的任免

上市公司董事会、监事会、单独或合并持有上市公司已发行股份1%以上的股东可以提出独立董事候选人,并经股东大会选举决定。独立董事的提名人在提名前应当征得被提名人的同意。提名人应当充分了解被提名人职业、学历、职称、详细的工作经历、全部兼职等情况,并对其担任独立董事的资格和独立性发表意见,被提名人应当就其本人与上市公司之间不存在任何影响其独立客观判断的关系发表公开声明。例如,证券类上市公司的被提名人要声明并保证自己在担任上市公司独立董事期间不存在任何影响本人独立性的关系。

在选举独立董事的股东大会召开前,上市公司董事会应当按照规定公布上述内容,并将所有被提名人的有关材料同时报送中国证监会、公司所在地中国证监会派出机构和公司股票挂牌交易的证券交易所。上市公司董事会对被提名人的有关情况有异议的,应同时报送董事会的书面意见。中国证监会在15个工作日内对独立董事的任职资格和独立性进行审核。对中国证监会持有异议的被提名人,可作为公司董事候选人,但不作为独立董事候选人。在召开股东大会选举独立董事时,上市公司董事会应对独立董事候选人是否被中国证监会提出异议的情况进行说明。

(二) 独立董事的任期

独立董事每届任期与该上市公司其他董事任期相同,任期届满,连选可以连任,但是连任时间不得超过6年。

(三) 独立董事的罢免

独立董事连续3次未亲自出席董事会会议的,由董事会提请股东大会予以撤换。除出现上述情况及《公司法》中规定的不得担任董事的情形外,独立董事任期届满前不得无故被免职。提前免职的,上市公司应将其作为特别披露事项予以披露,被免职的独立董事认为公司的免职理由不当的,可以作出公开的声明。

(四)独立董事的辞职

独立董事在任期届满前可以提出辞职。独立董事辞职应向董事会提交书面辞职报告,对任何与其辞职有关或其认为有必要引起公司股东和债权人注意的情况进行说明。如因独立董事辞职导致公司董事会中独立董事所占的比例低于《指导意见》规定的最低要求时,该独立董事的辞职报告应当在下任独立董事填补其缺额后生效。

九、独立董事的问责机制

独立董事固然具有独立性,但不是断线的风筝,必须对公司与股东利益负责,并关怀其他利害关系人的利益。中国证监会《指导意见》第1点和《上市公司治理准则》第50条均确认,独立董事对上市公司及全体股东负有诚信与勤勉义务。独立董事应当按照相关法律法规、《指导意见》、《上市公司治理准则》和公司章程的要求,认真履行职责,维护公司整体利益,尤其要关注中小股东的合法权益不受损害。独立董事应当独立履行职责,不受上市公司主要股东、实际控制人或其他与上市公司存在利害关系的单位或个人的影响。

独立董事与非独立董事一样,对公司和全体股东负有诚信义务(含忠实义务与勤勉义务)。独立董事对于公司和全体股东负有忠实义务。违反忠实义务的,要对公司、甚至股东承担民事赔偿责任。在衡量独立董事与非独立董事是否违反忠实义务的时候,不应适用不同标准。独立董事的独立性不是独立董事逃避责任的护身符。

独立董事也要严格履行勤勉义务。而判断独立董事是否履行注意义务的标准是,以普通谨慎的独立董事在同类公司、同类职务、同类相关情形中所应具有的注意、知识和经验程度作为衡量标准;但若某独立董事的知识经验和资格明显高于此种客观标准,应以该董事是否诚实地贡献了他实际拥有的全部能力作为衡量标准。独立董事客观上投入公司的时间有限,且不在公司担任其他职务。这一事实可能构成法院在个案中判断独立董事是否免责或减责的正当理由。换言之,内部董事既是公司董事、又是公司高级雇员,理应承担比独立董事更重的勤勉义务。为帮助法院准确衡量独立董事是否违反勤勉义务,独立董事协会可制定自律性的《独立董事最佳行为准则》。如果独立董事自觉无力履行勤勉义务,与其到头来承担违反勤勉义务的责任,不如拒绝担任公司高管为妥。

投入与独立董事职务相匹配的足够精力与时间是独立董事的义务。同时兼任多家公司的独立董事应在每家公司投入足够精力与时间履行董事义务。为预防独立董事兼任数量过多导致的法律问题,中国证监会《指导意见》第1条规定:"独立董事原则上最多在5家上市公司兼任独立董事,并确保有足够的时间和精力有效地履行独立董事的职责。"

在司法实践中导入经营判断规则有利于减轻或免除善意、勤勉、谨慎的独立董事的赔偿责任,鼓励其积极进取精神。独立董事可购买董事责任保险,以减轻赔偿责任,公司也可提供部分保险费补贴。责任保险市场有助于准确甄别并及时淘汰滥竽充数的独立董事。

十、独立董事的利益激励机制

独立董事在利益驱动不足的情况下容易滋生懈怠心理,很难全身心投入公司的经营管理。调动独立董事为公司经营献计献力的动力源仅仅由良心和菩萨心肠提供是不够的。独立董事违反对公司的忠实义务和勤勉义务,要承担责任。独立董事分文不取,既不符合按劳取酬的分配原则、权利与义务相一致的理念,更难以获得独立承担民事赔偿责任的经济能力。在实践中,声称自己从某上市公司未领分文的某独立董事陆某被中国证监会罚款后,不少独立董事应声辞职。这一现象值得深思。

美国20世纪初的独立董事报酬也很微薄。随着独立董事群体的壮大,独立董事的报酬已有明显提高。据柏格特、凯里与艾尔森对1724家美国公司的统计,每位董事的平均年薪由1992年的1.63万美元上升到1996年的1.83万美元;大公司董事的平均年薪由1992年的2.37万美元上升到1996年的2.67万美元。78%的被调查公司还向董事们提供出席董事会及其委员会会议的津贴。董事每次参会的平均津贴由1992年的700美元上升到1996年的900美元;在此期间,大公司董事每次参会的津贴稳定在1000美元左右;在此期间,被调查公司平均每年举行董事会会议7.2次(大公司平均8.1次,小公司6.5次)。[①] 这些统计数字是针对董事群体的,而非限于独立董事。但由于独立董事是董事中的主体部分,上述统计数字对研究独立董事的薪酬也有一定助益。许多公司为吸引独立董事,还推出股权和股票期权激励机制。有些公司向独立董事提供退休养老福利计划。尽管许多股东权保护团体抱怨独立董事福利过于丰厚,但不少公司认为这对于提升独立董事素质具有积极作用。

根据中国证监会《指导意见》第7点第5项规定,上市公司应当给予独立董事适当的津贴;津贴标准由董事会制订预案,股东大会审议通过,并在公司年报中披露。如何确定独立董事报酬是个令人棘手的问题。由于各地经济发达程度不同,各公司独立董事薪酬也有较大区别。[②] 我国《公司法》可规定独立董事薪酬结构(包括固定现金年薪、股份薪酬与股份期权),也可授权公司章程酌定。

[①] Sanjai Bhagat, Dennis C. Carey & Charles M. Elson, Director Ownership, Corporate Performance, and Management Turnover, 54 *Bus. Law*, 885 (1999).

[②] 李东平:《三大问题困扰独董制度实践》,载《证券时报》2003年3月23日。

但立法必须确保独立董事不能成为类似于内部董事的利益中人。至于独立董事的具体数额,立法者无权干预,应委诸独立董事市场确定。

独立董事可否持有任职公司股份?美国学者柏格特与布莱克研究成果表明,独立董事持有本公司的股份越多,公司的经营绩效越高;他们建议美国公司的独立董事获得更多的激励。[1] 但立法者也面临两难问题:禁止独立董事持股时,立法者担心其缺乏参与公司治理的积极性、主动性与创造性;允许独立董事持股时,立法者又担心其丧失独立性。关键是控制独立董事的持股上限。根据《指导意见》第3条第2项,直接或间接持有上市公司已发行股份1%以上或是上市公司前10名股东中的自然人股东及其直系亲属下列人员不得担任独立董事。依反对解释,只要独立董事的持股比例不超过1%,或尚未达到上市公司前10名股东的程度,就不构成公司的大股东,自然具有担任独立董事的资格。因此,独立董事可有限度地持有任职公司股份。

十一、独立董事的角色定位

独立董事要恪尽职责普通董事的应尽职责,既要发挥参与决策的职责,也要发挥监督职责,还要发挥顾问和咨询职责。在监督者与顾问之间,前者是第一位的,后者是第二位的。作为监督者,独立董事有义务确保公司经营行为合乎法律、行政法规和公司章程的规定;作为顾问,独立董事应为提升公司业绩献计献策。前一角色使内部董事和其他高管人员对独立董事心存敬畏,后一角色使内部董事和其他高管人员满怀感激。因此,监督者与顾问角色之间并不必然发生矛盾。独立董事不应只满足于监督角色,公司有理由期待独立董事的专业知识和经验为公司创造财富;独立董事也不应只满足于顾问角色,因为公司完全可以聘用各类一流顾问,顾问角色并非我国引进独立董事制度的初衷。

独立董事制度是新生事物。独立董事与其他董事共谋公司大业必然存在磨合期。面对非独立董事的冷待、排挤和封杀,独立董事要挺起腰杆,凭着高尚人格与过硬素质履行职责。独立董事被内部人收买,或对内部人侵害公司和股东利益的行为充耳不闻、随波逐流的,要对公司和股东承担民事责任。为确保独立董事对全体股东利益负责,我国《公司法》应确认独立董事对广大股东的报告和说明义务,打通独立董事与广大股东间的信息沟通渠道。

---

[1] Sanjai Bhagat & Bernard Black, The Uncertain Relationship Between Board Composition and Firm Performance, 54 *Bus. Law*, 921 (1999).

第九节 瑕疵公司决议的司法救济机制

一、公司决议瑕疵及其救济类型

公司决议一旦有效作出,就被拟制为公司的意思,对公司全体股东、经营者乃至未来加入公司的股东具有拘束力。但公司决议出现瑕疵并非罕见。公司决议瑕疵有广、狭二义。狭义的瑕疵仅指决议内容的瑕疵;广义的瑕疵既包括决议内容的瑕疵,也包括决议程序的瑕疵。公司决议瑕疵事关全体股东切身利益。法律既不能坐视损害股东大会民主、公司和股东利益的瑕疵而不问,也不能容忍当事人不分瑕疵之轻重随意随时发起推翻公司决议效力的"地雷"战。法律允许股东就有瑕疵的公司决议分别提起决议撤销之诉和决议无效确认之诉,旨在借助司法权力舒缓公平与效率在股东大会领域的紧张对峙。

我国《公司法》第 22 条则严格区分了公司决议的不同瑕疵,并在此基础上分别规定了不同的救济措施:公司决议内容违反法律、行政法规的无效;股东会会议召集程序、表决方式违反法律、行政法规或公司章程,或决议内容违反公司章程的,股东可自决议作出之日起 60 日内,请求人民法院撤销。因此,控制股东滥用资本多数作出的股东会决议以及操纵董事会成员作出的董事会决议的效力大打折扣。

二、公司决议无效确认之诉

(一)立法规定

根据我国《公司法》第 22 条第 1 款规定,凡是内容违反法律、行政法规的公司股东会或董事会决议均属无效。"法律、行政法规"应运用限缩解释方法将其解释为强制性规定。为确保公司决议的稳定性与公信力。公司决议的无效确认应当以诉讼为之。

(二)诉讼的性质

违反强行性法律规定的公司决议,本来就属当然无效,无需以何种特别手段予以消除,股东提起决议无效确认之诉,只是通过法院判决宣布该无效决议为无效。

(三)内容瑕疵的范例

由于法律法律、行政法规中的强制性规定往往是清晰的,因此人民法院在判断某一公司决议内容是否存在法律瑕疵时容易做到一目了然。例如,某公司的公司决议责令全体股东按其各自的持股比例增资扩股,或为公司举债提供担保,否则公司有权开除拒绝或怠于增资扩股或为公司举债提供担保的股东的资格。

该决议就属于无效决议。这是由于,增资扩股,或为公司举债提供担保,与其说是股东的义务,不如说是股东的权利。再如,倘若某公司董事会决议开除某董事的资格也属无效。因为,董事由股东会而非董事会任免。

(四) 公司决议无效的法律后果

公司决议无效,意味着公司决议自始、确定、当然、绝对不发生法律效力。"自始"无效意味着,公司决议自其作出时开始就不发生表决力占优势地位的股东或董事欲发生的效力。"确定"无效意味着,公司决议不仅自其作出时不生效,而且日后也无生效之可能。"当然"无效意味着,无效公司决议无须任何人主张,理所当然不生效力,而且任何人均可主张其无效。"绝对"无效则是对前述三个涵义的强调而已。

罗马法有谚:"有效之部分,不因无效之部分,而受影响(Utile per inutile non vitatur)。"公司决议全部内容无效的,整个决议当然无效。倘若决议各项内容不具有可分性,则部分决议事项无效导致整个决议当然无效;倘若决议各项内容具有可分性,则部分决议事项无效并不必然导致决议中的其他事项无效。换言之,除去无效决议事项,公司决议亦可成立的,则其他决议事项仍为有效。

公司决议无效不仅意味着不发生表决力占优势地位的股东欲实现的法律效果,而且意味着有可能发生其他连带或附带的相反法律效果。例如,当控制股东通过股东会决议侵占公司财产时,将发生公司(可借由股东代表诉讼实现)对控制股东的侵权行为损害赔偿请求权、以及所有物返还请求权;股东根据无效股东会决议分取不应分取的股利时,公司对分取股利之股东享有不当得利请求权等;控制股东通过股东会决议开除股东资格时,被开除股东资格得的股东享有股东资格恢复请求权等,均属此类。

由于内容违法的公司决议自始、确定、当然、绝对无效,任何利害关系人(包括股东、董事、监事)都有权请求人民法院确认此类公司决议无效。但是,提起此类诉讼的利害关系人必须符合我国《民事诉讼法》第 119 条第 1 项规定的条件,即必须与本案有直接利害关系。例如,债权人可请求人民法院确认债务人公司股东会违反法定分红条件而作出的分红决议无效。

(五) 判决的效力

公司决议无效确认之诉的判决效力具有对世性,即其效力及于第三人;且具有绝对的溯及力。但是,根据外观主义法理,为保护交易安全起见,公司决议被人民法院确认无效后,不影响、也不能对抗善意第三人依据无效公司决议而取得的利益。

与程序存在瑕疵的公司决议撤销之诉不同,股东或其他利害关系提起公司决议无效确认之诉时不受《公司法》第 22 条第 2 款规定的除斥期间的限制。

三、公司决议撤销之诉

（一）立法规定

我国《公司法》不仅注重公司决议的内容合法，而且更强调公司决议的程序严谨。所谓程序严谨，是指股东会会议的召集程序、表决方式不仅应当遵守法律、行政法规中的程序规则，而且应当遵守公司章程中的程序规则。根据我国《公司法》第 22 条第 2 款规定，股东会或股东大会、董事会的会议召集程序、表决方式违反法律、行政法规或公司章程，或决议内容违反公司章程的，股东可自决议作出之日起 60 日内，请求人民法院撤销。简言之，凡是程序上违反法律、行政法规和公司章程的股东会和董事会决议，是可撤销决议。任何股东均有权请求人民法院撤销此等决议。

（二）瑕疵公司决议撤销之诉对司法实践的影响

基于公司自治和股东自治精神，人民法院在审判实践中原则上应当尊重公司股东会和与董事会依法作出的决议，不能越俎代庖。例如，股东会决议任免哪位董事、董事数额多寡、股东是否可分红、分红几何，董事会决议选举谁为董事长、聘请何人担任总经理，均属公司的决策自由。人民法院对于公司决议的实体内容，原则上不宜干预，除非实体内容违反了法律、行政法规中的强制性规定。但是，人民法院有权应股东之所请，对于召集程序与表决程序存在法律瑕疵的公司决议进行司法审查。

（三）公司决议撤销之诉的性质

公司决议撤销之诉为形成之诉。所谓形成之诉，指原告主张法律上一定事由即形成原因之存在，当此种存在为法院所认可时，根据法院判决形成新的法律关系的诉讼。公司决议之撤销，涉及众多股东，影响公司正常运营甚巨。为求慎重，股东出席公司决议的权利，即撤销权（形成权之一种）必须诉请法院或仲裁机构为之。股东请求法院撤销有瑕疵的公司决议的权利，即撤销诉权，是形成诉权。为实现法律关系的早日确定，法律必须锁定撤销权的行使或存续期间。此期间为除斥期间，亦为不变期间，不得展期。股东提起公司决议撤销之诉时，公司决议实际上已经发生效力。换言之，只有当法院撤销该决议的判决确定时，该决议才开始丧失法律效力；在此之前，公司决议在法律上仍然有效。

（四）作为撤销原因的公司决议瑕疵

1. 召集程序方面的瑕疵

诸如：(1) 召集通知之遗漏。(2) 股东会或董事会召集通知中未载明召集事由、议题和议案概要。(3) 股东依法提出的议案概要未被记载在会议通知上。(4) 召集人不适格，即召集股东会或董事会的人缺乏股东资格。(5) 决定召集股东会的董事会决议因出席董事人数不足而无效。(6) 召集通知的期间过短，股东缺乏充分的时间作出相应的参会准备。

2. 表决程序之瑕疵

主要包括:(1) 由于股东会或董事会现场对参会者或其代理人身份查验不严,非股东或非董事的代理人参与了表决。(2) 公司决议缺乏公司章程确定的定足数(股东会有效召开所要求的股东所代表的最低股份总数)。(3) 违反了章程关于表决代理人仅限于股东或董事的规定。(4) 会议主持人拒绝适格代理人行使表决权。(5) 负有说明义务的董事、监事对于股东的质询拒绝作出说明或说明不充分。(6) 股东会或董事会主席无正当理由限制或剥夺股东的发言权或辩论权。

3. 决议内容违反章程

章程是规范公司内部关系的自治规章,而非适用于外部人的法律,对于内容违反章程的股东会或董事会决议比起内容违反法律的股东会或董事会决议更应当尊重股东自治和公司自治。因此,我国《公司法》第22条第2款将内容违反章程的股东会或董事会决议列入撤销原因之一。例如,章程规定公司的董事在7名以内,监事在5名以内,但决议超过这些名额选任董事、监事;章程规定只能选任中国公民担任董事,决议却选任外国公民担任董事等。决议内容侵害了章程规定的小股东的自益权和共益权,亦为可撤销。

(五) 原告和被告之确定

我国《公司法》第22条赋予股东的公司决议撤销诉权为单独股东权。任何(即使仅持有一股)股东均可提起决议撤销之诉,而不问其是否记名、有否表决权,也不问其是否曾亲自出席股东会或董事会。作为原告,股东资格必须从起诉时起至判决生效期间始终具备。如果在此期间,原告股东将其全部股份转让出去,即丧失原告资格。如果某股东在公司决议之时尚未取得股东资格,但其前手(出让股份的股东)在公司决议之时具有股东资格,且享有公司决议撤销诉权的,则在除斥期间内受让股份成为股东者,亦可提起决议撤销之诉。但原告股东须对此负举证责任。

对股东会或董事会的召集程序和决议方法未当场表示异议的股东不得提起公司决议撤销之诉。否则,将允许这些股东任意反复,影响公司安定甚巨,法律秩序亦不允许任意干扰。这样,既可消除个别股东见风使舵的投机心理,也可督促股东对股东会或董事会召集程序和决议方法方面的瑕疵当场提出反对意见,从而便利股东会或董事会及时修正瑕疵,最终提高公司决议的效率和稳定性。

倘若股东会或董事会召集方法与决议方法虽有瑕疵,但会议全体成员在无异议的情况下一致通过了公司决议,则参加股东会或董事会之股东不享有公司决议撤销诉权;嗣后从这些股东继受股份的股东亦无由取得公司决议撤销诉权。

决议撤销之诉的被告是公司。这是由于公司民主原则(少数服从多数原则)将股东会上控制股东的意思拟制为公司的意思,将董事会上多数董事的意思拟制为公司的意思,既然公司决议体现了公司的意思,自然可将公司列为决议撤销之诉的被告。

(六) 除斥期间

鉴于可撤销决议的瑕疵轻于无效决议的瑕疵,为提高诉讼效率,节约司法资源,督促股东及早行使权利,我国《公司法》第22条第2款规定:"股东会或股东大会、董事会的会议召集程序、表决方式违反法律、行政法规或公司章程,或决议内容违反公司章程的,股东可自决议作出之日起60日内,请求人民法院撤销。"可见,股东行使决议撤销之诉的除斥期间为60日。这一较短的除斥期间并非诉讼时效。倘若无人在除斥期间内提起决议撤销之诉,则决议瑕疵因时间之流逝而获治愈,从而变成具有确定法律效力的决议。

(七) 判决之效力

民事行为被撤销的效力不仅拘束行为当事人,而且亦及于第三人。同理,为求得法律关系的确定性和划一性,撤销公司决议的判决效力不仅应当及于原告股东与公司之间,而且原则上及于当事人之外的所有人,此即撤销决议判决的对世效力。

就时间效力而言,决议撤销判决的效力应当溯及于决议之时无效。当被撤销的公司决议仅涉及公司内部关系(即公司、股东、公司机关与经营者相互之间的法律关系)时尤为如此。董事、监事选任决议,股利分配决议,董事、监事报酬决议等均属此列。

公司决议作为共同法律行为被法院判决撤销后,判决原则上应对公司内外关系具有溯及力,以示对可撤销决议效力之否定。但董事在判决撤销前根据该决议内容或根据董事会惯常的代理权限(经营裁量权)而从事的各种交易行为(含票据行为)、签订的各类合同,即应适用表见董事、表见代表或表见代理的法理保护善意第三人。

公司决议被撤销后,视为自始无效,固然不发生表决力占优势地位的股东欲实现的法律效果,而且意味着有可能发生其他连带或附带的法律效果。例如,股东根据公司决议分取股利后,倘若股利分配决议被撤销,则公司有权依据不当得利制度向分取股利的股东行使不当得利返还请求权。

倘若公司决议各项内容不具有可分性,部分决议事项被撤销当然导致整个决议被撤销;倘若决议各项内容具有可分性,则部分决议事项被撤销并不必然导致决议中的其他事项被撤销。换言之,股东提起公司决议撤销之诉时,可选择只申请撤销部分决议事项,而保留其他决议事项的效力。例如,年度股东大会召开时,董事会就其提交议案的主要内容回答了股东们的质询,但当股东质询董事会缘何提出少分或不分现金股利的议案时,董事会拒绝回答。倘若股东嗣后对其他决议事项不存异议,仅请求法院撤销公司决议中的股利分配事项,法院自当允许,不必责令原告股东修改其诉讼请求。

(八)瑕疵显著轻微的公司决议的法律效力

公司治理和公司决议应当树立精品意识,精益求精,完善细节管理。但是,如果公司决议的瑕疵显著轻微,根本不存在影响决议实质内容的可能性,自不应允许个别股东借题发挥,吹毛求疵,滥用诉权。但是,法院裁定驳回股东决议撤销之诉时,必须同时满足以下两个条件:一是仅召集程序或决议方法违反了法律、行政法规或章程;二是此种瑕疵显著轻微,而且并未影响决议内容。

何谓"瑕疵显著轻微",应采取举证责任倒置原则,由被告公司承担举证责任。例如,股东会或董事会开会时间比预定计划迟延了数分钟,当属此类。法官在判断被告举证是否成立时,应当站在中立、公允的立场上,以具有普通智商和伦理观念的理性股东为衡量标准,结合诚实信用原则和商业惯例,对个案予以审慎判断。为追求法律关系的稳定性,人民法院应当对于可撤销、也可不撤销的决议采取与人为善的态度,尽量维持决议的效力。

四、原告股东担保制度

为防止股东滥用决议撤销之诉、图谋不当利益,我国《公司法》第22条第3款规定了原告股东担保制度:"股东依照前款规定提起诉讼的,人民法院可以应公司的请求,要求股东提供相应担保。"据此,无论是提起公司决议无效确认之诉,还是公司决议撤销之诉的股东都在公司提出相应请求的情况下根据法院的裁定负有担保提供义务。至于担保的性质,则为诉讼费用担保。换言之,担保的范围仅限于公司有可能发生的合理诉讼费用,而与争议项下的公司决议所涉及的标的金额无涉。

公司请求法院责令原告股东提供担保是有条件的。具体说来,只有当作为被告的公司能够证明股东为恶意时才有权请求法院责令原告股东提供合理担保,法院才能裁定原告股东提供相当担保。所谓"恶意",系指明知有害公司,而无追求股东正当利益之目的。倘若原告股东出于恶意或重大过失而败诉,自应对公司负损害赔偿责任。至于股东是否存在恶意,被告公司应当承担举证责任。

五、公司决议的撤销变更登记

公司决议代表着公司的意思表示。公司决议的内容不同,对公司法律关系的影响也不同。为了对外彰显公司决议的内容,增强公司决策的透明度,对抗第三人,公司往往根据法律之强制要求或自己之意思自治前往公司登记机关办理相应的登记手续。既然登记事项得以变更所依据的股东会决议或董事会决议已经被确认无效或被撤销,公司已经作出的变更登记必须恢复原状。

为此,我国《公司法》第 22 条第 4 款明文规定:"公司根据股东会或者股东大会、董事会决议已办理变更登记的,人民法院宣告该决议无效或者撤销该决议后,公司应当向公司登记机关申请撤销变更登记。"基于被撤销或被宣告无效的公司决议而在公司登记机关予以登记的事项,在法院撤销决议或宣告决议无效的判决生效后,公司登记机关应当根据公司的申请,撤销原登记。原则上,公司登记机关不得依职权主动为之。倘若公司拒绝或怠于申请撤销登记,则在瑕疵股东会决议无效确认之诉或撤销之诉中胜诉的当事人(如股东、董事、董事长)有权请求人民法院向公司登记机关发出协助执行通知书。公司登记机关必须依法办理撤销登记手续,而无需苛求公司之申请。

第八章 公司债权人的保护

第一节 概　　述

《公司法》不仅肩负着提高公司效率的历史使命,而且肩负着维护交易安全的重大责任。公司效率不仅取决于公司及其股东的营利性,而且离不开交易安全。公司效率与公司安全作为矛盾的两个方面既相对立,也相统一。立法者和司法者的法律艺术就表现在如何寻求二者的动态平衡和统一。现代公司法致力于解决以下三大难题:协调大小股东之间的利益冲突;协调股东与其代理人之间的利益冲突;协调公司内部人与外部人之间的利益冲突。而公司内部人与外部人之间的利益冲突则主要包括公司债务人与其债权人(包括契约之债的债权人与侵权之债的债权人)之间的利益冲突。

债权人保护本属债法的范畴,合同法与担保法肩负着保护债权人的重责大任,而公司法本不必涉足债权人保护之事。但债法领域的债权人和债务人都是抽象的法律人格。债法在保护债权人、约束债务人时,不可能针对债务人的不同具体身份作出量体裁衣的制度设计。公司作为债务人的特殊性往往被普通债法忽略。公司债务人的特殊性是公司面纱背后的股东和高管有可能滥用公司制度逃废债务。这就需要公司法机制保护公司的债权人,营造债权人友好型的经营环境。与普通债法相比,公司法对债权人的保护制度处于特别法地位。既然二者是普通法与特别法的关系,公司法中的债权人特别保护条款优先适用;普通债法中的普通保护条款补充适用。例如,我国《合同法》第 73 条规定的债权人代位权、第 74 条规定的债权人撤销权,公司的债权人均可行使。

第二节 揭开公司面纱制度

一、引进揭开公司面纱制度的必要性

揭开公司面纱制度又称"公司人格否认"、"公司法人资格否认"、"股东有限责任待遇之例外"、"股东直索责任",指控制股东为逃避法律义务或责任而违反诚实信用原则,滥用法人资格或股东有限责任待遇、致使债权人利益严重受损时,法院或仲裁机构有权责令控制股东直接向公司债权人履行法律义务、承担法律责任。公司法人资格否认制度以公司法人资格之存在为前提。如果某公司自

始至终未取得法人资格或法人资格存在瑕疵,就谈不上公司人格之否认。公司人格否认制度与股东有限责任制度一张一合,共同构成了现代公司制度的核心内容。但公司人格否认制度的产生要晚于公司制度数百年。

在实践中,一些控制股东绞尽脑汁运用三十六计中的"草船借箭"、"借尸还魂"、"坚壁清野"、"金蝉脱壳"、"瞒天过海"、"天女散花"、"暗渡陈仓"等计谋,大肆玩弄"拉线木偶游戏",滥用公司的法人资格,违法侵占和转移公司财产、悬空债权、欺诈坑害债权人的情形比比皆是。奸诈股东为逃避投资风险、甚至于欺诈公司债权人,不惜注册五六家"糖葫芦公司",以便滥用公司法人资格。一些公司改制活动名曰"建立现代企业制度",实则意在逃废债务、欺诈债权人。

鉴于维护交易安全是现代公司法的重要使命之一,我国《公司法》第20条第1款要求"公司股东应遵守法律、行政法规和公司章程,依法行使股东权利,不得滥用股东权利损害公司或其他股东的利益;不得滥用公司法人独立地位和股东有限责任损害公司债权人的利益"。并在第3款一举导入了揭开公司面纱制度:"公司股东滥用公司法人独立地位和股东有限责任,逃避债务,严重损害公司债权人利益的,应对公司债务承担连带责任。"即使我国《公司法》没有规定揭开公司面纱制度,也并不妨碍法官援引侵权法、表见代理制度甚或诚实信用原则责令债务人公司的股东对公司的债权人承担债务清偿责任。

二、原告的范围

我国《公司法》第20条所称"公司债权人"既包括民事关系中的各类债权人,也包括劳动关系中的债权人,还包括行政关系中的特殊债权等。在纳税人滥用公司法人资格、偷漏税时,税收征收管理机关也有权援引该条规定请求公司及其背后的滥权股东承担缴纳税款的连带责任。

法官在揭开公司面纱之时,应区分自愿的债权人与非自愿的债权人。侵权行为的受害人往往缺乏事先与侵权人讨价还价的机会,更无从容时间向侵权人索要真实、合法、有效的担保手段。侵权行为发生之前,侵权的具体损害也不确定。鉴于受害人往往是社会弱势群体(如劳动者、行人、消费者),为体现以人为本的思想,法官在考虑是否揭开公司面纱时,应对侵权行为的受害者稍加宽容,对自愿的债权人稍加吝啬。当然,这也并非绝对。倘若契约之债的债权人蒙受了债务人公司及其控制股东的欺诈,人民法院也应采取与非自愿的债权人相同或近似的态度。

揭开公司面纱制度是为保护公司债权人的利益、而非股东的利益而设。因此,控制股东不得为自己利益而主张揭开子公司的面纱。否则,控制股东可以随心所欲地揭开公司面纱,进而为自己规避风险、给他人制造风险。

三、原告债权人的举证责任

我国《公司法》第 20 条第 3 款,债权人要主张揭开公司面纱请求股东承担连带责任,须就以下内容承担举证责任:(1) 股东实施了滥用公司法人独立地位和股东有限责任的行为,而且构成了逃避债务的行为。其中的"公司法人独立地位"和"股东有限责任"乃一体两面,法律并不苛求被告股东既滥用公司法人独立地位,又滥用股东有限责任。(2) 债权人利益受到严重损害,而非一般损害。"严重损害"不是一般损害或轻微损害,而是公司不能及时足额清偿全部或大部分债务。不能简单地因为债务人公司暂时不能清偿债务,就视为债权人利益受到了严重损害。造成严重损害的原因不仅在于债务人公司拒绝或怠于清偿债务,更在于债务人公司滥用公司法人资格。(3) 股东的滥权行为与债权人的损失之间存在合理的因果关系。以上三大举证责任缺一不可。可见,债权人承担着比较沉重的举证责任。

我国《公司法》第 64 条对于一人公司采取了法人格滥用推定的态度,即举证责任倒置的态度。问题是如何理解第 64 条与第 20 条第 3 款之间的相互关系?通读立法框架,第 20 条第 3 款的规定位于第一章"总则",而第 64 条的规定位于分则中的第二章"有限责任公司"。可见,前者为一般法律规定,后者为特别法律规定。依据特别法优于普通法的原则,第 64 条有关举证责任倒置的规定应优先适用。

四、被告范围

揭开公司面纱不等于说追究所有股东对公司债务的连带责任。揭开公司面纱的后果仅应加于控制股东身上。我国《公司法》第 20 条所称的"股东"既包括一人公司中的唯一股东,也包括股东多元化公司(含有限责任公司和股份有限公司)中滥用权利的控制股东,但不包括诚信慎独的股东尤其是小股东。因此,揭开公司面纱时应注意区分消极股东与积极股东。只有积极股东或控制股东才应蒙受公司面纱被揭开的不利后果。

奸诈之人有可能滥用"稻草人"股东之名,行滥用公司法人资格之实。因此,应当我国《公司法》对第 20 条所称"股东"作扩张解释,从而将实际控制人(包括实质股东)涵盖其内。至于法院应否区分自然人股东与法人股东,应具体情况具体分析,不宜一概而论。诚信的自然人股东有可能慎独自律,而奸诈的法人股东也有可能大肆玩弄厚黑学与三十六计,疯狂地欺诈债权人,巨额地逃废债务。

倘若董事违背对公司的忠实与勤勉义务,应对公司承担民事责任;倘若公司怠于或拒绝对其提起诉讼,股东可为公司利益提起股东代表诉讼。倘若公司及其股东均不对其提起民事诉讼，公司的债权人可以基于我国《合同法》第73条对失信董事提起代位权诉讼。公司债权人可援引我国《公司法》第20条第3款要求滥用公司人格的股东对公司债务连带负责，而不宜据此要求公司的董事对公司的债务连带负责。倘若董事自身兼具股东身份，则债权人可以针对该董事的股东身份向法院提起揭开公司面纱的诉讼。

五、被告股东滥用事实的认定

我国《公司法》第20条在实践中能否得到妥当执行的关键难点在于如何理解"滥用"二字？毕竟，法官和仲裁员都不能滥用"滥用"二字。"滥用公司法人独立地位和股东有限责任"是相对于"合理使用公司法人独立地位和股东有限责任"而言的。"滥用"是模糊语词，是高度弹性化的概念。稍有不慎，合理使用就有可能被认定为滥用。而合理使用公司法人独立地位和股东有限责任恰恰是现代公司帝国得以成长壮大的制度秘笈。因此，努力消除"滥用"二字的不确定性，增强"滥用"二字的可操作性，便成为法解释学中的难点问题。

从我国公司实践看，控制股东滥用公司法人独立地位和股东有限责任的情况五花八门。本书将最常见的情形概括为两种：股权资本显著不足以及股东与公司之间人格的高度混同。

（一）股权资本显著不足（undercapitalization）

如果把最低注册资本门槛划入前端控制的范畴，则揭开公司面纱可纳入后端控制的范畴。美国诸州公司法已无最低注册资本制度。这意味着，美国公司法对公司债权人的保护策略是后端控制策略，也就是"秋后算账"，而非前端控制策略。其优点之一是，立法者不形而上学地预设一个缺乏科学性的最低注册资本门槛，因而不压抑投资者兴办公司的积极性与创造性；优点之二是不放弃在公司设立之后审视股权资本之多寡，并进而决定是否揭开公司面纱。在缺乏前端控制的情况下，投资兴业活动如鱼得水。为落实后端控制策略，美国法院在司法实践中提炼出股权资本显著不足的概念，并乐意在此种情形下为保护公司的债权人而揭开公司面纱。

所谓股权资本显著不足，是指股东投入公司的股权资本与公司从债权人筹措的债权资本之间明显不成正比例的公司资本现象。其中的"股权资本"是指被告股东在内的股东投入公司的股权资本总额，而债权资本是指公司从包括原告债权人在内的所有债权人筹措的债权资本，而不限于主张揭开公司面纱的特定债权人的债权数额。股权资本显著不足既包括股东出资低于最低注册资本的情况，也包括股东出资虽高于最低注册资本、但显著低于该公司从事的行业性质、经营规模（包括营业额、销售量）、雇工规模和负债规模所要求的股权资本的情况。在我国《公司法》大幅下调公司最低注册资本后，最低注册资本在保护债权人方面的神话已经破灭。假定一家房地产有限责任公司的两名股东出资均高于法定最低注册资本(有限责任公司的3万元最低注册资本)。倘若该公司股东投入公司的股权资本为1000万元人民币,而公司从银行筹措债权资本10亿元人民币,则股权资本和债权资本的比例为1:100。这显然是一家"小马拉大车"的资本显著不足的公司。法院或仲裁机构应毫不犹豫地揭开这家公司的面纱,责令背后"大腹便便"的控制股东对公司债务连带负责。

当然,法院或仲裁机构在考虑股东投入公司的股权资本的充足性时,还应兼顾股权资本的替代化风险抵御措施,如责任保险范围的充分性等。倘若一家公司的股权资本及其为赔偿用户等债权人的潜在损失而购买的责任保险共同作用,足以保护公司的债权人,则法院或仲裁机构可以不揭开公司面纱。

(二)股东与公司之间人格的高度混同

在股东对公司的过度控制下,股东与公司之间人格的高度混同现象错综复杂。既包括核心人格特征(如人员、机构、业务、财务、财产)的混淆,也包括外围人格特征(如信封信纸、电话号码、传真号码、电子邮件地址、网址、工服)的混淆。最常见的现象是"一套人马,两块牌子"。具体说来,有以下几种表现形式:(1)股东与公司之间在资产或财产边界方面的混淆不分。属于子公司的财产登记在母公司名下;子公司的财产经常处于母公司的无偿控制和使用之下;控制股东长期掏空公司的资产尤其是优质资产,而未对公司予以充分、公平的赔偿等;控制股东对公司负有巨额债务,而公司在控制股东的操纵下长期拒绝或怠于追索。(2)股东与公司之间在财务方面的混淆不分。股东甚至和公司共用一本账,共享一个银行账号。(3)股东与公司之间在业务方面的混淆不分。股东与交易伙伴签订的合同往往由公司履行;公司与交易伙伴签订的合同往往由股东履行。(4)股东与公司之间在机构方面的混淆不分。(5)股东与公司之间在人员方面的混淆不分、母子公司之间的董事、经理和其他高级管理人员交叉任职过多过滥。(6)子公司的机关陷入瘫痪状态,母公司直接操纵子公司的决策活动。(7)其他方面的人格混同。为慎重起见,法院或仲裁机构在认定股东与公司之间人格的高度混同的事实时,应严格掌握标准,不宜因为存在单一的、非关键的混淆现象就遽然否定公司法人资格。

除了股权资本显著不足以及股东与公司之间人格的高度混同,控制股东滥用公司法人独立地位和股东有限责任的情况还有其他表现形态。例如,有人建议控制股东操纵下的公司拒不清算,也可视为揭开公司面纱的情况。本书亦深表赞同。

六、被揭开面纱的公司类型

揭开公司面纱制度适用于各类股东设立的各类公司,既适用于上市公司,也适用于非上市公司;既适用于股东主体多元化的公司,也适用于一人公司。在我国《公司法》降低最低注册资本的门槛后,各类公司及其控制股东势必良莠不齐,有限公司股东滥用法人资格的概率可能高一些,法院否定公司法人资格的概率因而水涨船高。

我国《公司法》第 64 条对一人公司股东采取了法人格滥用推定态度,大幅降低了一人公司债权人的举证负担。可预言,在未来司法实践中,一人公司被揭开公司面纱的概率将在诸多公司类型中位居榜首,尤其在市场准入门槛很低、经营风险很高的产业。例如,出租车司机张某以自己一辆价值 20 万元的轿车作价出资设立一人公司后,由于交通肇事导致多名行人丧生。倘若一人公司没有购买足额的责任保险,而且在交通肇事时汽车毁损。受害人家属就可以考虑请求法院揭开公司面纱,由一人股东张某对受害者家属承担损害赔偿责任。这一观点不仅适用于一人单车公司,也适用于一人单船公司。

有限责任公司尤其是一人公司被揭开公司面纱的概率高,并不意味着股份有限公司就不能被揭开公司面纱。只要股东滥用公司法人资格、逃避债务的,债权人就有权请求法院揭开公司面纱。在美国,至今尚未发生上市公司被揭开公司面纱的案例。这与美国上市公司的股权结构高度分散、不存在一股独霸的市场结构、恶意股东很难滥用公司法人资格有密切关联。鉴于我国许多上市公司存在着一股独大和一股独霸的高度集中的股权结构,不少控股股东尚未养成慎独自律的行为习惯,控股股东滥用上市公司人格欺诈债权人、悬空债权人的现象此起彼伏。本书认为,倘若恶意股东滥用了上市公司的人格,导致了上市公司丧失法人应有的独立性,具备了揭开公司面纱的条件,人民法院也应审慎地揭开上市公司的面纱。

倘若设立中的公司对外发生债务,发起人违约侵权,则债权人完全可以追究发起人的民事责任,而无需启动揭开公司面纱的程序。从逻辑上说,揭开公司面纱的默示前提是存在可资揭开的法人面纱。倘若一家设立中的公司未取得法人资格,自然无公司面纱可以揭开。

七、揭开公司面纱的法律效果

揭开公司面纱的效力仅限于特定当事人之间的具体法律关系,具有浓郁的相对性与特定性,而不具有绝对性与对世性。即使某公司的法人资格被否认,也并不意味着该公司的法人资格在其他法律关系中被否认。这与公司因解散、破产而清算,从而在制度上绝对、彻底丧失法人资格的情形大相径庭。因此,公司人格否认法理的适用条件和法律效果比起彻底消灭公司法人资格要缓和、温和得多。

公司人格否认的不利后果只能归于有过错的当事人(尤其是控制股东)头

上,而不殃及无辜当事人。假定控制股东滥用法人资格,大量侵占公司财产,给公司债权人造成不利,债权人只能追究控制股东的债务清偿责任,但不能伤及其他善意中小股东。

八、揭开公司面纱制度要审慎适用

从现代公司法国的经验看,股东有限责任依然是原则,揭开公司面纱依然是例外。尽管我国《公司法》第20条第3款将揭开公司面纱制度上升为成文法律制度,但并不等于说揭开公司面纱已成公司法的基本原则。我国引进了揭开公司面纱制度,法院和仲裁机构仍要原则上尊重公司的法人资格,严格把握否认公司资格的构成要件,将否认公司法人资格的情形控制在例外情形下,避免揭开公司面纱的判决遍地开花,更不能将其视为法院解决执行难问题的灵丹妙药。揭开公司面纱制度成文化的作用不仅在于揭开公司面纱,更在于预防揭开公司面纱制度之滥用。公司法人资格可否定、也可不否定的情况,坚决不否定。

第三节 公司担保

一、公司具有担保行为能力

由于担保的潜在风险,我国古代遂有"一不为媒、二不作保"之说。从偏旁部首看,"保"字由左边的"人"与右边的"呆"二字构成。可见,担保有风险乃古今之通理。从私法自治的角度言之,除非法律另有禁止,民事主体均有为他人债务设定担保的民事权利能力和行为能力。公司为他人债务提供担保(包括人的担保和物的担保)都属于公司自治范畴。对于专门以提供担保为营业范围的专业担保公司来说,倘若禁止其担保活动,其业务活动必将枯竭。对于其他产业的公司来说,一概否定其担保能力亦缺乏逻辑说服力量。将公司担保能力回归公司自己,固然会造成担保风险,但对强化债权人保护、维护交易安全贡献卓著,担保公司还可通过强化公司治理、追究高管人员责任而预防和救济担保风险。立法者不应因噎废食,而应允许公司按其内心真意授权董事长或总经理对于第三人债务提供担保。

主要市场经济国家和地区明确允许公司对外提供担保。例如,美国《模范商事公司法》第3.02条第5项允许公司以其全部或部分财产设定抵押或质押,第7项则允许公司为他人债务提供保证。根据该法第8章第6节有关董事利益冲突交易行为的法律规制,如果子公司董事在母公司强大压力下以子公司财产对母公司提供担保,有可能构成利害冲突交易,要接受相关法律规则的制约。如果公司为其股东提供担保的行为对公司是公平的,不损害公司的利益,且遵循了信息披露要求,则可以得到法律确认。

为明确公司的担保能力,我国《公司法》第 16 条规定:公司为他人提供担保,依照章程规定,由董事会或股东会、股东大会决议;公司章程对担保总额及单项投资或担保的数额有限额规定的,不得超过规定限额。既然立法者允许公司自我设定担保约束程序,立法者当然允许公司对他人(包括股东、其他自然人、其他法人、其他组织)的债务提供担保。

作为呼应,我国《公司法》第 149 条又规定,董事、高级管理人员不得"违反公司章程的规定,未经股东会、股东大会或董事会同意,将公司资金借贷给他人或以公司财产为他人提供担保"。从反对解释的角度看,根据公司章程的规定,经股东会、股东大会或董事会同意,董事和高管就可以将公司资金借贷给他人或以公司财产为他人提供担保。倘若董事、高级管理人员胆敢违反公司章程的规定,未经股东会、股东大会或董事会同意,伪造股东会决议或董事会决议,擅自以公司财产为他人提供担保,那么除非债权人知道或应知道股东会决议或董事会决议不真实、不合法的瑕疵以外,担保合同的效力并不因此而无效。但遭受损失的公司有权根据我国《公司法》第 150 条规定追究失信董事、高级管理人员的赔偿责任。

二、公司为第三人债务提供担保的程序规则

根据我国《公司法》第 16 条第 1 款规定,公司为股东或实际控制人之外的他人提供担保,依照公司章程的规定,由董事会或股东会、股东大会决议。倘若章程对担保决策机构是股东会或董事会未作约定的情况下,应由股东大会作出决议。首先,基于股东主权思想,公司权力源于股东,公司权力的目的在于追求股东福祉,公司权力应由股东参与行使。由股东大会作出决议比起由董事会作出决议更接近股东主权思想。其次,从股东会与董事会的权力配置来看,我国《公司法》尚未采取美国公司法框架下的董事会中心主义,而打上了股东会中心主义的深厚烙印。鉴于股东会的决策事项在重要性上往往大于董事会的决策事项,而担保行为对股东股东的切身利益影响甚巨,也应将担保行为的决策机构解释为股东会。最后,董事会类似于公法生活中的政府,参酌政府职权法定原则,在公司章程授权不明的情况下,应解释为董事会不能超越章程赋予的权力,不能当然享有担保决策权。至于股东会决议究竟由股东会作出过半数的普通决议抑或超过 2/3 的特别决议,应由公司章程规定。倘若公司章程亦未规定股东会的决议程序规则,则股东会的担保决议应解释为普通决议。

债权人为稳妥起见,也可以敦促担保公司先行修改公司章程,明确究竟由股东会决议抑或董事会决议对此作出决议。待担保公司的章程对此作出明确规定后,债权人再要求担保公司出具相应的决议,并根据审查决议的结果决定是否逾

期签订担保合同。这一做法稳妥至极,但其美中不足是效率不高。毕竟,股东会作出修改公司章程的决议比起作出担保决议更困难一些。

在股东人数较少的有限责任公司中,倘若全体股东同时兼任公司董事,股东会决议与董事会决议并无实质区别,只要有董事会决议就可以视为满足了我国《公司法》第16条第1款的要求。

三、公司为股东债务提供担保的程序规则

前已述及,我国《公司法》对公司为其股东设保采取了更加宽松、灵活的态度,更好地实现了公司利益、被担保股东的利益、未被担保的股东利益和债权人利益的平衡与协调。虽然承认公司的担保能力,包括子公司为母公司提供担保的能力,但为预防控制股东和实际控制人侵害公司和中小股东合法权益,防范控制股东和实际控制人的道德风险,我国《公司法》规定了若干强制性的程序行为规范。

根据我国《公司法》第16条第2款和第3款规定,公司为公司股东或实际控制人提供担保的,必须经股东会或股东大会决议;前款规定的股东或受前款规定的实际控制人支配的股东,不得参加前款规定事项的表决;该项表决由出席会议的其他股东所持表决权的过半数通过。换言之,公司为公司股东或实际控制人提供担保的,必须经股东会或股东大会决议,董事会不能拍板。立法者秉于对无利害关系股东尤其是中小股东自治能力的信任,将公司可否为其股东提供担保、何时提供担保、担保金额几何、担保形式若何、如何提供担保、如何要求被担保股东提供反担保等问题的决策权交给与担保决议事项并无利害关系的理性股东。

为降低公司为其股东提供担保的风险,除强调股东大会上无利害关系股东的表决机制,还应鼓励公司从股东或其他被担保人寻求真实、充分的反担保措施。在担保实践中,担保人一般要求主债务人就担保行为提供反担保。反担保一般成为担保人为主债务人提供担保的对价。反担保人既可是主债务人,也可以是主债务人外的第三人。当然,如何预防反担保的虚假性、非充分性也将成为公司提供担保时格外关注的重要问题。

鉴于母公司为子公司提供担保惠及子公司及其债权人,立法者并未苛求母公司为子公司提供担保时需要母公司的股东会决议。鉴于公司为自身债务提供担保是为自身举债,举债资金用于公司自身的发展,因此担保风险的控制主体就在本公司。因此,公司章程可以自由规定内部决策程序;规定不明的,股东会和董事会均可被解释为决策权主体。唯一的例外是上市公司。根据我国《公司法》第122条规定,上市公司在一年内购买、出售重大资产或担保金额超过公司资产总额30%的,应由股东大会作出决议,并经出席会议的股东所持表决权的2/3以上通过。可见,上市公司为自己的债务提供担保、且金额超过公司资产总

额30%时,亦应由股东大会作出决议。

四、股东均享受担保利益时的程序规则

我国《公司法》第16条第2款和第3款的立法本意主要是保护公司和无利害关系股东免遭公司作保的风险。倘若一家公司适用利害关系股东回避表决的结果是全体股东都有利害关系,全体股东都从公司担保行为中受益,并不存在无利害关系股东,就没有必要排除全体股东的表决权。换言之,所有从公司设保行为中受益的股东均可行使表决权,而无需回避。即使第16条被解释为在任何情况下均应适用的条款,也应允许当事人采取逐一回避的变通措施作出股东会决议。

倘若一家公司只有一名股东,则该股东可以自行作出由一人公司为自己债务提供担保的决定。应注意的是,根据我国《公司法》第62条规定,此种决定应采用书面形式,并由股东签名后置备于公司。

五、债权人对公司章程与公司决议履行审查义务的判断标准

倘若公司章程规定了对外担保限额或决策程序,债权人只要认真审查公司章程和相关公司决议的真实性与合法性即可。问题在于,债权人履行审查义务时应遵循形式审查标准抑或实质审查标准?法律对此未作规定。本书主张前一观点。倘若苛求债权人对审查公司章程和相关公司决议的之外的法律事实和行为的真实性与合法性进行实质性审查,不但会大幅提高担保贷款的交易成本,而且会超出债权人的固有审查能力。作为形式审查标准的基本要求,债权人仅对公司章程、股东会或董事会决议的真实性与合法性进行合理审慎的审查即可,但要尽到具有普通伦理观念和智商的理性银行从业人员在同等或近似情况下应具备的审慎、注意和技能。可见,形式审查既不是实质审查,更不是不审查。

倘若债权人对公司章程和公司决议文件进行了必要而合理的审慎审查,但未发现决议文件虚假或无效的事实,未发现法定代表人越权的瑕疵,则债权人据此与担保公司签署的担保合同应解为有效,该合同对担保公司当然产生拘束力。即使担保合同签订后,股东会或董事会决议被人民法院依法撤销或确认无效,也不影响善意债权人与担保公司签署的担保合同的效力。理由很简单:按照现代民商法领域中的外观主义法理,善意第三人应受到礼遇。只有如此,才能有效地预防担保公司出于道德风险而践踏担保合同的效力,或故意放纵不规范的公司内部治理行为。当然,倘若债权人明知或应知担保公司的股东会或董事会决议在内容或程序上存在法律瑕疵,却执意与担保公司签订担保合同,则担保合同对担保公司不具有拘束力。

由于法定代表人越权签约的行为构成了忠实义务之违反,担保公司在履行

担保义务之后可对越权行事的法定代表人行使追偿权。这样有助于维护担保秩序和交易安全,尊重债权人的合理预期,也有助于强化法定代表人对公司的诚信义务。

六、法定代表人越权签署的担保合同的效力

我国《合同法》第 50 条规定:"法人或者其他组织的法定代表人、负责人超越权限订立的合同,除相对人知道或者应知道其超越权限的以外,该代表行为有效。"该条规定可称为"越权代表制度",旨在维护交易安全,在法定条件下例外将法定代表人的越权代表行为或无权代表行为视为有权代表行为,并对其签署的合同赋予法律效力。

依反对解释,可以得出两点结论:(1)倘若相对人明知或应知道法人的法定代表人超越权限的事实而与其签约,则越权代表行为无效,法定代表人越权签署的合同亦非有效合同。(2)倘若相对人不知、也没有义务知道法人的法定代表人超越权限的事实而与其签约,则法定代表人的代表行为有效,法定代表人越权签署的合同亦属有效。换言之,该条规定例外保护的合同相对人仅限于在签约之时主观上为善意的相对人,而不包括在签约之时主观上存在恶意或过失的相对人。

既然我国《合同法》第 50 条旨在保护善意相对人,倘若担保公司能够举证证明债权人并非善意相对人,则担保公司法定代表人的越权代表行为无效,其越权签署的担保合同亦归无效。担保公司要举证证明债权人并非善意相对人,只要将法定代表人越权签署的担保合同的内容与公司章程规定的决策程序、决策权限与担保限额作一简单对比即可完成举证责任。倘若债权人能够举反证证明自己已对担保公司的章程与相应决议进行了审慎的审查,但仍未能发现担保公司法定代表人的代表权限存在瑕疵,则担保合同对担保公司产生拘束力。倘若债权人拒绝或怠于认真审查担保公司法定代表人的越权事实,则担保公司有权拒绝承担相应的担保义务。

七、上市公司对外担保的特殊决议程序

从法理上看,上市公司有权为其股东债务提供担保。倘若控制股东滥用权利,违法违规责令上市公司为控制股东债务提供巨额担保,就容易侵害上市公司中小股东及其债权人的合法权益。现实中,有些母公司把上市公司变成了自己的"担保器",要求子公司为母公司债务提供担保,而上市公司中小股东和债权人常被蒙在鼓里,或虽知情却无能为力。有些上市公司不仅给母公司提供担保,还要为祖父公司、姊妹公司甚至母公司的姊妹公司提供担保,形成盘根错节的"担保圈"或"担保链"。一旦担保链条中的某个公司出现违约,就很容易把关联

公司及其债权人拖向危险边缘。

我国《公司法》除在第 16 条规定公司提供担保的一般规则之外,还在第 122 条规定了上市公司提供担保的特殊规则:上市公司在一年内担保金额超过公司资产总额 30% 的,应由股东大会作出决议,并经出席会议的股东所持表决权的 2/3 以上通过。此条适用情形以担保金额为准予以界定,而且仅适用于上市公司为股东外第三人提供担保的情况,不适用于上市公司为母公司债务提供担保的情况,也不适用于非上市公司为股东或实际控制人外第三人债务提供担保的情况。如果上市公司为母公司提供担保,则不适用该条规定,而适用《公司法》第 16 条第 2 款和第 3 款有关股东会表决程序包括回避表决制度的规定。如果非上市公司为股东或实际控制人之外的第三人债务提供担保,则适用《公司法》第 16 条第 1 款的规定。

为规范上市公司(金融类上市公司除外)对外担保行为和银行业金融机构审批上市公司提供担保的贷款行为,有效防范上市公司对外担保风险和金融机构信贷风险,中国证监会与中国银监会根据《公司法》、《证券法》、《银行业监督管理法》和《担保法》等法律法规,于 2005 年 12 月联合发布了《关于规范上市公司对外担保行为的通知》,该《通知》自 2006 年 1 月 1 日起施行。《通知》所称"对外担保"既包括上市公司为他人提供的担保,也包括上市公司对控股子公司的担保。

由于上市公司担保的法律风险主要源于上市公司的内部决策程序,《关于规范上市公司对外担保行为的通知》要求规范上市公司对外担保行为,严格控制上市公司对外担保风险。其一,上市公司对外担保必须经董事会或股东大会审议。因此,董事会或股东大会不能通过转授权的方式把自己的决策权让渡给其他决策机构。其二,上市公司章程应明确股东大会、董事会审批对外担保的权限及违反审批权限、审议程序的责任追究制度。其三,应由股东大会审批的对外担保,必须经董事会审议通过后,方可提交股东大会审批。须经股东大会审批的对外担保包括但不限于下列情形:(1) 上市公司及其控股子公司的对外担保总额(包括上市公司对控股子公司担保在内的上市公司对外担保总额与上市公司控股子公司对外担保总额之和)超过最近一期经审计净资产 50% 以后提供的任何担保;(2) 为资产负债率超过 70% 的担保对象提供的担保;(3) 单笔担保额超过最近一期经审计净资产 10% 的担保;(4) 对股东、实际控制人及其关联方提供的担保。股东大会在审议为股东、实际控制人及其关联方提供的担保议案时,该股东或受该实际控制人支配的股东,不得参与该项表决,该项表决由出席股东大会的其他股东所持表决权的半数以上通过。其四,应由董事会审批的对外担保,必须经出席董事会的 2/3 以上董事审议同意并作出决议。其五,上市公司董事会或股东大会审议批准的对外担保,必须在中国证监会指定信息披露报刊上及时披露,披露的内容包括董事会或股东大会决议、截至信息披露日上市公司及其控股子公司对外担保总额、上市公司对控股子公司提供担保的总额。其六,上市公司在办理贷款担保业务时,应向银行业金融机构提交《公司章程》、有关该担保事项董事会决议或股东大会决议原件、刊登该担保事项信息的指定报刊等材料。

为有效防范银行业金融机构发放由上市公司提供担保的贷款风险,《关于规范上市公司对外担保行为的通知》还强调规范银行业金融机构的贷款担保审批行为。首先,各银行业金融机构应严格依据我国《担保法》、《公司法》、最高人民法院《关于适用〈中华人民共和国担保法〉若干问题的解释》等法律法规,加强对由上市公司提供担保的贷款申请的审查,切实防范相关信贷风险,并应及时将贷款、担保信息登录征信管理系统。其次,各银行业金融机构必须依据本《通知》、上市公司《公司章程》及其他有关规定,认真审核以下事项:(1)由上市公司提供担保的贷款申请的材料齐备性及合法合规性;(2)上市公司对外担保履行董事会或股东大会审批程序的情况;(3)上市公司对外担保履行信息披露义务的情况;(4)上市公司的担保能力;(5)贷款人的资信、偿还能力等其他事项。再次,各银行业金融机构应根据《商业银行授信工作尽职指引》等规定完善内部控制制度,控制贷款风险。最后,对由上市公司控股子公司提供担保的贷款申请,比照上述规定执行。该《通知》要求各银行业金融机构将上市公司对外担保纳入统一授信管理,严格按照有关规定进行审批和管理。

第四节 一人公司债权人的特殊保护

一、概述

一人公司的随意创设与运营有可能动摇公司对外承担债务的财产基础,危害交易安全和商事流转。不能慎独自重的一人股东可以更加容易地滥用一人公司外壳,达到损害债权人的目的。

为保护交易安全,降低交易风险,立法者在我国《公司法》第2章第3节规定了对债权人的六大特殊保护措施,从而使得我国的一人公司制度成为世界上最安全的一人公司制度:(1)比股东多元公司更高的注册资本门槛(10万元人民币),且股东应一次足额缴纳章程所载出资额(第59条第1款)。(2)"计划生育"政策。一个自然人只能投资设立一家一人有限责任公司,且该一人有限责任公司不能投资设立新的一人有限责任公司(第59条第2款)。但法人可以同时或先后设立多家一人有限责任公司,法人设立的一人有限责任公司亦可设立新的一人有限责任公司。这一态度有助于保护国有企业的公司制改革。许多公司为避免股东多元化公司蕴涵的法律风险,被迫采取分公司的形式开展投资与交易活动。但分公司不能独立承担民事责任,分公司创设的债务就是总公司的债务。因此,分公司的法律风险之高可以想象。而一人公司制度则使国有企业改革如虎添翼。(3) 名称披露要求。一人公司应在公司登记中注明自然人独资或法人独资(第60条)。(4) 特别书面决策要求。一人股东行使股东会决策范围内的决策权应以书面形式作出,并由股东签字后置备于公司(第62条)。(5) 法定强制审计。自然人投资设立的一人公司在每一会计年度终了时应编制财务会计报告,并经会计师事务所审计(第63条)。(6) 法人格滥用推定制度(第64条)。

公司法保护债权人的法律制度也适用于一人公司。因此,要牢固坚持资本保护原则,妥善保护债权人利益;要严格规制一人公司的设立过程,杜绝股东虚假出资、抽逃出资行为。民法和合同法当中的自己代理和双方代理制度也适用于一人公司与股东、董事之间的交易关系。

二、一人公司及其股东的信息披露义务

阳光是最好的防腐剂,电灯是最有效的警察。债权人误入一人公司的连环陷阱的主要原因在于其与一人公司及股东间的信息不对称。我国《公司法》对公司信息披露制度的要求原则上适用于一人公司。根据我国《公司法》第6条第3款,公众可以向公司登记机关申请查询一人公司的登记事项,公司登记机关应提供查询服务。这样就可确保一人公司登上交易舞台之前就向全社会如实披露自己的股权结构和治理结构,进而尊重善意第三人的知情权,方便善意第三人自主选择交易伙伴。债权人只要及时准确地掌握了一人公司的投资链条和公司家谱,自然会作出明智选择。

一人公司信息披露制度的核心是公司名称的信息披露。如果不存在强行性名称披露要求,一人公司的股东有可能为攫取商业机会而故意隐瞒或极力淡化自己的一人公司身份。我国《公司法》第60条规定:"一人有限责任公司应在公司登记中注明自然人独资或法人独资,并在公司营业执照中载明。"

名称的信息披露制度旨在强化交易伙伴的知情权与选择权。一人公司及其股东在公司登记和公司经营过程中都应善始善终地标明"一人公司"字样。此种标明既包括在公司登记机关如实填写公司名称,也包括在一人公司与第三人的往来信件、传真、信封、公司名片等载体中表明其为一人公司。只要从商事习惯出发,正常人或理性人能够判断某公司为一人公司的名称均无不可,例如"独资有限责任公司"、"独资有限公司"、"有限责任公司(独资)"等均其适例。

借鉴《欧盟第12号公司法指令》第3条规定,出现存续意义上的一人公司时,一人公司及其股东有义务前往公司登记机关办理变更登记。为配合公司信用体系的建设,还应鼓励民间征信机构建立一人公司的信用档案,俾使社会公众对一人公司的财产状况、信用状况了然于胸。这样既可保障一人公司及其股东的利益,又可保障债权人的利益,从而形成多赢格局。

法律有牙齿。为救济违反信息披露义务的行为,立法者在未来修改《公司法》时,有必要强制各家一人公司及其股东对全部一人公司的债务承担连带清偿责任。立法理念在于,一人公司及其股东只需举手之劳便可将一人公司的全部投资链条画面清晰地展现于交易伙伴面前,但却逆立法者意志而动,误导交易伙伴和社会公众,当然应为此付出连带偿债的违法代价。

三、法人资格滥用推定制度

我国《公司法》第 64 条规定了法人资格滥用推定制度:"一人有限责任公司的股东不能证明公司财产独立于股东自己的财产的,应对公司债务承担连带责任。"该条款既确立了一人股东滥用法人资格推定原则,又允许股东以反证推翻。原告债权人可直接将作为债务人的一人公司及其股东直接列为共同被告,且没有义务就被告股东滥用法人资格和股东有限责任待遇的事实承担举证责任,也没有义务就自己遭受的严重损失与被告股东滥用行为之间的因果关系承担举证责任。这种举证责任倒置或转换的立法技术可称为"有罪推定"技术。

这与我国《公司法》第 20 条第 3 款就股东多元化公司被揭开公司面纱时的原告举证责任规定有着截然不同。《公司法》第 20 条第 3 款体现了谁主张、谁举证的原则。可见,股东多元化公司的债权人在主张揭开债务人公司面纱方面比起一人公司的债权人承担着更重的举证责任。

鉴于第 20 条第 3 款写在总则,而第 64 条写在分则(第 2 章第 3 节),因此前者属一般法律规定,后者属特别法律规定。在一人公司的情况下,第 64 条规定的举证责任倒置具有优先适用的效力。既然是举证责任倒置,就允许一人股东通过反证说明自己与公司之间的财产界限泾渭分明,进而推翻其滥用法人资格的推定,最终享受股东有限责任待遇。一人股东为证明公司财产独立于股东自己的财产,可以出示一人公司的财务会计报告(包括资产负债表、损益表、现金流量表)、审计报告和财产清单等。倘若一人股东能够证明股东与公司的财产单独建账、两者财产法律边界清晰,法院就应驳回一人公司的债权人对一人股东的诉讼请求。当然,一人公司的债权人有权对一人股东的证据发表质证意见,也有权出示反证,以证明一人股东与一人公司的财产并未保持相互独立。倘若一人公司的股东不能证明公司财产独立于股东自己的财产,就应推定一人股东滥用了公司法人资格,从而对公司债务承担连带责任。

滥用法人资格推定制度坚持了一人公司作为有限责任公司的基本法理命题,划清了一人公司与个人独资企业的界限,避免将大量合格的一人公司误作个人独资企业处理的"一刀切"现象,给予一人股东证明自己清白、从而享受股东有限责任待遇的机会。这种制度设计还在审判实务中通过举证责任转换的程序规则,在个案中实践公平正义理念,体现对债权人利益的妥当关怀,且有利于降低公司法人格否认制度的操作成本。

滥用法人资格推定制度对一人股东也至为公平。因为,一人公司的控制权主体只有一人股东。一人股东具有足够的信息优势划清其与公司间的财产界限。倘若一人股东无法划清这一界限,人民法院令其对一人公司的债权人承担连带责任也毫无冤枉可言。这一制度安排还有利于从反面督促一人股东尊重一人公司的法律人格,进而将股东与其一人公司之间保持必要法律界限的思维入脑入心。

对于实质意义上的一人公司(名为两名股东、实为一家大股东控制的有限责任公司),不宜适用我国《公司法》第64条。主要理由是,实质意义上的一人公司很难认定,如果允许实质意义上的一人公司适用第64条,容易增加法官在行使自由裁量权方面的难度。因此,债权人对于名为两名股东、实则为一家大股东控制的有限责任公司主张债权时,要追究其股东的连带责任,只能由原告债权人根据我国《公司法》第20条第3款规定对被告股东滥用公司人格承担举证责任。

四、一人公司债权人的特殊保护措施原则上不适用于国有独资公司

从体系解释的方法来看,国有独资公司的特别规定被排列在我国《公司法》第2章第4节,位于第3节"一人有限责任公司的特别规定"之后。从一般法理看,国有独资公司既然属于一人公司的特殊类型,当然应在其特别规定不敷使用时,可以补充适用第3节的规定(包括第64条)。

我国《公司法》第65条明确规定:"国有独资公司的设立和组织机构,适用本节规定;本节没有规定的,适用本章第一节、第二节的规定。"言外之意,即使立法者没有规定国有独资公司的特别规定,也只能补充适用我国《公司法》第2章第1节和第2节有关普通有限责任公司的规定,而不能补充适用该章第3节有关一人公司的一般规定。由此观之,国有独资公司的债权人欲追究国有独资公司的国家股东的连带责任,只能适用我国《公司法》第20条第3款规定的原告债权人举证责任,而不能适用第64条规定的举证责任倒置。

第五节 会计师事务所在审计业务活动中的民事侵权赔偿责任

一、立法和司法解释的出台背景

会计师事务所的审计业务旨在提高交易透明度和安全度。为维护交易安全,确保公司净资产的真实性,并向广大债权人披露真实的公司偿债能力,根据我国《公司法》第 165 条规定,"公司应在每一会计年度终了时编制财务会计报告,并依法经会计师事务所审计"。但缺乏职业操守和专业水准的审计机构反倒容易误导债权人和交易伙伴。

近年来,因会计师事务所为上市公司编制虚假财务会计报告而导致众多投资人权益受损的事件时有发生。2001 年,在我国证券市场暴露出来的"银广夏事件"中就有个别会计师事务所不实审计问题的踪影。2002 年以来,又有近三十家上市公司在虚假陈述民事赔偿案件中被投资者告上法庭,涉及会计师事务所审计责任的约有 7 家。会计师事务所不实审计产生的民事赔偿责任亟待明确。

除了强化会计师事务所的独立性,我国《公司法》第 208 条第 3 款:"承担资产评估、验资或验证的机构因其出具的评估结果、验资或验证证明不实,给公司债权人造成损失的,除能够证明自己没有过错外,在其评估或证明不实的金额范围内承担赔偿责任。"为正确审理涉及会计师事务所在审计业务活动中民事侵权赔偿案件,维护社会公共利益和相关当事人的合法权益,最高人民法院 2007 年 6 月 11 日发布了《关于审理涉及会计师事务所在审计业务活动中民事侵权赔偿案件的若干规定》(以下简称《司法解释》)。据此,利害关系人有权以会计师事务所在从事《注册会计师法》第 14 条规定的审计业务活动中出具不实报告并致其遭受损失为由,向人民法院提起民事侵权赔偿诉讼,人民法院应依法受理。这对于推动注册会计师行业的健康发展、维护交易安全具有重要意义。

二、利害关系人向会计师事务所提起诉讼的法律基础

利害关系人对会计师事务所提起民事诉讼基于其对会计师事务所提供的专业服务瑕疵的损害赔偿请求权。此种损害赔偿请求权源于侵权法,也可以通过信托关系予以解释。具体说来,被审计单位是委托人,利害关系人为强制审计制度和其他专业服务制度的受益者,而会计师事务所则利于受托人的地位,会计师事务所受人之托、承人之信、纳人之财,就应诚实守信、勤勉尽责。但会计师事务所违反了信托义务,就应对作为受益人的利害关系人承担赔偿责任。既然《司法解释》的全名为《关于审理涉及会计师事务所在审计业务活动中民事侵权赔偿案件的若干规定》,可见《司法解释》主要从侵权法的角度理解和处理利害关系人与会计师事务所之间的民事纠纷。

三、原告的确定

《司法解释》第 2 条第 1 款将作为原告的利害关系人界定为"因合理信赖或使用会计师事务所出具的不实报告,与被审计单位进行交易或从事与被审计单

位的股票、债券等有关的交易活动而遭受损失的自然人、法人或其他组织"。换言之,利害关系人是指因合理信赖会计师事务所事务所出具的有瑕疵的报告而与被审计单位发生债权、股权(交易关系或投资关系)等民事法律关系,并因此而遭受损失的自然人、法人或其他组织。我国《公司法》第 208 条第 3 款中的"债权人"除了公司的一般债权人,是否尚包括公司的股东在内,值得研究。本书认为,对于"债权人"一词应作扩张解释,既包括普通债权人,也包括因信赖会计师事务所的审计报告而成为公司股东的投资者。

四、不实报告的界定

《司法解释》第 2 条第 1 款将不实报告界定为"会计师事务所违反法律法规、中国注册会计师协会依法拟定并经国务院财政部门批准后施行的执业准则和规则以及诚信公允的原则,出具的具有虚假记载、误导性陈述或重大遗漏的审计业务报告"。《司法解释》的草稿中曾使用"瑕疵报告"的概念,其实,瑕疵报告与不实报告的名称争论并无太大实益。关键是如何界定其内涵。我国《公司法》第 208 条第 3 款使用了"不实"字样,为求体例统一,《司法解释》使用了"不实报告"一词。

五、被告和第三人的确定

与会计师事务所出具不实报告的过错相比,被审计单位的过错更甚,而且攫取了利害关系人基于信赖不实报告而向被审计单位转移的主要财富。因此,从情理上看,原告债权人对会计师事务所提起民事诉讼时必然也会对被审计单位提起诉讼。这样的好处在于,既方便人民法院查明案情,也提高原告胜诉后的执行率,更符合社会公众的法律感情。因此,利害关系人未对被审计单位提起诉讼而直接对会计师事务所提起诉讼的,人民法院应根据《司法解释》第 2 条第 1 款告知其对会计师事务所和被审计单位一并提起诉讼;即使利害关系人拒不起诉被审计单位,人民法院也应通知被审计单位作为共同被告参加诉讼。

大型会计师事务所的分支机构遍布全国各地,其开展的审计业务触及的利害关系人也成千上万。但会计师事务所的分支机构并非独立法人,因此在利害关系人对会计师事务所的分支机构提起诉讼的情况下,人民法院可以根据《司法解释》第 2 条第 2 款规定将该会计师事务所列为共同被告参加诉讼。又依《司法解释》第 11 条规定,会计师事务所与其分支机构作为共同被告的,会计师事务所对其分支机构的责任部分承担连带赔偿责任。

现实生活中,股东的瑕疵出资现象和抽逃出资现象俯拾皆是。有些纯粹归咎于股东的失信行为,有的归咎于股东与会计师事务所的狼狈为奸。因此,在公司的债权人因信赖会计师事务所的不实报告而与公司缔结法律关系时,往往不会放纵瑕疵出资股东或抽逃出资股东。因此,倘若利害关系人提出被审计单位的出资人虚假出资或出资不实、抽逃出资,且事后未补足,人民法院就可以根据《司法解释》第2条第3款规定将该出资人列为第三人参加诉讼。瑕疵出资股东或抽逃出资股东之所以被列为第三人、而非被告,而且法院并非依职权追加第三人而系根据原告债权人的请求而追加第三人,主要是由于瑕疵出资股东和抽逃出资股东自身并非公司债务的当然承担主体,其依据公司法原理仅对公司债务承担补充清偿责任。

六、过错推定规则

就作为债权人的利害关系人与作为审计报告制作者的会计师事务所之间的信息占有状态而言,利害关系人处于明显的信息占有弱势地位。倘若拘泥于传统的谁主张谁举证的举证规则,许多利害关系人将由于自己无法举证而承受败诉后果。有鉴于此,我国《公司法》第208条第3款对会计师事务所的民事赔偿责任采取了过错推定态度。

与这一态度相适应,《司法解释》第4条继续采取了过错推定的司法态度。具体说来,会计师事务所因在审计业务活动中对外出具不实报告给利害关系人造成损失的,应承担侵权赔偿责任,但其能够证明自己没有过错的除外。会计师事务所在证明自己没有过错时,可以向人民法院提交与该案件相关的执业准则、规则以及审计工作底稿等。

根据过错推定规则,在追究会计师事务所的民事责任时,人民法院有权推定承担资产评估、验资或验证的机构在出具不实的评估结果、验资或验证证明时主观上存在过错(包括故意或过失),但会计师事务所有权通过反证推翻法院推定。既然法院有权推定会计师事务所主观上存在过错的事实,原告债权人就没有义务就此种过错以及自己遭受的损失与此种过错之间的因果关系承担举证责任。这种举证责任倒置或转换的立法技术可以形象化地称之为"有罪推定"技术,既有利于降低债权人的举证责任负担,也提供了诚信会计师事务所免责的绿色通道。

七、会计师事务所与被审计单位承担连带赔偿责任的情形

由于被审计单位与会计师事务所之间存在委托合同关系,被审计单位有可能滥用自己选择会计师事务所的商业机会向会计师事务所施加压力,迫使其作出对被审计单位有利、但对债权人等利害关系人不利的审计报告。一些会计师事务所为自身的生存与发展,在被审计单位的金钱和利诱面前,也会放松对自身的道德约束,甚至彻底解除自己对被审计单位不当要求的心理抵抗防线。即使被审计单位并不明火执杖地要求会计师事务所"造假",也可以利用自己单方接触会计师事务所的近水楼台之便,有目的地控制自己对会计师事务所提供的审计资料(包括会计账簿与原始凭证),进而把会计师事务所"拉下水"。虽然从理论上不排除会计师事务所受被审计单位蒙蔽欺诈的可能性,但鉴于会计师事务所的专业审计特点,实践中的不实报告往往出于被审计单位与会计师事务所之间的沆瀣一气。

为伸张正义,维护利害关系人的正当权利,《司法解释》第5条第1款列举了会计师事务所与被审计单位承担连带赔偿责任的6种情形。具体说来,注册会计师在审计业务活动中存在下列情形之一,出具不实报告并给利害关系人造成损失的,应认定会计师事务所与被审计单位承担连带赔偿责任:(1)与被审计单位恶意串通;(2)明知被审计单位对重要事项的财务会计处理与国家有关规定相抵触,而不予指明;(3)明知被审计单位的财务会计处理会直接损害利害关系人的利益,而予以隐瞒或作不实报告;(4)明知被审计单位的财务会计处理会导致利害关系人产生重大误解,而不予指明;(5)明知被审计单位的会计报表的重要事项有不实的内容,而不予指明;(6)被审计单位示意其作不实报告,而不予拒绝。为堵塞会计师事务所辩称自己内心确非明知的诉讼计谋,《司法解释》第5条第2款明确规定:"对被审计单位有前款第2项至第5项所列行为,注册会计师按照执业准则、规则应知道的,人民法院应认定其明知。"因为,会计师事务所在这一情形下的恶意与重大过失义务有区分之必要。如此一来,无论是奸诈的会计师事务所,还是明显不具备执业基本资质的会计师事务所,都会彻底放弃利用法律漏洞背水一战的心理企图,进而改恶向善,见贤思齐。

在司法实践中,会计师事务所对被告承担连带责任的判例早已出现。2006年7月31日,湖北省武汉市中级人民法院曾对湖北蓝田股份有限公司(后改名为"生态农业")造假案作出判决:被告生态农业赔偿83名原告540多万元,包括华伦会计师事务所在内的其他8名被告承担连带赔偿责任。此案是会计师事务所在我国虚假陈述证券民事赔偿案中承担连带责任的首例判决。

八、会计师事务所过失的认定及其责任分配

《司法解释》对会计师事务所的民事责任采取过错推定态度属于证据法层面的制度设计,旨在便利原告利害关系人诉讼。从实体法(侵权法)层面看,过错推定态度仍属于过错责任的范畴。根据过错责任原则,倘若会计师事务所存在过错导致第三人损失的,应承担与其过错相适应的民事责任;倘若会计师事务所存在故意的,应与公司债务人一道对公司债务承担连带民事责任。在可以确定会计师事务所的主观过错并非故意、而系过失的情况下,人民法院应根据会计师事务所的过错的大小确定民事责任的承担比例。有鉴于此,《司法解释》第6条第1款规定:"会计师事务所在审计业务活动中因过失出具不实报告,并给利害关系人造成损失的,人民法院应根据其过失大小确定其赔偿责任。"

过失的认定并非易事。根据《司法解释》第6条第2款规定,注册会计师在审计过程中未保持必要的职业谨慎,存在下列情形之一,并导致报告不实的,人民法院应认定会计师事务所存在过失:(1)违反《注册会计师法》第20条第2项和第3项的规定[①];(2)负责审计的注册会计师以低于行业一般成员应具备的专业水准执业;(3)制定的审计计划存在明显疏漏;(4)未依据执业准则、规则执行必要的审计程序;(5)在发现可能存在错误和舞弊的迹象时,未能追加必要的审计程序予以证实或排除;(6)未能合理地运用执业准则和规则所要求的重要性原则;(7)未根据审计的要求采用必要的调查方法获取充分的审计证据;(8)明知对总体结论有重大影响的特定审计对象缺少判断能力,未能寻求专家意见而直接形成审计结论;(9)错误判断和评价审计证据;(10)其他违反执业准则、规则确定的工作程序的行为。

人民法院确定会计师事务所承担与其过失程度相应的赔偿责任时,应按照下列情形处理:(1)应先由被审计单位赔偿利害关系人的损失。被审计单位的出资人虚假出资、不实出资或抽逃出资,事后未补足,且依法强制执行被审计单位财产后仍不足以赔偿损失的,出资人应在虚假出资、不实出资或抽逃出资数额范围内向利害关系人承担补充赔偿责任。(2)对被审计单位、出资人的财产依法强制执行后仍不足以赔偿损失的,由会计师事务所在其不实审计金额范围内承担相应的赔偿责任。(3)会计师事务所对一个或多个利害关系人承担的赔偿责任应以不实审计金额为限。此种制度设计体现了对会计师事务所的风险控制的合理照顾。尤其是此条规定赋予会计师事务所的先执行抗辩权,是会计师事务所降低执业风险的一个重要壁垒。该条规定在实践中的法律效果和社会效果究竟如何,值得进一步观察。

九、免责事由

依据经典的过错责任原则,倘若会计师事务所对于不实报告的出具不存在过失,则会计师事务所可以免责。根据《司法解释》第7条规定,倘若会计师事务所能够证明存在以下情形之一,即可对利害关系人免于承担民事赔偿责任:(1)已经遵守执业准则、规则确定的工作程序并保持必要的职业谨慎,但仍未能发现被审计的会计资料错误;(2)审计业务所必须依赖的金融机构等单位提供虚假或不实的证明文件,会计师事务所在保持必要的职业谨慎下仍未能发现其

[①] 根据该条规定,如果委托人故意不提供有关会计资料和文件,或如果因委托人有其他不合理要求,致使注册会计师出具的报告不能对财务会计的重要事项作出正确表述,则注册会计师执行审计业务时应拒绝出具有关报告。

虚假或不实;(3)已对被审计单位的舞弊迹象提出警告并在审计业务报告中予以指明;(4)已经遵照验资程序进行审核并出具报告,但被验资单位在注册登记后抽逃资金;(5)为登记时未出资或未足额出资的出资人出具不实报告,但出资人在登记后已补足出资。

根据《司法解释》第9条规定,会计师事务所在报告中注明"本报告仅供年检使用"、"本报告仅供工商登记使用"等类似内容的,不能作为其免责的事由。此种记载类似于合同法中的无效格式条款(霸王条款)。

十、过错相抵

依过错相抵规则,在侵权人与受害人主观上均存在过错的情况下,侵权人承担民事责任时应予以适度减轻。换言之,由于受害人自身过错而导致的财产损失应从侵权人的民事赔偿责任中予以扣除。鉴于利害关系人并非专业审计人士,《司法解释》第8条在规定过错相抵规则的同时,没有惩罚受害者出于过失而信赖会计师事务所出具的报告的行为:利害关系人明知会计师事务所出具的报告为不实报告而仍然使用的,人民法院应酌情减轻会计师事务所的赔偿责任。至于减轻多大比例,授权法官在个案中行使自由裁量权。这样既可适度减轻会计师事务所的民事责任,有可强化利害关系人的自我当心意识,还可预防和减少社会财富的损失,降低交易成本。

十一、会计师事务所的最高责任限额

从全球范围看,尽管审计师的民事责任责任日益扩张,但诉讼和立法也为审计师的民事责任承担提供了防御性的保护措施。在安然系列丑闻发生前,审计师成功地通过各种责任上限和时效立法等方式限制其自身责任。[①] 但我国现行立法并未规定此种最高限额,因此司法解释不宜创设此种法律规则。

但是,我国《公司法》第208条第3款仅要求承担资产评估、验资或验证的机构"在其评估或证明不实的金额范围内承担赔偿责任"。《司法解释》第10条第3项亦规定会计师事务所对一个或多个利害关系人承担的赔偿责任应以不实审计金额为限。但该条的适用范围仅限于人民法院根据该司法解释第6条"确定会计师事务所承担与其过失程度相应的赔偿责任"的情形。从文义解释的角度看,该条规定不适用于会计师事务所由于故意而对利害关系人承担赔偿责任的情形下。换言之,倘若会计师事务所出于故意而出具不实报告时,并无最高赔

[①] 有关美国情况,参见 Bily v. Arthur Young & Company, 834 Pacific Reporter, Second Series 745(California Supreme Court 1992)。有关德国情况,参见《德国商法典》第323条(过失审计师的责任限额是100万马克,审计上市公司的责任限额是400万马克)。有关法国情况,参见《法国商法典》第225—242条。根据该条规定,诉讼时效期限是从发现损害行为起3年。

偿限额的适用。

就会计师事务所处于过失而出具不实报告的情况而言,《司法解释》的态度还可以进一步细化。首先,要将会计师事务所的民事赔偿责任控制在评估或证明不实的金额范围内,而非收费金额范围之内,而不管债权人之多寡。其次,为确保债权人公平受偿,建议建立债权催告制度,从而使广大债权人都有机会申报债权,然后按其债权比例在上述限额内获得公平清偿。这样,既可以使会计师事务所的民事责任和交易风险得到限制,又可以捍卫债权人之间的平等对待原则。

第九章　并购重组

第一节　并购重组概述

一、并购重组的概念与特征

并购重组有助于提高公司资本的运营效率,实现公司资源的合理流动与优化配置,避免公司资源的不必要浪费。资本市场愈发达,公司重组活动愈趋活跃。

并购重组具有广狭二义。狭义的并购重组仅限于公司并购,包括公司合并、公司收购与公司分立(分割)。而广义的并购重组泛指公司之间、股东与公司之间、股东之间依据私法自治原则,为实现公司资源的合理流动与优化配置而实施的各种商事行为。公司之间的并购重组活动包括两家以上公司之间的公司合并和公司分立行为。股东与公司之间的并购重组活动包括一家公司背后的股东与另外一家收购公司之间的控制权收购活动以及资产收购活动。股东之间的公司并购重组行为包括两家公司与另外一家公司背后的股东之间的股权转让活动。

并购重组具有以下特征:

(1)并购重组活动是受到公司法强者规范适度干预的商事活动。并购重组作为商事活动,当然要弘扬私法自治的精神,反对行政权的不当干预和"拉郎配"措施。在我国并购重组实践中,由政府硬性捏合的不少公司并购重组活动出现了并购重组后公司经营绩效大不如前的滑坡现象。因此,并购重组活动应当尊重市场的自身规律,弘扬公司及其股东们的商业智慧。但是,为了保护中小股东、公司债权人以及参与公司广大职工的切身利益,公司法有必要为并购重组活动设定必要的强制性规范。

(2)并购重组的主体既包括公司,也包括股东。并购重组活动是公司组织事项的重大调整,股权结构、经营范围、发展战略或公司治理结构的任何变化,都直接攸关股东的切身利益,当然需要广大股东的深度介入。股东的这种介入程度有时表现为出让自己的股权(在股份转换的情况下,目标公司的股东将自己持有的全部股权作价出资给另外一家公司,从而还会对后一公司的股权),有时表现为股东限制自己股权的行使(在公司重整的情况下,限制股东的分红权与表决权),有时表现为股东在股东大会上对公司重整活动行使表决权和决策权,有时表现为反对股东对公司行使退股权。

(3) 并购重组的客体是公司与股东享有的物权、债权、股权、知识产权等各种财产权利。相应的,并购重组手段就包括资产收购、营业转让、营业租赁、公司合并、股权收购、控制权收购、股份转换、公司重整、公司组织形式变更等类型。

(4) 并购重组适用于各类公司。不仅股份有限公司,有限责任公司包括一人有限责任公司和国有独资公司也可以参与公司重组活动。从广义看,公司制企业与合伙企业(包括有限合伙和有限责任合伙)之间也可以发生并购重组活动。例如,有限责任公司可以担任一家合伙企业的普通合伙人或者有限合伙人。实际上,有限合伙就是有限责任公司制度与普通合伙制度的"混血儿"。

二、并购重组的类型

市场经济体制的优势之一在于鼓励和允许资源的合理流动与优化配置。公司大事,合久必分,分久必合。传统并购重组仅限于公司合并与公司分立两种形式。随着资本市场的不断发育和成熟,并购重组方式日趋多元。由于许多并购重组行为逾越了传统契约法的边界,立法者遂有必要规范和引导花样不断翻新的公司重组行为。并购重组可以作多种分类。

其一,以并购重组的客体为准,并购重组可以分为公司部分财产的并购重组、公司人格的并购重组、公司股权的并购重组、公司控制权和公司经营方式的并购重组。(1)公司部分财产的并购重组。主要包括公司资产收购、营业转让。在这类并购重组中,卖方公司丧失了对出售资产或营业的所有权,换回了货币或其他等值财产,进而得以购进其他急需财产。发生流转和变化的仅为各方公司的资产形态,至于各方公司的法人资格不受影响。(2)公司人格的并购重组。主要包括公司合并与公司分立。此类并购重组或者导致一家以上既存公司的消灭(在吸收合并与新设分立的情况下),或者导致一家以上新设公司的诞生(在新设合并与存续分立的情况下)。(3)公司股权的并购重组。主要指两家公司之间发生的股权流转行为以及公司转换制度(包括股份交换与股份移转)。由于股份转换的结果不仅导致股权的流转,而且导致新设母公司的诞生,因此股份转换既是股权重组活动,也是公司人格重组活动。(4)公司控制权的并购重组。一家公司通过收购另外一家公司的大宗股权,或者建立表决权信托等方式取得对后一公司股东会或董事会的绝对或者相对控制权,至于目标公司的法人资格依然存在,发生流转与变化的仅限于公司股东会和董事会中的控制权。当然,一家公司取得控制权以后,可以通过改变目标公司的发展战略和经营方针,进而壮大公司的规模经济效益。(5)公司经营方式的并购重组。在公司自身无意或无力经营,或者虽有意和有力经营、但经营成本显著过高的情况下,可以采取营业租赁或者承包经营的方式,将营业的经营权在一定期限内让渡给具有经营管理经验和卓越声誉的同行公司。

其二,以并购重组的公司数量为准,并购重组分为公司之间的并购重组以及公司自身的并购重组。(1)公司之间的并购重组。既包括既存公司之间的并购重组,也包括既存公司与新设公司之间的并购重组,还包括子公司与分公司之间的相互转换。子公司可以转变为分公司,分公司也可转变为子公司。为加大对下属公司的控制力度,母公司可依法定程序兼并子公司,从而将子公司上收为分公司。例如,胜利油田原本是一家独立公司,后被整合为中石化股份有限公司的分公司(胜利油田分公司)。为避免总公司对分公司债务承担民事责任的法律风险,总公司也可将其特定分公司的资产作为出资设立一家子公司甚至全资控股子公司。(2)公司自身的并购重组。既包括公司组织形式的改变(如有限责任公司与股份有限公司之间的组织形式转换),也包括公司与其股东、债权人之间的权利义务关系的改变(如公司重整制度)。

其三,根据并购重组的主体为准,公司并购重组可分为内资并购重组与外资并购重组。前者指内资公司之间的并购重组,后者指外资公司与内资公司之间的并购重组。

其四,以并购重组的效果为准,公司并购重组可以分为以壮大公司资产规模和经营规模为目的的增重型并购重组(如公司合并、公司控制权收购、营业收购)以及以收缩公司资产规模和经营规模为目的的瘦身型并购重组(如公司分立、营业出售)等。

其五,以参与并购重组公司的竞争力为准,公司并购重组可以分为扩张型并购重组(如公司合并、公司控制权收购、营业收购)和康复型并购重组(如公司重整)。前者使得强者更强,后者使得弱者变强。前者针对本已具备较强竞争力的公司而言,后者针对病入膏肓、但有挽救希望的公司而言。

当然,并购重组的不同手段之间并非截然对立,有时相互结合、搭配使用,共同服务于并购重整战略一盘棋。例如,看似对立的公司合并与公司分立也可共同组合。试举例说明。A公司通过存续分立一分为二,一为A公司,二为新设B公司;B公司又可兼并C公司。再如,A公司可以分立为B公司和C公司,D公司可以分立为E公司和F公司;之后,C公司可与F公司合并,E公司可与B公司合并。

三、并购重组的法律适用

并购重组既然体现契约自由、公司自治和市场竞争的精神,当然应当适用《公司法》和《合同法》等民事基本法律。既然并购重组行为属于平等主体之间的民事行为,并购重组行为就要充分尊重各方当事人的自由选择,原则上公权力不宜强行干预。

但并购重组的结果有可能涉及竞争者、消费者、劳动者的切身利益,有时甚至影响到国家宏观调控政策尤其是产业政策、社会公共利益和国家利益、国家安全。有些并购重组有可能排除和限制竞争,有些并购重组旨在从广大消费者掠夺暴利,有的并购重组旨在大量裁员,有的并购重组与国家宏观调控政策背道而驰,有的公司重组威胁到国家安全。因此,对有可能损害国家利益(包括为民事主体的国家利益以及作为公权力主体的国家利益)、社会公共利益和国家安全的并购重组,立法者与监管者必须予以干预。

我国 2007 年 8 月 30 日出台的《反垄断法》专章规定了"经营者集中",旨在约束与控制公司经济力量的过度集中。中国证监会《上市公司收购管理办法》第 4 条也明文禁止上市公司的收购及相关股份权益变动活动危害国家安全和社会公共利益;上市公司的收购及相关股份权益变动活动涉及国家产业政策、行业准入、国有股份转让等事项,需要取得国家相关部门批准的,应当在取得批准后进行;外国投资者进行上市公司的收购及相关股份权益变动活动的,应当取得国家相关部门的批准,适用中国法律,服从中国的司法、仲裁管辖。2006 年 9 月 8 日,商务部、国务院国有资产监督管理委员会、国家税务总局、国家工商行政管理总局、中国证券监督管理委员会和国家外汇管理局重新发布的修订后的《关于外国投资者并购境内企业的规定》第 12 条也要求外国投资者并购境内企业并取得实际控制权,涉及重点行业、存在影响或可能影响国家经济安全因素或者导致拥有驰名商标或中华老字号的境内企业实际控制权转移的,当事人应就此向商务部进行申报。

第二节 公 司 合 并

一、公司合并的概念与特征

公司合并指两家以上的公司不经过清算程序,直接合并成为一家公司的法律行为。公司合并的主要动因包括但不限于:(1) 取得规模经济效益,扩大市场占有率,增强公司竞争力,提升公司的社会形象和知名度;(2) 利用公司合并机会,将劣势公司的亏损充抵强势公司的盈利,以实现节税目的;(3) 避免公司在激烈的市场竞争中被淘汰出局等。当然,具体到公司合并中的一方当事人而言,动机会有所不同。对于强者公司来说,公司合并旨在愈并愈强;而对于弱者公司而言,公司合并则可躲过破产一劫。在经济全球化的时代,一些民族企业为与跨国公司抗衡,也会选择公司合并。

公司合并具有以下特征:

(1) 公司合并是公司之间的契约行为。公司合并的主体是公司、而非股东,合并的意思表示由合并各方公司股东会分别作出。公司合并要充分体现私法自治精神,要力戒公司合并过程中的"拉郎配"现象。当然,这并不排除政府依据反垄断法的授权,为了维护公平竞争秩序而对公司合并予以行政审查。也不排除政府依据法律或者行政法规的授权,为保护自然资源与生态环境而对小规模的采矿企业作出强制合并的行政决定。

(2) 公司合并是合并各方公司实施的共同行为。与合伙合同、公司设立协议相似,合并各方的意思表示内容相同、方向平行,均指向相同的合并内容。这与意思表示方向相反、但相互合作的买卖合同迥然有异。

(3) 公司合并前原公司的股东资格并不消失。虽然公司合并会导致一家或多家公司的法人资格的消失,但被注销的公司的股东并不因此而丧失股东权利;相反,他们要在存续公司或新设公司中取得相应的股东资格。当然,这并不排除异议股东在公司合并之时行使退股权,进而脱离公司。

二、公司合并的类型

(一) 吸收合并或者新设合并

以合并前后公司的组织形态变化为准,公司合并分为吸收合并或者新设合并。根据我国《公司法》第 173 条规定,公司合并可以采取吸收合并或者新设合并。

所谓吸收合并,又称存续合并、公司兼并,是指一家公司吞并和吸收另外一家公司,存续公司的资本规模和业务规模更大,而被合并公司未经清算而解散,并将其全部资产和负债转让给存续公司的法律行为。其中,被合并公司股东所持的股份转换为对存续公司所持的股份。在吸收合并中,合并一方的法人资格得以保全,而其他公司的法人资格则告消灭。

所谓新设合并,又称新创合并、创设合并,是指两家以上的公司未经清算而解散,并将其全部资产和负债转让给一家新设公司的法律行为。在新设合并中,所有公司均丧失法人资格,新公司在此基础上得以破土而出,被合并公司股东所持的股份转换为对新设公司所持的股份。

吸收合并与新设合并各有利弊。就吸收合并而言,兼并公司并不消失,亦无需设立新公司,合并程序较为简单,但对兼并对价心怀不满的被兼并公司管理层和股东可能会滋生"被吃掉"的失落感,被兼并公司的许多资源尤其是无形资产(如商誉、商标和上市公司壳资源等)也可能被弃置,进而导致资源浪费。就新设合并而言,各家公司的高管和股东平起平坐进入新公司,不存在孰高孰低的问题,但其缺点在于新设公司程序繁琐、消灭的原公司的诸多资源(如知名度和上市公司的壳资源)在事实上和法律上无法或很难传承给新设公司。

但无论是吸收合并,还是新设合并,都取决于合并各方的市场地位和博弈关系。势均力敌的公司有可能选择新设合并,原有公司消灭;而竞争力相差悬殊的公司有可能选择吸收合并方式。

(二) 同类公司合并与不同类公司合并

以合并各方公司的组织形式是否相同为准,公司合并可以分为同类公司合并与不同类公司合并。所谓同类公司合并,是指组织形式相同的公司之间的合并,如有限责任公司之间的合并、股份有限公司之间的合并、上市公司之间的合并;不同类公司合并,是指组织形式不同的公司之间的合并,如有限责任公司与股份有限公司之间的合并、非上市公司与上市公司之间的合并、一人公司与股东多元化公司之间的合并等。

同类公司合并后的公司组织形式一般并不发生变化,而不同类公司合并后的组织形式则不可能与原公司组织形式保持相同:在某些情况下,合并后公司采取原公司的组织形式之一(例如,股份有限公司兼并有限责任公司之后依然保留股份有限公司的法律身份);而在某些情况下,合并后公司采取原公司之外的其他组织形式(例如,一人公司与一家有限责任公司新设合并后组建一家股份有限公司)。

我国《公司法》并未禁止不同类型组织形式的公司合并。根据私法自治原则,法无禁止即可为。因此,不同类型组织形式的公司合并具有合法性。至于合并后的公司组织形式,要由各方合并公司及其广大股东根据吸收合并与新设合并的不同特点以及合并后公司是否满足特定公司组织形式的法定门槛而定。一般说来,股份有限公司与有限责任公司合并的,存续公司或新设公司采取股份有限公司的形式有利于扩大公司规模,提升股权的流通性,更符合公司合并的战略目标。有限责任公司股东经由公司合并一跃而为股份有限公司甚至上市公司的股东;股份有限公司的资本规模和经营规模亦可进一步壮大。

(三) 普通公司兼并与简易兼并

公司兼并以其是否需要获得各方公司股东会同意为准,可以区分为普通公司兼并与简易兼并。所谓普通公司兼并,是指履行股东会决议程序的公司兼并。而简易兼并指仅需履行董事会决议程序的公司兼并。我国《公司法》并未确认简易兼并制度。美国《模范商事公司法》及受其影响下的立法例(包括我国台湾地区"企业并购法"第 19 条)确认简易兼并。

简易兼并仅适用于对子公司持有 90% 以上有表决权股份的控制公司兼并其子公司的情形而言。鉴于母公司已经保持对其子公司的高度控制力和影响力,公司兼并只不过将此种借助股权纽带的间接高度控制关系转化为法人资格内部的直接高度控制关系而已;又鉴于母公司已经拥有子公司股东会上 90% 以上的表决权,即使履行股东会决议程序,子公司的反对派小股东也无力推翻股东会决议,立法者遂决定分别以母子公司的董事会决议程序取代母公司(兼并公司)与子公司(被兼并公司)各自本应履行的股东会决议程序,以提高公司兼并效率。但立法者对公司合并中反对股东的退股权以及债权人保护程序的规定依然适用于简易兼并的情况。可见,简易兼并制度只是简化了公司内部的决策程序而已,而不能忽略对子公司反对股东和债权人的权利保护条款。

依据我国《公司法》第75条和第143条,无论是母公司的股东,还是子公司的股东,只要反对公司合并的股东会决议,就可行使退股权。笔者认为,鉴于公司合并之前母子公司之间已经存在高度控制关系,公司合并后对母公司的股东一般不会产生重大影响,因此在未来立法改革时,在母公司持有子公司90%以上有表决权股份的情况下,母公司兼并子公司似乎不必赋予母公司的反对股东以退股权,只需赋予子公司股东退股权即可。

三、公司合并的程序

(一) 董事会草签公司合并协议

公司合并协议的极端重要性远非公司在日常经营活动中缔结的买卖契约和服务契约所能比拟。作为董事对公司履行勤勉义务的重要组成部分,合并各方的董事会应当负责代表各自所在公司就合并事项进行充分协商,草签合并协议或者拟定意见一致的合并方案,并经各方公司董事会分别讨论通过。必要时,合并各方董事会应当聘请律师事务所、会计师事务所和投资银行等中介机构提供相应的专业服务。我国《公司法》没有规定公司合并协议的主要条款,意在鼓励契约自由。

(二) 股东大会作出公司合并的特别决议

董事会起草的公司合并协议草案并非已经成立和生效的合同。只有当合并各方公司的股东会分别作出同意合并的特别决议后,公司才能依法成立。

股东会有权对公司合并、分立、解散、清算或者变更公司形式作出决议(我国《公司法》第38条第1款第9项)。但是,在股东会作出决策之前,董事会负责拟订公司重大收购、收购本公司股票或者合并、分立、解散及变更公司形式的方案(我国《上市公司章程指引》第107条第7项)。鉴于公司合并对公司及其股东来说关系重大,公司合并属于资本绝对多数决事项、而非资本简单多数决事项,公司合并决议属特别决议,而非普通决议。因此,股东会作出公司合并的决议时,必须经代表2/3以上有限责任公司表决权的股东通过(我国《公司法》第44条第2款),或者必须经出席会议的股东所持股份有限公司表决权的2/3以上通过(我国《公司法》第104条第2款)。倘若公司发行了不同类别的股份,那么公司合并决议还需得到各类股份股东以绝对资本多数决规则表示同意。

在合并各方公司的股东会上,董事会应当解释合并协议草案的内容,说明合并协议草案诸条款,尤其是股份转换比例的法律和经济理由。报告还应当说明报告起草中遇到的所有特殊的评估困难。在必要的情况下,董事会应当聘请会计师事务所审查合并协议草案,并向股东提交书面报告,对公司合并的对价尤其是股份转换比例是否公平合理发表意见。

股东大会决议的内容包括两个不可或缺的重要内容;一是批准合并协议草案;二是为推行公司合并计划而修改公司章程。

(三) 异议股东保护程序

由于不同股东对公司合并对价以及合并后公司发展前景的评价不同,公司合并决议很难获得全体股东一致同意。为保护对公司合并持反对意见的少数派股东的正当权益,法律例外赋予此类股东退股权。在有限责任公司,对股东会作出的公司合并决议投反对票的股东可以请求公司按照合理的价格收购其股权。自股东会会议决议通过之日起 60 日内,股东与公司不能达成控制权收购协议的,股东可以自股东会会议决议通过之日起 90 日内向人民法院提起诉讼(我国《公司法》第 75 条)。在股份有限公司,股东对股东大会作出的公司合并决议持异议的,也有权要求公司收购其股份;但是,公司回购的股份应当在 6 个月内予以注销(我国《公司法》第 143 条)。

就异议股东而言,除了对股东会作出的公司合并决议投反对票的股东,解释上还应当包括在股东会召开前明确以书面形式表示反对公司合并、并放弃参加股东会权利的股东。这种解释既有利于保护异议股东的退股权,又有利于公司合并决议的顺利作出。因为,此类异议股东的表决权不计入出席股东大会股东所代表的表决权总数,有助于提高赞成公司合并决议的通过率。

(四) 签订公司合并协议,并予公告

股东大会作出公司合并决议后,应当在合理期限内签订公司合并协议,并编制资产负债表及财产清单。公司应当自作出合并决议之日起 10 日内通知债权人,并于 30 日内在报纸上公告(我国《公司法》第 174 条)。从理论上说,倘若一方公司股东会决议修改公司合并协议,各方公司董事会就需对合并协议草案进行新一轮的修改。

(五) 债权人保护程序

在通常情况下,尤其是在强强联合的情况下,公司合并对债权人来说都是大好事。因为两家债务人公司的优质资产加在一起更有利于债权人的及时足额受偿。但是,在强弱联合的情况下,强公司的债权人则未必欢迎公司合并。因为,此种合并有可能将强公司彻底拖垮。债权人的优质债务人公司有可能一夜之间由上亿元净资产的公司帝国变成净资产为零甚至为负的劣质债务人公司。这种深刻的教训在现实生活中也经常发生。在弱弱联合的情况下,也有可能发生债权人利益受到贬损的情况。既然公司合并潜藏着对债权人利益的损害,立法者对此当然不能漠然待之。

我国《公司法》第 174 条规定："公司合并,应当由合并各方签订合并协议,并编制资产负债表及财产清单。公司应当自作出合并决议之日起 10 日内通知债权人,并于 30 日内在报纸上公告。债权人自接到通知书之日起 30 日内,未接到通知书的自公告之日起 45 日内,可以要求公司清偿债务或者提供相应的担保。"可见,我国《公司法》未规定公司合并的公告次数,允许拟合并公司在法定期限内只公告一次。这就要求债权人格外留意债务人公司的合并信息,并在公司合并完成之前尽快在法定期限内要求公司清偿债务或者提供相应担保。

倘若债权人未在前述期限内要求公司清偿债务或者提供相应的担保,则应当视为债权人承认公司合并行为。但债权人有权请求合并后的存续公司或新设公司承担债务清偿责任。我国《公司法》第 175 条规定："公司合并时,合并各方的债权、债务,应当由合并后存续的公司或者新设的公司承继。"

即使公司合并各方未履行通知与公告义务,或者未按债权人要求清偿债务或者提供相应的担保,亦不影响公司合并的效力,只不过此种合并行为不能对抗分立前各公司的债权人而已。换言之,债权人保护程序不是公司合并的生效要件,而是公司合并的对抗要件。

(六) 公司变更登记

公司合并,登记事项发生变更的,应当依法向公司登记机关办理变更登记;被合并公司解散的,应当依法办理公司注销登记;设立新公司的,应当依法办理公司设立登记(我国《公司法》第 180 条第 1 款);因合并而存续的兼并公司,其登记事项发生变化的,应当申请变更登记(《公司登记管理条例》第 39 条第 1 款)。

公司合并时的变更登记应当遵循严格的时间要求。公司合并的,应当自公告之日起 45 日后申请登记,提交合并协议和合并决议或者决定以及公司在报纸上登载公司合并公告的有关证明和债务清偿或者债务担保情况的说明。法律、行政法规或者国务院决定规定公司合并必须报经批准的,还应当提交有关批准文件(《公司登记管理条例》第 39 条第 2 款)。

除了办理公司登记机关的登记手续外,因合并而消灭的公司项下的物权依据《物权法》需要办理登记手续的,还应当办理以新设公司或兼并公司为受让人的变更登记手续。

在通常情况下,公司合并只需履行以上程序,但在公司合并存在垄断之虞的情况下,公司合并还要履行有关部门的反垄断审查程序。

四、公司合并的法律效果

公司合并同时发生以下法律效果:

(1) 被合并公司终止其存在,丧失其法人资格。在新设合并的情况下,原公司均自动丧失法人资格;在吸收合并的情况下,兼并公司继续存在,被兼并公司自动丧失法人资格。由于合并前公司的权利义务关系由合并后公司概括继受,无论是在新设合并、还是在吸收合并的情况下,原公司之消灭均无需履行清算程序。

(2)合并前公司的股东变成存续公司或新设公司的股东。但是,根据我国《公司法》第75条和第143条规定,股东倘若对股东会作出的公司合并决议持异议,有权要求公司以合理价格收购其所持股权(股份)。

(3)权利义务的概括承继。因合并而消灭的各家公司项下的全部权利义务(包括资产和负债)一概由存续公司或新设公司继受。消灭公司的财产也要依法(包括物权法、知识产权法等)办理权利移转手续。这种继受不仅在存续公司或新设公司与被合并公司之间生效,而且对第三者也产生法律效力。我国《合同法》第90条也规定:"当事人订立合同后合并的,由合并后的法人或者其他组织行使合同权利,履行合同义务"。据此,合并后公司继受合并前公司的债权时,无需通知债务人公司即可生效;合并后公司继受合并前公司的债务时,亦不以债权人的同意为生效要件。权利义务的概括继受不仅包括实体法上的权利义务,也包括程序法上的权利义务。就消灭公司尚未完结的诉讼、仲裁(包括商事仲裁与劳动仲裁)及其他争讼程序而言,均由存续公司或新设公司承受消灭公司的当事人地位。

五、公司合并无效规则

违反《公司法》、《合同法》和其他法律、行政法规中强制性规定的公司合并协议无效。鉴于公司合并涉及多方公司及其股东、职工、债权人等利益相关者的切身利益,公司合并无效只能由法院通过司法审查程序予以确认。公司合并中的任何一方当事人和利害关系人均可向法院提起公司合并无效确认之诉。

公司合并行为由法院判决宣告无效后,应当及时予以公告。第三人倘若对公司合并无效判决提出异议,应当在该判决公告后的合理期限内提出。

法院在确认公司合并无效时除了严格遵守法定的司法审查程序,还应严格遵守实体法律规则,并充分弘扬鼓励公司合并无效的司法理念。法院可以确认其有效、也可确认其无效的,应当尽量确认其有效。对于可以补救的法律瑕疵,法院应当责令有关公司在一定期限内予以改正。

为维护交易安全,宣告公司合并无效的判决本身并不影响存续公司在判决公告之前所负的债务的效力。

第三节 公司分立

一、公司分立的概念与特征

公司资本重组既包括扩张型的公司合并(含吸收合并与新设合并),也包括收缩型的公司分立。公司分立，俗称"公司拆分"或者"公司分家"，指一家公司不经过清算程序，分设为两家以上公司的法律行为。

公司分立是现代公司开展资产重组、调整公司组织结构、降低投资风险、提高公司盈利能力的重要经营战略之一。公司分立原因很多，包括但不限于：(1)调整公司的主营范围，将模糊的经营范围进一步清晰化，进而实现产品和服务的精品化、专业化，提升公司的核心竞争力。(2)削减人浮于事的公司内部官僚组织机构，提高公司经营管理效率，完善公司治理，避免公司规模过大导致的尾大不掉问题等。(3)消除势均力敌、但势不两立的股东尤其是经营者股东之间的对抗，避免公司僵局与公司内部的权力斗争。与其让两个控制股东为了利益争斗而头破血流，不如将公司一分为二，由两个控制股东分别坐山为王。(4)增强消费者对专业产品与服务的识别能力和信任度。(5)使得公司的营利模式更加清晰，方便投资者理解与判断公司的投资前景与投资风险。(6)作为落实反垄断法的公权力措施，政府对具有垄断地位的大公司予以强制拆分。

公司分立具有以下特征：

(1)公司分立是根据分立前公司的单方意思表示即可生效的法律行为。公司分立的主体是公司，分立的意思表示由分立前公司的股东会作出。当然，为了贯彻反垄断法，政府亦有权依据法律授权采取强制拆分的反垄断措施。

(2)公司分立前原公司的股东资格原则上并不消失。不管分立前的公司是否解散，分立前公司的股东仍享有在存续公司或新设公司中的股东资格。当然，这并不排除异议股东在公司分立之时依法行使退股权，进而脱离公司。

(3)公司分立导致既有公司数量的增加，而公司合并导致既有公司数量的减少。

二、公司分立的类型

(一)新设分立与存续分立

以公司分立前后的组织形态变化为准，公司分立分为新设分立与存续分立。新设分立，又称解散分立，是指公司全部资产分别划归两个或者两个以上的新公司，原公司解散。新设分立实质上是对新设合并的逆向操作。例如，A公司分立为B公司与C公司，A公司则告消灭。当公司股东或者管理层围绕公司的投资和经营决策产生重大分歧、或者公司业务过于繁杂致使股东很难对公司各项业务的投资价值作出判断时，公司股东或者管理层往往倾向于公司分家。

存续分立，又称派生分立，是指公司以其部分资产另设一家或者数家新公司，原公司存续。存续分立实质上是对吸收合并的逆向操作。例如，A公司分立为A公司与B公司，其中原来A公司的法人资格依然保留。在实践中，总公司为了实现资产扩张，降低投资风险，往往把其分公司改组成具有法人资格的全资子公司。此时总公司亦转化为母公司。母公司仅以其投资额为限对新设子公司债务负有限责任。公司也可以划出部分资产作为投资,与其他股东共同发起设立新公司。

(二) 自愿分立与非自愿分立

以其发生原因为准,公司分立可分为自愿分立与非自愿分立。自愿分立基于公司董事会与股东大会的主观意志而进行;而非自愿分立则基于国家公权力的干预而进行。在西方市场经济国家,政府为了贯彻反垄断法和竞争政策,经常采用强制拆分即非自愿分立的方式,把违反反垄断法的大公司分割为若干互相竞争的小公司。我国亦对电信、电力等一些垄断企业进行过强制拆分。

(三) 物的分立与人的分立

以分立后公司发行的股份的归属主体为准,公司分立可以分为物的分立与人的分立。由被分立公司取得存续公司或新设公司发行的股份的,为物的分立;由被分立公司的股东取得存续公司或新设公司发行的股份的,为人的分立。在前一情形下,倘若被分立公司只有一家,则新设公司为存续公司的全资子公司(一人公司),存续公司为新设公司的唯一股东。

三、公司分立的程序

(一) 董事会起草公司分立方案

拟分立公司的董事会应当以书面形式起草公司分立方案。公司分立方案至少应当载明下列事项:(1)拟分立的公司的类型、名称和住所;(2)股份交换的比例及现金的支付金额;(3)分配股份的条件;(4)新取得股份的股东开始享有公司利润分配请求权的日期以及影响该权利的特殊条件;(5)被分立公司的营业活动开始在会计上被视为存续公司或新设公司的营业活动的日期;(6)存续公司或新设公司赋予被分立公司特别股股东、股票之外的证券持有人的权利或者其他有关方案;(7)对注册会计师事务所以及拟分立公司的董事、监事和高级管理人员赋予的特别利益;(8)向分立后公司或存续公司转移公司资产与债务的精确说明和分配情况;(9)向拟分立公司的股东分配存续公司或新设公司的股份的情况及其分配标准;(10)存续公司和新设公司的章程草案等。

(二) 公布公司分立方案

为帮助广大股东正确判断公司分立的利弊,使得股东在参加股东会决议之前有所准备,拟分立公司应当在决定该问题的股东大会会议召开之前按法定方式将公司分立方案通知全体股东。

(三) 股东大会作出公司分立的特别决议

鉴于公司分立对公司命运与广大股东的切身利益密切相关,公司分立由股东会作出决议(我国《公司法》第38条第1款第9项)。公司分立属于资本绝多数决事项、而非资本简单多数决事项,公司分立决议属特别决议,而非普通决议。因此,股东会作出公司分立决议时,必须经代表 2/3 以上有限责任公司表决权的股东通过(我国《公司法》第 44 条第 2 款)或者必须经出席会议的股东所持股份有限公司表决权的 2/3 以上通过(我国《公司法》第 104 条第 2 款)。倘若公司发行了不同类别的股份,公司分立决议还需得到各类股份股东以绝对资本多数决规则表示同意。

董事会应当在分立公司的股东会上解释分立方案的内容,说明编制分立方案尤其是股份转换比例的法律和经济理由,以及报告起草中遇到的特殊评估困难。必要时董事会应当聘请会计师事务所审查分立方案,并向股东会提交书面报告,对公司分立草案的内容尤其是股份转换比例是否公平合理发表意见。

股东大会决议的内容包括两个不可或缺的重要内容:一是批准分立方案;二是为推行公司分立计划而修改既有的公司章程或通过新设公司的章程。在新设公司的情形下,就公司分立而召开的股东会可以视为新设公司的发起人会议。

(四) 异议股东保护程序

不同股东对公司分立的利弊有着不同的看法。因此,公司分立决议很难获得全体股东一致同意。为保护对公司分立持反对意见的少数派股东的正当权益,法律例外赋予此类股东退股权。在有限责任公司,对股东会作出的公司分立决议投反对票的股东可以请求公司按照合理的价格收购其股权。自股东会会议决议通过之日起 60 日内,股东与公司不能达成控制权收购协议的,股东可以自股东会会议决议通过之日起 90 日内向人民法院提起诉讼(我国《公司法》第 75 条)。在股份有限公司,对股东大会作出的公司分立决议持异议的股东也有权要求公司收购其股份;但是,公司回购的股份应当在 6 个月内予以注销(我国《公司法》第 143 条)。

(五) 分割公司财产

公司分立,其财产作相应的分割。公司应当在合理期限内编制资产负债表及财产清单(我国《公司法》第 176 条)。在存续分立的情况下,由于财产分割导致存续公司财产之减少,存续公司应当将资本减少事项记载于公司章程。

(六) 债权人保护程序

为保护债权人利益免于不当公司分立行为的威胁,我国《公司法》第 176 条规定:"公司应当自作出分立决议之日起 10 日内通知债权人,并于 30 日内在报纸上公告。"由于我国《公司法》未规定公司分立的公告次数,允许拟分立公司在法定期限内只公告一次,债权人应当格外留意债务人公司的分立信息。即使被分立公司未履行通知与公告义务,亦不影响公司分立的效力,但分立后公司不得以公司分立的事实对抗分立前公司的债权人。

为保护交易安全,我国《公司法》第 177 条明确规定了公司分立后诸分立公司之间的连带清偿责任:"公司分立前的债务由分立后的公司承担连带责任。但是,公司在分立前与债权人就债务清偿达成的书面协议另有约定的除外。"这意味着,债权人可以只对分立后的一家公司主张债权,也可以同时对分立后的全部公司主张债权。被选择的公司应当心悦诚服地清偿债务,而不能相互推诿,互踢皮球。其实,我国《合同法》第90条对该问题早有明文规定:"当事人订立合同后分立的,除债权人和债务人公司另有约定的以外,由分立的法人或者其他组织对合同的权利和义务享有连带债权,承担连带债务。"可见,我国《公司法》第177条实际上是《合同法》第90条在公司法领域的翻版。二者除在文字表述上稍有差异外,其立法理念并无二致,都在于加大债权人的保护力度,但允许拟分立公司与债权人秉于契约自由精神,达成相反之约定。例如,拟分立公司可在分立前与债权人约定:拟分立后的公司按照约定比例分别对债权人承担按份债务清偿责任,但彼此之间不存在连带责任;也可约定:只有分立后的特定公司对于原公司债务负责,至于其他分立后的公司不对原公司债务负责。

(七)办理公司分立登记

公司分立的,应当依法向公司登记机关办理相应登记手续。(1)被分立公司解散的,应当依法办理公司注销登记;(2)设立新公司的,应当依法办理公司设立登记(我国《公司法》第180条第1款);(3)分立后存续公司登记事项发生变化的,应当申请变更登记(我国《公司登记管理条例》第39条第1款)。

公司分立时的变更登记应当遵循严格的时间要求。公司分立的,应当自公告之日起45日后申请登记,提交分立决议或者决定以及公司在报纸上登载公司分立公告的有关证明和债务清偿或者债务担保情况的说明。法律、行政法规或者国务院决定规定公司分立必须报经批准的,还应当提交有关批准文件(我国《公司登记管理条例》第39条第2款)。

四、公司分立的法律效果

公司分立同时发生以下法律效果:

(1)被分立公司的权利义务由分立后的存续公司或新设公司概括继受。换言之,分立前公司的资产和负债分别移转于新设公司和存续公司。这种移转不仅在被分立公司与存续公司、新设公司之间生效,对第三者也产生法律效力。

(2)公司分立前的债务由分立后的公司承担连带责任,但公司在分立前与债权人就债务清偿达成的书面协议另有约定的除外。分立后公司的连带责任系就对外关系而言。就对内关系而言,分立后的存续公司或新设公司通常根据其接受资产的比例而定其内部债务承担比例。但是此种内部债务分担比例除非得到债权人同意,并不能对抗债权人,更不能摆脱连带责任的束缚。此种连带责任仅指向分立公司所负债务,而不及于分立后公司单独创设的债务。

(3) 视公司分立的具体形式,原公司终止存在或者存续。在新设分立的情况下,原公司均丧失法人资格,但由于分立前公司权利义务关系由分立后公司概括继受,原公司之消灭无需履行清算程序;在存续分立的情况下,原公司之一保留法人资格。

(4) 被分立公司的股东按照公司分立决议确定的内容变成存续公司或新设公司的股东。但是,根据我国《公司法》第75条和第143条规定,股东倘若对股东会作出的公司分立决议持异议,有权要求公司以合理价格收购其所持股权(股份)。

(5) 分立后的新设公司之间、新设公司与存续公司之间互相独立,均为独立法人。

五、公司分立无效规则

违反《公司法》和其他法律、行政法规中强制性规定的公司分立行为无效。鉴于公司分立涉及多方公司及其股东、职工、债权人等利益相关者的切身利益,公司分立无效只能由法院通过司法审查程序予以确认。公司分立中的任何一方当事人和利害关系人均可向法院提起公司分立无效确认之诉。

公司分立行为由法院判决宣告无效后,应当及时予以公告。第三人倘若对公司分立无效判决提出异议,应当在该判决公告后的合理期限内提出。

法院在确认公司分立无效时既要严格遵守法定的司法审查程序,还应严格遵守实体法律规则,并充分弘扬鼓励公司分立无效的司法理念。法院对某一公司分立行为可确认其有效、也可确认其无效的,法院应当尽量确认其有效。对于可以补救的法律瑕疵,法院应当责令有关公司在一定期限内予以改正。

为维护交易安全,宣告公司分立无效的判决本身并不影响分立公司在公司分立无效判决公告前所负的债务的效力。

第四节 控制权收购

一、控制权收购的概念与特征

控制权收购又称公司收购,是指一家公司以有偿方式取得另外一家公司股权,进而获得目标公司控制权和控制地位的法律行为。所谓控制权,是指股东依法对公司股东会、董事会决策发挥主导性影响力的法律地位或资格。根据我国《上市公司收购管理办法》第84条规定,收购公司具备下列情形之一均被视为拥有上市公司控制权:投资者为上市公司持股50%以上的控股股东;投资者可以实际支配上市公司股份表决权超过30%;投资者通过实际支配上市公司股份表决权能够决定公司董事会半数以上成员选任;投资者依其可实际支配的上市公司股份表决权足以对公司股东大会的决议产生重大影响;中国证监会认定的其他情形。

控制权收购是资本市场中较为常见的公司重组方式。在市场力量的驱使下,收购公司通过大量收购目标公司的股权,依法获得对目标公司的控制权,进而通过控制权的行使整合收购公司与目标公司之间的资源,消除散兵游勇的无序竞争以及两败俱伤的恶性竞争,作大作强公司集团。资源整合的主体既包括收购公司与目标公司,也包括以收购公司与目标公司为核心成员的势力更大、范围更广的公司家族。资源整合的内容既包括公司集团的发展战略、知识产权战略、成员公司的角色定位,也包括公司集团内部的关联交易和高级管理人员的流动。倘若两家水泥公司的生产场所相近,产品的销售半径完全相同,致使双方各自低价倾销,双双出现亏损。经过一家公司收购另一家公司控制权之后,就可以重新实现各自的主要经营范围的再调整:竞争力较强的公司继续生产水泥,竞争力较弱的公司根据国际市场订单转型种植和加工绿色农产品(如西红柿酱)。如此以来,恶性竞争的厄运得以避免,新市场得以开拓。

控制权收购具有以下法律特征:

(1)控制权收购是收购公司整合目标公司资源的手段,但其收购标的指向目标公司股东手中的大宗股权。收购公司收购目标公司股权的目的并不限于股权自身蕴涵的财产价值和分红利益,而且包括股权背后蕴涵的控制权和控制利益。因此,我国《证券法》中的"上市公司收购"实乃上市公司控制权的收购。当然,取得公司控制权的方式多种多样,除收购股权外,还有表决权信托、表决权协议等契约手段。

(2)控制权收购既具有股权转让的一般性,又有股权转让的特殊性。鉴于目标公司的股东可以自由决定其是否出卖股权,公司收购其他公司的股权时应当遵守公司法与证券法有关股权转让的一般法律规则。本书对于有限责任公司和股份有限公司的股权转让已作详细阐释,兹不赘述。鉴于公司的控制权收购行为指向目标公司的控制权,因而会触发收购公司与目标公司之间、收购公司与目标公司股东之间、收购公司与目标公司管理层之间的复杂利益关系,许多国家公司法与证券法往往对控制权收购作出特别规定。

(3)控制权收购完成后,收购公司虽然成为目标公司的控制股东,但目标公司继续保留其独立的法人资格。公司合并的结果是导致既存公司数量的减少,其中一家以上的公司丧失其法人资格。公司合并与控制权收购虽有区别,但亦有密切关联。在资本运作实务中,一些公司在揭开控制权收购的序幕之后实施公司合并战略。之所以如此,是因为说过公司取得目标公司控制权以后,不仅可以取得股东会上的控制权,而且有能力改选董事会,从而为公司合并的股东会决策和董事会决策扫除法律障碍,提高公司合并的成功率。

二、控制权收购的类型

以收购的股权对象为准,控制权收购分为有限责任公司的控制权收购与股份有限公司的控制权收购。其中,股份有限公司的控制权收购又可分为上市公司的控制权收购与非上市公司的控制权收购。

以收购方收购要约的送达对象是否特定为准,控制权收购可以分为公开要约收购与特定要约收购。实践中通常所说的"要约收购"乃指受要约方不特定的控制权收购,通常所说的"协议收购"乃指受要约方特定的控制权收购。我国《证券法》第85条也规定,投资者可以采取要约收购、协议收购及其他合法方式收购上市公司。

以控制权收购是否获得目标公司董事会的支持为准,控制权收购分为友好收购与敌意收购。其中,友好收购是指获得目标公司董事会支持的控制权收购,敌意收购是指获得目标公司董事会反对和抵制的控制权收购。虽然控制权收购标的指向目标公司的股权,而股权出售与否的决策主体是目标公司股东而非目标公司管理层,但目标公司管理层可通过引导、建议、暗示甚至反收购防御措施等手段对股权收购的进程和命运握有重要话语权与影响力。在友好收购的情况下,目标公司董事会之所以选择与收购公司合作,往往是由于目标公司董事会成员在收购行为完成之后仍能稳操公司经营权,其既得利益不因新股东的加盟而丧失。而在敌意收购的情况下,目标公司董事会的经营权和既得利益由于得不到收购公司的支持与保护,往往会顽强抵抗敌意收购,进而增加收购公司取得目标公司控制权的难度。当然,目标公司的广大股东并不当然因目标公司董事会的好恶而亦步亦趋。

三、上市公司控制权收购的法律规定

与非上市公司控制权收购相比,上市公司控制权收购涉及的法律关系更加复杂,公司法与证券法的干预力度更大,以协调收购各方公司及其股东、债权人、劳动者、经营者和社会公众的利益。上市公司控制权收购立法的价值取向在于,既提高控制权收购的效率以及上市公司资产通过证券市场得以优化的效率,又要着眼于尊重与维护目标公司股东及其利益相关者的正当利益诉求。我国《证券法》第4章对上市公司收购的条件和程序作了专门规定。根据该法第101条第2款的授权,中国证监会于2006年7月31日依照该法原则发布了《上市公司收购管理办法》,该《办法》自2006年9月1日起施行。此处介绍上市公司控制权收购的基本制度。

（一）持股达到5%的信息披露义务

为便于广大投资者及时掌握控制权收购方的背景信息，我国《证券法》第86条第1款规定了持股比例达到法定门槛的较大股东的信息披露义务。收购公司通过证券交易所的证券交易持有或者通过协议、其他安排与他人共同持有一个上市公司已发行的股份达到5%时，应当在该事实发生之日起3日内，向中国证监会、证券交易所作出书面报告，通知该上市公司，并予公告；在上述期限内，不得再行买卖该上市公司的股票。书面报告和公告的内容包括：持股人的名称、住所；持有的股票的名称、数额；持股达到法定比例的日期。

（二）持股增减幅度达到5%的信息披露义务

为便于广大投资者及时跟踪控制权收购方的持股变化信息，我国《证券法》第86条第2款规定了要求收购公司持有或者通过协议、其他安排与他人共同持有一个上市公司已发行的股份达到5%后，其所持该上市公司已发行的股份比例每增加或者减少5%，应当进行报告和公告。在报告期限内和作出报告、公告后2日内，不得再行买卖该上市公司的股票。书面报告和公告的内容包括：持股人的名称、住所；持有的股票的名称、数额；持股增减变化达到法定比例的日期。

（三）要约收购制度

为确保目标公司的全体股东都有机会向收购公司出售自己的股权，我国《证券法》第88条建立了强制要约制度。持有或与他人共同持有目标公司已发行股份达到30%、而且准备继续收购该公司股份的收购公司向该目标公司所有股东发出收购该公司全部或部分股份的要约。收购上市公司部分股份的收购要约应当约定，目标公司股东承诺出售的股份数额超过预定收购的股份数额的，收购人按比例进行收购。

发出收购要约的收购人必须事先向中国证监会报送上市公司收购报告书，并载明下列事项：(1) 收购人的名称、住所；(2) 收购人关于收购的决定；(3) 被收购的上市公司名称；(4) 收购目的；(5) 收购股份的详细名称和预定收购的股份数额；(6) 收购期限、收购价格；(7) 收购所需资金额及资金保证；(8) 报送上市公司收购报告书时持有目标公司股份数占该公司已发行的股份总数的比例。收购人还应当将上市公司收购报告书同时提交证券交易所（我国《证券法》第89条）。

收购人必须在报送上市公司收购报告书之日起15日后，公告其收购要约。在上述期限内，中国证监会发现上市公司收购报告书不符合法律、行政法规规定的，应当及时告知收购人，收购人不得公告其收购要约。收购要约约定的收购期限不得少于30日，并不得超过60日（我国《证券法》第90条）。

收购要约对收购公司具有法律拘束力。在收购要约确定的承诺期限内，收购人不得撤销其收购要约。收购人需要变更收购要约的，必须事先向中国证监会及证券交易所提出报告,经批准后,予以公告(我国《证券法》第91条)。

根据股东平等原则,收购要约提出的各项收购条件,适用于目标公司的所有股东(我国《证券法》第92条)。

为了保护目标公司股东的投资预期,预防收购公司的道德风险,采取要约收购方式的收购公司在收购期限内不得卖出目标公司的股票,也不得采取要约规定以外的形式和超出要约的条件买入目标公司的股票(我国《证券法》第93条)。

(四) 协议收购制度

根据我国《证券法》第94条规定,收购公司可以依法同目标公司的股东以协议方式进行股份转让,收购人必须在达成协议后3日内将该收购协议向中国证监会及证券交易所作出书面报告,并予公告;在公告前不得履行收购协议。

为维护交易安全,协议双方可以临时委托证券登记结算机构保管协议转让的股票,并将资金存放于指定的银行(我国《证券法》第95条)。

收购公司通过协议收购方式或通过协议、其他安排与他人共同收购一个上市公司已发行的股份达到30%时,继续进行收购的,也要向该公司所有股东发出收购该公司全部或部分股份的要约,除非中国证监会免除其全面要约义务。收购公司在此种情况下以要约方式收购上市公司股份时,应当遵守前述要约收购制度的基本要求(我国《证券法》第96条)。

(五) 上市公司退市与组织形式变更

倘若控制权收购期限届满,目标公司股权分布不符合上市条件,该上市公司的股票应由证券交易所依法终止上市交易,以落实上市公司的股权分散化和公众化要求。至于仍持有该公司股票的其他股东有权向收购人以收购要约的同等条件出售股票,收购人应当收购,以保护未能在前一阶段出售股权的股东得以抽身而去,取回投资。倘若目标公司的股权结构由于控制权收购而发生巨大变化,致使目标公司不再具备股份有限公司的条件;该公司应依法变更企业形式。倘若股份有限公司股东由于控制权收购而缩减为一人,则该公司应当变更为一人有限责任公司。

控制权收购往往是公司合并的前奏。倘若收购行为完成后,收购公司又与目标公司合并、并将该公司解散,则被解散公司的原有股票应由收购公司依法更换(我国《证券法》第99条)。如此一来,被解散公司的股东就转变为收购公司或者新设公司的股东。

(六) 收购结果信息披露制度

为强化公权力机关和公众投资者对收购行为和收购公司的监督力度,收购公司应在控制权收购行为完成后15日内将收购情况报告中国证监会和证券交易所,并予公告(我国《证券法》第100条)。

（七）收购公司的股权转让期限限制

为预防收购公司短期逐利的机会主义行为，在上市公司收购中，收购人持有的被收购的上市公司的股票，在收购行为完成后的 12 个月内不得转让（我国《证券法》第 98 条）。

四、敌意收购中的反收购措施

（一）目标公司董事会抵抗敌意收购的动因

敌意收购成功后可能导致目标公司董事会的重新组阁，因此目标公司董事会痛恨敌意收购；目标公司股东却因敌意收购者的高额要约而可从中受益。美国哥伦比亚大学法学院教授贝纳德·布莱克风趣地说："本杰明·富兰克林在 1789 年曾断言，死亡和税收是生活中最确定的两件事。如果他活到今天，他会加上第三件确定无疑的事实，即股东从收购中获利。"[①]收购公司在敌意收购成功后不仅会触及目标公司管理层的个人既得利益，也可能伤及股东之外的利益相关者（如面临裁员威胁的目标公司职工），甚至通过机会主义行为掠夺公司及其全体股东的合法财富。

倘若目标公司董事会为谋求个人私利而挫败敌意收购，则反收购措施缺乏正当性；倘若目标公司董事会为捍卫目标公司及其背后广大股东和利益相关者的正当利益而挫败敌意收购，则反收购措施具有正当性；倘若目标公司董事会为捍卫目标公司及其背后广大股东和利益相关者的正当利益而挫败敌意收购，并使管理层自身间接受益，则反收购措施依然具有正当性。

（二）目标公司董事会的诚信义务

正因为判断目标公司管理层反收购措施的正当性基础在于捍卫目标公司及其背后广大股东和利益相关者的正当利益，因此中国证监会《上市公司收购管理办法》第 8 条要求被收购公司的董事、监事、高级管理人员对公司负有忠实义务和勤勉义务，公平对待收购本公司的所有收购人。被收购公司董事会针对收购所作出的决策及采取的措施，应当有利于维护公司及其股东的利益，不得滥用职权对收购设置不适当的障碍，不得利用公司资源向收购人提供任何形式的财务资助，不得损害公司及其股东的合法权益。

目标公司管理层采取反收购措施时应当遵循的首要行为准则就是对目标公司及其全体股东利益负责。目标公司及其全体股东的利益是目标公司管理层的行为指南。管理层不得以牺牲目标公司及其全体股东的利益为代价，谋求一己之私。在此前提下，管理层应当对相互竞争的多家收购公司一视同仁，不得厚此薄彼。

[①] 崔之元：《美国二十九个州公司法变革的理论背景及对我国的启发》，载《中国与世界》1997 年第 4 期。

（三）常见的反收购措施

在美国资本市场中，目标公司抵御敌意收购的反收购措施五花八门。近年来，随着我国资本市场中敌意收购现象的流行，此类反收购措施也纷纷被目标公司董事会仿效。有些目标公司董事会还创造性地发明了若干反收购措施。

（1）修改公司章程，提高新股东提案权的门槛。根据我国《公司法》第103条第2款规定，单独或者合计持有公司3%以上股份的股东可在股东大会召开10日前提出临时提案并书面提交董事会；董事会应当在收到提案后2日内通知其他股东，并将该临时提案提交股东大会审议。有些目标公司董事会在收购公司改选董事会之前抢先一步修改公司章程，提高股东提案的法定门槛（如将持股比例由3%提高到20%），或者在股东提案的法定条件之外增设持股比例的要求（如额外要求新股东提案之前连续180天成为公司股东）。

（2）修改公司章程，限制收购公司的表决权数量。例如，为击败敌意收购，一些公司章程规定，任何股东不论拥有多少股票，最多只能享有20%的表决权。与之相反，一些公司章程授权目标公司的管理层或其背后的支持股东们享有一股多票的超级表决权。这类条款显然违反了传统公司法的"一股一表决权"原则。

（3）修改公司章程，提高股东会表决要件。例如，将股东会的某一普通决议事项改为特别决议事项，由简单多数决规则改为绝对多数决规则。

（4）修改公司章程，将董事会统一任期改为交叉任期。一些公司章程规定，当股东会改选目标公司董事会时，每年只能改选其中的1/3。这样，即使收购公司顺利取得了目标公司的控制权，依然无法在收购完成后两年内改选董事会大部分成员。为避免夜长梦多，收购公司有可能知难而退。

（5）修改公司章程，提高董事的任职门槛。有些公司章程规定董事就职前在本公司和本行业的最低任职时间，旨在提高收购公司在收购成功后改选董事会的难度。

（6）修改公司章程，概括授权董事会基于公司社会责任理论和非股东利益相关者理论采取相应的反收购措施。目标公司董事会基于维护职工利益、社区利益和环境利益等非股东利益相关者的理由，可以采取相应的反收购措施。鉴于敌意收购成为公司董事、职工和公司所在地的居民和社区的众矢之的，美国各州立法者纷纷从20世纪80年代末开始干预敌意收购，授权公司董事会以考虑非股东的其他利害关系人的利益为挡箭牌，防御和阻止敌意收购的进行。

（7）变更劳动合同，增设有利于目标公司职工利益的条款。一些劳动合同约定，在敌意收购者收购成功后，不得解除与目标公司职工的劳动合同关系；或者有义务向目标公司职工支付高额安置费用。此种反收购条款的实质在于打职工牌。

（8）管理层持大股。在敌意收购之前，管理层或其后台股东通过大量持有目标公司的股权而逼退收购公司的收购企图。

（9）增设"金降落伞"（golden parachute）条款。目标公司章程事先规定，当收购公司改选董事会、解聘目标公司管理层时有义务向其给付巨额的货币补偿或非货币福利计划（如终生免费提供奔驰车的交通便利、终生养老保险），以使目标公司管理层平安着陆，欢度余生。此种"金降落伞"可能使收购公司知难而退。

（10）寻求"白衣骑士"（white knight）。目标公司董事会邀请与目标公司管理层态度友好的公司参与到公司收购大战中来，进而取得对目标公司的控制权，击败敌意收购公司。

（11）"毒丸"（poison pill）计划。毒丸计划的实质是，收购人取得的股权比例超过特定门槛时，就会自动激活目标公司股东们对目标公司或者收购公司的股权购买活动，并冻结收购人的股权购买能力，从而导致收购人收购目标公司股权的目的彻底落空，或者不合理地加大收购股权的成本，以至于达到难以忍受的程度。

（12）出售"皇冠明珠"（crown jewel）。目标公司董事会通过资产转让或者营业转让，把目标公司的战略资产和优质资产转移到收购人触摸不到的地方，打消敌意收购公司的觊觎目标公司优质资产的企图。

（13）"绿色邮件"（green mail）。有些目标公司董事会为躲避敌意收购之灾，向收购公司允以高额补偿或者商业贿赂，以求偏安于一隅。商业贿赂具有违法性。

（14）请求反垄断执法机构禁止敌意收购。倘若控制权收购导致垄断之嫌，目标公司董事会可以请求反垄断执法机构行使公权力，以保护公平竞争、反对垄断为由禁止敌意收购。

反收购措施不限于以上内容。值得注意的是，有些反收购措施合法有效，而有些则违法无效。而衡量特定反收购措施合法与违法的界限是：某一章程条款的修改、股东会决议或董事会决议的作持是否符合程序严谨、内容合法的要求；而判断内容合法的标准主要在于是否违反了《公司法》《证券法》等法律法规中的强制性规定，是否违反了目标公司控制股东和管理层对目标公司及其全体股东所负的诚信义务尤其是忠诚义务，是否符合股东平等原则。由于我国在股权结构法律制度等方面与美国等资本市场发达国家存在着许多差异，被其他国家视为合法的反收购措施在我国有可能是违法的；反之亦然。

第五节 资产收购

一、资产收购的概念与特征

所谓资产收购,是指一家公司以有偿对价取得另外一家公司的全部或者部分资产的民事法律行为。资产收购是公司寻求其他公司优质资产、调整公司经营规模、推行公司发展战略的重要措施。

资产收购具有以下法律特征:

(1) 资产收购协议的主体是作为买卖双方的两家公司,而不包括公司股东在内。因此,资产收购与控制权收购、股权收购的主体存在本质区别。

(2) 资产收购的标的是出售公司的某一特定资产,而不包括该公司的负债。收购公司不需要承担目标公司的负债,而且可以从目标公司资产中自由选择自己中意的优质资产。这就大大锁定了收购公司的资产重组成本,提高了资产重组风险的可预见度。因此,资产收购不同于一方公司概括收购其他公司债权债务的营业转让行为。

(3) 资产收购行为完成后,收购公司与目标公司各自保持自己的独立法律人格。其中收购公司以合理对价取得本公司发展需要的优质资产,目标公司出售资产后取得相应的对价形式。可见,资产收购不同于公司合并。

(4) 资产收购的法律关系虽然较为简单,但也可能发生相应的交易成本。在股权转让与控制权收购的情况下,由于交易定价的主要参考因素之一是总资产与负债之差额,因而股权转让与控制权收购的税收成本较低;而在资产收购的情况下,收购公司需要负担每项资产的流转税收负担。

二、资产收购的程序

(1) 内部决策程序。资产收购因其规模之不同而需履行不同的公司内部决策程序。上市公司在一年内购买、出售重大资产或者担保金额超过公司资产总额30%的,应当由股东大会作出决议,并经出席会议的股东所持表决权的2/3以上通过(我国《公司法》第122条)。对于非上市公司包括有限责任公司,我国《公司法》未作强制要求,而是授权公司章程自由选择交由股东会抑或董事会决策。但根据公司法和公司章程必须经股东大会作出重大资产转让或受让决议的,董事会应当及时召集股东大会会议,由股东大会就上述事项进行表决(我国《公司法》第105条)。

(2) 签署资产收购协议。作为买卖双方的公司应当根据自愿协商、平等互利的精神以及各自公司内部治理机构的授权签署资产收购协议。

(3) 依法办理相关资产的交付手续。我国《物权法》对于不动产与动产的交付规定了不同的法律规则:不动产物权的转让,经依法登记,发生效力;未经登记,不发生效力,但法律另有规定的除外(我国《物权法》第9条第1款);动产物权的转让自交付时发生效力,但法律另有规定的除外(我国《物权法》第23条);船舶、航空器和机动车等物权的转让未经登记,不得对抗善意第三人(我国《物权法》第24条)。

三、资产收购过程中反对股东的保护

公司资产不仅是公司对债权人的债务清偿基础,也是公司发展壮大的物质基础。因此,当公司之间出售或者购买重要的资产时必然导致双方公司股东对公司投资价值的不同判断。为保护对公司转让主要财产持反对意见的少数派股东的正当权益,法律例外赋予此类股东退股权。在有限责任公司,对股东会作出的公司转让主要财产的决议投反对票的股东可以请求公司按照合理的价格收购其股权(我国《公司法》第75条)。该条将公司合并、分立、转让主要财产同时列举为股东退股的法定事由。当然,何谓"重要资产"和"主要财产"需要在公司章程中予以详细界定。

相比之下,我国《公司法》第143条仅将股份有限公司合并、分立决议列为股东退股的法定事由,而未同时将公司转让主要财产列为股东退股的法定事由。因此,股份有限公司的股东并不因公司转让主要财产而享有退股权。鉴于股份有限公司的股权与有限责任公司的股权相比,具有更高程度的流通性,股东可以通过转让股权方式而收回投资。此外,股东还可在股东会上行使否决权,以抵制公司主要财产的转让行为。倘若公司董事会成员由于道德风险而擅自转让公司主要财产的,异议股东还可对其提起股东代表诉讼。

第六节 外资并购制度

一、外资并购的概念与类型

外资并购即涉及外资的公司购并,既包括外国投资者并购国内公司,也包括国内投资者并购外国公司。本节仅讨论外国投资者并购国内公司的问题。根据《外国投资者并购境内企业暂行规定》第2条规定,外国投资者并购境内企业,系指外国投资者购买境内非外商投资企业(以下称"境内公司")股东的股权或认购境内公司增资,使该境内公司变更设立为外商投资企业(以下称"股权并购");或者,外国投资者设立外商投资企业,并通过该企业协议购买境内企业资产且运营该资产,或外国投资者协议购买境内企业资产,并以该资产投资设立外

商投资企业运营该资产(以下称"资产并购")。

可见,外资并购包括股权并购与资产并购两种基本形式。其中,股权并购又包括两种:(1)外国投资者购买境内公司股东的股权;(2)外国投资者认购境内公司增资,使该境内公司变更设立为外商投资企业。资产并购也可细分为两种:(1)外国投资者设立外商投资企业,并通过该企业购买并运营境内公司的资产;(2)外国投资者购买境内公司资产,并以该资产投资设立外商投资企业运营该资产。

商务部研究院2007年9月8日在厦门发布的《2007中国外商投资报告》指出,2006年中国以并购方式新设外商投资企业1274家,实际使用外资金额14.1亿美元,占同期中国吸收外资总量的比重分别为3.1%和2.2%。从全球看,收购兼并已经成为跨国投资的主要方式,过去十余年占跨国投资总额的2/3以上。[①] 当前中国利用外资已经进入了一个新阶段,对外资的需求开始从数量为主转向以质量为主,资金流动从流入为主转向流入和流出双向并重,吸收外资的方式从新设企业为主转向新设和并购两种方式并重。中国要继续保持较大规模吸收外资,通过吸收外资更多地吸收全球的技术、知识、管理、观念、人才等优势资源。[②] 从长远看,既要继续鼓励内资并购,也要鼓励外资并购,以全面提升我国民族经济的核心竞争力。2003年1月,原外经贸部、国家税务总局、国家工商总局、国家外汇管理局联合发布了《外国投资者并购境内企业暂行规定》。2006年9月8日,商务部、国务院国有资产监督管理委员会、国家税务总局、国家工商行政管理总局、中国证券监督管理委员会和国家外汇管理局重新发布了修订后的《关于外国投资者并购境内企业的规定》(以下简称《并购规定》)。除外资公司重组中国公司外,中国公司也已开始远赴海外资本市场,并购外国公司。

二、外资并购的法律框架

外资并购既涉及并购双方当事人及其股东的民事权利,还涉及目标公司职工等利益相关者的切身利益,更涉及劳动法和劳动合同法、产业政策、国有资产监管、外商投资企业审批与登记、证券市场监管、税务监管和外汇监管等诸多法律事项,因此外资并购除了遵守《公司法》和《合同法》的一般规定,尚需遵守以下法律规则。

(1)产业政策。外国投资者并购境内企业,应符合中国法律、行政法规和规章对投资者资格的要求及产业、土地、环保等政策。依照《外商投资产业指导目

---

① 黄芳:《商务部报告:中国尚无行业真正被外资垄断》,http://news.sohu.com/20070908/n252035865.shtml。

录》不允许外国投资者独资经营的产业,并购不得导致外国投资者持有企业的全部股权;需由中方控股或相对控股的产业,该产业的企业被并购后,仍应由中方在企业中占控股或相对控股地位;禁止外国投资者经营的产业,外国投资者不得并购从事该产业的企业。签署的股权信托无效。被并购境内企业原有所投资企业的经营范围应符合有关外商投资产业政策的要求;不符合要求的,应进行调整(《并购规定》第4条)。

(2)国有资产监管。外国投资者并购境内企业涉及企业国有产权转让和上市公司国有股权管理事宜的,应当遵守国有资产管理的相关规定(《并购规定》第5条)。

(3)外商投资企业审批与登记。外国投资者并购境内企业设立外商投资企业,应依照本规定经审批机关批准,向登记管理机关办理变更登记或设立登记(《并购规定》第6条第1款)。

(4)证券市场监管。如果被并购企业为境内上市公司,还应根据《外国投资者对上市公司战略投资管理办法》,向国务院证券监督管理机构办理相关手续(《并购规定》第6条第2款)。

(5)税收监管。外国投资者并购境内企业所涉及的各方当事人应当按照中国税法规定纳税,接受税务机关的监督(《并购规定》第7条)。

(6)外汇监管。外国投资者并购境内企业所涉及的各方当事人应遵守中国有关外汇管理的法律和行政法规,及时向外汇管理机关办理各项外汇核准、登记、备案及变更手续(《并购规定》第8条)。

三、并购基本制度

(一)享受外资企业待遇的外资持股比例门槛

根据《并购规定》第9条规定,外国投资者在并购后所设外商投资企业注册资本中的出资比例高于25%的,该企业享受外商投资企业待遇。以下两类外资企业不享受外资企业待遇:(1)外国投资者在并购后所设外商投资企业注册资本中的出资比例低于25%的,除法律和行政法规另有规定外,该企业不享受外商投资企业待遇,其举借外债按照境内非外商投资企业举借外债的有关规定办理。(2)境内公司、企业或自然人以其在境外合法设立或控制的公司名义并购与其有关联关系的境内公司所设立的外商投资企业不享受外商投资企业待遇,但该境外公司认购境内公司增资,或者该境外公司向并购后所设企业增资,增资额占所设企业注册资本比例达到25%以上的除外。根据该款所述方式设立的外商投资企业,其实际控制人以外的外国投资者在企业注册资本中的出资比例高于25%的,享受外商投资企业待遇。

(二) 审批机关

外资并购的审批机关为商务部或省级商务主管部门,登记管理机关为国家工商行政管理总局或其授权的地方工商行政管理局,外汇管理机关为国家外汇管理局或其分支机构。并购后所设外商投资企业,根据法律、行政法规和规章的规定,属于应由商务部审批的特定类型或行业的外商投资企业的,省级审批机关应将申请文件转报商务部审批,商务部依法决定批准或不批准。

(三) 名为外资并购、实为内资并购的审批

境内公司、企业或自然人以其在境外合法设立或控制的公司名义并购与其有关联关系的境内的公司,应报商务部审批。当事人不得以外商投资企业境内投资或其他方式规避前述要求。

(四) 外资并购对境内目标公司债权债务的影响

外国投资者股权并购的,由于目标公司的法人资格依然存在,公司净资产亦不因外资并购而减少,并购后所设外商投资企业承继被并购境内公司的债权和债务。由于被出售的营业资产本身并非独立法人,因此外国投资者资产并购的,出售资产的境内企业承担其原有的债权和债务。外国投资者在决定选取何种并购方式时,债务负担也是重要的考虑因素。

当然,这并不排除外国投资者、被并购境内企业、债权人及其他当事人根据契约自由原则对被并购境内企业的债权债务的处置另行达成协议,但是该协议不得损害第三人利益和社会公共利益。债权债务的处置协议应报送审批机关。出售资产的境内企业应当在投资者向审批机关报送申请文件之前至少15日,向债权人发出通知书,并在全国发行的省级以上报纸上发布公告。

(五) 并购价格评估

《并购规定》第14条第1款要求并购当事人以资产评估机构对拟转让的股权价值或拟出售资产的评估结果作为确定交易价格的依据。并购当事人可以约定在中国境内依法设立的资产评估机构。资产评估应采用国际通行的评估方法。禁止以明显低于评估结果的价格转让股权或出售资产,变相向境外转移资本。倘若资产评估机构存在道德风险或执业过失,导致境内公司或其股东的债权人损失的,资产评估机构应当依据我国《公司法》第208条第3款对受损债权人承担赔偿责任。

(六) 关联关系披露

《并购规定》第15条要求并购当事人应对并购各方是否存在关联关系进行说明,如果有两方属于同一个实际控制人,则当事人应向审批机关披露其实际控制人,并就并购目的和评估结果是否符合市场公允价值进行解释。鉴于实践中有人采用信托、代持或其他方式规避前述要求,该条规定禁止当事人采用信托、代持或其他方式规避前述要求。

（七）对价给付期限的规制

股权与资产的转让本属民事行为，对价几何、何时支付原则上属于契约自由范畴。但为预防不良国际资本的投机主义行为，消除外资并购的道德风险，《并购规定》第 16 条对价给付期限进行了严格规制。外国投资者并购境内企业设立外商投资企业，外国投资者应自外商投资企业营业执照颁发之日起 3 个月内向转让股权的股东，或出售资产的境内企业支付全部对价。对特殊情况需要延长者，经审批机关批准后，应自外商投资企业营业执照颁发之日起 6 个月内支付全部对价的 60% 以上，1 年内付清全部对价，并按实际缴付的出资比例分配收益。

外国投资者认购境内公司增资，有限责任公司和以发起方式设立的境内股份有限公司的股东应当在公司申请外商投资企业营业执照时缴付不低于 20% 的新增注册资本，其余部分的出资时间应符合《公司法》、有关外商投资的法律和《公司登记管理条例》的规定。其他法律和行政法规另有规定的，从其规定。股份有限公司为增加注册资本发行新股时，股东认购新股，依照设立股份有限公司缴纳股款的有关规定执行。

外国投资者资产并购的，投资者应在拟设立的外商投资企业合同、章程中规定出资期限。设立外商投资企业，并通过该企业协议购买境内企业资产且运营该资产的，对与资产对价等额部分的出资，投资者应在本条第一款规定的对价支付期限内缴付；其余部分的出资应符合设立外商投资企业出资的相关规定。

外国投资者并购境内企业设立外商投资企业，如果外国投资者出资比例低于企业注册资本 25% 的，投资者以现金出资的，应自外商投资企业营业执照颁发之日起 3 个月内缴清；投资者以实物、工业产权等出资的，应自外商投资企业营业执照颁发之日起 6 个月内缴清。

（八）并购后的持股比例

外国投资者协议购买境内公司股东的股权，境内公司变更设立为外商投资企业后，该外商投资企业的注册资本为原境内公司注册资本，外国投资者的出资比例为其所购买股权在原注册资本中所占比例。外国投资者认购境内有限责任公司增资的，并购后所设外商投资企业的注册资本为原境内公司注册资本与增资额之和。外国投资者与被并购境内公司原其他股东，在境内公司资产评估的基础上，确定各自在外商投资企业注册资本中的出资比例。外国投资者认购境内股份有限公司增资的，按照《公司法》有关规定确定注册资本。

（九）投资总额与注册资本的比例关系

为避免并购后公司的股权资本显著不足，进而维护交易安全，《并购规定》第 19 条规定，外国投资者股权并购的，除国家另有规定外，对并购后所设外商投资企业应按照以下比例确定投资总额的上限：(1) 注册资本在 210 万美元以下的,投资总额不得超过注册资本的10/7;(2) 注册资本在210万美元以上至500万美元的,投资总额不得超过注册资本的2倍;(3) 注册资本在500万美元以上至1200万美元的,投资总额不得超过注册资本的2.5倍;(4) 注册资本在1200万美元以上的,投资总额不得超过注册资本的3倍。《并购规定》第20条规定,外国投资者资产并购的,应根据购买资产的交易价格和实际生产经营规模确定拟设立的外商投资企业的投资总额。拟设立的外商投资企业的注册资本与投资总额的比例应符合有关规定。

四、股权并购制度

根据《并购暂行规定》第21条,外国投资者股权并购的,投资者应根据并购后所设外商投资企业的投资总额、企业类型及所从事的行业,依照设立外商投资企业的法律、行政法规和规章的规定,向具有相应审批权限的审批机关报送下列文件:(1) 被并购境内有限责任公司股东一致同意外国投资者股权并购的决议或被并购境内股份有限公司同意外国投资者股权并购的股东大会决议。要求被并购境内有限责任公司股东一致同意外国投资者股权并购的决议,实际上突破了我国《公司法》第72条有关股权转让的规定。此外,被并购境内股份有限公司同意外国投资者股权并购的股东大会决议究竟采取绝对多数决规则,抑或绝对多数决规则,《暂行规定》并不清晰。鉴于股东的股权转让自由,亦将股份有限公司股东会决议解释为简单多数决;(2) 被并购境内公司依法变更设立为外商投资企业的申请书;(3) 并购后所设外商投资企业的合同、章程;(4) 外国投资者购买境内公司股东股权或认购境内公司增资的协议;(5) 被并购境内公司上一财务年度的财务审计报告;(6) 经公证和依法认证的投资者的身份证明文件或注册登记证明及资信证明文件;(7) 被并购境内公司所投资企业的情况说明;(8) 被并购境内公司及其所投资企业的营业执照(副本);(9) 被并购境内公司职工安置计划;(10) 《并购暂行规定》第13条、第14条和第15条要求报送的文件。并购后所设外商投资企业的经营范围、规模、土地使用权的取得等,涉及其他相关政府部门许可的,有关的许可文件应一并报送。

根据《并购暂行规定》第22条,股权购买协议、境内公司增资协议应适用中国法律,进而排除了当事人自由选择其他准据法的自治空间。此类并购协议应当包括以下主要内容:(1) 协议各方的状况,包括名称(姓名)、住所,法定代表人姓名、职务、国籍等;(2) 购买股权或认购增资的份额和价款;(3) 协议的履行期限、履行方式;(4) 协议各方的权利、义务;(5) 违约责任、争议解决;(6) 协议签署的时间、地点。

根据《并购暂行规定》第25条,外国投资者并购境内企业设立外商投资企业,除本规定另有规定外,审批机关应自收到规定报送的全部文件之日起30日内,依法决定批准或不批准。决定批准的,由审批机关颁发批准证书。外国投资者协议购买境内公司股东股权,审批机关决定批准的,应同时将有关批准文件分别抄送股权转让方、境内公司所在地外汇管理机关。股权转让方所在地外汇管理机关为其办理转股收汇外资外汇登记并出具相关证明,转股收汇外资外汇登记证明是证明外方已缴付的股权收购对价已到位的有效文件。

根据《并购规定》第26条第2款规定,外国投资者股权并购的,被并购境内公司应依照本规定向原登记管理机关申请变更登记,领取外商投资企业营业执照。被并购境内公司在申请变更登记时,应提交以下文件,并对其真实性和有效性负责:(1)变更登记申请书;(2)外国投资者购买境内公司股东股权或认购境内公司增资的协议;(3)修改后的公司章程或原章程的修正案和依法需要提交的外商投资企业合同;(4)外商投资企业批准证书;(5)外国投资者的主体资格证明或者自然人身份证明;(6)修改后的董事会名单,记载新增董事姓名、住所的文件和新增董事的任职文件;(7)国家工商行政管理总局规定的其他有关文件和证件。投资者自收到外商投资企业营业执照之日起30日内,到税务、海关、土地管理和外汇管理等有关部门办理登记手续。

五、资产并购

根据《并购规定》第23条,外国投资者资产并购的,投资者应根据拟设立的外商投资企业的投资总额、企业类型及所从事的行业,依照设立外商投资企业的法律、行政法规和规章的规定,向具有相应审批权限的审批机关报送下列文件:(1)境内企业产权持有人或权力机构(如股东会)同意出售资产的决议;(2)外商投资企业设立申请书;(3)拟设立的外商投资企业的合同、章程;(4)拟设立的外商投资企业与境内企业签署的资产购买协议,或外国投资者与境内企业签署的资产购买协议;(5)被并购境内企业的章程、营业执照(副本);(6)被并购境内企业通知、公告债权人的证明以及债权人是否提出异议的说明;(7)经公证和依法认证的投资者的身份证明文件或开业证明、有关资信证明文件;(8)被并购境内企业职工安置计划;(9)《并购规定》第13条、第14条和第15条要求报送的文件。依照前款的规定购买并运营境内企业的资产,涉及其他相关政府部门许可的,有关的许可文件应一并报送。外国投资者协议购买境内企业资产并以该资产投资设立外商投资企业的,在外商投资企业成立之前,不得以该资产开展经营活动。

根据《并购规定》第24条,资产购买协议应适用中国法律,并包括以下主要内容:(1)协议各方的状况,包括名称(姓名)、住所、法定代表人姓名、职务、国籍等;(2)拟购买资产的清单、价格;(3)协议的履行期限、履行方式;(4)协议各方的权利、义务;(5)违约责任、争议解决;(6)协议签署的时间、地点。

根据《并购规定》第 26 条第 1 款规定,外国投资者资产并购的,投资者应自收到批准证书之日起 30 日内,向登记管理机关申请办理设立登记,领取外商投资企业营业执照。

六、并购对价的支付手段

根据契约自由原则,并购各方当事人可以在不违反国家有关法律和行政法规的前提下,自由约定并购公司对目标公司的对价给付形式,包括但不限于货币、实物、股权、债权、知识产权等。根据《并购规定》第 17 条规定,作为并购对价的支付手段应符合国家有关法律和行政法规的规定。外国投资者以其合法拥有的人民币资产作为支付手段的,应经外汇管理机关核准;以其拥有处置权的股权作为支付手段的,应经外汇管理机关核准。鉴于股权价值本身的不确定性,为保护目标公司及其股东免受外国投资者"空手套白狼"的欺诈之苦,《并购暂行规定》对外国投资者的股权支付手段作了严格规定。

作为并购对价的股权是指外国投资者持有的境外公司的股权,或者境外公司对于境内公司或其股东增发的股份。

(1) 境外公司的主体要件。境外公司应合法设立并且其注册地具有完善的公司法律制度,且公司及其管理层最近 3 年未受到监管机构的处罚;除《并购规定》规定的特殊目的公司外,境外公司应为上市公司,其上市所在地应具有完善的证券交易制度(《并购规定》第 28 条)。

(2) 股权要件。作为并购对价的股权应符合以下条件:第一,股东合法持有并依法可以转让;第二,无所有权争议且没有设定质押及任何其他权利限制;第三,境外公司的股权应在境外公开合法证券交易市场(柜台交易市场除外)挂牌交易;第四,境外公司的股权最近 1 年交易价格稳定(《并购规定》第 29 条)。但第三项和第四项条件不适用于《并购规定》规定的特殊目的公司。

(3) 并购顾问报告。外国投资者以股权并购境内公司,境内公司或其股东应当聘请在中国注册登记的中介机构担任顾问。并购顾问应就并购申请文件的真实性、境外公司的财务状况以及并购是否符合《并购规定》第 14 条、第 28 条和第 29 条的要求作尽职调查,并出具并购顾问报告,就前述内容逐项发表明确的专业意见。并购顾问应符合以下条件:第一,信誉良好且有相关从业经验;第二,无重大违法违规记录;第三,应有调查并分析境外公司注册地和上市所在地法律制度与境外公司财务状况的能力。

七、特殊目的公司

特殊目的公司(Special Purpose Vehicle,简称"SPV")系指中国境内公司或自然人为实现以其实际拥有的境内公司权益在境外上市而直接或间接控制的境外公司。特殊目的公司为实现在境外上市，其股东以其所持公司股权，或者特殊目的公司以其增发的股份作为支付手段，购买境内公司股东的股权或者境内公司增发的股份，但要遵守《并购规定》第 4 章第 3 节的规定。当事人以持有特殊目的公司权益的境外公司作为境外上市主体的，该境外公司应符合该节对于特殊目的公司的相关要求。

境内公司在境外设立特殊目的公司应向商务部申请办理核准手续。办理核准手续时，境内公司除向商务部报送《关于境外投资开办企业核准事项的规定》要求的文件外，另须报送以下文件：(1) 特殊目的公司最终控制人的身份证明文件；(2) 特殊目的公司境外上市商业计划书；(3) 并购顾问就特殊目的公司未来境外上市的股票发行价格所作的评估报告。获得中国企业境外投资批准证书后，设立人或控制人应向所在地外汇管理机关申请办理相应的境外投资外汇登记手续。

特殊目的公司境外上市交易，应经国务院证券监督管理机构批准。特殊目的公司境外上市所在国家或者地区应有完善的法律和监管制度，其证券监管机构已与国务院证券监督管理机构签订监管合作谅解备忘录，并保持着有效的监管合作关系。权益在境外上市的境内公司应符合下列条件：(1) 产权明晰，不存在产权争议或潜在产权争议；(2) 有完整的业务体系和良好的持续经营能力；(3) 有健全的公司治理结构和内部管理制度；(4) 公司及其主要股东近 3 年无重大违法违规记录。

特殊目的公司境外上市的股票发行价总值，不得低于其所对应的经中国有关资产评估机构评估的被并购境内公司股权的价值(《并购规定》第 43 条)。

第七节 上市公司并购重组财务顾问制度

一、财务顾问制度的出台背景和现实意义

上市公司并购重组财务顾问业务(以下简称"财务顾问业务")是为上市公司的收购、重大资产重组、合并、分立、股份回购等对上市公司股权结构、资产和负债、收入和利润等具有重大影响的并购重组活动提供交易估值、方案设计、出具专业意见等专业服务。上市公司并购重组财务顾问(以下简称"财务顾问")是市场自律机制的重要组成部分，也是证券业中方兴未艾的专业领域。

我国资本市场的本质属性决定了资本市场的发展与改革必须坚持市场化取向，建立以市场主体约束为主导的市场化监管机制，进一步放松行政管制，减少行政审批。中国证监会《上市公司收购管理办法》明确设立财务顾问制度，将并购重组从证监会直接监管下的全面要约收购，转变为财务顾问把关下的部分要

约收购;将完全依靠中国证监会的事前监管,转变为实施财务顾问制度下的中国证监会适当事前监管与重点强化事后监管相结合。在这一制度框架下,财务顾问机构能否切实履行其职责,能否真正督促并购重组活动的相关当事人自我约束、自觉规范运作并维护市场秩序,是有效发挥市场自律作用的前提和基础。

但从财务顾问机构执业现状看,财务顾问机构在专业水平、职业操守和风险控制等方面还远远不能达到市场要求。为规范财务顾问业务活动,充分发挥并购重组顾问作为"第一看门人"的应有作用,切实保护投资者的合法权益,促进上市公司规范运作,中国证监会根据《证券法》和其他相关法律、法规的规定,于2008年6月3日发布了《上市公司并购重组财务顾问业务管理办法》(以下简称《办法》),并自2008年8月4日起施行。《办法》的指导思想是强化中介机构责任、建立财务顾问负责制,由财务顾问事前把关、事中跟踪、事后持续督导,通过对财务顾问和财务顾问主办人"明责、尽责、问责"的要求,形成市场力量自我约束机制,提高市场效率。

二、行政监管为主、自律监管为辅的财务顾问监管体制

中国证监会对财务顾问实行资格许可管理,对财务顾问及其负责并购重组项目的签名人员(以下简称财务顾问主办人)的执业情况进行持续性监督管理。中国证监会及其派出机构可以根据审慎监管原则,要求财务顾问提供已按照《办法》规定履行尽职调查义务的证明材料、工作档案和工作底稿,并对财务顾问的公司治理、内部控制、经营运作、风险状况、从业活动等方面进行非现场检查或者现场检查。中国证监会有权根据《办法》对违法的财务顾问及其财务顾问主办人采取监管谈话、出具警示函、责令改正等监管措施以及罚款等处罚措施。财务顾问及其中国证监会建立监管信息系统,对财务顾问及其财务顾问主办人进行持续动态监管,并将其违法事项记入诚信档案。中国证监会负责颁布《考试大纲》,并组织财务顾问主办人胜任能力考试。

中国证券业协会依法对财务顾问及其财务顾问主办人进行自律管理。中国证券业协会可以根据《办法》制定财务顾问执业规范,组织财务顾问主办人进行持续培训。财务顾问可以申请加入中国证券业协会。财务顾问主办人应当参加中国证券业协会组织的相关培训,接受后续教育。中国证券业协会对财务顾问及其财务顾问主办人违反自律规范的行为,依法进行调查,给予纪律处分。

三、财务顾问业务核准制度

鉴于我国现阶段证券业发展水平参差不齐,《办法》确立了财务顾问业务核准制度。只有被中国证监会核准的、具有上市公司并购重组财务顾问业务资格的证券公司、证券投资咨询机构或者其他符合条件的财务顾问机构才能从事财务顾问业务。未经中国证监会核准,任何单位和个人不得从事该业务。《办法》对证券公司、证券投资咨询机构和其他机构的业务资格要求依次从严。

鉴于中国证监会《证券公司管理办法》已对证券公司的资质、股东和管理人员等方面有相应规定,因此《办法》仅从公司净资本、内部控制制度和内部防火墙制度、会计信息真实可靠、具有财务顾问主办人的数量等方面对证券公司的资格条件作出规定:(1) 公司净资本符合中国证监会规定;(2) 具有健全且运行良好的内部控制机制和管理制度,严格执行风险控制和内部隔离制度;(3) 建立健全的尽职调查制度,具备良好的项目风险评估和内核机制;(4) 公司财务会计信息真实、准确、完整;(5) 公司控股股东、实际控制人信誉良好且最近3年无重大违法违规记录;(6) 财务顾问主办人不少于5人;(7) 中国证监会规定的其他条件。为稳妥起见,对上市公司并购重组活动涉及公开发行股票的情形,发行人应聘请具有保荐资格的证券公司从事相关业务,其他机构无权从事此类业务。

鉴于证券投资咨询机构的市场进入门槛低于证券公司,《办法》将能够从事财务顾问业务的证券投资咨询机构限定在已取得中国证监会投资咨询业务许可的范围内,并从实缴注册资本和净资产、从事证券业务资格的人员和财务顾问主办人数量、从事公司并购重组财务顾问业务经验、最近2年每年财务顾问业务收入等方面对证券投资咨询机构从事财务顾问业务的资格条件作出较为严格的规定:(1) 已经取得中国证监会核准的证券投资咨询业务资格;(2) 实缴注册资本和净资产不低于人民币500万元;(3) 具有健全且运行良好的内部控制机制和管理制度,严格执行风险控制和内部隔离制度;(4) 公司财务会计信息真实、准确、完整;(5) 控股股东、实际控制人在公司申请从事财务顾问业务资格前一年未发生变化,信誉良好且最近3年无重大违法违规记录;(6) 具有2年以上从事公司并购重组财务顾问业务活动的执业经历,且最近2年每年财务顾问业务收入不低于100万元;(7) 有证券从业资格的人员不少于20人,其中,具有从事证券业务经验3年以上的人员不少于10人,财务顾问主办人不少于5人;(8) 中国证监会规定的其他条件。

《办法》对其他机构从事财务顾问业务规定的门槛最高。除符合证券公司和证券投资咨询机构要达到的基本条件外,还应具备下列条件:(1) 具有3年以上从事公司并购重组财务顾问业务活动的执业经历,且最近3年每年财务顾问业务收入不低于100万元;(2) 董事、高级管理人员应当正直诚实,品行良好,熟悉证券法律、行政法规,具有从事证券市场工作3年以上或者金融工作5年以上的经验,具备履行职责所需的经营管理能力;(3) 控股股东、实际控制人信誉良好且最近3年无重大违法违规记录;(4) 中国证监会规定的其他条件。资产评估机构、会计师事务所、律师事务所或者相关人员从事财务顾问业务,应当另行成立专门机构。

四、财务顾问主办人的从业资格标准

财务顾问主办人是指接受财务顾问指定,具体负责并购重组财务顾问业务的人员。由于财务顾问主办人的职业道德和专业水准是财务顾问执业质量的关键,《办法》借鉴对保荐代表人的资格管理经验,确立了财务顾问主办人制度,要求财务顾问机构必须具有一定数量、符合一定条件的财务顾问主办人方可开展业务。财务顾问机构在接受业务委托后应当指定2名财务顾问主办人负责,同时,可以安排一名项目协办人参与。

财务顾问主办人应当具备下列条件:(1)具有证券从业资格;(2)具备中国证监会规定的投资银行业务经历;(3)参加中国证监会认可的财务顾问主办人胜任能力考试且成绩合格;(4)所任职机构同意推荐其担任本机构的财务顾问主办人;(5)未负有数额较大到期未清偿的债务;(6)最近24个月无违反诚信的不良记录;(7)最近24个月未因执业行为违反行业规范而受到行业自律组织的纪律处分;(8)最近36个月未因执业行为违法违规受到处罚;(9)中国证监会规定的其他条件。

五、业务规则

(一)委托关系的建立

为预防纠纷,财务顾问与委托人应当签订委托协议,就委托人配合财务顾问履行其职责的义务、应提供的材料和责任划分、双方的保密责任等事项作出约定。财务顾问接受上市公司并购重组多方当事人委托的,不得存在利益冲突或者潜在的利益冲突。

财务顾问从事财务顾问业务,应当公平竞争,按照业务复杂程度及所承担的责任和风险与委托人商议财务顾问报酬,不得以明显低于行业水平等不正当竞争手段招揽业务。

财务顾问的委托人应当依法承担相应的责任,配合财务顾问履行职责,并向财务顾问提供有关文件及其他必要的信息,不得拒绝、隐匿、谎报。财务顾问履行职责,不能减轻或者免除委托人、其他专业机构及其签名人员的责任。

(二)财务顾问的诚信义务

财务顾问应当遵守法律、行政法规、中国证监会的规定和行业规范,诚实守信,勤勉尽责,对上市公司并购重组活动进行尽职调查,对委托人的申报文件进行核查,出具专业意见,并保证其所出具的意见真实、准确、完整。《办法》第17条要求,证券公司、证券投资咨询机构或者其他财务顾问机构受聘担任上市公司独立财务顾问的,应当保持独立性,不得与上市公司存在利害关系;存在下列情形之一的,不得担任独立财务顾问:(1)持有或者通过协议、其他安排与他人共同持有上市公司股份达到或者超过5%,或者选派代表担任上市公司董事;(2)上市公司持有或者通过协议、其他安排与他人共同持有财务顾问的股份达到或者超过5%,或者选派代表担任财务顾问的董事;(3)最近2年财务顾问与上市公司存在资产委托管理关系、相互提供担保,或者最近一年财务顾问为上市公司提供融资服务;(4)财务顾问的董事、监事、高级管理人员、财务顾问主办人或者其直系亲属在上市公司任职等影响公正履行职责的情形;(5)在并购重组中为上市公司的交易对方提供财务顾问服务;(6)与上市公司存在利害关系、可能影响财务顾问及其财务顾问主办人独立性的其他情形。

财务顾问及其财务顾问主办人应当严格履行保密责任,不得利用职务之便买卖相关上市公司的证券或者牟取其他不当利益,并应当督促委托人、委托人的董事、监事和高级管理人员及其他内幕信息知情人严格保密,不得进行内幕交易。

(三)财务顾问的六大职责

《办法》第19条明确了财务顾问的六大职责:(1)尽职调查。接受并购重组当事人的委托,对上市公司并购重组活动进行尽职调查,全面评估相关活动所涉及的风险。(2)提供专业化服务。就上市公司并购重组活动向委托人提供专业服务,帮助委托人分析并购重组相关活动所涉及的法律、财务、经营风险,提出对策和建议,设计并购重组方案,并指导委托人按照上市公司并购重组的相关规定制作申报文件。(3)规范化运作辅导。对委托人进行证券市场规范化运作的辅导,使其熟悉有关法律、行政法规和中国证监会的规定,充分了解其应承担的义务和责任,督促其依法履行报告、公告和其他法定义务。(4)发表专业意见。在对上市公司并购重组活动及申报文件的真实性、准确性、完整性进行充分核查和验证的基础上,依据中国证监会的规定和监管要求,客观、公正地发表专业意见。(5)组织协调。接受委托人的委托,向中国证监会报送有关上市公司并购重组的申报材料,并根据中国证监会的审核意见,组织和协调委托人及其他专业机构进行答复。(6)持续督导。持续督导委托人依法履行相关义务。

(四)尽职调查

尽职调查规则是财务顾问业务顺利推展的基础和前提。财务顾问对上市公司并购重组活动进行尽职调查时重点关注以下问题,并在专业意见中对以下问题进行分析和说明:

(1)涉及上市公司收购的,担任收购人的财务顾问,应当关注收购人的收购目的、实力、收购人与其控股股东和实际控制人的控制关系结构、管理经验、资信情况、诚信记录、资金来源、履约能力、后续计划、对上市公司未来发展的影响、收购人的承诺及是否具备履行相关承诺的能力等事项,因国有股行政划转或者变更、在同一实际控制人控制的不同主体之间转让股份、继承取得上市公司股份超过30%的,收购人可免于聘请财务顾问。

(2) 涉及对上市公司进行要约收购的,收购人的财务顾问除关注第1项所列事项外,还应当关注要约收购的目的、收购人的支付方式和支付条件、履约能力、是否将导致公司退市、对收购完成后剩余中小股东的保护机制是否适当等事项;收购人公告要约收购报告书摘要后15日内未能发出要约的,财务顾问应当督促收购人立即公告未能如期发出要约的原因及中国证监会提出的反馈意见。

(3) 涉及上市公司重大资产重组的,财务顾问应当关注重组目的、重组方案、交易定价的公允性、资产权属的清晰性、资产的完整性、重组后上市公司是否具备持续经营能力和持续盈利能力、盈利预测的可实现性、公司经营独立性、重组方是否存在利用资产重组侵害上市公司利益的问题等事项。

(4) 涉及上市公司发行股份购买资产的,财务顾问应当关注本次发行的目的、发行方案、拟购买资产的估值分析及定价的公允性、拟购买资产的完整性、独立性、盈利能力、对上市公司影响的量化分析、拟发行股份的定价模式、中小股东合法权益是否受到侵害、上市公司股票交易是否存在异常等事项;涉及导致公司控制权发生变化的,还应当对本次发行的特定对象进行核查。

(5) 涉及上市公司合并的,财务顾问应当关注合并的目的、合并的可行性、合并方案、合并方与被合并方的估值分析、折股比例的确定原则和公允性、对上市公司的业务和财务结构的影响、对上市公司持续盈利能力的影响、合并后的整合安排等事项。

(6) 涉及上市公司回购本公司股份的,财务顾问应当关注回购目的的适当性、回购必要性、回购方案、回购价格的定价模式和公允性、对上市公司现金流的影响、是否存在不利于上市公司持续发展的问题等事项。

(7) 财务顾问应当关注上市公司并购重组活动中,相关各方是否存在利用并购重组信息进行内幕交易、市场操纵和证券欺诈等事项。

(8) 中国证监会要求的其他事项。

为确保尽职调查质量,财务顾问应当建立尽职调查制度和具体工作规程,对上市公司并购重组活动进行充分、广泛、合理的调查,核查委托人提供的为出具专业意见所需的资料,对委托人披露的内容进行独立判断,并有充分理由确信所作的判断与委托人披露的内容不存在实质性差异。委托人应当配合财务顾问进行尽职调查,提供相应的文件资料。

财务顾问利用其他证券服务机构专业意见时,对其进行必要的审慎核查,对委托人提供的资料和披露的信息进行独立判断,不得偏听偏信。财务顾问对同一事项所作的判断与其他证券服务机构的专业意见存在重大差异的,应当进一步调查、复核,并可自行聘请相关专业机构提供专业服务。

（五）规范化运作辅导

财务顾问应当采取有效方式对新进入上市公司的董事、监事和高级管理人员、控股股东和实际控制人的主要负责人进行证券市场规范化运作的辅导，包括上述人员应履行的责任和义务、上市公司治理的基本原则、公司决策的法定程序和信息披露的基本要求，并对辅导结果进行验收，将验收结果存档。验收不合格的，财务顾问应当重新进行辅导和验收。

（六）发表专业意见

财务顾问在充分尽职调查和内部核查的基础上，按照中国证监会的相关规定，对并购重组事项出具财务顾问专业意见，并作出以下承诺：(1) 已按照规定履行尽职调查义务，有充分理由确信所发表的专业意见与委托人披露的文件内容不存在实质性差异；(2) 已对委托人披露的文件进行核查，确信披露文件的内容与格式符合要求；(3) 有充分理由确信委托人委托财务顾问出具意见的并购重组方案符合法律、法规和中国证监会及证券交易所的相关规定，所披露的信息真实、准确、完整，不存在虚假记载、误导性陈述或者重大遗漏；(4) 有关本次并购重组事项的财务顾问专业意见已提交内部核查机构审查，并同意出具此专业意见；(5) 在与委托人接触后到担任财务顾问期间，已采取严格的保密措施，严格执行风险控制和内部隔离制度，不存在内幕交易、操纵市场和证券欺诈问题。《办法》第27条还要求财务顾问的法定代表人或者其授权代表人、部门负责人、内部核查机构负责人、财务顾问主办人和项目协办人在财务顾问专业意见上签名，并加盖财务顾问单位公章。

（七）组织协调

财务顾问代表委托人向中国证监会提交申请文件后，应当配合中国证监会的审核，并承担以下工作：(1) 指定财务顾问主办人与中国证监会进行专业沟通，并按照中国证监会提出的反馈意见作出回复；(2) 按照中国证监会的要求对涉及本次并购重组活动的特定事项进行尽职调查或者核查；(3) 组织委托人及其他专业机构对中国证监会的意见进行答复；(4) 委托人未能在行政许可的期限内公告相关并购重组报告全文的，财务顾问应当督促委托人及时公开披露中国证监会提出的问题及委托人未能如期公告的原因；(5) 自申报至并购重组事项完成前，对于上市公司和其他并购重组当事人发生较大变化对本次并购重组构成较大影响的情况予以高度关注，并及时向中国证监会报告；(6) 申报本次担任并购重组财务顾问的收费情况；(7) 中国证监会要求的其他事项。

（八）持续督导

上市公司并购重组事项完成后，财务顾问并非完事大吉。相反，财务顾问将上市公司扶上马以后还要送一程。具体说来，财务顾问自上市公司并购重组完成后的规定期限内依然承担持续督导责任。财务顾问应当通过日常沟通、定期回访等方式,结合上市公司定期报告的披露,做好以下持续督导工作:(1)督促并购重组当事人按照相关程序规范实施并购重组方案,及时办理产权过户手续,并依法履行报告和信息披露的义务;(2)督促上市公司按照《上市公司治理准则》的要求规范运作;(3)督促和检查申报人履行对市场公开作出的相关承诺的情况;(4)督促和检查申报人落实后续计划及并购重组方案中约定的其他相关义务的情况;(5)结合上市公司定期报告,核查并购重组是否按计划实施、是否达到预期目标,其实施效果是否与此前公告的专业意见存在较大差异,是否实现相关盈利预测或者管理层预计达到的业绩目标;(6)中国证监会要求的其他事项。

在持续督导期间,财务顾问应当结合上市公司披露的定期报告出具持续督导意见,并在定期报告披露后的15日内向上市公司所在地的中国证监会派出机构报告。财务顾问还应建立健全内部检查制度,确保财务顾问主办人切实履行持续督导责任,按时向中国证监会派出机构提交持续督导工作的情况报告。

六、法律责任

财务顾问及其财务顾问主办人出现下列情形之一的,中国证监会对其采取监管谈话、出具警示函、责令改正等监管措施:(1)内部控制机制和管理制度、尽职调查制度以及相关业务规则存在重大缺陷或者未得到有效执行的;(2)未按照《办法》规定发表专业意见的;(3)在受托报送申报材料过程中,未切实履行组织、协调义务、申报文件制作质量低下的;(4)未依法履行持续督导义务的;(5)未按照《办法》规定向中国证监会报告或者公告的;(6)违反其就上市公司并购重组相关业务活动所作承诺的;(7)违反保密制度或者未履行保密责任的;(8)采取不正当竞争手段进行恶性竞争的;(9)唆使、协助或者伙同委托人干扰中国证监会审核工作的;(10)中国证监会认定的其他情形。

财务顾问机构有下列情形之一的,不得担任财务顾问:(1)最近24个月内存在违反诚信的不良记录;(2)最近24个月内因执业行为违反行业规范而受到行业自律组织的纪律处分;(3)最近36个月内因违法违规经营受到处罚或者因涉嫌违法违规经营正在被调查。

上市公司就并购重组事项出具盈利预测报告的,在相关并购重组活动完成后,凡不属于上市公司管理层事前无法获知且事后无法控制的原因,上市公司或者购买资产实现的利润未达到盈利预测报告或者资产评估报告预测金额80%的,中国证监会责令财务顾问及其财务顾问主办人在股东大会及中国证监会指定报刊上公开说明未实现盈利预测的原因并向股东和社会公众投资者道歉;利润实现数未达到盈利预测50%的,中国证监会可以同时对财务顾问及其财务顾问主办人采取监管谈话、出具警示函、责令定期报告等监管措施。

财务顾问及其财务顾问主办人或者其他责任人员发表的专业意见存在虚假记载、误导性陈述或者重大遗漏的,中国证监会责令改正并依据我国《证券法》第 223 条予以处罚。财务顾问及其财务顾问主办人在相关并购重组信息未依法公开前,泄漏该信息、买卖或者建议他人买卖该公司证券,利用相关并购重组信息散布虚假信息、操纵证券市场或者进行证券欺诈活动的,中国证监会依据我国《证券法》第 202 条、第 203 条、第 207 条予以处罚;涉嫌犯罪的,依法移送司法机关追究刑事责任。

第十章 公司社会责任

第一节 公司社会责任概述

一、公司社会责任的概念

强化公司社会责任不仅是公司法的重要内容,也是构建和谐社会的重要内容。所谓公司社会责任(corporate social responsibility),是指公司不能仅仅以最大限度地为股东们赚钱作为自己的唯一存在目的,应当最大限度地关怀和增进股东利益之外的其他所有社会利益,包括消费者利益、职工利益、债权人利益、中小竞争者利益、当地社区利益、环境利益、社会弱者利益及整个社会公共利益等内容,既包括自然人的人权尤其是社会权,也包括法人和非法人组织的权利和利益。公司社会责任理论与利益相关者(stakeholder or non-shareholder constituencies)理论表述虽有不同,但其核心内容相同,都体现了对公司营利性之外的社会性的关注。公司社会责任的核心价值观是以人为本,而非以钱为本。

公司社会责任既是一种公司治理理念,也是一种制度安排,更是一种商业实践。没有公司社会责任的理念,便没有成熟的制度设计;没有自觉的公司社会责任实践,公司社会责任理论也就成了无源之水。而其中的制度设计则扮演着承上启下的作用。

就理念而言,公司社会责任是一种资本观、财富观。公司社会责任强调资本的社会性与伦理性,强调资本有伦理,商业有道德。公司不仅要取得阳光财富,而且要善用阳光财富。不仅公司取得财富的过程要符合法律和商业伦理的要求,而且公司使用与处分财富的过程也要符合法律和商业伦理的要求。公司社会责任就是对资本无伦理、商业无道德的极端理论的彻底否定。

就制度设计而言,公司社会责任的贯彻落实离不开兴利除弊的法律制度与伦理制度的完善设计。例如,政府应当通过政府采购、简化行政手续等手段鼓励公司承担社会责任;立法者应当鼓励投资者尤其是机构投资者的公司社会责任投资。

就商业实践而言,公司应当自觉出台惠及劳动者、消费者、环境利益与社会公共利益的社会责任政策。公司社会责任运动的最高境界不是通过法律与外在舆论的强大压力迫使公司承担社会责任,而是帮助公司社会责任理念深深扎根于公司投资者及其经营者的心灵深处,并随时转化成自觉自愿的公司社会责任运动。

二、法律意义上的社会责任与伦理意义上的社会责任

按照公司社会责任的规范来源为准,公司社会责任可以分为法律意义上的社会责任(如及时足额地履行债务、纳税、支付劳动者工资、保护环境)与伦理意义上的社会责任。落实法律意义上的公司的社会责任主要靠法律责任追究机制,而法律责任又以强大的国家公权力为后盾。可见,法律意义上的公司社会责任乃为刚性的社会义务。强化法律意义上的公司社会责任的条款散见于整个法律体系。立法者不需要、也没有足够的智慧制定一部包罗万象的《公司社会责任法》。但作为底线,公司必须履行法律层面的社会义务,如劳动法、消费者权益保护法、产品质量法、税法和环境保护法设定的社会义务。

如果说法律为公司设定的社会责任是有限的,而伦理为公司设定的社会责任则是无限的。聪明的公司不仅应当成为守法经营的模范,而且应当成为诚实敦厚的儒商。落实道德意义上的公司社会责任主要靠奖励、良心、舆论与市场。可见,伦理意义上的公司社会责任乃为柔性的社会义务。但是,缺乏商业道德、不诚实守信的公司,即使算得上合法公司,也必将为市场所唾弃。有远见、有出息的公司应当努力追求卓越,争取成为信誉卓著、为劳动者、消费者和社会公众信赖和敬重的贵族公司与儒商,而不应把自己定位为"死猪不怕开水烫"的无赖公司与奸商。

当然,公司承担社会责任应当量力而行,适度承诺。公司承担社会责任有一个默示前提:公司有能力承担社会责任。如果公司陷入瘫痪、破产,就无力承担社会责任。因此,公司社会责任的承诺和标准的确定应当定位于谋求公司利益、股东利益与非股东利益的多赢,将公司社会责任负担控制在公司可持续发展的范围之内。

三、实体意义上的公司社会责任与程序意义上的公司社会责任

公司社会责任既有实体层面的涵义,又有程序层面的涵义。作为程序意义上的概念,公司社会责任要求公司决策程序考虑和反映社会利益与社会权。例如,德国的职工监事制度允许职工代表通过担任监事的途径参与公司的决策程序(如任免董事、决定董事报酬、其他重大决策)和监督活动。作为实质意义上的概念,公司社会责任要求公司决策的结果能够对社会利益与社会权负责。例如,美国采取公司利益相关者理论的诸州立法允许公司董事会在作出反收购决策时可以不拘泥于股东利益最大化的思维方式,而可以为增进利益相关者的正当权益采取反收购措施。

四、我国《公司法》对公司社会责任的态度

我国《公司法》在追求股东价值最大化的同时,强化了公司的社会责任。公司既具有营利性,也具有社会性。既然公司具有社会性,就不能将公司利益仅仅还原为股东利益;相反,公司理应对其劳动者、债权人、供应商、消费者、公司所在地的居民、自然环境和资源、国家安全和社会的全面发展承担一定责任。股东与其他利益相关人的利益既相互对立,又辩证统一于公司利益基础之上。公司的社会责任既包括商法上的社会责任,也包括商业伦理上的社会责任。

为体现以人为本的科学发展观,我国《公司法》第5条旗帜鲜明地要求:"公司从事经营活动,必须遵守法律、行政法规,遵守社会公德、商业道德,诚实守信,接受政府和社会公众的监督,承担社会责任"。这是我国社会主义公司法的一大特色,也是我国立法者对世界公司法的一大贡献。虽然美国诸州的公司法中有许多保护和增进公司股东之外其他利害关系人利益的条款,但大多限于在公司董事会面临敌意收购的威胁时,授权或者要求董事会为了非股东利益相关者的利益而采取必要的防御措施。虽然德国的《共同决定法》等相关法律中设有职工监事制度,但在其《股份法》和《有限责任公司法》的总则中缺乏强调公司社会责任的一般条款。

我国《公司法》不仅将强化公司社会责任理念列入总则条款,而且在分则中设计了一套充分强化公司社会责任的具体制度。例如,《公司法》进一步完善了职工董事制度与职工监事制度。就职工监事制度而言,《公司法》第52条第2款、第71条和第118条要求监事会应当包括股东代表和适当比例的公司职工代表,其中职工代表的比例不得低于1/3,从而有助于扭转一些公司中职工监事比例过低的现象。就职工董事制度而言,《公司法》第45条第2款和第68条要求两个以上的国有企业或者两个以上的其他国有投资主体投资设立的有限责任公司以及国有独资公司的董事会成员中有公司职工代表;第45条第2款和第109条第2款允许其他有限责任公司和股份有限公司设立职工代表董事制度。

鉴于公司重组经常造成职工下岗的严重影响,借鉴欧盟的立法经验尤其是2001年的《欧盟委员会关于全部或部分转让企业或营业时雇员权益的保护指令》,我国《公司法》第18条第3款规定:"公司研究决定改制以及经营方面的重大问题、制定重要的规章制度时,应当听取公司工会的意见,并通过职工代表大会或者其他形式听取职工的意见和建议。"

我国《公司法》第143条虽然原则禁止公司回购自己股份,但例外允许公司为了将股份奖励给本公司职工而回购不超过本公司已发行股份总额的5%的股份;同时规定用于收购的资金应当从公司的税后利润中支出,所收购的股份应当

在1年内转让给职工。

为了保护职工在公司解散的情况下获得适当的保护,我国《公司法》第187条第2款要求公司在缴纳所欠税款之前,除了支付职工工资,还要支付社会保险费用和法定补偿金。

需要指出的是,我国《公司法》第5条规定的社会责任条款体现了立法者重视公司社会责任的基本理念,因此位于公司法总则较为妥当。该公司社会责任条款不仅是强制性、倡导性的法律规定,而且对于统率公司法分则规定、指导法官和律师解释公司法、指导股东和其他公司法律关系当事人开展投资和决策活动具有重要的现实意义。在公司设立、治理、运营、重组、破产等各个环节适用与解释我国《公司法》时,也应始终弘扬公司社会责任的精神。

例如,公司社会责任条款授权董事会决策(包括制定反收购措施)时考虑并增进职工、消费者等利益相关者利益。又如,根据公司社会责任的立法理念,公司维持原则应当得到充分尊重。法院在公司解散诉讼、公司破产诉讼、公司设立无效诉讼中要尽量维持公司的生命力。法官在行使自由裁量权的时候,对于可解散、也可不解散的公司,坚决不予解散;对于可破产清算、也可实行破产重整的公司,坚决予以破产重组;对于可确认无效、也可采取瑕疵补救措施确认公司有效的公司,坚决采取瑕疵补救措施。此外,为了落实扩大就业、保护环境等社会公共政策,应当鼓励大公司优先采购中小企业以及环境友好型企业的商品或者服务。

第二节 强化公司社会责任的理论根据

一、强化公司社会责任是公司社会性的本质要求

强化公司社会责任的理论依据在于公司的社会性。公司作为投资者的逐利工具,当然具有营利性。但公司作为社会组织的一种,更具有社会性。一些西方传统的经济学家先入为主地假定所有的人都是追求个人私利最大化的经济人,然后推理出相应的经济问题的解决方案。其实,自然人既有动物性,也有社会性。同样,公司的营利性犹如自然人的自然性。在关注到无师自通的公司的营利性的同时,必须强化公司的社会性,体认到公司乃社会中的构成人员而已。公司既是经济人,也是社会人。受人尊重的公司必定是营利性与社会性兼顾的公司。只注重公司的营利性,而不注重公司的社会性,只能沦为富而不贵的公司。

二、强化公司社会责任是公司巨大经济力量的题中应有之义

美国两位研究人员安德森和卡瓦那发表的 10 项伟大的研究结论表明,在世界上最大的经济一百强中,51 个是公司,国家只占 49 个。其中,日本的丰田公司强于挪威,通用公司强于丹麦。更为重要的是,公司经济力量的集中进一步加深了从公司扩张活动中受益的人群与非受益者之间的不平等。[①]

权利、权力、义务与责任的性质意味着社会义务蕴含于几乎所有的法律权利、法律权力或实际力量之中。所有权的社会化已成为当代物权法和财产法的核心特征之一。社会义务或社会责任在诚实信用、公平正义原则的作用下,日益渗透私人所有权和私法自治的国际化趋势。蕴含于民事权利中的社会义务与其在社会中的实际影响成正比。从常理看,无论何人,其经济实力和社会影响越大,其肩负的社会义务和社会义务越重;反之亦然。公司不能存在于社会真空之中。公司既然从社会汲取营养、赚取利润,就应承担起解决社会问题、尊重与推动社会法与社会政策的重责大任。公司经济实力越强,就应承担越重、越广泛的社会义务。公司社会责任应当与公司力量的规模紧密挂钩。

三、强化公司社会责任有助于提升公司的核心竞争力

首先,强化公司社会责任有助于提升公司的诚信度,改善公司形象,预防公共关系危机,避免诚信株连。在许多产业陆续迎来微利时代的情况下,未来的公司竞争不再是单纯的新技术、新产品、人才的竞争,而是社会责任品牌的竞争。自觉承担社会责任是聪明的公司占领市场份额的竞争方略和经营方略。有些公司及其股东对社会公众利益麻木不仁,富而不贵,无法获得社会公众发自内心的尊重。唯有自觉承担社会责任的成功公司才能成长为受人尊重的公司。

其次,强化公司社会责任有助于降低公司的生产经营成本。例如,许多公司采取了循环经济的理念之后,不仅有助于保护全社会的环境质量,而且有助于降低公司经营成本。又如,长期雇用员工的政策有助于培育雇员的永久忠诚度。从长远看,公司的社会责任支出实际上是一种零存整取的长期投资活动,有助于推动公司远期利益的最大化。因此,公司在承担社会责任时,应当立足于长远利益的最大化,自觉舍弃近期的、局部的利益追求。

再次,强化公司社会责任有助于降低公司的筹资成本。投资者总是喜欢投资于诚信经营的公司。对公司利益相关者不诚信的公司,很难保持对投资者的

[①] Sarah Anderson & John Cavanagh, "The Top 200—The Rise of Global Corporate Power", *Institute for Policy Studies*, December 25, 1996.

诚信度。当前,国际社会中投资者的社会责任投资意识日益觉醒。国际上的公司社会责任投资浪潮一浪高过一浪。不具有社会责任感的公司即使具有骄人的经营业绩,但倘若不是受人尊重的公司居民,也不会吸引到巨额投资。有志于到海外证券市场融资的公司及其控制股东对此不能不察。

最后,强化公司社会责任有助于吸引认同公司社会责任理念的消费者。和气生财。公司越是善待消费者,越是具有更强的竞争力。公司应当清醒地意识到:消费者是公司的衣食父母,而不是自己的对手和敌人。公司的真正对手是其市场上的竞争者,而非消费者。公司在激烈竞争中获胜的唯一法宝就是善待自己的消费者,全面尊重消费者的一系列权益,及时对消费者关注的问题、价值和目标作出反映和调整,及时按照消费者需求调整自己的经营思路和市场营销战略,注重在降低生产和交易成本的同时,尽可能地向消费者提供更多的实惠、便利和承诺。只有这样,才能切实增强消费者对公司及其产品或者服务的信心和信任,乃至于对整个消费品市场的信心和信任。因此,公司自觉承担消费者的社会责任既是确保消费者合法权益的基础,也是公司占领市场份额、赚取利润的远期经营方略之一。近年来我国也出现了数起公司在消费者诉讼中虽然获得胜诉判决,但仍然失掉市场的反面案例。因为,不管出于什么理由,消费者不太可能因为自己败诉给商家,就会忠诚于这一商家。

四、强化公司社会责任有助于完善社会主义市场经济体制

我国社会主义市场经济体制虽已初步建立,但影响发展的体制机制障碍依然存在,改革攻坚面临深层次矛盾和问题。市场经济活动中仍然存在着诸多不和谐因素。突出表现在,政府与商人、商人与商人、商人与社会、政府与社会之间的法律关系经常发生紊乱、错位,商人的违约、侵权、违法、犯罪等失信现象以及政府官员的以权谋私、弃权谋私的现象频频发生,甚至成为常态。商业欺诈、商业贿赂与官员腐败已成为危害市场经济健康发展的三大毒瘤。无论是消费品市场,还是资本市场,抑或劳动力市场,都存在类似问题。

倘若公司自觉承担社会责任,彻底告别商业欺诈、商业贿赂,告别滥用市场支配地位的垄断思维和垄断活动,必将有助于从根本上恢复市场经济固有的市场秩序(包括企业与消费者、劳动者和其他交易伙伴之间的公平交易秩序,以及企业之间的自由竞争秩序),完善社会主义市场经济体制。

五、强化公司社会责任有助于拉动国民经济又好又快地稳定增长

公平培育效率。强化公司社会责任当然有助于拉动国民经济又好又快地稳定增长。此处仅以消费对国民经济的发动机作用为例予以说明。消费活动是市场经济之源。消费活动催生与孕育了广袤的市场舞台。消费活动是经济增长的

火车头与引擎机。在市场经济国家,公司和民族经济的命运主宰者不是商业领袖抑或政治精英,而是广大消费者。在一定程度上,可以说消费决定生产,消费需求领跑着生产供给,消费者的购买力在拉动着经济增长。没有消费者与消费活动就没有市场经济。但从我国总体情况看,消费者与商家之间仍然存在着经济实力、信息占有和缔约能力的不对称,消费者的弱势地位尚未从根本上扭转。企业的社会信用体系尚不健全,商家的失信制裁成本较低。近年来,侵权事件不断,并呈扩大趋势。这种现象的存在严重打击了消费者的消费信心,致使不少消费者持币待购,制约了不少产业的可持续健康发展。因此,强调公司对消费者的社会责任,有助推进我国的商业文化建设,有助于培育良好的社会诚信环境,有助于构建和谐的经营环境,有助于推动经济的可持续发展以及社会的全面进步。

六、强化公司社会责任有助于推动和谐社会的构建

社会和谐是中国特色社会主义的本质属性。当前,在社会经济生活中存在某些不和谐因素。劳资关系的不和谐、消费关系的不和谐等直接影响着社会的和谐与稳定,尤其是群体性的社会经济纠纷更容易激化社会矛盾,制造社会冲突,威胁社会稳定,破坏环境和自然资源,制造两极分化。公司利益冲突尤其是公司与消费者、公司与劳动者、公司与环境利益、公司与其他利益相关者之间的利益冲突已成为遏制经济发展、社会和谐和法治建设的主要矛盾。一方面,一些公司依然肆无忌惮地将公司经营成本的外部化,转嫁给利益相关者,而且违法成本过低;另一方面,广大利益相关者的维权成本过高。在立法存在漏洞的情况下,行政保护存在着力所不及的现实问题。

公司自觉承担社会责任就是构建和谐社会一盘棋的重要内容。强化公司社会责任的实质就是把以人为本的科学发展观内化为公司的价值观和具体措施。因此,强化公司社会责任抓住了构建和谐社会的"牛鼻子",抓住了主要矛盾与矛盾的主要方面,找到了公司与利益相关者从对抗走向合作,从冲突走向和谐,从双输走向双赢、共享的金光大道,进而实现公司与劳动者、消费者、环境、社会弱势群体和社会公共利益的和谐相处与良性互动。

总之,强化公司社会责任,不仅有助于在微观的市场活动中弘扬经济民主、社会和谐精神,而且有助于在宏观层面上降低全社会的交易成本,实现公司与多方利益相关者的利益共赢来;不仅有助于拉动经济增长,而且有助于落实以人为本的科学发展观、构建和谐社会,还有助于落实依法治国方略,推进人权保护事业的健康发展。

第三节 公司社会责任运动的实践

一、公司社会责任的国际实践

国际公司社会责任运动浩浩荡荡,波澜壮阔。联合国极为重视强化公司的社会责任。联合国秘书长安南在 1999 年 1 月 31 日举行的《世界经济论坛》上首次提出了"全球协议"(Global Compact)新构想。2000 年 7 月 26 日,全球协议正式启动。全球协议的宗旨是,促使全球协议及其原则成为企业经营战略和经营策略的一部分,推动主要利害关系人之间的合作,并建立有助于联合国目标实现的伙伴关系。① 换言之,全球协议力图推动有社会责任感的法人公民(responsible corporate citizenship)运动,从而使企业成为迎接经济全球化挑战、解决全球化问题的重要力量。安南号召公司领导者加入全球协议,从而与联合国机构、劳动者和民间组织一道支持人权、劳动者保护和环境保护中的九项原则。这九项原则源于《世界人权宣言》、《国际劳工组织关于工作中的基本原则与权利的宣言》和《里约环境与发展宣言》。在这九项原则中,有两项与人权相关,有四项与劳动标准相关,有三项与环境保护相关。②

许多跨国公司(如沃尔玛、宜家、耐克、迪斯尼等)制定了自己的公司社会责任守则,并发布了社会责任报告或可持续发展报告。一些非政府组织也从不同角度制定了较具可操作性的公司社会责任标准,如 FLA(公平劳资关系协会)标准、ETI(道德贸易行动)标准、AVE(外贸零售商协会)标准和 CCC(清洁服装运动)标准。跨国公司和非政府组织制定的公司社会责任守则目前已多达 400 余项。③

作为民间非政府组织的社会责任国际组织(Social Accountability International,简称 SAI)也于 1997 年 8 月设计了社会责任 8000(SA8000)标准和认证体系,并根据国际标准化组织(ISO)指南 62(质量体系评估和认证机构的基本要求)来评估认可认证机构。④

为进一步推进公司社会责任运动,ISO 作为全球最具权威性的标准化组织

---

① http://www.unglobalcompact.org/Portal/.
② 第一项原则是:公司应当在其影响所及的范围内支持与尊重国际国内的人权的保护事业;第二项原则要求公司确保其自身不参与践踏人权的行为;第三项原则要求公司尊重工人的结社自由和集体谈判权利;第四项原则要求公司消除各种形式的强迫性劳动;第五项原则要求公司有效地废除童工;第六项原则要求公司消除招聘和职业上的歧视;第七项原则要求公司对环境挑战采取预防性策略;第八项原则要求公司积极承担更大的环保责任;第九项原则鼓励公司开发和推广环保技术。
③ 参见陈志理、陈全生:《关于企业社会责任标准问题的研究报告》,"21 世纪论坛"2005 年会议参考资料,2005 年 5 月 20 日。
④ 同上。

于 2002 年成立顾问组,从事企业社会责任国际标准的可行性。ISO 于 2004 年 4 月提出《社会责任工作报告》,向全世界征求意见。2004 年 6 月,ISO 在瑞典召开社会责任国际研讨会,有 66 个成员国(其中 33 个为发展中国家)的 355 名代表出席会议。会议认为,制定社会责任国际标准的条件尚不具备,但可以制定具有指导性的国际社会责任导则。随后,ISO 开始制定社会责任导则。ISO 自 2004 年 6 月开始,已将"公司社会责任"(CSR)的提法易为外延更广的"社会责任"。[①]

2010 年 11 月 1 日,国际标准化组织公布了《国际标准化组织国际标准 26000:2010 年社会责任指引》(简称"ISO 26000")。该《指引》基于主要利益相关者团体的专家代表达成的国际共识,为各类私人与公共领域的组织提供了和谐的、全球相关的行为指南,并鼓励在世界范围内贯彻执行最佳的社会责任惯例。《ISO26000》包含的指引具有自愿性特点,而非要求,因而不宜成为类似《ISO 9001:2008》和《ISO 14001:2004》的认证标准。[②]

跨国公司的商业领袖们、广大消费者和投资者已经开始觉醒。许多机构投资者积极奉行"公司社会责任投资政策"。这些机构投资者不投资于烟草、赌场等有违社会公益的产业,而只投资于法律和商业伦理鼓励的产业。此种理念值得肯定。

二、我国的公司社会责任实践

我国许多公司开始重视公司社会责任的标准认证工作。据 2004 年 5 月商务部与劳动和社会保障部对广东、福建、浙江、江苏四省进行的大规模调查表明,外商对我国劳动密集型出口加工企业提出的社会责任认证已经十分普遍。在东莞和宁波,此种认证更达到百分之百的程度。这类公司主要集中在沿海开放地区,主要是劳动密集型出口加工企业,产品主要销往欧美国家,企业性质多为民营企业和港台投资企业。[③]

为推动我国上市公司的社会责任运动,中国证监会与国家经贸委在 2002 年 1 月 7 日发布的《上市公司治理准则》第 6 章用 6 个条款专门规定了"利益相关者"。第 81 条首次在部门规章文件中引入了"利益相关者"的概念,明确要求"上市公司应尊重银行及其他债权人、职工、消费者、供应商、社区等利益相关者的合法权利"。第 82 条立足于公司的可持续发展目标,呼吁"上市公司应与利

[①] 参见陈志理、陈全生:《关于企业社会责任标准问题的研究报告》,"21 世纪论坛"2005 年会议参考资料,2005 年 5 月 20 日。

[②] http://www.iso.org/iso/iso_catalogue/management_and_leadership_standards/social_responsibility/sr_iso26000_overview.htm.

[③] 同上。

益相关者积极合作,共同推动公司持续、健康地发展"。第 83 条既从正面要求上市公司"为维护利益相关者的权益提供必要的条件",又从反面规定,当利益相关者"合法权益受到侵害时,利益相关者应有机会和途径获得赔偿"。第 84 条则主要强调上市公司对其债权人的社会责任:"上市公司应向银行及其他债权人提供必要的信息,以便其对公司的经营状况和财务状况作出判断和进行决策。"第 85 条涉及到对上市公司职工权益的保护,"上市公司应鼓励职工通过与董事会、监事会和经理人员的直接沟通和交流,反映职工对公司经营、财务状况以及涉及职工利益的重大决策的意见"。第 86 条强调上市公司对其他利益相关者的社会责任:"上市公司在保持公司持续发展、实现股东利益最大化的同时,应关注所在社区的福利、环境保护、公益事业等问题,重视公司的社会责任。"

一些上市公司的民间组织也积极推进公司社会责任运动。例如,山东省董事会秘书协会吁请山东省境内的上市公司树立诚信形象,平等对待非股东利害关系人。① 2002 年,中国企业家协会起草了《诚信经营自律宣言》。《诚信经营自律宣言》第 19 条指出,"公司应当承担社会责任,关心环境保护,促进可持续发展。应当采取措施预防废水、废气、废料、噪音污染土壤、空气和社会环境,以增进社会福利。严禁以直接排放污染或者牺牲社会环境为代价牟取商业利益。"② 全国工商联等非营利组织也积极鼓励非公有制企业投身于光彩事业,积极承担社会责任。

三、国有企业的社会责任

近年来,国家电网公司、中石油、中远集团等一批中央企业公开发布企业社会责任报告或可持续发展报告,在社会上引起了积极反响。但从整体看,中央企业如何履行社会责任的一些问题需要进一步理清思路,履行社会责任的内涵、方式和方法也有待规范。国务院国有资产监督管理委员会于 2007 年 12 月 29 日发布了《关于中央企业履行社会责任的指导意见》(以下统称为《指导意见》)。《指导意见》要求中央企业增强社会责任意识,积极履行社会责任,成为依法经营、诚实守信的表率,节约资源、保护环境的表率,以人为本、构建和谐企业的表率,努力成为国家经济的栋梁和全社会企业的榜样。中央企业履行社会责任的主要内容有八项:

(1) 坚持依法经营诚实守信。模范遵守法律法规和社会公德、商业道德以及行业规则,及时足额纳税,维护投资者和债权人权益,保护知识产权,忠实履行

---

① 辰雨:《山东董秘协会建议树立诚信形象》,参见 http://202.84.17.28/csnews/20020415/216795.asp。

② http://www.cec-ceda.org.cn/body/talk/chenglantong/2002_8_10.html。

合同,恪守商业信用,反对不正当竞争,杜绝商业活动中的腐败行为。

(2) 不断提高持续盈利能力。完善公司治理,科学民主决策。优化发展战略,突出做强主业,缩短管理链条,合理配置资源。强化企业管理,提高管控能力,降低经营成本,加强风险防范,提高投入产出水平,增强市场竞争能力。

(3) 切实提高产品质量和服务水平。保证产品和服务的安全性,改善产品性能,完善服务体系,努力为社会提供优质安全健康的产品和服务,最大限度地满足消费者的需求。保护消费者权益,妥善处理消费者提出的投诉和建议,努力为消费者创造更大的价值,取得广大消费者的信赖与认同。

(4) 加强资源节约和环境保护。认真落实节能减排责任,带头完成节能减排任务。发展节能产业,开发节能产品,发展循环经济,提高资源综合利用效率。增加环保投入,改进工艺流程,降低污染物排放,实施清洁生产,坚持走低投入、低消耗、低排放和高效率的发展道路。

(5) 推进自主创新和技术进步。建立和完善技术创新机制,加大研究开发投入,提高自主创新能力。加快高新技术开发和传统产业改造,着力突破产业和行业关键技术,增加技术创新储备。强化知识产权意识,实施知识产权战略,实现技术创新与知识产权的良性互动,形成一批拥有自主知识产权的核心技术和知名品牌,发挥对产业升级、结构优化的带动作用。

(6) 保障生产安全。严格落实安全生产责任制,加大安全生产投入,严防重、特大安全事故发生。建立健全应急管理体系,不断提高应急管理水平和应对突发事件能力。为职工提供安全、健康、卫生的工作条件和生活环境,保障职工职业健康,预防和减少职业病和其他疾病对职工的危害。

(7) 维护职工合法权益。依法与职工签订并履行劳动合同,坚持按劳分配、同工同酬,建立工资正常增长机制,按时足额缴纳社会保险。尊重职工人格,公平对待职工,杜绝性别、民族、宗教、年龄等各种歧视。加强职业教育培训,创造平等发展机会。加强职代会制度建设,深化厂务公开,推进民主管理。关心职工生活,切实为职工排忧解难。

(8) 参与社会公益事业。积极参与社区建设,鼓励职工志愿服务社会。热心参与慈善、捐助等社会公益事业,关心支持教育、文化、卫生等公共福利事业。在发生重大自然灾害和突发事件的情况下,积极提供财力、物力和人力等方面的支持和援助。

《指导意见》要求央企建立和完善履行社会责任的体制机制。把履行社会责任纳入公司治理,融入企业发展战略,落实到生产经营各个环节。明确归口管理部门,建立健全工作体系,逐步建立和完善企业社会责任指标统计和考核体系,有条件的企业要建立履行社会责任的评价机制。《指导意见》还要求央企建立社会责任报告制度。有条件的企业要定期发布社会责任报告或可持续发展报告,公布企业履行社会责任的现状、规划和措施,完善社会责任沟通方式和对话机制,及时了解和回应利益相关者的意见建议,主动接受利益相关者和社会的监督。

第四节 建设服务型政府,推动公司社会责任运动

一、加强政府对公司社会责任履行状况的监管

政府机构在监管任何市场(包括资本市场、公司控制权市场、金融市场、产品市场、服务市场、劳动力市场等)时,都应当科学地把握规范与发展之间的辩证关系。发展是目标,规范是前提,和谐是关键,法治是基础,发展与规范应当同时进行。要解决扭转重发展、轻规范,重政策、轻法律,先发展、后规范的市场监管理念。当然,这里所说的"规范"主要指维持交易伙伴之间公平的交易关系包括债权债务关系,而非指政府对公司的强制或者管制。只有如此,才能在市场经济监管活动中强化公司的社会责任,落实科学的发展观,构建和谐社会。强化公司的社会责任,往往需要政府监管机构贯彻向弱者适度倾斜的原则。

为强化公司的社会责任,政府职能部门应当通过保护型干预、宏观调控型干预、促成型干预与给付型干预,对履行社会责任的公司提供资源,实行政策倾斜,对不履行社会责任的公司予以谴责乃至法律制裁。

二、善用胡萝卜政策,鼓励公司自觉履行社会责任

有利于公司利益相关者和商业伦理建设的措施并不一定直接给公司带来商业利益。为避免劣币驱逐良币的现象,鼓励公司自觉当好人,政府应推出一系列优惠措施对积极履行社会责任的公司提供各种财产利益与非财产利益,鼓励公司自愿、全面地践行社会责任。

对于社会责任记录良好的公司,政府应当在政府采购活动中优先提供政府采购机会。因此,建议完善《政府采购法》,允许政府采购机构优先采购社会责任记录良好的供应商提供的货物、服务和工程;并在行政法规和部门规章中细化优先采购的操作标准(包括优惠幅度)。类似原理既适用于政府采购行为,也适用于政府与公司签订的其他商事合同,如 BOT 合同、授予公司特许经营权的其他合同。

对于社会责任记录良好的公司,政府应当降低对该公司的行政监管成本,放松行政监管要求(如免去公司登记机关的年检手续),减免行政处罚。在这方面,美国经验值得借鉴。美国《联邦处罚指引》(U.S. Federal Sentencing Guidelines)规定,政府机构可以对那些已经实施良好的公司居民行为、并推出有效的

伦理遵守项目的公司从轻或者免除处罚和罚金。美国联邦和诸州负责监管环境与工作场所的政府机构对那些积极采取措施降低环境、健康与安全损害的公司予以奖励。在许多情况下,这些公司接受的行政检查要少一些,向政府机构报送的书面文件要少一些。在申请经营许可证、变更规划或者其他政府许可时,可以享受优惠待遇或者快车道待遇("fast-track" treatment)。[①]

对于乐善好施的公司从事公益事业捐赠活动时,立法者可以考虑对其提供减免税收的待遇。当然,政府的激励措施不局限于物质奖励。精神奖励有时更重于物质奖励。受我国几千年官本位文化的影响,许多公司十分珍惜自己被政府认同的归属感和成就感。因此,政府还应当对于诚信公司予以必要的精神奖励,包括但不限于授予光荣称号、颁发奖状等。

三、善用大棒政策,创新政府执法手段,加强对公司社会责任的监管力度

大棒政策主要针对法律意义上的公司社会责任而言。倘若一家公司违反了法律规定的义务,则应当承受相应的法律制裁,包括行政处罚和刑事处罚。执法机关应及时运用法定的行政监督权限、行政调查权限和行政处罚权限,坚决制止和打击损害公司利益相关者的不法行为。

为提高对刑事犯罪行为的责任追究力度,建议有关市场监管者与司法机关建立既严格分工、又密切配合的快速反应机制,切实提高刑事责任手段对经济犯罪分子的打击力度。例如,当工商部门对损害消费者权益的犯罪行为启动行政调查程序时,司法机关应当借助共享信息,同时快速启动刑事侦查程序,从而早日将实施犯罪行为的害群之马绳之以法。

民事责任、行政责任与刑事责任存在着不同的发生根据。当市场主体的某一行为破坏了市场经济秩序,同时违反民事法律规范、行政法律规范和刑事法律规范时,三大法律责任原则上并行不悖,分别适用。只有这样,才能充分发挥法律的补偿、制裁、教育、引导、保护与规范这六大功能。原则上应当并用。

四、严把市场主体和商品、服务的准入关

若是忘关水龙头导致地板泡水,关掉跑水的水龙头比起拖地板本身更重要。与此类似,为强化对公司利益相关者的保护,有关政府部门应严格市场主体核准与登记制度,把好市场准入关,确实把生产许可证和经营许可证发放给诚信公司。为兼顾经济行政的廉洁性与公正性,应当严格贯彻《行政许可法》,严格规制政府发放行政许可的范围与程序。行政许可的适用范围要少而精。在公司获

---

① Towards an understanding of Corporate Social Responsibility, http://www.indianngos.com/corporate/l&t/csr5.htm.

得市场准入门票(如卫生许可证以后)以后,执法部门还应继续密切跟踪,确保公司不滥用市场准入门票。就行政监督而言,事中监督、事后监督与事先引导同等重要。

除了市场主体的准入关,商品和服务的准入关也很重要。近年来,愈演愈烈的食品安全问题实际上暴露出了商品和服务市场无关可守或者有关虚设的严重问题,假冒伪劣商品流向市场宛入无人之境。为避免出现市场准入的死角,应当在落实相关政府部门各自执法职责与权限(如工商部门负责流通领域的商品质量监督与检查,质监部门负责流通领域的商品质量监督与检查)的基础上,进一步强化部门间的相互配合与支持。

就行政登记而言,各登记机关应当强化其登记职责,切实提高商事行为和法律文件的透明度和公信力,允许社会公众随时前往登记机关查询登记文件,从而保护作为善意第三人的消费者、投资者和交易伙伴,降低全社会的交易成本,推动我国社会信用制度的建立。

五、政府机构应当善用行政指导手段强化公司社会责任

政府机构应当积极探索行政指导的行为模式,并依法运用其享有的行政权,引导和规劝市场主体的作为与不作为。例如,政府机构可以向公司发出《行政指导建议书》或者《行政劝谕书》。再如,工商行政管理机关和相关市场监管机构可以在总结起执法经验的基础上,及时拟定合同示范文本,并推荐给公司及其利益相关者之间选择适用,逐渐封杀霸王合同(显失公平的格式合同)。

为了引导公司自觉履行社会责任,政府要善于运用政策引导、杠杆引导和信息引导等多种手段,有效地引导市场主体的市场决策行为,提高政府干预意志的透明度、可预期性和可操作性。例如,在鼓励公司参与开发我国大西部方面尤为如此。

六、政府也应自觉履行社会责任

强调政府提供基本公共服务的职责,是由社会主义市场经济体制的本质决定的。提高政府提供基本公共服务的能力是建设服务型政府的重要内容,也是政府转变职能的关键。其中,市场经济体制中的市场机制确保普通消费品(包括商品房、汽车和旅游服务等)的有效供应,但市场也有失灵的时候尤其在公共物品和公共服务领域。因此,市场经济的社会主义属性要求政府必须在确保市场交易秩序与竞争秩序的基础上进一步履行自己的服务型职责,向社会公众提供良好的公共服务(如公共交通服务)。这既是满足广大消费者基本消费需求的制度保障,也是衡量服务型政府建设进程的重要指标。建设服务型政府对于增强政府、企业、地区和民族经济的竞争力、优化消费与投资环境,保护广大市主体的自治行为,具有重要的现实意义。

第五节　强化公司社会责任是全社会的共同责任

一、鼓励社会责任投资

欧洲可持续与问责投资论坛(Eurosif, the European Sustainable and Responsible Investment Forum)出版的《2003年欧洲机构投资者的社会责任投资》表明,欧洲机构投资者的社会责任投资在2003年高达3360亿欧元。[①] 这意味着,社会责任投资已成为某些国家金融市场的主流,而且势头越来越猛。2005年,法国的养老储备基金拟斥资6亿欧元用于社会责任投资。[②] 而在美国,尽管自1999年之后的两年内美国的市场表现不佳,但2001年的社会责任投资仍高达23400亿美元。[③]

鉴于投资者的社会责任取向对于管理层的社会责任表现具有举足轻重的作用,无论是个体投资者还是机构投资者都将肩负着推动公司社会责任实践、在商业界落实社会正义的重责大任。随着我国的基金管理公司、保险公司、养老基金作为机构投资者的崛起,强调机构投资者的社会责任投资意义重大。机构投资者投资于具有社会责任感的公司,不仅在法律上和伦理上具有正当性与合法性,而且从长远看有利于基金持有人的利益最大化。

当前,我国一些基金公司在选择投资对象时,往往偏重于公司的财务表现尤其是近期财务表现,缺乏长期投资、战略投资、社会投资的雄才大略。看似对自己的基金持有人利益负责,但长此以往必将助长投资对象的惟利是图行为,最终导致投资对象社会形象与营利水平的集体沦丧。只有未雨绸缪,才能避免基金投资因为潜在的公司社会责任丑闻而付之一炬。我国的机构投资者都应争当社会责任投资者。正确处理投资的社会性(道德经)与营利性(生意经)之间的辩证关系是推动机构投资不断变革的动力,也是衡量机构投资的智慧和艺术水准的重要标尺。

二、消费者也应树立社会责任思维

既要强调公司的社会责任,也要强调消费者的社会责任。消费者是消费活动的主体。观念又是行为的先导。有必要在全社会范围内通过喜闻乐见、老少

[①] http://www.eurosif.org/pub2/lib/2003/10/srirept/press.shtml.
[②] http://www.socialfunds.com/news/article.cgi/article832.html.
[③] Social Investment Forum, 2001 Report on Socially Responsible Investing Trends in the United States, SIF Industry Research Program, November 28, 2001. At http://www.socialinvest.org/areas/research/trends/2001-Trends.htm.

皆宜的方式加强对社会责任观念的教育工作,从而树立与强化公司社会责任相适应的消费观念,培养一批又一批诚信、文明、成熟、聪明、理性、具有社会责任感的消费者。

首先,消费者要自觉树立维权意识和自我保护意识。在市场经济社会,商家与消费者之间发生的一切消费关系都是法律关系。消费者的权利很容易受到来自商家或者第三人(包括行业协会和政府部门)的伤害。成熟的消费者应当学会依法维权。不愿、不敢、不善于依法维权的消费者不是真正成熟的消费者。为权利而斗争,既是消费者的个体权利,也是消费者作为社会一分子对强化公司社会责任所作的贡献。消费者提起的公益诉讼,更是其中的典范,应予鼓励。

其次,消费者不仅关注自己的权利,而且应当关怀自己之外的公司利益相关者(如劳动者权利、债权人权利、环境利益)的冷暖。在现代社会,民事权利和商事权利的行使都蕴含着社会义务,因为权利的行使不得违反公序良俗和诚实信用原则,不得以邻为壑,损害他人和社会的利益。这是自消极角度言之。自积极角度言之,应当鼓励消费者的消费行为与保护环境和自然资源、构建社会主义和谐社会、建立社会信用体系、推进社会经济文化均衡全面可持续发展等社会整体利益和社会公共政策保持协调。广大消费者应当树立"绿色消费光荣,破坏环境消费可耻"的新观念,应当拒绝消费直接导致自然环境与自然资源恶化的商品和服务。消费者有权在消费品市场联合抵制不诚信公司的产品,也有权在劳动力市场和证券市场支持诚信公司的发展壮大。2002 年的《科恩公司居民研究报告》(A 2002 Cone Corporate Citizenship Study)表明,美国消费者在知悉一家公司的社会责任丑闻之后,有91%的消费者会考虑选择购买其他公司的商品或者服务,85%的消费者会把这条信息传递给亲朋好友,83%的消费者会拒绝投资于该公司,80%的消费者会拒绝前往这家公司工作,76%的消费者会联合抵制这家公司的产品。[①]

三、新闻媒体在强化公司社会责任法方面任重道远

要大造和谐公司的舆论环境,鼓励、支持社会各界人士对有悖公司社会责任的行为进行社会监督和舆论监督。舆论监督成本低、覆盖面广、社会影响快而深远。新闻媒体是广大利益相关者的耳目喉舌,是沟通商家与社会公众的快捷高效通道,是公司失信行为的啄木鸟,是蛀虫公司的天敌,也是政府的得力助手。因此,应当满腔热情地鼓励和支持大众传媒对公司社会责任运动进行经常而有效的监督。

人民法院要划清正当新闻监督与不当侵害名誉权的法律界限,既鼓励新闻

---

① http://www.eurosif.org/pub2/lib/2003/10/srirept/press.shtml.

媒体大胆地对有悖于公司社会责任的观念、行为和制度进行鞭挞,也要避免新闻侵权。在某名誉侵权案中,某消费者买了某电脑公司的笔记本电脑,返修完毕后由于消费者没有携带保修卡,电脑公司又把换好的部件拆下来。后来消费者在网上发帖,题目是《请看我买某某电脑上大当的经过》,其中有"慢的像牛,软的像豆腐"之类的话。两家媒体随后转载。后来商家以消费者和媒体侵害其名誉权为由起诉到法院,一审、二审判决被告名誉侵权成立,被告要赔偿公司损失。其实,就法律上的因素而言,消费者在撰写批评文章监督经营者提供的有瑕疵产品的时候,写作内容可分为两部分:一是对有瑕疵的商品及其生产者和销售者的售后服务的客观事实的描述。这是消费者的客观陈述部分,是硬信息。如果消费者颠倒黑白,当然构成名誉侵权。二是消费者基于消费者的身份,又基于产品有瑕疵客观的事实,运用夸张、比喻、拟人的手法来表达对产品质量的不满。这是消费者的主观陈述部分,是软信息。笔者认为,夸张、比喻、拟人的主观评述原则上不构成名誉侵权。另外,从公司的社会责任竞争策略来看,即使公司赢了名誉侵权官司,但有可能输掉市场。裁判者对此不可不察。

为确保新闻监督的有效性,新闻监督可以与公权力的监督、公司和消费者、劳动者等利益相关者的监督结合起来。当然,大众传媒也要恪守新闻监督的真实性、客观性、中立性和公正性原则,承担起应有的社会责任。新闻工作者也要加强职业道德修养,杜绝新闻腐败,尤其是敢于抵制有悖于公司社会责任的有偿新闻与商业广告,绝不利用新闻监督牟取私利。现在的问题不是大众传媒对公司失信问题的监督过了头,而是大众传媒这一问题的监督还很不够,很薄弱。

更重要的是,当新闻媒体为维护社会公共利益、呵护公司的利益相关者的正当利益诉求而揭露公司的不法行为时,即使新闻媒体与被揭露公司达成了新闻媒体尊重公司的名誉权、公司尊重媒体监督权的和解协议,也不能忽视媒体和公司之外的利益相关者的权益状况。有关执法机构、行业协会和利益相关者组织(如工会和消协)也要本着有则改之、无则加勉的态度,对新闻媒体覆盖的受害利益相关者的权利诉求和相关事实开展相应的调查。换言之,新闻媒体和被监督公司的妥协结果不能吞没故事主人公的维权呼声。

四、建立与完善公司社会责任信息披露制度

传统的公司法为了追求保护股东与债权人的立法价值,在信息披露制度上只强调财务信息,很少涉及用工、消费、环境保护等方面的社会信息。建议我国公司法和证券法导入社会公开法律机制,丰富信息披露的外延与内涵,把股东之外的其他利害关系人与股东、证券投资者和债权人一道纳入社会公开机制的保护伞下面,并把信息公开披露的内容由传统的财务性公开,扩大到包括财务性公开和社会性公开在内的广泛内容。

相关政府机构应当据此完善信息披露格式,使信息披露制度惠及包括广大投资者在内的各类利益相关者。上市公司作为全国性公司、透明度最高的公司,在履行社会责任信息披露方面理应率先垂范。为满足广大社会公众的知情权,除了号召公司自觉履行信息披露义务外,还应当保护媒体依法行使舆论监督权。

近年来许多公司开始主动披露社会责任报告。总体而言,披露总比不披露好。社会责任报告的发表至少表明企业家族群开始意识到社会责任品牌的价值,开始意识到企业的命运必须与主流价值观合拍。但是,也存在一些问题。一是报喜不报忧的报告多,敢于自我剖析和自我批评的报告较少。绝大多数社会责任报告从正面宣传自己如何有爱心,如何捐助失学儿童和灾区人民,缴纳税收如何如何之多。至于从反面客观坦诚自己缺点和问题的少而又少。二是谈及公司对某类利益相关者的社会责任善举时,总是忽视另外一些利益相关者。例如,有些社会责任报告宣传自己如何保护自然环境,却唯独不提自己如何善待劳动者;有些国有企业的社会责任宣传公司如何对国家经济安全负责,却没有谈自己对国家股东上交了多少利润;有些社会责任宣传公司如何善待劳动者,却未谈及如何善待消费者。这些问题值得社会责任报告的编写者深思明辨。

五、强化行业协会的社会责任

随着我国社会主义市场经济体制改革目标的确立、我国对世界贸易组织的加入以及世界经济的一体化步伐的加快与政府职能的转变,方兴未艾的行业协会将在市场经济舞台上扮演越来越重要的角色。民族企业在国际市场遭遇的不公正反倾销调查与制裁需要行业协会出面组织维权活动,行业内部的诚信自律秩序需要行业协会出面予以构建,消费者权益的保护也离不开行业协会的鼎力支持。因此,党的十六届三中全会指出,要按市场化原则规范和发展各类行业协会等自律性组织;十六届六中全会进一步强调,要坚持培育发展和管理监督并重,完善培育扶持和依法管理社会组织的政策,发挥各类社会组织提供服务、反映诉求、规范行为的作用,为经济社会发展服务。2007年5月13日,国务院办公厅发出了《关于加快推进行业协会商会改革和发展的若干意见》。

2007年,世界拉面协会中国分会推波助澜掀起了一场方便面涨价风波。这个协会组织、策划企业商议方便面涨价幅度、步骤、时间,向全行业传递龙头企业上调价格的信息,还通过媒体发布方便面涨价信息,致使部分不明真相的消费者排队抢购。该协会的不法行为虽然最终被有关部门依法查处,但这一风波无疑成为中国行业协会发展史上很不光彩的一页。拉面协会组织该方便面集体涨价的行为违反了市场竞争法律规则,构成了不法垄断行为。遗憾的是,方便面集体涨价丑闻的发生绝非个案。即使在拉面协会的违法行为被叫停后,仍有行业协会如蝇逐臭,亦步亦趋。一些行业协会对价格同盟不以为耻,反以为荣。

行业协会既非政府机关,也非营利组织,而是由特定行业内的广大企业依法成立的自律组织。因此,行业协会必须充分发挥对成员企业的自我监督、自我管理、自我约束、自我服务、自我保护、自我教育的社会职能。因此,行业协会作为行业自律组织,作为联系政府与企业、联系消费者与企业的桥梁与纽带既要一手抓行业服务,又要一手抓行业自律。自律就是对会员企业的最大保护。切实加强行业自律,不断增强会员企业的社会责任,是提高全行业竞争力的重要举措。行业协会要围绕构建双赢和谐市场环境的主旋律,倡导与组织本行业的会员企业自觉服务、服从于维护消费者利益与社会公共利益的根本要求,既要鼓励先进,也要鞭策落后。要鼓励各个行业协会通过制定和实施《社会责任行为守则》和自律规章,规范本行业的竞争秩序,预防和制止不正当竞争行为,制裁损害消费者权利的行为。自律规章和行业承诺的自律水准应当高于法律,至少不应当低于法律;否则就失去了自律的意义。

行业协会作为企业的自律组织,当然要代表本行业的企业利益,切实为行业内的企业服务。但行业协会维护的企业利益只能限于符合法律规定、诚实信用原则与公序良俗原则的正当利益,而不包括企业的不法利益、不当利益。一旦企业利益违反了法律规则,侵害了社会公共利益(包括消费者利益),行业协会就应悬崖勒马,而不应执迷不悟。为了避免全行业的诚信株连,维护本行业的商业利益,行业协会应当随时整肃家门。真正对某行业发挥积极推动作用的行业协会应当立足于行业的长远利益与根本利益,而不得以牺牲本行业的根本利益、品牌利益与长远利益为代价,追逐本行业尤其是某一企业的短期利益与财产利益。行业协会要善于通过行业自律树立本行业在广大消费者和社会公众心目中的良好社会形象。

一些行业协会打着与"国际惯例"接轨的幌子,出台某些美其名曰"国际惯例"的行业措施,保护本行业的眼前、短期的蝇头小利,欺诈广大消费者。这些协会一方面不遗余力地移植有利于本行业利益的"国际惯例",另一方面以"不合国情"为理由顽强抵制对消费者有利的"国际惯例"。国际惯例也要打假。"国际惯例"要在中国行得通,必须满足以下四个条件:(1)该做法确实为大多数市场经济国家所普遍采用,而非某一两个国家的某一行业采用的个别习惯,更非某行业中的个别商家的习惯。(2)该做法必须符合中国的国情,尤其是中国的经济发展水平、中国的消费习惯与文化传统。(3)该做法必须符合中国的法律规定,与中国法律抵触的"国际惯例"一概无效。(4)该做法既要遵守中国的法律规定,也要遵守商业伦理的要求。貌似合法、但违反商业伦理的行业做法不仅会招致消费者的反感,而且也会招致广大诚实商家的不满,最终行之不远。

第十一章 公司债券

第一节 公司债券概述

一、完善公司债券市场法律制度的必要性

在成熟的资本市场之中,公司债券扮演者不可或缺的重要角色。缺乏债券市场的资本市场它只能是残缺不全的市场。公司债券既是公司筹集长期巨额债权资本的重要融资手段,也是风险偏好较为保守的广大投资者十分青睐的金融投资商品。就债券发行公司而言,许多资产优良、负债率低的公司急需通过发行公司债券,开辟发行股票和银行贷款之外的新兴筹资渠道,以调整资产负债结构,降低财务成本,完善企业信用定价,进一步增强其竞争力和持续发展能力。就债券的投资者而言,随着我国近年来企业改革和金融改革的不断推进、城乡居民收入的稳步提高,我国社会储蓄和外汇储备规模稳步增长,大量追求稳定回报的投资者(尤其是证券投资基金、保险资金、商业银行、养老基金等机构投资者)对公司债券等固定收益类金融商品的需求可谓望眼欲穿。因此,大力发展债券市场既具有必要性,也具有紧迫性。

长期以来,我国金融体系结构不平衡,公司融资结构以间接融资(银行借贷)为主、直接融资(包括股权融资与债券融资)为辅。我国债券市场的欠发达又导致了我国公司债券的法律制度欠发达。我国《公司法》和《证券法》虽对公司债券有所规定,但总体言之条文过简。例如,《公司法》第 7 章虽对公司债券设有专章规定,但自第 154 条至第 163 条仅有 10 条。这与《公司法》第 5 章用 21 个条款(自第 126 条至第 146 条)规定股份有限公司的股份发行和转让形成了鲜明对照。作为法律制度的反作用,欠发达的公司债券市场制度又反过来制约了公司债券市场的创新与发展。

有鉴于此,2007 年年初的全国金融工作会议作出了"加快发展债券市场"的工作部署。为发展我国的债券市场、拓展企业融资渠道、丰富证券投资品种、完善金融市场体系、促进资本市场协调发展,规范公司债券的发行行为,保护投资者的合法权益和社会公共利益,2007 年 8 月 14 日,中国证监会正式颁布实施了《公司债券发行债券试点办法》(以下简称"债券试点办法")。《债券试点办法》的出台,标志着我国公司债券发行工作的正式启动。按照"先试点,后分步推进"的工作思路及有关通知的要求,公司债券发行试点将从上市公司入手。初期,试点公司范围仅限于沪深证券交易所上市的公司及发行境外上市外资股的境内股份有限公司。

《债券试点办法》体现了建立市场化导向的公司债券发行监管体制的指导思想,即放松行政管制,鼓励市场自治与创新,建立以发债公司信用责任机制为核心的公司债券市场体系以及信用评级、信息披露、债券受托管理人等市场化配套制度,充分发挥中介机构和投资机构识别风险、分散风险和化解风险的社会功能,更好地发挥市场机制在公司债券市场发展中的基础作用。基于市场创新与自治的基本立法理念,《债券试点办法》确立了一系列市场化制度安排,如审核制度采用核准制;引进股票发行审核中已经比较成熟的发审委制度;实行保荐制度;建立信用评级管理制度;不强制发债公司在发行债券时提供担保;募集资金用途不再与固定资产投资项目挂钩,包括可以用于偿还银行贷款、改善财务结构等股东大会核准的用途;公司债券发行价格由发行人与保荐人通过市场询价确定;采用橱架发行制度,允许上市公司一次核准,分次发行等。

为积极稳妥地推进公司债券市场的建设,积极防范市场风险,平稳启动公司债券试点工作,中国证监会及相关机构在《债券试点办法》出台之后正加快推进相关配套工作:一是制定关于资信评级机构的相关规定。中国证监会2007年8月24日发布了《证券市场资信评级业务管理暂行办法》。交易所、证券登记结算公司也发布了公司债券的上市、登记配套规则。二是建立和完善公司债券交易结算平台。上海、深圳证券交易所对债券交易系统作了进一步的完善,中国证券登记结算公司也对债券登记结算进行了相应的安排。三是降低投资者的市场成本。为提高投资者参与证券交易所债券市场的积极性,中国证监会将协调有关部门、证券交易所和中国证券登记结算公司,进一步降低公司债券发行和上市的有关收费标准。

二、公司债券的概念和特征

资金对于公司,犹如人体之血液。公司欲在激烈的市场竞争中站稳脚跟,做大做强,占领更大的市场份额,离不开源源不断的资金来源作为公司机器的燃料,其理不言自明。开辟公司资金来源无外两种:要么依赖公司自体,如将公积金转为增加公司资本;要么依赖他人,包括举债与发股。举债是从债权人那里寻求资金来源,如从银行借款、向社会公众发行公司债券皆是,发行新股是从股东那里寻求资金来源。可见,公司债是公司对外大量筹集长期货币资金的重要途径。与新股发行相比,发债既能大批量融资,又不触及现有股东的股权结构和持股比例,因而有其独特魅力。

公司债券是指公司依照法定程序发行、约定在一定期限还本付息的有价证券(我国《公司法》第154条第1款)。中国证监会《公司债券发行债券试点办法》将还本付息的期限界定为一年以上。

（一）公司债券的实质是格式化借款合同

《债券试点办法》第9条规定：公司债券每张面值100元，发行价格由发行人与保荐人通过市场询价确定。这就充分揭示了公司债券的契约特点。每一张公司债券都代表着一份借款合同。为适应与成千上万债权人缔结金额巨大的融资需求，大幅降低借款合同的缔结成本，借款合同往往采取格式合同的形式甚至无纸化的电子形式。债券持有人为债权人，债券发行公司为债务人。公司债券的法律效力基本上可借助传统合同法原理予以解释。在公司债发行公司发出募集资金的要约后，投资者承诺贷与资金，合同关系即告成立。

（二）公司债券是表彰债权的证券

广义的有价证券依其所表示的权利内容，可以分为物权有价证券（如提单和仓单）、债权有价证券（如债券和票据）与社员权有价证券（如股份有限公司股东所持有的股票和有限公司股东所持的出资证明书）。以债权证券的发行人本人是否为该证券所记载的债务人为准，债权证券可分为由发行人任债务人的债权证券和由第三人任债务人的债权证券。前者包括本票与债券两种，后者则包括汇票与支票两种。其中，本票与债券的共同点在于都由发行人自己作为债务人向证券持有人履行债务。但二者仍存在许多重大差异。本票的主要功能是扮演支付手段，而债券的主要功能是扮演融资手段。

（三）公司债券是资本证券

公司债券和股票共同构成了最基本的资本证券。虽然债券和股票的发行者在发行的证券目的可能大异其趣，但绝大多数发行人旨在筹集资金，绝大多数购买者则旨在将资金投资于发行人，以图获得投资回报。而票据（本票、汇票和支票）主要是作为支付手段、结算手段和信用手段在商品经济流转中发挥货币代替物的作用，故可统称为货币证券。可见，资本证券与货币证券的功能不同，内容有别。

（四）公司债券是要式证券

公司债券作为要式证券，其制作方式和记载事项必须符合法律和法规的强制性规定。例如，公司以实物券方式发行公司债券的，必须在债券上载明公司名称、债券票面金额、利率、偿还期限等事项，并由法定代表人签名，公司盖章（《公司法》第156条）。

三、公司债券的分类

（一）有担保的公司债券和无担保的公司债券

以公司债券持有人的债权能否得到债券发行人的担保为准，公司债券分为有担保公司债券和无担保公司债券（信用公司债）。广义的担保既包括人保（保证),也包括物保(担保物权);狭义的担保仅指物保。

有担保公司债券有助于投资者在投资之初控制和锁定投资风险,有助于强化投资者的投资信心,因而对投资者具有较强的吸引力。虽然我国《公司法》和《证券法》均未提及有担保公司债,但依据契约自由精神,公司可以开发和发行有担保公司债券。在实践中,我国已大量存在有担保的公司债券。根据《债券试点办法》第11条之规定,发行有担保公司债应当符合下列规定:(1)担保范围包括债券的本金及利息、违约金、损害赔偿金和实现债权的费用;(2)以保证方式提供担保的,应当为连带责任保证,且保证人资产质量良好;(3)设定担保的,担保财产权属应当清晰,尚未被设定担保或者采取保全措施,且担保财产的价值经有资格的资产评估机构评估不低于担保金额;(4)符合《物权法》、《担保法》和其他有关法律、法规的规定。

无担保公司债的发行公司之所以不向持有人提供债权担保手段,往往源于其卓越的债信资格。经营规模大、竞争实力强、偿债信誉卓著的公司即使不提供担保,投资者也会趋之若鹜。公司债是否附有担保,完全取决于发行公司与投资者之间的力量对比。但我国《公司法》、《证券法》和《债券试点办法》并不强制发债公司提供担保。从理论上说,倘若一家公司拒绝对其发行的公司债券提供担保,可能受到投资者的一致反对,进而导致发债失败。当然,重赏之下,必有勇夫。有担保公司债虽具有一定安全性,但发债公司允诺的利息也可能低于无担保公司债。因此,不排除一些投资者在较高利息的引诱下购买无担保公司债券。

但从鼓励有担保公司债的角度出发,立法者和监管者有必要区分有担保公司债与无担保公司债,并采取不同的监管政策。具体说来,对有担保公司债可以设置较为宽松的发行条件,而对无担保公司债设置的发行条件则可以宽松一些。

(二)记名债券和无记名债券

以债券票面上是否记名为准,公司债券可以分为记名债券和无记名债券(我国《公司法》第157条)。记名债券与无记名债券的区分实益有三:(1)发行程序不同。公司发行记名公司债券时,应当在公司债券存根簿上载明债券持有人的姓名或者名称及住所;债券持有人取得债券的日期及债券的编号;债券总额,债券的票面金额、利率、还本付息的期限和方式;债券的发行日期。而公司发行无记名公司债券时,只需在公司债券存根簿上载明债券总额、利率、偿还期限和方式、发行日期及债券的编号,而无需记载债券持有人的姓名或者名称及住所、债券持有人取得债券的日期及债券的编号(我国《公司法》第158条)。(2)转让方式不同。记名公司债券,由债券持有人以背书方式或者法律、行政法规规定的其他方式转让;转让后由公司将受让人的姓名或者名称及住所记载于公司债券存根簿;否则,受让人不能对抗公司债务人。无记名公司债券的转让,由债券持有人将该债券交付给受让人后即发生转让的效力(我国《公司法》

第 161 条)。(3) 被盗、遗失或者灭失时的补救措施不同。记名债券被盗、遗失或灭失,债券持有人可依《民事诉讼法》规定的公示催告程序,请求人民法院宣告该债券失效。人民法院宣告该债券失效后,持有人可以向公司申请补发债券。

(三) 可转债与不可转债

以公司债券能否转换成股票为准,公司债券可以分为可转化成股票的公司债券(简称"可转债")与不可转化成股票的公司债券(简称"不可转债")。可转债与不可转债的区分实益在于,可转债持有人可通过行使契约赋予的选择权,将自己的债权人地位置换为公司的股东地位,而不可转债的持有人则缺乏此种选择权。上市公司经股东大会决议可发行可转债,并在公司债券募集办法中规定具体的转换办法,但应报国务院证券监督管理机构核准。发行可转换为股票的公司债券,应当在债券上标明"可转换公司债券"字样,并在公司债券存根簿上载明可转换公司债券的数额(我国《公司法》第 162 条)。发行可转债的,公司应当按照其转换办法向债券持有人换发股票,但债券持有人对转换股票或者不转换股票有选择权(我国《公司法》第 163 条)。持有人行使选择权的结果没有溯及既往的效力。换言之,在可转债持有人转换为股东身份后,股东身份自转换行为生效后向未来发生,而不能追溯到可转债持有人取得债权主体身份之时。

可转债的融资魅力在于,适应了社会公众投资者在投资之初虽然并不看好公司的经营前景,但又希望在公司能够给股东带来满意的投资回报之时将自己的债权投资置换为股权投资。当然,可转换公司债持有人享有的选择权为形成权。持有人可凭其单方意思表示行使选择权,发债公司即有义务向其核发股份。此选择权是权利,既可行使,也可放弃。

(四) 参加公司债和非参加公司债

以持有人是否有权参与债务人公司的治理活动和利润分配为准,公司债券可以分为参加公司债和非参加公司债。所谓参加公司债,指债权人有权参与债务人公司的治理活动或利润分配的公司债。参加公司债的利率一般并不固定,持有人获得的利息高低要视公司盈利状况而定。所谓非参加公司债,是指债权人无权参与债务人公司的治理活动或利润分配的公司债。非参加公司债载有固定利率。我国《公司法》和《证券法》在严格划分股权证券与债权证券的基础上,不承认参加公司债。

(五) 附认股权公司债与非附认股权公司债

以其持有人是否享有认购发债公司新发股份的选择权为准,公司债可分为附认股权的公司债与非附认股权的公司债。附认股权公司债的持有人可以行使选择权,按照一定的价格购买发债公司未来发行的新股。在持有人行使此类权利后,其原已持有的公司债所表彰的债权已然有效,只不过公司债持有人在债权人身份之外又附加了股东身份而已。附认股权公司债不同于非附认股权公司债之处在于,此种公司债背后的法律关系具有复合性,既包括公司与公司债持有人之间的借贷契约关系,也包括公司债持有人与发债公司之间的选择权契约关系。而非附认股权的公司债的持有人则不享有此类选择权。

(六) 优先顺位公司债与劣后顺位公司债

以其债权受偿顺序为准,公司债券可分为优先顺位公司债与劣后顺位公司债。其中,优先顺位公司债是指优先于其他普通公司债券而获得清偿的公司债,劣后顺位公司债是指劣后于其他普通公司债券而获得清偿的公司债。公司债本质上是一种民事法律关系,因而允许发债公司与其投资者自由约定公司债的清偿顺序。基于公平原则,优先顺位公司债的利息也可能低于劣后顺位公司债的利息。

优先顺位公司债虽然利息较低,但优先受偿;劣后顺位公司债虽然劣后清偿,但利息较高。因此,这两种公司债千秋独具,适合不同投资者的投资需求。当然,公司控制股东和公司高管购买劣后公司债还有优化公司治理的良好效果,即预防控制股东和公司高管的道德风险,并激励公司高管为了确保自己的债权实现而勤勉尽责、殚精竭虑地从事公司经营管理工作。

第二节 公司债券的发行

一、发行公司债券的主体

我国《公司法》第154条第2款要求公司发行公司债券符合《证券法》规定的发行条件。1993年《公司法》在发债权利能力和行为能力的制度设计上存在歧视性待遇。例如,该法第159条将发行公司债券的主体局限于三类主体(股份有限公司、国有独资公司和两个以上的国有企业或者其他两个以上的国有投资主体投资设立的有限责任公司),而不包括纯粹民营的有限责任公司。这一规定连同《刑法》中的非法吸收公众存款罪迫使许多民营企业陷入既无法获得银行融资、又无法从市场发债融资的尴尬境地。

根据党的十六届三中全会决定和国务院《关于推进资本市场改革开放和稳定发展的若干意见》(国发〔2004〕3号)的精神,我国2005年修订的《公司法》和《证券法》删除了1993年《公司法》的规定,从而允许符合法定条件的各类公司平等地利用债券市场筹集资金。民营公司只要具备我国《证券法》规定的公司债券发行条件,就可以同国家投资的有限责任公司一样依法发行公司债券,从而极大地缓解了民营企业的融资瓶颈,同时为债券市场的繁荣奠定了制度基础。

二、公司债券的发行条件

公司发行公司债券等于与不特定的投资公众签订巨额的借款合同,但作为潜在债权人的投资公众无法对发行公司的债务清偿能力和公信力亲自进行详尽的尽职调查。因此，立法者有必要强行设定公司债券的发行条件，进而确保公司债权持有人能够按照发行公司承诺的时间和利率获得本息。

公司申请公开发行公司债券，应当符合下列条件：(1)股份有限公司的净资产不低于人民币3000万元，有限责任公司的净资产不低于人民币6000万元；(2)累计债券余额不超过公司净资产的40%，旨在确保合理的资产负债率，维护潜在公司债券持有人的债权；(3)最近3年平均可分配利润足以支付公司债券1年的利息；(4)筹集的资金投向符合国家产业政策；(5)债券的利率不超过国务院限定的利率水平；(6)国务院规定的其他条件。公开发行公司债券筹集的资金，必须用于核准的用途，不得用于弥补亏损和非生产性支出(《证券法》第16条第1款至第2款)。基于鼓励公司自治的精神，《债券试点办法》第13条虽然要求发行公司债券募集的资金必须符合股东会或股东大会核准的用途，且符合国家产业政策，但不再苛求募集资金用途与固定资产投资项目挂钩。换言之，公司债所募资金可以用于股东大会核准的各种合法用途，包括偿还银行贷款、改善财务结构等。

《债券试点办法》第7条进一步细化了公司发债条件：(1)公司的生产经营符合法律、行政法规和公司章程的规定，符合国家产业政策；(2)公司内部控制制度健全，内部控制制度的完整性、合理性、有效性不存在重大缺陷；(3)经资信评级机构评级，债券信用级别良好；(4)公司最近一期末经审计的净资产额应符合法律、行政法规和中国证监会的有关规定；(5)最近3个会计年度实现的年均可分配利润不少于公司债券1年的利息；(6)本次发行后累计公司债券余额不超过最近一期末净资产额的40%，金融类公司的累计公司债券余额按金融企业的有关规定计算。

由于可转换公司债既具有公司债券的特征，又具有潜在公司股份的特点，因此上市公司发行可转换为股票的公司债券，除应当符合《证券法》第16条第1款规定的条件外，还应当符合《证券法》关于公开发行股票的条件，并报国务院证券监督管理机构核准。

公司凡有下列情形之一的，不得再次公开发行公司债券：(1)前一次公开发行的公司债券尚未募足；(2)对已公开发行的公司债券或者其他债务有违约或者延迟支付本息的事实，仍处于继续状态；(3)违反本法规定，改变公开发行公司债券所募资金的用途(《证券法》第18条)。据此，《债券试点办法》第8条更进一步禁止存在下列情形之一的公司发行公司债券：(1)最近36个月内公司财务会计文件存在虚假记载，或公司存在其他重大违法行为；(2)本次发行申请文件存在虚假记载、误导性陈述或者重大遗漏；(3)对已发行的公司债券或者其他债务有违约或者迟延支付本息的事实，仍处于继续状态；(4)严重损害投资者合法权益和社会公共利益的其他情形。

三、公司债券的发行程序

如同股票,公司债券也是良莠不齐、鱼龙混杂。公司债券的发行直接关系到证券投资者的切身利益和证券市场的健康发展。因此,我国《证券法》对公司申请发行公司债券采取了核准主义的态度。具体说来,公司申请发行公司债券,必须报经国务院授权的部门或者国务院证券监督管理机构核准。核准制既非严苛的批准制,亦非过于宽松的登记制或备案制,适合我国证券市场起步之初的实际情况。当然,核准程序应当公开,依法接受监督。

公司申请发行公司债券的具体程序可以分为以下几个步骤:

其一,由公司股东大会就发行公司债券作出决议。根据我国《公司法》第38条第1款之规定,对公司发行债券作出决议的权限专属于股东大会,而不属于董事会。这是由于,公司债券的发行虽有利于扩大公司的对外融资渠道,但也会增加公司的债务负担,进而降低了股东分红水准。倘若公司章程未将公司债券发行的股东会决议规定为特别决议,则应当属于普通股东会决议,只需遵守资本简单多数决规则即可。《债券试点办法》第12条要求申请发债公司的公司董事会制订方案,由股东会或股东大会对下列事项作出决议:(1)发行债券的数量;(2)向公司股东配售的安排;(3)债券期限;(4)募集资金的用途;(5)决议的有效期;(6)对董事会的授权事项;(7)其他需要明确的事项。

其二,申请公开发行公司债券,应当向国务院授权的部门或者国务院证券监督管理机构报送下列文件:(1)公司营业执照;(2)公司章程;(3)公司债券募集办法;(4)资产评估报告和验资报告;(5)国务院授权的部门或者国务院证券监督管理机构规定的其他文件。依该法规定聘请保荐人的,还应当报送保荐人出具的发行保荐书(《证券法》第17条)。发行人向国务院证券监督管理机构或者国务院授权的部门报送的证券发行申请文件,必须真实、准确、完整。为证券发行出具有关文件的证券服务机构和人员,必须严格履行法定职责,保证其所出具文件的真实性、准确性和完整性(《证券法》第20条)。《债券试点办法》第15条要求公司全体董事、监事、高级管理人员应当在债券募集说明书上签字,保证不存在虚假记载、误导性陈述或者重大遗漏,并声明承担个别和连带的法律责任。

其三,国务院授权的部门依照法定条件负责核准债券发行申请。我国对发债审核制度采取了核准制的态度。《债券试点办法》第20条将股票发行审核中已经比较成熟的发审委制度引入发债核准程序,并承诺中国证监会依下列程序审核发债申请:(1)收到申请文件后,5个工作日内决定是否受理;(2)中国证监会受理后,对申请文件进行初审;(3)发行审核委员会按照《中国证监会发行审核委员会办法》规定的特别程序审核申请文件;(4)中国证监会作出核准或者不予核准的决定。为维护核准程序的公信力,参与审核和核准债券发行申请的人员不得与发行申请人有利害关系,不得直接或者间接接受发行申请人的馈赠,不得持有所核准的发行申请的债券,不得私下与发行申请人进行接触(《证券法》第23条)。

其四,国务院证券监督管理机构或者国务院授权的部门应当自受理债券发行申请文件之日起3个月内,依照法定条件和法定程序作出予以核准或者不予核准的决定,发行人根据要求补充、修改发行申请文件的时间不计算在内;不予核准的,应当说明理由(《证券法》第24条)。

其五,发行公司债券的申请经国务院授权的部门核准后,应当公告公司债券募集办法。公司债券募集办法中应当载明下列主要事项:(1)公司名称;(2)债券募集资金的用途;(3)债券总额和债券的票面金额;(4)债券利率的确定方式;(5)还本付息的期限和方式;(6)债券担保情况;(7)债券的发行价格、发行的起止日期;(8)公司净资产额;(9)已发行的尚未到期的公司债券总额;(10)公司债券的承销机构(《公司法》第155条)。公司还应将公司债券募集办法置备于指定场所供公众查阅。发行证券的信息依法公开前,任何知情人不得公开或者泄露该信息。发行人不得在公告公开发行募集文件前发行证券(《证券法》第25条)。除公司债券募集办法,依法公开发行公司债券的,还应当公告财务会计报告(《证券法》第64条)。

但国务院证券监督管理机构或者国务院授权的部门对已作出的核准债券发行的决定,发现不符合法定条件或者法定程序,尚未发行债券的,应当予以撤销,停止发行。已经发行尚未上市的,撤销发行核准决定,发行人应当按照发行价并加算银行同期存款利息返还债券持有人;保荐人应当与发行人承担连带责任,但是能够证明自己没有过错的除外;发行人的控股股东、实际控制人有过错的,应当与发行人承担连带责任。

四、一次核准、分期发行制度

《债券试点办法》第21条确立了橱架发行制度,允许发债公司申请一次核准,分期发行。自中国证监会核准发行之日起,公司应在6个月内首期发行,剩余数量应当在24个月内发行完毕。超过核准文件限定的时效未发行的,须重新经中国证监会核准后方可发行。首期发行数量应当不少于总发行数量的50%,剩余各期发行的数量由公司自行确定,每期发行完毕后5个工作日内报中国证监会备案。这种服务型的监管理念有利于发债公司斟酌本公司的资金需求状况、金融市场的供给状况以及宏观调控的具体情况选择最佳的筹资时机。

五、发债保荐人和其他中介机构的法律义务与责任

《债券试点办法》第 14 条建立了发债保荐人制度。该条要求公司发行债券时由保荐人保荐,并向中国证监会申报。保荐人应当按照中国证监会的有关规定编制和报送募集说明书和发行申请文件。第 16 条还要求保荐人对债券募集说明书的内容进行尽职调查,并由相关责任人签字,确认不存在虚假记载、误导性陈述或者重大遗漏,并声明承担相应的法律责任。倘若保荐人出具有虚假记载、误导性陈述或者重大遗漏的发行保荐书,保荐人或其相关人员伪造或变造签字、盖章,或者不履行其他法定职责的,依照《证券法》和保荐制度的有关规定处理。

除了保荐人,注册会计师事务所、资产评估事务所、资信评级机构和律师事务所等中介机构也在公司债券发行中分享巨大的市场份额,并肩负沉重的法律义务。《债券试点办法》第 17 条要求为债券发行出具专项文件的注册会计师、资产评估人员、资信评级人员、律师及其所在机构,应当按照依法制定的业务规则、行业公认的业务标准和道德规范出具文件,并声明对所出具文件的真实性、准确性和完整性承担责任。第 18 条要求债券募集说明书所引用的审计报告、资产评估报告、资信评级报告,应当由有资格的证券服务机构出具,并由至少二名有从业资格的人员签署。债券募集说明书所引用的法律意见书,应当由律师事务所出具,并由至少二名经办律师签署。

六、公司债券存根簿的置备

为便于公司向公司债权持有人清偿债务,便于公司债持有人行使债权,公司发行公司债券应当置备公司债券存根簿。发行记名公司债券的,应当在公司债券存根簿上载明下列事项:(1) 债券持有人的姓名或者名称及住所;(2) 债券持有人取得债券的日期及债券的编号;(3) 债券总额,债券的票面金额、利率、还本付息的期限和方式;(4) 债券的发行日期。发行无记名公司债券的,应当在公司债券存根簿上载明债券总额、利率、偿还期限和方式、发行日期及债券的编号(我国《公司法》第 158 条)。

我国《公司法》第 159 条还要求记名公司债券的登记结算机构建立债券登记、存管、付息、兑付等相关制度。

第三节 公司债券的流转

一、公司债券的集中交易与协议转让

我国《公司法》第 160 条确认了公司债券作为一般证券产品的可转让性。

公司债券的转让既包括在证券交易场所之内的集中竞价交易与证券交易场所之外的分散协议转让。我国《证券法》第39条明确要求依法公开发行的公司债券在依法设立的证券交易所上市交易或者在国务院批准的其他证券交易场所转让。公司债券在证券交易所上市交易时,应当采用公开的集中交易方式或者国务院证券监督管理机构批准的其他方式(我国《证券法》第40条)。在证券交易所之内的集中竞价交易,按照证券交易所的交易规则转让;在证券交易场所之外协议转让的,转让价格由转让人与受让人约定(我国《公司法》第160条)。

就协议转让而言,针对公司债券记名与否的不同特点,我国《公司法》第161条作了不同规定:(1)记名公司债券,由债券持有人以背书方式或者法律、行政法规规定的其他方式转让,转让后由公司将受让人的姓名或者名称及住所记载于公司债券存根簿。(2)无记名公司债券的转让,由债券持有人将该债券交付给受让人后即发生转让的效力。

二、公司债券的上市条件

公司债券具有高度的流通性。公司债券只有具有高度流通性,才能维持其对广大投资者的魅力,降低公司债券的发行成本。我国《证券法》第57条要求公司债券的上市交易符合下列条件:(1)公司债券的期限为一年以上;(2)公司债券实际发行额不少于人民币5000万元;(3)公司申请债券上市时仍符合法定的公司债券发行条件。上海证券交易所2007年9月18日发布的《公司债券上市规则》(以下简称"上交所规则")还增加了资信评级要求。

公司债券上市交易后,公司有下列情形之一的,由证券交易所决定暂停其公司债券上市交易:(1)公司有重大违法行为;(2)公司情况发生重大变化不符合公司债券上市条件;(3)发行公司债券所募集的资金不按照核准的用途使用;(4)未按照公司债券募集办法履行义务;(5)公司最近二年连续亏损(我国《证券法》第60条)。公司有第1项、第4项所列情形之一经查实后果严重的,或者有第2项、第3项、第5项所列情形之一,在限期内未能消除的,由证券交易所决定终止其公司债券上市交易。公司解散或者被宣告破产的,由证券交易所终止其公司债券上市交易(我国《证券法》第61条)。

公司对证券交易所作出的不予上市、暂停上市、终止上市决定不服的,可以向证券交易所设立的复核机构申请复核(我国《证券法》第62条)。

三、公司债券的上市程序

(1)公司董事会决议就公司债券上市问题作出决议。发行公司债券属于股东大会的专属法定职权,而公司债券上市则不属于股东会的专属法定职权。因此,董事会可就公司债券申请上市问题作出决议。

（2）公司申请证券上市交易，应当向证券交易所提出申请。申请公司债券上市交易，应当向证券交易所报送下列文件：上市报告书；申请公司债券上市的董事会决议；公司章程；公司营业执照；公司债券募集办法；公司债券的实际发行数额；证券交易所上市规则规定的其他文件。申请可转换为股票的公司债券上市交易，还应当报送保荐人出具的上市保荐书（我国《证券法》第58条）。

（3）经证券交易所依法审核同意后，由发行公司与证券交易所签订上市协议。签订上市协议的公司应当在规定的期限内公告公司债券上市文件及有关文件，并将其申请文件置备于指定场所供公众查阅（我国《证券法》第59条）。

四、公司债券的质押

在一定意义上，公司债券的质押也是广义的债券流转。一是由于公司债持有人的权利上面增加了质押负担；二是由于质押权人获得了对质押债券的交换价值的支配和控制，并有可能在主债务人不能及时足额清偿债务时以质押债券抵偿其债权。

根据我国《物权法》第223条之规定，债务人或第三人有权处分的债券权利可以出质。该法第224条规定："以汇票、支票、本票、债券、存款单、仓单、提单出质的，当事人应当订立书面合同。质权自权利凭证交付质权人时设立；没有权利凭证的，质权自有关部门办理出质登记时设立。"该条款由于针对的质押权利十分芜杂，因而未能虑及公司债券的记名与无记名的特殊性。因此，有必要对该条予以解释。公司债持有人以债券出质的，应当与主债权人订立书面合同。无记名债券的质权自债券交付质权人时设立；记名公司债券的质权应以背书方式或者法律、行政法规规定的其他方式予以设定，同时应当由公司将质押权人的姓名或者名称及住所记载于公司债券存根簿，质押权人才能以其质权对抗发债公司。

依我国《物权法》第225条之规定，公司债券的兑现日期先于主债权到期的，质权人可以兑现，并与出质人协议将兑现的价款提前清偿债务或者提存。

第四节 公司债券持有人的利益保护机制

公司债券持有人与发行公司之间存在债权债务关系。由于公司债持有人与发行公司之间存在着信息落差，且已将巨额资金交付发行公司，公司债持有人在债券市场中实际上处于相对弱势地位。为提高债券市场的公信力，必须千方百计地维护好公司债持有人的合法利益。否则，投资者遭遇债券发行公司和债券市场之后必将退避三舍。这对债券市场的发展来说无疑是一个灾难。有鉴于此，我国《债券试点办法》第5条明确要求发债公司诚实信用，维护债券持有人享有的法定权利和债券募集说明书约定的权利,并在第4章专门规定了债券持有人权益保护。保护公司债持有人的机制很多,包括但不限于信息披露机制、担保机制、信用评级机制、信托机制与决策机制(公司债持有人会议)等。其中,担保机制仅适用于有担保的公司债券。公司法等民商法律为普通债权人提供的保护机制(如揭开公司面纱制度)也适用于公司债持有人。

一、信息披露机制

阳光是最好的防腐剂,灯泡是最有效的警察。信息披露机制是成本较低、效果最好的债权人保护机制。一旦公司债的潜在投资者意识到发行公司的债信风险,即可敬而远之。失信公司也会见光而亡。投资者即使购买了公司债券,也有机会通过二级市场抛售"地雷"债券。许多投资者纷纷抛售之际,即为发行公司走向衰落之时。但问题在于,债券发行公司往往为一己之私蒙住眼睛,因而从内心深处并不愿及时披露债权人渴望的信息。这就需要公权力(包括立法者与监管者)的干预。我国《公司法》与《证券法》不仅要求发行公司在发行阶段公告公司债券募集办法,而且要求发行公司在上市交易阶段履行持续信息公开义务。《债券试点办法》第4条亦明确要求发债公司真实、准确、完整、及时、公平地披露或者提供信息,不得有虚假记载、误导性陈述或者重大遗漏。

(一)信息披露的基本要求

我国《证券法》第63条要求发行人依法披露的信息必须真实、准确、完整,不得有虚假记载、误导性陈述或者重大遗漏。这就揭示了信息披露的基本要求:真实性、准确性、完整性。除此之外,还应强调信息披露的及时性、易解性、易得性与公平性。许多公司披露的信息铺天盖地,似乎也符合真实性、准确性、完整性的基本要求,但许多投资者仍然是水中望月,雾里看花。因此,在继续强调信息披露真实性、准确性、完整性的同时,有必要强化信息披露的易解性与公平性,确保广大投资者在阅读披露文件时开卷有益。在这方面,有必要倡导信息披露的简明化运动,要求信息披露义务人在依法披露《公司法》、《证券法》、行政法规、部门规章与证券交易所自律规章要求的各类信息的同时,运用寥寥数语在短短几页内披露对投资判断最具价值的信息。

(二)发行阶段的信息披露

经国务院授权的部门核准依法公开发行公司债券,应当公告公司债券募集办法和财务会计报告(《证券法》第64条)。

(三)上市交易阶段的信息披露

(1)中报制度。债券上市交易的公司应当在每一会计年度的上半年结束之日起两个月内,向国务院证券监督管理机构和证券交易所报送记载以下内容的中期报告,并予公告:第一,公司财务会计报告和经营情况;第二,涉及公司的重大诉讼事项;第三,已发行的股票、公司债券变动情况;第四,提交股东大会审议的重要事项;第五,国务院证券监督管理机构规定的其他事项(《证券法》第65条)。

(2) 年报制度。债券上市交易的公司应当在每一会计年度结束之日起4个月内,向国务院证券监督管理机构和证券交易所报送记载以下内容的年度报告,并予公告:第一,公司概况;第二,公司财务会计报告和经营情况;第三,董事、监事、高级管理人员简介及其持股情况;第四,已发行的股票、公司债券情况,包括持有公司股份最多的前十名股东的名单和持股数额;第五,公司的实际控制人;第六,国务院证券监督管理机构规定的其他事项(《证券法》第66条)。

(3) 临时报告制度。根据我国《证券法》第67条规定,发生可能对上市公司股票交易价格产生较大影响的重大事件,投资者尚未得知时,上市公司应当立即将有关该重大事件的情况向国务院证券监督管理机构和证券交易所报送临时报告,并予公告,说明事件的起因、目前的状态和可能产生的法律后果。从文义解释的角度看,该条的适用范围仅针对影响上市公司股易价甚巨的重大事件,立法目的似乎仅在于保护股票投资者,而不包括债券投资者。虽然债券持有人风险远远低于股票持有人,但既然是重大事件,也不会不对债券持有人的投资判断产生影响。因此,对那些虽未发行股票、但已发行债券且债券已经上市的公司应当类推适用该条规定履行临时报告义务。针对《证券法》的立法漏洞,上海证券交易所与深圳证券交易所的自律规章都增补了公司债券的临时报告制度。

(四) 公司高管的信息披露担保义务

参酌我国《证券法》第68条之规定,公司董事、高级管理人员应对公司定期报告签署书面确认意见,监事会应当对董事会编制的公司定期报告进行审核并提出书面审核意见,董事、监事、高级管理人员应当保证上市公司所披露的信息真实、准确、完整。

(五) 虚假陈述的民事责任

根据我国《证券法》第69条之规定,债券发行公司的公司债券募集办法、财务会计报告、上市报告文件、年度报告、中期报告、临时报告以及其他信息披露资料有虚假记载、误导性陈述或者重大遗漏,致使投资者在证券交易中遭受损失的,发行公司应当承担赔偿责任;发行公司的董事、监事、高级管理人员和其他直接责任人员以及保荐人、承销的证券公司应当与发行公司承担连带赔偿责任,但是能够证明自己没有过错的除外;发行公司的控股股东、实际控制人有过错的,应当与公司承担连带赔偿责任。

就归责原则而言,以发行公司为圆心,可以画两个圆圈:第一圆圈是发行公司的董事、监事、高级管理人员和其他直接责任人员以及保荐人、承销商;第二圆圈是发行公司的控股股东、实际控制人。立法者对圆心的发行公司实行严格责任原则,不问发行公司主观过错之有无及其大小,只要存在虚假记载、误导性陈述或者重大遗漏等情事,就要追究其民事赔偿责任。其根本理念是发行公司以投资者受损为代价而占有了投资者的私人财富。

立法中对第一圆圈上的诸多当事人采取了过错推定的归责原则,主要是由于此类当事人与债权人相比在信息占有方面处于相对强势地位。立法者对其主观过错持有推定的心态,允许此类当事人自己举证证明自己的清白,进而摆脱民事责任之苦。倘若此类当事人无力或者无法洗刷自己的清白,只能说明此类当事人在商事活动中要么存在道德风险,要么存在重大过失。由其对受损投资者承担民事责任于理公平。

立法者对第二圆圈上的当事人采取了过错原则。在投资者对此类当事人提起的民事损害赔偿诉讼中,实行谁主张谁举证的一般举证规则。立法理念在于,立法者假定在所有权与经营权相互分离的大型公司中,股东本无义务经营与控制公司,但倘若投资者有证据注明控股股东与实际控制人不能慎独自律,直接(例如参与财务造假活动)或者间接(例如胁迫公司高管从事财务造假活动)实施了虚假记载、误导性陈述或者重大遗漏等行为,就要对投资者承担损害赔偿责任。

二、信用评级机制

我国《债券试点办法》第 10 条规定了资信评级机构的特许资质制度以及动态跟踪评级制度。公司债券的信用评级,应当委托经中国证监会认定、具有从事证券服务业务资格的资信评级机构进行。公司与资信评级机构应当约定,在债券有效存续期间,资信评级机构每年至少公告一次跟踪评级报告。为了促进证券市场资信评级业务规范发展,提高证券市场的效率和透明度,保护投资者的合法权益和社会公共利益,中国证监会依据《证券法》于 2007 年 8 月 24 日发布了《证券市场资信评级业务管理暂行办法》(以下简称"评级办法")。

(一)资信评级机构从事债信评级必须具备法定资质

债信评级关系到发债公司及其公司债持有人的切身利益,关系到证券市场的整体信用,因此资信评级机构必须符合法定资质。《评级办法》第 2 条要求从事证券市场资信评级业务(以下简称"证券评级业务")的资信评级机构向中国证监会申请取得证券评级业务许可;未取得许可,任何单位和个人不得从事证券评级业务。证券评级业务是指对下列评级对象开展资信评级服务:中国证监会依法核准发行的债券、资产支持证券以及其他固定收益或者债务型结构性融资证券;在证券交易所上市交易的债券、资产支持证券以及其他固定收益或者债务型结构性融资证券,国债除外;以及前述证券的发行人、上市公司、非上市公众公司、证券公司、证券投资基金管理公司等。

中国证监会依照法定条件和程序,根据审慎监管的原则,并充分考虑市场发展和行业公平竞争的需要,对资信评级机构的证券评级业务许可申请进行审查、作出决定(《评级办法》第 10 条)。

(二)资信评级机构的从业准则

《评级办法》在总则中要求资信评级机构从事证券评级业务,应当遵循独立、客观、公正的原则,并应遵循一致性原则,对同一类评级对象评级,或者对同一评级对象跟踪评级,应当采用一致的评级标准和工作程序。评级标准有调整的,应当充分披露。证券评级机构应当制定科学的评级方法和完善的质量控制制度,遵守行业规范、职业道德和业务规则,勤勉尽责,审慎分析。

三、信托机制

(一)信托机制与债券受托管理人的诚信义务

所谓信托机制,就是引入作为受托人的债券受托管理人维护作为受益人的公司债持有人的合法权益。由于公司债持有人量大面广,散居全国各地,在维护权益方面势必存在"搭便车"的心理。信托机制的引入恰恰可以缓解公司债持有人集体行动所面临的高额成本。

根据我国《信托法》的基本要求,债券受托管理人扮演受托人的角色,公司债持有人扮演受益人的角色,债券发行公司则扮演委托人的角色。因此,债券受托管理人由债券发行公司选择,托管费用亦由发行公司承担,但债券受托管理人必须为了维护和增进公司债持有人的根本利益而行事。托管费用看似由发行公司承担。但羊毛出在羊身上。发行公司可以将成本转嫁出去。既然承人之信、受人之托、纳人之财,债券受托管理人就必须诚实守信,勤勉尽责。债券受托管理人不能借口自己由发行公司选择,自己与发行公司签订债券受托管理协议,而未与公司债持有人个别签署债券受托管理协议而否定自己与公司债持有人之间的信托关系。由发行公司选择的债券受托管理人要对真正的受益人(公司债持有人)负责,如同基金管理公司选择的托管银行也要对真正的受益人(基金持有人)负责一样。在这一方面,要注意我国在前几年商品房按揭贷款实践中出现的以下怪相:贷款银行为消费者指定律师,由消费者支付律师费,贷款银行和律师都声称律师的主要职责是维护消费者利益,而消费者竟然感受不到律师对自己所负的信托义务。

(二)债券受托管理人与持有人信托关系的建立

《债券试点办法》第 23 条要求公司为债券持有人聘请债券受托管理人,并订立债券受托管理协议;在债券存续期限内,由债券受托管理人依照协议的约定维护债券持有人的利益。公司应当在债券募集说明书中约定,投资者认购本期债券视作同意债券受托管理协议。这就大大简化了公司债持有人与债券受托管理人逐个建立信托关系的缔约成本。

（三）债券受托管理人的资质

鉴于债券受托管理人则为受托人应当具有较高的道德水准与专业能力，《债券试点办法》第 24 条第 1 款要求债券受托管理人由本次发行的保荐人或者其他经中国证监会认可的机构担任。为避免担保人与债券受托管理人之间的潜在利益冲突，为本次发行提供担保的机构不得担任本次债券发行的受托管理人。

《债券试点办法》第 24 条第 2 款要求债券受托管理人应当为债券持有人的最大利益行事，不得与债券持有人存在利益冲突，并在第 25 条详细列举了债券受托管理人的信托义务：(1) 持续关注公司和保证人的资信状况，出现可能影响债券持有人重大权益的事项时，召集债券持有人会议；(2) 公司为债券设定担保的，债券受托管理协议应当约定担保财产为信托财产，债券受托管理人应在债券发行前取得担保的权利证明或其他有关文件，并在担保期间妥善保管；(3) 在债券持续期内勤勉处理债券持有人与公司之间的谈判或者诉讼事务；(4) 预计公司不能偿还债务时，要求公司追加担保，或者依法申请法定机关采取财产保全措施；(5) 公司不能偿还债务时，受托参与整顿、和解、重组或者破产的法律程序；(6) 债券受托管理协议约定的其他重要义务。

《债券试点办法》第 31 条从行政处罚角度规定了债券受托管理人背信失职、损害债券持有人权益的法律后果。中国证监会可以责令其整改，对其直接负责的主管人员和其他直接责任人员可以采取监管谈话、认定为不适当人选等行政监管措施，记入诚信档案并公布。当然，作为受害者的公司债持有人亦可对其提起民事损害赔偿之诉。

四、决策机制：公司债券持有人会议制度

（一）公司债券持有人会议的概念

团结就是力量。人数众多、但分布全国各地的债券持有人与发行公司相比处于总体强大、个体弱小的状态。为避免投资者一盘散沙、群龙无首的无序状态，协调广大债券持有人的利益诉求，适度放大公司债持有人的声音，有必要借助公司债持有人会议制度扩大债券持有人对自治事项的参与权与决定权。

公司债券持有人会议是由同次发行的公司债券的持有人组成的、就涉及公司债券持有人的共同利益事项依法作出决策的临时合议机构。

公司债券持有人会议是代表和维护广大债券持有人根本利益的机构，与代表和维护股东根本利益的股东会具有相似之处。不同之处在于，股东会是公司的内部权力机关，是公司的最高决策机构，而公司债持有人会议并非公司的内部机关，而是在公司债务人外部讨论和决定攸关债权人利害关系的重大事项。

我国《公司法》与《证券法》均未规定公司债券持有人会议。但《债券试点办法》第 26 条和第 27 条规定了债券持有人会议规则及其召集事由。《深圳证券交易所公司债券上市暂行规定》(以下简称"深交所规定")第 4 章也专门规定了债券持有人会议制度,颇值肯定。遗憾的是,《深交所规定》仅适用于上市交易的公司债券持有人会议,而且条文过简。这也从一个侧面反映了立法者和监管者对公司债券制度的关注程度远逊于对股份制度的关注程度。

(二)公司债券持有人会议规则

《债券试点办法》第 26 条要求公司与债券受托管理人制定债券持有人会议规则,约定债券持有人通过债券持有人会议行使权利的范围、程序和其他重要事项;公司应当在债券募集说明书中约定,投资者认购本期债券视作同意债券持有人会议规则。这种默示同意规则旨在早日确立公司债券持有人会议的程序规则,以扫除日后公司债持有人集会的法律障碍。作为弥补立法漏洞的权宜之计,在不与公司债权持有人会议制度的设计理念相悖的情况下,对公司债权持有人会议的召集与表决等事宜可参照适用《公司法》有关股东会的规则的规定。例如,公司债持有人可以书面委托他人代理出席会议并行使表决权。

(三)债券持有人会议的召集事由

《债券试点办法》第 27 条列举了应当召开债券持有人会议的法定事由:(1)拟变更债券募集说明书的约定;(2)拟变更债券受托管理人;(3)公司不能按期支付本息;(4)公司减资、合并、分立、解散或者申请破产;(5)保证人或者担保物发生重大变化;(6)发生对债券持有人权益有重大影响的事项。当然,债券持有人会议规则也可自由约定召开债券持有人会议的事由。

(四)债券持有人会议的召集人

债券持有人会议的召集人既包括债券发行公司,也包括债券受托管理人与持有债权超过一定比例的公司债持有人。债券持有人自行召集召开债券持有人会议的,在公告债券持有人会议决议前,其持有债券的比例不得低于 10%;并应当在发出债券持有人会议通知前申请在上述期间锁定其持有的公司债券(《深交所规定》第 4.5 条第 2 款)。

召集人召集公司债券持有人会议应当遵守程序严谨的基本理念。《深交所规定》第 4.1 条要求会议召集人以公告方式向公司债券持有人发出会议通知。会议通知中应当列明会议召开的时间、地点、方式,以及会议召集人和债权登记日等事项,并充分、完整地披露所有提案的具体内容。会议召集人还应当同时在该所指定网站上披露有助于公司债券持有人对拟讨论的事项作出合理判断所必需的其他资料。债券受托管理人或债券持有人自行召集债券持有人会议的,应当在发出债券持有人会议通知前书面通知发行人董事会并将有关文件报送该所备案(《深交所规定》第 4.5 条第 1 款)。

债券持有人会议通知发出后,无正当理由不得延期或取消、会议通知中列明的提案亦不得取消。一旦出现延期或取消的情形,会议召集人应当在原定召开日期的至少两个交易日之前发布通知,说明延期或取消的具体原因。延期召开债券持有人会议的,会议召集人应当在通知中公布延期后的召开日期(《深交所规定》第4.3条)。

债券持有人会议召开前有临时提案提出的,应于召开日期的至少10个交易日前提出;会议召集人应当在召开日期的至少两个交易日前发出债券持有人会议补充通知,披露提出临时提案的债券持有人姓名或名称、持有债券的比例和新增提案的内容(《深交所规定》第4.4条)。

债券持有人会议期间发生突发事件导致会议不能正常召开的,会议召集人应当立即向该所报告,说明原因并披露相关情况(《深交所规定》第4.6条)。

(五)债券持有人会议决议的主持人

债券持有人会议决议的主持人原则上应以召集人的身份而定。债券发行公司担任召集人的,由发行公司的董事长主持债券持有人会议;董事长不能履行职务或者不履行职务的,由副董事长主持;副董事长不能履行职务或者不履行职务的,由半数以上董事共同推举一名董事主持。债券受托管理人担任会议召集人的,由受托管理人自己(受托管理人为自然人的)或者受托管理人公司的董事长或者其授权人士担任。债券持有人担任会议召集人的,由召集人自己(持有人为自然人的)或者召集人公司董事长或其授权人士担任。

(六)债券持有人会议的表决规则

鉴于债券持有人会议决议对债权持有人利害关系的重要性,同次发行的公司债券持有人的表决活动应当遵循平等原则以及债券数额多数决原则。而多数决原则的计算基础在于最小的债券计量单位皆代表一个表决权。持有的债券金额越多,表决力越大。

(七)债券持有人会议决议的公开披露

《深交所规定》第4.2条要求债券持有人会议召集人在会议结束当日(如在非交易日召开会议的,则提交公告时间顺延至次一交易日),将会议决议公告文稿、会议决议和法律意见书报送该所,经该所登记后于次一交易日披露大会决议公告。该所要求提供债券持有人会议记录的,会议召集人应当按该所要求提供。

债券持有人会议决议公告应当包括以下内容:(1)会议召开的时间、地点、方式、召集人和主持人,以及是否符合有关法律、行政法规、部门规章和公司章程的说明;(2)出席会议的债券持有人(代理人)人数、所持(代理)债券数额及比例;(3)每项提案的表决方式;(4)每项提案的表决结果;(5)法律意见书的结论性意见,若债券持有人会议出现否决提案的,应当披露法律意见书全文(《深交所规定》第4.7条)。

发行人在债券持有人会议上向债券持有人通报的事件属于未曾披露的本规定所规定重大事件的,应当将该通报事件与债券持有人会议决议公告同时披露(《深交所规定》第4.8条)。

参酌我国《公司法》第22条有关瑕疵公司股东会决议的规定,公司债券持有人可对存在程序瑕疵的债券持有人会议决议向法院提起撤销之诉,并对存在内容瑕疵的债券持有人会议决议向法院提起无效确认之诉。

第十二章 公司财务会计制度

第一节 概 述

一、公司财务会计制度的概念与作用

公司财务会计制度是公司利用货币价值形式组织、记录和规范其商事活动的法律规则,是公司法的重要制度。公司财务会计制度既是会计法的重要内容,也是公司法的重要内容。

我国《公司法》第 8 章专门规定了公司财务会计制度。《公司法》第 164 条还要求公司依照法律、行政法规和国务院财政部门的规定建立本公司的财务、会计制度。

公司财务会计制度是涉及公司及其广大股东、债权人等利益相关者的公共产品。公司财务会计信息是衡量和判断一家公司财务状况和经营成果的基本手段。而公司财务会计制度的主要目的在于实现公司财务会计信息的真实、公允。因此,建立健全公司财务会计制度意义重大。

首先,公司财务会计制度有利于保护股东利益与投资者(即将成为股东的商事主体)的共益权与自益权。对于不具有控制权的中小股东来说,由于缺乏直接指挥、组织和参与经营管理活动的机会,自然在信息占有上处于相对的弱势地位。他们无论行使参与公司治理的权利,还是行使分取财产利益的权利,抑或遏制公司高管人员的道德风险,都离不开对公司财务会计信息的及时全面把握。即使有限责任公司的股东转让股权,也离不开转让双方对公司净资产及其真实股权价值的共识,而这种共识的达成又离不开真实、公允的财务会计信息。对于决定是否购买某家股份公司股份的投资者来说,更需要了解该公司真实公允的财务会计信息,以免误入歧途。对于公开发行股份公司以及上市公司来说,财务会计信息披露更是信息披露制度的核心内容。

其次,公司财务会计制度有利于保护债权人尤其是自愿债权人(如银行债权人)利益。与中小股东相比,债权人对债务人公司的财务信息更处于水中望月、雾里看花的状态。虽然担保制度能提高债权实现的概率,但担保制度并不能代替财务会计制度。对债务人公司来说,债权担保的成本较高(如提供真实、合法、充分、有效的担保手段),而提供财务会计信息的成本较低(可用接近零成本的方式对多个债权人提供财务会计信息)。对债权人而言,担保制度只能提高

债权实现的概率,但无法确保债权人在第一时间放弃与债务人公司的商事交易活动。一旦债权人获取的财务会计信息有假,无论主合同和担保合同的效力是否受到影响(债权人在特定情形下有权选择行使撤销权抑或追究主债务人违约责任),债权人的权利的行使必然要付出较高成本。倘若债权人在缔结主债权合同和担保合同之前获取了真实公允的财务会计信息,对于债务人公司和担保公司的资产负债状况、资产构成等信息一目了然,就可以改换其他债务人和交易伙伴。

再次,公司财务会计制度有利于保护国家的税收债权。许多公司的偷税漏税活动的主要手段是"造假账",即制作虚假的财务会计报告。为预防国家税收的"跑冒滴漏"现象,健全公司纳税信用体系,提高税收征收机关打击偷税漏税活动的执法能力,就必须建立健全公司财务会计制度。

最后,公司财务会计制度有利于督促公司自身提高经营管理水平,完善公司治理。真实公允的财务会计信息如同公司的多项体检指标。当财务会计信息显示公司投资方向、经营计划的失误时,公司决策者应当立即扭转公司航线;当财务会计信息显示某公司高管人员的道德风险(如超出职务消费标准,以公司资金为自己购买别墅)时,公司应当立即采取措施纠正高管的道德风险、罢免高管甚至启动民事诉讼和刑事诉讼程序;当财务会计信息显示公司经营存在违法行为(如提供商业贿赂)时,公司应当立即纠正违法行为。因此,公司财务会计制度不仅有利于股东、债权人和税收征管者,而且有利于公司自身控制法律风险、道德风险和市场风险,进一步完善公司治理,增强公司的竞争力。

二、公司财务会计制度的立法演变

为了规范会计行为,保证会计资料真实、完整,加强经济管理和财务管理,提高经济效益,全国人大常委会于 1985 年 1 月 21 日通过了《会计法》,后于 1993 年 12 月 29 日、1999 年 10 月 31 日两次修订。财政部于 1992 年 11 月 30 日公布了经国务院 1992 年 11 月 16 日批准的《企业财务通则》和《企业会计准则》。

为了发挥注册会计师在社会经济活动中的鉴证和服务作用,加强对注册会计师的管理,维护社会公共利益和投资者的合法权益,促进社会主义市场经济的健康发展,全国人大常委会于 1993 年 10 月 31 日通过了《注册会计师法》。

为了规范企业财务会计报告,保证财务会计报告的真实、完整,国务院于 2000 年 6 月 21 日发布了根据《会计法》制定的《企业财务会计报告条例》。

为进一步规范企业会计确认、计量和报告行为,保证会计信息质量,财政部于 2006 年 2 月 15 日发布了《企业会计准则——基本准则》(以下简称《基本准则》)及其配套的《企业会计准则第 1 号——存货》等 38 项具体准则以及 48 项注册会计师审计准则。企业会计准则体系自 2007 年 1 月 1 日起在上市公司范围内施行,鼓励其他企业执行;凡执行该 38 项具体准则的企业不再执行现行准则、《企业会计制度》和《金融企业会计制度》。注册会计师审计准则体系自 2007 年 1 月 1 日起在境内会计师事务所施行。为便利新企业会计准则的实施,财政部还于 2006 年 11 月发布了根据《基本准则》及其配套的 38 项具体准则制定的《企业会计准则——应用指南》(以下简称"应用指南")。这标志着适应我国市场经济发展要求、与国际惯例趋同的企业会计准则体系和注册会计师审计准则体系正式建立。

为了贯彻落实我国《公司法》等法律法规,进一步规范企业财务制度,财政部于 2006 年 12 月 4 日公布了修订后的《企业财务通则》。《企业财务通则》自 2007 年 1 月 1 日起施行。为适应金融体制改革的需要,进一步规范金融企业的财务行为,防范和化解金融企业财务风险,财政部于 2006 年公布了《金融企业财务规则》。

三、新企业会计准则体系的构成

从内容上看,我国新企业会计准则主要包括四大制度板块:会计确认制度、会计计量制度、会计报告制度和会计记录制度。从规范形式上看,新企业会计准则体系由《基本准则》、38 项目具体会计准则与 38 项应用指南等三部分构成。

《基本准则》在整个会计准则体系中起着统率和指引作用,主要规范财务报告目标、会计基本假设、会计基础、会计信息质量要求、会计要素的确认、计量和报告原则等。《基本准则》不仅指导未来的具体准则起草工作,而且对尚未有具体准则规范的会计实务问题提供行为指引。

38 项具体准则分为一般业务准则、特殊业务准则和报告类准则,主要规范企业发生的具体交易或者事项的确认、计量和报告,为企业处理会计实务问题提供具体而统一的标准。就具体准则的体例编排而言,财政部根据"一般准则在前、特殊业务和行业准则居中、报告准则断后,按照准则所涉及主要报表项目在报表中的顺序依次排列"的基本原则,对 38 项具体准则逐一编号。

38 项《企业会计准则——应用指南》包括具体准则解释和附录两部分,为企业执行新会计准则提供了操作性规范。其中的附录是根据会计准则规定的 156 个会计科目及其主要账务处理。38 项具体准则与和应用指南正文与国际财务报告准则的内部结构基本相同。

第二节 公司会计信息质量要求

会计准则不仅是沟通企业与投资者的通用语言,也是对企业进行市场约束的有效工具。因此,《基本准则》第 2 章专门规定了会计信息质量要求。会计信息质量要求的提出看似面对公司会计活动的基本要求,充其量面对审计机构的审计需求。实际上,会计信息质量要求并非仅仅服务于公司自身的利益诉求,更重要的是要服务于股东、债权人、潜在投资者、潜在交易伙伴(包括消费者)、监管者和社会中介机构等方方面面的会计信息使用者。因此,为确保会计信息使用者获取足够的会计信息,作出显明的投资、交易、监督与监管决策,必须强调使用者友好型的会计信息的质量要求。

一、真实性

公司会计信息的真实性是会计信息的生命之所在,也是会计信息质量的第一要求。我国《会计法》第13条明文禁止任何单位和个人伪造、变造会计凭证、会计账簿及其他会计资料,提供虚假的财务会计报告。《基本准则》第12条要求公司以实际发生的交易或者事项为依据进行会计确认、计量和报告,如实反映符合确认和计量要求的各项会计要素及其他相关信息,保证会计信息真实可靠、内容完整。真实性是一个广义的概念,在外延上还包括完整性的要求。实话只说一半等于撒谎。会计信息造假不仅触犯法律,而且于理不合。当前,会计信息的真实性和完整性仍是公司会计信息质量改进工作中的头号顽症。

二、相关性

会计信息的相关性也可称为会计信息的有用性,强调企业提供的会计信息应当与财务会计报告使用者的经济决策需要相关,有助于财务会计报告使用者对企业过去、现在或者未来的情况作出评价或者预测(《基本准则》第13条)。据此,公司提供的会计信息应当能公允地反映公司的财务状况、经营成果和现金流量,进而满足会计信息使用者的需要。强调会计信息的相关性的实质是督促公司及其他编制主体要树立用户本位主义、用户中心主义的会计信息观,杜绝公司自我中心主义的会计信息观,反对公司为了转移使用者的视线而故意"顾左右而言他"。

三、易解性

企业提供的会计信息应当清晰明了,便于财务会计报告使用者理解和使用(《基本准则》第14条)。这是指企业的会计核算和编制的财务会计报告应当清晰明了,成为报告使用者友好型的会计信息。在公司生活中,上市公司的会计信息铺天盖地,但真正能被广大各种投资者理解和消化的信息并不多见。这个现象恰恰说明了会计信息易解性的重要性与迫切性。笔者认为,从制度设计的前瞻改革来看,应当积极推进公司财务报告的简明化运动,把会计信息的生产、加工和审计鉴证的会计审计过程留给诚信的专业人士,而把简明易懂、内容可信的会计审计结果提供给使用者。

四、可比性

企业提供的会计信息应当具有可比性。同一企业不同时期发生的相同或者相似的交易或者事项,应当采用一致的会计政策,不得随意变更。确需变更的,应当在附注中说明。不同企业发生的相同或者相似的交易或者事项,应当采用规定的会计政策,确保会计信息口径一致、相互可比(《基本准则》第15条)。可见,会计信息的可比性必须同时满足纵向比较(本公司的历史比较)和横向比较(特点时点或时段的不同公司之间的比较)的双重要求,才能满足债权人和投资者对公司的历史发展轨迹及其在同行业或者其他具有可比性的公司群体中的竞争力作出客观的判断。此外,根据我国《会计法》第20条第2款规定,公司向不同的会计资料使用者提供的财务会计报告,其编制依据应当一致。

五、实质性

企业应当按照交易或者事项的经济实质进行会计确认、计量和报告,不应仅以交易或者事项的法律形式为依据(《基本准则》第16条)。该条规定脱胎于《会计制度》第11条规定"企业应当按照交易或事项的经济实质进行会计核算,而不应当仅仅按照它们的法律形式作为会计核算的依据"。只有透过现象看本质,才能使得财务会计报告对使用者开卷有益。

六、重要性

企业提供的会计信息应当反映与企业财务状况、经营成果和现金流量等有关的所有重要交易或者事项(《基本准则》第17条)。重要交易或者事项的省略或错报会影响使用者据此作出的商业或者监管决策。重要性应根据企业所处环境,从项目的性质和金额大小两方面加以判断。《会计制度》第11条也要求企业的会计核算应当遵循重要性原则的要求,在会计核算过程中对交易或事项应当区别其重要程度,采用不同的核算方式。对资产、负债、损益等有较大影响,并进而影响财务会计报告使用者据以作出合理判断的重要会计事项,必须按照规定的会计方法和程序进行处理,并在财务会计报告中予以充分、准确地披露;对于次要的会计事项,在不影响会计信息真实性和不至于误导财务会计报告使用者作出正确判断的前提下,可适当简化处理。相比之下,《基本准则》第17条更加强调全面披露所有重要交易或者事项,而删除了允许适当简化次要的会计事项的要求。这种变化可以解释为财政部旨在预防公司及其聘用的审计机构滥用重要交易或者事项的自由裁量权,规避重要性原则的适用。

七、谨慎性

在现实经济生活中,投资者和债权人之所以上当受骗的主要原因,是他们信赖的财务会计报告偏离了谨慎性,甚至不惜信口开河,颠倒黑白。为使用户得以对公司的财务状况与经营状况获得完整、客观、全面的信息,进而作出理性判断,企业对交易或者事项进行会计确认、计量和报告应当保持应有的谨慎,不应高估资产或者收益、低估负债或者费用(《基本准则》第 18 条)。因此,会计确认、计量和报告的活动应当具有理性主义的色彩,不应具有信马由缰的浪漫主义和理想主义色彩。

八、及时性

企业对于已经发生的交易或者事项,应当及时进行会计确认、计量和报告,不得提前或者延后(《基本准则》第 19 条)。实践证明,违反及时性原则的财务会计信息无论是恶意滞后,还是恶意提前,都有可能欺诈或者误导投资者和债权人。因此,及时性不仅是上市公司信息披露的基本要求,也是其他类型公司制作和提供会计信息时应当遵循的基本原则。

九、信息技术创新对提高会计信息质量的促进作用

信息技术的日新月异也为使用者友好型的会计信息质量的制度创新提供了宝贵的技术手段。例如以 XBRL(可扩展商业报告语言,Extensible Business Reporting Language)为代表的互动式提供财务报表,就给投资者提供了自助式的、可自行加工和验证的实时财务信息,提高了会计信息的及时性,节约了会计信息的编制成本,也对可靠性等传统的财务会计概念以及财务报表格式和内容等提出了巨大挑战。

第三节 财务会计报告、会计要素和会计计量属性

一、公司财务会计报告的概念

公司财务会计报告是指企业对外提供的反映企业某一特定日期的财务状况和某一会计期间的经营成果、现金流量等会计信息的文件。财务会计报告的目标是向财务会计报告使用者提供与企业财务状况、经营成果和现金流量等有关的会计信息,反映企业管理层受托责任履行情况,有助于财务会计报告使用者(包括投资者、债权人、政府及其有关部门和社会公众等)作出经济决策。

我国《公司法》第 165 条仅原则要求公司在每一会计年度终了时编制财务会计报告,并依法经会计师事务所审计;财务会计报告应当依照法律、行政法规和国务院财政部门的规定制作;至于财务会计报告的具体构成则未作规定。

我国《会计法》第 20 条第 2 款规定,财务会计报告由会计报表、会计报表附注和财务情况说明书组成。根据 2006 年《基本准则》第 44 条,财务会计报告包括会计报表及其附注和其他应当在财务会计报告中披露的相关信息和资料。会计报表至少应当包括资产负债表、利润表、现金流量表等报表。小企业编制的会计报表可以不包括现金流量表。会计要素包括资产、负债、所有者权益、收入、费用和利润。

《企业会计准则第 30 号——财务报表列报》第 2 条将财务报表界定为对企业财务状况、经营成果和现金流量的结构性表述。财务报表至少应当包括下列组成部分:(1) 资产负债表;(2) 利润表;(3) 所有者权益(或股东权益,下同)变动表;(4) 现金流量表;(5) 附注。

二、资产负债表及其会计要素

(一) 资产负债表

资产负债表,又称静态会计报表,是指反映企业在某一特定日期的财务状况的会计报表。它具体反映公司在某一特定日期的静态财产状况,即资产、负债及股东权益状况。资产负债表体现了"资产 = 负债 + 股东权益"的恒等式。该恒等式还可改写为:"股东权益 = 资产 - 负债"或者"负债 = 资产 - 股东权益"。《基本准则》第 45 条要求资产负债表按照资产、负债和所有者权益(或者股东权益,下同)分类分项列示。资产和负债应当分别流动资产和非流动资产、流动负债和非流动负债列示。

(二) 资 产

资产是指企业过去的交易或者事项形成的、由企业拥有或者控制的、预期会给企业带来经济利益的资源。其中,"企业过去的交易或者事项"包括购买、生产、建造行为或其他交易或者事项。相比之下,预期在未来发生的交易或者事项不形成资产。"由企业拥有或者控制",是指企业享有某项资源的所有权,或者虽然不享有某项资源的所有权,但该资源能被企业所控制。"预期会给企业带来经济利益"是指直接或者间接导致现金和现金等价物流入企业的潜力。根据《基本准则》第 21 条规定,符合《基本准则》第 20 条规定的资产定义的资源,在同时满足以下条件时,确认为资产:(1) 与该资源有关的经济利益很可能流入企业;(2) 该资源的成本或者价值能可靠地计量。在资产负债表上,资产应当按照其流动性分类分项列示,包括流动资产、长期投资、固定资产、无形资产及其他资产(《企业财务会计报告条例》第 9 条)。

（三）负债

负债是指企业过去的交易或者事项形成的、预期会导致经济利益流出企业的现时义务。所谓现时义务是指企业在现行条件下已承担的义务。未来发生的交易或者事项形成的义务，不属于现时义务，不应当确认为负债。符合前述负债定义的义务，在同时满足以下条件时才能被确认为负债：(1) 与该义务有关的经济利益很可能流出企业；(2) 未来流出的经济利益的金额能可靠地计量。在资产负债表上，负债应当按照其流动性分类分项列示，包括流动负债、长期负债等。

（四）所有者权益

所有者权益，又称股东权益，指企业资产扣除负债后由所有者享有的剩余权益。所有者权益金额取决于资产和负债的计量。所有者权益项目应当列入资产负债表。

所有者权益的来源包括所有者投入的资本、直接计入所有者权益的利得和损失、留存收益等。"直接计入所有者权益的利得和损失"是指不应计入当期损益、会导致所有者权益发生增减变动的、与所有者投入资本或者向所有者分配利润无关的利得或者损失。"利得"是指由企业非日常活动所形成的、会导致所有者权益增加的、与所有者投入资本无关的经济利益的流入。"损失"是指由企业非日常活动所发生的、会导致所有者权益减少的、与向所有者分配利润无关的经济利益的流出。

资产负债表中的所有者权益类至少应当单独列示反映下列信息的项目：(1) 实收资本（或股本）；(2) 资本公积；(3) 盈余公积；(4) 未分配利润。在合并资产负债表中，企业应当在所有者权益类中单独列示少数股东权益。

三、利润表及其会计要素

（一）利润表

利润表是指反映企业在一定会计期间的经营成果的会计报表。利润表至少应当单独列示反映下列信息的项目：(1) 营业收入；(2) 营业成本；(3) 营业税金；(4) 管理费用；(5) 销售费用；(6) 财务费用；(7) 投资收益；(8) 公允价值变动损益；(9) 资产减值损失；(10) 非流动资产处置损益；(11) 所得税费用；(12) 净利润。金融企业可以根据其特殊性列示利润表项目。利润表应当按照各项收入、费用以及构成利润的各个项目分类分项列示。

（二）收入

收入是指企业在日常活动中形成的、会导致所有者权益增加的、与所有者投入资本无关的经济利益的总流入。收入只有在经济利益很可能流入从而导致企业资产增加或者负债减少、且经济利益的流入额能可靠计量时才能予以确认。符合收入定义和收入确认条件的项目，应当列入利润表。在利润表上，收入应当按照其重要性分项列示。

（三）费用

费用是指企业在日常活动中发生的、会导致所有者权益减少的、与向所有者分配利润无关的经济利益的总流出。费用只有在经济利益很可能流出从而导致企业资产减少或者负债增加、且经济利益的流出额能可靠计量时才能予以确认。费用应当按照功能分类，划分为从事经营业务发生的成本、管理费用、销售费用和财务费用等。

（四）利润

利润是指企业在一定会计期间的经营成果。利润包括收入减去费用后的净额、直接计入当期利润的利得和损失等。直接计入当期利润的利得和损失是指应当计入当期损益、会导致所有者权益发生增减变动的、与所有者投入资本或者向所有者分配利润无关的利得或者损失。利润金额取决于收入和费用、直接计入当期利润的利得和损失金额的计量。利润项目应当列入利润表。在利润表上，利润应当按照营业利润、利润总额和净利润等利润的构成分类分项列示。

四、所有者权益变动表

所有者权益变动表是关系股东切身利益的重要财务会计报表，也是潜在投资者评判某公司投资价值的重要参照指标。因此，《企业会计准则第30号——财务报表列报》第5章规定了所有者权益（或股东权益，下同）变动表。所有者权益变动表应当反映构成所有者权益的各组成部分当期的增减变动情况。当期损益、直接计入所有者权益的利得和损失、以及与所有者（或股东）的资本交易导致的所有者权益的变动，应当分别列示。

所有者权益变动表至少应当单独列示反映下列信息的项目：(1)净利润；(2)直接计入所有者权益的利得和损失项目及其总额；(3)会计政策变更和差错更正的累积影响金额；(4)所有者投入资本和向所有者分配利润等；(5)按照规定提取的盈余公积；(6)实收资本（或股本）、资本公积、盈余公积、未分配利润的期初和期末余额及其调节情况。

五、现金流量表

（一）现金流量表

现金流量表是指反映企业在一定会计期间的现金和现金等价物流入和流出的会计报表。"现金"具有广狭二义。狭义"现金"与"现金等价物"相对，仅指企业库存现金以及可以随时用于支付的存款。"现金等价物"是指企业持有的期限短、流动性强、易于转换为已知金额现金、价值变动风险很小的投资。《企业会计准则第31号——现金流量表》提及的"现金"是广义概念，除非同时提及现金等价物,均包括现金和现金等价物。

(二) 基本要求

根据《企业财务会计报告条例》第 10 条和《企业会计准则第 31 号》第 4 条,现金流量表应当分别经营活动、投资活动和筹资活动列报现金流量。现金流量表应当按照经营活动、投资活动和筹资活动的定义以及列示应当遵循下列规定:(1) 经营活动,是指企业投资活动和筹资活动以外的所有交易和事项。在现金流量表上,经营活动的现金流量应当按照其经营活动的现金流入和流出的性质分项列示;银行、保险公司和非银行金融机构的经营活动按照其经营活动特点分项列示。(2) 投资活动,是指企业长期资产的购建和不包括在现金等价物范围内的投资及其处置活动。在现金流量表上,投资活动的现金流量应当按照其投资活动的现金流入和流出的性质分项列示。(3) 筹资活动,是指导致企业资本及债务规模和构成发生变化的活动。在现金流量表上,筹资活动的现金流量应当按照其筹资活动的现金流入和流出的性质分项列示。

六、附注

《基本准则》第 48 条和《企业会计准则第 30 号——财务报表列报》第 31 条则将附注界定为对在会计报表(包括资产负债表、利润表、所有者权益变动表和现金流量表等)中列示项目所作的进一步说明(包括文字描述或明细资料),以及对未能在这些报表中列示项目的说明等。《企业会计准则第 30 号——财务报表列报》第 33 条要求附注一般按照下列顺序披露:(1) 财务报表的编制基础;(2) 遵循企业会计准则的声明;(3) 重要会计政策的说明,包括财务报表项目的计量基础和会计政策的确定依据等;(4) 重要会计估计的说明,包括下一会计期间内很可能导致资产和负债账面价值重大调整的会计估计的确定依据等;(5) 会计政策和会计估计变更以及差错更正的说明;(6) 对已在资产负债表、利润表、所有者权益变动表和现金流量表中列示的重要项目的进一步说明,包括终止经营税后利润的金额及其构成情况等;(7) 或有和承诺事项、资产负债表日后非调整事项、关联方关系及其交易等需要说明的事项。

七、合并财务报表

合并财务报表是指反映母公司和其全部子公司形成的企业集团整体财务状况、经营成果和现金流量的财务报表。所谓母公司,是指有一个或一个以上子公司的企业;所谓子公司,是指被母公司控制的企业。根据《企业财务会计报告条例》第 28 条,按照国家统一的会计制度的规定,需要编制合并会计报表的企业集团,母公司除编制其个别会计报表外,还应当编制企业集团的合并会计报表。《企业会计准则第 33 号——合并财务报表》第 4 条亦要求母公司编制合并财务报表。合并财务报表至少应当包括五部分:合并资产负债表、合并利润表、合并所有者权益变动表、合并现金流量表和附注。

合并财务报表的合并范围应当以控制为基础加以确定。控制,是指一个企业能决定另一个企业的财务和经营政策,并能据以从另一个企业的经营活动中获取利益的权力。母公司应当将其全部子公司纳入合并财务报表的合并范围。母公司的控制权表现形式有二:一是控制被投资公司股东大会决议时半数以上的表决权;二是虽未控制被投资公司股东大会决议时半数以上的表决权、但在事实上能控制该公司。

合并财务报表应当以母公司和其子公司的财务报表为基础,根据其他有关资料,对子公司的长期股权投资按照权益法调整后,由母公司编制。母公司应当统一子公司所采用的会计政策,使子公司采用的会计政策与母公司保持一致。子公司所采用的会计政策与母公司不一致的,应当按照母公司的会计政策对子公司财务报表进行必要的调整;或者要求子公司按照母公司的会计政策另行编报财务报表。

八、会计计量属性

企业在对会计要素进行计量时,一般应当采用历史成本,采用重置成本、可变现净值、现值、公允价值计量的,应当保证所确定的会计要素金额能取得并可靠计量。

(1)历史成本。在历史成本计量下,资产按照购置时支付的现金或者现金等价物的金额,或者按照购置资产时所付出的对价的公允价值计量。负债按照因承担现时义务而实际收到的款项或者资产的金额,或者承担现时义务的合同金额,或者按照日常活动中为偿还负债预期需要支付的现金或者现金等价物的金额计量。

(2)重置成本。在重置成本计量下,资产按照现在购买相同或者相似资产所需支付的现金或者现金等价物的金额计量。负债按照现在偿付该项债务所需支付的现金或者现金等价物的金额计量。

(3)可变现净值。在可变现净值计量下,资产按照其正常对外销售所能收到现金或者现金等价物的金额扣减该资产至完工时估计将要发生的成本、估计的销售费用以及相关税费后的金额计量。

(4)现值。在现值计量下,资产按照预计从其持续使用和最终处置中所产生的未来净现金流入量的折现金额计量。负债按照预计期限内需要偿还的未来净现金流出量的折现金额计量。

(5)公允价值。在公允价值计量下,资产和负债按照在公平交易中,熟悉情况的交易双方自愿进行资产交换或者债务清偿的金额计量。

第四节 公司财务会计报告的编制和提供

一、编制主体

公司应当在每一会计年度终了时编制财务会计报告,并依法经会计师事务所审计;财务会计报告应当依照法律、行政法规和国务院财政部门的规定制作(我国《公司法》第165条)。此处的"每一会计年度终了时"主要是指每一会计年度终了后3个月内,即每年3月31日之前。

从公司财务会计报告的使用者的角度看,公司是编制财务会计报告的义务主体和行为主体。而就公司内部的机构和人员而言,按照《企业会计准则》和《企业会计制度》的规定,编制财务报表是公司管理层包括董事会成员的责任。这种责任包括:(1)设计、实施和维护与财务报表编制相关的内部控制,以使财务报表不存在由于舞弊或错误而导致的重大错报;(2)选择和运用恰当的会计政策;(3)作出合理的会计估计。

即使存在会计师事务所对财务报表的审计制度,也并不取代或者当然排除、限制公司管理层依法编制财务会计报告的责任。正如《中国注册会计师审计准则第1101号》第3条所言,按照中国注册会计师审计准则的规定对财务报表发表审计意见是注册会计师的责任;在被审计单位治理层的监督下,按照适用的会计准则和相关会计制度的规定编制财务报表是被审计单位管理层的责任;财务报表审计不能减轻被审计单位管理层和治理层的责任。

二、编制依据:会计凭证与会计账簿

财务会计报告并非无源之水、无本之木。我国《会计法》第20条第1款要求财务会计报告根据经过审核的会计账簿记录和有关资料编制,并符合本法和国家统一的会计制度关于财务会计报告的编制要求、提供对象和提供期限的规定。《企业财务会计报告条例》第23条也要求企业按照国家统一的会计制度规定的会计报表格式和内容,根据登记完整、核对无误的会计账簿记录和其他有关资料编制会计报表,做到内容完整、数字真实、计算准确,不得漏报或者任意取舍。

(一)会计凭证

根据我国《会计法》第14条规定,会计凭证包括原始凭证和记账凭证。办理《会计法》第10条所列的经济业务事项,必须填制或者取得原始凭证并及时送交会计机构。会计机构、会计人员必须按照国家统一的会计制度的规定对原始凭证进行审核,对不真实、不合法的原始凭证有权不予接受,并向单位负责人

报告;对记载不准确、不完整的原始凭证予以退回,并要求按照国家统一的会计制度的规定更正、补充。原始凭证记载的各项内容均不得涂改;原始凭证有错误的,应当由出具单位重开或者更正,更正处应当加盖出具单位印章。原始凭证金额有错误的,应当由出具单位重开,不得在原始凭证上更正。记账凭证应当根据经过审核的原始凭证及有关资料编制。

(二)会计账簿

我国《会计法》第 3 条要求公司依法设置会计账簿,并保证其真实、完整。根据《会计法》第 15 条规定,会计账簿包括总账、明细账、日记账和其他辅助性账簿。会计账簿应当按照连续编号的页码顺序登记。会计账簿记录发生错误或者隔页、缺号、跳行的,应当按照国家统一的会计制度规定的方法更正,并由会计人员和会计机构负责人(会计主管人员)在更正处盖章。使用电子计算机进行会计核算的,其会计账簿的登记、更正,应当符合国家统一的会计制度的规定。

根据我国《会计法》第 16 条规定,各单位发生的各项经济业务事项应当在依法设置的会计账簿上统一登记、核算,不得违反本法和国家统一的会计制度的规定私设会计账簿登记、核算。为预防公司财务造假,我国《公司法》第 172 条禁止公司在法定会计账簿之外另立会计账簿。公司违反《公司法》规定,在法定的会计账簿以外另立会计账簿的,除了承担民事责任,还应由县级以上人民政府财政部门责令改正,处以 5 万元以上 50 万元以下的罚款(我国《公司法》第 202 条)。

根据我国《会计法》第 17 条规定,各单位应当定期将会计账簿记录与实物、款项及有关资料相互核对,保证会计账簿记录与实物及款项的实有数额相符、会计账簿记录与会计凭证的有关内容相符、会计账簿之间相对应的记录相符、会计账簿记录与会计报表的有关内容相符。会计机构、会计人员发现会计账簿记录与实物、款项及有关资料不相符的,按照国家统一的会计制度的规定有权自行处理的,应当及时处理;无权处理的,应当立即向单位负责人报告,请求查明原因,作出处理(我国《会计法》第 29 条)。

(三)会计凭证、会计账簿与会计报告之间的关系

根据我国《会计法》规定,会计凭证、会计账簿与会计报告之间既有区别,也有关联。首先,记账凭证应当根据经过审核的原始凭证及有关资料编制(第 14 条)。其次,会计账簿登记必须以经过审核的会计凭证为依据,并符合有关法律、行政法规和国家统一的会计制度的规定(第 15 条)。再次,财务会计报告应当根据经过审核的会计账簿记录和有关资料编制(第 20 条)。最后,公司应当定期将会计账簿记录与实物、款项及有关资料相互核对,保证会计账簿记录与实物及款项的实有数额相符、会计账簿记录与会计凭证的有关内容相符、会计账簿之间相对应的记录相符、会计账簿记录与会计报表的有关内容相符(第 17 条)。

可见,原始凭证、会计凭证、会计账簿与会计报告之间环环相扣,层层递进。这也意味着,在其中的任何一个环节上都会存在财务造假的道德风险。

三、财务会计报告对股东的公布

《企业财务会计报告条例》第 32 条要求企业依照企业章程的规定,向投资者提供财务会计报告。国务院派出监事会的国有大型企业、国有重点金融机构和省、自治区、直辖市人民政府派出监事会的国有企业,应当依法定期向监事会提供财务会计报告。

为便于股东行使对公司财务信息的知情权以及在股东大会上的表决权,公司应当及时将财务会计报告提交给股东。但鉴于有限责任公司与股份公司的组织形态有所不同,我国《公司法》规定的财务会计报告提交和备置方式亦有不同。(1)直接送交股东。鉴于有限责任公司股东人数有限,有限责任公司应当依照公司章程规定的期限将财务会计报告送交各股东。(2)置备于公司。鉴于股份公司人数可能众多,股份公司的财务会计报告应当在召开股东大会年会的20日前置备于本公司,供股东查阅,而无需将财务会计报告一一送交各股东。(3)公告。鉴于公开发行股票的股份公司股东数量成千上万,既不可能直接送交诸股东,又不可能苛求诸股东从五湖四海赶往公司住所查阅和索取财务会计报告,此类公司必须公告其财务会计报告(《公司法》第 166 条)。

上市公司除了依法及时披露年度财务会计报告,还必须依照法律、行政法规的规定在每会计年度内半年公布一次财务会计报告(《公司法》第 147 条)。具体说来,上市公司和公司债券上市交易的公司,应当在每一会计年度的上半年结束之日起两个月内,向国务院证券监督管理机构和证券交易所报送记载公司财务会计报告和经营情况的中期报告,并予公告(《证券法》第 65 条)。

有限责任公司股东有权查阅、复制财务会计报告和会计账簿(《公司法》第 34 条)。股份公司股东也有权前往公司查阅公司财务会计报告(《公司法》第 98 条)。

对于依法应予审计的公司财务会计报告,公司除了向股东提供财务会计报告,还要提交审计机构对其出具的审计报告。

四、财务会计报告对公司职工代表大会的公布

根据《企业财务会计报告条例》第 36 条规定,国有企业、国有控股的或者占主导地位的企业,应当至少每年一次向本企业的职工代表大会公布财务会计报告,并重点说明下列事项:(1)反映与职工利益密切相关的信息,包括管理费用的构成情况,企业管理人员工资、福利和职工工资、福利费用的发放、使用和结余情况,公益金的提取及使用情况,利润分配的情况以及其他与职工利益相关的信

息;(2)内部审计发现的问题及纠正情况;(3)注册会计师审计的情况;(4)国家审计机关发现的问题及纠正情况;(5)重大的投资、融资和资产处置决策及其原因的说明;(6)需要说明的其他重要事项。

五、公司财务会计报告的批准

依现代公司法通例,公司财务会计报告由股东大会予以批准。根据我国《公司法》第 38 条第 1 款,股东会有权审议批准公司的年度财务预算方案、决算方案,审议批准公司的利润分配方案和弥补亏损方案。鉴于年度财务预算方案、决算方案、利润分配方案和弥补亏损方案是财务会计报告的核心内容,我国《公司法》的规定应解释为公司财务会计报告由股东大会予以批准。鉴于公司管理层有义务编制财务会计报告,财务会计报告应经公司董事会批准后再提交股东大会审议。因此,能否及时编制与批准公司财务会计报告是衡量董事会是否勤勉的重要标准。

第五节 公司财务会计报告审计

一、公司财务会计报告审计的概念与作用

公司财务会计报告审计是指由公司委托注册会计师依据法律规定和注册会计师审计准则对公司的财务会计报告进行审查验证、并出具书面意见的公司外部财务监督活动。为提高公司财务会计报告的真实性、公允性与公信力,我国《公司法》第 165 条建立了强制审计制度:公司应当在每一会计年度终了时编制财务会计报告,并依法经会计师事务所审计。

注册会计师的审计职责与公司管理层的会计职责(依法编制财务会计报告)截然有别,不容混淆。既不能以公司管理层的会计责任取代注册会计师的审计责任,也不能以注册会计师的审计责任取代公司管理层的会计责任。注册会计师不能越俎代庖,主动或者被动地替被审计公司编制财务会计报告。但在实践中,一些公司聘请同一家会计师事务所扮演编制和审计财务会计报告的双重角色,不仅彻底抹杀了被审计者与审计者、被监督者与监督者之间的法律边界,而且留下了注册会计师协助被审计公司做假账的失信记录。笔者认为,为维护财务会计报告审计制度的公信力,避免财务会计报告工作中"打假球"、"吹黑哨"的失信现象,必须旗帜鲜明地禁止审计机构为其曾经协助编制财务会计报告的公司出具审计意见。

在通常情况下,公司财务会计报告的委托人是公司。在例外情况下,获得法律授权的行政机关、人民法院或者仲裁机构也可委托会计师事务所对公司财务

状况进行专项审计。例如,中国证监会认为有必要时,可以委托会计师事务所、资产评估机构对证券公司的财务状况、内部控制状况、资产价值进行审计或者评估(我国《证券法》第149条)。

公司财务会计报告审计不仅是公司财务会计制度中的重要内容,也是完善公司治理的关键。首先,公司财务会计报告审计制度有利于提高公司财务会计报告的公信力。公司即使已经按照企业会计准则和《企业会计制度》的规定编制财务会计报告,并在所有重大方面公允反映了该公司在上一会计年度12月31日的财务状况以及上一会计年度的经营成果和现金流量,但由于缺乏外部独立审计机构的审查验证,也容易使得股东和债权人对其公信力大打折扣。而有了审计机构的专业审计服务,加之审计机构审计不当的损害赔偿责任以及审计机构的失信制裁机制,债权人和投资者就容易接受和信赖经审计机构审查验证过的公司财务会计报告。

其次,公司财务会计报告审计制度有利于提高公司财务会计报告的编制质量。在没有外部约束与监督的情况下,公司编制财务会计报告时有可能胆大妄为地实施"造假"行为。而有了审计机构未来审计的潜在威胁,公司在编制财务会计报告时有可能好自为之,以避免审计机构出具否定意见的审计报告及其引发的严重后果。

最后,公司财务会计报告审计制度有利于扭转公司与其他利益相关者之间的信息不对称局面。在现代市场经济社会,市场主体沦为弱者的原因不仅仅在于经济实力的弱小,更在于信息占有的不对称。占有信息多(包括数量与质量)的主体得以雄踞为强者,占有信息少的主体只能沦落为弱者。保护中小股东和债权人合法权益的关键点在于扭转中小股东在控制股东与管理层面前、债权人在债务人公司目前的信息弱势地位。而中立、客观、权威、专业的会计师事务所的审计服务有助于督促公司管理层披露公司的重要财务会计信息。

二、审计机构的资格

审计机构应当依法取得财政主管部门颁发的审计业务资格。但依据法律规定在某些特殊审计领域存在特别门槛的,需要从有关主管部门取得特别审计业务资格。因此,依据法律规定或者被审计公司所在行业的特殊性质,需要聘请取得特别审计业务资格的审计机构的,公司应当聘请具有特别审计业务资格的审计机构。例如,从事证券期货相关业务资格(审计及资产评估)、国有大型企业审计业务资格、金融相关审计业务资格和其他各种业务资格、中国证监会颁发的执行A股公司补充审计试点业务及首次发行证券过程中的专项复核业务资格等都属于特别审计业务资格。

尽管会计师事务所的审计业务存在着法律门槛,也要鼓励依法取得相应业务资格的会计师事务所之间开展公平竞争,反对不公平竞争现象。

三、会计师事务所的选择程序

为保障会计师事务所的独立性,真正发挥外部审计的监督作用,公司聘用、解聘承办公司审计业务的会计师事务所,依照公司章程的规定,由股东会、股东大会或者董事会决定,而不能由董事长或者总经理一人独断(我国《公司法》第170条第1款)。鉴于我国《公司法》修改仍贯穿了股东会中心主义、而非董事会中心主义的立法态度,在公司章程对股东会或者董事会的决策职权约定不明的情况下,应当由股东会聘用、解聘承办公司审计业务的会计师事务所。

上市公司董事会聘用、解聘审计机构时要遵守特别的公司治理要求。例如,上市公司审计委员会负责向董事会提议聘请或更换外部审计机构(《上市公司治理准则》第54条)。又如,经全体独立董事同意,独立董事可独立聘请外部审计机构和咨询机构,对公司的具体事项进行审计和咨询,相关费用由公司承担(《关于加强社会公众股股东权益保护的若干规定》第2条第3项)。

公司股东会或董事会就解聘会计师事务所进行表决时,应当允许会计师事务所陈述意见(《公司法》第170条第2款)。此即会计师事务所"喊疼"的权利。此制度设计旨在赋予被解聘会计师事务所的意见表达自由,进而使得股东会或董事会了解会计师事务所被解聘的真实原因以及其过错、冤屈之有无,也可使得会计师事务所有机会博得具有正义感的股东或董事的支持,最终激浊扬清,扶正祛邪。

从完善公司治理角度而言,董事会在聘请或解聘担任公司年度财务报告审计机构的会计师事务所时,应当严格遵守公开、公平、公正原则,既要尽量为公司节约审计费用,又要确保审计机构的职业道德、专业水平和服务质量,还要为审计机构之间的公平竞争创造条件。

四、财务报表审计的目标

财务报表审计的目标是注册会计师通过执行审计工作,对财务报表的下列方面发表审计意见:财务报表是否按照适用的会计准则和相关会计制度的规定编制;财务报表是否在所有重大方面公允反映被审计单位的财务状况、经营成果和现金流量。

财务报表审计属于鉴证业务,注册会计师的审计意见旨在提高财务报表的可信赖程度。审计工作不能对财务报表整体不存在重大错报提供担保。审计意见不是对被审计单位未来生存能力或管理层经营效率、效果提供的保证。

五、注册会计师的职业操守和职业怀疑

注册会计师在开展审计业务时应当遵守相关的职业道德规范,恪守独立、客观、公正的原则,保持专业胜任能力和应有的关注,并对执业过程中获知的信息保密;应当遵守会计师事务所质量控制准则;应当按照审计准则的规定执行审计工作。

我国《注册会计师法》第 22 条禁止注册会计师实施下列行为:(1) 在执行审计业务期间,在法律、行政法规规定不得买卖被审计单位的股票、债券或者不得购买被审计单位或者个人的其他财产的期限内,买卖被审计的单位的股票、债券或者购买被审计单位或者个人所拥有的其他财产;(2) 索取、收受委托合同约定以外的酬金或者其他财物,或者利用执行业务之便,谋取其他不正当的利益;(3) 接受委托催收债款;(4) 允许他人以本人名义执行业务;(5) 同时在两个或者两个以上的会计师事务所执行业务;(6) 对其能力进行广告宣传以招揽业务;(7) 违反法律、行政法规的其他行为。

在计划和实施审计工作时,注册会计师应当保持职业怀疑态度,充分考虑可能存在导致财务报表发生重大错报的情形。职业怀疑态度是指注册会计师以质疑的思维方式评价所获取审计证据的有效性,并对相互矛盾的审计证据,以及引起对文件记录或管理层和治理层提供的信息的可靠性产生怀疑的审计证据保持警觉。

六、会计师事务所的协助调查业务

实践中,许多公司的监事们具有大胆履行监督职责的热情甚至激情。但由于自身财务知识的匮乏,无法将扑朔迷离的公司财务状况调查清楚。在这种情况下,监事们只能借助外脑,向会计师事务所求援。但我国 1993 年《公司法》并未赋予监事会、监事的签单权,致使监事们在事实上无法代表公司聘请专业化的"啄木鸟"到公司"会诊"。

有鉴于此,我国现行《公司法》第 55 条第 2 款规定:"监事会、不设监事会的公司的监事发现公司经营情况异常,可以进行调查;必要时,可以聘请会计师事务所等协助其工作,费用由公司承担。"这一规定的突破性意义有二:一是提供了会计师事务所应公司监事会、监事之邀调查公司经营情况的商业机会,进而开拓了会计师事务所的新型业务;二是赋予了监事会、监事的签单权,使得监事会、监事有权名正言顺地代表公司向会计师事务所支付调查费用。这对于扩大会计师行业的市场份额,激活监事会的监督职能,完善公司治理而言都是多赢选择。

七、注册会计师协会的行业自律

根据我国《注册会计师法》第 4 条和第 38 条规定,注册会计师协会是由注册会计师组成的、具有法人资格的社会团体。中国注册会计师协会是注册会计师的全国组织,省、自治区、直辖市注册会计师协会是注册会计师的地方组织。我国《注册会计师法》第 5 章又专门规定了注册会计师协会的自律地位。注册会计师应当加入注册会计师协会。中国注册会计师协会依法拟订注册会计师执业准则、规则,报国务院财政部门批准后施行。注册会计师协会应当支持注册会计师依法执行业务,维护其合法权益,向有关方面反映其意见和建议。注册会计师协会应当对注册会计师的任职资格和执业情况进行年度检查。此外,中国注册会计师协会组织实施注册会计师全国统一考试。

注册会计师协会不仅具有确定注册会计师准入门槛、拟订注册会计师执业准则、规则的职责,而且具有行业自律的职责。自律也是自我服务、自我保护的重要内容。例如,为做好上市公司 2007 年度财务报表审计工作,规范注册会计师的执业行为,保证审计质量,维护公众利益,中国注册会计师协会于 2008 年 1 月 10 日发出《关于做好上市公司 2007 年度财务报表审计工作的通知》。这些自律措施值得肯定。

第六节 公司净利润的分配

一、股利分配的必要性和前提条件

公司的营利性意味着公司股东要分取股利。而股东的分红利益又与公司利益、债权人利益之间存在着利益冲突。股利分配不仅涉及到股东分红权的实现问题,也涉及到债权人、潜在投资者的利益保护问题。为贯彻资本维持原则、保护公司债权人,必须确保股利源于公司的可分配利润。换言之,股东分红必须以公司利润的存在为前提。换言之,公司有利润时,公司不一定向股东分红;但公司向股东分红时,必须存在公司利润。此即无利润即无红利原则。倘若允许公司滥用公司资本向股东分配股利,便意味着向股东返还了出资,从而损害了资本维持原则。因此,股利分配的资金来源不能求诸公司资本,而只能求诸公司的净利润。许多国家和地区的公司法对股利分配的资金来源作出严格的法律规定。既要反对公司竭泽而渔的过度分红政策,也要反对公司背后的控制股东和管理层推行的有利不分的恶意不分红政策。我国《公司法》第 167 条对股利分配的条件与程序作了严格规定。《企业财务通则》第 6 章又专章规定了收益分配。有关股利分配的实质要件与程序要件,参见本书第 5 章第 10 节。

二、公司年度净利润的分配顺序

公司的营业收入减除营业支出（如营业税金及附加、业务及管理费、资产减值损失和其他业务成本）的余额是营业利润。营业利润加上营业外收入、减去营业外支出的余额是利润总额。利润总额减去所得税费用的余额是正数的，该余额即为公司的年度净利润；倘若净利润是负数的，该余额即为公司的净亏损。在公司出现净亏损的情况下，不存在净利润的分配问题；而在公司出现净利润的情况下，存在净利润如何分配的问题。

依我国《公司法》第167条和《企业财务通则》第50条规定，企业年度净利润除法律、行政法规另有规定外，按以下顺序分配：

(1) 弥补以前年度亏损。公司的法定公积金不足以弥补以前年度亏损的，在提取法定公积金之前，应当先用当年利润弥补亏损（我国《公司法》第167条第2款）。

(2) 提取法定公积金。公司分配当年税后利润时，应当提取利润的10%列入公司法定公积金。公司法定公积金累计额为公司注册资本的50%以上的，可以不再提取。

(3) 提取任意公积金。公司从税后利润中提取法定公积金后，经股东会或者股东大会决议，还可以从税后利润中提取任意公积金（《公司法》第167条第1款至第3款）。公司不依法提取法定公积金的，由县级以上人民政府财政部门责令如数补足应当提取的金额，可以对公司处以20万元以下的罚款（我国《公司法》第204条）。

(4) 向股东分配利润。公司以前年度未分配的利润并入本年度利润，在充分考虑现金流量状况后，向投资者分配。属于各级人民政府及其部门、机构出资的公司，应当将应付国有利润上缴财政（《企业财务通则》第50条第1款）。只有当公司符合法定的股利分配的实质要件时，方能分配股利；否则，没有可资分配的利润却仍然分配股利，即构成违法行为。股东会、股东大会或者董事会在公司弥补亏损和提取法定公积金之前向股东分配利润的，股东必须将违反规定分配的利润退还公司（我国《公司法》第167条第5款）。《企业财务通则》第51条亦规定，公司弥补以前年度亏损和提取盈余公积后，当年没有可供分配的利润时，不得向投资者分配利润，但法律、行政法规另有规定的除外。

三、公司公积金制度

公司公积金是指公司依法提列的、积累于公司内部、用于弥补未来公司亏损、扩大生产经营规模和转增资本的财产盈余。公司公积金与公司资本的共性在于，都是公司会计中的数字，而非某项特定财产。公司公积金制度的作用在于，巩固公司的资本基础，提高公司对债权人的清偿能力，构筑保护债权人利益的又一道防护堤。

以其提取行为是否源于法律的强制性规定为准，公积金又分为法定公积金（强制公积金）与任意公积金。前者基于法律的强制规定，诸如法定盈余公积金与资本公积金；后者则基于公司的自由决定，诸如根据公司章程或者股东会决议提列的特别盈余公积金。

以其来源为准，公司公积金可划分为盈余公积金与资本公积金。其中，盈余公积金源自公司税后利润。而资本公积金来源于公司盈余之外的其他财源渠道，包括：(1) 股东实际缴付的出资超出注册资本的差额。我国《公司法》第168条规定，股份公司以超过股票票面金额的发行价格发行股份所得的溢价款应当列为公司资本公积金。至于有限责任公司是否也存在资本溢价款的问题，语焉不详。实际上，即使在有限责任公司也有可能存在资本溢价款的问题。在股东争先恐后认购出资份额时，有可能承诺以高于认缴出资的数额缴纳出资。针对这一问题，《企业财务通则》第17条考虑得较为周到："对投资者实际缴付的出资超出注册资本的差额（包括股票溢价），企业应当作为资本公积管理。经投资者审议决定后，资本公积用于转增资本。国家另有规定的，从其规定。"该条规定既适用于股份公司，也适用于有限责任公司。(2) 国务院财政部门规定列入资本公积金的其他收入。例如，根据《企业会计准则第12号——债务重组》第6条规定，公司将债务转为资本的，债务人应当将债权人放弃债权而享有股份的面值总额确认为股本（或者实收资本），股份的公允价值总额与股本（或者实收资本）之间的差额确认为资本公积。

公司公积金的用途有三：(1) 弥补公司的亏损；(2) 扩大公司生产经营；(3) 转为增加公司资本。法定公积金转为资本时，所留存的该项公积金不得少于转增前公司注册资本的25%。但依据我国《公司法》第169条第1款规定，资本公积金不得用于弥补公司的亏损。可见，只有盈余公积金可以用于弥补公司的亏损。资本公积金只能用于扩大公司生产经营或者转为增加公司资本。根据《企业财务通则》第19条规定，公司以资本公积、盈余公积转增实收资本，由股东会履行财务决策程序后，办理相关财务事项和工商变更登记。

四、股利的分配标准

公司弥补亏损和提取公积金后所余税后利润，有限责任公司依照我国《公司法》第35条的规定分配；股份公司按照股东持有的股份比例分配，但股份公司章程规定不按持股比例分配的除外（我国《公司法》第167条第4款）。(1) 就有限责任公司而言，股东按照实缴的出资比例分取红利，但是全体股东约定不按照出资比例分取红利或者不按照出资比例优先认缴出资的除外（我国

《公司法》第 35 条)。(2)就股份公司而言,股份公司按照股东持有的股份比例分配,但股份公司章程规定不按持股比例分配的除外。

无论是有限责任公司,还是股份公司,股东的分红比例均可与其出资比例脱钩,符合私法自治精神。但两类公司在这一问题上的制度设计有所不同:(1)有限责任公司股东原则上按其实缴出资比例(而非认缴的出资比例)分取红利,而股份公司股东原则上按其持股比例分红;(2)排斥前述法定默示分红比例的法律文件在有限责任公司是股东协议,在股份公司是公司章程即可。这是由于,股份公司人数众多的股东之间很难甚至不可能就分红比例与出资比例的脱钩问题达成一致决议,因此立法者只要求股份公司章程就分红比例与出资比例之间的脱钩问题作出规定即可。

第七节 公司内部控制制度

一、公司内部控制制度的意义

公司内部控制是由公司董事会、监事会、经理层和全体员工实施的、旨在实现控制目标的过程。内部控制的目标是合理保证企业经营管理合法合规、资产安全、财务报告及相关信息真实完整,提高经营效率和效果,促进企业实现发展战略。公司内部控制制度是现代公司财务会计制度的重要组成部分,也是完善公司治理的重要措施。但长期以来,我国许多公司对于公司内部控制制度重视不够,致使内部控制秩序紊乱,加剧了公司的经营风险、财务风险和法律风险。

为了加强和规范企业内部控制,提高企业经营管理水平和风险防范能力,促进企业可持续发展,维护社会主义市场经济秩序和社会公众利益,我国财政部会同证监会、审计署、银监会、保监会根据《公司法》、《证券法》、《会计法》和其他有关法律法规国家有关法律法规,于 2008 年 7 月 10 日颁布了《企业内部控制基本规范》(以下简称《规范》)。五部门在其《印发〈企业内部控制基本规范〉的通知》中指出,该《规范》自 2009 年 7 月 1 日起在上市公司范围内施行,鼓励非上市的大中型企业执行。执行本规范的上市公司,应当对本公司内部控制的有效性进行自我评价,披露年度自我评价报告,并可聘请具有证券、期货业务资格的会计师事务所对内部控制的有效性进行审计。根据该《规范》第 2 条,本《规范》适用于中华人民共和国境内设立的大中型企业;小企业和其他单位可以参照本规范建立与实施内部控制。

《企业内部控制基本规范》具有部门规章的性质。上市公司作为强制适用范围之内的当事人必须严格执行,其他公司尤其是非上市的大中型公司也应见贤思齐,择善而从,自觉按照《企业内部控制基本规范》提出的高标准和严要求自我加压。该《规范》第 6 条也鼓励公司根据有关法律法规、本规范及其配套办法,制定本企业的内部控制制度并组织实施。这对增强公司自身的核心竞争力、完善公司治理具有举足轻重的重要意义。

二、公司建立与实施有效的内部控制的原则

企业建立与实施内部控制时,应当遵循下列原则:(1)全面性原则。内部控制应当贯穿决策、执行和监督全过程,覆盖企业及其所属单位的各种业务和事项。(2)重要性原则。内部控制应当在全面控制的基础上,关注重要业务事项和高风险领域。(3)制衡性原则。内部控制应当在治理结构、机构设置及权责分配、业务流程等方面形成相互制约、相互监督,同时兼顾运营效率。(4)适应性原则。内部控制应当与企业经营规模、业务范围、竞争状况和风险水平等相适应,并随着情况的变化及时加以调整。(5)成本效益原则。内部控制应当权衡实施成本与预期效益,以适当的成本实现有效控制。

三、完善公司内部控制的内部环境

企业建立与实施有效的内部控制,应当包括内部环境、风险评估、控制活动和内部监督等要素。其中,内部环境是企业实施内部控制的基础,一般包括治理结构、机构设置及权责分配、内部审计、人力资源政策、企业文化等。公司内部控制机制的核心难点恰恰在于内因。

企业应当根据国家有关法律法规和企业章程,建立规范的公司治理结构和议事规则,明确决策、执行、监督等方面的职责权限,形成科学有效的职责分工和制衡机制。股东(大)会享有法律法规和企业章程规定的合法权利,依法行使企业经营方针、筹资、投资、利润分配等重大事项的表决权。董事会对股东(大)会负责,依法行使企业的经营决策权。监事会对股东(大)会负责,监督企业董事、经理和其他高级管理人员依法履行职责。经理层负责组织实施股东(大)会、董事会决议事项,主持企业的生产经营管理工作。

董事会负责内部控制的建立健全和有效实施。监事会对董事会建立与实施内部控制进行监督。经理层负责组织领导企业内部控制的日常运行。公司应当成立专门机构或者指定适当的机构具体负责组织协调内部控制的建立实施及日常工作。

公司董事会应当下设审计委员会。审计委员会负责审查企业内部控制,监督内部控制的有效实施和内部控制自我评价情况,协调内部控制审计及其他相关事宜等。审计委员会负责人应当具备相应的独立性、良好的职业操守和专业胜任能力。

企业应当结合业务特点和内部控制要求设置内部机构,明确职责权限,将权

利与责任落实到各责任单位。企业应当通过编制内部管理手册,使全体员工掌握内部机构设置、岗位职责、业务流程等情况,明确权责分配,正确行使职权。

企业应当加强内部审计工作,保证内部审计机构设置、人员配备和工作的独立性。内部审计机构应当结合内部审计监督,对内部控制的有效性进行监督检查。内部审计机构对监督检查中发现的内部控制缺陷,应当按照企业内部审计工作程序进行报告;对监督检查中发现的内部控制重大缺陷,有权直接向董事会及其审计委员会、监事会报告。

企业应当制定和实施有利于企业可持续发展的人力资源政策。人力资源政策应当包括下列内容:(1)员工的聘用、培训、辞退与辞职;(2)员工的薪酬、考核、晋升与奖惩;(3)关键岗位员工的强制休假制度和定期岗位轮换制度;(4)掌握国家秘密或重要商业秘密的员工离岗的限制性规定;(5)有关人力资源管理的其他政策。企业应当将职业道德修养和专业胜任能力作为选拔和聘用员工的重要标准,切实加强员工培训和继续教育,不断提升员工素质。

企业应当加强文化建设,培育积极向上的价值观和社会责任感,倡导诚实守信、爱岗敬业、开拓创新和团队协作精神,树立现代管理理念,强化风险意识。董事、监事、经理及其他高级管理人员应当在企业文化建设中发挥主导作用。企业员工应当遵守员工行为守则,认真履行岗位职责。

企业应当加强法制教育,增强董事、监事、经理及其他高级管理人员和员工的法制观念,严格依法决策、依法办事、依法监督,建立健全法律顾问制度和重大法律纠纷案件备案制度。

四、风险评估制度

风险评估是企业及时识别、系统分析经营活动中与实现内部控制目标相关的风险,合理确定风险应对策略。企业应当根据设定的控制目标,全面系统持续地收集相关信息,结合实际情况,及时进行风险评估。

(一)风险识别

企业开展风险评估,应当准确识别与实现控制目标相关的内部风险和外部风险,确定相应的风险承受度。风险承受度是企业能够承担的风险限度,包括整体风险承受能力和业务层面的可接受风险水平。

企业识别内部风险,应当关注下列因素:(1)董事、监事、经理及其他高级管理人员的职业操守、员工专业胜任能力等人力资源因素;(2)组织机构、经营方式、资产管理、业务流程等管理因素;(3)研究开发、技术投入、信息技术运用等自主创新因素;(4)财务状况、经营成果、现金流量等财务因素;(5)营运安全、员工健康、环境保护等安全环保因素;(6)其他有关内部风险因素。

企业识别外部风险,应当关注下列因素:(1)经济形势、产业政策、融资环境、市场竞争、资源供给等经济因素;(2)法律法规、监管要求等法律因素;(3)安全稳定、文化传统、社会信用、教育水平、消费者行为等社会因素;(4)技术进步、工艺改进等科学技术因素;(5)自然灾害、环境状况等自然环境因素;(6)其他有关外部风险因素。

（二）风险分析

企业应当采用定性与定量相结合的方法,按照风险发生的可能性及其影响程度等,对识别的风险进行分析和排序,确定关注重点和优先控制的风险。企业进行风险分析,应当充分吸收专业人员,组成风险分析团队,按照严格规范的程序开展工作,确保风险分析结果的准确性。

（三）风险应对策略

企业应当根据风险分析的结果,结合风险承受度,权衡风险与收益,确定风险应对策略。企业应当合理分析、准确掌握董事、经理及其他高级管理人员、关键岗位员工的风险偏好,采取适当的控制措施,避免因个人风险偏好给企业经营带来重大损失。

为有效控制风险,公司应当综合运用风险规避、风险降低、风险分担和风险承受等风险应对策略。其中,风险规避是企业对超出风险承受度的风险,通过放弃或者停止与该风险相关的业务活动以避免和减轻损失的策略。风险降低是企业在权衡成本效益之后,准备采取适当的控制措施降低风险或者减轻损失,将风险控制在风险承受度之内的策略。风险分担是企业准备借助他人力量,采取业务分包、购买保险等方式和适当的控制措施,将风险控制在风险承受度之内的策略。风险承受是企业对风险承受度之内的风险,在权衡成本效益之后,不准备采取控制措施降低风险或者减轻损失的策略。

风险应对策略最忌讳的是刻舟求剑。企业应当结合不同发展阶段和业务拓展情况,持续收集与风险变化相关的信息,进行风险识别和风险分析,及时调整风险应对策略。

五、控制活动

控制活动是企业根据风险评估结果,采用相应的控制措施,将风险控制在可承受度之内。具体说来,企业应当结合风险评估结果,通过手工控制与自动控制、预防性控制与发现性控制相结合的方法,运用相应的控制措施,将风险控制在可承受度之内。企业应当根据内部控制目标,结合风险应对策略,综合运用控制措施,对各种业务和事项实施有效控制。控制措施一般包括:不相容职务分离控制、授权审批控制、会计系统控制、财产保护控制、预算控制、运营分析控制和绩效考评控制等。

权力过于集中必然滋生腐败与风险。不相容职务分离控制要求企业全面系统地分析、梳理业务流程中所涉及的不相容职务,实施相应的分离措施,形成各司其职、各负其责、相互制约的工作机制。

越权行事、职责不清是许多公司风险的重要来源。公司应当完善授权审批控制制度。授权审批控制要求企业根据常规授权和特别授权的规定,明确各岗位办理业务和事项的权限范围、审批程序和相应责任。企业应当编制常规授权的权限指引,规范特别授权的范围、权限、程序和责任,严格控制特别授权。常规授权是指企业在日常经营管理活动中按照既定的职责和程序进行的授权。特别授权是指企业在特殊情况、特定条件下进行的授权。企业各级管理人员应当在授权范围内行使职权和承担责任。企业对于重大的业务和事项,应当实行集体决策审批或者联签制度,任何个人不得单独进行决策或者擅自改变集体决策。

会计系统瘫痪、会计资料虚假残缺是威胁公司内部控制的致命环节。会计系统控制要求企业严格执行国家统一的会计准则制度,加强会计基础工作,明确会计凭证、会计账簿和财务会计报告的处理程序,保证会计资料真实完整。企业应当依法设置会计机构,配备会计从业人员。从事会计工作的人员,必须取得会计从业资格证书。会计机构负责人应当具备会计师以上专业技术职务资格。大中型企业应当设置总会计师。设置总会计师的企业,不得设置与其职权重叠的副职。

公司财产是公司发展的物质基础,也是债权人的担保财产。财产保护控制要求企业建立财产日常管理制度和定期清查制度,采取财产记录、实物保管、定期盘点、账实核对等措施,确保财产安全。企业应当严格限制未经授权的人员接触和处置财产。

预算约束疲软也容易滋生道德风险与法律风险。预算控制要求企业实施全面预算管理制度,明确各责任单位在预算管理中的职责权限,规范预算的编制、审定、下达和执行程序,强化预算约束。

公司日常运营中的风险荆棘丛生。运营分析控制要求企业建立运营情况分析制度,经理层应当综合运用生产、购销、投资、筹资、财务等方面的信息,通过因素分析、对比分析、趋势分析等方法,定期开展运营情况分析,发现存在的问题,及时查明原因并加以改进。

绩效考评不公严重挫伤公司内部人尤其是高管和员工诚实守信、勤勉尽责的积极性、主动性与创造性。绩效考评控制要求企业建立和实施绩效考评制度,科学设置考核指标体系,对企业内部各责任单位和全体员工的业绩进行定期考核和客观评价,将考评结果作为确定员工薪酬以及职务晋升、评优、降级、调岗、辞退等的依据。

此外,企业应当建立重大风险预警机制和突发事件应急处理机制,明确风险预警标准,对可能发生的重大风险或突发事件,制定应急预案、明确责任人员、规范处置程序,确保突发事件得到及时妥善处理。

六、信息与沟通

耳聪目明、信息畅通是公司处于良好内部控制状态的重要标志。许多公司的崩溃也源于信息沟通不畅及其引发的决策迟钝和决策错误等问题。因此,现代公司必须注重信息与沟通机制的建立健全。信息与沟通是企业及时、准确地收集、传递与内部控制相关的信息,确保信息在企业内部、企业与外部之间进行有效沟通。企业应当建立信息与沟通制度,明确内部控制相关信息的收集、处理和传递程序,确保信息及时沟通,促进内部控制有效运行。

1. 信息的获取

企业应当对收集的各种内部信息和外部信息进行合理筛选、核对、整合,提高信息的有用性。企业可以通过财务会计资料、经营管理资料、调研报告、专项信息、内部刊物、办公网络等渠道,获取内部信息。企业可以通过行业协会组织、社会中介机构、业务往来单位、市场调查、来信来访、网络媒体以及有关监管部门等渠道,获取外部信息。

2. 信息的传递

企业应当将内部控制相关信息在企业内部各管理级次、责任单位、业务环节之间,以及企业与外部投资者、债权人、客户、供应商、中介机构和监管部门等有关方面之间进行沟通和反馈。信息沟通过程中发现的问题,应当及时报告并加以解决。重要信息应当及时传递给董事会、监事会和经理层。

3. 信息技术的运用

企业应当运用信息技术加强内部控制,建立与经营管理相适应的信息系统,促进内部控制流程与信息系统的有机结合,实现对业务和事项的自动控制,减少或消除人为操纵因素。企业应当利用信息技术促进信息的集成与共享,充分发挥信息技术在信息与沟通中的作用。企业应当加强对信息系统开发与维护、访问与变更、数据输入与输出、文件储存与保管、网络安全等方面的控制,保证信息系统安全稳定运行。

4. 反舞弊机制

企业应当建立反舞弊机制,坚持惩防并举、重在预防的原则,明确反舞弊工作的重点领域、关键环节和有关机构在反舞弊工作中的职责权限,规范舞弊案件的举报、调查、处理、报告和补救程序。企业至少应当将下列情形作为反舞弊工作的重点:(1)未经授权或者采取其他不法方式侵占、挪用企业资产,牟取不当利益;(2)在财务会计报告和信息披露等方面存在的虚假记载、误导性陈述或者重大遗漏等;(3)董事、监事、经理及其他高级管理人员滥用职权;(4)相关机构或人员串通舞弊。

企业应当建立举报投诉制度和举报人保护制度,设置举报专线,明确举报投诉处理程序、办理时限和办结要求,确保举报、投诉成为企业有效掌握信息的重要途径。举报投诉制度和举报人保护制度应当及时传达至全体员工。

七、内部监督

内部监督是企业对内部控制建立与实施情况进行监督检查,评价内部控制的有效性,发现内部控制缺陷,应当及时加以改进。企业应当根据《企业内部控制基本规范》及其配套办法,制定内部控制监督制度,明确内部审计机构(或经授权的其他监督机构)和其他内部机构在内部监督中的职责权限,规范内部监督的程序、方法和要求。

内部监督分为日常监督和专项监督。日常监督是指企业对建立与实施内部控制的情况进行常规、持续的监督检查;专项监督是指在企业发展战略、组织结构、经营活动、业务流程、关键岗位员工等发生较大调整或变化的情况下,对内部控制的某一或者某些方面进行有针对性的监督检查。专项监督的范围和频率应当根据风险评估结果以及日常监督的有效性等予以确定。

企业应当制定内部控制缺陷认定标准,对监督过程中发现的内部控制缺陷,应当分析缺陷的性质和产生的原因,提出整改方案,采取适当的形式及时向董事会、监事会或者经理层报告。内部控制缺陷包括设计缺陷和运行缺陷。企业应当跟踪内部控制缺陷整改情况,并就内部监督中发现的重大缺陷,追究相关责任单位或者责任人的责任。

企业应当结合内部监督情况,定期对内部控制的有效性进行自我评价,出具内部控制自我评价报告。内部控制自我评价的方式、范围、程序和频率,由企业根据经营业务调整、经营环境变化、业务发展状况、实际风险水平等自行确定。

企业应当以书面或者其他适当的形式,妥善保存内部控制建立与实施过程中的相关记录或者资料,确保内部控制建立与实施过程的可验证性。

八、其他内部控制机制

接受企业委托从事内部控制审计的会计师事务所,应当根据本规范及其配套办法和相关执业准则,对企业内部控制的有效性进行审计,出具审计报告。会计师事务所及其签字的从业人员应当对发表的内部控制审计意见负责。为企业内部控制提供咨询的会计师事务所,不得同时为同一企业提供内部控制审计服务。

五部门关于《印发〈企业内部控制基本规范〉的通知》指出,执行本规范的上市公司,应当对本公司内部控制的有效性进行自我评价,披露年度自我评价报告,并可聘请具有证券、期货业务资格的会计师事务所对内部控制的有效性进行审计。

此外,公司还应当建立内部控制实施的激励约束机制,将各责任单位和全体员工实施内部控制的情况纳入绩效考评体系,促进内部控制的有效实施。

第十三章　特殊类型公司

第一节　一人公司

一、一人公司的概念和类型

我国《公司法》第58条第2款将一人公司界定为由一名投资者(含法人和自然人)依法设立的公司。一人公司乃公司中的特殊类型,是能够独立承担民事责任的商事主体,享有法人的权利能力与行为能力。一人公司对公司全部财产享有法人所有权,一人股东对公司享有各种股东权利,并以其出资为限对公司债务承担有限责任。股东除享有一般股东权外,还享有股东大会、董事会、监事会甚至经理的权力。

我国《公司法》第2章开辟第3节专门设计了"一人有限责任公司的特别规定"。根据该法第58条规定:"一人有限责任公司的设立和组织机构,适用本节规定;本节没有规定的,适用本章第一节、第二节的规定。"因此,第3节规定作为特别法律规范在适用上应当优先于本章第1节、第2节有关有限责任公司的一般法律规范,但本节特别规范未作规定或者规定不明时,应当补充适用本章第1节、第2节有关有限责任公司的一般法律规范。立法者求真务实的立法态度颇值肯定。

一人公司不同于个人独资企业。(1)前者是独立的企业法人,具有完全的民事权利能力、民事行为能力和民事责任能力,是有限责任公司中的特殊类型;而后者不是独立的企业法人,不能以其财产独立承担民事责任。(2)一人公司及其股东分别就其公司所得和股东股利分别缴纳法人所得税和个人所得税,而个人独资企业自身不缴纳法人所得税,只待投资者取得投资回报时缴纳个人所得税。(3)一人公司需要原则满足公司法为股权多元化的公司设置的公司资本制度、公司财务会计审计制度以及公司治理制度,而个人独资企业只适用《个人独资企业法》。

以其产生时间为准,一人公司可分为设立意义上的一人公司与存续意义上的一人公司;以其股东的持股比例为准,一人公司可分为实质上的一人公司与形式上的一人公司。实质上的一人公司,指虽然登记在册的股东有多人,但只有一名股东的持股比例占有绝对多数(如95%),而其他股东的持股比例很低、甚至仅具有象征意义的有限责任公司。名义上的一人公司,指在公司登记机关登记在册的股东仅有一名的有限责任公司。综合上述两个划分标准,一人公司可分为四种:(1)设立阶段出现的实质一人公司;(2)设立阶段出现的形式一人公司;(3)存续阶段出现的实质一人公司;(4)存续阶段出现的形式一人公司。

二、一人公司制度的积极作用

一人公司制度具有一系列积极作用:(1)有利于深化国有企业改革,实施大公司和大企业集团的战略,推动国有资产的优化组合与合理配置。(2)有利于弘扬公司的资合性,充分保护公民和企业的开业自由,吸引民间资本,扩大投资渠道,推动我国中小企业、特别是民营企业的迅猛发展。(3)有利于鼓励低收入阶层投资兴业,增加税收和就业机会,维护社会稳定。(4)有利于发挥其治理结构简单高效、决策灵活的特点,进一步提升公司的竞争力。一人公司有助于简化公司内部法律关系,不存在股东冲突问题。当然,股东决策的灵活性也与股东决策的任意性、风险性紧密相随。(5)有利于确定投资收益和投资风险的唯一归属者,激发投资者单独投资创业的积极性,避免多名投资者由于缺乏合作、宽容与尊重精神而互相拆台、明争暗斗的"窝里斗"现象在公司内部重演。

三、一人公司的特殊治理制度

一人公司的重大决策者属于一人股东。一人公司股东只有一人,不存在传统意义上的股东会。从实体职权看,股东大会的职权应由一人股东单独行使,而不应由立法者规定由股东之外的第三人代劳。凡在公司股东大会权限范围内的决策事项,一人股东的决定就是公司的最高意思表示。从运作程序看,一人股东行使股东会职权时,可豁免适用股权多元化公司中的股东会应当遵循的程序性规范,如召集期限、决议要件等。股东按照规范化的股东大会制度运作时,只能由该股东自任召集人、主持人、出席人、表决人。一人股东就是一个流动的股东会,就是股东会的化身,就是公司的最高意思决定机关。自言自语的"股东会"、散步的"股东会"由此而登上历史舞台。

为厘清公司行为与股东行为之间的法律边界,指导一人公司股东在用足用够股东会权力的同时,保存必要证据,也为赋予债权人的知情权,《公司法》第62条要求股东作为股东会化身实施的公司决策行为采取书面形式:"一人有限责任公司不设股东会。股东作出本法第38条第1款所列决定时,应当采用书面形式,并由股东签名后置备于公司。"为了提高公司书面决策行为的公信力,应当鼓励一人公司将其股东的书面决策予以公证。

从股权结构看,一人公司就是普通公司的简写版、缩微版。一人股东意味着公司股东会,公司股东会意味着一人股东。与股权多元化的公司相比,公司治理的权力可以更多地回归股东。一人股东享有的公司治理权力应当更大,而不是更小。一人股东可以凭借其股权直接经营管理公司。

既为法人,一人公司应与股权多元化公司在治理结构形式上保持必要的匹配与协调。立法者无权强制一人公司设立董事会,也无法禁止公司设立董事会。作为折中之道,一人公司可设立董事会或执行董事。至于究竟设立董事会抑或执行董事,委诸公司和股东自治。既然选任董事权力归属一人股东,一人股东可自告奋勇亲任公司董事或执行董事。

四、一人公司的权利能力

根据私法自治精神,法无禁止的行为,公司皆可实施。凡是其他公司享有的权利能力和行为能力,一人公司皆可享有。一名自然人可与其设立的一人有限责任公司共同设立公司。无论是一人股东,还是一人有限责任公司均为独立的公司股东。此类公司并非一人公司,而系二人有限公司或二人股份有限公司。当然,此类公司的股权结构在公司登记机关应当披露清楚。

第二节 有限合伙

有限合伙是介于普通合伙企业与公司之间的中间企业组织形态。有限合伙在某些国家(如德国、日本)被称为"两合公司"。我国2006年修订的《合伙企业法》的主要亮点是在增加债权人保护的立法目标之外,允许法人担任普通合伙人,引进了有限合伙(LP)和有限责任合伙(LLP)。虽然有限合伙并非严格意义上的公司,但鉴于有限合伙与两合公司并无实质区别,又鉴于合伙人可由公司担任,因此本节对有限合伙予以探讨。

一、有限合伙的组织形态

所谓有限合伙,是指由有限合伙人和普通合伙人共同组成,有限合伙人以其出资额为限对有限合伙承担责任;普通合伙人对合伙债务承担无限连带责任的合伙形式。因此,我国《合伙企业法》第1条第2款规定,有限合伙企业由普通合伙人和有限合伙人组成,普通合伙人对合伙企业债务承担无限连带责任,有限合伙人以其认缴的出资额为限对合伙企业债务承担责任。我国《合伙企业法》第61条规定:"有限合伙企业由2个以上50个以下合伙人设立;但是,法律另有规定的除外。有限合伙企业至少应当有一个普通合伙人"。

有限合伙与普通合伙一样,都不具有独立的法人资格。可见,有限合伙与具有法人资格的公司有着截然区别。但有限合伙具备普通公司的一个重要特性,即投资者的有限责任。例如,有限合伙中的有限合伙人对合伙债务负有限责任,公司股东也对公司债务承担有限责任,区别在于,有限合伙中只有部分投资者(有限合伙人)享有有限责任待遇,而公司中的全体投资者都享有有限责任待遇。在某种意义上,有限合伙堪称有限责任公司制度与普通合伙制度的有机融合,是介于普通合伙企业与公司之间的中间企业组织形态。

在德国,合伙在许多方面被视为法人。例如,根据《德国商法典》第124条规定,商业合伙(无限公司)可以以自己的名义取得权利,设定义务,取得土地上的所有权和他物权,并可以起诉或者应诉。我国《公司法》确认的公司仅限于股东对公司债务承担有限责任的有限责任公司与股份有限公司,不包括所谓的"两合公司"或者有限合伙。因此,在现有立法框架下,我国的一般合伙或者有限合伙不具有独立的法人资格。但另一方面,我国近年来的民商立法和民事争讼立法开始较多地使用"自然人、法人或者其他组织"代称民事主体。其中的"其他组织"当然包括合伙(含有限合伙)在内。

二、有限合伙制度的优点

首先,有限合伙中的有限合伙人对合伙债务承担有限责任,有利于极大调动投资者的投资热情。在有限合伙中,普通合伙人既享有对合伙事务的管理权,又对合伙债务承担无限责任,这就把普通合伙人与有限合伙的命运紧紧捆在一起,这就为普通合伙人殚精竭虑、提高有限合伙的经营绩效提供了巨大的动力和压力,从而避免或者降低了普通合伙人的道德风险。由于有限合伙人对合伙债务负有限责任,有限合伙人之间不必相互信任,这就有助于有限合伙企业吸引较多的有限合伙人入伙,从而筹集更多的资本。

其次,有限合伙有利于实现投资者与投知者的最佳组合,做到有钱的出钱,有力的出力。富人的最大财富在于金钱资本,而智者的最大财富在于智能资本。金钱资本的联合未必产生最佳的财富;同样,没有金钱资本的支撑,智能资本自身也不会自动创造财富。有限合伙制度使得出资较少的普通合伙人也能独揽合伙企业的经营管理大权,从而实现以小搏大的资本放大功能。

再次,从为投资者节约纳税的角度着眼,投资者采取有限合伙有利于避免双重征税。对于有限合伙人而言,要想获得有限责任待遇、降低投资风险,投资于有限责任公司或者股份有限公司亦无不可;但投资于有限合伙的主要经济动因在于,合伙的税收优惠待遇要多于公司的税收优惠待遇。

最后,有限合伙的经营活动比公司的经营活动更具有保密性。凡是公司,都要满足起码的信息披露制度要求,即公示要求。上市公司遵守的信息披露要求比起其他类型的公司来说更加严格。而根据我国《合伙企业法》的规定,合伙企业应当遵守的信息披露要求要比公司宽松得多,而且此种要求仅以满足合伙企业债权人和政府监管机构为限。

三、有限合伙人的权利

为确保有限合伙人的法律地位具有确定性与可预见性,我国《合伙企业法》明确规定了有限合伙人的权利与义务。有限合伙人的权利包括:

(1) 知情权。为了解和监督有限合伙的经营状况和财务状况,有限合伙人有权获取经审计的有限合伙企业财务会计报告,并对涉及自身利益的情况,查阅有限合伙企业财务会计账簿等财务资料(我国《合伙企业法》第68条第2款第4项和第5项)。此处的"等财务资料"应当理解为包括"原始凭证"在内。

(2) 分红权,即参与分配利润的权利。这是有限合伙人的主要权利。

(3) 咨询权。有限合伙人有权对企业的经营管理提出建议,但是否采纳应由普通合伙人决定。

(4) 监督权。有限合伙人有权参与选择承办有限合伙企业审计业务的会计师事务所(我国《合伙企业法》第68条第2款第3项)。

(5) 直接诉权。在有限合伙企业中的利益受到侵害时,向有责任的合伙人主张权利或者提起诉讼(我国《合伙企业法》第68条第2款第7项)。

(6) 代表诉权。执行事务合伙人怠于行使权利时,有限合伙人有权督促其行使权利或者为了本企业的利益以自己的名义提起诉讼。

(7) 决策参与权。有限合伙人有权参与决定普通合伙人入伙、退伙(我国《合伙企业法》第68条第2款第1项)。

(8) 关联交易权。有限合伙人可以同本有限合伙企业进行交易;但是,合伙协议另有约定的除外(我国《合伙企业法》第70条)。

(9) 竞争业务开业权。有限合伙人可以自营或者同他人合作经营与本有限合伙企业相竞争的业务;但是,合伙协议另有约定的除外(我国《合伙企业法》第71条)。

(10) 合伙权益出质权。有限合伙人可以将其在有限合伙企业中的财产份额出质;但是,合伙协议另有约定的除外(我国《合伙企业法》第72条)。

(11) 合伙权益转让权。有限合伙人可以按照合伙协议的约定向合伙人以外的人转让其在有限合伙企业中的财产份额,但应当提前30日通知其他合伙人(我国《合伙企业法》第73条)。有限合伙人转让合伙权益时,只需通知其他合伙人即可,而无需争得其他合伙人同意。

(12) 合伙权益变价权。有限合伙人的自有财产不足清偿其与合伙企业无关的债务的,该合伙人可以以其从有限合伙企业中分取的收益用于清偿;债权人也可以依法请求人民法院强制执行该合伙人在有限合伙企业中的财产份额用于清偿。人民法院强制执行有限合伙人的财产份额时,应当通知全体合伙人。在同等条件下,其他合伙人有优先购买权(我国《合伙企业法》第74条)。

四、有限合伙人的义务

作为获得权利的对价,有限合伙人也要履行相应的义务。

(一) 积极义务

有限合伙人应当按照合伙协议的约定按期足额缴纳出资;未按期足额缴纳的,应当承担补缴义务,并对其他合伙人承担违约责任。从法理上说,基于我国《合同法》第 73 条规定,当有限合伙人怠于或者拒绝按照合伙协议的约定按期足额缴纳出资时,应当对公司债权人承担补充赔偿责任。为确保有限合伙人出资的真实性,我国《合伙企业法》除了维持对普通合伙人登记的现行要求外,还要求有限合伙企业登记事项中载明有限合伙人的姓名或者名称及认缴的出资数额。当然,合伙协议应当具有相当的灵活性,以便允许分阶段出资。根据分阶段出资协议,只有当合伙企业具有资本需求时,合伙企业才通知合伙人提供资本。

(二) 消极义务

我国《合伙企业法》第 68 条第 1 款从反面规定:"有限合伙人不执行合伙事务,不得对外代表有限合伙企业"。这是由有限合伙企业的特殊治理结构决定的。倘非如此,任由有限合伙人对内执行合伙事务、对外代表有限合伙企业,则缺乏经营专长、存在道德瑕疵的有限合伙人有可能把企业经营得债台高筑,然后由普通合伙人对企业债务承担连带清偿责任,难免有欠公平。

因此,作为享有有限责任待遇的对价,有限合伙人不得参与有限合伙的经营管理。问题在于,一旦有限合伙人参与有限合伙经营管理,是否绝对丧失有限责任待遇。对此,有两种立法例:有些国家(包括美国和澳大利亚)的立法例认为,经营管理权仅归普通合伙人,一旦有限合伙人参与有限合伙经营管理,有限合伙人就丧失有限责任待遇。但合伙债权人要剥夺有限合伙人的有限责任待遇,或者有限合伙人要证明维持自己有限责任待遇的正当性,就必须弄清有限合伙人的哪些行为构成对经营管理行为的介入。美国许多法院判例涉及有限合伙人参与企业监督的行为是否构成了对合伙企业经营管理的介入。应当说,这个问题在普通法系,尤其是美国,一直没有得到圆满解决。而其他一些国家(如德国)的立法则持相反态度,一般允许有限合伙人参与企业经营管理,而不剥夺其有限责任待遇。

在实践中,要彻底划清有限合伙人参与经营管理与有限合伙人行使监督权和咨询权的界限,并不容易。为对此界限的划分作出具有可操作性的规定,我国《合伙企业法》第 68 条规定,有限合伙人的下列行为,不视为执行合伙事务:参与决定普通合伙人入伙、退伙;对企业的经营管理提出建议;参与选择承办有限合伙企业审计业务的会计师事务所;获取经审计的有限合伙企业财务会计报告;对涉及自身利益的情况,查阅有限合伙企业财务会计账簿等财务资料;在有限合伙企业中的利益受到侵害时,向有责任的合伙人主张权利或者提起诉讼;执行事务合伙人怠于行使权利时,督促其行使权利或者为了本企业的利益以自己的名义提起诉讼;依法为本企业提供担保。

倘若有限合伙人不能慎独自律,有可能丧失有限责任待遇。我国《合伙企业法》第76条规定了"表见合伙人"制度:"第三人有理由相信有限合伙人为普通合伙人并与其交易的,该有限合伙人对该笔交易承担与普通合伙人同样的责任。有限合伙人未经授权以有限合伙企业名义与他人进行交易,给有限合伙企业或者其他合伙人造成损失的,该有限合伙人应当承担赔偿责任。"可见,篡夺合伙事务管理权的有限合伙人对内(对普通合伙人)、对外(对债权人)承担相应的民事责任。

五、普通合伙人的权利

由于有限合伙人不参与合伙事务的经营管理,有限合伙的管理机构只能由普通合伙人组成。普通合伙人的主要权利表现在:

(1) 经营管理权。我国《合伙企业法》第67条规定:"有限合伙企业由普通合伙人执行合伙事务。执行事务合伙人可以要求在合伙协议中确定执行事务的报酬及报酬提取方式"。因此,普通合伙人负责有限合伙的经营管理,表现在内外两个方面:对内执行合伙事务,对外代表有限合伙。但严格说来,对合伙事务进行管理既是普通合伙人的权利,也是他们对有限合伙人和有限合伙所负的一项义务。

(2) 按照数倍于出资比例的标准分取投资回报的权利。例如,虽然有限合伙人的出资比例是99%,可以仅按80%分取投资回报,而普通合伙人的出资比例虽是10%,但可以按20%分取投资回报。从表面上看,有限合伙人似乎吃亏,实则不然:一则普通合伙人蒙受的潜在风险大(无限责任);二则普通合伙人投入的管理活动可以把有限合伙人的"馅饼"做大,虽然有限合伙人的相对收益比例只有80%,但由于"馅饼"的总量增大了,80%的收益分配比例带来的绝对收益还是比有限合伙人自己从事经营管理活动的投资回报高;三则有限合伙人自愿接受有限合伙的制度安排。为避免利润分配的天平过于失衡,我国《合伙企业法》第69条禁止有限合伙企业将全部利润分配给部分合伙人;但是,合伙协议另有约定的除外。

六、普通合伙人的义务

(1) 忠实义务。从《信托法》角度看,普通合伙人立于受托人的地位,有限合伙人则立于委托人和受益人的地位。普通合伙人对其他合伙人应当恪守诚实信用义务,并专注于增进全体合伙人的利益,不能从事竞业禁止活动,不能开展利益冲突交易,不得以牺牲有限合伙人的利益为代价,谋取个人利益。

(2) 善管义务。一般说来,法律对善管义务的要求较之对忠实义务的要求宽松一些。笔者认为,这是合乎情理的,也合乎公司经营的实践。因为善管义务基本上可归入普通合伙人经营能力的范畴,每个人的能力又参差不齐;而忠实义务基本上可归入普通合伙道德品质的范畴,人们不会容忍能力不同的人在遵守法律化的道德义务时适用不同的标准。但是,法律又不能不对普通合伙人善管义务是否被履行以及履行程度如何规定一个衡量标准;否则,善管义务规定有被沦为具文之虞。为减轻法官判案难度,未来我国《合伙企业法》修改时应当明确规定普通合伙人履行善管义务的内容和衡量标准,并引进经营判断规则。

七、法人原则上可担任普通合伙人

我国1993年《公司法》和1997年《合伙企业法》既未明确允许公司担任合伙人,也未禁止公司担任合伙人。公司可否担任合伙人本属公司转投资的范畴。但因其投资对象的特殊性而在《公司法》修改过程中荡起涟漪。对于公司担任有限合伙人的权利能力,各界基本不存在根本分歧。

我国2005年修订的《公司法》第15条规定:"公司可以向其他企业投资;但是,除法律另有规定外,不得成为对所投资企业的债务承担连带责任的出资人。""法律"目前主要是指在2005年《公司法》修订之后于2006年修订的《合伙企业法》。该《合伙企业法》第2条第1款明确允许法人担任普通合伙人;只不过在第3条出于立法政策的特别考量,禁止国有独资公司、国有企业、上市公司以及公益性的事业单位、社会团体成为普通合伙人。

第三节 外商投资公司

一、公司法与外商投资企业法是一般法与特别法的关系

我国从1979年以来陆续颁布了《中外合作经营企业法》、《中外合资经营企业法》和《外资企业法》,并颁布了与之相互配套的行政法规和部门规章,从而建立了三套外商投资企业立法体系。这些外商投资企业立法对于我国吸引外来资本、技术和先进管理经验,对于外国投资者追求投资回报、开辟我国市场都发挥了积极的作用,受到了国内外投资者的充分肯定。

我国三套外商投资企业立法体系颁布于《公司法》出台之前。《公司法》第218条规定:"外商投资的有限责任公司和股份有限公司适用本法;有关外商投资的法律另有规定的,适用其规定。"可见,《公司法》与三套外商投资企业立法仍为一般法与特别法的关系。《公司法》与三套外商投资企业立法就同一事项有不同规定时,优先适用外商投资企业立法;《公司法》就某一事项没有规定、外商投资企业立法对此有规定时,应当优先适用外商投资企业立法;《公司法》就某一事项有规定、外商投资企业立法对此无规定时,应当补充适用《公司法》;《公司法》与三套外商投资企业立法就同一事项均无规定时,应当适用《公司法》的基本原则(如资本多数决定原则、股东平等原则)、商事习惯和公司法理。法院和仲裁机构裁决有关外商投资企业的纠纷时,也应当根据上述精神确定裁判案件的法律依据。

为了进一步澄清我国《公司法》第218条的含义,理顺《公司法》与外商投资企业法在公司审批登记管理环节的适用关系,国家工商行政管理总局、商务部、国家外汇管理局、海关总署于2006年4月联合印发了《关于外商投资的公司审批登记管理法律适用若干问题的执行意见》(工商外企字[2006]81号,以下简称《执行意见》),对外商投资的公司在审批、登记、管理过程中存在的一些法律适用问题提出了指导意见,值得各界关注。

根据《执行意见》第1条规定,"外商投资的公司的登记管理适用《公司法》和《公司登记管理条例》;有关外商投资企业的法律另有规定的,适用其规定;《公司法》、《公司登记管理条例》、有关外商投资企业的法律没有规定的,适用有关外商投资企业的行政法规、国务院决定和国家有关外商投资的其他规定。"

二、外商投资企业法与公司法的主要制度区别

既然外商投资企业法是公司法的特别法,就必然存在着外商投资企业法与公司法的制度差异。兹将这些制度差异简述如下:

(一)投资主体的差异

我国《公司法》对于股东的资格包括国籍并无任何限制。我国《中外合作经营企业法》和《中外合资经营企业法》将外方投资者界定为"外国公司"、"企业"和"其他经济组织或个人"等四类主体,而对中方投资者的界定中只有"公司、企业和其他经济组织",没有"个人",这对中国的个人投资者来说显然不公,对于从海外留学归来的高端技术人才来说尤为可惜。这些留学人才为了达到与外国公司合作投资的目的,只能先行注册一家公司,然后再一这家公司的名义与外商共同投资设立企业。如此以来,徒增不必要的交易成本。

(二)企业治理机构的差异

我国《中外合资经营企业法》虽然将中外合资经营企业界定为"有限公司",但第6条规定:"董事会根据平等互利的原则,决定合营企业的重大问题。董事会的职权是按合营企业章程规定,讨论决定合营企业的一切重大问题:企业发展规划、生产经营活动方案、收支预算、利润分配、劳动工资计划、停业,以及总经理、副总经理、总工程师、总会计师、审计师的任命或聘请及其职权和待遇等。"

诚如我国《中外合资经营企业法实施条例》第30条所言,"董事会是合营企业的最高权力机构,决定合营企业的一切重大问题"。我国《中外合作经营企业法》第12条也规定董事会或者联合管理机构依照合作企业合同或者章程的规定决定合作企业的重大问题。至于股东会和监事会则榜上无名,而且董事会实行一人一票规则和人头多数决规则。而国内投资者设立的有限公司根据《公司法》应当设立股东会、董事会及监事会等公司机关,而股东会实行按照出资比例行使表决权的规则以及资本多数决规则。

（三）企业设立程序的差异

根据外商投资企业立法,外商设立有限责任公司实行绝对审批制,一律报经对外经济贸易主管部门批准;而根据我国《公司法》第8条规定,国内股东要设立有限责任公司,实行登记制为主、审批制为辅的原则。

（四）股权转让程序的差异

根据我国《中外合作经营企业法》和《中外合资经营企业法》的规定,投资者相互之间转让股权须履行四个环环相扣的法定程序：转让双方签署股权转让协议；合营（合作）他方同意；对外经济贸易主管机关批准；公司登记机关办理变更登记程序。例如,根据《中外合作经营企业法》第10条规定："中外合作者的一方转让其在合作企业合同中的全部或者部分权利、义务的,必须经他方同意,并报审查批准机关批准。"《中外合资经营企业法实施条例》第20条规定："合营一方向第三者转让其全部或者部分股权的,须经合营他方同意,并报审批机构批准,向登记管理机构办理变更登记手续。合营一方转让其全部或者部分股权时,合营他方有优先购买权。合营一方向第三者转让股权的条件,不得比向合营他方转让的条件优惠。违反上述规定的,其转让无效。"

通说认为,未经对外经济贸易主管部门批准的股权转让合同属于无效合同或者效力尚未发生的合同,即使合同已经实际履行完毕也是如此。而对内资的有限责任公司而言,股东即使向股东之外的第三人转让股权,该转让合同只仅需双方当事人签署以及全体股东过半数以上同意即可生效,而无需对外经济贸易主管部门的行政批准。

受外商投资企业特别立法的影响,《外商投资企业和外国企业所得税法》在区分内外资企业的法律待遇上走得更远：在所得税税率、税收减免、税收返还三个方面对外资企业实行分地区、有重点、多层次的税收优惠办法,创设了所谓的"超国民待遇原则",既违反WTO规则中的国民待遇原则,也为《补贴与反补贴措施协议》所禁止。

三、外商投资一人公司

《执行意见》第2条第1款规定："外国公司、企业和其他经济组织或者自然人(以下简称外国投资者)可以同中国的企业、其他经济组织以中外合资、中外合作的形式依法设立公司,也可以外商合资、外商独资的形式依法设立公司。"这就再次重申了外商可以独自设立一人有限责任公司。

《执行意见》第2条第2款针对外商独资的一人公司适用《公司法》的问题作了明确规定:"以外商独资的形式依法设立一人有限公司的,其注册资本最低限额应当符合《公司法》关于一人有限公司的规定;外国自然人设立一人有限公司的,还应当符合《公司法》关于一人有限公司对外投资限制的规定。2006年1月1日以前已经依法设立的外商独资的公司维持不变,但其变更注册资本和对外投资时应当符合上述规定。"具体说来,该款规定包含四个层次的内容:

首先,在我国2005年修订的《公司法》生效以后,外商投资者愿意以外商独资的形式依法设立一人有限公司的,其注册资本最低限额应当符合《公司法》第59条规定:"一人有限责任公司的注册资本最低限额为人民币10万元。股东应当一次足额缴纳公司章程规定的出资额。"这是由于,《外资企业法》及其《实施细则》对于外商独资有限责任公司的注册资本最低限额及其股东是否应当一次足额缴纳公司章程规定的出资额均未作出规定。根据一般法补充适用的法理,2005年修订的《公司法》第59条规定的注册资本最低限额当然适用于外商独资有限责任公司。

其次,在我国2005年修订的《公司法》生效以后,外国自然人设立一人有限公司的,还应当符合《公司法》关于一人有限公司对外投资限制的规定。根据《公司法》第59条第2款规定:"一个自然人只能投资设立一个一人有限责任公司。该一人有限责任公司不能投资设立新的一人有限责任公司。"需要指出的是,该款前句规定的一人公司"计划生育"政策仅适用于自然人设立的一人公司,并不禁止法人设立多家一人公司;该款后句也仅禁止自然人设立的一人公司再设孙子一人公司,并不禁止法人设立的一人公司再设孙子一人公司。

再次,2006年1月1日以前已经依法设立的外商独资的公司继续有效存续。这既是新法不溯及既往原则的要求,也是企业维持原则的要求。中国作为一个重约守信的民族,当然要保护外国投资者对《外资企业法》的合理预期。在一定程度上,《外资企业法》可以解释为中国立法者对外国投资者所作的一种承诺。

最后,在我国2005年修订的《公司法》生效以后,2006年1月1日以前已经依法设立的外商独资的公司变更注册资本和对外投资时应当符合2005年修订的《公司法》第59条规定。

四、分期缴纳出资制度与外商投资企业

我国《公司法》第26条规定了分期缴纳出资制度:"有限责任公司的注册资

本为在公司登记机关登记的全体股东认缴的出资额。公司全体股东的首次出资额不得低于注册资本的20％，也不得低于法定的注册资本最低限额，其余部分由股东自公司成立之日起两年内缴足；其中，投资公司可以在5年内缴足。"这原则上也适用于外商投资公司。除了特别规定之外，我国《公司法》第26条规定的分期缴纳出资制度具有补充适用的功能。

其实，分期缴纳出资制度并非我国2005年修订的《公司法》的发明创造。外经贸部与国家工商局于1988年1月1日联合发布的《中外合资经营企业合营各方出资的若干规定》第4条规定："合营各方应当在合营合同中订明出资期限，并且应当按照合营合同规定的期限缴清各自的出资。合营企业依照有关规定发给的出资证明书应当报送原审批机关和工商行政管理机关备案。合营合同中规定一次缴清出资的，合营各方应当从营业执照签发之日起6个月内缴清。合营合同中规定分期缴付出资的，合营各方第一期出资，不得低于各自认缴出资额的15％，并且应当在营业执照签发之日起3个月内缴清。"又根据该《若干规定》第10条规定，中外合作经营企业合作各方的出资参照本规定执行。《外资企业法实施细则》第30条也规定："外国投资者缴付出资的期限应当在设立外资企业申请书和外资企业章程中载明。外国投资者可以分期缴付出资，但最后一期出资应当在营业执照签发之日起3年内缴清。其中第一期出资不得少于外国投资者认缴出资额的15％，并应当在外资企业营业执照签发之日起90天内缴清。"

可见，外商投资企业法框架下的分期缴纳出资制度比起我国2005年修订的《公司法》框架下的分期缴纳出资制度更加开放、自由。因为，国家允许公司在股东没有实际缴纳任何出资的情况下先行取得企业法人营业执照。实践中，许多外商投资企业领取的企业法人营业执照上载明的实缴注册资本为零。这在一定程度上也纵容了投资者的迟延出资现象。而我国2005年修订的《公司法》第26条虽然也允许股东分期缴纳出资，但在公司成立之前、取得企业法人营业执照之前至少必须将公司注册资本的20％实际缴纳到位。相比之下，我国2005年修订的《公司法》第26条的规定更有利于保护债权人，而外商投资企业法框架下的分期缴纳出资制度更偏向于投资者。从长远看，立法者应当对内资公司与外资公司采行统一的授权资本制，早日废除股东分期缴纳出资制度，以实现鼓励投资与保护债权人的价值目标的和谐统一。

《执行意见》第9条在糅合了我国2005年修订的《公司法》与外商投资企业政策的基础上，明确指出："外商投资的有限责任公司（含一人有限公司）的股东首次出资额应当符合法律、行政法规的规定，一次性缴付全部出资的，应当在公司成立之日起6个月内缴足；分期缴付的，首次出资额不得低于其认缴出资额的15％，也不得低于法定的注册资本最低限额，并应当在公司成立之日起3个月内缴足,其余部分的出资时间应符合《公司法》、有关外商投资的法律和《公司登记管理条例》的规定。其他法律、行政法规要求股东应当在公司成立时缴付全部出资的,从其规定。外商投资的股份有限公司的出资应当符合《公司法》的规定。"

其一,国家依然鼓励外商投资的有限责任公司(含一人有限公司)的股东一次性缴付全部出资。但根据,股东出资应当在公司成立之日起6个月内缴足,而不必像内资的有限责任公司那样在公司成立之前一次足额缴纳出资到位。这是内资公司与外资公司的区别之一。之所以如此,乃承袭我国对待外商投资企业的传统做法。

其二,外国投资者选择分期缴付出资时,首次出资额不得低于其认缴出资额的15%,也不得低于法定的注册资本最低限额,并应当在公司成立之日起3个月内缴足。这实际上即重申了《若干规定》第4条第3款有关首次出资额比例和缴纳时间的两大限制,以及我国2005年修订的《公司法》第26条有关公司全体股东的首次出资额不得低于法定注册资本最低限额的规定。值得注意的是,根据我国2005年修订的《公司法》第26条规定,股东的首次出资额不得低于其认缴出资额的20%;而根据《若干规定》第4条第3款和《执行意见》第9条,外国投资者选择分期缴付出资时,首次出资额只要不低于其认缴出资额的15%即可,而无需达到20%。

其三,外国投资者选择分期缴付出资时,首期出资之外的其余部分的出资时间应符合我国《公司法》、有关外商投资的法律和《公司登记管理条例》的规定。换言之,根据我国2005年修订的《公司法》第26条规定,外国投资者在首期出资之外的其余出资部分由股东自公司成立之日起两年内缴足;其中,投资公司可以在5年内缴足。

其四,其他法律、行政法规要求股东应当在公司成立时缴付全部出资的,从其规定。例如,根据我国《保险法》第73条规定,设立保险公司,其注册资本的最低限额为人民币2亿元;保险公司注册资本最低限额必须为实缴货币资本。倘若中外投资者合资设立一家从事保险业的有限责任公司,则全体股东必须在公司成立之前将其所认资本全部缴纳到位。

其五,外商投资的股份有限公司的出资应当符合我国现行《公司法》的规定,不适用外商投资企业法及其实施条例、部门规章有关分期缴纳出资的特别规定。这是由于,外商投资企业法及其实施条例、部门规章有关分期缴纳出资的特别规定均针对中外合资经营企业、中外合作经营企业和外资企业中的有限责任公司而设计,而未曾预料到外商投资的股份有限公司。因此,外商投资的股份有限公司的出资应当符合我国现行《公司法》第81条的规定:"股份有限公司采取发起设立方式设立的,注册资本为在公司登记机关登记的全体发起人认购的股本总额。公司全体发起人的首次出资额不得低于注册资本的20%,其余部分由发起人自公司成立之日起两年内缴足;其中,投资公司可以在5年内缴足。在缴足前,不得向他人募集股份。股份有限公司采取募集方式设立的,注册资本为在公司登记机关登记的实收股本总额。股份有限公司注册资本的最低限额为人民币500万元。法律、行政法规对股份有限公司注册资本的最低限额有较高规定的,从其规定。"倘若外商投资者在中国境内设立一家普通产业的股份有限公司,全体股东的首期出资额达到100万人民币,公司即可成立,剩余的认缴资本可以在公司成立之日起两年内缴足即可。

又根据《执行意见》第15条规定,"外商投资的公司增加注册资本,有限责任公司(含一人有限公司)和以发起方式设立的股份有限公司的股东应当在公司申请注册资本变更登记时缴付不低于20%的新增注册资本,其余部分的出资时间应符合《公司法》、有关外商投资的法律和《公司登记管理条例》的规定。其他法律、行政法规另有规定的,从其规定。股份有限公司为增加注册资本发行新股时,股东认购新股,依照设立股份有限公司缴纳股款的有关规定执行"。可见,我国现行《公司法》规定的分期缴纳出资制度不仅适用于公司新设之时,而且适用于公司增加资本之时。值得注意的是,只有以发起方式设立的股份有限公司在增加注册资本时适用分期缴纳出资制度,至于以募集方式设立的股份有限公司在增加注册资本时则不适用分期缴纳出资制度。

五、股东瑕疵出资的法律后果

(一) 瑕疵出资的民事责任

瑕疵出资股东应当对足额及时出资股东承担违约责任。例如,我国《中外合资经营企业实施条例》第28条要求,合营各方应当按照合同规定的期限缴清各自的出资额。逾期未缴或者未缴清的,应当按合同规定支付迟延利息或者赔偿损失。再如,我国《中外合资经营企业合营各方出资的若干规定》第7条第1款和第2款规定,"合营一方未按照合营合同的规定如期缴付或者未缴清其出资的,即构成违约。守约方应当催告违约方在一个月内缴付或者缴清出资,逾期仍未缴付或者缴清的,视同违约方放弃在合营合同中的一切权利,自动退出合营企业。守约方应当在逾期后一个月内,向原审批机关申请批准解散合营企业或者申请批准另找合营者承担违约方在合营合同中的权利和义务。守约方可以依法要求违约方赔偿因未缴付或者缴清出资造成的经济损失。前款违约方已经按照合营合同规定缴付部分出资的,由合营企业对该出资进行清理"。

瑕疵出资股东的违约责任既包括继续缴纳出资,也包括除名、赔偿损失等方式。其中的除名方式为追究瑕疵出资股东民事责任的有效方式之一。作为违约方,瑕疵出资股东要对守约方股东承担违约责任,对于违约股东也要承担违约责任。但是,在计算违约损害赔偿金时,可以根据各自违约的情况予以相应折抵。

(二)瑕疵出资的行政处罚

《中外合资经营企业合营各方出资的若干规定》第 7 条第 3 款规定:"守约方未按照第一款规定向原审批机关申请批准解散合营企业或者申请批准另找合营者的,审批机关有权撤销对该合营企业的批准证书。批准证书撤销后,合营企业应当向工商行政管理机关办理注销登记手续,缴销营业执照;不办理注销登记手续和缴销营业执照的,工商行政管理机关有权吊销其营业执照,并予以公告。"

《中外合作经营企业实施细则》第 20 条第 2 款也规定了工商行政管理机关和审查批准机关的公权力干预措施:"合作各方没有按照合作企业合同约定缴纳投资或者提供合作条件的,工商行政管理机关应当限期履行;限期届满仍未履行的,审查批准机关应当撤销合作企业的批准证书,工商行政管理机关应当吊销合作企业的营业执照,并予以公告。"

《执行意见》第 26 条更加明确规定,"外商投资的公司的股东、发起人未交付或者未按期交付作为出资的货币或者非货币财产的,由公司登记机关按照《公司注册资本登记管理规定》的适用原则实施处罚。2006 年 1 月 1 日以前设立的公司,其出资时间以设立登记时为准。对于中外合作的公司,逾期不履行出资义务的,按照《中外合作经营企业法》第 9 条规定,由公司登记机关责令其限期履行;逾期仍不履行的,按本条第 1 款处理;对于外商合资或外商独资的公司,逾期不缴付的,公司登记机关除了按本条第 1 款处理,还可以按照《外资企业法》第 9 条规定,吊销其营业执照"。

六、外商投资公司中的中方合作者身份

现行《宪法》和三部外商投资法律,允许我国的公司、企业和其他组织可以和外国的公司、企业、自然人设立合资企业和合作企业。例如,我国《中外合资经营企业法》第 1 条开宗明义规定:"允许外国公司、企业和其他经济组织或个人(以下简称外国合营者),按照平等互利的原则,经中国政府批准,在中华人民共和国境内,同中国的公司、企业或其他经济组织(以下简称中国合营者)共同举办合营企业"。我国《中外合作经营企业法》第 1 条也规定:"为促进外国的企业和其他经济组织或者个人(以下简称外国合作者)按照平等互利的原则,同中华人民共和国的企业或者其他经济组织(以下简称中国合作者)在中国境内共同举办中外合作经营企业(以下简称合作企业),特制定本法。"

实践中,不仅中国的自然人不能与外国投资者举办外商投资企业,而且一些政府部门禁止非法人企业作为外商投资企业的投资主体。原对外贸易经济合作部与国家工商行政管理总局于 1987 年 9 月 21 日发布的《关于严格审核举办中外合资经营企业中方法人资格的通知》规定,中方合营者必须是根据依法成立的"企业法人"或者是取得法人资格的其他经济组织。并要求"各审批机构不应受理审批不具备法人资格的企业或其他经济组织所签订的中外合营企业的合同、章程等法律文件"。

相比之下,我国《公司法》并未限定股东的身份是中国人、外国人、无国籍人、多重国籍人,亦未限定股东身份为法人。相反,法人、自然人和其他组织均可担任股东。

七、中外合资经营企业与普通内资公司的董事会制度比较

根据我国《中外合资经营企业法》第6条规定,合营企业设董事会,其人数组成由合营各方协商,在合同、章程中确定,并由合营各方委派和撤换。董事长和副董事长由合营各方协商确定或由董事会选举产生。中外合营者的一方担任董事长的,由他方担任副董事长。董事会根据平等互利的原则,决定合营企业的重大问题。董事会的职权是按合营企业章程规定,讨论决定合营企业的一切重大问题:企业发展规划、生产经营活动方案、收支预算、利润分配、劳动工资计划、停业,以及总经理、副总经理、总工程师、总会计师、审计师的任命或聘请及其职权和待遇等。为落实该条规定,我国《中外合资经营企业法实施条例》专设第5章规定了"董事会与经营管理机构"。

相比之下,我国《公司法》框架下的董事会制度与中外合资经营企业法框架下的董事会制度存在以下区别:

第一,法律地位不同。《中外合资经营企业法实施条例》第30条将董事会界定为"合营企业的最高权力机构,决定合营企业的一切重大问题"。可见,中外合资经营企业不设股东会,即使设立了股东会,也不是公司的最高权力机构(最高决策机构)。而根据我国《公司法》第47条与第109条第4款规定,董事会对股东会负责,行使的职权包括但不限于召集股东会会议,并向股东会报告工作;执行股东会的决议等。可见,《公司法》框架下的董事会并非公司内部的最高权力机构。

第二,职权范围不同。根据我国《中外合资经营企业法》第6条规定,董事会的职权是按合营企业章程规定,讨论决定合营企业的一切重大问题:企业发展规划、生产经营活动方案、收支预算、利润分配、劳动工资计划、停业,以及总经理、副总经理、总工程师、总会计师、审计师的任命或聘请及其职权和待遇等。根据我国《公司法》第47条规定,董事会对股东会负责,行使下列职权:(1)召集股东会会议,并向股东会报告工作;(2)执行股东会的决议;(3)决定公司的经营计划和投资方案;(4)制订公司的年度财务预算方案、决算方案;(5)制订公司的利润分配方案和弥补亏损方案;(6)制订公司增加或者减少注册资本以及发行公司债券的方案;(7)制订公司合并、分立、解散或者变更公司形式的方案;(8)决定公司内部管理机构的设置;(9)决定聘任或者解聘公司经理及其报酬事项,并根据经理的提名决定聘任或者解聘公司副经理、财务负责人及其报酬事项;(10)制定公司的基本管理制度;(11)公司章程规定的其他职权。可见,《公司法》框架下的董事会在公司治理结构中扮演着承上(股东会)启下(经理)的角色,其权力范围大大小于股东会职权,小于《中外合资经营企业法》框架下的董事会职权。

第三,董事产生方式不同。根据我国《中外合资经营企业法实施条例》第31条第1款规定,董事名额的分配由合营各方参照出资比例协商确定。因此,合资经营各方均有机会选派代表进入董事会。而根据我国《公司法》第38条规定,非由职工代表担任的董事由股东会选举和更换。因此,持股比例较小的股东也可能没有机会将自己的代表塞进董事会。

第四,董事任期不同。根据我国《中外合资经营企业法实施条例》第31条第2款规定,董事的任期为4年,经合营各方继续委派可以连任。而根据我国《公司法》第46条规定,董事任期由公司章程规定,但每届任期不得超过3年;董事任期届满,连选可以连任;董事任期届满未及时改选,或者董事在任期内辞职导致董事会成员低于法定人数的,在改选出的董事就任前,原董事仍应当依照法律、行政法规和公司章程的规定,履行董事职务。

第五,董事会的召集权主体与主持权主体在范围上有所不同。根据我国《中外合资经营企业法实施条例》第32条第1款规定,董事会会议每年至少召开1次,由董事长负责召集并主持。董事长不能召集时,由董事长委托副董事长或者其他董事负责召集并主持董事会会议。经1/3以上董事提议,可以由董事长召开董事会临时会议。倘若董事长既不亲自召集与主持董事会会议,也不委托副董事长或者其他董事负责召集并主持董事会会议,则董事会会议无法正常召开。如果副董事长或者其他董事抛开董事长的授权召集并主持董事会会议,则董事会决议存在程序瑕疵。而根据我国《公司法》第48条规定,董事会会议由董事长召集和主持;董事长不能履行职务或者不履行职务的,由副董事长召集和主持;副董事长不能履行职务或者不履行职务的,由半数以上董事共同推举一名董事召集和主持。可见,《公司法》框架下的董事长没有垄断董事会的召集权与主持权。

第六,董事会的议事方式和表决程序不同。根据我国《中外合资经营企业法实施条例》第32条第2款规定,董事会会议应当有2/3以上董事出席方能举行。该《实施条例》第33条又规定:"下列事项由出席董事会会议的董事一致通过方可作出决议:(1)合营企业章程的修改;(2)合营企业的中止、解散;(3)合营企业注册资本的增加、减少;(4)合营企业的合并、分立。其他事项,可以根据合营企业章程载明的议事规则作出决议。"而根据《公司法》第49条规定,"董事会的议事方式和表决程序,除本法有规定的外,由公司章程规定"。可见,《公司法》框架下的公司章程对于董事会的议事方式和表决程序比起中外合资经营企业的章程具有更大的意思自治空间。实践证明,《中外合资经营企业法实施条例》第33条规定的董事会会议全体董事一致表决同意制度容易导致董事会长期无法就上述事项作出决议的僵局现象。

第七,法定代表人与董事长的身份是否重叠存在区别。根据我国《中外合资经营企业法实施条例》第34条规定,"董事长是合营企业的法定代表人。董事长不能履行职责时,应当授权副董事长或者其他董事代表合营企业"。可见,董事长是公司的当然法定代表人。而根据我国《公司法》第13条规定,"公司法定代表人依照公司章程的规定,由董事长、执行董事或者经理担任,并依法登记。公司法定代表人变更,应当办理变更登记"。可见,董事长不是公司的当然法定代表人。总经理也有机会成为法定代表人。

第八,董事长和副董事长的名额不同。根据我国《中外合资经营企业法》第6条规定,"董事长和副董事长由合营各方协商确定或由董事会选举产生。中外合营者的一方担任董事长的,由他方担任副董事长"。可见,合营一方担任董事长的,另外一方必然担任副董事长。而根据我国《公司法》第45条第3款规定:"董事会设董事长一人,可以设副董事长。董事长、副董事长的产生办法由公司章程规定"。可见,在《公司法》框架下的公司中,大股东的代表有可能同时占据董事长与副董事长的职位。

中外合资经营企业与普通内资公司的董事会制度虽有区别,亦有共性。例如,董事都应严格遵守我国《公司法》第6章有关公司董事的资格和义务的规定,都要以维护和增进公司和股东利益为行为指南。

八、中外合资经营企业与普通内资公司的经理制度比较

(1) 法定机构不同。根据我国《中外合资经营企业法实施条例》第35条规定:"合营企业设经营管理机构,负责企业的日常经营管理工作。经营管理机构设总经理1人,副总经理若干人。副总经理协助总经理工作"。可见,总经理制度是中外合资经营企业中的必设机构。而根据我国《公司法》第50条第1款规定:"有限责任公司可以设经理,由董事会决定聘任或者解聘"。可见,总经理制度并非《公司法》框架下的法定必设机构。易言之,公司可以设经理,也可不设经理。

(2) 出任主体不同。根据我国《中外合资经营企业法》第6条第3款规定,正副总经理(或正副厂长)由合营各方分别担任。而我国《公司法》仅要求经理由董事会决定聘任或者解聘,至于担任经理的人选是否限于股东,则授权董事会

决定。

至于经理的职权范围,我国《中外合资经营企业法》及其《实施条例》与《公司法》相比并无本质区别。《中外合资经营企业法实施条例》第36条规定:"总经理执行董事会会议的各项决议,组织领导合营企业的日常经营管理工作。在董事会授权范围内,总经理对外代表合营企业,对内任免下属人员,行使董事会授予的其他职权。"《公司法》第50条将经理的职权表述为:"经理对董事会负责,行使下列职权:(一) 主持公司的生产经营管理工作,组织实施董事会决议;(二) 组织实施公司年度经营计划和投资方案;(三) 拟订公司内部管理机构设置方案;(四) 拟订公司的基本管理制度;(五) 制定公司的具体规章;(六) 提请聘任或者解聘公司副经理、财务负责人;(七) 决定聘任或者解聘除应由董事会决定聘任或者解聘以外的负责管理人员;(八) 董事会授予的其他职权。公司章程对经理职权另有规定的,从其规定。"当然,在立法技术上,我国《公司法》比起《中外合资经营企业法实施条例》更加成熟:既列举了总经理的通常权限,又允许公司章程限制其职权范围,允许董事会对其授予更多权限。

九、外商投资公司治理的一般性与特殊性

外商投资企业法调整的外商投资公司与《公司法》调整的公司相比,既有共性,也有个性。外商投资企业法针对外商投资公司的个性而设计的法律规范为特别法律规定,《公司法》针对各类公司的共性而设计的法律规范为一般法律规定。这决定了外商投资企业的治理结构既要优先遵守外商投资企业法的特别规定,又要补充遵守公司法的一般规定。

有鉴于此,《执行意见》第3条区分外商投资企业的不同类型作了不同规定:"中外合资、中外合作的有限责任公司的董事会是公司的权力机构,其组织机构由公司根据《中外合资经营企业法》、《中外合作经营企业法》和《公司法》通过公司章程规定。外商合资、外商独资的有限责任公司以及外商投资的股份有限公司的组织机构应当符合《公司法》和公司章程的规定。"

就中外合资、中外合作的有限责任公司而言,董事会是公司的权力机构。这是由于,根据《中外合资经营企业法》、《中外合作经营企业法》及其《实施条例》,中外合资、中外合作的有限责任公司不设股东会和监事会,董事会是当然的公司权力机构。但是,董事会的组织机构可以由公司根据《中外合资经营企业法》、《中外合作经营企业法》和《公司法》通过公司章程规定。诸如董事会的召集程序与表决方式就可以通过公司自治的方式在章程中作出详细规定。

《中外合资经营企业法》除规定董事会为当然的公司权力机构之外,并未预留股东会的权力空间。当然,律师也可以帮助中外合资经营企业在章程中以股东会的制度内核改造董事会。例如,章程可以约定,在董事会作出决议时,实行

按照出资比例表决的规则,而非一人一票的规则。

就外商合资、外商独资的有限责任公司以及外商投资的股份有限公司而言,组织机构应当符合《公司法》和公司章程的规定。换言之,《外资企业法》并未具体规定外资企业的外商合资、外商独资的有限责任公司的治理结构制度,外商投资的股份有限公司亦不存在特别的公司治理制度,因此应当补充适用公司法的一般规定。换言之,外商合资、外商独资的有限责任公司和外商投资的股份有限公司的组织机构应当按照《公司法》的规定,建立健全公司的组织机构,包括股东会制度、监事会制度、董事会制度、董事长制度和总经理制度。

但对于2006年1月1日以前已经设立的外商投资的公司是否对章程进行修改,由公司自行决定,这是新法不溯及既往原则的体现,有利于尊重外商投资的既成事实。但是,倘若外商投资公司修改其公司章程,则应报审批机关批准和公司登记机关备案。

第四节 国有独资公司

一、国有独资公司的概念和特殊性

我国《公司法》第65条第2款将国有独资公司界定为国家单独出资、由国务院或者地方人民政府委托本级人民政府国有资产监督管理机构履行出资人职责的有限责任公司。

国有独资公司作为有限责任公司之一种,既具有投资主体的特殊性,也具有公司的一般性以及股东的一般性。因此,我国《公司法》有关有限责任公司制度的一般规定(第2章第1节和第2节)与国有独资公司制度是一般法与特别法的关系。在第2章第4节对国有独资公司作出特别规定时,此种特别规定优先适用;但在第2章第4节对国有独资公司未作特别规定时,应当补充适用新《公司法》有关有限责任公司的一般规定。

国有独资公司作为一人有限责任公司(一人公司)之一种,既具有自身特殊性,也具有一人公司的一般性。因此,相对于第2章第3节"一人有限责任公司的特别规定"而言,第2章第4节"国有独资公司的特别规定"是特别法律规范,而第2章第3节是一般法律规范。遗憾的是,我国《公司法》第65条规定:"国有独资公司的设立和组织机构,适用本节规定;本节没有规定的,适用本章第一节、第二节的规定。"这就忽视了第3节"一人有限责任公司"作为一般法律规定的补充适用地位。于是,当国有独资公司的特别规定以及《公司法》第2章第1节和第2节的一般规定出现漏洞时,似乎就不能对国有独资公司补充适用一人公司的规定,包括第64条规定的法人人格滥用推定制度。建议未来我国《公法》修改时,将一人公司制度作为国有独资公司补充适用的一般法律制度。

二、代行股东权的国家股东代理机构

我国《公司法》第67条将国家股东代理人界定为国有资产监督管理机构:"国有独资公司不设股东会,由国有资产监督管理机构行使股东会职权。国有资产监督管理机构可以授权公司董事会行使股东会的部分职权,决定公司的重大事项,但公司的合并、分立、解散、增加或者减少注册资本和发行公司债券,必须由国有资产监督管理机构决定;其中,重要的国有独资公司合并、分立、解散、申请破产的,应当由国有资产监督管理机构审核后,报本级人民政府批准。前款所称重要的国有独资公司,按照国务院的规定确定。"

根据我国《公司法》第67条,国家股东代理人既可亲自行使股东会职权,也可授权公司董事会行使股东会的部分职权。至于是否授权、授权多寡,要取决于国家股东代理人代行国家股权的能力以及不同公司的具体情况。倘若国家股东代理人有足够的精力、编制和人员直接行使股东权利,国家股东代理人就可以不授权公司董事会行使股东会的部分职权。该条规定较为贴近代理人尽量亲自为被代理人提供代理服务、大幅压缩代理环节和代理成本的代理本意。

但依其性质不宜授权董事会行使的股东会职权不得授权董事会行使。例如,选举和更换非由职工代表担任的董事、监事;决定有关董事、监事的报酬事项;审议批准董事会的报告;审议批准监事会或者监事的报告;审议批准公司的年度财务预算方案、决算方案;审议批准公司的利润分配方案和弥补亏损方案等即属此例。

我国《公司法》第66条重申,国有独资公司章程由国家股东代理人制定,或者由董事会制订报国家股东代理人批准。究竟采取哪种方式,由国家股东代理人酌定。

三、国有独资公司的董事会

我国《公司法》第68条第1款规定,国有独资公司设董事会,依照本法第47条、第67条的规定行使职权。董事每届任期不得超过3年。董事会成员中应当有公司职工代表。职工董事由公司职工代表大会选举产生,而其他董事则由国有资产监督管理机构委派。至于职工董事的名额及其在董事会中的比例,立法者未如职工监事制度那样强制规定1/3的最低比例。对此,应当根据公司自治精神,由公司章程予以规定。笔者建议,最佳的职工监事比例为大致1/3。倘若职工董事比例太高,很容易以非专业的、且以职工利益最大化为取向的职工意见吞没和否定经营管理专业人士所作的专业的、前瞻的、兼顾职工利益和国家股东利益的判断。倘若职工董事比例太低,则职工董事的微弱声音难以放大。

国有独资公司的董事长的产生办法有别于其他有限责任公司或股份有限公司。例如，根据我国《公司法》第45条第3款规定，有限责任公司的董事长、副董事长的产生办法由公司章程规定。可见，公司法尊重普通有限责任公司的公司自治。根据我国《公司法》第110条规定，股份有限公司的董事长和副董事长由董事会以全体董事的过半数选举产生。而根据我国《公司法》第68条第3款规定，国有独资公司的董事长、副董事长由国有资产监督管理机构从董事会成员中指定。

我国《公司法》第67条在重申国有独资公司不设股东会的态度的基础上，强调公司董事会可以行使股东会授予的部分职权，并做了相应调整：(1)明确了股东会的职权由国有资产监督管理机构行使，这就明确了股东会职权的行使主体。(2)明确了国有资产监督管理机构可以授权公司董事会行使股东会的部分职权，决定公司的重大事项。值得注意的是，国有资产监督管理机构可以授权公司董事会，也可以不作此种授权。至于在特定的国有独资公司中是否授权，要取决于国有资产监督管理机构的国家资本控制能力。国有资产监督管理机构有能力亲自行使股东会职权的，应当亲自行事，不宜由于行使股东会职权的繁琐之苦而一授了之。原因很简单：股东的所思所想在价值取向上不同于董事会。(3)重申了必须由国有资产监督管理机构决定的事项（公司的合并、分立、解散、增加或者减少注册资本和发行公司债券）。笔者认为，对于那些与董事会切身利益存在潜在冲突的特定事项（决定有关董事、监事的报酬事项；审议批准董事会的报告；审议批准监事会或者监事的报告；审议批准公司的年度财务预算方案、决算方案；审议批准公司的利润分配方案和弥补亏损方案）的决策权，国有资产监督管理机构应当亲力亲为，不得拱手送给董事会。(4)为确保国家股东对国有独资公司的重大组织行为的控制权，将二级国家股东代理机构对特定重大事项的决策权上收于一级国家股东代理机构。该条应增加规定："重要的国有独资公司合并、分立、解散、申请破产的，应当由国有资产监督管理机构审核后，报本级人民政府批准。"

四、国有独资公司的监事会

我国1993年《公司法》没有要求国有独资公司设立监事会。实践证明，监事会制度的虚位容易滋生国有独资公司的内部人控制现象。为完善国有独资公司治理，我国2005年修订的《公司法》要求国有独资公司设立监事会。该法第71条规定："国有独资公司监事会成员不得少于5人，其中职工代表的比例不得低于1/3，具体比例由公司章程规定。监事会成员由国有资产监督管理机构委派；但是，监事会成员中的职工代表由公司职工代表大会选举产生。监事会主席由国有资产监督管理机构从监事会成员中指定。"监事会行使该法第54条第1

项至第3项规定的职权和国务院规定的其他职权。一些国有独资公司的监事会成员中的职工代表不足1/3,亟待补阙。但监事会在职工监事补阙之前实施的行为、作出的决策仍对公司具有拘束力。

五、国有独资公司高管兼职之禁止

我国1993年《公司法》第70条规定:"国有独资公司的董事长、副董事长、董事、经理,未经国家授权投资的机构或者国家授权的部门同意,不得兼任其他有限责任公司、股份有限公司或者其他经营组织的负责人。"该条规定限制范围过窄。从字面上理解,似乎董事长、副董事长、董事、经理可以自由兼任其他有限责任公司、股份有限公司或者其他经营组织的一般工作人员(负责人除外)。

为避免国有独资公司董事长、副董事长、董事、经理擅自兼职的现象,预防兼职过多影响其对国有独资公司的忠诚度与勤勉度,我国2005年修订的《公司法》第70条修改如下:"国有独资公司的董事长、副董事长、董事、高级管理人员,未经国有资产监督管理机构同意,不得在其他有限责任公司、股份有限公司或者其他经济组织兼职。"换言之,只要经过国有资产监督管理机构同意,董事长、副董事长、董事、高级管理人员就可以在其他有限责任公司、股份有限公司或者其他经济组织(包括国有独资公司控股或者参股的公司)兼职。

第五节 企业国有资产法对国有企业的法律规制

一、《企业国有资产法》的出台背景

长期以来,国有企业改制过程中的国有资产流失现象一直引起社会公众的强烈关注。但遗憾的是,我国一直没有《企业国有资产法》。国有资产在改制中的流失途径多种多样,包括但不限于资产评估机构缺乏诚信,使国有资产的价值被低估;改制过程中,在海外设立的国有企业缺乏应有的监管;国家持股或控股的企业通过关联交易将国有企业的股份、资产、利润转移给第三者,若此等等。我国《物权法》立法过程中的一个焦点问题就是如何保护国家的财产权利,预防国有资产流失,实现国有资产保值增值。

为巩固和发展国有经济,保障国有资产权益,发挥国有经济在国民经济中的主导作用,堵塞国有资产流失的制度漏洞,预防国有资产受到不法侵害,我国全国人大常委会于2008年10月28日通过了《企业国有资产法》。该法共9章72条,自2009年5月1日起施行。根据该法第2条,该法所称"企业国有资产"(以下称国有资产),是指国家对企业各种形式的出资所形成的权益,包括但不限于物权、股权、知识产权和债权等民事权利。

企业国有资产即国有经营性资产以企业的经营范围为准,可分为金融类资产和非金融类资产。当然,在经济生活中,由于非金融类产业的国有企业也会参股甚至控股商业银行、保险公司、证券公司和基金管理公司等金融机构,因此金融类资产和非金融类资产的划分并非泾渭分明。但无论是工业企业,还是金融企业,都适用《企业国有资产法》。该法第76条明文规定:"金融企业国有资产的管理与监督,法律、行政法规另有规定的,依照其规定"。这表明,在我国,对金融企业而言,《企业国有资产法》是一般法,而其他《商业银行法》、《保险法》、《投资基金法》和《证券法》等法律和行政法规属于特别法。

二、国家出资企业的产权结构:国家统一所有基础上的信托架构

我国《企业国有资产法》第5条将国家出资企业归纳为四类:国家出资的国有独资企业、国有独资公司,以及国有资本控股公司、国有资本参股公司。长期以来,国有资产究竟是国家所有?政府所有?还是人民所有?从理论上看一直存在争论。

我国《企业国有资产法》第3条明确界定的企业国有资产的投资者权利归属制度适用于各类国家出资企业:"国有资产属于国家所有即全民所有。国务院代表国家行使国有资产所有权"。这一条款讲清了三层意思:(1)从形式上看,国家是国有资产的权利主体。换言之,名义权利主体是国家这个唯一权利主体。(2)从实质上看,实质权利主体是全民即全国13亿人民。严格说来,国家是法律形式意义上的权利主体,而国家背后的13亿人民才是实质意义上的权利主体。把全民界定为国有资产的实质权利主体,有助于把全民利益和社会公共利益最大化作为强化国有资产监管、完善国有企业治理、提高国有企业透明度的指南针。在一定意义上看,国有独资企业和国有独资公司是股东人数最多、透明度最高的公众公司。(3)从权利主体的代理人角度看,国务院是代表国家行使国有资产所有权的一级法定代理机构。

13亿人民群众无法聚集一堂,事必躬亲,遂由主体单一的国家代表全国人民行使股权。问题是,国家作为全民利益的法律化身又是一个虚拟的法律人格,国家行为不得不借助立法机关、行政机关和司法机关在法定权限内分别实施。于是,立法者将国家对被投资企业的投资者享有的权利委托给国务院行使。可见,国家出资企业的投资者权利结构完全符合信托关系尤其是他益信托的法律要求。其中,全国人民是受益人(实质权利人),国家是委托人,国务院是受托人。

在明确投资者的权利归属的同时,还要明确企业自身的产权结构。就我国《全民所有制工业企业法》调整的国有独资企业而言,国家对企业财产享有所有权,而企业对其占有的财产享有经营权,而无法人财产权。而对于改制为现代公司的国有独资公司、国家参股和控股的公司而言,国有企业既然是独立的企业法人,当然享有独立的法人所有权和经营权。换言之,国家对其出资设立公司享有的权利为股权,而非物权,更非所有权。

从公司制企业的产权结构看,"国有企业"的概念并不准确。相反,国有企业应当界定为国家投资设立的企业,包括全资控股的企业(包括《全民所有制工业企业法》调整的国有独资企业和《公司法》调整的国有独资公司)以及非全资控股的企业。因此,我国《企业国有资产法》第5条使用了"国家出资企业"的概念。通览该法,只有第7条偶尔使用了"国有企业"的通俗化概念。当然,有些国有企业属于竞争性领域,而有些国有企业属于非竞争性领域;有些国有企业追求营利最大化,有些国有企业则追求营利合理化与社会公共利益最大化。但是,国家股权的性质在任何产业领域的公司都具有共同性。

至于通常所说的"地方国有企业",严格说来,应指"省有企业"、"市有企业"、"县有企业"或"区有企业",不能笼统称为"国有企业"。对于省、区、市、县一级所有的资产投资形成的股份,则可借鉴国家股代理人模式。当然,国有资产与地方公共资产的划分有赖于我国财政体制和国有资产经营管理体制的深化改革。笔者认为,国有资产长远改革的目标是建立国有、省有、市有、县有等分级所有的国有资产结构。

从我国《企业国有资产法》的立法表述看,中央政府与地方政府共享受托职责并不意味着国家出资企业的产权的多元化。因为,地方政府仅以法定代表机构的身份代表国家、为了受益人(全国人民)的利益而对国家出资企业履行出资人职责,享有出资人权益。地方政府履行出资人职责是为了谋求受益人(全国人民)的利益,享有出资人权益也是为了谋求受益人(全国人民)的利益。因此,享有出资人权益获得的财产利益(包括股利)应当归属于全国人民,而非归属地方财政,也非归属地方政府行政区划内的部分人民,更非归属地方政府自身。以代表权凌驾于受益人权利、或者以代表权否定受益人权利、以代表权虚化受益人权利的理论和措施都不符合我国《企业国有资产法》的要求。

三、中央政府与地方政府的分级代理体制

国务院作为中央政府代表国家行使国有资产所有权。国家行政机关系统既包括处于金字塔塔尖的中央政府,还包括处于金字塔塔基的地方政府。国务院究竟应当独享代理权,还是与地方政府分享代理权。由于我国国家出资企业数量众多,国务院作为受托人和代理人难以事必躬亲,国务院只能与地方政府共享代理权。

为解决国家股权代理人缺位问题,国务院2003年5月13日发布的《企业国有资产监督管理暂行条例》第4条规定,"国家实行由国务院和地方人民政府分

别代表国家履行出资人职责,享有所有者权益,权利、义务和责任相统一,管资产和管人、管事相结合的国有资产管理体制";第5条将国务院国家履行出资人职责的企业限于关系国民经济命脉和国家安全的大型国有及国有控股、国有参股企业,重要基础设施和重要自然资源等领域的国有及国有控股、国有参股企业;而将其他国有及国有控股、国有参股企业交由省级人民政府和设区的市、自治州级人民政府代表国家履行出资人职责。这显然是一种"统一所有、分级代理"的制度设计。

我国2008年《企业国有资产法》在第3条确认国务院代表国家行使国有资产所有权的基础上,又在第4条确认了"统一所有、分级代理"的改革经验,把部分受托人和代理人的职责让渡给地方政府:"国务院和地方人民政府依照法律、行政法规的规定,分别代表国家对国家出资企业履行出资人职责,享有出资人权益。其中,国务院确定的关系国民经济命脉和国家安全的大型国家出资企业,重要基础设施和重要自然资源等领域的国家出资企业,由国务院代表国家履行出资人职责。其他的国家出资企业,由地方人民政府代表国家履行出资人职责"。此种表述与《企业国有资产监督管理暂行条例》基本相同。

政府本身由诸多部门构成。为提高国家股东的代理效率,政府必然将法律赋予的国家股东代理权转委托给政府设立的部门或者机构。相对于政府的代理人身份而言,接受政府转委托的部门或者机构为国家股东的复代理人,仍对被代理人履行忠实与勤勉义务。

作为国家股东(实质股东为13亿人民)的代理人,各级国家股东代理机构应当诚实守信、勤勉尽责。国家股东与其一级代理人(国务院和地方政府)、复代理人(包括国资委等)之间的法律关系除了适用《企业国有资产法》外,补充适用民法中的代理制度。

四、履行出资人职责的机构

我国《企业国有资产法》第2章专章规定了"履行出资人职责的机构"。相对于政府的一级代理机构而言,"履行出资人职责的机构"堪称国家股东的二级代理机构。

我国1993年《公司法》第67条和第72条规定,国家授权投资的机构、国家授权投资的部门和国务院授权的经营管理制度健全、经营状况较好的大型国有独资公司皆可成为国家股代理人。因此,国家股东代理人既有国家授权投资部门,也有国家授权投资机构,还有国务院授权的经营管理制度健全、经营状况较好的大型国有独资公司。

相比之下,我国2005年修订的《公司法》第65条第2款将原《公司法》有关"国家授权投资的机构或者国家授权的部门"的权利与义务一概转交国资委统一行使,明确了国资委作为国家股东在国有独资公司中的代理人地位。依此类推,国家股东在股东多元化有限责任公司中的股权可由各级政府授权本级国资委代为行使。

我国《企业国有资产法》进一步扩大了国家股东代理人的外延。该法第2章专章规定了履行出资人职责的机构,第11条建立了国务院和地方人民政府对其下属机构(包括国资监管机构等)的第二次转授权:国务院国资委和地方政府按国务院规定设立的国资委根据本级政府授权代表本级政府对国家出资企业履行出资人职责;国务院和地方政府根据需要可授权其他部门、机构代表本级人民政府对国家出资企业履行出资人职责。可见,除国资委可以成为国家股东代理机构外,得到本级人民政府授权的行政机关或者机构也可以成为国家股东代理机构。

为彻底解决国有资产投资多头管理、无人负责的问题,落实国家股东的代理人,我国《企业国有资产监督管理暂行条例》第6条要求国务院,省、自治区、直辖市人民政府,设区的市、自治州级人民政府,分别设立国有资产监督管理机构;国有资产监督管理机构根据授权,依法履行出资人职责,依法对企业国有资产进行监督管理。国务院已于2003年成立国有资产监督管理委员会(以下简称"国资委"),地方政府层面的国资委也步其后尘,鱼贯而出。相对国务院这一级代理人而言,国资委就是国家股东在中央层次的二级代理人。我国《企业国有资产法》第11条第1款继续规定,国务院国有资产监督管理机构和地方人民政府按照国务院的规定设立的国有资产监督管理机构,根据本级人民政府的授权,代表本级人民政府对国家出资企业履行出资人职责。

虽然目前担任国家股东二级代理机构的主体是各级政府的国资委,但国务院还授权其他有关部门和机构履行国家股东二级代理机构的职责。例如,财政部就获得国务院授权对中国邮政集团公司以及国有金融机构等行使股权。有鉴于此,我国《企业国有资产法》第11条规定,国务院和地方政府根据需要可授权其他部门、机构代表本级人民政府对国家出资企业履行出资人职责。

我国《企业国有资产法》第12条第1款和第2款将国家股东二级代理机构行使的权利性质界定为股权,并对股权内容作了详细列举:(1)代表本级人民政府对国家出资企业依法享有资产收益、参与重大决策和选择管理者等出资人权利;(2)依照法律、行政法规的规定,制定或者参与制定国家出资企业的章程。

在实践中,经常有人把国资委对国家出资企业享有的权利概括为"管人、管事、管资产"。这七字表述琅琅上口,简便易记,但并不准确。

管人并不意味着国资委可以直接任免国家出资企业的所有董事、监事、高级和中级管理人员,也并不意味着国资委可以直接越过企业聘用和解聘企业的全体劳动者。相反,国资委只能依据我国《企业国有资产法》第22条的授权,依照法律、行政法规以及企业章程的规定,任免或者建议任免国家出资企业的下列人员:(1)任免国有独资企业的经理、副经理、财务负责人和其他高级管理人员;(2)任免国有独资公司的董事长、副董事长、董事、监事会主席和监事(但不包括经理、副经理、财务负责人和其他高级管理人员,这些高级管理人员由董事会、而非国资委聘任);(3)向国有资本控股公司、国有资本参股公司的股东会、股东大会提出董事、监事人选(但不能越过股东会直接任免董事、监事,也不能越过董事会直接聘任经理、副经理、财务负责人和其他高级管理人员)。至于国家出资企业中应当由职工代表出任的董事、监事,依照有关法律、行政法规的规定由职工民主选举产生。至于普通劳动者的聘任与解聘,更有企业直接按照我国《劳动法》和《劳动合同法》的规定建立和解除劳动合同关系。

管事也并不意味着国资委可以直接决定企业的所有事项。相反,只有股东会决策权限之内的事项才由国资委单独行使决策权(在国有独资公司中)或者与其他股东共同在股东会上共同行使决策权(在股东多元化的国有资本控股公司、国有资本参股公司中);至于属于董事会、监事会和经理层的决策事项只能由董事会、监事会和经理层依法自主决策,国资委原则上不易干预。我国《企业国有资产法》第5章对于关系国有资产出资人权益的重大事项有专门规定,兹不赘述。

管资产也并不意味着国资委可以直接对企业资产行使占有、使用、收益和处分的权利。股权不等同于物权。股权内容多为请求权,而物权为支配权。国家股东出资以后对其出资财产丧失了所有权、换回了股权,企业则对国家出资财产享有物权和其他民事权利。国家股东代理机构只能通过自益权与共益权的行使实现投资目的,而不能直接对企业资产享有物权。对此,我国《企业国有资产法》第16条确认了企业的法人财产权包括物权:"国家出资企业对其动产、不动产和其他财产依照法律、行政法规以及企业章程享有占有、使用、收益和处分的权利。国家出资企业依法享有的经营自主权和其他合法权益受法律保护"。

我国《企业国有资产法》第12条第3款对国家股东二级代理机构的代理权作了一定限制。具体说来,对法律、行政法规和本级人民政府规定须经本级人民政府批准的履行出资人职责的重大事项,国家股东二级代理机构不得越俎代庖,必须报请本级人民政府批准。

根据我国《企业国有资产法》第14条,国家股东代理人既要依照法律、行政法规以及企业章程履行出资人职责,保障出资人权益,防止国有资产损失;又要维护企业作为市场主体依法享有的权利,除依法履行出资人职责外,不得干预企业经营活动。

国家股权具有股权的一般性,属于民事权利的范畴。因此,政府及其所属国家股权代理机构行使股权时要遵循民事权利行使的一般规则,而非行政权力行使的一般规则。我国《企业国有资产法》第 6 条也要求国务院和地方人民政府按照政企分开、社会公共管理职能与国有资产出资人职能分开、不干预企业依法自主经营的原则,依法履行出资人职责。这就体现了公权与私权严格分离、国家股权与民间股权之间地位平等、国家股权与企业法人财产权严格区分的基本理念。

据此而论,国资委与其他股东、国资委与公司之间的法律关系为平等民事主体之间的横向民事关系、而非行政机关与行政相对人之间的纵向行政关系。公司或其他股东认为自身权益受到国资委不法侵害、需要对其提起诉讼的,应当提起民事诉讼,而非行政诉讼。国资委的行为也不能拘束国家股东及其代理机构之外的第三人(包括股东)。

国资委是代表本级政府履行出资人职责、负责监督管理企业国有资产的直属特设机构,不是行政机关,不享有行政权力,仅代理行使国家作为财产所有人和股东享有的民事权利。作为国家股权代理人,国资委应充分行使各项股东权(包括董事候选人提名权和股利分配请求权)。为从总体上盘活国有资产,国家股东权代理人应按照有进有退的原则,在代理权限范围内适时适度向其他投资主体出售国家股份,并适时适度从其他投资主体买进股份。

五、国家股东代理人道德风险的预防

凡是有代理关系存在的地方,必然存在代理成本和道德风险。无论代理链条延长到哪里,复代理人都要对作为实质权利人和投资者的全国人民诚实守信、勤勉尽责,善尽代理人的信托义务。因此,如何理顺国有资产权利的代理关系、遏制代理人的道德风险,依然是《企业国有资产法》实施中的重要挑战。

代理权与其说是代理人的一种权力,不如说是对被代理人所负的义务。依据代理关系原理,国资委可再与授权投资机构(如国有资产经营公司)建立转委托关系,被代理的本人仍是国家股东。国家股东(被代理人)与国资委(代理人)、投资机构(复代理人)之间的代理关系应适用代理法的一般法理。国家股东权代理人和复代理人违反代理人义务的,应对国家股东承担民事责任;圆满履行代理人义务的,有权向国家股东行使报酬给付请求权与费用补偿请求权。

国家股东代理机构作为各级政府转委托的复代理人,仍然要对终极的被代理人(国家股东及其背后的全民的利益)负有诚信义务。为确保国家股东代理人的诚实守信与勤勉尽责,我国《企业国有资产法》第 15 条要求国家股东代理人对本级人民政府负责,向本级人民政府报告履行出资人职责的情况,接受本级人民政府的监督和考核,对国有资产的保值增值负责;并按照国家有关规定,定期向本级人民政府报告有关国有资产总量、结构、变动、收益等汇总分析的情况。

六、国家股东代表的法律地位

鉴于国家股东代理人是法人、而非自然人,国家股东权的行使自然离不开作为自然人的股东代表。股东代表既不是国家出资企业的董事,也不是国家股东的代理人,而是国家股东二级代理机构的代表人。确切而言,股东代表如说是国家股东代理人的使者和信使。形象地说,股东代表与其委派机构之间的关系犹如拉线木偶。

股东代表参加公司股东会的使命不是根据自己的内心意志作出意思表示,而是转达国家股东代理人的意思表示。股东代表只要在股东会议上准确、完整地转达了国家股东代理人的意思表示,且不存在损害公司利益和股东利益的不当行为,即可免于对公司和股东承担民事责任。即使股东代表转达的意思表示损害了公司和广大股东的利益,只要此种转达行为发生在执行股东代理人指示的职务行使过程中,相应的民事责任就由派出机构(而非股东代表)自身承担。

根据我国《企业国有资产法》第13条,履行出资人职责的机构委派的股东代表参加国有资本控股公司、国有资本参股公司召开的股东会会议、股东大会会议,应当按照委派机构的指示提出提案、发表意见、行使表决权,并将其履行职责的情况和结果及时报告委派机构。因此,股东代表职责有四:一是在股东会召开前及时就股东会决议事项请示委派机构,由委派机构对股东会议题议案做出赞同、否定或者弃权的意思表示;二是积极参加股东会;三是按照委派机构的指示提出提案、发表意见、行使表决权;四是将其履行职责的情况和结果及时报告委派机构。

七、国家出资企业的法律地位

我国《企业国有资产法》第3章专章规定了"国家出资企业"的法律地位。

国家出资企业既享有物权,也享有经营权。物权是公司自治与公司资本制度的基础。我国《物权法》第68条明文保护各类企业法人依法享有的物权:"企业法人对其不动产和动产依照法律、行政法规以及章程享有占有、使用、收益和处分的权利。企业法人以外的法人,对其不动产和动产的权利,适用有关法律、行政法规以及章程的规定"。

与之相呼应,我国《企业国有资产法》第16条也重申,"国家出资企业对其动产、不动产和其他财产依照法律、行政法规以及企业章程享有占有、使用、收益和处分的权利。国家出资企业依法享有的经营自主权和其他合法权益受法律保护"。可见,立法者授予国家出资企业法人财产权利的内涵与外延远比1988年《全民所有制工业企业法》授予企业的"经营权"要慷慨大方。

国家出资企业不仅对企业财产享有物权、债权和知识产权等诸多权利,而且对企业经营活动享有公司自治的自由空间。这就彻底颠覆了我国1988年《全民所有制工业企业法》和1992年《全民所有制工业企业转换经营机制条例》确立的所有权与经营权适度分离的理论,将所有权与经营权全部归还企业。我国《物权法》确立的物权神圣原则和《公司法》确立的公司自治原则是国家出资企业具有创新能力和竞争能力的两大法律支柱。

八、国家出资企业的社会责任

国家出资企业是全民所有的企业。这就决定了国家出资企业要比其他企业要承担更多的社会责任。有鉴于此,我国《企业国有资产法》第17条第1款要求国家出资企业从事经营活动时遵守法律、行政法规,加强经营管理,提高经济效益,接受政府及政府有关部门、机构依法实施的管理和监督,接受社会公众的监督,承担社会责任,对出资人负责。概括起来,国家出资企业要对国家负责,对人民负责,对社会负责。就企业的营利责任而言,该法第18条第2款要求国家出资企业依照法律、行政法规以及企业章程的规定,向出资人分配利润,以满足国家股东的分红权。

九、国家出资企业的治理要求

我国《企业国有资产法》第17条第2款要求国家出资企业依法建立和完善法人治理结构,建立健全内部监督管理和风险控制制度。内部控制的五大目标是:合理保证企业经营管理合法合规;资产安全;财务报告及相关信息真实完整;提高经营效率和效果;促进企业实现发展战略。为增强企业财务会计信息的真实性与完整性,我国《企业国有资产法》第18条第1款还要求国家出资企业依照法律、行政法规和国务院财政部门的规定,建立健全财务、会计制度,设置会计账簿,进行会计核算,依照法律、行政法规以及企业章程向出资人提供真实、完整的财务、会计信息。

鉴于国企高管中的腐败和懈怠现象日益猖獗,我国《企业国有资产法》第26条重申了董事、监事、高级管理人员的诚信义务:国家出资企业的董事、监事、高级管理人员,应当遵守法律、行政法规以及企业章程,对企业负有忠实义务和勤勉义务,不得利用职权收受贿赂或者取得其他非法收入和不当利益,不得侵占、挪用企业资产,不得超越职权或者违反程序决定企业重大事项,不得有其他侵害国有资产出资人权益的行为。鉴于本书公司治理一章对此有详细论述,在此不赘述。

根据我国《公司法》规定,包括国家出资企业在内的各类企业都要建立监事会制度。因此,我国《企业国有资产法》第19条重申,国有独资公司、国有资本控股公司和国有资本参股公司依照《公司法》的规定设立监事会。

我国1988年《全民所有制工业企业法》本身并未要求传统国有独资企业即

全民所有制企业设立监事会制度。但在总结传统国有独资企业的监事会制度试点的基础上,我国《企业国有资产法》第 19 条要求国有独资企业由履行出资人职责的机构按照国务院的规定委派监事组成监事会。国有独资企业的监事会与公司制国家出资企业的监事会存在制度设计的重大差异。前者可以称为外设监事会,后者可称为内部监事会。外设监事会的监事完全由国家股东代理人委派。而国有独资公司的内设监事会中的部分监事由国家股东代理人委派,部分监事由职工代表选举产生;国家控股或参股公司的内设监事会部分监事由国家股东代理人委派,部分监事则由职工代表选举产生。

四类国家出资企业的监事会都要依照法律、行政法规以及企业章程对董事、高级管理人员执行职务的行为进行监督,对企业财务进行监督检查。

我国《企业国有资产法》第 20 条要求国家出资企业依照法律规定,通过职工代表大会或者其他形式,实行民主管理。

十、国家出资企业管理者的选择与考核

我国《企业国有资产法》第 22 条规定,履行出资人职责的机构依照法律、行政法规以及企业章程的规定,任免或者建议任免国家出资企业的下列人员:(1)任免国有独资企业的经理、副经理、财务负责人和其他高级管理人员;(2)任免国有独资公司的董事长、副董事长、董事、监事会主席和监事;(3)向国有资本控股公司、国有资本参股公司的股东会、股东大会提出董事、监事人选。国家出资企业中应当由职工代表出任的董事、监事,依照有关法律、行政法规的规定由职工民主选举产生。

从以上规定,可以看出三点:

(1)国家股东二级代理机构的人事权与国家股东的身份密切相关,而且只能行使股东权利,不能行使股东之外的权力。例如,依法应由职工民主选举产生的职工董事与职工监事就不能由国家股东任免或者建议任免。

(2)在没有改制为公司制企业的国有独资企业,不存在董事会制度和监事会制度,因此国家股东可以直接任免国有独资企业的经理、副经理、财务负责人和其他高级管理人员。

(3)在国有独资公司中,国家股东是唯一股东,因此没有股东会制度。国家股东作为股东会的化身,可行使股东会的全部权力。除了经理层之外,国有独资公司还必须设置董事会和监事会,经理、副经理和财务负责人由董事会依法任免。因此,国家股东基于股东会的权力,有权任免国有独资公司的董事和监事。但国家股东是否有权任免国有独资公司董事长、副董事长、监事会主席?笔者持否定见解。因为,国家股东任命的董事和监事可分别通过董事会与监事会选举产生董事长、副董事长和监事会主席。由董监事分别选举产生董事长、副董事长和监事会主席有助于充分发扬董事会民主与监事会民主,有助于督促董事长、副董事长和监事会主席认真倾听其他董事监事的声音和建议。而剥夺了董监事对董事长、副董事长和监事会主席的选择权、确立了国家股东对董事长、副董事长和监事会主席的直接任命权,则会强化董事长、副董事长和监事会主席的唯上思想、专权意识和官本位意识,民主决策意识则会受到严重削弱。建议《企业国有资产法》修改时,废除国家股东对董事长、副董事长和监事会主席的直接任命权,并代之以董监事的选举权。

(4)在股权多元化的国有资本控股公司和国有资本参股公司,公司中既有董事会与监事会,也有股东会。因此,国家股东既不能直接任免经理、副经理、财务负责人和其他高级管理人员,也不能直接任免董事长、副董事长、董事、监事会主席和监事,只能向股东会、股东大会提出董事、监事人选。至于被提名人能否当选,则视出席股东会的资本多数意见而定。

根据我国《企业国有资产法》第29条之规定,该法第22条第1款第1项、第2项规定的企业管理者,国务院和地方人民政府规定由本级人民政府任免的,依照其规定;履行出资人职责的机构依照该法第4章的规定对上述企业管理者进行考核、奖惩并确定其薪酬标准。

根据我国《企业国有资产法》第23条之规定,履行出资人职责的机构任命或者建议任命的董事、监事、高级管理人员,应当具备下列条件:(1)有良好的品行;(2)有符合职位要求的专业知识和工作能力;(3)有能够正常履行职责的身体条件;(4)法律、行政法规规定的其他条件。董事、监事、高级管理人员在任职期间出现不符合前款规定情形或者出现《公司法》规定的不得担任公司董事、监事、高级管理人员情形的,履行出资人职责的机构应当依法予以免职或者提出免职建议。

根据我国《企业国有资产法》第24条之规定,履行出资人职责的机构对拟任命或者建议任命的董事、监事、高级管理人员的人选,应当按照规定的条件和程序进行考察。考察合格的,按照规定的权限和程序任命或者建议任命。国家股东代理机构作为"伯乐",要出于公心而审慎选贤用贤,择取德才兼备的"千里马"。上述规定具有浓厚的倡导性色彩,亦未规定违反该条规定的法律责任。用人腐败是最大的腐败。笔者建议建立公司高管的公开招考制度,强化社会公众的知情权、参与权和监督权,并明确规定用人失察,尤其是买官卖官的法律责任。

十一、职务兼任的限制与禁止

我国《企业国有资产法》第25条第1款严格限制国家出资企业董监高的兼职行为。首先,未经履行出资人职责的机构同意,国有独资企业和国有独资公司的董事、高级管理人员不得在其他企业兼职。此处的"其他企业"既包括国家出资企业，也包括其他类型的企业；既包括与本企业有竞争关系的企业，也包括与本企业没有竞争关系的企业。其次，未经股东会、股东大会同意，国有资本控股公司与国有资本参股公司的高管不得在经营同类业务的其他企业兼职。换言之，经股东会同意，此类公司高管就可以在经营同类业务的其他企业兼职。但广大股东在参与股东会决策时，仍应充分评估竞业兼职对企业的潜在道德风险与市场风险。当然，即使未经股东会同意，此类公司的高管也可在不经营同类业务的其他企业兼职。由于此类公司是股权多元化公司，不同于股权单一化的国有独资企业和国有独资公司，立法者对此类高管的兼职限制稍有放松。

其次，未经履行出资人职责的机构同意，国有独资公司的董事长不得兼任经理。未经股东会、股东大会同意，国有资本控股公司的董事长不得兼任经理。没有改制为公司制企业的国有独资企业不存在董事会和董事长制度，因而不存在董事长兼任经理的问题。之所以严格限制国有独资公司和国有资本控股公司的董事长兼任经理，主要理由有三：一是董事长与经理的法律角色不同。董事长的职责在于团结董事会成员及时作出董事会决议，指引公司经营管理的航线，贵在举重若轻，提高董事会的决策力；而经理的职责在于将董事会决议付诸实施，贵在举轻若重，提高公司经理层的执行力。二是国有独资公司和国有资本控股公司的规模较大，高管担任董事长兼任经理后，要么殚精竭虑、疲于奔命地勤勉工作，以同时符合两个工作岗位的称职要求；要么顾此失彼，无法同时兼顾，两个角色都没有扮演好。三是人非圣贤，每个人的性格均有优缺。有人擅长决策、不擅长执行，有人擅长执行、不擅长决策。倘若决策力和执行力无法两全的高管硬性同时担任董事长和经理职务，必然强人所难。

再次，董事、高级管理人员不得兼任监事。这是为了严格区分公司的经营管理职能与监督职能。

十二、企业管理者的激励机制

国企管理者的定位究竟是公务员，还是商人和职业经理人，直接影响着制度设计的内容。笔者认为，最有效的约束机制是激励机制，而非约束机制。因为，把企业利益与管理者薪酬利益挂钩绑定后，企业利益与管理者利益就会出现同向联动、同舟共济。企业管理者为了实现自己利益最大化，也会恪尽职守。

我国《企业国有资产法》草案三次审议过程中，不少委员、代表提出，目前企业高管薪酬太高，同时针对企业高管的奖惩措施也不完善，这不仅不利于保护国有资产和出资人的权益，同时还可能引起社会矛盾。全国人大常委会高度关注这一问题，也曾考虑在立法中对企业高管年薪作出具体规定，但经过反复研究，发现确定企业高管年薪涉及的因素相当复杂,同时考虑到该法重在保护国有资产的权益,维护国有资产的安全,因此最终对备受关注的企业高管薪酬问题未作出具体规定,仅作了原则性规定。

我国《企业国有资产法》第 27 条指出了国企管理者薪酬的市场化改革方向。一是为了贯彻按劳动贡献分配薪酬的公平理念,强化国家出资企业管理者勤勉经营的激励机制,国家要建立国家出资企业管理者经营业绩考核制度。履行出资人职责的机构应当对其任命的企业管理者进行年度和任期考核,并依据考核结果决定对企业管理者的奖惩。二是为了消除国家出资企业管理者薪酬的畸高畸低现象,要求履行出资人职责的机构按照国家有关规定,确定其任命的国家出资企业管理者的薪酬标准。

为预防管理者的道德风险、健全问责机制,我国《企业国有资产法》第 28 条要求国有独资企业、国有独资公司和国有资本控股公司的主要负责人接受依法进行的任期经济责任审计。

十三、关系国有资产出资人权益的重大事项

(一) 一般规定

鉴于国家出资企业在企业重组等领域存在的损害债权人和投资者权益的不法现象,我国《企业国有资产法》第 30 条要求国家出资企业合并、分立、改制、上市,增加或者减少注册资本,发行债券,进行重大投资,为他人提供大额担保,转让重大财产,进行大额捐赠,分配利润,以及解散、申请破产等重大事项,应当遵守法律、行政法规以及企业章程的规定,不得损害出资人和债权人的权益。

在实践中,在国家出资企业合并、分立、改制、上市,增加或者减少注册资本,发行债券,进行重大投资,为他人提供大额担保,转让重大财产,进行大额捐赠,分配利润,以及解散、申请破产等重大事项中往往潜伏着道德风险和法律风险,受益者往往是企业内部人,受损者往往是国家出资人、债权人和广大职工。此类道德风险之所以发生主要源于企业一把手的一言堂现象。有鉴于此,《企业国有资产法》强调了对于重大事项的民主治理机制,旨在消除企业一把手的"一言堂"现象。

就国有独资企业、国有独资公司的投资者决策机制而言,国有独资企业、国有独资公司合并、分立,增加或者减少注册资本,发行债券,分配利润,以及解散、申请破产,由履行出资人职责的机构决定(我国《企业国有资产法》第 31 条)。就经营层决策机制而言,国有独资企业、国有独资公司有该法第 30 条所列事项的,除依法由履行出资人职责的机构决定的以外,国有独资企业由企业负责人集体讨论决定,国有独资公司由董事会决定(我国《企业国有资产法》第 32 条)。

就国有资本控股公司、国有资本参股公司的投资者决策机制而言,国有资本控股公司、国有资本参股公司有我国《企业国有资产法》第30条所列事项的,依照法律、行政法规以及公司章程的规定,由公司股东会、股东大会或者董事会决定。由股东会、股东大会决定的,履行出资人职责的机构委派的股东代表应当依照我国《企业国有资产法》第13条的规定行使权利。

在特定情况下,人民政府作为企业国有资产的高阶位代理人对其所属国资委和股东代表的决定草案享有批准权。根据我国《企业国有资产法》第34条规定,重要的国有独资企业、国有独资公司、国有资本控股公司的合并、分立、解散、申请破产以及法律、行政法规和本级人民政府规定应当由履行出资人职责的机构报经本级人民政府批准的重大事项,履行出资人职责的机构在作出决定或者向其委派参加国有资本控股公司股东会会议、股东大会会议的股东代表作出指示前,应当报请本级人民政府批准。至于我国《企业国有资产法》所称的重要的国有独资企业、国有独资公司和国有资本控股公司,按照国务院的规定确定。此外,国家出资企业发行债券、投资等事项,有关法律、行政法规规定应当报经政府或者政府有关部门、机构批准、核准或者备案的,依照其规定。

国家出资企业投资应当符合国家产业政策,并按照国家规定进行可行性研究;与他人交易应当公平、有偿,取得合理对价。

(二) 国有企业改制

我国《企业国有资产法》对于国有企业改制规定了行为准则,有助于预防企业改制中的国有资产流失黑洞。当前,一些国有企业负责人滥用企业改制之机,推行信息不公开、对价不公允、程序不严谨的管理层收购(MBO)活动,有些管理者甚至自买自卖,用国有资产买国有资产,然后,就将其据为个人或者自己的利益集团所有。为保护国有资产免于受到不法侵害,保护广大职工和债权人的合法权益,我国《企业国有资产法》第5章第2节规定了企业改制内容。

国有企业改制是指国有企业的公司制改革,包括国有独资企业改为国有独资公司,国有独资企业、国有独资公司改为国有资本控股公司或者非国有资本控股公司,国有资本控股公司改为非国有资本控股公司。

企业改制应当依照法定程序,由履行出资人职责的机构决定或者由公司股东会、股东大会决定。重要的国有独资企业、国有独资公司、国有资本控股公司的改制,履行出资人职责的机构在作出决定或者向其委派参加国有资本控股公司股东会会议、股东大会会议的股东代表作出指示前,应当将改制方案报请本级人民政府批准。

企业改制应当制定改制方案,载明改制后的企业组织形式、企业资产和债权债务处理方案、股权变动方案、改制的操作程序、资产评估和财务审计等中介机构的选聘等事项。企业改制涉及重新安置企业职工的,还应当制定职工安置方案,并经职工代表大会或者职工大会审议通过。

企业改制应当按照规定进行清产核资、财务审计、资产评估,准确界定和核实资产,客观、公正地确定资产的价值。企业改制涉及以企业的实物、知识产权、土地使用权等非货币财产折算为国有资本出资或者股份的,应当按照规定对折价财产进行评估,以评估确认价格作为确定国有资本出资额或者股份数额的依据。不得将财产低价折股或者有其他损害出资人权益的行为。除我国《企业国有资产法》之外,国务院办公厅2003年11月30日转发的国务院国资委《关于规范国有企业改制工作的意见》明确要求健全制度,规范运作。

(三) 与关联方的交易

近年来,许多国有企业家落马的主要原因是,利用关系人开设的公司与自己任职的国有企业秘密从事不公允的关联交易,疯狂攫取国家和人民的财富。为从根本上封杀此类不法行为,我国《企业国有资产法》重拳出击非法的关联方交易行为,该法第5章第3节专门规定了"与关联方的交易";关联方"被界定为"本企业的董事、监事、高级管理人员及其近亲属,以及这些人员所有或者实际控制的企业"。

国家出资企业的关联方不得利用与国家出资企业之间的交易,谋取不当利益,损害国家出资企业利益。本法所称关联方,是指本企业的董事、监事、高级管理人员及其近亲属,以及这些人员所有或者实际控制的企业。

国有独资企业、国有独资公司、国有资本控股公司不得无偿向关联方提供资金、商品、服务或者其他资产,不得以不公平的价格与关联方进行交易。

未经履行出资人职责的机构同意,国有独资企业、国有独资公司不得有下列行为:(1) 与关联方订立财产转让、借款的协议;(2) 为关联方提供担保;(3) 与关联方共同出资设立企业,或者向董事、监事、高级管理人员及其近亲属所有或者实际控制的企业投资。

国有资本控股公司、国有资本参股公司与关联方的交易,依照我国《公司法》和有关行政法规以及公司章程的规定,由公司股东会、股东大会或者董事会决定。由公司股东会、股东大会决定的,履行出资人职责的机构委派的股东代表,应当依照本法第13条的规定行使权利。公司董事会对公司与关联方的交易作出决议时,该交易涉及的董事不得行使表决权,也不得代理其他董事行使表决权。

(四) 资产评估

资产评估是导致国有资产严重流失的漏洞之一。为堵塞资产评估的制度漏洞,我国《企业国有资产法》设计了一系列法律规则。国有独资企业、国有独资公司和国有资本控股公司合并、分立、改制,转让重大财产,以非货币财产对外投资,清算或者有法律、行政法规以及企业章程规定应当进行资产评估的其他情形的,应当按照规定对有关资产进行评估。

国有独资企业、国有独资公司和国有资本控股公司应当委托依法设立的符合条件的资产评估机构进行资产评估;涉及应当报经履行出资人职责的机构决定的事项的,应当将委托资产评估机构的情况向履行出资人职责的机构报告。

国有独资企业、国有独资公司、国有资本控股公司及其董事、监事、高级管理人员应当向资产评估机构如实提供有关情况和资料,不得隐瞒或者提供虚假情况和资料,不得与资产评估机构串通评估作价。

资产评估机构及其工作人员受托评估有关资产,应当遵守法律、行政法规以及评估执业准则,独立、客观、公正地对受托评估的资产进行评估。资产评估机构应当对其出具的评估报告负责。

(五)国有资产转让

国有资产转让,是指依法将国家对企业的出资所形成的权益转移给其他单位或者个人的行为,按照国家规定无偿划转国有资产的除外。国有资产转让应当有利于国有经济布局和结构的战略性调整,防止国有资产损失,不得损害交易各方的合法权益。

国有资产转让由履行出资人职责的机构决定。履行出资人职责的机构决定转让全部或者部分国有资产,致使国家对该企业不再具有控股地位的,应当报请本级人民政府批准。

国有资产转让应当遵循等价有偿和公开、公平、公正的原则。除按照国家规定可以直接协议转让的以外,国有资产转让应当在依法设立的产权交易场所公开进行。转让方应当如实披露有关信息,征集受让方;征集产生的受让方为两个以上的,转让应当采用公开竞价的交易方式。转让上市交易的股份依照《证券法》的规定进行。

国有资产转让应当以依法评估的、经履行出资人职责的机构认可或者由履行出资人职责的机构报经本级人民政府核准的价格为依据,合理确定最低转让价格。

法律、行政法规或者国务院国有资产监督管理机构规定可以向本企业的董事、监事、高级管理人员或者其近亲属,或者这些人员所有或者实际控制的企业转让的国有资产,在转让时,上述人员或者企业参与受让的,应当与其他受让参与者平等竞买;转让方应当按照国家有关规定,如实披露有关信息;相关的董事、监事和高级管理人员不得参与转让方案的制定和组织实施的各项工作。

国有资产向境外投资者转让的,应当遵守国家有关规定,不得危害国家安全和社会公共利益。

十四、国有资本经营预算制度

我国《企业国有资产法》首次以国家法律的形式确认了国家股东即全民股东的分红权。该法第 18 条第 2 款明确要求,"国家出资企业应当依照法律、行政法规以及企业章程的规定,向出资人分配利润"。该法第 6 章还专门规定了国有资本经营预算制度。

2007 年 12 月 11 日,财政部和国资委制定发布了《中央企业国有资本收益收取管理暂行办法》,其中第 9 条规定:资源型国企上交利润的 10%;一般竞争性国企上交 5%;军工、转制科研院所国企暂缓 3 年上交或者免交。而在此之前,我国国有企业已经有 13 年没有上缴利润了。

国家股东向国有企业收取利润有助于真正理清国家参与的两类不同法律关系,即私法关系(民事法律关系)与公法关系(行政法律关系)。股权关系是典型的私法关系,而税收关系是典型的公法关系。长期以来,尤其在计划经济体制下,国家参与的法律关系混沌未开,公权关系和私权关系经常被混淆在一起。1994 年以来国家对国有企业采取的以税代利的做法抹杀了国家作为投资者(股东)的一般性,并以国家公权力的角色取代了国家的民事权利(包括股东权利)。

立法者在 14 年以后重提国家股东的分红权,恰恰是朝着正本清源、理顺不同法律关系的正确方向进步。当然,无论是私法关系还是公法关系,还可进一步细分。例如,在私法关系中,国家除了基于股东资格而与企业发生股权关系,还基于国有资源物权主体资格而与企业发生债权关系(如资源的特许使用费)。法律关系的梳理对于我们下一步大力建设社会主义法治国家,完善社会主义市场经济体制,推进社会主义民主政治有重要意义。

十五、监督管理与问责机制

我国《企业国有资产法》规定了国企负责人的法律责任。市场有眼睛,法律有牙齿。根据该法第 71 条,国家出资企业的董事、监事、高级管理人员利用职权收受贿赂或者取得其他非法收入和不当利益的;侵占、挪用企业资产的;在企业改制、财产转让等过程中,违反法律、行政法规和公平交易规则,将企业财产低价转让、低价折股的;违法与本企业进行交易的;向资产评估机构、会计师事务所隐瞒或者提供虚假情况和资料,或者与资产评估机构、会计师事务所串通出具虚假资产评估报告、审计报告的;违反法律、行政法规和企业章程规定的决策程序,决定企业重大事项的,要对造成的国有资产损失承担赔偿责任;属于国家工作人员的,并依法给予处分:此类高管因上述行为取得的收入依法予以追缴或者归国家出资企业所有;构成犯罪的,依法追究刑事责任。

徒法不足以自行。要充分发挥我国《企业国有资产法》兴利除弊的法治功能，必须进一步强化各级人大及其常委会的监督职能，强化国务院和地方政府对其授权机构履职情况的监督，强化各级国资委对国家出资企业财务和治理情况的监督，强化审计机关对国有资本经营预算的执行情况和属于审计监督对象的国家出资企业的审计监督。更为重要的是，还要强化作为国有企业真正大股东的 13 亿人民的社会监督。我国《企业国有资产法》第 66 条之所以强调国务院和地方人民政府应当依法向社会公布国有资产状况和国有资产监督管理工作情况，接受社会公众的监督，原因也在于此。

第十四章 公司终止

第一节 概 述

一、公司解散、清算与终止的"三部曲"

在市场经济的汪洋大海之中,成千上万的公司自生自灭,如同人体细胞的新陈代谢。公司法不仅要鼓励投资兴业,而且要确保公司理性退市。公司的市场退出机制与公司的市场准入机制同等重要。公司解散与清算制度作为公司的正常退出机制,使得市场经济通过公司的新陈代谢而保持永恒的活力和秩序。

公司的终止是指公司法律人格的绝对消灭。公司注销登记是公司终止的重要标志。公司注销登记手续完结后,公司才能寿终正寝。公司的终止不是无缘无故发生的,公司解散是公司终止的原因。公司清算程序是公司终止的必经程序。公司清算程序终结后,公司才能依法办理公司注销登记手续。公司解散既包括自行解散(任意解散),也包括强制解散。公司清算既包括破产清算程序,也包括非破产清算程序;非破产清算程序既包括公司的自行清算,也包括法院的强制清算。

首先,公司解散是公司终止的原因。公司解散是指引起公司人格消灭的法律事实。除公司因合并、分立需要解散的外,公司因本身不能存续的事由导致的解散是公司终止的原因和前奏,是公司启动终止程序中的首要环节。

其次,公司清算程序是公司终止的必经程序。公司解散并不立即导致公司人格的消灭。相反,出现解散事由的公司在清算目的范围内视为依然存续,清算中的公司与解散事由出现前的公司在法律人格上是同一民事主体。公司清算制度的功能在于,一方面立即停止公司的积极活动,另一方面及时了结公司既有的法律关系,清理债权债务关系。

其三,公司的终止又称公司的消灭,是指公司丧失公司法律人格和民事主体资格,不再具有民事权利能力和民事行为能力的事实状态和法律状态。公司终止以后,公司丧失民事主体资格,不再具有民事权利能力和民事行为能力,以公司为中心发生的法律关系原则上亦归消灭。公司终止之前的必经环节依次分别是解散与清算。公司终止以公司办理注销登记完结为标志,而非以被吊销企业法人营业执照为标志。

二、我国公司退出机制方面存在的法律问题

在完善的公司法治框架下,公司生得容易,死得坦然。改革开放以来,我国公司的设立门槛越来越低,但公司的退出机制存在严重问题。许多债务人公司滥用公司解散制度逃废债务,尤其是银行债务。这些公司的企业法人营业执照被吊销或者被撤销后,往往出现了人去楼空的现象。由于债务人公司无法及时进行清算,公司缔结的债权债务关系无法及时清理,债权人讨债无门。即使债权人诉到人民法院,但由于1993年《公司法》的立法漏洞致使司法实践中的裁判标准并不统一。很多公司出现解散事由后,控制股东和公司高管不但不及时清算,甚至故意借解散之机逃废债务,严重损害了债权人利益,危害了交易安全,贬损了公司制度的公信力。

三、立法框架

为了保护第三人的信赖利益,维护交易安全,建立健康、有序的公司退出机制,我国2005年修订的《公司法》在第10章"公司解散和清算"中明确规定了公司解散与清算的条件和程序。为完善公司退出法律机制,保护公司债权人合法权益、统一执法尺度,最高人民法院自2001年年初开始起草《关于审理涉及企业法人解散案件若干问题的规定》(以下简称《企业法人解散司法解释》)。2004年2月,《企业法人解散司法解释》(送审稿)完成并已提交审判委员会讨论时,恰逢公司法进行大规模修订,司法解释的起草工作暂停。

我国2005年《公司法》修订后,最高人民法院再次启动司法解释工作。最为重要的变化是,最高人民法院改弦易辙,将《企业法人解散司法解释》从企业法人制度的轨道转向《公司法》的轨道。鉴于2005年修订的《公司法》在1993年《公司法》基础上对公司解散和清算部分进行了调整,又鉴于公司制企业法人随着我国企业改制的不断深化已成为我国经济社会中最主要的企业类型,最高人民法院将原《企业法人解散司法解释》(送审稿)更名为《关于适用〈中华人民共和国公司法〉若干问题的规定(二)》。2008年5月5日,最高人民法院审判委员会第1447次会议通过了《关于适用〈中华人民共和国公司法〉若干问题的规定(二)》(以下简称《公司法》司法解释(二))。2008年5月19日,最高人民法院对外公开发布该司法解释。该司法解释包括公司司法解散制度和公司清算制度两部分,共计24条。

本章论述原则上适用于各类公司的解散清算程序。但是,法律、行政法规另有规定的除外。例如,国务院2001年颁布的《金融机构撤销条例》对金融机构撤销后的清算程序等问题作出了明确规定,因此金融机构被撤销的情况应当适用《金融机构撤销条例》的有关规定。由于《外商投资企业清算办法》已于2008

年初被国务院废止,外商投资企业的清算程序原则上也应适用 2005 年修订的《公司法》第 10 章和《公司法》司法解释(二)的有关规定。

第二节 公司解散事由

我国《公司法》第 181 条列举了公司解散的五大事由:(1) 公司章程规定的营业期限届满或者公司章程规定的其他解散事由出现;(2) 股东会或者股东大会决议解散;(3) 因公司合并或者分立需要解散;(4) 依法被吊销营业执照、责令关闭或者被撤销;(5) 人民法院依照本法第 183 条的规定予以解散。

一、公司章程规定的营业期限届满或者其他解散事由出现

该解散事由属于公司自行解散(任意解散)的范畴。公司股东作为公司的生身父母,可以自由确定公司的存续期间。倘若公司章程载明公司的存续期间而非永续存在,除非股东大会修改章程以延长公司存续期间,公司就存在解散事由。所谓"其他解散事由"泛指公司章程自由设计的其他退股情形,包括但不限于产品和服务的消费结构的急剧恶化、特定消费者群体的消失等。

为贯彻公司维持原则、避免公司的不必要解散,促成公司的正常存续,《公司法》第 182 条采取了与人为善的立法态度:"公司有本法第 181 条第(一)项情形的,可以通过修改公司章程而存续。依照前款规定修改公司章程,有限责任公司须经持有 2/3 以上表决权的股东通过,股份有限公司须经出席股东大会会议的股东所持表决权的 2/3 以上通过"。之所以要求延长公司寿命的股东会决议为特别决议,是为了防范延长公司存续期间给股东带来的投资风险,并提醒出资较多的股东格外当心。

在公司实践中,有些公司章程规定的营业期限已经届满,但公司既不通过修改公司章程而存续,又不及时进行清算。在这一情况下,小股东的利益保护遂成为新问题。一种观点认为公司应当进入解散程序,小股东可以据此行使剩余财产分配请求权;一种观点认为,该公司视为自动延续存在,小股东自然可以据此请求公司购买自己持有的股份;一种观点认为,小股东有权请求公司召集临时股东会或董事会,以决定公司的未来命运。笔者持第一种观点。原因很简单,既然公司未作出延长公司寿命的股东会决议,就应当把这种情况解释为股东不愿继续投资于公司。

二、公司决议解散

这属于公司自行解散即公司自己决定终止的范畴,体现了公司自治的精神。公司既然可以基于股东共同的意思表示而成立,就可基于股东共同意思表示而

解散。公司成立的目的在于实现某一特定经营目的,倘若该经营目的已经实现或根本不能实现,则公司丧失了存在意义。公司之所以决议解散往往是由于公司的设立目的已经完成(如项目公司已经完成对某小区的商品房开发和销售活动)或确定不能完成。在当今世界,市场格局变动不居,竞争日趋激烈。有些公司在设立之前确定的经营目标在企业设立之后不久就被证明不可能实现。出于急流勇退的战略思路,一些投资者希望早日解散公司、取回投资,转而从事其他投资兴业活动。

在实践中,有些公司在作出解散决议之前就已经进入歇业状态,甚至长期没有开展经营活动。公司的存在价值在于不间断地持续开展经营活动,为投资者创造投资回报,并为利害相关者创造社会福祉。不管出于市场原因或者其他原因(如股权斗争),如果一个企业法人长期不开展经营活动,处于长期休眠状态,此类公司就失去了存在价值,从而成为退出市场的合理理由。

为慎重起见,许多立法将解散公司的股东会决议明确为绝对多数决的特别决议,而非简单多数决的普通决议。根据我国《公司法》第44条第2款,股东会会议作出公司解散的决议,必须经代表2/3以上表决权的股东通过。根据该法第67条,国有独资公司的解散必须由国有资产监督管理机构决定;其中,重要的国有独资公司合并、分立、解散、申请破产的,应当由国有资产监督管理机构审核后,报本级人民政府批准。该法第104条第2款规定,股份有限公司股东大会作出公司解散的决议,必须经出席会议的股东所持表决权的2/3以上通过。

2005年12月18日国务院重新修订并发布的《公司登记管理条例》第43条第3款除了列举股东会、股东大会决议解散的情形外,还增加了"一人有限责任公司的股东、外商投资的公司董事会决议解散"的特殊情形。这样表述在逻辑上更加周延。因为,一人公司和中外合资经营企业、中外合作经营企业不设股东会,只有董事会。值得注意的是,并非所有的外商投资的公司都不设股东会。例如,外商投资的股份有限公司和全部股东为外商的有限责任公司就可以依据《公司法》设立股东会。在此类公司作出解散决议时,就应当召开股东会,董事会不能越俎代庖。

三、因公司合并或者分立需要解散

公司因合并或分立而发生公司的终止结果,属于法定解散事由的范畴。但由于在这种情况下,只发生公司权利义务关系的概括性转移和继受,因合并或者分立而消失的公司不需履行清算程序即可办理公司注销登记手续。

四、依法被吊销营业执照、责令关闭或被撤销

依法被吊销营业执照、责令关闭或者被撤销均属于公司意志之外的公权力

运作的结果,属于强制解散的范畴。虽然公司及其投资者和管理者不愿意解散,但倘若该公司违反了法律与行政法规(包括《公司登记管理条例》)中的强制性规定(例如从事违法经营活动、逾期未办理年检手续等),即应予以解散。依国际通例,当企业法人的目的和行为违反法律、公共秩序和善良风俗时,法院或有关行政机关可以依法强行解散法人。

在我国,吊销企业法人营业执照是工商行政管理机关对违法违规公司处以的行政处罚。例如,2005年12月18日国务院重新修订并发布的《公司登记管理条例》第33条第2款规定:"公司的经营范围中属于法律、行政法规或者国务院决定规定须经批准的项目被吊销、撤销许可证或者其他批准文件,或者许可证、其他批准文件有效期届满的,应当自吊销、撤销许可证、其他批准文件或者许可证、其他批准文件有效期届满之日起30日内申请变更登记或者依照本条例第6章的规定办理注销登记"。再如,《公司登记管理条例》第72条规定:"公司成立后无正当理由超过6个月未开业的,或者开业后自行停业连续6个月以上的,可以由公司登记机关吊销营业执照"。又根据《公司登记管理条例》第76条之规定:"公司不按照规定接受年度检验的,由公司登记机关处以1万元以上10万元以下的罚款,并限期接受年度检验;逾期仍不接受年度检验的,吊销营业执照。年度检验中隐瞒真实情况、弄虚作假的,由公司登记机关处以1万元以上5万元以下的罚款,并限期改正;情节严重的,吊销营业执照"。

公司被责令关闭或者被撤销也属强制解散范畴,其与吊销企业法人营业执照的不同在于处罚机关不同。此类处罚机关往往是工商行政管理机关之外的业务监管机构(如卫生行政部门、质监部门、银监会、证监会与保监会等)。在计划经济体制下,全民所有制企业上级主管部门兼有企业投资者的角色,有权决定撤销或关闭其下属企业法人。随着国有企业公司制改革步伐的加快,产权结构日趋多元化,股份制企业法人很难再找到唯一的上级主管部门,取而代之的是国家股东代理机构。除国有独资公司的国家股东代理机构可以依据法定条件与程序解散国有独资公司外,其他政府部门无权随意撤销或关闭解散公司。因此,有权决定撤销或关闭企业法人的行政机关主要是依法享有市场监管权限(包括市场准入权限)的行政监管机构,而作为传统全民所有制企业上级主管部门的"主管婆婆"将逐渐淡出历史舞台。

五、司法解散

人民法院有权根据适格股东之诉请,依照我国《公司法》第183条的规定解散公司。公司发生法律、行政法规规定的其他解散事由时,亦应予以解散。

第三节 公司僵局及其救济

公司僵局宛如电脑死机是公司法实践中常见的疑难杂症之一。由于闭锁性公司尤其是有限责任公司的人合性以及传统文化中的"窝里斗"基因,加之市场风险与道德风险、法律风险的纠结会带来更多的公司僵局案件。2005年《公司法》修改之前,法院曾长期对公司僵局案件采取不受理的消极态度,主要的逻辑思维是认为此类案件属于公司的"家务事",法院不宜干预。2005年《公司法》修改之后,法院受理的公司僵局案件开始增多,个别法院采取了积极解散的司法态度。

公司僵局犹如婚姻僵局,有聚有散。但解散公司比起夫妻离婚更加残酷。因为,离婚判决仅关系不复存在,但孩子还茁壮成长,虽然离婚对孩子的身心健康还有影响;而公司解散的结果不仅导致股东合作关系的消灭,而且导致公司主体资格的消灭。因此,法院对于公司僵局案件应当采取大胆受理、审慎裁判的态度。

一、公司僵局

在闭锁性较强的公司形态尤其是有限责任公司中,股东之间具有较强的人合性。股东关系犹如婚姻关系。对于公司治理来说,好人与好制度同等重要。倘若股东之间的互信基础荡然无存,就很容易导致公司治理陷入僵局。

公司僵局是指公司经营管理出现严重困难,继续存续会使股东利益受到重大损失、且无法通过其他途径化解的公司状态。公司僵局应当具备以下要件:

(一)公司经营管理发生严重困难

公司经营管理发生的严重困难与其说是公司财务层面中的严重困难,不如说是公司治理中的严重困难。公司经营管理发生严重困难简称为公司治理的严重困难。

公司僵局与公司财务状况没有必然关联。公司治理严重困难相当于夫妻感情确已破裂,不是家庭陷入财务困难。倘若公司治理功能顺畅,运作正常,即使公司财务存在困难,公司也可自愿采取相应的应对措施,从而避免公司解体的厄运。倘若公司财务状况良好、盈利甚丰,但公司治理机制瘫痪、陷入治理僵局,也应认定公司僵局现象的存在。当然,公司治理僵局与公司财务困难也可能同时存在。

有鉴于此,《公司法》司法解释(二)第1条明确规定:"股东以知情权、利润分配请求权等权益受到损害,或者公司亏损、财产不足以偿还全部债务,以及公司被吊销企业法人营业执照未进行清算等为由,提起解散公司诉讼的,人民法院不予受理"。换言之,如果股东提起解散公司诉讼时的理由表述为公司经营严重亏损、或者其股东权益受到侵害,或者公司被吊销营业执照后未进行清算等,因不属于公司法所规定的解散公司诉讼案件提起的事由,因此人民法院在受理环节即应将之拒之门外。

　　公司经营管理发生严重困难泛指公司股东会或董事会无法正常运作,包括无法正常开会;或虽然开始能够开会,但最后无法形成决议等多种情况。类似于电脑在运行中非正常死机的情况。常见的主要情形包括:(1)股东会失灵。股东会常年无法正常召开,或虽然能够召开,但无法作出决议。例如,股东会表决时陷入僵局,多年连续无法在年度股东大会上选举出新一届董事会成员接替任期届满的董事会成员。(2)董事会失灵。例如,董事会在公司经营管理活动中陷入了僵局,而股东无力打破僵局,导致公司即将或正在遭受无法恢复的损害或公司的经营管理活动无法按照对广大股东有利的方式继续进行。董事长拒绝、怠于履行职权,而董事会又未能将其罢免、选任新董事长的情况也属于董事会失灵的一种。即使董事会发生了僵局,倘若股东会有能力通过股东大会的决议改选董事会,从而使董事会生机勃勃地开展经营活动,人民法院就不能解散公司。(3)经营层失灵。这主要指经营层的道德风险而言。例如,大股东兼董事长私自携带公章悄然出走,隐姓埋名;二股东兼总经理擅自携带企业法人营业执照从人间蒸发;三股东兼财务总监席卷税务登记证和增值税发票后移居境外。倘若董事会不能及时换将并将公司印信追回或宣告作废,则公司经营就陷入了瘫痪。

　　《公司法》司法解释(二)第1条明确列举了公司经营管理发生严重困难的四种情形:(1)公司持续两年以上无法召开股东会或者股东大会,公司经营管理发生严重困难的;(2)股东表决时无法达到法定或者公司章程规定的比例,持续两年以上不能做出有效的股东会或者股东大会决议,公司经营管理发生严重困难的;(3)公司董事长期冲突,且无法通过股东会或者股东大会解决,公司经营管理发生严重困难的;(4)经营管理发生其他严重困难,公司继续存续会使股东利益受到重大损失的情形。这四种情形的共性是股东会僵局和董事会僵局造成公司经营管理上的严重困难,即公司机关陷入事实上的瘫痪状态,公司治理结构完全失灵,不能正常进行经营活动,如果任其继续存续下去,将会造成公司及其股东利益的重大损失。该条列举的四项事由既是人民法院受理解散公司诉讼案件时进行形式审查的依据,也是人民法院判决是否解散公司的实体审查标准。

　　公司僵局之形成源于多种原因。首先,不合理的股权结构容易导致公司僵局。在实践中,常有不少公司的股东在股权结构中各自持股一半,各自推选等额董事进入董事会。倘若公司章程或股东协议没有预先提供相应的化解僵局之策,一旦股东之间就投资理念、投资策略、治理思路甚至各自利益发生冲突,就很容易使公司陷入无法正常经营的窘境。

其次,不合理的议事方式与表决程序设计容易导致公司僵局。倘若一家公司章程规定股东会或董事会决议时实行全员一致决议的原则,迟早会产生公司僵局。因为,只要股东会或董事会的与会者之一喜怒无常,故意逆其他与会者的意志而动,则股东会或董事会很难作出决议。笔者认为,这种一致连动的议事规则无疑赋予了任何一名股东、任何一名董事的一票否决权。在某种程度上,可说少数派股东或少数派董事的一票否决权比起美国总统对国会法案的否决权还要大。

其三,杳无音信的股东或董事失踪容易导致公司僵局。倘若多数股东或多数董事离开公司后下落不明,长期杳无音信,致使股东会或董事会无法正常召开或作出决议,公司就有可能陷入僵局。此外,法人股东也存在着"失踪"的可能性。法人股东自身由于脱钩改制、国有资产划拨等诸种原因也可能产生法人股东自身的投资者不清,进而导致法人股东无法选派股东代表、或该法人股东推荐到公司的董事无法正常履行职责。倘若多家法人股东均有类似情形发生,也会发生公司僵局。

其四,股东和高管的道德风险也容易导致公司僵局。前已述及,兹不赘述。

（二）继续存续会使股东利益受到重大损失

继续存续会使股东利益受到重大损失,这是人民法院解散公司的第二个必要条件。倘若公司僵局的持续时间很短;或者公司僵局的持续时间较长,但对股东利益并未造成重大损失,人民法院仍然不能解散公司。此处的"重大损失"相对于轻微损失、一般损失而言。这需要法官在个案当中行使自由裁量权。立法者之所以将公司僵局的继续存续导致股东利益受到重大损失作为解散公司的必要条件,旨在昭示立法者对公司解散的慎重之情以及妥善平衡公司利益与股东利益的良苦用心。既然股东利益遭受的损失较小,而解散公司给其他股东、公司高管、劳动者和其他利益相关者带来的损失更大,立法者当然不能选择这种笨拙的立法选项。

（三）通过其他途径不能解决

不是所有的公司僵局都不可逆转,不是所有的公司僵局都不能化解。人民法院在考虑运用解散公司手段救济小股东的时候,应当穷尽对公司、股东和其他利益相关者最为和缓的救济手段。倘若能够在股东查账、股东转股和股东退股的诸种方案中找到其他和缓、有效的救济途径,就应回避解散公司之路。因此,我国《公司法》第183条将"通过其他途径不能解决的"的法律要求不仅是股东提起解散公司之诉的前置条件之一,也是人民法院动员双方当事人采取副作用更轻的替代措施的授权依据。

最高人民法院在起草《公司法》司法解释（二）时对于《公司法》第183条规

定的"通过其他途径不能解决"的前置性程序未作进一步解释,主要是考虑到,"公司法之所以做此规定,是基于对公司永久存续性特征考虑的,即当公司经营管理发生严重困难,继续存续会使股东利益受到重大损失时,还是寄希望于公司能够通过公司自治等方式解决股东、董事之间的僵局,从而改变公司瘫痪状态,而不轻易赋予股东通过司法程序强制解散公司的权利"。因此,最高人民法院认为,人民法院在受理解散公司诉讼案件时,还是有必要审查这个条件是否成就。当然,对于何为"通过其他途径不能解决",人民法院可能更多的是形式审查,对于起诉股东而言,其声明应归结为其已经采取了能够采取的其他方法而不能得到解决、而不得不寻求司法救济的表述,该前置性程序的意义更多在于其导向性。①

二、法院对公司僵局的应有态度与救济手段

公司司法解散是指在公司陷入僵局、且无法通过其他途径打破时,适格股东有权请求法院或仲裁机构予以解散。由于公司股权结构、控制权结构乃至股东会或董事会议事方式与表决程序设计的诸多原因,公司陷入僵局的现象并不罕见。既然公司无法启动自愿解散程序,公司又不具备破产条件,公司似乎只能坐以待毙,别无他途。为了遏制和减少公司僵局给公司乃至股东们造成不必要的巨大财产损失,许多立法例纷纷确认了司法解散制度。其共同点在于,借助司法权的力量,在法定的特定例外情形下应股东、债权人或公权力的请求,强制解散公司。就救济中小股东而言,司法解散也是无可奈何时的一把利刃。

美国《模范商事公司法》(RMBCA)第14.30条对公司的司法解散制度可谓璨然大备:有下列情形之一的,法院可以裁定解散公司:(1)检察官能够证明存在下列事实之一,并向法院提起解散公司之诉:公司通过欺诈手段骗取了公司设立章程,或者公司持续超越或者滥用法律赋予的权限。(2)股东能够证明存在下列事实之一,并向法院提起解散公司之诉:其一,公司董事会在公司经营管理活动中陷入了僵局,而股东无力打破僵局,导致公司即将或者正在遭受无法恢复的损害,或者由于公司僵局的存在,导致公司的经营管理活动无法按照对广大股东有利的方式继续进行。其二,公司的董事或者管理人员已经、正在或者将要实施不法、压榨或者欺诈的行为。其三,股东们在行使表决权时陷入僵局,而且至少连续在两次年度股东大会上未能选举出新一届董事接替已经到期的董事会成员。其四,公司资产正在被滥用或者浪费。(3)债权人能够证明存在下列事实之一,并向法院提起解散公司之诉:其一,债权人的债权已经被法院判决所确认,

---

① 刘岚:《规范审理公司解散和清算案件——最高人民法院民二庭负责人答本报记者问》,载《人民法院报》2008年5月19日。

但判决未获执行,而且公司已经丧失债务清偿能力。其二,公司书面承认债权人的债权合法有效、已经到期,但公司已经丧失债务清偿能力。(4)公司向法院提起法院监督下的自愿解散公司之诉。

美国特拉华州《公司法》第 273 条第 1 项规定:"如果本州公司的股东只有两名,且各自持股 50%,共同从事合资经营活动;而且,股东无法通过协议解散公司、分配公司资产,任何股东均可向法院提起诉讼,请求法院按照双方事先约定的计划分配公司资产,或者在没有分配计划的情况下解散公司,但公司章程或者股东书面协议另有约定的除外。"

原《日本商法典》第 406 条之二第 1 款规定:"公司于下列情形有不得已的事由时,持有公司全部股东表决权 1/10 以上的股东可请求法院解散公司:1. 公司在业务执行中遭遇显著困难,已经产生或者可能产生公司难以挽回的损失时;2. 对公司财产的管理或者处分显著失当,危及公司存续时。"

我国台湾地区"公司法"第 11 条也规定:"公司之经营,有显著困难或重大损害时,法院得据股东之申请,于征询中央主管机关及目的事业中央主管机关意见,并通知公司提出答辩后,裁定解散。前项申请,在股份有限公司,应有继续 6 个月以上持有已发行股份总数 10% 以上股份之股东提出之。"

我国 1993 年《公司法》并未规定司法解散制度,致使在公司出现公司僵局或公司多年无法正常经营和运转时,股东仍然无法脱身公司,对公司利益和职工利益亦产生不利影响。全体股东尤其是小股东形同坐牢。借鉴国际先进立法经验,为打破公司僵局和股东枷锁,确保反目股东能够早日各奔前程投资创业,我国 2005 年修订的《公司法》第 183 条确认了出现公司僵局时股东享有解散公司诉权:"公司经营管理发生严重困难,继续存续会使股东利益受到重大损失,通过其他途径不能解决的,持有公司全部股东表决权 10% 以上的股东,可请求人民法院解散公司"。2008 年 5 月 19 日最高人民法院发布了《公司法》司法解释(二),细化了股东请求人民法院解散公司之诉的裁判规则。

为贯彻公司维持原则,避免股东滥诉,彰显法律对公司生命的尊重,贯彻公司维持原则,充分尊重并增进公司背后的股东、高管、债权人、劳动者和其他利益相关者的福祉,我国 2005 年修订的《公司法》第 183 条严格限定了提起解散公司诉讼的事由。人民法院对于股东的解散公司之诉应当大胆受理,谨慎裁判。

解散公司是对中小股东的最后一个救济措施。通过解散公司,可彻底摧垮控制股东和公司高管剥削和压迫中小股东的"吸血管",从根本上消灭控制股东和公司高管通过关联交易、高薪回报、过渡的奢侈型职务消费的物质基础,并使公司净资产多快好省地回流到股东怀抱。这对于失信的控制股东和公司高管无疑是釜底抽薪的当头一棒,而对于饱受欺凌的中小股东来说则是一个心灵受到抚慰、损失受到补偿、公正之光得以沐浴的雪中送炭之举。

解散公司不仅是中小股东的诉权,也是确保全体股东早日摆脱痛苦、各奔前程的福音。公司僵局发生时,公司对内决策和经营系统彻底陷入瘫痪,公司对外业务无法开展,业务量和现金流日渐枯竭,公司办公用房租金、设备维护费用和人员开支等各种费用开支日积月累,几成天文数字。在这种情况下,解散公司无疑是公司止损、股东分手的明智选择。当然,在一定程度上,解散公司诉权也可被称为公司的"安乐死"。

解散公司虽有前述之功效,但毕竟是公司在例外情形下无可奈何的问题解决方案而已。解散公司的负面作用非常明显:高管和劳动者会失去工作,其他股东失去投资对象,消费者失去了一个供应商,政府失去一个纳税人。再从救济小股东的角度看,条条道路通罗马。在启动解散公司之诉前,小股东应当尝试查账权、股利分配请求权、请求大股东收购自己的股份、请求公司回购股权。只有当前述较为缓和的救济途径于事无补时,才能适用这一救济途径。

三、原告股东的资格

公司与其所有的利益相关者都存在着唇齿相依、唇亡齿寒的共荣共存关系。并非任何股东均可向法院提起解散公司之诉。为了预防个别股东恶意滥用诉讼,预防控制权较少的小股东随意提起解散公司之诉的道德风险,我国《公司法》第183条将请求人民法院解散公司的原告股东的范围锁定为持有公司全部股东表决权10%以上的股东。

为落实我国《公司法》第183条的立法宗旨,实现原告股东与其所在公司和其他股东之间利益平衡,《公司法》司法解释(二)第1条将原告股东解释为"单独或者合计持有公司全部股东表决权10%以上的股东"。换言之,无论是单独股东还是多名股东,只要其持有的表决权比例达到公司全部股东表决权10%以上,就可以在前述任何一种公司僵局现象产生时依法提起解散公司之诉。如果提起解散公司诉讼的股东不具备上述持股条件的,法院对其诉请不予受理。

值得注意的是,本条在确定原告股东的门槛时没有考虑到股东的出资比例、持股比例,而是考虑到了股东的表决权比例。这是借鉴了原《日本商法典》第406条之二第1款规定的立法例。立法者之所以作如此选择,主要考虑到解散公司不仅仅关系到股东自身的财产利益,更关乎整个公司的生死存亡,具有强烈的控制权色彩。既然解散公司会对公司、其他股东等利益相关者产生重大影响,立法者运用股东表决权的百分比来界定原告股东的资格亦无不可。

四、公司的诉讼地位

司法实践中,有观点反对将公司列为被告,而主张列其他股东为被告。理由是:股东提起诉讼的目的是提前终止公司经营,其实质是要求解除股东之间存续公司的合意。该类案件原告的诉请系针对公司的其他股东,故公司是被请求解散的客体,法院的判决对其具有法律上的利害关系,应作为无独立请求权第三人参加诉讼。

在股东之间发生的外商投资企业合同解除纠纷案件中,仲裁机构可以做出解除合同的裁判,但不宜做出解散公司或者清算公司的裁判。理由之一是,外商投资企业并非此类纠纷的一方当事人,股东之间的正常协议不能当然拘束外商投资公司。因此,有必要警惕忽视外商投资公司主体的合同主义态度。

笔者认为,在原告股东提起解散公司之诉时,应当将公司列为被告。从公司法角度看,公司不仅是股东的投资客体和投资工具,而且也是具有独立法人资格的民事主体。股东欲通过诉讼消灭公司的主体资格,当然应当将公司列为被告,并赋予其作为被告享有的各类民事诉讼权利。公司应当积极应诉,既可针锋相对对原告股东的诉讼请求进行答辩,也有权向人民法院提交替代性解决方案,并向法院出示相关证据,甚至可以提出反诉。从程序法角度看,解散公司诉讼案件性质上属于变更之诉,系变更股东和公司之间的出资与被出资的法律关系,属有关公司组织方面的诉讼,因此股东请求解散公司诉讼的被告应当是公司。股东之间关于出资设立公司的协议随着公司的成立已经履行完毕,不存在解除设立协议的问题,因此其他股东不应作为解散公司诉讼案件的被告。

鉴于解散公司诉讼案件的审理活动可能影响其他公司股东的利益甚巨,鉴于解散公司之诉中的调解工作尚需其他股东参与诉讼,鉴于其他股东参加诉讼有助于人民法院查明案情、及时听取其他利益相关者尤其是其他股东对解散公司的意见和要求,因此原告提起解散公司诉讼时应当及时告知其他股东,人民法院也可依职权通知其他股东参加诉讼,其他股东可自由决定以共同原告或第三人的身份参加诉讼。

2008年5月19日开始施行的《公司法》司法解释(二)第4条也明确规定:"股东提起解散公司诉讼应当以公司为被告。原告以其他股东为被告一并提起诉讼的,人民法院应当告知原告将其他股东变更为第三人;原告坚持不予变更的,人民法院应当驳回原告对其他股东的起诉。原告提起解散公司诉讼应当告知其他股东,或者由人民法院通知其参加诉讼。其他股东或者有关利害关系人申请以共同原告或者第三人身份参加诉讼的,人民法院应予准许"。可见,其他股东可以加入原告股东一侧成为共同原告,也可加入第三人的行列,但不宜被列为被告。

有法官问,作为大股东的董事长想解散公司时,人民法院如何确定案件当事人?在此种情况下,原告是大股东兼董事长,被告依然是公司。至于公司既可由法定代表人出庭,也可由其他诉讼代理人出庭。换言之,大股东兼董事长既可坐在原告席上,也可坐在被告席上。当大股东兼董事长坐在原告席上时,公司可委托他人作为诉讼代理人坐在被告代理人席上;当大股东兼董事长坐在被告席上时,大股东可委托他人作为诉讼代理人坐在原告代理人席上。

五、上市公司股东可否行使解散公司诉权

我国《公司法》第 183 条并未经股东的解散公司之诉的对象限制为有限责任公司。从理论上说,无论是有限责任公司,还是股份有限公司(包括上市公司)都在司法解散之列解散。

但鉴于上市公司则具有较强的开放性,股份的流通性最强;鉴于公司解散关系到成千上万股东的合法权益;鉴于股东对于陷入僵局的公司可随时"用脚投票";笔者认为从严适用解散公司制度。必要时,人民法院可引入临时管理人制度,指定专业人士负责公司僵局期间的公司经营管理工作。截至目前为止,中国上市公司尚无适用《公司法》第 183 条的先例。

为预防原告股东在法院驳回其解散公司的判决生效后立即再次起诉,影响公司的正常经营和对外交易安全,建议最高人民法院司法解释对原告股东再次起诉设置最短的合理期限(例如,一个财务会计年度)。

六、注重调解

和谐社会就是妥协社会。《公司法》司法解释(二)第 5 条强调人民法院审理解散公司诉讼案件时,应当注重调解。当事人协商同意由公司或者股东收购股份,或者以减资等方式使公司存续,且不违反法律、行政法规强制性规定的,人民法院应予支持。当事人不能协商一致使公司存续的,人民法院应当及时判决。经人民法院调解公司收购原告股份的,公司应当自调解书生效之日起 6 个月内将股份转让或者注销。股份转让或者注销之前,原告不得以公司收购其股份为由对抗公司债权人。

《公司法》司法解释(二)第 5 条之所以特别提到应当注重调解,主要是基于企业维持主义和维护交易安全的考量。只要公司没有违反法律强制性规定,在其非自愿解散时,公权力机关应尽可能不去强制其解散。因此,在公司股东或董事出现僵局时,只要尚有其他途径能够解决矛盾,应尽可能采取其他方式解决,从而使公司免于遭受解散。这也是《公司法》之所以规定"通过其他途径不能解决"时,股东才能诉请解散公司的原因。即便股东依法诉诸法院,法院仍有必要通过公权力的介入,尽可能通过股东离散而非公司解散的方式来解决股东之间的矛盾。基于此,司法解释强调,人民法院在审理解散公司诉讼时应当特别注重调解。即使以解散公司的形式结案,也可以采取调解的形式。

实际上,原告股东之所以向法院提起公司解散之诉,多源于其苦大仇深、又无法用脚投票的窘境。倘若法院判决为其提供一条退出之路,原告股东必会感

激涕零。因此,解散公司只能是解决股东权救济问题的最后一道防线。在开出这剂"猛药"之前,法院应当三思而行,尽量拿出让原告股东、其他股东、经营者和债权人等利益相关者皆大欢喜的问题解决方案。

人民法院应当通过释明权之行使,告知原告股东、被告公司和参加诉讼的其他股东(第三人)寻求解散公司之外的其他替代性补救措施,包括但不限于股权转让、退股、公司分立等措施。就股权转让而言,既可由原告股东购买其他股东的股权,也可由其他股东购买原告股东的股权,还可由全体股东外的第三人购买原告股东的股权,甚至整体收购全体股东持有的全部股权。无论由谁购买股权,原告股东把自己的股权转让出去后都可脱离苦海。诉讼目的既已实现,原告股东即可撤诉。但是,法院的案件受理费应当由双方当事人协商确定;协商不成的,应当由公司承担。

总之,人民法院为股东提供的较为缓和的替代救济方案能够有效地避免公司解散对无辜的多名股东、债权人和职工等利害相关人的巨大伤害,也能有效地满足遭受排挤或压榨的小股东收回投资的愿望。

七、判决的既判力

《公司法》司法解释(二)第 6 条规定:"人民法院关于解散公司诉讼作出的判决,对公司全体股东具有法律约束力。人民法院判决驳回解散公司诉讼请求后,提起该诉讼的股东或者其他股东又以同一事实和理由提起解散公司诉讼的,人民法院不予受理"。

人民法院的生效判决对参加诉讼的当事人和未参加诉讼的其他股东具有当然的既判力,其司法理念在于,解散公司的判决是综合考量公司对股东和其他利害关系人的存在价值和弊端而对公司命运本身所作的处分。法院判决解散公司的,公司进入清算阶段,公司人格最终因清算完毕而终结,该判决当然对公司和公司其他股东,甚至包括公司的董事、监事、高管人员和职工等均有效力。法院判决驳回原告股东的诉讼请求的,因人民法院对原告据以提起解散公司的具体事实和理由已经作出了生效判决,在其据以主张解散公司的事实和理由不能得到法院支持的情况下,根据一事不再理的原则,提起该诉讼的股东和其他股东不能再以相同的事实和理由向人民法院提起诉讼请求解散公司。

应当注意的问题有二:第一,"同一事实和理由"系指"同一个"事实和理由,而非"同一类"事实和理由。同理,在离婚案件中,法院驳回原告的离婚诉讼请求,并不等于原告永远不能以感情破裂为由再次起诉。第二,之所以将"提起该诉讼的股东"和"公司其他股东"分别列举表述,意在维持公司法律关系的稳定性,并强调法院裁判行为对其他股东的法律约束力,即人民法院判决驳回原告股东的诉讼请求后,不仅该原告股东不得再以同一事实和理由提起解散公司诉讼,其他公司股东亦不得再以同一事实和理由提起解散公司诉讼。

八、解散公司案件与公司清算案件的相互独立性

《公司法》司法解释（二）第 2 条规定："股东提起解散公司诉讼,同时又申请人民法院对公司进行清算的,人民法院对其提出的清算申请不予受理。人民法院可以告知原告,在人民法院判决解散公司后,依据公司法第 184 条和本规定第 7 条的规定,自行组织清算或者另行申请人民法院对公司进行清算"。

股东请求解散公司和申请法院对公司进行清算,这是两个独立的诉请。《公司法》司法解释（二）第 2 条之所以规定法院在受理股东提起的解散公司诉讼时暂不受理其提出的清算申请,原因在于：第一,两个诉的种类截然不同,股东请求解散公司诉讼是变更之诉,公司清算案件则是非讼案件,两者审判程序不同,无法合并审理；第二,股东在提起解散公司诉讼时,公司解散的事实并未发生,公司是否解散尚需人民法院的生效判决予以确定。而且,即使法院判决解散后,按照《公司法》第 184 条规定,原则上仍应由公司在解散事由出现之日起 15 日内成立清算组自行清算,只有在公司逾期不成立清算组进行清算时,方可向人民法院申请强制清算。

九、财产保全与证据保全

解散公司诉讼是变更之诉、而非给付之诉。人民法院判决生效后仅仅变更了原有的公司法律关系,而无财产给付的内容,不存在强制执行问题。从理论上讲,人民法院审理解散公司诉讼案件本无财产保全之必要。但股东提起解散公司诉讼是基于股东之间或董事之间的僵局症状,因此人民法院判决公司解散后,公司很难顺利地开展自行清算活动,导致股东被迫启动强制清算程序。为确保未来公司强制清算程序的顺利进行,兼顾公司和公司其他股东的利益、防止个别股东滥诉给公司和其他股东造成不必要损失,《公司法》司法解释（二）第 3 条对解散公司之诉中的财产保全作出了例外规定："股东提起解散公司诉讼时,向人民法院申请财产保全或者证据保全的,在股东提供担保且不影响公司正常经营的情形下,人民法院可予以保全。"因此,人民法院在此情形下进行财产保全应当要求股东提供相应的担保,且以不影响公司正常经营为前提。同理,为满足将来公司清算的需要,《公司法》司法解释（二）第 3 条确认了证据保全制度。

十、管辖法院

为维护法治权威与司法统一,杜绝地方法院争管辖或者彼此推诿的现象,《公司法》司法解释（二）第 24 条规定,解散公司诉讼案件由公司住所地人民法院管辖。公司住所地是指公司主要办事机构所在地。公司办事机构所在地不明

确的,由其注册地人民法院管辖。基层人民法院管辖县、县级市或者区的公司登记机关核准登记公司的解散诉讼案件;中级人民法院管辖地区、地级市以上的公司登记机关核准登记公司的解散诉讼案件。

第四节 清算中公司的独特法律地位

一、清算中公司的法律人格

公司解散事由出现后,应当依法启动清算程序。在清算终结之前(包括清算过程中以及应当清算而未清算两种情况),由于利害相关者间的权利义务关系尚未了结,法律只能承认该公司的人格继续存在。换言之,处于清算状态中的公司仍是公司,清算中的公司与解散事由出现前的公司共享同一法律人格。换言之,清算中的公司的法律人格无需立法者重新拟制。除法律另有规定外,清算中的公司对其依法终止前发生的债务仍以其全部财产独立承担民事责任。

我国 1993 年《公司法》第 195 条第 3 款规定:"清算期间,公司不得开展新的经营活动。公司财产在未按第 2 款的规定清偿前,不得分配给股东"。该条规定容易引起误解:似乎清算期间,公司就不具备法人资格,不再是独立的民事主体了。为了澄清这一误会,我国 2005 年修订的《公司法》第 187 条第 3 款明确规定:"清算期间,公司存续,但不得开展与清算无关的经营活动"。其中的"公司存续"可谓点睛之笔。为配合该条规定之落实,《公司登记管理条例》第 74 条第 2 款规定:"公司在清算期间开展与清算无关的经营活动的,由公司登记机关予以警告,没收违法所得"。

我国 2005 年修订的《公司法》的上述态度肯定了清算前后公司资格的连贯性和稳定性,有助于确定清算中的公司的权利义务归属。因为,在公司人格终止之前,股东在法律上尚不能跨越公司攫取利益、行使权利、履行义务。这一态度还有助于在公司终止前妥当消灭利害相关者之间的既存法律关系(包括股权关系、债权关系),从而将公司解散给社会、国家和债权人的冲击和负面影响降到最低限度。

清算中公司的法人资格也决定了清算中公司参与诉讼与仲裁的权利能力与行为能力。清算中的公司有权以自己的名义作为民事诉讼中的原告、被告或者第三人的身份参加诉讼活动;或者以申请人或者被申请人的身份参加仲裁活动。根据我国 2005 年修订的《公司法》预留的制度接口,《公司法》司法解释(二)第 10 条规定:"公司依法清算结束并办理注销登记前,有关公司的民事诉讼,应当以公司的名义进行。公司成立清算组的,由清算组负责人代表公司参加诉讼;尚未成立清算组的,由原法定代表人代表公司参加诉讼"。

二、清算中公司的权利能力和行为能力

既然清算中的公司尚未丧失其法律人格,那么此类公司的权利能力和行为能力是否与正常经营的状态下范围一致呢?在司法实践中不无争论。其实,我国《民法通则》第40条对此早有定论。该条规定:"法人终止,应当依法进行清算,停止清算范围外的活动"。这意味着,进入清算状态的公司不能继续开展清算范围之外的经营活动,但可以开展清算范围外的活动,旨在尽量缩小债权债务关系的缔结,维护交易安全。遗憾的是,该条规定并未正面肯定进入清算状态的公司究竟可以从事哪些活动。

为填补我国《民法通则》第40条的立法漏洞,《公司法》第187条第3款明确规定:"清算期间,公司存续,但不得开展与清算无关的经营活动"。最高人民法院《关于审理涉及公司解散案件若干问题的规定草案(送审稿)》第2条也曾认为,公司出现解散事由时,法人资格依然存续,但只能从事以清算为目的民事行为。

《公司法》司法解释(二)第10条规定:"公司依法清算结束并办理注销登记前,有关公司的民事诉讼,应当以公司的名义进行。公司成立清算组的,由清算组负责人代表公司参加诉讼;尚未成立清算组的,由原法定代表人代表公司参加诉讼"。因此,公司出现解散事由、依法清算完毕前,有关公司的民事诉讼,仍应以公司自己的名义进行。

我国《公司法》和《公司法》司法解释(二)的规定意味着,清算中公司虽然还具备法人资格,但由于特定解散事由的发生,其权利能力和行为能力均受限制。详言之,清算中公司应当停止与清算无关的一切经营活动,但是清算中公司有权开展与清算有关的经营活动(如向债务人追索债权、履行尚未履行的合同、向债权人履行债务、协调债权人之间的利益关系、向股东分配剩余财产等行为)。

清算中的公司违反规定从事清算范围外的活动,应认定该行为无效。行为相对人明知企业法人已经发生解散事由的,应由行为相对人和清算中的企业法人根据各自过错承担相应的民事责任。对于无效行为的处理,人民法院应当援引我国《民法通则》和《合同法》等民事法律有关无效行为的救济措施(如返还财产、赔偿损失、追缴财产等)。

我国《公司法》一方面承认清算中的公司具有法律人格,另一方面又将其权利能力和行为能力锁定在清算范围之内,有助于预防财务状况已经严重恶化的公司孤注一掷,殃及更多的债权人,以图维护交易安全。

第五节 清算组及其组成人员的法律地位

一、清算组的法律地位

公司法人进入清算状态后,商事权利能力和行为能力受到极大限制。因而,公司机关的活动重心在于结束常态下的经营活动,转入清算活动,包括清理债权债务,了结企业现务,办理企业法人的终止手续。鉴于经营活动与清算活动的差异以及清算活动的复杂性、专业性,法律将清算职权交由特设的清算组履行。

一旦公司进入清算程序,其原有的经营管理机关(董事会)即处于冻结状态,作用殆失。取而代之的公司机关为依法成立的清算组。在清算目的范围内,清算组作为清算中公司的临时机关,与解散事由出现前公司的机关具有同等的法律地位。具体说来,清算组行使清算中公司的代表及执行机关的职能,对内执行清算事务,履行对内的决策和管理行为;对外代表公司了结债权债务,参与民事诉讼活动。

二、清算组不是适格的民事诉讼主体

清算组的清算活动有时会涉及对外债权的追索诉讼。在司法实践中,一些法官撇开清算中的公司的主体资格,将清算组列为原告或者被告。之所以如此,乃由于相关司法解释也持相同态度。例如,最高人民法院《关于贯彻执行民法通则若干问题的意见(试行)》第60条就规定:"清算组织是以清算企业法人债权、债务为目的而依法成立的组织。它负责对终止的企业法人的财产进行保管、清理、估价、处理和清偿。对于涉及终止的企业法人债权、债务的民事诉讼,清算组可以用自己的名义参加诉讼"。最高人民法院《关于适用民事诉讼法若干问题的意见》第51条也重申了类似立场,"企业法人未经清算即被撤销,有清算组织的,以该清算组织为当事人;没有清算组织的,以作出撤销决定的机构为当事人"。

不少省级人民法院出台的审判指导意见也沿袭了上述观点。例如,北京市高级人民法院2001年发布的《关于企业下落不明、歇业、撤销、被吊销营业执照、注销后诉讼主体及民事责任承担若干问题的处理意见(试行)》第6条指出,"企业歇业后,已成立清算组负责清理债权债务的,清算组延续歇业企业的法人资格,为诉讼主体,债权人起诉歇业企业应以清算组为被告";第12条指出,"企业被撤销后,成立清算组清理债权债务的,清算组为诉讼主体,可以起诉应诉。债权人起诉被撤销的企业应以清算组为被告";第16条指出,"企业被吊销营业执照后,成立清算组负责清理债权债务的,清算组为诉讼主体,债权人起诉被吊销

营业执照的企业应以清算组为被告。"

笔者认为,以清算组为当事人的观点缺乏法理依据。首先,只有清算中的公司才是实体民事关系中的权利义务承受者与民事诉讼中的诉讼主体。因为,清算中公司与解散事由出现前的公司系同一民事主体。所以,清算中的公司仍以自己名义参加诉讼活动。至于清算组只不过是清算中的公司的机关而已。如同自然人的眼睛或者耳朵不能作为诉讼主体一样,股东大会、董事会、监事会不能取代公司人格成为诉讼当事人,清算组也不能吞没清算中的公司的诉讼主体。

其次,清算组自身缺乏独立对外承担民事责任的责任财产。清算组没有独立的法律人格。因此,清算组虽然对清算中的公司财产负有保护和管理之责,但清算组作为公司清算阶段的临时特别机关并不独立的法律人格,更无独立于清算中公司以及清算组成员的责任财产。因此,倘若清算组败诉,清算组无法独立担责。

其三,清算组缺乏取得胜诉利益的正当性和合法性依据。在基于清算中公司发生的法律关系中,即使清算组胜诉,上诉利益也应当归属清算中的公司,而非归属清算组自身。

其四,在司法和仲裁实践中,清算组作为当事人参加的诉讼和仲裁活动,无论胜诉还是败诉,实际上都归属清算中的公司。因此,既然清算中的公司具有法律人格,具有实体法上的权利能力与行为能力,就应当赋予其参加诉讼活动和仲裁活动的权利能力与行为能力。

因此,笔者历来主张,在具体的诉讼活动中,公司组成清算组的,由清算组的负责人代表公司参加诉讼;未成立清算组的,仍由原法定代表人(董事长或者总经理)作为诉讼代表人参加诉讼。解散的公司作为被告经依法传唤,无正当理由拒不到庭的,可以根据我国《民事诉讼法》第84条、第130条规定缺席审理、缺席判决。

根据我国《公司法》预留的制度接口,《公司法》司法解释(二)第10条规定正本清源,明确指出:"公司依法清算结束并办理注销登记前,有关公司的民事诉讼,应当以公司的名义进行。公司成立清算组的,由清算组负责人代表公司参加诉讼;尚未成立清算组的,由原法定代表人代表公司参加诉讼"。因此,公司出现解散事由、依法清算完毕前,有关公司的民事诉讼,成立清算组的,应当由清算组负责人代表公司参加诉讼活动。

三、清算组的成立时间

公司解散事由发生后,便会触发公司的清算程序,然后办理公司注销登记。法人注销登记之时为法人终止之时。公司清算实践中的最大的问题是,公司虽然解散了,但公司尚未履行清算程序,公司人格尚未终止,公司法人的退出机制尚未建立起来。因此,《公司法》的任务之一是尽快启动和完成公司清算程序,尤其是确保清算组的尽快成立。

我国《民法通则》第 47 条要求:"企业法人解散,应当成立清算组织,进行清算。企业法人依法被撤销、被宣告破产的,应当由其主管机关或者人民法院组织有关机关和有关人员成立清算组织,进行清算。"遗憾的是,该条规定并未限定清算组的成立时间。

根据我国《公司法》第 184 条,公司因本法第 181 条第 1 项、第 2 项、第 4 项、第 5 项规定而解散的,应当在解散事由出现之日起 15 日内成立清算组,开始清算。有限责任公司的清算组由股东组成,股份有限公司的清算组由董事或者股东大会确定的人员组成。其中,"15 日"的时间起算点为"解散事由出现之日起",进而明确了成立清算组的时限。倘若某公司多年不接受年度检验而被公司登记机关吊销企业法人营业执照。那么,该公司应当自其吊销企业法人营业执照之日起在 15 日内成立清算组。根据《公司登记管理条例》第 42 条之规定,公司清算组应当自成立之日起 10 日内将清算组成员、清算组负责人名单向公司登记机关备案。

四、清算组的组成

我国《公司法》第 184 条区分有限责任公司与股份有限公司两种情况,分别确定了清算组的组成人员:(1) 有限责任公司解散的,清算组由股东组成。换言之,立法者将有限责任公司股东视为法定的清算组成员。(2) 股份有限公司解散的,清算组由董事或者股东大会确定的人员组成。而根据 1993 年《公司法》第 191 条之规定,股份有限公司的清算义务主体并不必然包括董事,而是泛指"股东大会确定的人员"。倘若股东大会迟迟不能召开,则"股东大会确定的人员"成了海市蜃楼,公司清算程序也将因此而搁浅。按照《公司法》的表述,倘若股份有限公司的股东大会迟迟不能召开,因而确定不了"清算人员",则公司董事作为当然的清算组成员。

可见,清算组组成人员的范围主要包括以下人士:(1) 有限责任公司股东和股份有限公司的董事(当然清算人);(2) 公司章程预先确定或股东会选定的清算人(章定清算人);(3) 人民法院根据利害关系人申请指定的清算人(指定清算人)。

《公司法》司法解释(二)第 8 条规定,人民法院受理公司清算案件,应当及时指定有关人员组成清算组。清算组成员可以从下列人员或者机构中产生:(1) 公司股东、董事、监事、高级管理人员;(2) 依法设立的律师事务所、会计师事务所、破产清算事务所等社会中介机构;(3) 依法设立的律师事务所、会计师事务所、破产清算事务所等社会中介机构中具备相关专业知识并取得执业资格的人员。

从长远看,我国应当鼓励发展一支德才兼备的专业化公司清算师队伍。清算师个人可接受委托担任清算组成员,清算师事务所也可以接受清算组的委托完成清算程序中的某一项或者综合性的清算工作。当然,清算师不是清算义务人,也不是当然的清算组成员。

当然,人民法院指定的清算组成员有下列情形之一的,人民法院可以根据债权人、股东的申请,或者依职权更换清算组成员:(1)有违反法律或者行政法规的行为;(2)丧失执业能力或者民事行为能力;(3)有严重损害公司或者债权人利益的行为。

清算组由数人组成时,可以相互推选一名或者多名清算组成员代表公司;未选定时,所有清算组成员均可代表公司。公司对于清算组成员的代表权限制,原则上不能对抗善意第三人。清算组就清算事务作出决策时,应当采取类似于董事会的议事规则包括一人一票、少数服从多数的规则。

五、清算组的主要职权

在清算组登场以后,清算组便取得了对公司资产和各类资源的控制权。我国《公司法》第185条将清算组在清算期间行使的职权概括为七个方面:(1)清理公司财产,分别编制资产负债表和财产清单;(2)通知、公告债权人;(3)了结现务,处理与清算有关的公司未了结的业务;(4)清缴所欠税款以及清算过程中产生的税款;(5)清理债权、债务(包括收取债权和清偿债务);(6)处理公司清偿债务后的剩余财产;(7)代表公司参与民事诉讼活动。此处所说的"参与民事诉讼活动"应当作广义解释,既包括参与民事诉讼活动,也包括参与行政诉讼活动、行政复议活动和仲裁活动。

清算组的职权既是权力,也是义务。我国《公司法》第185条列举的前六项职权既是清算组的职权,也是清算程序中的重要内容。清算组成员应当根据决策合法、程序严谨的精神,严格执行清算程序。虽然清算组成立后董事会处于冻结状态,清算组履行职权时要接受公司章程与股东会决议的约束。

六、清算组成员的诚信义务

清算组成员(清算人)如同公司的董事、监事和高管,其与公司之间存在有偿的委托合同关系。与清算组成员相对,公司乃立于委托人的地位。从信托法角度看,清算组成员与公司及其债权人之间也存在着信托关系。其中,清算组成员为受托人,公司立于委托人地位,公司及其债权人则立于受益人地位。在公司进入普通清算程序的情况下,倘若公司资产足以清偿债权人,则享受信托受益权的当事人不仅包括债权人,还包括公司及其背后的全体股东。

清算组成员与公司之间的权利义务关系类似于董事与公司之间的权利义务关系。清算组成员承人之信,受人之托,纳人之财,定当诚实守信、勤勉尽责。因此,我国《公司法》第190条第1款从正面明文要求,"清算组成员应当忠于职守,依法履行清算义务"。此即清算组成员的信托义务。信托义务又包含忠实义务与勤勉义务。其中,忠实义务强调清算组成员的行为(包括作为与不作为)不得背叛公司及其全体股东的利益。该条第2款明文禁止清算组成员利用职权收受贿赂或者其他非法收入,不得侵占公司财产。之所以如此,公司的债权人或者受让清算中公司财产的交易伙伴为了谋求自身的私利,有可能斥资收买位高权重的清算组成员,该款的规定乃着眼于清算组成员的忠诚义务。

只要是清算组成员从其懈怠或者失信行为中牟取私利,就属于违反忠诚义务的行为。例如,有些清算组成员在聘请中介机构提供专业服务时为了捞取更多的回扣,故意放慢清算程序的节奏。清算时间越长,中介机构的利润越多,清算组成员也有可能从中营私舞弊。再如,有些清算组成员为了谋取私利,故意对股东或者债权人隐瞒真相,制造假相。又如,有些清算组成员纵容清算中公司的原高管采取各种手段转移和占用公司的清算财产。

与忠诚义务相对应的是勤勉义务。勤勉义务要求清算组成员不仅品德端正,而且工作水平精湛,乐于勤勤恳恳、兢兢业业地提供高效服务,进而最大限度地增进公司及其债权人的福祉。当然,勤勉义务的衡量标准仅仅要求特定清算组成员尽到理性的普通清算组成员在相同或者近似情况下应当尽到的审慎和注意程度。尽不到,就要承担相应的民事责任。在现实生活中,违背勤勉义务的行为随处可见。例如,有些清算组成员由于其他兼职过多而无力实质性地推进清算程序,致使公司的清算财产(包括股票和房地产)价值暴跌,就属此类。再如,倘若由于清算组成员的监督过失导致其聘请的中介机构(如资产管理公司)未能以最优的价格处置给他人,也属于勤勉义务之违反。

七、清算组成员的民事责任

清算组在整个清算程序中扮演主角。清算组成员在从事清算事务时能否干干净净做人、兢兢业业做事,直接关系着公司股东及其债权人的切身利益。倘若清算组成员从事清算事务时,违反法律、行政法规或者公司章程给公司或者债权人造成损失时,即应对公司、股东和债权人承担连带民事责任。

我国《公司法》第190条第3款从反面规定了失信清算组成员对公司或公司的债权人的民事赔偿责任:"清算组成员因故意或者重大过失给公司或者债权人造成损失的,应当承担赔偿责任"。该条规定中的归责原则对于清算组成员来说较为宽松。因为,只有当清算组成员主观上存在故意或者重大过失给公司或者债权人造成损失时,才承担赔偿责任。倘若清算组成员主观上仅有轻过失,则无需对公司或者债权人承担赔偿责任。至于赔偿范围的界定,应当贯彻实际损失赔偿原则。倘若某有限责任公司被吊销企业法人营业执照进入清算程序后,清算组在债权人申报债权期间,就擅自对其青睐的某债权人进行清偿,只是其他债权人未受清偿,则没有受偿的债权人有权请求清算组成员对自己在清算程序正常进行时能够受偿的金额为限承担赔偿责任。

《公司法》司法解释(二)第23条规定重申,清算组成员从事清算事务时,违反法律、行政法规或者公司章程给公司或者债权人造成损失,公司或者债权人主张其承担赔偿责任的,人民法院应依法予以支持。有限责任公司的股东、股份有限公司连续180日以上单独或者合计持有公司1%以上股份的股东,依据公司法第152条第3款的规定,以清算组成员有前款所述行为为由向人民法院提起诉讼的,人民法院应予受理。可见,倘若公司拒绝或者怠于对失信清算组成员提起诉讼,则股东有权对其提起股东代表诉讼。

倘若公司债权人认为自己利益受到了对失信清算组成员的损害,也可对其提起民事诉讼。但是,债权人只能对清算组成员提起诉讼,而不能对清算组成员所在单位提起民事诉讼,更不宜由于某清算组成员来自某行政机关而对其该行政机关提起行政诉讼。例如,某非银行金融机构由于负债累累而被责令行政关闭、进入清算程序。某机构债权人不仅对打折清偿方案不满意,而且认为清算组成员在处置公司资产时存在自买自卖的道德风险,遂对清算组成员所在的数家行政机关提起行政诉讼。后来人民法院驳回了该行政诉讼。法院的这一裁定正确,这是由于,适格被告是清算组成员,而非清算组成员所在单位。清算组成员以自己的名义、专业能力和信誉开展清算活动,而非以自己所在单位的名义开展清算活动。

失信的清算组成员既承担民事责任,也承担相应的行政处罚。例如,根据《公司登记管理条例》第75条第2款之规定,"清算组成员利用职权徇私舞弊、谋取非法收入或者侵占公司财产的,由公司登记机关责令退还公司财产,没收违法所得,并可以处以违法所得1倍以上5倍以下的罚款"。

第六节 公司清算程序

一、公司清算程序的概念

公司的清算程序,指整理、终结被解散公司所发生的法律关系,并依法定条件和顺序分配其财产的法律程序。为解决公司清算难、甚至不能清算的问题,我国《公司法》在简化公司设立程序的同时,完善了公司的清算程序。《公司登记管理条例》和《公司法》司法解释(二)又对公司解散程序中的操作细节作了认真修补。

以解散原因为准,公司清算程序可分破产清算程序与普通清算程序。对于公司的破产清算程序,需要严格遵守我国《企业破产法》及其相关司法解释的规定;而对于公司的普通清算程序,需要严格遵守《公司法》及其相关司法解释的规定。本节讨论的公司清算程序为普通清算程序。

以清算程序的启动主体为准,公司清算程序可分自行清算程序与强制清算程序。自行清算程序是指公司在其发生解散事由后自行启动的清算程序;强制清算程序是指人民法院应债权人或者股东之诉请而启动的清算程序。法律鼓励公司"安乐死",即公司自行组织清算。倘若公司逾期不成立清算组进行清算,债权人和股东可根据我国《公司法》第184条申请人民法院指定有关人员组成清算组进行清算。

二、公司清算程序的作用

清算程序的作用之一在于消灭公司法律人格。根据我国《公司法》第10章规定,公司被依法宣告破产、公司决定解散或者公权力机关决定解散后,法人资格并非即告消灭,必须在履行清算程序后始归消灭。只有待清算程序终结后,公司法人资格始归于消灭。未经清算程序,公司法人资格不能予以消灭。即使清算人怠于发动清算程序或履行清算义务,也不影响公司的法人资格。因此,假定一家公司股东会决议解散,但决议作出后3年内仍未进入清算程序,此时公司仍具有法人资格,仍然具有诉讼中的当事人能力。可见,清算程序是消灭公司人格的必经之路。

清算程序的作用之二在于尊重股东的清算权。依法履行公司清算程序,既是股东所负义务,也是股东享有的权利之一,此即公司清算请求权。股东的清算请求权受法律尊重。一些公司登记机关在未经履行清算程序的前提下,就为该公司办理注销登记手续,无疑侵害了股东的清算权,违反了法定清算程序。因此,公司登记机关以及其他相关部门(如外商投资主管部门)在公司清算程序中的法律角色定位的确存在不少偏差。殊不知,公司登记机关只能吊销具备解散条件的公司的《企业法人营业执照》,但不能跨越公司清算程序直接为其办理注销登记手续。实践中,一些公司登记机关就因未经清算程序办理了注销登记而在行政诉讼中蒙受不利后果。在司法实践中,一些法院对于究竟在审判阶段还是在执行阶段解决清算程序问题,也缺乏统一认识。在某些情况下,中小股东的清算请求权还会受到控制股东或者经营者的干扰或阻挠。

清算程序的作用之三在于保护债权人的合法权益。公司之灭亡与自然人死亡的不同之处在于,自然人死亡时往往有继承人继承其债权债务关系,而公司灭亡时并无类似的债权债务继承制度,目前一些债务人公司为逃避债务,故意不办理年检。公司登记机关在吊销此类公司的企业法人营业执照后,由于缺乏强制的清算程序,债权人的合法权益往往得不到保护。而清算程序的启动有助于理清公司债权债务关系,进而及时清偿公司对外债务。由于在非破产清算程序中,则为债务人的清算公司的资产大于对外负债,因此从理论上说债权人往往能够获得足额清偿。

三、清算程序

(一) 通知公告程序

债权人保护程序即通知、公告债权人的程序是清算程序的重中之重。我国《公司法》第 186 条要求清算组自成立之日起 10 日内通知债权人,并于 60 日内在报纸上公告。这意味着,我国《公司法》允许清算组在法定期限内只公告一次。这就要求债权人格外留意债务人公司的清算信息。值得注意的是,通知债权人的程序与公告债权人的程序是并行不悖的。既不能以通知程序代替公告程序,也不能以公告程序取代通知程序。根据我国《公司法》第 186 条第 3 款之规定,在申报债权期间,清算组不得对债权人进行清偿。

为增强我国《公司法》第 186 条规定的可诉性,《公司法》司法解释(二)第 11 条规定,公司清算时,清算组应当按照《公司法》第 186 条的规定将公司解散清算事宜书面通知全体已知债权人,并根据公司规模和营业地域范围在全国或者公司注册登记地省级有影响的报纸上进行公告。清算组未按照前款规定履行通知和公告义务,导致债权人未及时申报债权而未获清偿,债权人主张清算组成员对因此造成的损失承担赔偿责任的,人民法院应依法予以支持。

(二) 申报债权

债权人应当自接到通知书之日起 30 日内,未接到通知书的自公告之日起 45 日内,向清算组申报其债权。债权人申报债权,应当说明债权的有关事项,并提供证明材料。清算组应当对债权进行登记。在申报债权期间,清算组不得对债权人进行清偿(我国《公司法》第 186 条)。之所以如此规定,是为了确保债权人之间的公平受偿。

虽然债权人有权申报债权,但并非债权人申报的所有债权都会得到清算组的确认与核定。倘若债权人对清算组核定的债权存有异议,而又不能得到充分的纠错程序,必然会给债权人造成严重的不公平。因此,《公司法》司法解释(二)第 12 条规定了债权人异议程序:公司清算时,债权人对清算组核定的债权有异议的,可以要求清算组重新核定。清算组不予重新核定,或者债权人对重新核定的债权仍有异议,债权人以公司为被告向人民法院提起诉讼请求确认的,人民法院应予受理。

（三）补充申报债权

在实践中,经常出现债权人漏报债权的现象。但债权人可否申报债权,补充申报的债权应受偿,现行《公司法》语焉不详。有鉴于此,《公司法》司法解释（二）第13条规定:债权人在规定的期限内未申报债权,在公司清算程序终结前补充申报的,清算组应予登记。公司清算程序终结,是指清算报告经股东会、股东大会或者人民法院确认完毕。

债权人补充申报的债权,可以在公司尚未分配财产中依法清偿。公司尚未分配财产不能全额清偿,债权人主张股东以其在剩余财产分配中已经取得的财产予以清偿的,人民法院应否予以支持?《公司法》司法解释（二）第14条第1款对此持肯定态度,但债权人因重大过错未在规定期限内申报债权的除外。此处的"重大过错"既包括主观故意,也包括重大过失。

鉴于补充申报的债权不同于及时申报的债权,为确保清算程序的正常进行,《公司法》司法解释（二）第14条第2款规定,债权人或者清算组以公司尚未分配财产和股东在剩余财产分配中已经取得的财产,不能全额清偿补充申报的债权为由,向人民法院提出破产清算申请的,人民法院不予受理。

（四）制定清算方案

清算组在清理公司财产、编制资产负债表和财产清单后,应当制定清算方案,并报股东会、股东大会或者人民法院确认（《公司法》第187条第1款）。《公司法》司法解释（二）第15条第1款对此作了进一步细化:公司自行清算的,清算方案应当报股东会或者股东大会决议确认;人民法院组织清算的,清算方案应当报人民法院确认。换言之,"人民法院确认"仅适用于《公司法》第184条规定的情形,即公司逾期不成立清算组进行清算,债权人可以申请人民法院指定有关人员组成清算组进行清算的情形。

为确保清算方案的合法性,《公司法》司法解释（二）第15条规定了执行未经确认的清算方案的清算行为的法律后果:未经确认的清算方案,清算组不得执行。执行未经确认的清算方案给公司或者债权人造成损失,公司、股东或者债权人主张清算组成员承担赔偿责任的,人民法院应依法予以支持。

（五）分配剩余财产

根据我国《公司法》第187条第2款,分配公司剩余财产的顺序是:(1) 支付清算费用;(2) 支付职工的工资、社会保险费用和法定补偿金;(3) 缴纳所欠税款;(4) 清偿公司债务;(5) 向股东分配剩余财产。其中,有限责任公司按照股东的出资比例分配,股份有限公司按照股东持有的股份比例分配。但在清偿公司债务之前,清算组不得将公司财产分配给股东。将劳动者债权界定为法定优先权旨在保护劳动者权利,扶持劳动者在劳资关系中的弱势地位。

（六）报请股东会或人民法院确认清算报告

公司清算结束后,清算组应当制作清算报告,报请股东会或人民法院确认(《公司法》第189条)。股东会或人民法院确认清算报告后,视为清算组成员对公司的责任已经解除,但清算组成员实施违法行为的不在此限。

（七）办理注销登记手续

剩余财产分配之后,清算程序的最后环节是办理公司注销登记手续。公司清算结束后,清算组应当制作清算报告,报股东会、股东大会或者人民法院确认,并报送公司登记机关,申请注销公司登记,公告公司终止。具体说来,公司清算组应当自公司清算结束之日起30日内,向原公司登记机关申请注销登记(《公司法》第189条、《公司登记管理条例》第43条)。

公司申请注销登记,应当提交下列文件:(1)公司清算组负责人签署的注销登记申请书;(2)人民法院的破产裁定、解散裁判文书,公司依照《公司法》作出的决议或者决定,行政机关责令关闭或者公司被撤销的文件;(3)股东会、股东大会、一人有限责任公司的股东、外商投资的公司董事会或者人民法院、公司批准机关备案、确认的清算报告;(4)《企业法人营业执照》;(5)法律、行政法规规定应当提交的其他文件。国有独资公司申请注销登记,还应当提交国有资产监督管理机构的决定,其中,国务院确定的重要的国有独资公司,还应当提交本级人民政府的批准文件(《公司登记管理条例》第44条)。

（八）清算时限

《公司法》司法解释(二)第16条规定,人民法院组织清算的,清算组应当自成立之日起6个月内清算完毕;因特殊情况无法在6个月内完成清算的,清算组应当向人民法院申请延长。

四、普通清算程序与破产清算程序的衔接

倘若公司资不抵债,长期不能清偿到期债务,达到了破产界限,就应启动破产清算程序。我国《民法通则》第45条将依法宣告破产作为企业法人解散的原因之一。我国1993年《公司法》第189条也曾规定:"公司因不能清偿到期债务,被依法宣告破产的,由人民法院依照有关法律的规定,组织股东、有关机关及有关专业人员成立清算组,对公司进行破产清算。"由于我国立法者在《公司法》之外另行制定统一的《企业破产法》,2005年修订的《公司法》遂删除上述内容,从而将破产清算问题全部交由《企业破产法》予以规定。这样既可实现《公司法》条文的简约化,又可确保《公司法》与《企业破产法》的无缝制度对接。

在多种情况下,清算组能够按照既定清算程序,圆满履行自己的职权,最终顺利办理公司注销登记手续。但在某些情况下,清算组可能无功而返。倘若清算组在清理公司财产、编制资产负债表和财产清单后,发现公司财产不足清偿债

务，应当向人民法院申请宣告破产。公司经人民法院裁定宣告破产后，清算组应当将清算事务移交给人民法院（《公司法》第 188 条）。公司被依法宣告破产的，依照有关企业破产的法律实施破产清算（《公司法》第 191 条）。

实现非破产的公司清算程序向公司破产清算程序的转化旨在强化法院与债权人对清算程序的干预力度，在完结清算公司全部债权债务关系时充分体现债权人公平打折受偿的原则。相比之下，在普通清算程序中，清算公司及其董事、股东往往在清算过程中处于主导地位，而法院与债权人往往处于从属、消极的监督地位。而在破产清算程序中，法院与债权人可以积极地干预清算事务的执行，甚至于行使必要的决策权（如债权人会议与债权人委员会制度）。

为降低债权人的债权实现成本，避免债权人由于费时花钱的破产清算程序而遭受财产损失，最大限度提高债权人的受偿比例，尽快消灭失败公司的既存法律关系，《公司法》司法解释（二）第 17 条充分尊重清算公司与其债权人之间的契约自由，鼓励清算公司与其债权人通过低成本的协商机制消灭悬而未结的债权债务关系，及时终结公司清算程序。该条规定："人民法院指定的清算组在清理公司财产、编制资产负债表和财产清单时，发现公司财产不足清偿债务的，可以与债权人协商制作有关债务清偿方案。债务清偿方案经全体债权人确认且不损害其他利害关系人利益的，人民法院可依清算组的申请裁定予以认可。清算组依据该清偿方案清偿债务后，应当向人民法院申请裁定终结清算程序。债权人对债务清偿方案不予确认或者人民法院不予认可的，清算组应当依法向人民法院申请宣告破产"。因此，司法解释既鼓励公司与其债权人通过低成本的绿色协商通道了断债权债务关系，也把这种协商通道建立在契约自由的基础之上。日本、韩国以及我国台湾地区的公司法中也有类似制度安排。

协商机制是谋求清算公司与其债权人和股东等利害关系主体利益多赢的重要方案，因此虽然司法解释规定了进入司法程序的公司强制清算中的协商机制，但未规定自行清算程序中的协商机制。笔者认为，从鼓励意思自治的角度看，只要公司自行清算不损害利害关系人的合法权利，又经全体债权人一致同意的，协商机制也适用于自行清算程序。

五、行政清算程序之废除

我国 1993 年《公司法》第 192 条曾规定："公司违反法律、行政法规被依法责令关闭的，应当解散，由有关主管机关组织股东、有关机关及有关专业人员成立清算组，进行清算"。这一规定体现了行政权对民事生活的过度干预，混淆了民事关系与行政关系的法律边界。

首先，行政权干预的界限在于作出剥夺公司经营资格的行政决定，启动公司清算程序；至于公司如何清算，则属于债权人、债务人公司与债务人公司股东之间的民事关系,行政权不宜干预。即使行政解散之后的公司迟迟无法清算,利害关系人还可以寻求司法救济,行政权不宜全程介入到底。毕竟,干预而不越位,帮忙而不添乱是行政干预的箴言。

其次,行政机关往往缺乏组织清算的必要人力、物力和精力以确保其全程干预公司清算过程。一旦行政权介入公司清算的领域,侵害了民事权利,行政机关又很容易陷入行政复议和行政诉讼的尴尬境地。当然,为了维护社会公众利益,防范金融风险,在例外情况下对金融机构要保留必要的行政清算,我国2005年修订的《公司法》对此有所规定。

其三,随着非公有制经济的发展、政府职能的转变、行业协会的发展,目前许多公司缺乏计划经济体制下的企业主管部门。鉴于目前公司的最高决策机关是其内部的股东大会或者董事会(在中外合资经营或者合作经营的有限责任公司),而非外部的主管部门,鉴于传统的企业主管部门越来越罕见,我国1993年《公司法》仍然苛求公司的"主管机关"主导行政解散之后的清算程序,实有缘木求鱼之嫌。

有鉴于此,我国2005年修订的《公司法》删除了1993年《公司法》第192条规定的行政清算程序,并将行政解散之后的清算程序与自愿解散清算程序并轨,并在第184条建立了囊括公司自愿解散、行政解散与司法解散等情形的统一的清算程序。

第七节 法院强制清算程序

一、法院强制清算程序的启动机制

病人生病,医生治病。公司自治机制可能失灵,但司法权不能失灵。在公司自行清算机制失灵的情况下,人民法院主导下的强制清算机制应当及时登场。具体说来,倘若公司逾期不成立清算组进行清算,债权人可以根据我国《公司法》第184条申请人民法院指定有关人员组成清算组进行清算。人民法院应当受理该申请,并及时组织清算组进行清算。可见,人民法院在公司的债权人提出清算申请时在公司清算程序中扮演着更加活跃的角色。立法者之所以赋予债权人向人民法院申请强制清算的权利,主要是鉴于公司拒绝或者怠于启动清算程序,会严重危及债权人的切身利益和社会经济秩序维护。

当公司出现解散事由时,清算义务人应当及时组成清算组对公司进行清算,以了结法人既存的债权债务关系。当清算义务人未及时组成清算组进行清算时,债权人既有权申请人民法院指定有关人员组成清算组进行清算,也有权向该公司住所地人民法院提起要求清算义务人进行清算的诉讼,人民法院应予受理,并判令清算义务人依法启动清算程序。清算义务人应当组成清算组,并在判决确定的期限内完成清算程序。如因特殊情况不能在判决确定期限内完成清算程序,清算义务人可以申请人民法院延长清算期限,人民法院可以酌情确定是否延长期限、以及延长期限长短。

我国 2005 年修订的《公司法》施行后,一些债权人向法院提起诉讼,请求人民法院依据该法第 184 条之规定指定有关人员成立清算组,并对公司进行清算。一些地方法院认为缺乏清算规则,法院对清算效力的认定缺乏法律依据,故对此类案件暂不受理。这一司法态度虽具有一定的合理性,体现了清算案件的复杂性和法院的畏难情绪,但应当本着打造服务型法院的精神尽快更新观念,积极受理适格的债权人提起的清算公司的诉请。

为了保护公司债权人启动公司普通清算程序的积极性、主动性与创造性,《公司法》司法解释(二)第 7 条将逾期不成立清算组进行清算的情形作了扩张解释:(1)公司解散逾期不成立清算组进行清算的;(2)虽然成立清算组但故意拖延清算的;(3)违法清算可能严重损害债权人或者股东利益的。具有以上三种情形之一,债权人即可申请人民法院指定清算组进行清算,人民法院对此应予积极受理。

我国 2005 年修订的《公司法》仅授权公司的债权人申请法院指定清算,仅规定公司解散后股东有义务进行清算,而未授权公司的股东申请法院指定有关人员组成清算组。于是,在股东不清算、又没有债权人申请法院清算的情况下,尤其是在公司僵局的情况下,公司如何清算就成了一道难题。为减少"僵尸公司"对社会经济秩序的不当冲击,笔者认为,依据类推解释的方法,在公司逾期不成立清算组进行清算的情况下,股东也可以申请人民法院指定有关人员组成清算组进行清算。股东也可以在请求法院解散公司解散的同时,请求人民法院指定有关人员组成清算组。

根据《公司法》司法解释(二)第 7 条之规定,倘若债权人未提起清算申请,公司股东申请人民法院指定清算组对公司进行清算的,人民法院应予受理。因此,与《公司法》第 184 条相比,《公司法》司法解释(二)将强制清算的申请主体由债权人扩大到债权人和股东。

二、公司清算案件的性质

我国《公司法》第 184 条规定的公司清算案件属于公司普通清算案件,即非破产清算案件。公司普通清算案件在性质上属于非讼案件,类似于公司破产清算案件。公司普通清算案件与公司破产清算案件的主要区别在于,公司清算程序及其启动的原因不同,司法权介入的深浅程度不同。这是由于,人民法院受理公司普通清算案件的理论前提是公司资产足以偿还对外所负的全部债务,债权人权益的实现具有一定的物质基础,人民法院在清算程序中介入的力度可以柔和一些;而人民法院受理公司破产清算案件的理论前提是公司资不抵债,债务人公司的债权人资产足以偿还对外所负的全部债务,债权人的债权必然无法全额受偿,债权人究竟受偿比例如何在清算程序终结之前并不确定,因此人民法院在清算程序中的介入力度应当加大。

人民法院在公司强制清算中的主要职责包括指定和更换清算组成员、确认清算方案和清算报告、决定是否延长清算期限、裁定终结强制清算程序。因此,人民法院在受理公司清算案件后不是在指定完清算组成员之后就万事大吉,而是需要监督整个清算程序完毕、裁定终结清算程序后,案件才算审结完毕。

三、管辖法院

为维护法治权威与司法统一,杜绝地方法院争管辖或者彼此推诿的现象,《公司法》司法解释(二)第 24 条规定,公司清算案件由公司住所地人民法院管辖。公司住所地是指公司主要办事机构所在地。公司办事机构所在地不明确的,由其注册地人民法院管辖。基层人民法院管辖县、县级市或者区的公司登记机关核准登记公司的清算案件;中级人民法院管辖地区、地级市以上的公司登记机关核准登记公司的清算案件。

笔者认为,公司清算案件在诉讼程序的适用上应适用特别程序;清算费用及受理费的收费标准可参照破产程序中的清算程序收取。

四、一审终审程序的可行性

我国目前法院对于公司清算案件采取普通审判程序,遵循两审终审原则。我国《民事诉讼法》第 15 章规定了特别程序。依我国《民事诉讼法》第 178 条之规定,依照本章程序审理的案件,实行一审终审。鉴于公司清算案件的主旨是在公司自治机制失灵、公司无法自行启动清算程序的情况下,借助司法权强力启动清算程序,并非涉及公司解散的决策行为,笔者建议将公司清算案件推向一审终审程序。好处是避免了失信之人恶意滥用二审程序,故意拖延审判时日,以隐藏和转移公司财产,欺诈诚信股东和债权人。

第八节 公司终止

一、公司终止与自然人死亡的区别

前已述及,公司的终止是指公司法律人格的绝对消灭。公司的终止有别于自然人的死亡。自然人一旦死亡(含自然死亡与宣告死亡),民事权利能力和行为能力均告终止,死者的民事权利义务关系由其继承人根据遗嘱和《继承法》的相关规定开始继承。自然人法律人格的消灭不以清算程序之完结作为前置程序。而公司寿终正寝(法律人格的消灭)则以清算程序与公司注销登记手续之完成作为前置程序。唯有完成清算程序,才能顺利了结公司与其他利害关系人之间的法律关系,才能预防公司随意终止给利害关系人尤其是债权人带来的不测损失。在一定程度上可以说,没有清算程序,没有公司注销登记,就谈不上公司生命的终结。因此,我国《公司法》第187条第3款规定:"清算期间,公司存续,但不得开展与清算无关的经营活动。公司财产在未依照前款规定清偿前,不得分配给股东"。

二、公司终止的法律效果

公司终止的标志是完成公司注销登记手续。经公司登记机关注销登记,公司终止(《公司登记管理条例》第45条)。换言之,公司注销登记之日即为公司法律人格消灭之日。

公司终止后,不仅公司的债务清偿责任得以解除,投资者的责任亦予解除。这是法人终止与非法人终止的根本区别。例如,根据我国《合伙企业法》第91条规定,合伙企业注销后,原普通合伙人对合伙企业存续期间的债务仍应承担连带责任。我国《个人独资企业法》第28条也规定:"个人独资企业解散后,原投资人对个人独资企业存续期间的债务仍应承担偿还责任,但债权人在5年内未向债务人提出偿债请求的,该责任消灭"。对个人独资企业投资者的5年免责期限如何起算,值得研究。从文义解释看,似以个人独资企业发生解散事由之日起算,但鉴于解散为清算的原因,清算过程又需持续一段期限,清算之后才能办理注销登记手续,因此应以个人独资企业终止之日(即企业登记机关办理企业注销登记之日)起算。

三、公司终止后的股东代表诉讼

在司法实践中,有小股东在公司注销以后才发现控制股东实施了损害公司利益的不法行为。那么,小股东可否对控制股东和清算组成员提起民事诉讼?公司终止后,法律推定公司各方当事人的法律关系已经彻底清结。倘若有相反证据证明,在公司终止之前,控制股东和清算组成员损害了公司利益,则控制股东和清算组成员仍应就此对公司承担民事责任。其他股东可以就此代表公司对其提起股东代表诉讼。问题在于,公司既已消灭,控制股东和清算组成员对谁承担民事责任?

在公司债权人已经全部获得清偿的情况下,能够从控制股东侵权责任中受益的民事主体已经限缩为公司的其他股东。其他股东可以以自己的名义、为了自己的利益而对实施侵权行为的控制股东提起直接诉讼。《公司法》司法解释（二）第 23 条第 3 款明确规定,倘若公司已经清算完毕注销,上述股东可以参照《公司法》第 152 条第 3 款的规定,直接以清算组成员为被告、其他股东为第三人向人民法院提起诉讼。

在公司债权人没有全部获得清偿的情况下,能够从控制股东和清算组成员侵权责任中受益的民事主体首先是债权人,然后才是股东。只有当债权人全部获得清偿后,其他股东才能按照持股比例或者公司章程、股东协议的约定分享剩余财产利益。在此种情况下,未获清偿的债权人有权以自己名义对控制股东和清算组成员提起民事诉讼,并根据自己的债权比例和追偿后的金额获得清偿。倘若债权人不提起诉讼,股东也可以兼为公司的债权人和侵权股东之外的股东的利益对侵权股东和清算组成员提起诉讼。侵权股东和清算组成员赔偿的财产金额应当首先用于清偿公司债权人,剩余金额可以按股东持股比例或者公司章程、股东协议的约定分配于适格股东(侵权股东除外)。

第九节　清算义务人的义务与责任

一、清算义务人的界定

由于我国社会信誉体系尤其是失信制裁机制的缺失,控制股东和公司高管往往怠于履行公司的清算义务,导致"僵尸"公司、"植物人"公司、"垃圾"公司比比皆是。股东遗弃公司的现象严重。即便清算组得以成立,但也时常发生清算组内部的冲突与纠纷。为确保清算程序的顺利启动,明确清算义务人具有其必要性。

根据我国《公司法》第 184 条之规定,有限责任公司的清算组由股东组成,股份有限公司的清算组由董事或者股东大会确定的人员组成。逾期不成立清算组进行清算的,债权人可以申请人民法院指定有关人员组成清算组进行清算。人民法院应当受理该申请,并及时组织清算组进行清算。

我国《公司法》第 184 条是否隐含着清算义务人的概念,不无争论。实践中,经常有人认为,此处的"股东"、"董事或者股东大会确定的人员"应当负有及时启动清算程序的义务。问题在于,该条规定并未赋予债权人申请法院强制有限责任公司的股东、股份有限公司的董事或者股东大会确定的人员继续实际履行清算义务的规定。倘若此类人员拒绝或者怠于担任清算组成员,债权人可以申请人民法院指定有关人员组成清算组进行清算。如此一来,似乎有限责任公司的股东、股份有限公司的董事或者股东大会确定的人员并非法定的清算义务人,而是法定的清算组成员。

《公司法》司法解释(二)第18条规定了有限责任公司的股东、股份有限公司的董事和控股股东的民事赔偿责任。此处的"有限责任公司的股东、股份有限公司的董事和控股股东"大致上相当于清算义务人的概念。与我国《公司法》第184条列举的清算义务人外延相比,"控股股东"是《公司法》司法解释(二)新增的清算义务人。

清算义务人的清算义务主要表现为组织清算组,担任清算组成员,启动清算程序,并竭尽全力对清算组的清算工作履行必要的协助义务(如提供财务会计报告和会计账簿、原始凭证、公司财产清单等)。建议将公司的清算义务人统一确定为公司的董事,而不宜将有限责任公司的股东作为清算义务人。从法理上说,股东仅对公司负有及时足额出资的义务,而不对公司负有清算义务。

清算义务人倘若在法定期限内没有履行或者没有适当履行清算义务给债权人造成损失的,应当依法对债权人承担赔偿责任。《公司法》司法解释(二)详细规定了清算义务人的民事赔偿责任。

二、追究清算义务人民事责任的必要性与正当性

在公司实践中,公司解散不依法进行清算的现象非常突出。有相当数量的公司在解散后人去楼空,公司本应清算但久不清算,甚至故意借解散之机逃废债务,严重损害了债权人利益,并严重危害了社会经济秩序。为强化清算义务人依法清算的法律责任,督促清算义务人依法及时启动清算程序,有效地保护公司债权人的合法权益,遏制和消除应清算、却不予清算的突出问题,建立和谐、健康、有序的法人退出机制,《公司法》司法解释(二)规定了清算义务人不适当履行清算义务的民事责任。明确清算义务人的民事责任,既是保护债权人的事后救济措施,也是事先警醒清算义务人及时启动清算程序的制度设计,有助于督促和约束清算义务人见贤思齐,好自为之。

当然,在《公司法》司法解释(二)的起草过程中,应否规定清算义务人不适当履行清算义务的民事责任,一直存有争议。赞成观点从保护债权人的角度出发,主张加大对清算义务人应当清算而不清算的民事责任,以净化我国目前不诚信的市场环境;反对观点从保护股东和公司高管的角度出发,强调法人制度,担心这样规定会损害清算义务人的权益。

最高人民法院认为,从"乱世用重典"的角度考虑,为了遏制目前这种借解散逃废债务的恶劣行为,加大清算义务人的责任对规范市场、保护债权人合法权益有其积极意义;而且,在规定清算义务人该清算不清算要承担相应民事责任后,清算义务人会在借解散之机逃废债务和依法清算了结公司债务中进行利益权衡,如果其仍然选择该清算不清算的,则说明其愿意承担这样的后果,因此根本不用担心这样规定会损害清算义务人的权益。① 笔者亦赞同此说。只有大幅提高清算义务人的违法成本,大幅降低公司债权人的维权成本,才能从制度上保障公司清算程序的顺利进行,实现退出公司与其股东、高管和债权人各得其所的利益共享局面。

三、清算义务人拒绝或者怠于履行清算义务的民事责任

首先,有限责任公司的股东、股份有限公司的董事和控股股东未在法定期限内成立清算组开始清算,导致公司财产贬值、流失、毁损或者灭失,债权人有权要求其在造成损失范围内对公司债务承担赔偿责任。这是《公司法》司法解释(二)第18条第1款的明确要求。具体说来,倘若清算义务人在法定期限内未及时启动清算程序,致使公司财产贬值、流失、毁损或者灭失等实际损失的,清算义务人仅在损失范围内对公司的债务承担赔偿责任;倘若清算义务人在法定期限内未依法启动清算程序,并未造成公司财产的实际损失,则清算义务人不对公司的债权人承担任何赔偿责任。例如,倘若清算义务人迟迟不启动公司清算程序,致使该公司的对外债权因罹于诉讼时效而转化为自然债务,该公司的债权人就有权请求股东承担违反清算义务的赔偿责任,赔偿责任限额为超过诉讼时效的上述债权金额。值得注意的是,清算义务人的此种赔偿责任并不等于股东对债权人的无限连带清偿责任,而且此种赔偿责任仅限于由于清算义务人未在法定期限内及时履行清算义务而给债权人造成的损失,而与清算义务人是否存在瑕疵出资或者抽逃出资行为无涉。

其次,有限责任公司的股东、股份有限公司的董事和控股股东因怠于履行义务,导致公司主要财产、账册、重要文件等灭失,无法进行清算,债权人有权要求其对公司债务承担连带清偿责任。《公司法》司法解释(二)第18条第2款明确支持债权人的这一请求权。清算义务人怠于履行清算义务致使公司无法清算,是清算义务人违反清算义务的最严重形态。实际上,清算义务人怠于履行义务,导致公司主要财产、账册、重要文件等灭失,无法进行清算,要么归咎于清算义务人的主观恶意,要么归结于清算义务人的重大过失。为遏制此种系统性践踏清算程序、侵害债权人利益的行为,有必要通过连带责任机制加重清算义务人的民事责任。为了免于承担此种连带责任的违法成本,清算义务人也应慎独自律,自觉履行清算义务。

其三,实际控制人依据《公司法》司法解释(二)第18条第3款也要承担由于其过错导致的不能清算的民事责任。倘若公司财产贬值、流失、毁损或者灭

---

① 刘岚:《规范审理公司解散和清算案件——最高人民法院民二庭负责人答本报记者问》,载《人民法院报》2008年5月19日。

失,甚至于公司主要财产、账册、重要文件等灭失,导致公司无法进行清算的情形系实际控制人原因造成,债权人主张实际控制人对公司债务承担相应民事责任的,人民法院应依法予以支持。因此,隐名股东和实际控制人要想躲在暗处玩弄"拉线木偶游戏"也会引火烧身。

为确保清算程序的及时启动,未来公司法改革时可在立法中创设清算义务违反的更重责任:清算义务人未在法定期限内及时履行清算义务的,应当对公司债权人承担无限连带责任。为了回避自己的严苛责任,清算义务人也会尽职尽责地履行清算义务。这仅是立法论层面的建议。就目前立法和司法解释而言,还不能推导出清算义务人的此种严格责任。

四、清算义务人恶意处置财产的民事责任

依据《公司法》司法解释(二)第 19 条之规定,有限责任公司的股东、股份有限公司的董事和控股股东以及公司的实际控制人在公司解散后,恶意处置公司财产给债权人造成损失,债权人有权诉请人民法院责令清算义务人对公司债务承担相应赔偿责任。至于赔偿范围,应当理解为公司财产由于被恶意处置而遭受的实际损失。

该条规定旨在遏制清算义务人无偿或者低价处置公司财产的机会主义行为和道德风险,督促清算义务人在处置公司财产时恪守等价有偿原则,进而尊重公司债权人的合法权益。

五、清算义务人不当办理公司注销登记的民事责任

(一)未经依法清算,以虚假的清算报告骗取公司登记机关办理法人注销登记的民事责任

依据《公司法》司法解释(二)第 19 条之规定,有限责任公司的股东、股份有限公司的董事和控股股东以及公司的实际控制人在公司解散后未经依法清算,以虚假的清算报告骗取公司登记机关办理法人注销登记,债权人有权诉请人民法院责令清算义务人对公司债务承担相应赔偿责任。至于赔偿责任的大小,则视债权人过失以及清算义务人过失的大小而定。该条规定旨在遏制清算义务人擅越公司清算程序的道德风险,督促清算义务人在办理注销登记前善始善终地履行公司清算程序。

(二)未经清算即办理注销登记,导致公司无法进行清算的民事责任

依据《公司法》司法解释(二)第 20 条之规定,公司解散应当在依法清算完毕后,申请办理注销登记。公司未经清算即办理注销登记,导致公司无法进行清算,债权人主张有限责任公司的股东、股份有限公司的董事和控股股东,以及公司的实际控制人对公司债务承担清偿责任的,人民法院应依法予以支持。

相比之下,《公司法》司法解释(二)第19条规定的以虚假的清算报告骗取公司登记机关办理法人注销登记的行为具有欺诈的特点,而第20条规定的不当注销登记行为则导致公司注销后无法进行清算。清算义务人无论是提交虚假清算报告,还是导致公司无法进行清算,都应承担相应的民事责任。

六、清算义务人债务清偿承诺的法律效力

我国《企业法人登记管理条例》第21条规定:"企业法人办理注销登记,应当提交法定代表人签署的申请注销登记报告、主管部门或者审批机关的批准文件、清理债务完结的证明或者清算组织负责清理债权债务的文件。"有些公司登记机关基于上述规定认为,只要股东向其出具了负责清理债权债务的文件,即可办理公司注销登记。

我国《公司登记管理条例》第44条要求公司申请注销登记时提交下列文件:(1)公司清算组负责人签署的注销登记申请书;(2)人民法院的破产裁定、解散裁判文书,公司依照《公司法》作出的决议或者决定,行政机关责令关闭或者公司被撤销的文件;(3)股东会、股东大会、一人有限责任公司的股东、外商投资的公司董事会或者人民法院、公司批准机关备案、确认的清算报告;(4)《企业法人营业执照》;(5)法律、行政法规规定应当提交的其他文件。国有独资公司申请注销登记,还应当提交国有资产监督管理机构的决定,其中,国务院确定的重要的国有独资公司,还应当提交本级人民政府的批准文件。因此,只要公司登记机关严格按照《公司登记管理条例》第44条操作公司注销登记程序,也不会产生公司登记机关仅凭清算义务人的一纸承诺就为其办理注销登记的现象。

笔者认为,倘若清算义务人未履行或者未适当清算义务,而且在申请注销公司登记过程中,承诺对公司债务承担偿还、保证责任的,应按照其承诺的内容对公司债务承担相应的民事责任(如保证责任);清算义务人承诺负责处理公司债权债务的,应在造成公司财产损失范围内对公司债务承担赔偿责任。

针对公司未经依法清算即办理注销登记,股东或者第三人在公司登记机关办理注销登记时承诺对公司债务承担责任的现象,《公司法》司法解释(二)第20条也明确规定,债权人主张其对公司债务承担相应民事责任的,人民法院应依法予以支持。

七、清算义务人承担民事责任后的追偿权

除一人公司外,清算义务人往往表现为多数人,在股份有限公司尤为如此。由于违反清算义务的主体较多,各自的主观过错又有不同,清算义务人在对公司的债权人承担民事责任后,当然有权对尚未足额向公司的债权人承担民事责任的其他清算义务人行使追偿权。

有鉴于此,《公司法》司法解释(二)第21条规定:"有限责任公司的股东、股份有限公司的董事和控股股东,以及公司的实际控制人为二人以上的,其中一人或者数人按照本规定第18条和第20条第1款的规定承担民事责任后,主张其他人员按照过错大小分担责任的,人民法院应依法予以支持。"

八、瑕疵出资和抽逃出资的股东的民事责任

本书前已述及,瑕疵出资股东既对公司承担资本充实责任,也对公司的债权人承担连带清偿责任;公司设立时的有限责任公司其他所有股东或者股份有限公司的全体发起人在未缴出资范围内对公司债务也要承担连带清偿责任。

为确保公司债权人足额受偿,扩大公司清算财产的范围,《公司法》司法解释(二)第22条规定,公司解散时,股东尚未缴纳的出资均应作为清算财产。所谓"股东尚未缴纳的出资"包括到期应缴未缴的出资,以及依照《公司法》第26条和第81条的规定分期缴纳尚未届满缴纳期限的出资。倘若公司财产不足以清偿债务,债权人主张未缴出资股东,以及公司设立时有限责任公司的其他所有股东或者股份有限公司的全体发起人在未缴出资范围内对公司债务承担连带清偿责任的,人民法院应依法予以支持。

与此相若,公司解散时,抽逃出资股东抽逃的财产也属于公司的清算财产。倘若公司财产不足以清偿债务,债权人主张抽逃出资股东在抽逃出资范围内对公司债务承担连带清偿责任的,人民法院也应依法予以支持。

倘若清算义务人既存在着瑕疵出资或者抽逃出资的行为,又存在不履行清算义务的行为,则债权人既有权要求瑕疵出资或者抽逃出资股东以其瑕疵出资或者抽逃出资的金额为限对公司的债务承担连带清偿责任,也有权追究清算义务人违反清算义务的赔偿责任。

九、清算义务人滥用公司法人资格的民事责任

倘若作为清算义务人的股东滥用公司人格,致使股东与公司在财产、财务、业务、机构和人员等诸方面混淆不分,严重侵害了债权人的利益,则债权人有权援引我国《公司法》第20条第3款之规定,请求人民法院责令该股东对公司债务承担连带责任。

十、拒绝或怠于清算公司的股东不得新设公司的立法争点

在现实经济生活中,公司清算难的现象普遍存在。许多空壳公司的股东拒绝或者怠于履行清算义务。一旦空壳公司失去利用价值,原实际股东或控股股东旋即不辞而别,注册另外一家新公司。如此一来,一些股东可以无穷无尽地利用空壳公司对外拖欠大量债务,而债权人则无处讨要债权。

为了预防奸诈股东通过滥设公司的形式欺诈债权人,也为了督促股东积极履行清算义务,国务院 2004 年 12 月 28 日提请全国人大常委会审议的《公司法修订草案》第 230 条曾规定:"公司清算未结束的,股东不得设立新的公司或者其他企业。公司解散,股东应当组织清算而未组织清算,或者公司清算结束后未到公司登记机关申请注销公司登记的,股东不得设立新的公司或者其他企业,由公司登记机关予以公布"。

在《公司法》修改过程中,有些全国人大常委和地方、部门、企业提出,这一规定对不参与公司经营的股东过于严苛,实践中也很难操作。对股份有限公司特别是上市公司尤其缺乏可操作性,国外也无此立法例。法律委员会经同国务院法制办研究,建议删去这一条。① 2005 年修订的《公司法》也删除了这一规定。

笔者认为,该条规定有矫枉过正之嫌,在有其他失信制裁机制存在的情况下,该条规定可以考虑删除,对股份有限公司甚至上市公司来说尤为如此。从法理上看,不能由于个别股东不履行清算义务而殃及其他无辜股东。而且,该制度自身不具有可操作性。倘若不履行清算义务的股东借用第三人的名义新设公司,公司登记机关并无火眼金睛。当然,删除这一制度并非不是否定或者软化清算制度,而是要求债权人通过其他途径强化清算义务人的清算义务和清算责任。

2005 年修订的《公司法》出台之后,国务院相应地据此修改《公司登记管理条例》。《公司登记管理条例修改征求意见稿》(2005 年 11 月 11 日)第 23 条又试图限制未清算公司中的未履行清算义务的股东的投资能力:"公司进入清算程序后,在清算未完结并办理注销登记前,股东仍未按规定履行出资义务的,公司登记机关对该股东投资设立新的公司和其他企业的申请不予受理"。前已述及,该制度缺乏可操作性。即使有了股东实名登记制和全国公司登记机关联网的尽快推行,也无法预防漏网之鱼。2005 年最终修订出台的《公司登记管理条例》也没有增加这一规定。

十一、清算资金缺乏的问题及其对策

现实生活中经常出现由于清算资金不足导致的人民法院无法指定清算人履行清算职责的情况。为彻底扭转当前某些案件中清算费用不足、清算账目不清、清算义务主体拒绝或者怠于履行清算义务的状况,建议建立公司清算基金制度,要求公司股东在公司成立之时缴存一定数额的公司清算基金,以备日后公司清

---

① 全国人大法律委员会副主任委员洪虎 2005 年 8 月 23 日在第十届全国人民代表大会常务委员会第十七次会议上所作的《全国人大法律委员会关于中华人民共和国公司法(修订草案)修改情况的报告》。

算之需。形象地说,公司出生之时,股东先把"买棺材的钱"准备出来。也许这一制度能够解决、至少缓解公司清算资金不足导致公司无法清算、清算不能的老大难问题。遗憾的是,该建议在2005年《公司法》修改过程中未获采纳,值得未来《公司法》修改时进一步研究。

我国《公司法》未规定公司普通清算程序中的债权人会议制度。建议未来公司法修改时增加债权人会议制度。实践证明,债权人会议制度的缺乏容易使得清算中公司及其清算组对债权人封锁信息,实行各个击破的策略,最终降低债权人的受偿率。

十二、严厉打击妨害清算罪

我国2011年修订的《刑法》第162条规定了妨害清算罪。公司、企业进行清算时,隐匿财产,对资产负债表或者财产清单作虚伪记载或者在未清偿债务前分配公司、企业财产,严重损害债权人或者其他人利益的,对其直接负责的主管人员和其他直接责任人员,处5年以下有期徒刑或者拘役,并处或者单处2万元以上20万元以下罚金。隐匿或者故意销毁依法应当保存的会计凭证、会计账簿、财务会计报告,情节严重的,处5年以下有期徒刑或者拘役,并处或者单处2万元以上20万元以下罚金。单位犯前款罪的,对单位判处罚金,并对其直接负责的主管人员和其他直接责任人员,依照前款的规定处罚。最高人民检察院和公安部2001年4月18日发布的《关于经济犯罪案件追诉标准的规定》将追诉标准确定为:造成债权人或者其他人直接经济损失数额在10万元以上。

当前,许多公司陷入清算不能的状态,既有法院司法权介入不够的原因,也有拒不清算、妨害清算的违法成本不高的原因。为激活公司清算程序,建议严格追究拒不清算、妨害清算的民事责任与刑事责任。在追究民事责任方面,受害小股东和债权人要发挥主导作用;在追究刑事责任方面,司法机关要发挥积极作用。

全国高等学校法学专业核心课程教材

法理学（第三版）	沈宗灵主编
中国法制史（第二版）	曾宪义主编
宪法（第二版）	张千帆主编
行政法与行政诉讼法（第五版）	姜明安主编
民法（第四版）	魏振瀛主编
经济法（第四版）	杨紫烜主编
民事诉讼法学	江伟主编
刑法学（第五版）	高铭暄、马克昌主编
刑事诉讼法（第四版）	陈光中主编
国际法（第四版）	邵津主编
国际私法（第三版）	李双元主编
国际经济法（第三版）	余劲松、吴志攀主编
知识产权法（第三版）	吴汉东主编
商法	王保树主编
环境法（第二版）	汪劲著
税法原理（第六版）	张守文著
公司法学（第二版）	刘俊海著